Coleção
Direito Penal e Criminologia

Direção
Íñigo Ortiz de Urbina
Ramon Ragués
Luís Greco

DOLO COMO

COMPROMISSO COGNITIVO

EDUARDO VIANA

DOLO COMO COMPROMISSO COGNITIVO

Marcial Pons

MADRI | BARCELONA | BUENOS AIRES | SÃO PAULO

Dolo como compromisso cognitivo
Eduardo Viana

Capa
Nacho Pons

Produção
Ida Gouveia / HBLIZ / Oficina das Letras®

CIP-Brasil. Catalogação na Publicação
Sindicato Nacional dos Editores de Livros, RJ

V667d
Viana, Eduardo,
Dolo como compromisso cognitivo / Eduardo Viana. - 1. ed. - São Paulo: Marcial Pons, 2017.

Apêndice
Inclui bibliografia
ISBN 9788566722505

1. Direito Penal. 2. Criminologia. I. Título.

17-45084 CDU: 343.2

Av. Brig. Faria Lima, 1461, Torre Sul, 17/8 Jardim Paulistano CEP 01452-002 São Paulo-SP
☎ +55 (11) 3192.3733 www.marcialpons.com.br

Impresso no Brasil

Aos meus professores Luís Greco e

Carlos Eduardo A. Japiassú.

PREFÁCIO

Tenho especial alegria em prefaciar a tese de doutorado de Eduardo Viana, tanto pela qualidade da obra quanto pela pessoa do autor.

O livro de Eduardo Viana é a mais completa, profunda e original monografia sobre o dolo já escrita em língua portuguesa. O autor descreve, de forma sintética, os esforços de várias gerações de penalistas no sentido de precisar os limites entre o dolo e a culpa. Observo que Viana procede de forma não exclusivamente histórico-cronológica (fins do séc. XIX… início do séc. XX… pós-guerra…) ou dogmático-sistemática (teorias da vontade: …, …, …; teorias da representação: …, …, …), e sim, em primeiro lugar, argumentativo-construtiva: cada ideia é analisada e criticada como um passo em um caminho que desemboca na própria construção do autor. O livro é, assim, um longo argumento, que merece ser lido em sua integralidade, que a um só tempo informa, desmonta e reconstrói.

O conteúdo do livro, cuja ideia central é a fundamentação e precisão de um conceito de dolo sem vontade, harmoniza-se com o que há alguns anos defendi (no artigo "Dolo sem vontade", repetidamente citado), ainda que eu não esteja hoje de todo seguro do acerto de minha reflexão. Os detalhes da proposta de Viana não podem ser aqui discutidos, porque prefácio e resenha não se confundem. Noto, apenas, que os futuros esforços no sentido de um dolo sem vontade terá muito a ganhar se refletirem sobre os fatores em que Viana se baseia para justificar a "inferência" de que o agente procedeu com dolo, a saber: a intensidade do perigo objetivo criado, o grau de vulnerabilidade concreto da vítima, aquilo que Viana chama de a marca dominante da conduta e o contexto de realização desta.

Por fim, o livro tem um mérito cuja relevância mal pode ser exagerada. Ele leva a sério e dialoga com a jurisprudência, que não é entendida nem, por um lado, como a autoridade cujas oraculares ementas se haveria reverentemente de citar, nem, por outro, como o impúbere e rebelde aprendiz, inconscientemente sedento pela luz que só lhe poderia fornecer o douto doutrinador. O presente livro entende que a jurisprudência é fonte de uma infindável riqueza de intuições e de argumentos, e que a sua relação com a doutrina não é de conflito, e sim de complementação. O livro contém, assim, uma parte dedicada ao problema do dolo na atual jurisprudência alemã (parte V) e também um excurso sobre o tratamento do tema na jurisprudência brasileira, e está fundado na premissa de que a pedra de toque de qualquer teoria científica jurídica é a sua aptidão para resolver bem os casos reais que se apresentam diariamente nos tribunais.

Por fim, algumas palavras sobre a pessoa do autor. Eduardo Viana, que chegou a Augsburg com superficiais conhecimentos de alemão, alcançou rapidamente um nível de idioma notável, o que lhe permitiu, de novo com concentração e capacidade de trabalho exemplar, escrever, em pouco mais de um ano, o trabalho que o leitor hoje tem em mãos. Não pense o leitor, contudo, tratar-se Eduardo Viana de pessoa sisuda; nada estaria mais longe da verdade. Eduardo Viana é a prova viva de que seriedade e esforço não são incompatíveis com um sorriso. A sua defesa de tese, na UERJ, em março de 2017, cuja banca examinadora integrei, foi um momento de mútua emoção, que jamais sairá de minha memória.

Eduardo Viana é um amigo, no mais verdadeiro sentido dessa palavra. Os dois anos que, como recém-nomeado professor titular na Universidade de Augsburg, tive a alegria de conviver com Eduardo Viana, anos em que nos vimos quase que diariamente e compartilhamos incontáveis horas de discussão ou de lazer, em geral na companhia de nosso amigo comum, o cãozinho Aquiles, ficarão em minha biografia como parte do melhor de minha breve passagem por essa universidade.

Eduardo Viana é daqueles raros amigos que entram em nossas vidas quando já passado o seu alvor, mas são como amigos de infância. É como se nos conhecêssemos desde o início.

Augsburg, dia 13 de setembro de 2017.

Luís Greco

Professor Catedrático de Direito Penal, Direito Processual Penal, Direito Penal Estrangeiro e Teoria do Direito Penal na Universidade Humboldt de Berlim.

APRESENTAÇÃO

O livro que o leitor agora tem em mãos corresponde, em essência e forma, à tese de doutoramento que defendi junto à Universidade do Estado do Rio de Janeiro no último dia 6 de março de 2017, ante o tribunal composto pelos meus orientadores, a professora Patrícia Mothé Glioche Béze e o professor Luís Greco; pelos professores da Universidade do Estado do Rio de Janeiro, Carlos Eduardo Adriano Japiassú e Davi de Paiva Costa Tangerino; e, finalmente, pelos professores Maria Auxiliadora Minahim e Gamil Föppel, estes da Universidade Federal da Bahia que, por unanimidade, concederam nota máxima com distinção de louvor e recomendação para publicação.

As alterações que implementei no texto original decorreram, fundamentalmente, das precisas observações e críticas de cada um daqueles professores. Sirvo-me desta apresentação, portanto, e outra vez, para render um especial tributo aos meus examinadores. Muito obrigado.

No voo de volta para Augsburg, 20 de agosto de 2017.

Eduardo Viana

AGRADECIMENTOS

Tão difícil quanto escrever um trabalho acadêmico é escrever uma página de agradecimentos. São tantas as pessoas que contribuem, direta ou indiretamente, durante o processo de elaboração de uma pesquisa científica, que a tarefa se torna quase tão complexa, guardadas as devidas proporções, quanto escrever uma tese de doutorado.

Por isso, nestes agradecimentos, tentei estabelecer um sistema cronológico-categorial. O objetivo é registrar a importância de todos os colaboradores, desde o início do curso de doutorado até este momento, e ordená-los por categorias: acadêmica e pessoal.

Pelo critério acadêmico, primeiro no plano nacional, aos professores do departamento de direito da Faculdade de Direito da UERJ, professores Carlos Eduardo Adriano Japiassú e à minha orientadora professora Doutora Patrícia Glioche, a quem direciono o meu sincero agradecimento pela confiança, paciência, apoio e, principalmente, pela cuidadosa orientação.

No plano acadêmico internacional, deixo registrado o meu irrestrito agradecimento ao professor Jesus Maria Silva Sánchez, da Universidade Pompeu et Fabra, Espanha, não somente pela calorosa recepção, mas também e especialmente pela dedicada e imprescindível orientação durante o meu período de pesquisa naquela universidade.

Ainda no plano acadêmico, mas na Alemanha, agradeço ao Professor Luís Greco: um dos maiores e mais talentosos juristas da atualidade. Neste caso, o agradecimento também assume dupla dimensão: acadêmica e pessoal. No plano acadêmico, agradeço pelas lições; puxões se orelha; "desenhos"; tempo dedicado à orientação e por não medir esforços para tentar me ensinar a pensar. No plano pessoal, não posso voltar para o Brasil sem agradecer-lhe pela amizade e pelo companheirismo durante esses dois anos.

Seguindo para o último critério, o pessoal, gostaria de agradecer às pessoas que converteram a longa jornada de elaboração da tese em um trabalho menos sufocante. Pessoas as quais, certo modo, passam a fazer parte da minha família.

Na Espanha, deixo meu abraço mais caloroso para os amigos ANTONIO LLUENGO CALDERON DE LA BARCA e para os dois talentosos juristas e amigos chilenos IVÁN NAVAS MONDACA e IGNACIO CASTILLO VAL. Também agradeço pelo total companheirismo e amizade de SUSANE DÍEZ PEREZ, GABRIELA PACHECO e IRAZÚ ARENA.

À professora HELOISA ESTELLITA pela leitura cuidadosa, criteriosa e crítica dos originais, bem assim pelo carinho e dedicação à nossa amizade.

Às queridíssimas amigas FLAVIA SIQUEIRA e TATIANA STOCO e aos meus amigos LUCAS MONTENEGRO, CARLOS WEHRS e ORLANDINO GLEIZER deixo um *abraçaço* de agradecimento pela convivência, pelas discussões e pelas lições de vida e de aprendizado.

Dos amigos JAKOB ORDNER e JEREMY HIMPLER e das minhas queridas MELANIE RÖMER, DORIS BEYER, ANDREA GAAB, CHRISTINE KLEITSCH e DANIELA BURZZLAFF, guardarei na memória os momentos de convivência e amizade.

À minha amada família, o verdadeiro recanto da bênção divina.

ABREVIATURAS

Abs – Absatz (parágrafo)
AC – Acórdão
ADP – Anuario de Derecho Penal y Ciencias Penales
AFD – Anuario de Filosofía del derecho (citado por ano)
AK – Alternativ-Kommentar
AP – Actualidad Penal
Aufl. – Auflage (edição)
art. – Artigo
AT – Allgemeiner Teil (parte geral)
B. – Band (tomo)
BGE – Die Entscheidungen des Schweizerischen Bundesgerichts (decisões do tribunal suíço equivalente ao nosso STJ)
BGH – Bundesgerichtshof (o tribunal equivalente ao nosso STJ)
BGHSt – Entscheidungen des Bundesgerichtshofes in Strafsachen (revista contendo as principais decisões do BGH em matéria penal)
BIBCCRIM – Boletim do Instituto Brasileiro de Ciências Criminais
BVerfGE – Entscheidungen des Bundesverfassungsgerichts
Cf. – Conferir
Cfr. – Comparar
CP – Código Penal brasileiro
CPC – Cuadernos de Política Criminal
CPE – Código Penal espanhol

CPM – Código penal militar

fasc. – Fascículo

Fn. – Fußnote (nota de rodapé)

FG – Festgabe (estudos em homenagem)

FS – Festschrift (estudos em homenagem)

GA – Goltdammer's Archiv für Strafrecht (revista) (citada por ano)

GS – Gedächtnisschrift (estudos em memória)

HRSS – Zeitschrift für Höchstrichterliche Rechtsprechung im Strafrecht (revista)

Hrsg. – Herausgeber (Organizador)

Ibid – No mesmo lugar

JA – Juristische Arbeitsblätter (revista) (citada por ano)

JR – Juristische Rundschau (revista) (citada por ano)

Jura – Juristische Ausbildung (revista) (citada por ano)

JuS – Juristische Schulung (revista) (citada por ano)

JW – Juristische Wochenschrift (revista) (citada por ano)

JZ – Juristenzeitung (revista) (citada por ano)

L. – página

LG – Landgericht (equivalente ao nosso Tribunal de Justiça)

MDR – Monatsschrift für Deutsches Recht (revista) (citada por ano)

Müko – Münchner Kommentar (citado pelo parágrafo e pelo número de margem)

nm. – Número de margem

NJW – Neue Juristische Wochenschrift (revista) (citada por ano)

NK – Nomos Kommentar zum Strafgesetzbuch (citado pelo parágrafo e pelo número de margem)

NStZ – Neue Zeitschrift für Strafrecht (revista) (citada por ano)

NStZ-RR – Rechtsprechungsreport Strafrecht (revista de jurisprudência)

NZV – Neue Zeitschrift für Verkehrsrecht (revista) (citada por ano)

öStGB – Österreichische Strafgesetzbuch (Código penal austríaco)

ÖZStr – Österreichische Zeitschrift für Strafrecht (revista) (citada por ano)

Op. cit. – Trabalho citado

Org. – Organizador

ÖJZ – Österreichische Juristen-Zeitung (revista) (citada por ano)

p. – Página

RBCCrim – Revista Brasileira de Ciências Criminais

RG – Reichsgericht

RIDPP – Rivista Italiana di Diritto e Procedura Penale (citada por ano, volume e número)

Rn. – Randnummer (número de margem)

RW – Rechtswissenschaft (revista) (citada por ano)

SchwZStr – Schweizerische Zeitschrift für Strafrecht (revista)

SK – Systematischer Kommentar zum Strafgesetzbuch (citado pelo parágrafo e pelo número de margem)

St. – Stück (fascículo)

StGB – Strafgesetzbuch (Código penal alemão)

STF – Supremo Tribunal Federal

STJ – Superior Tribunal de Justiça

STS – Sentença do Tribunal Supremo (Espanha)

StV – Strafverteidiger (revista)

t. – Tomo

vol. – Volume

ZIS – Zeitschrift für Internationale Strafrechtsdogmatik (revista)

ZStW – Zeitschrift für die gesamte Strafrechtswissenschaft (revista)

SUMÁRIO

INTRODUÇÃO

1. Considerações preliminares

A pergunta sobre os limites do dolo eventual e a sua fronteira com a culpa consciente expressa um problema central dentro da dogmática penal. Também na prática penal a (difícil) distinção entre uma e outra modalidade de imputação subjetiva tem um extraordinário significado, a saber: ela se insere naquela quadra responsável não somente pela zona de legitimação do poder punitivo como também pela determinação do nível de intensidade da resposta punitiva. Considerando-se que apenas ações dolosas ou culposas credenciam o exercício do poder de punir e que apenas uma pequena parcela dos crimes previstos na parte especial tem natureza culposa e, mais ainda, que a tais crimes está vinculada diminuta moldura punitiva, fica bastante evidente a importância da determinação dos limites de dolo não apenas para o âmbito teórico, mas também para a práxis.

É amplamente conhecida a descrição segundo a qual age dolosamente aquele indivíduo que *consciente e voluntariamente* realiza os elementos do tipo objetivo. Tal desenho conceitual, repetido ao longo da historiografia jurídico-penal, permanece merecedor da simpatia da (ampla) maioria da doutrina e da jurisprudência analisadas. Há quem afirme, inclusive, com alguma dose de exagero, que sempre se sustentou o caráter eminentemente psicológico do dolo: em sua forma fundamental, o dolo conteria a decisão[1] do indivíduo relativa à realização da conduta e o resultado derivado dessa decisão seria a própria expressão do seu componente psíquico fundamental, isto é, da sua vontade. Pensando em fornecer um cenário concreto para a aplicação do conceito acima mencionado, deixarei, de passagem, dois exemplos de cátedra:

> *Situação 1.* O indivíduo *A* dispara em direção à cabeça do indivíduo *X*, sobre a qual há uma bola de vidro que a princípio é o alvo, conhecendo que existe a possibilidade de atingir a cabeça e não a bola de vidro. *A* não quer

1. Aqui utilizo o termo no sentido dado pela linguagem cotidiana. Adiante, o leitor não completamente familiarizado com as terminologias utilizadas pelas teorias do crime doloso entenderá o porquê desta nota aparentemente óbvia e, por isso mesmo, aparentemente desnecessária.

acertar a cabeça de *X*, mas sim a garrafa. No entanto, o tiro não atinge o alvo e *X* morre com um tiro na cabeça. *A* não queria matar *X*, mas o fez.

Situação 2. O indivíduo B dispara contra a cabeça do indivíduo *X*, sobre a qual há uma bola de vidro que, a princípio, supõe-se seja o alvo, conhecendo que existe a possibilidade de atingir a cabeça e não a bola de vidro. *B* quer acertar a cabeça de *X*. *B* acerta a cabeça de *X*. *B* queria matar *X* e o fez.[2]

Nas duas situações o resultado derivado do comportamento dos autores é idêntico, mas o estado psíquico dos agentes em relação a esse é completamente distinto: na *primeira situação*, o indivíduo *A*, embora conhecesse o risco de produção do resultado, não o queria nem o aceitava; na *segunda situação*, o indivíduo *B* não somente conhecia como queria a produção do resultado. À luz do conceito amplamente dominante, é precisamente essa diferença do estado psíquico dos indivíduos *B* e *A*, "*querer ou não querer o resultado morte*", que determinará, para mencionar os parâmetros brasileiros, o nível da imputação: ou bem será atribuída a realização dolosa, cuja pena, considerando-se todos os parâmetros legais, pode variar entre 6 (seis) e 30 (trinta) anos (art. 121, do CP); ou bem será atribuída a responsabilidade culposa, cuja pena variará entre 1 (um) e 3 (três) anos, com a possibilidade de aplicação do perdão judicial (art. 121, § 3.º c/c § 5.º, do CP).

A magnitude da discrepância da resposta punitiva deixa evidente o desnível de valoração realizada pelo legislador entre as duas formas de imputação subjetiva, notadamente se considerarmos que ambos os comportamentos produzem idêntico resultado. Isso credencia o importante questionamento sobre se a chave para a adequada imputação da responsabilidade subjetiva estaria no *centro anímico* do indivíduo, bem como se a (*suposta*) intenção do autor em relação à produção do resultado constituiria o elemento fundamental para determinar o nível da imputação subjetiva. A maioria da doutrina e da jurisprudência analisadas, como antecipado, responderia positivamente. Percorrerei caminho oposto e é exatamente esse o principal objetivo da tese: pôr em xeque as certezas da duplicidade do conteúdo psicológico do dolo; em especial, questionarei a validade científica da afirmação segundo a qual a *atitude volitiva interna do agente dirigida à realização do fato representado* desempenharia papel determinante no momento de calibrar o nível da responsabilidade penal. Em poucas palavras: pretendo objetar o elemento volitivo do dolo como ponto de curvatura entre a máxima (o dolo) e a mínima (a culpa) imputação subjetiva, porque dolo não é vontade, *dolo é representação.*

Tal objeção, é preciso reconhecer, não é novidade, notadamente se for apreciado o cenário internacional. Há mais de três décadas ganhou impulso o debate

2. Exemplos em Paredes Castañón, José Manuel. *Problemas metodológicos en la prueba del dolo. In:* AFD, 2001, p. 67.

sobre a própria existência, e não apenas sobre a precisão, da dimensão volitiva no âmbito da teoria do dolo[3]. Tal problematização, contudo, ainda não obteve a devida ressonância no cenário científico brasileiro e uma das razões, salvo engano, deve-se à petrificação conceitual estampada em nossa legislação. Com efeito, o Código Penal brasileiro, a exemplo do português e do italiano, brindou-nos com uma *"definição"*[4] de comportamento doloso, mais precisamente com a indicação sobre o que se deve entender por dolo. Desde a entrada em vigor da Parte Geral do Código Penal brasileiro (1940), doutrina e jurisprudência extraem duas consequências essenciais do art. 18, I, do CP:[5] *i)* dolo é *vontade e representação*; *ii)* o código adota a *teoria da vontade* complementada pela *teoria do consentimento*. O dolo, portanto, é tratado como categoria com conteúdo duplamente psicológico: o *conhecimento* e a *vontade*.

No outro extremo da imputação subjetiva, na zona do delito culposo, o panorama legal é bem diferente quando comparado ao mencionado marco legislativo do crime doloso, a saber: "*considera-se culposo, quando o agente deu causa ao resultado por imprudência, negligência ou imperícia*" (art. 18, II, do CP). Na hipótese de conduta culposa, os elementos que integram a categoria e, consequentemente, viabilizam a habilitação do poder punitivo, são normativos, isto é, a imputação subjetiva a título culposo decorre de um processo de atribuição que deve ser reflexo do pressuposto normativo legalmente estabelecido, qual seja: *a violação do dever de cuidado*. Isso significa que a culpa, ao contrário do crime dolo, independe da verificação de qualquer estado psíquico volitivo do agente com relação ao fato realizado.

Cotejando ambos os marcos legais, vê-se claramente a dualidade de tratamento dispensado: no comportamento culposo, a imputação subjetiva subordina-se à verificação da relação entre a norma e o fato; ao passo que no comportamento doloso, a imputação subjetiva submete-se à verificação de determinado dado psíquico. Derivação da lógica legal: *o dolo é psicológico* e *a culpa é normativa.*[6]

3. O enfrentamento entre as teorias que propõem um conteúdo volitivo para o dolo (teorias de disposição de ânimo) e aquelas que propõem apenas um conteúdo cognitivo (teorias cognitivas) desenvolve-se desde o princípio do século XIX, mas a sua intensificação somente aconteceria a partir do último quarto. Cf. nota de rodapé n. 206.

4. Definir é, antes de tudo, determinar o significado e as fronteiras do *definiendum* (o dolo). E o Código Penal, em absoluto, desempenha essa tarefa. Justamente por isso, o termo encontra-se entre aspas. Para significados da expressão definir cf. Regenbogen, Arnim; Meyer, Uwe. (Hrsg). *Definition. Wörterbuch der philosophischen Begriffe*. Hamburg: Felix Mayer Verlag, 2013, p. 134-137; Krings, Hermann; Baumgartner, Hans Michael; Wild, Christoph. *Handbuch philosophischer Grundbegriffe*. München: Kösel, 1973, B. 1, p. 268-274.

5. "Art. 18. Diz-se o crime: Crime doloso: I – doloso, quando o agente quis o resultado ou assumiu o risco de produzi-lo."

6. Não é novidade alguma a advertência de parcela da doutrina segundo a qual é um equívoco considerar uma construção normativa – como é o dolo – um fato psíquico. Cf. Jakobs, Günther. *Probleme der Wahlfeststellung. In:* GA, 1971, p. 260; Wolter, Jürgen. *Alternative und eindeutige Verurteilung auf mehrdeutiger Tatsachengrundlage im Strafrecht: zugleich ein Beitrag zur Abgrenzung von Vorsatz und*

O que se quer dizer ao se afirmar que o dolo é um dado psicológico? Significa que esse deve ser necessariamente integrado por um componente intelectual e por outro componente volitivo? Esse componente volitivo deve, e precisa, ser necessariamente compreendido em sentido psicológico? Bem, acerca dessas questões foram elaboradas as mais diversas e refinadas construções teóricas. O resultado obtido, todavia, é diretamente proporcional à insatisfação causada pelo rendimento das soluções apresentadas.[7] Evidentemente, e isto parece bastante manifesto, algumas constelações de casos permitem que os critérios oferecidos como resposta àquelas perguntas, sejam esses volitivos sejam esses normativos, tenham rendimento ótimo. Os *intelectualistas* ou os *voluntaristas*, por exemplo, não hesitariam em afirmar que age com dolo de matar aquele que saca arma de fogo e, a curta distância, dispara contra cabeça da vítima causando-lhe a morte. Os primeiros poderiam afirmar a existência do dolo, para mencionar uma variante, em razão da alta probabilidade de produção do resultado; os segundos, também para ficar em uma variável, afirmariam que dispara arma de fogo contra a cabeça da vítima quem toma uma decisão concreta contra o bem jurídico tutelado pelo tipo penal.

Naturalmente esse exemplo não somente não configura hipótese que incomoda a teoria e a práxis, como também, do ponto de vista científico, dada a sua obviedade, tampouco serve como fonte de análise para determinar o rendimento das teorias utilizadas para determinar a fronteira da zona intermediária da imputação subjetiva. Quanto maior o afastamento das situações óbvias, mais turva, insegura e imprecisa se transforma aquela zona de obviedade. Para ilustrar as dificuldades que surgem desse cenário de incerteza e nebulosidade, deixarei alguns casos os quais, ao final da tese, devem ser resolvidos conforme o critério aqui apresentado:

> *Caso 1.* O indivíduo *I* e a sua mulher, a vítima *V*, casaram durante o último verão e deixavam transparecer "muito amor". *I*, contudo, estava desconfiado de que a vítima *V* tinha um relacionamento com outro. No dia *D*, quando *V* estava no chuveiro, o marido entrou e a agrediu, nas costas, com a parte metálica de um martelo de pedreiro, atingindo-a também na cabeça, por no mínimo 10 vezes. Com a vítima no chão, e diante do terrível cenário, *I*, que era médico, desespera-se e imediatamente começa a prestar os primeiros socorros à vítima; chama também a polícia e o socorro. Durante toda a tentativa de reanimação da vítima, *I* permanece desolado e, já sob detenção, diz para os presentes: "Eu não quis fazer isso; perdi a cabeça; fiquei cego de ciúmes". A mulher morreu em razão dos graves ferimentos;

Fahrlässigkeit. Berlin: Duncker & Humblot, 1972, p. 160 e ss; PÉREZ BARBERÁ, Gabriel. *El dolo eventual*. Buenos Aires: Hammurabi, 2011, p. 47-48.

7. Identificando o paradoxo existente entre a extensa investigação e formulação de propostas, por um lado; e a ausência de acordo científico, por outro. cf. HERZBERG, Rolf D. *Die Abgrenzung von Vorsatz und bewußter Fahrlässigkeit – ein Problem des objektiven Tatbestandes*. *In:* JuS, 1986, p. 249 e ss.

Caso 2. Os jovens *A*, *B* e *C*, passeando de carro pela cidade *X*, à noite, por volta das 3h00 da madrugada, resolveram fazer, segundo eles, uma "brincadeira": pôr fogo em um suposto morador de rua, *R*, o qual dormia no banco de um ponto de ônibus. Foram a um posto de gasolina e compraram dois litros de álcool, colocando-os em dois vasilhames de plástico. Duas horas depois, por volta das 5h00, dirigiram-se ao local onde a vítima se encontrava. Esconderam o automóvel. Atravessaram a rua e derramaram líquido em *R*, que dormia. Riscaram fósforos e o incendiaram, produzindo-lhe a morte.[8]

Caso 3. Dois jovens brincam em uma tenda de tiro ao alvo e um deles repta o outro a acertar a bola de vidro que se encontra na mão de uma jovem que trabalha na tenda. A jovem, contudo, não pode sofrer ferimento algum. O ganhador da aposta ficará com parcela do patrimônio do perdedor. Ambos, abastados, têm algo a perder. Antes de efetuar o disparo, o jovem desafiado medita: a princípio considera que muito provavelmente a garota será atingida, mas se isso acontecer, ele pensa, "sairei correndo"; contudo, reflete um pouco mais e chega à seguinte conclusão: "no final das contas, tudo sairá bem, eu acertarei a bola de vidro e a aposta terá sido uma marmelada". O jovem atira e as consequências indesejadas sobrevêm: a garota é gravemente ferida e ele perde parcela do seu patrimônio;[9]

Caso 4. A submete sua filha, B, de dezenove meses, a constantes maus-tratos (também por praticar maus-tratos, *A* anteriormente fora privada da guarda de outra filha). Certo dia, ao alimentar *B*, *A* o fez com extrema violência, e, ao apertar a colher sobre a língua do bebê causou-lhe uma lesão com 0,5 cm de profundidade. Como havia perdido a guarda da outra filha, *A* preferiu não ir ao médico. Em razão da gravidade da ferida, a criança sentia dores horríveis e, sempre que alimentada, tinha crise hemorrágica. Em outra ocasião, cinco dias após o dia da lesão, *A* novamente tentou alimentar a filha, a qual – em razão dos vômitos de comida e sangue – recusava-se a aceitar o alimento. A mãe, ignorando os sinais de recusa, segurou a criança e, com violência, empurrou-lhe a colher para dentro da boca. *B* começou a ter espasmos e parou de respirar. *A*, em vão, tentou realizar manobras de reanimação. Diante do insucesso, imediatamente levou a filha a um pronto-socorro. Ao chegar lá, fora constatado que a criança sofrera parada respiratória irreversível devido à asfixia causada pela aspiração de sangue. A necropsia também revelou que a criança tinha sinais de golpes na cabeça.[10]

8. Cf. Jesus, Damásio E de. *Ensaio sobre o dolo eventual, a culpa consciente e o preterdolo (O caso da Morte do indígena Pataxó – Hã-Hã-Hãe Galdino de Jesus). In*: RT, 1998, n. 747, p. 516.

9. Hipótese levantada por Lacmann como objeção às chamadas fórmulas de Frank (sobre as fórmulas cf., abaixo, parte II, item 2.1.1). Lacmann, W. *Die Abgrenzung der Schuldformen in der Rechtslehre und im Vorentwurf zu einem deutschen Strafgesetzbuch. In:* ZStW, 1911, n. 31, p. 159-160. (hipótese modificada no que diz respeito ao conteúdo da aposta).

10. STS de 24 de novembro de 1995 (RJ 8214) (em razão dos problemas relacionados com concurso de pessoas, o qual não é objeto da tese, simplifiquei o caso, omiti a presença e a conduta da avó da criança no dia dos fatos). No julgamento, o ministro Martinez-Pereda Rodríguez, fundado em uma teoria do perigo, julgou pelo homicídio com dolo eventual. Contudo, por considerar necessária a presença

Caso 5. A, acompanhado do colega de trabalho *B*, bebe duas taças de vinho no restaurante "*Se beber não dirija*". No caminho para casa, de madrugada, resolve imprimir a seu potente carro velocidade superior a 100 km/h em uma via na qual a velocidade máxima era 50 km/h. A rua estava vazia. Contudo, *A* perde o controle do automóvel, o qual se choca frontalmente com o automóvel dirigido por *Y*. A colisão tem efeitos fatais para *Y*. O condutor *A* sai ileso.

Variável. O condutor *A* dirigia em zigue-zagues, sob efeito de álcool; em razão do estado de embriaguez, deixou de reduzir a velocidade ao passar por um "quebra-molas" e perdeu o controle da direção do veículo, desviando-o para a pista contrária e chocando-o contra um bar. No bar, o qual *A* costumava frequentar sempre àquele horário, encontravam-se sentadas, de costas para a pista, duas vítimas fatais, V_1 e V_2. O atropelamento ocorreu por volta das 17h45min do dia *D*.

Em algumas dessas hipóteses deparamo-nos com *situações-limite* no que diz respeito à fronteira entre as modalidades intermediárias de imputação subjetiva (dolo eventual e culpa consciente) e, seja qual for a solução apresentada pelas correntes voluntaristas, essas realçam a existência e a extensão do problema que aqui se pretende seja diluído, a saber: o quanto pode ser problemático determinar o dolo a partir de determinado estado de adesão psíquica do autor em relação ao resultado.

Como dito de passagem, as últimas três décadas foram prodigiosas para sublinhar o problema, notadamente no âmbito da ciência penal alemã e espanhola. Desde que FRISCH publicou, em 1983, Dolo e Risco (*Vorsatz und Risiko*), houve significativo incremento no número de monografias dedicadas ao tema.[11] As novas discussões não mais estão polarizadas no mesmo ponto dogmático que existiu

do elemento volitivo do dolo, a maioria dos ministros entendeu que houve crime de maus-tratos em concurso com um homicídio culposo.

11. Cf. GRECO, Luís. *Neue Wege der Vorsatzdogmatik – Eine Auseinandersetzung mit drei neuen Monographien zum Vorsatzbegriff. In: ZIS*, Ausgabe 13/2009, p. 813-821. Nesse artigo, LUÍS GRECO resenha os três últimos escritos de habilitação sobre dolo, quais sejam: STUCKENBERG, Carl-Friedrich. *Vorstudien zu Vorsatz und Irrtum im Völkerstrafrecht. Versuch einer Elementarlehre für eine übernationale Vorsatzdogmatik*. Berlin: de Gruyter, 2007; SAFFERLING, Christoph J. *Vorsatz und Schuld. Subjektive Täterelemente im deutschen und englischen Strafrecht*. Tübingen: Mohr Siebeck, 2008; BUNG, Jochen. *Wissen und Wollen im Strafrecht. Zur Theorie und Dogmatik des subjektiven Tatbestands*. Frankfurth: Vittorio Klostermann, 2009. No cenário *espanhol* foram especialmente importantes os estudos monográficos de DÍAZ PITA, Maria del Mar. *El dolo eventual*. Valencia: Tirant lo Blanch, 1994; LAURENZO COPELLO, Patrícia. *Dolo y Conocimiento*. Valencia: Tirant lo Blanch, 1999 e de RAGUÉS I VALLÈS, Ramon. *El dolo y su prueba en el Proceso Penal*. Barcelona: Bosch, 1999. No cenário *latino*, convém mencionar a publicação de PÉREZ BARBERÁ, Gabriel. *El dolo*... cit., *passim*. No *Brasil*, um esboço desse cenário de discussões vem desenhado na tese recém-publicada de COSTA, Pedro Jorge. *Dolo e sua prova penal*. São Paulo: Atlas, 2015. Este livro já estava finalizado quando tive notícia do aparecimento de outra obra brasileira sobre o crime doloso. Lamentavelmente não pude examiná-la, razão pela qual registro, apenas, a sua publicação, GOMES, Enéias Xavier. *Dolo sem vontade psicológica: perspectivas de aplicação no Brasil*. Belo Horizonte: Editora D'Plácido, 2017.

durante o longo debate travado entre causalistas e finalistas,[12] mas sim particularizadas em torno do próprio conteúdo psíquico do dolo, mais precisamente sobre a existência ou não de uma dimensão volitiva, e do objeto de referência do dolo. A tarefa com a qual me ocuparei consistirá precisamente em demonstrar a desnecessidade do duplo tratamento psíquico, isto é, o conhecimento e a vontade, para o crime doloso porquanto a eliminação do momento volitivo do dolo permitirá não apenas fundamentação mais satisfatória e coerente, como também viabilizará o exercício de pragmática mais segura e precisa[13] no cenário da atribuição da responsabilidade.[14] Passo, então, a indicar o porquê e a forma como concretizarei essa tarefa.

2. Justificativa

Por diversas causas, geralmente ligadas a conversas *prévias* com os orientadores e os amigos ou, ainda, ligadas à própria ausência de interesse acadêmico para o tema, não são raros os casos nos quais o processo de escolha de um tema doutoral se dá por simples eliminação. Entretanto, no caso deste trabalho, há três razões acadêmicas *positivas* para a elaboração da tese, quais sejam: a razão *substancial*, a razão *formal* e a razão *legal*.

Curiosamente, não seria de todo equivocado começar com a seguinte provocação: considerando-se a advertência feita sobre o estado da arte da literatura científica, por que, então, estudar um tema cuja produção científica é praticamente inabarcável e sobre o qual praticamente tudo foi anteriormente pensado ou revisitado? Ao contrastar a pergunta com o *estado da arte* da própria produção científica, a primeira razão, a substancial, estará contida na pergunta. Como dito de passagem, é precisamente a abundância de propostas e o desajuste de acordo em torno das soluções que, em primeiro plano, justificaram e motivaram a elaboração desta investigação. Considerando-se que o tema vem sendo *cientificamente* debatido há mais de um século, isso expressa que permanece em aberto o interesse científico sobre ele. E esse interesse, após um período de relativa polarização da discussão entre voluntaristas e intelectualistas (1890-1983[15]), foi precisamente

12. Refiro-me não somente à discussão sobre a posição analítica do dolo, mas também ao debate sobre a necessidade de incluir (ou não) o caráter ilícito da conduta na apreciação do dolo. Cf. *abaixo*, parte I, item 2.1.

13. Como adverte a doutrina, "(...) *toda propuesta, concepto o definición teórica elaborados por la dogmática penal debe ser legítima y aplicable*" Ragués i Vallès, Ramon. *El dolo...* cit., p. 192 (itálico no original). Cf. nota de rodapé n. 763.

14. Essa parece ser uma irrefreável contratendência. Mesmo nos países de forte tradição volitiva, seja legislativa seja doutrinariamente, é possível identificar alguma inclinação em direção às teorias normativas do dolo. Realçando a tendência normativista no direito italiano, por exemplo, Fiandaca, Giovanni; Musco, Enzo. *Diritto Penale. Parte Generale*. 4. ed. Bologna: Zanichelli, 2006, p. 316.

15. Considero como marcos teóricos as obras de Reinhard Frank "*Vorstellung und Wille in der modernen Doluslehre*" (1890) e Wolfgang Frisch "*Vorsatz und Risiko*" (1983).

reaquecido no último vintênio do século passado. E é exatamente esse último ponto que nos conduz à segunda razão, a razão *formal*.

Se no cenário internacional a discussão se viu aquecida, no cenário brasileiro essa permaneceu naquele período de polarização.[16] Como observado em outro lugar, no âmbito da teoria do dolo, a ciência jurídico-penal brasileira pouco avançou desde a última metade do século passado.[17] Se não exonero em demasia a responsabilidade da ciência, tal engessamento deve-se, também, ao sublinhado fato de o legislador ter abastecido a doutrina e a jurisprudência com um sedutor indicativo da dolosidade do comportamento. Pelo que chegamos à terceira razão, a razão *legal*.

Ainda que se exonere parcialmente a ciência e se tribute ao legislador o seu quinhão de responsabilidade pelo engessamento da teoria do dolo, há uma terceira razão para justificar o objeto de análise da tese. Isso porque, apesar de o Código Penal brasileiro ter optado por um indicativo do que se deve entender por dolo, essa decisão não é a palavra final. Convém recordar que o limite da ciência penal não é o limite dado pela determinação legislativa; o marco legal é apenas o instrumental de partida, o *objeto mínimo* do cientista. Considerando-se aceitável a premissa segundo a qual o *legislador não silencia a ciência*, um dispositivo legal, como escreveu Luís Greco, precisa ser submetido à lente da ciência jurídica com o fim de verificar se a decisão legislativa é ou não correta, se ela está ou não justificada.[18]

Se todos esses fatores são considerados dentro de um horizonte mais distante de observação, ou seja, no âmbito de um marco global da necessidade de dotar o direito penal de conceitos que permitam que ele funcione como instrumento de filtragem e racionalização do poder punitivo, como um limite à arriscada improvisação das decisões judiciais, a presente investigação não está apenas justificada como também é necessária. Ao fim e ao cabo, portanto, a tese justifica-se, dentro de um marco global, em razão da premente necessidade de repercutir no cenário

16. Cf. nota de rodapé n. 11.

17. Greco "há um total congelamento da elaboração científica que em cinquenta anos pouco avançou além de *Nelson Hungria*". Greco, Luís. *Dolo... Op. cit.*, p. 886.

18. Cf. Greco, Luís. *Dolo sem vontade. In*: Silva Dias, Augusto (coord.). *Liber Amicorum de José de Sousa e Brito*. Coimbra: Almedina, 2009, p. 885-886 (fazendo referência à frase de Feuerbach "onde o legislador fala, a filosofia cala", p. 885). Em sentido contrário, indicando uma limitação doutrinária onde há parâmetros legais expressos e, nesse ponto, abertamente contra a formulação de uma teoria cognitiva, Tavares: "os limites do dolo e da culpa devem ser fixados pelo legislador e não pela doutrina (...)". Tavares, Juarez. *Teoria do crime culposo*. 3. ed. Rio de Janeiro: Lumen Juris, 2009, p. 479; Tavares, Juarez. *Teoria dos crimes omissivos*. São Paulo: Marcial Pons, 2012, p. 393. Com argumento semelhante, na *Itália*, "Poiché la legge stessa definisce il dolo, è questa nozione che si deve accettare, ogni altra non potendo avere valore *de iure conditio*". Manzini, Vincenzo. *Trattato de diritto penale italiano*; aggiornata dai Professori P. Nuvolone e G. D. Pisapia. 5. ed. Torino: UTET, 1985, vol. I, p. 754. (itálico no original). Sobre a perversão do direito decorrente das decisões legais durante o período nacional-socialista cf. Hippel, Fritz v. *Die Perversion von Rechtsordnungen*. Tübingen: Mohr, 1955.

interno todas as discussões ainda não examinadas pela nossa literatura científica e, adicionalmente, pela cogência em submeter os elementos estampados no marco legal a rigoroso exame de fundamentação e precisão.

3. O marco teórico e bibliográfico

Entende-se por marco teórico a afirmação ou posicionamento específico sobre determinado tema, a partir do qual os argumentos podem ser desenvolvidos. Avalio dois momentos decisivos no âmbito da dogmática do dolo e fundamentais para a elaboração desta tese: por um lado, a atitude de Frisch ao romper com a tradicional ideia de que o objeto do dolo é o tipo objetivo, sua realização ou o seu resultado, para defender, em linhas gerais, que o conhecimento, único elemento do dolo, deve ter um objeto limitado ao comportamento, uma vez que o autor não pode conhecer o que ainda não ocorreu;[19] por outro lado, também me parece importante recordar a imagem conceitual sinalizada por Puppe, ao ponderar que há o dolo quando é utilizada estratégia de realização do resultado que, à luz de um homem racional, somente seria realizada por aquele indivíduo que estivesse de acordo com o resultado.[20]

O poderoso arsenal científico que se desenvolve em acordo (ou desacordo) com ambas as afirmações se reflete na copiosa produção científica relacionada com o tema. Isso repercute no arsenal bibliográfico por mim utilizado para a construção dos argumentos, é dizer, um claro predomínio de referências à produção científica alemã e espanhola. Se recordarmos as anteriormente mencionadas *razões formal* e *legal*, também se compreenderá o porquê das referências em língua portuguesa serem limitadas, essencialmente, aos manuais brasileiros de direito penal.

4. O problema

Um dos problemas mais importantes do direito penal é a correta determinação do conceito de dolo[21] e os casos anteriormente mencionados evidenciam que esse não é apenas e tão somente um problema teórico.[22] Cotidianamente nos

19. Frisch, Wolfgang. *Vorsatz und Risiko*. Colonia, Berlin, Bonn, München: Heymann, 1983, *passim*. Sobre a concepção desse autor cf. *abaixo*, parte III, item 3.1.2.1.

20. Puppe, Ingeborg. *Der Vorstellungsinhalt des dolus eventualis*. *In*: ZStW, 1991, n. 103, p. 14.

21. Cfr. Schmidhäuser, Eberhard. *Die Grenze zwischen vorsätzlicher und fahrlässiger Straftat ("dolus eventualis" und "bewusste Fahrlässigkeit")*. *In:* JuS, 1980, p. 242; Spendel, Günter. *Zum Begriff des Vorsatzes*. *In*: FS – Karl Lackner. Berlin: de Gruyter, 1987, p. 167; Welzel, Hans. *Das deutsche Strafrecht. Eine systematische Darstellung*. 11. Aufl. Berlin: de Gruyter, 1969, p. 69.

22. Schmidhäuser tributa a Feuerbach as dificuldades de fronteira entre o dolo e a culpa, porquanto, segundo ele, deve-se a Feuerbach a distinção entre culpa consciente e culpa inconsciente. Schmidhäuser, Eberhard. *Die Grenze... cit.*, p. 242. Sobre a teoria volitiva do dolo em Feuerbach, Greco, Luís. *Lebendiges und Totes in Feuerbachs Straftheorie: ein Beitrag zur gegenwärtigen strafrechtlichen Grundlagendiskussion*. Berlin: Duncker & Humblot, 2009, p. 61-62 (Há uma versão reduzida traduzida para o espanhol, Greco, Luís. *Lo vivo y lo muerto en la teoría de la pena de Feuerbach:*

deparamos com situações em que não é possível valorar com clareza se a hipótese consubstancia um comportamento doloso ou um comportamento culposo. Isso ocorre tanto naqueles países nos quais a legislação prevê um dilatado parâmetro legal para qualificar como doloso determinado comportamento, a exemplo da brasileira, da portuguesa ou da italiana, quanto naqueles em que a legislação prevê apenas um "*mínimo suficiente*",[23] a exemplo da alemã e da espanhola. Isso indica ser, no mínimo, duvidosa a ideia segundo a qual somente uma determinação conceitual legal de dolo seria capaz de reduzir a insegurança jurídica daquela fronteira.[24]

Creio que a melhor forma de deixar o problema da investigação ainda mais evidente será fazer uso de um problema-condutor. Utilizarei o conhecido caso que representou o ponto de ruptura da jurisprudência alemã, o conhecido caso do cinto de couro (*Lederriemenfall*[25]):

> *Problema-condutor. A* e *B* resolvem subtrair objetos de valor da casa do indivíduo *C*, o qual mantinha um relacionamento homossexual secreto com o primeiro. Em razão da clandestinidade da opção sexual de *C*, *A* crê que ele não procurará a polícia para relatar o fato, razão pela qual a subtração não será arriscada. Em um primeiro momento de idealização do plano, *A* e *B* consideram utilizar um cinto para estrangular *C*. Contudo, ao perceberem a possibilidade de *C* morrer estrangulado, sopesam e chegam à conclusão de que esse método é muito arriscado. Decidem, então, utilizar um saco de areia para golpear a cabeça da vítima enquanto ela dorme. E assim o fazem, mas, ao golpeá-la, a única coisa que conseguiram foi acordá-la. Na luta que se seguiu, *A* tira o cinto que levara e pressiona contra o pescoço de *C* até que esse desfaleça. Ambos finalizam a execução da subtração; posteriormente, tentam reanimar *C*, mas não obtêm êxito, a vítima havia falecido.

À luz do problema-condutor, nos termos que se seguem, elegerei dois pontos de partida e, ao final, formularei a pergunta-chave:

Una contribución al debate actual sobre los fundamentos del derecho penal; trad. Paola Dropulich y José R. Béguelin. Madrid/Barcelona/Buenos Aires/São Paulo: Marcial Pons, 2015); GROBE, Hannes. *Die allgemeine Vorsatzvermutung bei Feuerbach. In*: ZStW, 1966, n. 78, p. 58-66; HEMMEN, Heinrich. Über den Begriff, die Arten und den Beweis des Dolus. *Nach der strafrechtlichen Literatur von Feuerbach bis zum Reichsstrafgesetzbuch*. Breslau: Schletter, 1909, *passim*; LÖFFLER, Alexander. *Die Schuldformen des Strafrechts in vergleichend-historischer und dogmatischer Darstellung*. Leipzig: Hirschfeld, 1895, p. 212-219; STUCKENBERG, Carl-Friedrich. *Vorsatz und Zurechnung. In*: KOCH, Arnd; KUBICIEL, Michael; LÖHNIG, Martin; PAWLIK, Michael. *Feuerbachs Bayerisches Strafgesetzbuch: die Geburt liberalen, modernen und rationalen Strafrechts*. Tübingen: Mohr Siebeck, 2014, p. 241-270.

23. Expressão de HERZBERG, Rolf D. *Das Wollen beim Vorsatzdelikt und dessen Unterscheidung vom bewußt fahrlässigen Verhalten. In*: JZ, 1988, p. 574 (Teil 1).

24. Destacando, no panorama espanhol, que a origem da discussão sobre o conceito vincula-se à ausência de determinação legal LAURENZO COPELLO, Patrícia. *Dolo... Op. cit.*, p. 15 e ss.

25. BGHSt, 7, 363. Sobre essa ruptura cf. *abaixo*, parte II, item 2.1.1.

a. É possível dizer que *A* e *B* conheciam a possibilidade de morte da vítima; razão pela qual, a princípio, há duas possibilidades (clássicas) de imputação subjetiva: ou dolo eventual ou culpa consciente;

b. É possível dizer que *A* e *B* não desejavam, sequer esperavam, chegar ao resultado morte. Tanto assim que, além da alteração dos métodos de execução, também tentaram reanimar a vítima.

Considerando-se o contraste entre os dois pontos, o problema a ser enfrentado na tese deriva, essencialmente, das seguintes interrogantes:

Problema: age dolosamente aquele que representa o perigo de produção do resultado e mesmo assim prossegue com a conduta ainda que o resultado lhe seja sumamente indesejado?

Variação: age dolosamente aquele que representa o perigo de produção do resultado e mesmo assim prossegue com a conduta?

5. O método

Um trabalho deve poder prestar contas de seu método.[26] Por isso, de saída, pode-se dizer que o método adotado é essencialmente *analítico-teleológico*. E, aqui, presumo necessário pequeno esclarecimento: a princípio, seria possível recorrer à simples investigação da história das *ideias penais* no que diz respeito à construção do conceito de dolo para, em seguida, propor novo conceito ou aprimoramento do primitivo. Mas isso é dispensável, seja porque já realizado com algum êxito,[27] seja porque, para a propositura do conceito, partirei dos acima mencionados marcos teóricos. Por isso, a demanda histórica será apenas superficialmente atendida, isto é, não haverá recuos longínquos na história da dogmática do dolo.

26. Cf. Greco, Luis. *Strafprozesstheorie und materielle Rechtskraft. Grundlagen und Dogmatik des Tatbegriffs, des Strafklageverbrauchs und der Wiederaufnahme im Strafverfahrensrecht*. Berlin: Duncker & Humblot, 2015, p. 41.

27. Cf. No *Brasil*: Costa, Pedro Jorge. *Dolo... Op. cit.*, p. 45-96; Shecaira, Sérgio Salomão. *Ainda a expansão do direito penal: o papel do dolo eventual*. *In*: RBCCrim, 2007, vol. 64, p. 223-225; Silveira, Renato de Melo Jorge. *A teoria do dolo e o enigma do dolo eventual: considerações sobre a aparente nova resposta italiana*. *In*: RBCCrim, 2016, vol. 121, p. 230 e ss. Na *Itália*: Demuro, Gian Paolo. *Il dolo. Svolgimento storico del concetto*. Milano: Giuffrè, 2007, vol. I, *passim;* Demuro, Gian Paolo. *Prolegomeni storici allo studio del dolo*. *In*: RIDPP, 2006, vol. 49, n. 4, p. 1410-1461; Gelardi, Michele. *Il dolo specifico*. Milão: Cedam, 1996, p. 21-33. Em língua espanhola: Mommsen, Theodor. *Derecho Penal Romano*. (s.d), 1898, p. 60-65; Pérez Barberá, Gabriel. *El dolo... Op. cit.*, p. 151-225. Sobre referências ao Direito Romano cf. Gómes Royo, Enrique. *Reflexiones sobre el dolo en Roma y Grecia*. *In*: Cuerda Arnau, M. L. (dir). *Constitución, Derechos Fundamentales y Sistema Penal (Semblanzas y estudios con motivo del setenta aniversario del profesor Tomás Salvador Vives Antón)*. Valencia: Tirant lo Blanch, 2009, T. I, p. 793-795. Na *Alemanha*: Kaser, Max; Knütel, Rolf. *Römisches Privatrecht*. 18. Aufl. München: Beck, 2005, p. 61, Rn. 35; Liebs, Detlef. *Römisches Recht*. 3. Aufl. Göttingen: Vandenhoeck & Ruprecht, p. 205.

Do mesmo modo, salvo nos pontos necessariamente pertinentes ao desenrolar da tese – especialmente no momento da refutação das teorias volitivas e proposição conceitual – dispositivos de lei não serão objeto de análise.

A tese seguirá, no primeiro momento, o modelo *analítico* (ou teórico-descritivo), isto é, decomposição e análise dos argumentos traçados por cada uma das teorias do dolo, especialmente no que diz respeito à sua fronteira com a culpa consciente. Creio que a avaliação dos argumentos permitirá identificar, com maior sutileza e eficiência, tanto os *argumentos coerentes* quanto os *argumentos de conveniência*.

Cumpre alertar, ainda, que no momento da formulação da proposta conceitual, adotarei o método teleológico. Isso significa que para a formulação do conceito de dolo, a concepção defendida partirá de um modelo de sistema de fato punível orientado pela *ratio* do castigo doloso, uma vez que apenas com a resposta segura à indagação sobre a *ratio* do enquadramento de determinada conduta no padrão doloso será possível a fundamentação sólida para o conceito apresentado.[28]

Finalmente convém pontuar que as partes segunda (a qual trata da concepção volitiva) e terceira (a qual trata da concepção cognitiva) contêm sua *própria força vital*, isto é, estão redigidas de modo a serem razoavelmente compreendidas independentemente da leitura dos demais capítulos.[29]

6. A investigação conceitual

As observações até aqui enlaçadas estampam a natureza conceitual da investigação. Para evitar mal-entendidos, convém ressaltar que esta não é apenas uma pesquisa cuja consequência será um (re)acomodamento conceitual meramente estilístico;[30] trata-se, antes de tudo, da tentativa de resolução de um problema teórico com significativas repercussões na práxis. É adequado esclarecer, então, "*o que se entende por*" investigação conceitual e "*a que ela se propõe*".

Por proposta conceitual deve-se compreender o labor científico de substituição de um conceito que se considera inexato e vago por um conceito mais

28. Roxin, Claus. *Zur Abgrenzung von bedingtem Vorsatz und bewusster Fahrlässigkeit – BGHSt 7, 363*. *In*: JuS, 1964, p. 58. Também Schmidhäuser, Eberhard. *Vorsatzbegriff und Begriffsjurisprudenz im Strafrecht*. Tübingen: Mohr, 1968, p. 17. Mais de duas décadas depois, também advertiu Hassemer: "quem não pode responder a essa pergunta – sobre a diferença de pena – não poderá fundamentar a fronteira do dolo em critérios normativos aceitáveis". ("Wer diese Frage nicht beantworten kann, wird keine normativ akzeptablen Kriterien der Vorsatzgrenze begründen können"). Hassemer, Winfried. *Kennzeichen des Vorsatzes*. *In:* GS – Armin Kaufmann. Kohl: Heymann, 1989, p. 294. Contra Schröder, Horst. *Aufbau und Grenzen des Vorsatzbegriffs*. *In*: FS – Wilhem Sauer. Berlin: de Gruyter, 1949, p. 207.

29. Adotando esse método, Greco, Luís. *Lebendiges*... cit., p. 28.

30. Sobre questões conceituais cf. Puppe, Ingeborg. *Kleine Schule des juristischen Denkens*. 3. Aufl. Stuttgart: UTB, 2014, p. 27 e ss.

rigoroso que o substituído.[31] No que diz respeito à tese, será necessário preencher a palavra dolo com a propriedade que lhe pode ser mais útil[32] e simultaneamente retirar do seu conteúdo aquela propriedade que abre espaço para a incerteza sobre o conceito. Significa dizer que a sugestão conceitual aqui desenvolvida deve ser entendida como "aquela que tenta formular uma caracterização teoricamente adequada aos objetos a que se aplica".[33]

Tal labor deve ter como consequências: *primeira*, proporcionar uma definição coerente com a finalidade do sistema ao qual a categoria pertence; *segunda*, proporcionar uma definição *não-negativa*; *terceira*, fornecer o máximo de informação possível para demandar o menor esforço cognitivo. Para alcançar tais consequências, será necessário recorrer a uma estrutura de análise em duas etapas: *primeira*, exposição e crítica do conceito primitivo; *segunda*, construção do novo conceito. Parece-me que esse percurso em duas etapas permitirá não apenas um produtivo diálogo com as propostas anteriores, como também fornecerá, nos limites assinalados à similitude que ambos os conceitos devem ter entre si, as pistas para um substitutivo mais coerente e preciso.

Finalmente, mesclando-se as consequências da investigação conceitual com ambas as etapas que devem ser percorridas, o resultado deverá conduzir a um conceito: 1. *Mais exato possível*;[34] 2. *Com o máximo de utilidade*; 3. *Similar em extensão ao conceito primitivo* – e não idêntico ou coextensivo – ao conceito substituído, é dizer, o novo conceito poderá ser utilizado na maioria das ocasiões em que se usa o substituído; 4. *Mais simples possível* – essa simplicidade, contudo, pode ser sacrificada a fim de se alcançar maior exatidão ou fecundidade.[35] Portanto, uma boa resposta ao problema conceitual deverá ser capaz de reduzir a complexidade das soluções e consequentemente contribuir para a construção de uma visível fronteira entre os dois limites de imputação subjetiva, afinal, a utilidade de aparato teórico com difícil concretização processual penal é, no mínimo, suspeitosa.[36]

31. Alchourrón, Carlos E; Bulygin, Eugênio. *Introducción a la metodología de las ciencias jurídicas y sociales*. Buenos Aires: Astrea, 1974, p. 29.

32. Aqui assumo uma das finalidades da definição proposta por Copi, Irving Marmer. *Introdução à lógica*; trad. Álvaro Cabral. 2. ed. São Paulo: Mestre Jou, 1978, p. 108-109.

33. Copi, Irving Marmer. *Introdução...* cit., p. 117.

34. Cf. nota de rodapé n. 538.

35. Quanto aos critérios para construção do novo conceito acolho a sugestão de Alchourrón, Carlos E; Bulygin, Eugênio. *Introducción...* cit., p. 30. Partiu deste mesmo ponto Pérez Barberá, Gabriel. *El dolo...* cit., p. 43-58.

36. Cf. notas de rodapé n. 13 e n. 763.

7. Os parâmetros legais alemão, espanhol e brasileiro

No cenário internacional investigado, a ausência de definição do dolo foi a opção legal adotada. A legislação alemã e a espanhola,[37] diferentemente da brasileira, não vão além da simples indicação de *parâmetros mínimos* para o dolo. Os danos ou benefícios que cada um dos modelos pode gerar estão refletidos no cenário jurisprudencial e doutrinário. Coincidência, ou não, nos países em que não há tal demarcação legislativa, ainda que – é preciso reconhecer – não se tenha chegado a um ponto geral convergente sobre a definição do dolo, o terreno da argumentação foi, e continua a ser, frutífero no que diz respeito à tentativa de fundamentar e de precisar as fronteiras do crime doloso; quando comparamos esse cenário internacional com o brasileiro, destaca-se um contraste negativo. Essa oposição entre cenários abre excelente oportunidade para a exposição, ainda que breve e descritiva, dos três panoramas legais: o alemão, o espanhol e o brasileiro. Começo pelo diploma penal alemão.

O marco legal alemão optou por menção muito genérica e tímida sobre o crime doloso. A proposta entabulada no projeto alternativo de Código Penal alemão (*Alternativ-Entwurf eines Strafgesetzbuches*),[38] a qual recomendava a definição do dolo por razões de segurança e clareza jurídica (§§ 16 e 18), não convenceu o legislador de 1975.[39] Naquele momento, dois argumentos foram preponderantes para tal recusa: a definição legal de categorias dogmáticas não era tarefa do legislador, mas sim da doutrina e da jurisprudência[40] (i); um legislador-doutrinador poderia (inadequadamente) limitar o desenvolvimento da

37. A literatura científica desses dois países foi eleita em razão da autoevidente influência que exercem sobre a dogmática penal brasileira.

38. Também sugerida no Projeto de Código Penal de 1962, § 16 "Age dolosamente, quem assume o risco de realizar os elementos do tipo penal, quem sabe ou tem como certo, que realiza um tipo penal ou quem representa o resultado como possível e com ele anui" ("Vorsätzlich handelt, wem es darauf ankommt, den gesetzlichen Tatbestand zu verwirklichen, wer weiß oder als sicher voraussieht, daß er den gesetzlichen Tatbestand verwirklicht, oder wer die Verwirklichung für möglich hält und sich mit ihr abfindet").

39. Sobre as discussões da comissão do projeto alternativo no ponto referente ao dolo, cf. Ambrosius, Jürgen. *Untersuchungen zur Vorsatzabgrenzung*. Luchterhand: Berlim, 1966, p. 41; Gallas, Wilhelm. *Der dogmatische Teil des Alternativ-Entwurfs. In:* ZStW, 1968, n. 80, p. 29 e ss; Honig, Richard M. *Zur gesetzlichen Regelung des bedingten Vorsatzes. In*: GA, 1973, p. 257 e ss; Stratenwerth, Günter. *Die Definitionen im Allgemeinen Teil des Entwurfs 1962. In:* ZStW, 1964, n. 76, p. 697; Vogel, Joachim. *Vorbemerkungen zu den § 15. In:* Leipziger Kommentar zum Strafgesetzbuch. 12. Aufl. Berlin: de Gruyter, 2007, Rn. 1-7. Em reforma no mesmo período (1975), o Código Penal austríaco (österreichische Strafgesetzbuch) definiu o dolo e a culpa (§§ 5 e 6, öStGB). Definição semelhante no Código Penal suíço, art. 12, Abs. 2, Satz 1.

40. Cf. Honig, Richard M. *Zur gesetzlichen... Op. cit.*, p. 257; Kühl, Kristian. *Strafrecht. Allgemeiner Teil*. 8. Aufl. München: Vahlen, 2017, p. 81, Rn. 6; Lackner, Karl; Kühl, Kristian. *§ 15. In: Strafgesetzbuch Kommentar*. 28. Aufl. München: Beck, 2014, Rn. 2; Satzger, Helmut. *Der Vorsatz – einmal näher betrachtet. In*: Jura, 2008, p. 112.

jurisprudência e da própria ciência (ii).[41] Do somatório de ambos os argumentos é possível inferir um terceiro subjacente, qual seja: a segurança jurídica estaria plenamente atendida se a habilitação do poder punitivo estivesse amparada em um *mínimo legalmente fixado*. E foi o que ocorreu.

O legislador regulou diretamente a matéria em único e econômico dispositivo. De acordo com o § 15 do StGB: "Quando a lei expressamente não cominar pena à atuação culposa, somente é punível a atuação dolosa".[42] Do dispositivo nada é possível derivar além da excepcionalidade da punibilidade da ação culposa,[43] circunstância que, à semelhança do cenário brasileiro, converte o dolo em forma geral de imputação subjetiva.[44]

Além dessa referência direta,[45] no parágrafo seguinte, o StGB trata do erro sobre as circunstâncias de fato (§16, Abs. 1). Tal artigo merece menção, porquanto, no âmbito da dogmática do dolo, é apontado como marco legal que – a partir de uma interpretação a *contrario sensu* – viabiliza uma concepção meramente cognitiva de dolo, bem como permite a aproximação ao significado e ao conteúdo do dolo *deficitariamente* tratados no parágrafo anterior:[46]

41. Cf. Kudlich, Hans. § 15. In: Strafgesetzbuch Kommentar. München: Beck, 2010, Rn. 2.1; Otto, Harro. *Der Vorsatz. In*: Jura, 1996, p. 468; Roxin, Claus. Über den «dolus eventualis». *In:* Bertolino, Marta, Eusebi, Luciano, Forti, Gabrio (eds.). Studi in onore di Mario Romano. Milano: Jovene Editore, 2011, T. II, p. 1201; Sternberg-Lieben, Detlev; Schuster, Frank. § 15. In: Schönke, Adolf; Schröder, Horst. *Strafgesetzbuch Kommentar*. 29. Aufl. München: Beck, 2014, Rn. 6; Fischer, Thomas. *§15*. In: *StGB*. 63 Aufl. München: Beck, 2016, Rn. 1. Lamentando a opção legislativa, Jescheck, Hans-Heinrich. *Strafrechtsreform in Deutschland: allgemeiner Teil. In: Schweizerische Zeitschrift für Strafrecht*, 1975, p. 23, B. 91; Roxin, Claus. *Unterlassung, Vorsatz und Fahrlässigkeit, Versuch und Teilnahme im neuen Strafgesetzbuch. In:* JuS, 1973, p. 201-202.

42. § 15 Vorsätzliches und fahrlässiges Handeln: "Strafbar ist nur vorsätzliches Handeln, wenn nicht das Gesetz fahrlässiges Handeln ausdrücklich mit Strafe bedroht".

43. Cf. Sternberg-Lieben, Detlev; Schuster, Frank. § 15... cit., Rn. 1. Crítico: Vogel, Joachim. § 15... cit., Rn. 24 e ss. Considerando a referência, inclusive, desnecessária Zielinski, Diethart. §§ 15-16. In: Alternativkommentare – StGB. Neuwied: Luchterhand, 1990, Rn. 3.

44. Sobre essa relação cf. *abaixo*, parte IV, item 6. Cf. também nota de rodapé n. 863.

45. No que diz respeito à parte especial, são raras as referências ao dolo (*Vorsatz*) ou à dolosidade (*vorsätlich*) (cf. §§ 323a, Abs. 1; 330, Abs. 1 do StGB). É possível encontrar, contudo, referências ao propósito (*Absicht*) ou à premeditação (*Wissentlichkeit*) como formas especiais de dolo.

46. Cf. Blei, Hermann. *Strafrecht. Allgemeiner Teil*. 18. Aufl. München: Beck, 1983, p. 112-113; Bung, Jochen. *Wissen... Op. cit.*, p. 154-155; Freund, Georg. *Strafrecht. Allgemeiner Teil. Personale Straftatlehre*. 2. Aufl. Berlin: Springer, 2009, p. 260, Rn. 4; Frisch, Wolfgang. *Vorsatz... Op. cit.*, p. 32; Gaede, Karsten. § 15. In: Matt, Holger; Renzikowski, Joachim. *Strafgesetzbuch. Kommentar*. München: Vahlen, 2013, Rn. 2; Jescheck, Hans-Heinrich; Weigend, Thomas. *Lehrbuch des Strafrechts. Allgemeiner Teil*. 5. Aufl. Berlin: Duncker & Humblot, p. 292; Kindhäuser, Urs K. *Strafrecht. Allgemeiner Teil*. 7. Aufl. Baden-Baden: Nomos, 2015, p. 125, Rn. 1; Kindhäuser, Urs K. *Der Vorsatz als Zurechnungskriterium. In:* ZStW, 1984, n. 96, p. 1; Koriath, Heinz. *Grundlagen strafrechtlicher Zurechnung*. Berlin: Duncker & Humblot, 1994, p. 612; Kudlich, Hans. § 15... *Op. cit.*, Rn. 1 e Rn. 2.2; Kühl, Kristian. *Strafrecht...Op. cit*, p. 82, Rn. 8; Otto, Harro. *Grundkurs Strafrecht. Allgemeine Strafrechtslehre*. 7. Aufl. Berlin: de Gruyter, 2004, p. 76, Rn. 3; Otto, Harro. *Der Vorsatz... Op. cit.*, p. 468; Puppe, Ingeborg. *Strafrecht... Op. cit.*, p. 92, Rn. 1; Rengier, Rudolf. *Strafrecht. Allgemeiner Teil*. 6.

> "§ 16. Erro sobre os elementos de fato
>
> 1. Quem, ao cometer o fato, desconhece um elemento que pertence ao tipo legal, não atua dolosamente. Não resulta afetada a punibilidade pelo cometimento culposo."[47]

Articulando todos os dispositivos citados, a doutrina assevera que, legalmente, o dolo é constituído apenas pela presença do elemento cognitivo e pode ser excluído quando o agente desconhecer as circunstâncias que integram o tipo (§ 16, Abs. 1).[48] A sinalização legal, ao que parece, não apenas permitiu como também favoreceu a passagem de minoritária, porém crescente, parcela dogmática alemã em direção à negação de um conceito de dolo tradicionalmente fincado na bivalência conhecer e querer.[49]

O exame da historiografia jurídico-penal espanhola, por sua vez, deixa a impressão de uma regulamentação legal muito mais tolerante em relação à força dos princípios penais básicos de atribuição de responsabilidade penal. Assim, por exemplo, o Código Penal espanhol de 1973 não previa expressamente a responsabilidade penal subjetiva. Até as reformas que se deram na segunda metade do século XX ainda era possível encontrar o princípio canônico *versari in re illicita* estampado no parágrafo terceiro do art. 1. "*El qué cometiere voluntariamente un delito o falta, incurrirá en responsabilidad criminal, aunque el mal causado fuere distinto del que se había propuesto ejecutar*".[50] Ademais, também não havia qualquer menção expressa ao dolo, o código limitava-se à seguinte disposição: "*Son delitos o faltas las acciones y omisiones voluntarias penadas por la ley*" (art. 1. § 3, do CPE).

Aufl. München: Beck, 2014, p. 100, Rn. 2; Satzger, Helmut. *Der Vorsatz... Op. cit.*, p. 112 e ss; Schild, Wolfgang. *Der strafrechtliche Vorsatz zwischen psychischem Sachverhalt und normativem Konstrukt. In*: Jakob, Raimund; Usteri, Martin; Weimar, Robert. *Psyche. Recht. Gesellschaft. Widmungsschrift für Manfred Rehbinder*. Bern: Stämpfli, 1995, p. 119; Schmidhäuser, Eberhard. *Die Grenze... Op. cit.*, p. 241; Schroth, Ulrich. *Die Differenz von dolus eventualis und bewußter Fahrlässigkeit. In:* JuS, 1992, p. 3; Sternberg-Lieben, Detlev; Schuster, Frank. § 15... *Op. cit.*, Rn. 7; Sternberg-Lieben, Detlev; Sternberg-Liebe, Irene. *Vorsatz im Strafrecht. In*: JuS, 2012, p. 884; Zielinski, Diethart. § 15... *Op. cit.*, Rn. 19.

47. § 16 *Irrtum über Tatumstände* (1) Wer bei Begehung der Tat einen Umstand nicht kennt, der zum gesetzlichen Tatbestand gehört, handelt nicht vorsätzlich. Die Strafbarkeit wegen fahrlässiger Begehung bleibt unberührt.

48. Cfr. Kindhäuser, Urs. *Strafrecht... Op. cit.*, p. 125, Rn. 1-2; Zielinski, Diethart. § 15... *Op. cit.*, Rn. 19.

49. Cfr. Jakobs, Günther. *Strafrecht. Allgemeiner Teil. Die Grundlagen und die Zurechnungslehre*. 2. Aufl. Berlin: de Gruyter, 1991, p. 259, Rn. 5a; Frisch, Wolfgang. *Vorsatz... Op. cit.*, p. 32.

50. Sobre a tentativa da doutrina de formular uma interpretação restritiva para a *versari in re illicita*. cf. Córdoba Roda, Juan; Rodríguez Mourullo, Gonzalo. *Comentarios al Código Penal*. Barcelona: Ariel, 1972, T. I, p. 51 e ss (o comentário refere-se ao texto revisado publicado em 1963 (Dec. 691/1963. BOE, n. 84, 8 de abril de 1963), cuja redação é a mesma daquela que seria indicada no texto de 1973).

Objetivando acabar com a violação de tal dispositivo em relação ao princípio da responsabilidade subjetiva, na reforma de 1983, o legislador alterou expressamente o artigo primeiro do Código Penal espanhol de 1973 para fazer depender a existência do crime da demonstração do *dolo* ou da *culpa*. Expressões, segundo a doutrina, "menos equívocas e mais taxativas" que o anterior adjetivo *voluntárias*.[51]

O novo modelo permaneceu nas sucessivas alterações legislativas. O aprimoramento do quadro normativo implementado pelo código de 1995, especialmente com a regulação do erro no art. 14 do CPE, também trouxe impactos sobre o sistema de imputação subjetiva. Em relação à definição do que são delitos, salvo a pequena discrepância referente à alteração terminológica, substituição do termo *culpa* por *imprudência*, manteve-se a mesma estrutura da redação de 1983, isto é: o afastamento da possibilidade de responsabilidade penal pela simples causa do resultado e, consequentemente, a exigência do dolo ou da *imprudência* para que fosse possível a atribuição da responsabilidade penal (art. 5 e 10, do CPE, de 1995).

No tocante à regulamentação da teoria do erro e sua conexão com o crime doloso, houve efetiva melhoria da utilização dos termos se comparado ao código de 1983. Assim, por exemplo, a terminologia de 1983, "elemento essencial integrante da infração", é trocada por "fato constitutivo da infração penal" (art. 14, do CPE). O melhoramento da redação, realizado por meio da reforma implementada em 1995, permitiu encontrar, no mínimo, uma referência negativa para o dolo, uma vez que ficou extreme de dúvida a exclusão da responsabilidade penal na hipótese de *erro invencível*.[52]

O novo Código Penal espanhol (Lei Orgânica 1/2015, de 30 de março) manteve a regulação. O art. 10 do CPE estampa a mesma descrição de 1995: "*Son delitos las acciones y omisiones dolosas o imprudentes penadas por la ley*".

Semelhante ao que ocorre na Alemanha, também não há na legislação espanhola definição alguma de dolo ou de culpa.[53] Tal circunstância também força a doutrina a recorrer à teoria do erro, precisamente ao erro de tipo invencível (art. 14.1[54]), para dar maior densidade ao mencionado art. 10 do CPE. Pondera parcela

51. QUINTERO OLIVARES, Gonzalo; MUÑOZ CONDE, Francisco. *La Reforma penal de 1983*. Barcelona: Destino, 1983, p. 24 e ss. Sobre a interpretação do termo nos códigos anteriores cf. CÓRDOBA RODA, Juan; RODRÍGUEZ MOURULLO, Gonzalo. *Comentarios... Op. cit.*, p. 22-24. Cf. nota de rodapé n. 707.

52. Art. 14 do CPE de 1995: "1. El error invencible sobre un hecho constitutivo de la infracción penal excluye la responsabilidad criminal. Si el error, atendidas las circunstancias del hecho y las personales del autor, fuera vencible, la infracción será castigada, en su caso, como imprudente."

53. Valorando positivamente a ausência de definição RODRÍGUEZ DEVESA, José María; SERRANO GÓMEZ, Alfonso. *Derecho penal español. Parte general*. 16. ed. Dykinson: Madrid, 1993, p. 459.

54. "El error invencible sobre un hecho constitutivo de la infracción penal excluye la responsabilidad criminal. Si el error, atendidas las circunstancias del hecho y las personales del autor, fuera vencible, la infracción sera castigada, en su caso, como imprudente".

da literatura científica que, se se partir da premissa de que todo erro implica inexato conhecimento da realidade, e que quando há um erro invencível está excluído o dolo, parece que a realização dolosa deverá implicar, no mínimo, *realização com conhecimento das circunstâncias que integram o tipo penal objetivo*.[55]

Finalmente, a legislação brasileira.

O nosso legislador optou pela ampla regulamentação do dolo. À altura do artigo 18 do CP, fixou: "Diz do crime: I – doloso, quando o agente quis o resultado ou assumiu o risco de produzi-lo". Discrepando de ambas as legislações mencionadas,[56] mas similar ao Código Penal português (art. 14)[57] e ao italiano (arts. 42 e 43),[58] o CP ancorou expressamente o dolo a um referencial volitivo, o *querer*.[59] Não por outra razão a doutrina defende, genericamente e sem maiores

55. Bacigalupo, Enrique. *Derecho penal. Parte general*. 2 ed. Buenos Aires: Hammurabi, 1999, p. 316, nm. 600; Ragués i Vallès, Ramon. *El dolo... Op. cit.*, p. 28 (sem itálico no original).

56. Reconhecendo a inspiração em uma fórmula sugerida por uma das comissões de reforma do Código Penal alemão, Hungria, Nelson; Fragoso, Heleno Cláudio. *Comentários ao Código Penal*. 5. ed. Rio de Janeiro: Forense, 1979, vol. V, p. 52-53.

57. Sobre o dolo no Direito Penal *português* cf. Dias, Jorge de Figueiredo. *Direito penal: parte geral*. 2. ed. Coimbra: Coimbra Editora, 2012, p. 348 e ss; Carvalho, Américo Taipa de. Direito penal: parte geral. Porto: Publicações Universidade Católica, 2004, p. 125 e ss; Correia, Eduardo. *Direito Criminal*. Coimbra: Coimbra, 1963, p. 367 e ss; Pizarro Beleza, Tereza. *Direito Penal*. 2.ed. Lisboa: AAFDP, 1983, vol. 2, p. 180 e ss.

58. Sobre o dolo na doutrina *italiana* cf. Aimi, Alberto. *Dolo eventuale e colpa cosciente al banco di prova della casistica. In:* Diritto penale contemporaneo, 2013, n. 3, p. 301 e ss; Antolisei, Francesco. *Manuale di Diritto Penale. Parte Generale*. Milano: Dott A. Giuffrè, 2003, p. 395 e ss; Findaca, Giovanni; Musco, Enzo. *Diritto Penale... Op. cit.*, p. 313 e ss; Marinucci, Giorgio; Dolcini, Emilio. *Manuale di Diritto Penale. Parte Generale*. 4. ed. Milano: Dott A. Giuffrè, 2012, p. 291 e ss; Manzini, Vincenzo. *Trattato... Op. cit.*, p. 752 e ss; Tassi, Sauro. *Il dolo*. Padova: Cedam, 1992, p. 7 e ss; Viganò, Francesco. *Il dolo eventuale nella giurisprudenza recente. In:* AA.VV. Treccani. Il libro dell'anno del diritto, 2013, Roma, p. 118 e ss. Destacando a problemática da definição italiana Grosso, Carlo Federico; Pelissero, Marco; Patrini, Davide; Pisa, Paolo. *Manuale di Diritto Penale. Parte Generale*. Milano: Dott A. Giuffrè, 2013, p. 329 e ss. Para um panorama do tratamento do dolo na Itália, cf. Eusebi, Luciano. *La prevenzione dell'evento non voluto. Elementi per una rivisitazione dogmatica dell'illecito colposo e del dolo eventuale. In:* Bertolino, Marta, Eusebi, Luciano, Forti, Gabrio (eds.). Studi in onore di Mario Romano. Milano: Jovene Editore, 2011, T. II, p. 963 e ss; Mantovani, Fernando. *Dolo e colpa comune e dolo e colpa speciale. In:* Bertolino, Marta, Eusebi, Luciano, Forti, Gabrio (eds.). Studi in onore di Mario Romano. Milano: Jovene Editore, 2011, T. II, p. 1045 e ss; Mezzetti, Enrico. *Dolo alternativo. Rigorismi giurisprudenziali in tema di accertamento dell'elemento psicologico del reato. In:* Bertolino, Marta, Eusebi, Luciano, Forti, Gabrio (eds.). Studi in onore di Mario Romano. Milano: Jovene Editore, 2011, T. II, p. 1155 e ss; Pedrazzi, Cesare. *Tramonto del dolo? In*: RIDPP, 2000, vol. 43, n. 4, p. 1265 e ss; Pulitanò, Domenico. *I confini del dolo. Una riflessione sulla moralità del diritto penale*. In: RIDPP, 2013, vol. 56, n. 1, p. 22; Ronco, Mauro. *Le radici metagiuridiche del dolo eventuale. In:* Bertolino, Marta, Eusebi, Luciano, Forti, Gabrio (eds.). Studi in onore di Mario Romano. Milano: Jovene Editore, 2011, T. II, p. 1175 e ss; Ronco, Mauro. *Riflessioni sulla struttura del dolo. In*: RIDPP, vol. 58, n. 2, 2015, p. 589 e ss; Vero, Giancarlo de. *Dolo eventuale, colpa cosciente e costruzione «separata» dei tipi criminosi. In:* Bertolino, Marta, Eusebi, Luciano, Forti, Gabrio (eds.). *Studi in onore di Mario Romano.* Milano: Jovene Editore, 2011, T. II, p. 883 e ss.

59. A referência a determinada postura mentalística volitiva do agente, contudo, integra a nossa tradição legal. Ela já estava no Código Criminal do Império (art. 3.°), bem assim no Código Penal de

precisões, que o código adotou induvidosamente a teoria da vontade, quando o agente *quer* o resultado (o dolo direto de primeiro grau), complementada pela teoria do consentimento, quando o agente assume o risco de produzir o resultado (para o dolo eventual).[60]

Ainda é possível derivar algum conteúdo volitivo do dolo a partir da teoria do crime tentado. Conforme o art. 14, II do CP: "II – tentado, quando, iniciada a execução, não se consuma por circunstâncias alheias à *vontade do agente*". Abstraindo-se os diversos problemas relacionados com a tentativa,[61] o código adota a chamada *teoria realística*, isto é, não vincula o aperfeiçoamento da tentativa à vontade do agente, mas sim a um *minimum* de atuação objetiva. Assim é que a avaliação do risco que o bem jurídico eventualmente sofreu não é realizada apenas de acordo com o plano subjetivo do autor, mas objetivamente. O código, nas palavras de Hungria, "não pactuou com a teoria subjetiva, que é aquela que se satisfaz com a exteriorização da vontade inequivocamente dirigida ao crime".[62]

Finalmente, a outra referência legal ao dolo está estampada no dispositivo que trata do erro sobre os elementos do tipo,[63] cuja redação é: "Art. 20 – O erro sobre elemento constitutivo do tipo legal de crime exclui o dolo, mas permite a punição por crime culposo, se previsto em lei". Aqui o Código Penal brasileiro está em sintonia com os marcos legais internacionais examinados, isto é, foi menos exigente com a configuração dolosa porquanto a imputação a título de dolo ficou vinculada apenas ao conhecimento preciso das circunstâncias que integram o tipo penal.

1890 (art. 24).

60. Bitencourt, Cezar Roberto. *Tratado de direito penal: parte geral*. 17. ed. São Paulo: Saraiva, 2012, p. 350; Brandão, Cláudio. *Teoria jurídica do crime*. 2. ed. Rio de Janeiro: Forense, 2003, p. 70; Bruno, Aníbal. *Direito Penal. Parte geral*. 3. ed. Rio de Janeiro: Forense, t. II, p. 75; Capez, Fernando. *Curso de direito penal*. 15. ed. São Paulo: Saraiva, 2011, p. 225; Hungria, Nelson. *Comentários ao Código Penal*. 5. ed. Rio de Janeiro: Forense, 1975, vol. I, t. II, p. 122; Prado, Luís Regis; Carvalho, Érika Mendes de; Carvalho, Gisele Mendes de. *Curso de direito penal brasileiro*. 13. ed. São Paulo: RT, 2014, p. 303; Souza, Artur de B. Gueiros; Japiassú, Carlos Eduardo A. *Curso de Direito Penal: parte geral*. Rio de Janeiro: Elsevier, 2012, p. 192; Tavares, Juarez. *Teoria do crime culposo*... *Op. cit.*, p. 479. Alertando que em relação ao dolo eventual o Brasil adotou a teoria positiva do consentimento Jesus, Damásio E de. *Direito Penal: parte geral*. 32 ed. São Paulo: Saraiva, 2011, vol. 1, p. 328 e p. 333.

61. Entre eles, por exemplo, a problemática do início da execução do crime. Cf. Bockelmann, Paul. *Zur Abgrenzung der Vorbereitung vom Versuch*. *In*: JZ, 1954, p. 468 e ss; Berz, Ulrich. *Grundlagen des Versuchsbeginns*. *In*: JURA, 1984, p. 511 e ss; Kühl, Kristian. *Grundfälle zu Vorbereitung, Versuch, Vollendung und Beendigung*. *In*: JuS, 1980, p. 273 e ss; Rönnau, Thomas. *Versuchsbeginn*. *In*: JuS, 2013, p. 879; Sonnen, Bernd-Rüdiger; Hansen-Siedler, Thomas. *Die Abgrenzung des Versuchs von Vorbereitung und Vollendung*. *In*: JA, 1986, p. 17 e ss.

62. Hungria, Nelson. *Comentários*... *Op. cit.*, p. 76.

63. A vinculação temática foi registrada com ênfase pela literatura científica: "una correcta comprensión de los problemas del error es imposible sin considerar previamente la noción de dolo". Cf. Bacigalupo, Enrique. *Derecho penal*... *Op. cit.*, p. 316, nm. 600.

Este é o panorama da legislação internacional examinada. Ele funcionará como parâmetro para a análise da doutrina interna e internacional (= Alemanha e Espanha) que dele derivou. Cumpre expor, então, como esse percurso de análise será percorrido.

8. O programa da tese

A tese terá a seguinte estrutura lógica de investigação: primeiro, responder se o dolo deve ser necessariamente integrado por duas categorias psicológicas distintas, a cognitiva e a volitiva; depois, investigar se o elemento cognitivo é suficiente para fundamentar satisfatoriamente a imputação dolosa; em seguida, propor a construção do conceito de dolo sem vontade; e, finalmente, aplicar e verificar o rendimento prático do conceito proposto.

Para desenvolver a estrutura acima descrita, fragmentei o trabalho em cinco partes. A primeira delas, em razão de evidente exigência metodológica, está ligada àquelas questões que, relacionadas à tradicional estrutura do dolo dentro da teoria do delito, são de necessária exposição prévia. Tal exposição, contudo, será meramente descritiva.

Na segunda parte, dedicarei um espaço à exposição analítico-crítica do percurso tradicionalmente atribuído à vontade. Serão expostas as teorias que detêm a preferência da doutrina interna e internacional, isto é, aquelas que elaboram dupla programação psicológica para o crime doloso. Nesta parte, iniciarei pelas variantes das teorias de disposição de ânimo que tentam precisar o elemento volitivo dolo e, posteriormente, indicarei quais os principais fundamentos cogitados para tentar justificar a necessidade de um elemento volitivo no dolo. Essa parte funcionará como seção de contraponto à terceira parte e à tese proposta.

Na terceira parte, à semelhança da anterior, farei uma abordagem analítico-crítica das tradicionais teorias de corte cognitivo. Contudo, agora, executarei percurso inverso ao anterior, é dizer, iniciarei pelos argumentos que fundamentam um dolo meramente cognitivo e, superada essa seção, verificarei como as diversas teorias de corte cognitivo tentam precisar o elemento intelectual do dolo. Essa parte cumprirá a função de acomodar sistematicamente os pilares sobre os quais se estruturará o conceito proposto.

A quarta parte, denominada de transição para o dolo sem vontade, corresponderá à tese efetivamente proposta. Nessa desenvolverei os critérios de precisão para sustentar um modelo de dolo sem vontade. Com o objetivo de demonstrar a consistência e o melhor rendimento da tese, o critério de imputação subjetiva proposto deverá ser submetido a teste na parte seguinte.

Na quinta e última parte, tratarei da pragmática do dolo. Essa funcionará como uma seção de controle e verificação de rendimento prático do conceito apresentado e o seu principal objetivo será fornecer ao leitor o ponto de contraste entre a teoria aqui proposta e as existentes teorias de marco cognitivo e volitivo.

Um último item foi dedicado exclusivamente para testar a teoria do dolo que aqui será proposta e apresentar a solução para os casos indicados, bem assim para o problema-condutor.

Parte I

PANORAMA APROXIMATIVO

1. Considerações preliminares

O percurso histórico da dogmática do dolo talvez revele a categoria como verdadeiro tendão de Aquiles do direito penal. Nessa (na dogmática do dolo) tantas são as zonas de *desacordo* que até o *consenso que há é um consenso divergente.*[64] Mas, antes de percorrer o caminho da divergência, cumpre pavimentar o percurso que abriu espaço para o consenso possível. Nesse, há inegável influência e correlação entre a evolução dos sistemas de compreensão analítica do delito e a dogmática própria do crime doloso. Pode-se dizer, inclusive, que o avanço da compreensão da estrutura do crime doloso caminha de mãos dadas com o desenvolvimento dos sistemas de delito; dito de outro modo, as revoluções científicas experimentadas pela teoria geral do delito determinaram, em grande medida, o modo como o dolo foi configurado pela nossa legislação.

O marco que aqui interessa refere-se especialmente à discussão que dominou a primeira metade do século XX e que representou o monopólio dos debates travados dentro da teoria do delito, qual seja: a disputa em torno da natureza meramente causal ou final da conduta humana. Muito mais que uma simples querela sobre a posição sistêmica do dolo dentro da estrutura de delito, essas discussões refletiram, sobretudo, sobre a própria estrutura do crime doloso. A precisa compreensão desse traço histórico contribuirá para a melhor percepção dos argumentos formulados pelas concepções volitivas de dolo, bem assim para a melhor compreensão das objeções construídas pelas teorias que arquitetam o conceito de dolo a partir da *ratio* da pena.

Passo, então, à breve descrição do desenvolvimento dos dois grandes sistemas de delito que tributaram esforços para a solidificação do modelo protótipo

64. Foi o que constatou Ragués i Vallès, Ramon. *El dolo... Op. cit.*, p. 83 e ss.

de dolo;[65] para, em um segundo momento, espelhar os reflexos desses sistemas sobre a conceituação da categoria, bem assim para a conformação das diversas espécies de dolo.

2. Sobre a clássica posição e estrutura do dolo

No direito penal de formação científica ainda embrionária, três perguntas foram enfrentadas pela literatura jurídica: 1. Qual a posição sistêmica do dolo?; 2. A consciência da ilicitude é um componente do dolo?; 3. Qual a estrutura do dolo eventual como fronteira com a culpa consciente? Nesta seção tratarei das duas primeiras perguntas; quanto à terceira, por permanecer como ponto altamente discutido na doutrina e constituir, em linhas gerais, o objeto desta investigação, ocupar-me-ei nas seções seguintes.[66]

A primeira tentativa de sistematização analítica do delito, a qual data do princípio do século XX, compreendia o delito a partir de perspectiva bidimensional. Por um lado, em uma *dimensão objetiva*, o tipo penal foi concebido livre de qualquer consideração psíquica e tratava-se, apenas, de um avalorado acontecer externo; todo o causal e externo pertencia, pois, ao tipo e à antijuridicidade. A *dimensão subjetiva* do delito estava reservada para o momento de análise da culpabilidade; justamente por isso, a relação psíquica entre o indivíduo e o fato não interessava à imputação do tipo, mas sim à determinação do nível de *reproche*.

Sobretudo a partir da primeira metade do século XX, notadamente com a contribuição do finalismo *welzeliano*, os elementos subjetivos, outrora pertencentes à culpabilidade, foram deslocados para o âmbito do tipo penal, impondo-se o ponto de vista segundo o qual interessa ao conteúdo do injusto saber se a ação foi perpetrada dolosa ou culposamente; a culpabilidade sofre a assepsia de elementos subjetivos e fica, portanto, completamente normatizada.[67] Essas foram as bases sobre as quais foram encadeadas as discussões adiante alinhadas.

65. Para uma visão geral da estrutura do delito, entre outros, cf. no *Brasil*: Souza, Artur de B. Gueiros; Japiassú, Carlos Eduardo A. *Curso... Op. cit.*, p. 137-148; Zaffaroni, Eugênio Raul; Batista, Nilo; Alagia, Alejandro; Slokar, Alejandro. *Direito penal brasileiro*. Rio de: Revan, 2010, vol. II, t. 1, p. 174 e ss. Na *Alemanha*: Freund, Georg. *Vorbemerkungen zu den § 13. In:* MüKo. 3 Aufl. München: Beck, 2017, Rn. 2-23; Puppe, Ingeborg. *Vorbemerkungen zu den § 13. In*: Kindhäuser, Urs; Neumann, Ulfrid; Paeffgen, Hans-Ullrich (Hrsg.). Nomos Kommentar zum Strafgesetzbuch. 2. Aufl. Baden-Baden: Nomos, 2005, Rn. 1-79; Roxin, Claus; Greco, Luís. *Strafrecht. Allgemeiner Teil*. 5a. Aufl. München: Beck, 2017, B I, § 8, Rn. 1 e ss, (*no prelo*); Walter, Tonio. *Vorbemerkungen zu den § 13. In*: Leipziger Kommentar zum Strafgesetzbuch. 12. Aufl. Berlin: de Gruyter, 2006, Rn. 21-27.

66. Especialmente nas partes II-IV.

67. Cf. Gallas, Wilhelm. *Zur Struktur des strafrechtlichen Unrechtsbegriffs. In*: *FS – Paul Bockelmann*. München: Beck, 1979, p. 155 e ss; Lampe, Ernst-Joachim. *Das personale Unrecht*. Berlin: Duncker & Humblot, 1967, p. 13 e ss.

2.1 O dolo dentro das estruturas de delito

2.1.1 O sistema causal-naturalista

Como é de trivial afirmação, o *sistema clássico* de delito, também denominado sistema *Liszt-Beling* (ou sistema causal-naturalista), forjado no princípio do século XX,[68] representou a primeira tentativa de elaborar um esquema analítico para a análise e valoração do comportamento humano penalmente relevante; é a partir daí que se começa a falar em teoria do delito.

Naquele momento, sob a clara influência e apogeu das ciências da natureza, a ação humana foi compreendida como um mero *acontecer natural-externo*, como simples causa ou não evitação *voluntária* de modificação no mundo exterior.[69] A voluntariedade à qual se referia o modelo causalista não era caracterizada pela presença de componentes psicomentais do indivíduo, mas, apenas, pelo *ato psicofísico de tensão dos músculos*, isto é, o simples movimento corporal.[70] E aqui, talvez, situe-se um ponto interessante para compreender o porquê de o cognitivista FRANK considerar a vontade irrelevante para o dolo: neste momento de elaboração da doutrina geral do crime, os conceitos de voluntariedade, corpo e resultado estavam diretamente conectados e o que se queria expressar com a utilização desses conceitos era apenas a vinculação entre a inervação dos músculos e o resultado, ou seja, apenas uma questão de movimento corpóreo.

Isso se deve ao fato de que a construção desse sistema se deu sob a influência do positivismo e, para esse, a ciência é somente aquilo apreensível através dos sentidos. Naturalmente que sob essa lógica, o causalismo precisaria recorrer a *conceitos avalorados* para a estruturação do seu modelo de delito.[71] Não por outra razão, no âmbito da análise do tipo, não havia qualquer formulação de juízo de valor sobre a ação (análise reservada à antijuridicidade), bem assim qualquer indagação sobre a relação psíquica existente entre o autor do fato e o resultado (análise reservada à culpabilidade).

Essa inexistência de relação psíquica entre o indivíduo e o fato no âmbito do tipo deve-se à própria lógica natural que dimana do pensamento causalista. Pode-se dizer que tal clareza lógica do sistema clássico ambicionava dotar a imposição da pena a partir da concepção de um sistema de delito que fosse simples, lógico e

68. Aponta WALTER que até os anos setenta do século XX esse ainda era o sistema dominante na Áustria. Cf. WALTER, Tonio. *Vorbemerkungen... Op. cit.*, Rn. 22, Fn. 24. Adotava o sistema, no *Brasil*, BRUNO, Aníbal. *Direito penal*. 3. ed. Rio de Janeiro: Forense, 1967, t. I, p. 296 e ss.

69. Cf. MAURACH, Reinhart; ZIPF, Heinz. *Strafrecht. AT I*. 8. Aufl. Heidelberg: Müller, p. 119, Rn. 33; STRATENWERTH, Günter; KUHLEN, Lothar. *Strafrecht. AT I. Die Straftat*. 6. Aufl. München: Vahlen, 2011, p. 56, Rn. 4.

70. Cf. LISZT, Franz v. *Lehrbuch des deutschen Strafrechts*. 14 und 15 Aufl. Berlin: Guttentag Verlagsbuchhandlung, 1905, p. 122.

71. Cf. GRECO, Luís. *Introdução à dogmática funcionalista do delito – Em comemoração aos trinta anos de "Política criminal e sistema jurídico-penal" de Roxin. In*: RBCCrim, vol. 32, 2000, p. 121.

comprovável. Com efeito, se se observar atentamente os argumentos lançados pelo sistema clássico, a sua espinha dorsal baseava-se em proposta redutora da compreensão do delito, isto é, na edificação de um sistema que permitisse que o delito fosse captado pela experiência sensível. E isso somente seria possível se o ilícito fosse compreendido como um *acontecer avalorado*, meramente causal, externo e objetivo, que provocava modificação no mundo exterior e, consequentemente, que essa modificação correspondesse a uma conduta penalmente relevante (tipificada).[72] Dito de outro modo, para o modelo clássico não interessava ao tipo penal a indagação sobre a relevância jurídico-penal da conduta, o decisivo era, apenas, se essa provocou ou não modificação perceptível por meio da experiência sensível e se essa modificação era ajustável a um tipo penal abstratamente previsto.[73]

A ambição de clareza lógica do sistema causal, a qual em grande medida teve a sua estrutura mantida pelos sistemas de delito posteriormente concebidos, foi alcançada centrando-se o sistema de análise do comportamento humano no conceito de ação,[74-75] complementado pelos elementos da tipicidade, ilicitude e culpabilidade. O sistema clássico propôs a seguinte programação analítica: a *ação*, compreendida como aspecto externo e objetivo, era a simples expressão jurídica para designar a modificação que o comportamento promovia no mundo exterior; esse elemento central convertia-se em ação penalmente relevante, isto é, em ação típica, quando era possível o juízo *positivo-objetivo-descritivo* de subsunção do fato a um tipo penal; como a subsunção ao tipo era valorativamente neutra, o juízo positivo de tipicidade era suficiente para indicar a antijuridicidade (*ratio essendi*), mas não para fundamentá-la. Assim, o juízo de valoração sobre o comportamento, isto é, a simples contrariedade existente entre o comportamento do sujeito e a ordem jurídica, era elaborado quando da análise (puramente objetiva-normativa) da *antijuridicidade*. Finalmente, no âmbito da *culpabilidade* estava compreendida toda a dimensão subjetiva do comportamento humano, isto é, a relação psíquica, dolosa ou culposa, entre o indivíduo e o fato; o dolo e a culpa eram, portanto, as duas modalidades possíveis de culpabilidade.[76] Isso explica a afirmação, copiosa-

72. Cf. Liszt, Franz v. *Lehrbuch... Op. cit.*, p. 123-124.

73. Cf. Puppe, Ingeborg. § 15. In: Kindhäuser, Urs; Neumann, Ulfrid; Paeffgen, Hans-Ullrich (Hrsg.). Nomos Kommentar zum Strafgesetzbuch. 2. Aufl. Baden-Baden: Nomos, 2005, Rn. 1. (há tradução para o português de edição anterior à consultada: Puppe, Ingeborg. *A distinção entre dolo e culpa*; trad., introdução e notas de Luís Greco. Barueri: Manole, 2005).

74. Destacando a improdutiva discussão sobre a essência do comportamento humano cf. Puppe, Ingeborg. § 13... *Op. cit.*, Rn. 41 e ss.

75. Diagnosticando que na atualidade, especialmente no âmbito da ciência penal alemã, há um *generalizado desinteresse pelo conceito de ação*. Greco, Luís. *Tem futuro o conceito de ação. In*: Greco, Luís; Lobato, Danilo (Coord.). Temas de direito penal: parte geral. Rio de Janeiro: Renovar, 2008, p. 149. Próximo, Kühl, Kristian. *Strafrecht... Op. cit.*, p. 11, Rn. 1.

76. Sobre essa discussão cf. no *Brasil*: Bruno, Aníbal. *Direito penal: parte geral*. 3. ed. Rio de Janeiro: Forense, 1967, t. II, p. 57 (para um relato do finalismo cf. nota de rodapé n. 2); Hungria, Nelson. *Comentários... Op. cit*, p. 114; Souza, Artur de B. Gueiros; Japiassú, Carlos Eduardo A. *Curso... Op.*

mente repetida, segundo a qual dentro do sistema clássico de delito, o objetivo e o subjetivo eram dimensões agudamente diferenciadas uma da outra.[77]

As repercussões do sistema causalmente orientado ficam mais adequadamente evidenciadas por meio de exemplo: suponha-se que o indivíduo *A* conduza o seu veículo de acordo com todas as recomendações do código brasileiro de trânsito: esteja em sua mão de direção, dentro do limite de velocidade permitido, respeitando a sinalização indicada, enfim, com todas as precauções que se pode esperar de um condutor exemplar. Ao transitar pela Rua *X*, o transeunte *B*, com intento suicida, joga-se debaixo do veículo conduzido por *A*, vindo a falecer em razão dos ferimentos. Sob o ponto de vista causal, há uma ação homicida, porquanto a condução do veículo, que se efetivava por meio da contração voluntária dos músculos do condutor *A*, deu causa a uma modificação do mundo exterior, qual seja: a morte de *B*. Como esse juízo de adequação é completamente *avalorado*, pode-se dizer que *A* realizou uma ação típica de homicídio; como não há nenhuma causa legal justificante, a conduta também estava revestida de antijuridicidade, contudo, *A* não será punido em razão do defeito da culpabilidade, isto é, no caso não havia conexão psíquica, dolosa ou culposa, entre o seu comportamento e o resultado morte.

Nesse momento do desenvolvimento dogmático, o dolo era, em geral,[78] compreendido como um querer e uma decisão do autor de realizar o tipo penal *consciente da sua ilicitude* (o chamado *dolus malus*[79]). Era justamente essa *vontade ilícita* no sentido de realização do tipo, núcleo da culpabilidade àquela altura, que justificava não apenas o porquê da maior reprovabilidade que pesava sobre o comportamento doloso, como também abria o flanco para a admissibilidade do *erro de direito*. O dolo, portanto, além do duplo conteúdo psicológico, também exigia um lastro ético-jurídico consubstanciado na consciência da ilicitude do comportamento; sem a presença de todos esses elementos, não havia fundamento para afirmar a existência de comportamento doloso e, portanto, para a imposição de uma pena mais elevada (chamada *teoria do dolo*).[80]

cit., p. 140; TAVARES, Juarez. *Teoria do crime culposo... Op. cit.*, p. 28. Na *Alemanha*: BLEI, Hermann. *Strafrecht... Op. cit.*, p. 73; MEZGER, Edmund. *Wandlungen der strafrechtlichen Tatbestandslehre. In*: NJW, 1953, n. 1, p. 4; PUPPE, Ingeborg. § 15... *Op. cit.*, Rn.1; RADBRUCH, Gustav. *Über den Schuldbegriff. In:* ZStW, 1904, n. 24, p. 344. Descrevendo como um mal-entendido a designação do dolo ou da culpa como formas ou espécies de culpabilidade cf. SAUER, Wilhelm. *Allgemeine Strafrechtslehre. Eine lehrbuchmäßige Darstellung*. 3. Aufl. Berlim: de Gruyter, 1955, p. 145.

77. Cf. WALTER, Tonio. *Vorbemerkungen... Op. cit.*, Rn. 22.

78. Dispensava a consciência da ilicitude LISZT, Franz v. *Lehrbuch... Op. cit.*, p. 160 e p. 178-182.

79. Defendendo o retorno a uma concepção do dolo como *dolus malus* cf. FAKHOURI GÓMEZ, Yamila. *El objeto del dolo en derecho penal*. Colombia: Universidad Externado de Colombia, 2012, p. 329.

80. Cf. no *Brasil*: BRUNO, Aníbal. *Direito Penal... Op. cit.*, p. 64; HUNGRIA, Nelson. *Comentários... Op. cit.*, p. 143. Na *Alemanha*: BINDING, Karl. *Grundriss des Gemeinen Deutschen Strafrechts*. Leipzig: Engelmann, 1896, p. 120; HIPPEL, Robert v. *Deutsches Strafrecht. Allgemeine Lehren. Aalen: Scientia Verlag*, 1971, B. 2, p. 347; MEZGER, Edmund. *Moderne Wege der Strafrechtsdogmatik*. Berlin; München: Duncker & Humblot, 1950, p. 46; MEZGER, Edmund. *Das Unrechtsbewusstsein als Vorsatzbestandsteil*.

2.1.2 O sistema finalista

Pelas mãos de WELZEL, na concepção que ficou conhecida como *teoria finalista*, a centralidade do sistema permanece no conceito de ação, mas esse elemento não é mais concebido como simples causa motora de modificação do mundo exterior, mas como consequência da própria *inteligência humana*. Àquela altura, desde o princípio dos anos trinta do século XX, o argumento central derivado dessa premissa foi o de que o sistema de delito deveria orientar-se não mais sob a base naturalista, mas sob uma unidade ontológica composta pela *causalidade* e pela *finalidade*. A estrutura final da ação repousa sobre a causalidade e essa está assentada na ideia segundo a qual a organização do mundo é dirigida a alguma finalidade. Tais bases formariam a estrutura da ação finalista no plano pré-jurídico, isto é, aplicável a toda e qualquer ação humana, ainda que penalmente irrelevante.

Essa ideia, segundo a qual o agir humano se organiza à luz de algum propósito, é transplantada para o âmbito jurídico-penal e faz com que, como consequência imediata, o dolo e a culpa sejam considerados elementos integrantes da própria análise do injusto, ao passo que a culpabilidade fica esvaziada dos componentes subjetivos (*teoria normativa pura da culpabilidade*).[81] Naturalmente essa concepção deve muito à descoberta dos elementos subjetivos do injusto (Edmund MEZGER, August HEGLER e Albrecht FISCHER),[82] bem assim à própria teoria da culpabilidade normativa de Reinhard FRANK. Todo modo, apenas com WELZEL foi realizada a completa sistematização do sistema de delito à luz de uma *teoria da ação*.[83] Entretanto, ainda se fazem necessárias algumas linhas para melhor descrever o sistema finalista.

WELZEL argumentou que a base para a possível valoração penal não estava situada apenas no mero desdobramento (objetivo) do acontecer causal, mas no nexo psíquico (inicialmente denominado *intencionalidade*) entre o indivíduo e o

In: Studi in memoria di Arturo Rocco. Milano: Dotti A. Giuffrè, 1952, vol. II, p. 210; SAUER, Wilhelm. *Vorsatz, Irrtum, Rechtswidrigkeit. Unzulängliches in Lehre, Praxis und Reform. In*: ZStW, 1931, n. 51, p. 169; SAUER, Wilhelm. *Allgemeine... Op. cit.*, p. 148. É possível reconhecer os reflexos desse modo de compreensão da cognição como elemento de exoneração de responsabilidade em razão de defeitos cognitivos, entre outros, em JAKOBS, Günther. *Über die Behandlung von Wollensfehlern und von Wissensfehlern. In*: ZStW, 1989, n. 101, p. 523. Sobre a relação entre o dolo e a consciência da ilicitude, cf. OTTO, Harro. *Der Vorsatz... Op. cit.*, p. 474-476.

81. No prefácio à 4.ª edição do seu "*Das neue Bild des Strafrechtssystems*" (1960), WELZEL reconheceu influência de Richard HÖNIGSWALD, Karl BÜHLER, Theodor ERISMANN, Eric JAENSCH, Wilhelm PETERS, P. F. LINKE e Alexander PFÄNDER. Cf. WELZEL, Hans. *Das neue Bild des Strafrechtssystems*. 4. Aufl. Göttingen: Otto Schwartz, 1961, IX.

82. Refiro-me ao sistema denominado neoclássico ou neokantiano. Sobre o tema conferir referências indicadas na nota de rodapé n. 65.

83. Cf. WELZEL, Hans. *Studien zum system des Strafrechts. In*: ZStW, 1939, n. 59, p. 497. Cf. nota de rodapé n. 75.

resultado.[84] Posteriormente, sob certa influência da filosofia de Hartmann, essa identificação do nexo psíquico entre o sujeito e o resultado seria denominada *finalidade.*[85] Welzel percebeu, então, que a diferença entre a ação humana e o acontecer causal natural residiria, precisamente, na finalidade, uma vez que toda *ação humana é dirigida à realização de um fim (de uma meta).* Somente esse fim seria capaz de explicar a intervenção do indivíduo no mundo sensível. E como essa intervenção do sujeito no mundo sensível pode ser expressada? A ação humana, conduzida de modo a atingir determinado fim, diferentemente da ação causal, teria, estruturalmente, três etapas: *primeiro*, o autor representa (antecipa) a meta; *depois*, dentro de certos limites, a partir da consideração dos possíveis efeitos colaterais, esse elege o(s) meio(s) pelo(s) qual(is) a meta anteriormente representada pode ser otimamente alcançada; e, *finalmente*, atua com o(s) meio(s) anteriormente escolhido(s).[86]

A chave para a compreensão da ação, portanto, é a *finalidade.*[87] Não por outra razão escreveu Welzel que *a finalidade é vidente e a causalidade é cega.*[88] Esse é um princípio geral que estrutura todas as ações humanas, razão pela qual também deve ser a estrutura para compreender as ações penalmente relevantes. Isso faz com que o juízo de valoração recaia não somente no desvalor do resultado, mas no próprio desvalor da ação dirigida à realização de um resultado desaprovado.[89]

Assim, se a estrutura da finalidade está consubstanciada na capacidade da inteligência humana de antecipar mentalmente as consequências de sua ação e atuar a partir daí, então, pode-se dizer que o dolo e a finalidade, embora não sejam conceitos idênticos, no modelo welzeliano estavam em estreita relação de dependência, afinal, o conceito de crime doloso é derivado da própria estru-

84. Argumentação inicialmente desenvolvida em Welzel, Hans. *Kausalität und Handlung. In*: ZStW, 1931, n. 51, p. 703 e ss (especificamente sobre este ponto, p. 720).

85. Welzel, Hans. *Naturalismus und Wertphilosophie im Strafrecht*. Mannheim: Haus, 1935, p. 78-79.

86. A fórmula, que somente aparece a partir da terceira edição do manual "*Das deutsche Strafrechts*" (1944), permanece nas posteriores edições, bem assim na obra Welzel, Hans. *Naturalismus... Op. cit.*, p. 79.

87. Formulando crítica referente à imprecisão do termo finalidade, especialmente para caracterizar ações culposas, indagou Kaufamann "Poderia o elemento juridicamente relevante do fato culposo – a realização da ação contrária ao cuidado exigido – ser incorporado ao modelo da teoria da ação finalista?" Kaufmann, Arthur. *Die finale Handlungslehre und die Fahrlässigkeit. In*: JuS, 1967, p. 147 e ss. O próprio Welzel admite expressamente a acertada direção da crítica, ao ponderar que, talvez, o termo *ação cibernética*, sugerido por Nobert Wiener (1948) tivesse sido melhor que o termo finalidade. Cf. Welzel, Hans. *La doctrina de la acción finalista hoy. In:* ADP, 1968, fasc. II, p. 229; Welzel, Hans. *Zur Dogmatik im Strafrecht. In*: FS – Reinhart Maurach. Karlsruhe: Müller, 1972, p. 3-8.

88. Welzel, Hans. *Das deutsche... Op. cit.*, p. 33.

89. Consequente com essa ideia, Welzel defende que a missão do direito penal é justamente assegurar a vigência dos valores ético-sociais expressados por meio do comportamento (positivo) de observância das normas jurídico-penais. Welzel, Hans. *Das deutsche Strafrechts. Eine systematische Darstellung.* 11. Aufl. Berlin: de Gruyter, 1969, p. 2.

tura da ação finalista: *age dolosamente aquele que tem a finalidade de alcançar determinado propósito.* Dito de outra maneira, esse modo de compreensão da intervenção humana no mundo externo outorga à vontade o papel de fator diretivo e determinante do acontecer causal e converte-o em *ação dirigida a um objetivo.* Recorrendo-se ao mencionado exemplo, a repercussão prática do finalismo fica evidente: suponha-se que o indivíduo *A* conduza o seu veículo de acordo com todas as recomendações do código brasileiro de trânsito: esteja em sua mão de direção, dentro do limite de velocidade permitido, respeitando a sinalização indicada, enfim, com todas as precauções que se pode esperar de um condutor exemplar. Ao transitar pela Rua *X*, o transeunte *B*, com intento suicida, joga-se debaixo do veículo conduzido por *A*, vindo a falecer em razão dos ferimentos. Nesse caso, para o sistema finalista, não há ação típica de homicídio porque na conduta de *A* não havia uma direção consciente final em relação à produção do resultado morte de *B*. Dito de modo propositivo: matar alguém não é apenas causar a morte de alguém, senão *dirigir a conduta com o propósito de matar alguém.* Isso faz com que a irrelevância jurídico-penal da conduta fique evidenciada já no âmbito do tipo.

Cumpre, então, insistir no seguinte ponto: qual o tratamento que o modelo finalista dá ao dolo? Não é necessário muito esforço argumentativo para derivar a relação de dependência entre o dolo e a finalidade. Pode-se dizer, inclusive, que *o dolo é a perfeita expressão (ou momento) da atividade final.*[90] Nas palavras de Welzel, "toda ação consciente é conduzida por meio da decisão da ação, isto é, pela consciência do que se quer – o momento intelectual – e pela decisão de querer levá-lo a cabo – o momento volitivo".[91] Juntos, ambos os momentos, como fatores estruturantes de uma ação típica real (*wirkliche tatbestandsmäßige Handlung*), formam o dolo (o dolo do tipo penal),[92] finaliza Welzel. Nesse contexto, portanto, *o dolo, em sentido jurídico-penal, é a vontade da ação finalmente orientada à realização de um tipo penal.*[93] Ao fim e ao cabo, isso significa que todo dolo

90. Sobre a caça à finalidade nos delitos culposos cf. Kaufmann, Arthur. *Das Schuldprinzip. Eine strafrechtlich-rechtsphilosophische Untersuchung.* 2. Aufl. Heidelberg: Winter, 1976, p. 165 e ss (com referências na nota de rodapé n. 230, p. 166); Kaufmann, Arthur. *Die ontologische Struktur der Handlung. Skizze einer personalen Handlungslehre. In: Schuld und Strafe: Studien zur Strafrechtsdogmatik.* 2. Aufl. Köln-Berlin-Bonn-München: Carl Heymanns Verlag, 1983, p. 11 e ss. As tentativas de superação das críticas vieram, especialmente, com os trabalhos de Niese, Werner. *Finalität, Vorsatz und Fahrlässigkeit.* Tübingen: Mohr, 1951 e de Struensee, Eberhard. *Objektive Zurechnung und Fahrlässigkeit. In:* GA, 1987, p. 97 e ss.

91. Welzel, Hans. *Das deutsche... Op. cit.,* p. 64.

92. Welzel, Hans. *Das deutsche... Op. cit.,* p. 64.

93. Essa ideia refletir-se-á na na análise do dolo eventual. Com efeito, Welzel, ao tratar dessa modalidade de dolo, descarta as teorias de disposição de ânimo como referencial de fronteira com a culpa, especialmente a teoria do consentimento, porquanto a vontade de realização pode referir-se a resultados que o autor não aprovava internamente, senão, ao revés, os desaprovava ou lamentava. O que interessava, frise-se, era a ação finalmente dirigida à realização de um tipo. Welzel, Hans. *Das deutsche... Op. cit.,* p. 69.

contém em si ação finalista, mas nem toda ação finalista expressa comportamento doloso; assim como ações típicas representam diminuto setor das ações finais que se concretizam na realidade,[94] também é possível identificar que entre o dolo e a ação final há relação de gênero e espécie, na qual o dolo é a espécie e a ação finalista o gênero. Essa relação está bem evidente se se observar com cautela o exemplo frequentemente mencionado: suponha a hipótese de um caçador que durante uma caçada, em vez de matar a caça, atinge o amigo que estava em um local onde o caçador não suspeitava nem imaginava encontrá-lo. Aqui há perfeita ação finalista: o caçador antecipa mentalmente o objetivo (atingir a caça); elege o meio para alcançá-lo (arma de fogo); e, finalmente, põe em marcha aquilo que foi ideado (aponta e dispara). O que não há, contudo, é a ação finalista de matar o amigo. Isso significa que a equiparação entre a finalidade e o dolo do tipo é um equívoco.[95] Com essa consideração, WELZEL sublinha a importância do desvalor da ação para a valoração jurídico penal da conduta humana.

Em modo de síntese, a concepção final pode ser assim compreendida: o primeiro conceito ontológico é a ação humana; o legislador deve estruturar o sistema conforme a natureza ontológica do atuar humano; o agir humano é sempre o exercício de uma atividade final; essa estrutura final significa que a direção do curso causal está nas mãos do homem; a direção final de uma ação exige a antecipação do fim, a seleção dos meios para a consecução dos fins e a consideração dos efeitos concomitantes; finalmente, o querer em sentido jurídico-penal é o querer realizar um tipo penal.[96]

Finalmente, convém ressaltar que o desnível de *qualidade* que existe entre uma causação dolosa e uma causação culposa conduziu à indagação sobre se era possível uma posição unitária do dolo, isto é, dentro do injusto, como queria o finalismo, ou dentro da culpabilidade, como defendia o causalismo.[97]

94. Cf. WELZEL, Hans. *Ein unausrottbares mißverständnis? Zur Interpretation der finalen Handlungslehre*. *In*: NJW, 1968, p. 426.

95. Contra: WALTER, Tonio. *Vorbemerkungen... Op. cit.*, Rn. 24. Vale insistir: embora não sejam conceitos equiparados, a relação de dependência entre o conceito pré-jurídico, "a finalidade", e o conceito jurídico, "o dolo", abriu flanco para diversas críticas. Para ficar em um exemplo, é possível mencionar as hipóteses de erro. Nesses casos, parece mais que evidente que a estrutura normativa do dolo não se alinha à estrutura do referencial global pré-jurídico (a finalidade), uma vez que o curso causal ativado pelo indivíduo não corresponde ao estado mental por ele antecipado. Cfr. KRAUSS, Detlef. *Erfolgsunwert und Handlungsunwert im Unrecht*. *In*: ZStW, 1964, n. 76, p. 46.

96. O leitor encontrará uma síntese da concepção realizada pelo próprio WELZEL em: WELZEL, Hans. *Die deutsche strafrechtliche Dogmatik der letzten 100 Jahre und die finale Handlungslehre*. *In*: JuS, 1966, p. 421 e ss. Também encontrará uma discussão sobre algumas das críticas levantadas contra a teoria em: WELZEL, Hans. *Um die finale Handlungslehre. Eine Auseinandersetzung mit ihren Kritikern*. Tübingen: Mohr, 1949.

97. Cf. GALLAS, Wilhelm. *Zum gegenwärtigen Stand der Lehre vom Verbrechen*. *In*: ZStW, 1955, n. 67, p. 44 e ss.

Para parcela da doutrina, é necessário atribuir ao dolo dupla posição dentro do esquema sistêmico do delito, qual seja: o dolo, além de representar componente subjetivo do injusto, também integraria a estrutura da culpabilidade.[98] No âmbito da culpabilidade, a *reprovabilidade* residira no fato de que o autor doloso manifesta atitude contrária àquela que a ordem jurídica espera de um indivíduo justo e consciente (*disposição de ânimo*); o dolo não representaria, portanto, apenas uma valoração negativa do *desvalor da ação*, senão também uma valoração do *desvalor do ânimo* do agente, isto é, uma valoração negativa da sua atitude consciente contrária à pretensão de respeito em relação às exigências da norma jurídica.[99] Com outras palavras, a dupla posição sistêmica do dolo dentro do esquema analítico de delito: *como elemento do injusto, equivalente ao desvalor da ação; e, simultaneamente, como elemento da culpabilidade, equivalente ao desvalor do ânimo.*[100] A hipótese de erro de tipo permissivo, isto é, aqueles casos nos quais o autor representa existentes pressupostos fáticos os quais, se presentes estivessem, o autorizariam a invocar uma causa de justificação, é um bom exemplo de como a benevolência do tratamento jurídico fundamenta-se na ausência de disposição de ânimo do autor em relação à violação da norma jurídica (circunstância que elimina a *culpabilidade dolosa*). À luz da perspectiva sistêmica, isso significa que existiriam elementos da culpabilidade específicos não somente para o comportamento culposo, senão também para o comportamento doloso.

Com o novo percurso desenhado pelo finalismo, concepção a qual, aliás, beira a unanimidade de aceitação no Brasil,[101] deparamo-nos, então, com o dolo no tipo penal. Dolo cuja descrição, genericamente elaborada, pode ser entendida

98. É como entende, por exemplo Gallas, Wilhelm. *Zum gegenwärtigen... Op. cit.*, p. 45.

99. Cf. Gallas, Wilhelm. *Zur Struktur... Op. cit.*, p. 170. Tal posicionamento, contudo, não é coerente com a dogmática mais moderna, eis que o erro sobre os pressupostos fáticos excluirá o próprio desvalor da ação no crime doloso. Cf. Puppe, Ingeborg. § 15... *Op. cit.*, Rn. 3 e § 16. Ademais, a própria afirmação do dolo, diferentemente do que se dá com a culpa (e mesmo que seja assumindo o molde finalista) reflete sobre o conteúdo da culpabilidade. A culpabilidade dolosa, portanto, decorre da própria estrutura do dolo, razão pela qual parece ser, em princípio, assistemático e irrelevante, um duplo tratamento.

100. Para além do próprio Gallas, e com as evidentes matizações, adotam a dupla posição do dolo, na *Alemanha*: Dreher, Eduard. *Der Irrtum über Rechtfertigungsgründe*. *In*: FS – Ernst Heinitz. Berlin: de Gruyter, 1972, p. 224; Jescheck, Hans-Heinrich; Weigend, Thomas. *Lehrbuch... Op. cit.*, p. 243; Lampe, Ernst-Joachim. *Das personale... Op. cit.*, p. 234; Wessels, Johannes; Beulke, Werner. *Strafrecht. AT*. 37. Aufl. Heidelberg: Müller, 2007, p. 51, Rn. 142. Com variações: Roxin, Claus. *Política criminal e sistema jurídico penal*; trad. Luís Greco. Rio de Janeiro: Renovar, 2000, p. 67-81; Roxin, Claus; Greco, Luís. *Strafrecht... Op. cit.*, § 12, Rn. 26. *Na Espanha:* Morillas Cueva, Lorenzo. *Derecho penal. Parte general*. Madrid: Dykinson, 2008, t. II, vol. I, p. 176; Morillas Cueva, Lorenzo. *La doble posición del dolo en la teoría jurídica del delito*. *In*: Cuadernos de política criminal, n. 91, 2007, p. 27-46. *Em Portugal*: Dias, Jorge de Figueiredo. *Schuld und Persönlichkeit. Für eine rechtsethische Erneuerung des Schuldbegriffs im Strafrecht*. *In*: ZStW, 1983, n. 95, p. 246 e ss.

101. Embora tenha sido dominante na Alemanha, especialmente até os anos 60 do século XX, a teoria finalista teve adesão de somente parcela da literatura científica e foi especialmente sustentada por Maurach, Hirsch e Stratenwerth. Cfr. Freund, Georg. *Vorbemerkungen... Op. cit.*, Rn. 10; Walter, Tonio. *Vorbemerkungen... Op. cit.*, Rn. 25.

como uma ação orientada a certo propósito ou simplesmente como intenção (ou finalidade) de realizar o tipo penal.

Em largas linhas, esse é o perfil da discussão que deveria ser previamente relatada para abrir caminho a uma melhor compreensão da tradicional concepção do dolo, notadamente porque, como dito, a nossa regulamentação legal, bem assim a quase unanimidade da doutrina, a deriva essencialmente de tal embate dogmático. Passo à análise, então, da *tradicional concepção* de dolo.

2.2 A clássica definição do crime doloso

Uma vez fixada a repercussão do finalismo na compreensão do crime doloso, é possível presumir que a estrutura do dolo permaneceu programada pelos componentes intelectual e volitivo; a permanência da aceitação de um elemento volitivo do dolo deve muito à concepção finalista. Essa dupla programação repercutiu não apenas na nossa legislação, mas também na ciência penal interna e na ciência penal internacional analisadas. Senão vejamos.

Como mencionei, o CP brasileiro deixou explícito o que deve ser entendido pelo crime doloso e essa versão indicada pelo marco legal foi (sem censura) acolhida pela nossa literatura científica. Margeando-se pequenas variações conceituais que, em absoluto, refletem sobre conteúdo atribuído ao dolo, a fórmula linguística mais conhecida do direito penal,[102] e que corresponde à síntese entre as teorias de Frank e de Hippel,[103] alinha-se ao marco legal brasileiro, qual seja: *o dolo é o conhecimento e a vontade de realização dos elementos do tipo.*[104-105]

102. Cf. Herzberg, Rolf D. *Die Abgrenzung... Op. cit.*, p. 249; Bung, Jochen. *Wissen... Op. cit.*, p. 131.

103. Cf. Koriath, Heinz. *Grundlagen... Op. cit.*, p. 612.

104. Com variações de definição (repito!), mas tendo como denominador a manutenção do elemento volitivo no conceito de dolo, no *Brasil*: Bitencourt, Cezar Roberto. *Tratado... Op. cit.*, p. 347; Brandão, Cláudio. *Teoria...Op., cit.*, p. 67 e p. 71; Bruno, Aníbal. *Direito Penal... Op. cit.*, p. 57; Bruno, Aníbal. *Direito Penal: parte especial*. 2. ed. Rio de Janeiro: Forense, 1972, t. IV, p. 71-72; Busato, Paulo César. *Direito Penal: parte geral*. São Paulo: Atlas, 2013, p. 412; Capez, Fernando. *Curso... Op. cit.*, p. 223; Costa Junior, Paulo José da. *Direito penal objetivo: breves comentários ao código*. Rio de Janeiro: Forense Universitária, 1989, p. 46; Costa e Silva, Antonio José da. *Codigo Penal dos Estados Unidos do Brasil commentado*. São Paulo: Companhia Editora Nacional, 1930, vol. 1, p. 139; Dotti, René Ariel. *Curso de direito penal: parte geral*. 2. ed. Rio de Janeiro: Forense, 2005, p. 313; Fragoso, Heleno. *Lições de direito penal: parte geral*. 5. ed. Rio de Janeiro: Forense, 1983, p. 174; Garcia, Basileu. *Instituições de direito penal*. 4. ed. São Paulo: Max Limonad, 1972, vol I, t. I, p. 251; Hungria, Nelson. *Comentários... Op. cit.*, p. 114; Jesus, Damásio E de. *Direito... Op. cit.*, p. 327; Leal, João José. *Curso de direito penal*. Porto Alegre: Sergio Antonio Fabris & Editora da FURB, 1991, p. 194; Marques, José Frederico. *Tratado de direito penal*. 2. ed. São Paulo: Saraiva, 1965, vol. II, p. 196; Noronha, E. Magalhães. *Direito Penal*. 16. ed. São Paulo: Saraiva, 1978, vol. 1, p. 144; Prado, Luís Regis; Carvalho, Érika Mendes de; Carvalho, Gisele Mendes de. *Curso... Op. cit.*, p. 297; Queiroz, Paulo. *Curso de direito penal. Parte Geral*. 9. ed. Salvador: Juspodivm, 2013, p. 252-254; Reale Júnior, Miguel. *Instituições de direito penal*. 2. ed. Rio de Janeiro: Forense, 2006, p. 219; Reale Júnior, Miguel. *Arts. 13 a 25. In:* Reale Júnior, Miguel (Coord.). Código penal comentado. São Paulo: Saraiva, 2017, p. 69; Shecaira, Sérgio Salomão. *Dolo eventual e culpa consciente. In*: RBCCrim, 2002, vol. 38, p. 142;

Apesar de críticas e restrições que se alongam e se somam ao longo do percurso da historiografia jurídico-penal, o conhecimento e a vontade permanecem como os dois pilares psicológicos da imputação subjetiva.[106] A atribuição

SOUZA, Artur de B. Gueiros; JAPIASSÚ, Carlos Eduardo A. *Curso...Op cit.*, p. 192; SANTOS, Juarez Cirino dos. *Direito... Op. cit.*, p. 134-135; TAVARES, Juarez. *Teoria do injusto penal.* 3. ed. Belo Horizonte: Del Rey, 2003, p. 181; ZAFFARONI, Eugênio Raul; BATISTA, Nilo; ALAGIA, Alejandro; SLOKAR, Alejandro. *Direito penal... Op. cit.*, p. 270. *Na Alemanha*: BLEI, Hermann. *Strafrecht... Op. cit.*, p. 112; HEINRICH, Bernd. *Strafrecht. Allgemeiner Teil.* 4. Aufl. Stuttgart: Kohlhammer, 2014, p. 102, Rn. 264; HIPPEL, Robert v. *Deustches...Op. cit*, p. 306; JESCHECK, Hans-Heinrich; WEIGEND, Thomas. *Lehrbuch... Op. cit.*, p. 293; KAUFMANN, Armin. *Der dolus eventualis im Deliktsaufbau. Die Auswirkungen der Handlungs und der Schuldlehre auf die Vorsatzgrenze. In*: ZStW, 1958, n. 70, p. 64 e p. 69; MAURACH, Reinhart; ZIPF, Heinz. *Strafrecht... Op. cit.*, p. 301, Rn. 1; MEZGER, Edmund. *Strafrecht. Ein Lehrbuch.* 3. Aufl. München: Duncker & Humblot, 1949, p. 303; NIESE, Werner. *Finalität... Op. cit.*, p. 12; RENGIER, Rudolf. *Strafrecht... Op. cit.*, p. 100, Rn. 5; ROXIN, Claus; GRECO, Luís. *Strafrecht... Op. cit.*, § 12, Rn. 4; RUDOLPHI, Hans-Joachim; STEIN, Ulrich. § 16. In: WOLTER, Jürgen. (Hrsg). Systematischer Kommentar zum Strafgesetzbuch. 9. Aufl. München: Carl Heymanns, 2016, Rn. 1; SAFERLING, Christoph J. M. *Vorsatz und Schuld: Subjektive Täterelemente im deutschen und englischen Strafrecht.* Tübingen: Mohr Siebeck, 2008, p. 119; SCHEWE, Günter. *Bewußtsein und Vorsatz.* Berlin: Luchterhand, 1967, p. 28; SCHÜNEMANN, Bernd. *Vom philologischen zum typologischen Vorsatzbegriff. In*: FS – Hans Joachim Hirsch. Berlin: de Gruyter, 1999, p. 364 (Há uma tradução para o português realizada por Luís Greco e Ana Cláudia Grossi: SCHÜNEMANN, Bernd. *Estudos de direito penal, direito processual penal e filosofia do direito.* São Paulo: Marcial Pons, 2013, p. 127-141); WEGNER, Arthur. *Strafrecht. Allgemeiner Teil.* Göttingen: Vandenhoek & Ruprecht, 1951, p. 137; WELZEL, Hans. *Das Deutsche... Op. cit.*, p. 54 e ss; WESSELS, Johannes; BEULKE, Werner. *Strafrecht... Op. cit.*, p. 79, Rn. 203. *Na Espanha*: ANTÓN ONECA, José. *Derecho penal;* anotada y puesta al día por José Julián Hernández Guijarro y Luis Benitez Merino. Madrid: Akal, 1986, p. 222; CEREZO MIR, José. *Derecho penal: parte general.* São Paulo: RT; Lima: Ara Editores, 2007, p. 519, p. 535; DÍAZ Y GARCÍA CONLLEDO, Miguel. *El error sobre elementos normativos del tipo penal.* Madrid: La Ley, 2008, p. 315-316, nota de rodapé n. 2; LUZÓN PEÑA, Diego-Mauel. *Lecciones de derecho penal. Parte general.* 3. ed. Valencia: Tirant lo Blanch, 2016, p. 228; MIR PUIG, Santiago. *Derecho penal: parte general.* 9. ed. Barcelona: Reppertor, 2011, p. 267 e ss; MUÑOZ CONDE, Francisco; GARCÍA ARÁN, Mercedes. *Derecho penal. Parte General.* 8. ed. Valencia: Tirant lo blanch, 2010, p. 267; ORTS BERENGUER, Enrique; GONZÁLEZ CUSSAC, José L. *Compendio de derecho penal: parte general.* 6. ed. Valencia: Tirant lo Blanch, 2016, p. 336; QUINTERO OLIVARES, Gonzalo. *Parte general del derecho penal.* 4. ed. Pamplona: Aranzadi, 2010, p. 351 e 357. *Na Itália*: ANTOLISEI, Francesco. *Manuale... Op. cit.*, p. 346; MANZINI, Vincenzo. *Trattato... Op. cit.*, p. 755; MARINUCCI, Giorgio; DOLCINI, Emilio. *Manuale... Op. cit.*, p. 292. *Em Portugal*: CARVALHO, Américo Taipa de. *Direito penal... Op. cit.*, p. 127; DIAS, Jorge de Figueiredo. *Direito Penal... Op. cit.*, p. 349. Na *Suiça*: DONATSCH, Andreas (Hrsg). *Schweizerisches Strafgesetzbuch und weitere einschlägige Erlasse mit Kommentar zu StGB, JStg, den Strafbestimmungen des SVG, BetmG und AuG.* 19. Aufl. Zürich: Orell Füssli, 2013, p. 50-51, Rn. 1-9; SEELMANN, Kurt. *Strafrecht. Allgemeiner Teil.* 5. Aufl. Basel: Helbing Lichtenhahn, 2012, p. 55; TRECHSEL, Stefan, AFFOLTER-EIJSTEN, Heidi (Hrsg.). *Schweizerisches Strafgesetzbuch. Praxiskommentar.* Zürich: Dike, 2008, p. 53, Rn. 3 e ss.

105. Esse também é o entendimento esposado pela majoritária jurisprudência brasileira. Cf. AP 905-QO, rel. Min. Roberto Barroso; AP 527, rel. Min. Dias Toffoli; AP 441, rel. Min. Dias Toffoli; Inq 2.646, rel. Min. Ayres Britto. Para outras referências cf. *abaixo*, parte V, excurso.

106. Ressaltando a imprecisão, insuficiência ou erro da fórmula FISCHER, Thomas. §15... *Op. cit.*, Rn. 3; GAEDE, Karsten. § 15... *Op. cit.*, Rn. 4; JOECKS, Wolfgang. § 16. *In:* MüKo. 3. Aufl. Müncken: Beck, 2017, B. 1, Rn. 13; KUDLICH, Hans. § 15... *Op. cit.*, Rn. 3.1; LACKNER, Karl; KÜHL, Kristian. *§ 15... Op. cit.*, Rn. 3; LESCH, Heiko H. *Dolus directus, indirectus und eventualis. In*: JA, 1997, p. 809; MAIWALD, Manfred. *Die ThyssenKrupp-Urteile der italienischen Justiz und das Problem des dolus eventualis. Rechtsvergleichende Bemerkungen. In*: FS – Werner Beulke. Heidelberg: Müller, 2015, p. 169; MOMSEN, Carsten. §§ 15-16. *In:* SATZGER, Helmut; SCHLUCKEBIER, Wilhelm; WIDMAIER, Gunter. *Strafgesetzbuch*

da responsabilidade em nível doloso, portanto, deve satisfazer o conteúdo duplamente psicomental do indivíduo: para a imputação a título de dolo será necessário demonstrar que ambos os elementos, independentemente um do outro, estavam presentes. É justamente essa dupla marca mental que servirá como base para estabelecer a fronteira entre o dolo e a culpa. Com efeito, *para a concepção tradicional, o elemento intelectual é incapaz de funcionar como elemento de diferenciação entre o dolo eventual e a culpa consciente, uma vez que a representação também estaria presente nos crimes culposos conscientes. Apenas recorrendo-se à vontade do agente – evidentemente conectada ao elemento cognitivo – será possível elaborar a chave de ajuste do nível de responsabilidade penal a ser atribuída à pessoa. Por poucas palavras, somente a vontade é capaz de indicar – de modo seguro – a relação de contrariedade psíquica entre o comportamento do agente e as exigências da norma de conduta.*

Resta precisar, então, como a concepção tradicional de dolo programa o conteúdo de cada um desses elementos, é dizer, o que deve ser abrangido pelo conhecer do agente e o que deve ser alcançado pelo seu querer.

2.2.1 O dolo como representação

O *limite mínimo* para a atribuição da responsabilidade penal é estabelecido pelo elemento intelectual do dolo e sua análise deve preceder lógica e cronologicamente a análise da vontade, eis que apenas o que se representa[107] pode ser querido.[108] Pode-se dizer, portanto, que a representação é a moldura da vontade, daí porque, quem não sabe que dá veneno a uma pessoa, porque crê tratar-se de açúcar, não pode agir, em hipótese alguma, com o *animus* de matar. Consi-

Kommentar. 3. Aufl. München: Haymanns, 2016, Rn. 7; OTTO, Harro. *Grundkurs... Op. cit.*, p. 76, Rn. 3; OTTO, Harro. *Der Vorsatz... Op. cit.*, p. 471; RÖNNAU, Thomas. *Grundwissen – Strafrecht: Vorsatz. In*: JuS, 2010, p. 676; SATZGER, Helmut. *Der Vorsatz... Op. cit.*, p. 113; STERNBERG-LIEBEN, Detlev; SCHUSTER, Frank. § 15... *Op. cit.*, Rn. 9; SCHMIDHÄUSER, Eberhard. *Strafrechtlicher Vorsatzbegriff und Alltagssprachgebrauch. In*: FS – Dietrich Oehler. Köln; München: Heymann, 1985, p. 156; SCHUMANN, Heribert. *Zur Wiederbelebung des "voluntativen" Vorsatzelements durch den BGH. In*: JZ, 1989, p. 430; STRATENWERTH, Günter; KUHLEN, Lothar. *Strafrecht... Op. cit.*, p. 91, Rn. 61 e ss; JANZARIK, Werner. *Vorrechtliche Aspekte des Vorsatzes. In*: ZStW, 1992, n. 104, p. 65.

107. O leitor logo perceberá que preferi utilizar o termo representação a consciência. Isso se deve ao fato de que com a sua utilização pretendo indicar a existência de um dado psíquico cognitivo que não precisa corresponder, necessariamente, à realidade fática, ou seja, não precisa ser correto. Sobre a distinção cf. SCHLEHOFER, Horst. *Vorsatz und Tatabweichung zur Auslegung der §§ 16 Abs. 1 Satz 1, 22 StGB*. Köln; München: Heymann, 1996, p. 19.

108. No *Brasil*: BITENCOURT, Cezar Roberto. *Tratado... Op. cit.*, p. 351; COSTA E SILVA, Antonio José da. *Codigo Penal...Op. cit.*, p. 140; SOUZA, Artur de B. Gueiros; JAPIASSÚ, Carlos Eduardo A. *Curso... Op cit.*, p. 192; na *Alemanha*: HEINRICH, Bernd. *Strafrecht... Op. cit.*, p. 104, Rn. 269; HENN, Arne. *Der subjektive Tatbestand der Straftat – Teil 1: Der Vorsatzbegriff. In*: JA, 2008, p. 702; KINDHÄUSER, Urs K. *Strafrecht... Op. cit.*, p. 125, Rn. 2; RÖNNAU, Thomas. *Grundwissen... Op. cit.*, p. 676. Na *Espanha*: DÍAZ PITA, Maria del Mar. *El dolo... Op. cit.*, p. 47; QUINTERO OLIVARES, Gonzalo. *Parte general... Op. cit.*, p. 352.

derando-se esse argumento de anterioridade lógica, cumpre, então, analisar o elemento cognitivo do dolo à luz da concepção defendida pela doutrina majoritária e para fazê-lo, essa doutrina tenta responder às seguintes indagações: quais são os objetos de referência do conhecimento? (*a*); qual a atualidade desse conhecimento suficiente para o dolo?[109] (*b*); finalmente, como esse conhecimento é (ou pode ser) concretizado? (*c*). Passo à análise de cada uma delas.

O Código Penal, à altura do art. 20, determina: quem desconhece um elemento constitutivo do tipo penal não age dolosamente. Por meio de interpretação a *contrario sensu*, é possível concluir que o elemento cognitivo do dolo exige do agente a representação de todos os elementos constitutivos do tipo, daí que o tipo penal, expressado por meio dos seus elementos constitutivos, é o objeto do conhecimento do dolo (*a*).[110] A ausência de correspondência entre a representação e os elementos que integram a descrição típica elimina a possibilidade de imputação dolosa.

Mas, afirmar (apenas) isso não ajuda em muita coisa para fins de compreensão do conhecimento como elemento do dolo, afinal, permanece em aberto, em primeiro plano, a precisão sobre qual é a atualidade do conhecimento suficiente para afirmar que há conhecimento doloso (*?*) e, igualmente, como esse conhecimento é concretizado (*?*).

No que diz respeito a essa primeira indagação, a doutrina, insatisfatoriamente, costuma argumentar que *o dolo exige fundamentalmente um conhecimento atual, um conhecimento potencial é insuficiente para perfectibilizar o elemento intelectual do dolo* (quando referir-se à ilicitude, o conhecimento potencial é suficiente para o aperfeiçoamento da culpabilidade). Em outras palavras, exige-se que o autor, no momento de realização da conduta, seja realmente consciente do que faz. Tradicionalmente isso se traduzia para o direito penal com a demonstração de que ele *representou*, *percebeu* ou *refletiu* sobre os elementos constitutivos do tipo.[111]

109. As questões referentes à intensidade do conhecimento, como a representação sobre a certeza ou apenas a possibilidade de produção do resultado, pertencem mais precisamente a cada uma das espécies de dolo, razão pela qual serão abordadas quando da análise das espécies de dolo (abaixo, item 2.3)

110. Essa concepção não é pacífica. O leitor encontrará, logo abaixo, alguns autores que discordam da afirmação de que o objeto do dolo seja o tipo objetivo. Esse é o caso, por exemplo, de Frisch. Cf. *abaixo*, parte III, item 3.2.1.

111. Cf. Welzel, Hans. *Das Deutsche... Op. cit.*, p. 65. Para a exposição desta literatura, cf. Baumann, Jürgen; Weber, Ulrich; Mitsch, Wolfgang. *Strafrecht. Allgemeiner Teil.* 11. Aufl. Bielefeld: Ernst und Werner Gieseking, 2003, p. 473, Rn. 11; Gaede, Karsten. § 15... *Op. cit.*, Rn. 6; Lackner, Karl; Kühl, Kristian. § 15... *Op. cit.*, Rn. 9; Kühl, Kristian. *Strafrecht... Op. cit.*, p. 122, Rn. 90 e ss; Kudlich, Hans. § 15... *Op. cit.*, Rn. 15; Vogel, Joachim. § 15... *Op. cit.*, Rn. 58. Admitindo, de *lege ferenda*, um conhecimento potencial, Gaede, Karsten. *Auf dem Weg zum potentiellen Vorsatz? Problematik und Berechtigung der zunehmenden Tendenzen zur normativen Relativierung des Vorsatzerfordernisses. In*: ZStW, 2009, n. 121, p. 265.

Essa visão mais exigente do conhecimento (= *o pensar sobre*), contudo, não é a que impera atualmente na literatura jurídico-penal.[112] Com efeito, para a doutrina hoje majoritária, o conhecimento *atual* não precisa estar atualizado, isto é, não é necessário que o agente tenha tido uma atitude mental de *pensar-sobre* a relação de congruência entre a sua conduta e todos os elementos do tipo penal. Isso porque, em algumas hipóteses, pelo simples fato do agente ter tido contato com parcela da informação contida na realidade experimentada, é possível que a totalidade das informações tenha se incorporado diretamente à consciência (não refletida) do agente.[113]

Nesse contexto, de acordo com a opinião hoje amplamente reconhecida,[114-115] há conhecimento suficiente para o dolo mesmo quando existem circunstâncias que o autor não representou expressamente, mas que, por estarem tão diretamente vinculadas ao fato efetivamente representado, também são por ele conhecidas, ou mais propriamente, coconhecidas (*b*). Essa coconsciência do dolo (ou consciência acompanhante[116]), cujo desenvolvimento no âmbito penal se deve a Plat-

112. Essa discussão sobre a necessidade do "*saber*" ou "*pensar sobre*" não é recente na literatura, ela já havia sido levantada por Frank, em 1907, cf. Frank, Reinhard. *Über den Aufbau des Schuldbegriffs*. Gießen: A. Töpelmann, 1907. Cf., ainda, Heims, Eduard. *Zur Lehre vom Schuldbegriff*. *In*: ZStW, 1919, n. 40, p. 580 e ss.

113. Na jurisprudência brasileira cf. HC 91.159-SP, rel. Min. Ellen Gracie; HC 115.352-DF, rel. Min. Ricardo Lewandowski; HC 101.698-RJ, rel. Min. Luiz Fux. Contra Köhler, Michael. *Vorsatzbegriff und Bewußtseinsformen des Vorsatzes. Zur Kritik der Lehre vom 'sachgedanklichen Mitbewußtsein'*. *In:* GA, 1981, p. 290.

114. Sobre o tema, cf. no *Brasil*: Batista, Nilo; Alagia, Alejandro; Slokar, Alejandro. *Direito penal... Op. cit.*, p. 274; na *Alemanha*: Baumann, Jürgen; Weber, Ulrich; Mitsch, Wolfgang. *Strafrecht... Op. cit.*, p. 472, Rn. 10; Blei, Hermann. *Strafrecht... Op. cit.*, p. 119; Fischer, Thomas. § 15... *Op. cit.*, Rn. 4; Jakobs, Günther. *Strafrecht... Op. cit.*, p. 258; Kindhäuser, Urs K. *Strafrecht... Op. cit.*, p. 125, Rn. 2; Kindhäuser, Urs K. *Strafgesetzbuch. Lehr- und Praxiskommentar*. 6. Aufl. Baden-Baden: Nomos, 2015, p. 168, Rn. 16; Otto, Harro. *Grundkurs... Op. cit.*, p. 78-79, Rn. 11; Otto, Harro. *Der Vorsatz... Op. cit.*, p. 469; Roxin, Claus; Greco, Luís. *Strafrecht... Op. cit.*, § 12, Rn. 123; Rudolphi, Hans-Joachim, Stein, Ulrich. § 16... *Op. cit.*, Rn. 24; Satzger, Helmut. *Der Vorsatz... Op. cit.*, p. 115; Schewe, Günter. *Bewußtsein... Op. cit.*, p. 94; Schmidhäuser, Eberhard. *Strafrecht. Allgemeiner Teil. Lehrbuch*. 2. Aufl. Tübingen: Mohr, 1975, p. 409-410, Rn. 54-55; Sternberg-Lieben, Detlev; Schuster, Frank. § 15... *Op. cit.*, Rn. 51. Críticos, Köhler, Michael. *Vorsatzbegriff... Op. cit.*, p. 285 e ss; Schild, Wolfgang. *Vorsatz als "sachgedankliches Mitbewusstsein" – Kritische Bemerkungen zur strafrechtswissenschaftlichen Begriffsbildung*. *In*: FS – Walter Stree und Johannes Wessels. Heidelberg: Müller, 1993, p. 241 e ss (para outras referências cf. nota de rodapé n. 1). Na *Espanha*: Bacigalupo, Enrique. *Derecho penal... Op. cit.*, p. 322, nm. 612; Cerezo Mir, José. *Derecho penal... Op. cit.*, p. 522; Feijóo Sánchez, Bernardo. *El dolo eventual*. Bogotá: Universidad Externado de Colombia, 2002, p. 116 e ss; Gimbernat Ordeig, Enrique. *Estudios de derecho penal*. 3. Aufl. Madrid: tecnos, 1990, p. 254 e ss; Muñoz Conde, Francisco. *El error en derecho penal*. Valencia: Tirant lo Blanch, 1989, p. 29; Díaz Pita, Maria del Mar. *El dolo... Op. cit.*, p. 66. Na Áustria: Fuchs, Helmut. *Strafrecht. Allgemeiner Teil. Grundlagen und Lehre von ser Straftat*. 8 Aufl. Wien: Österreich, 2012, B. I, p.132-133, Rn. 29.

115. Elabora duras críticas à teoria da coconsciência Frisch, Wolfgang. *Vorsatz... Op. cit.*, p. 178 e ss.

116. Cerezo Mir, José. *Derecho penal... Op. cit.*, p. 522.

ZGUMMER,[117] implica, em últimos termos, um rebaixamento do nível de exigência intensidade do elemento cognitivo do dolo em relação aos elementos do tipo penal, afinal, a coconsciência é a consciência não observada explicitamente, mas que, por estar diretamente conectada com outro conteúdo de uma realidade efetivamente representada, está também, necessária e implicitamente, co-observada.[118]

Tal concepção baseia-se na percepção da psicologia, segundo a qual alguns objetos do entorno são imediatamente percebidos com um significado e conteúdo de sentido determinados, sendo desnecessário, para tanto, que o homem elabore qualquer esforço deliberado (ou intencional)[119] para representá-los. Creio que alguns exemplos permitem deixar o argumento mais evidente: quando um indivíduo avilta um objeto litúrgico de um altar, necessariamente tem a consciência de atentar contra um objeto de culto religioso (art. 208, do CP). O funcionário público que em razão da função exige vantagem indevida, não precisa refletir sobre a sua condição de funcionário público para que a ele seja imputado o delito de concussão (art. 316, do CP). O agente que causa incêndio terá a sua pena aumentada se o incêndio é provocado em *casa habitada* (art. 250, § 1, II, *a*, do CP); nesse caso, o foco do agente está diretamente direcionado à causação do incêndio e apenas secundariamente ao outro elemento do tipo (a casa habitada). Como é possível derivar das três hipóteses, os conteúdos do tipo (ainda que não explicitamente representados pelo agente em sua integralidade) pertencem ao coconhecimento do autor.

A suficiência de uma coconsciência, para fins de imputação a título de dolo, fica ainda mais evidente se tem como ponto de análise os crimes que envolvem uma descarga de alta intensidade emocional como, por exemplo, os crimes passionais. Caso o conhecimento fosse compreendido como um conhecimento refletido (ou pensado), a alta intensidade de descarga emocional que há naquele tipo de delito sempre eliminaria a possibilidade de imputação a título de dolo.

Em poucas palavras, a coconsciência significa *algo* sobre o qual o indivíduo não pensa expressamente, mas fosse ele indagado sobre esse *algo*, ele seria capaz de responder com imediata naturalidade. Bem por isso, como é possível intuir dos casos acima mencionados, a consciência acompanhante se dá especialmente com aquelas condutas diretamente relacionadas com uma qualidade especial do autor [(funcionário público e peculato (art. 312, do CP); advogado e violação de

117. PLATZGUMMER, Winfried. *Die Bewußtseinsform des Vorsatzes. Eine strafrechtsdogmatische Untersuchung auf psychologischer Grundlage*. Wien: Springer, 1964, p. 81 e ss. A expressão e o desenvolvimento da ideia da coconsciência é do psicólogo austríaco ROHRACHER. Cf. ROHRACHER, Hubert. *Die Arbeitsweise des Gehirns und die psychischen Vorgänge*. München: J. A. Barth, 1953.

118. "Es handelt sich um ein Bewußtsein, das zwar nicht explizit beachtet wird, das aber mit einem anderen beachteten Bewußtseinsinhalt mitbewußt ist und *implicite* notwendig auch mitbeachtet werden muß. Das Mitbewußte kann daher auch mitgewollt werden". PLATZGUMMER, Winfried. *Die Bewußtseinsform... Op. cit.*, p. 83 (itálico no original).

119. Cf. PLATZGUMMER, Winfried. *Die Bewußtseinsform... Op. cit.*, p. 85.

segredo profissional (art. 325, do CP); militar e crimes em tempo de guerra (art. 355, do CPM)], condutas essas sobre as quais o autor geralmente não faz qualquer reflexão explícita sobre a sua condição pessoal; ou condutas relacionadas com o ambiente no qual a ação se desenvolve.[120]

Em síntese, a *coconsciência é aquela representação que, em razão da forte conexão com outros conteúdos efetivamente representados, está automaticamente incluída na consciência acompanhante do autor e, portanto, dispensa um pensamento atualizado.*

Todo modo, creio que parece interessante registrar que essa determinação da atualidade do conhecimento não é uma questão para a qual a ciência penal ofereceu uma resposta satisfatória, sequer creio que seja capaz de fazê-lo. Com efeito, no campo do elemento intelectual, presumo que a maior contribuição da ciência penal diz respeito à indicação precisa do que pode e deve ser objeto de conhecimento para que seja possível atribuir à conduta o nível doloso. Isso somente é possível se essa contribuição transitar pelo campo normativo. Pretendo desenvolver essa tarefa na parte IV. Por ora, seguirei com o tradicional tratamento dado ao elemento intelectual.

Uma vez determinada a atualidade suficiente para o aperfeiçoamento do primeiro nível cognitivo, o próximo passo é o de identificar os objetos de referência, é dizer: quais circunstâncias o autor precisaria conhecer para permitir que sua ação possa eventualmente ser ajustada à modalidade dolosa? Que o dolo demanda, por um lado, o conhecimento das circunstâncias que pertencem ao tipo objetivo e, por outro lado, o desconhecimento de algum dos elementos do tipo, conduz à exclusão do comportamento doloso, parece ponto, a esta altura, indiscutível.[121] De maneira que o passo para determinar a concretude do conhecimento dependerá da natureza do elemento do tipo ao qual o conhecimento se refere (*c*).

Em se tratando de elementos do tipo cujo significado pode ser apreendido pelos sentidos, ou, dito de outro modo, quando a conduta se referir a tipos penais que contenham elementos *autoexplicativos* (= elementos descritivos), a exemplo de pessoa, coisa, casa, incêndio, inundação, basta uma *representação natural* para impactar sobre a estrutura mentalística do agente. Isso quer dizer que o decisivo é o autor ter podido apreender o natural conteúdo de sentido do elemento descritivo e não que seja capaz de subsumir o elemento à descrição típica – o indivíduo representa, em regra, um elemento que pode ter seu conteúdo de sentido apreendido independentemente de juízo de valor.[122] Por isso, um defeito cognitivo (uma

120. Para outras hipóteses cf. PLATZGUMMER, Winfried. *Die Bewußtseinsform... Op. cit.*, p. 85 e ss; KÖHLER, Michael. *Vorsatzbegriff... Op. cit.*, p. 289.

121. STERNBERG-LIEBEN, Detlev; SCHUSTER, Frank. § 15... *Op. cit.*, Rn. 16.

122. Em casos duvidosos, alerta a doutrina, os elementos descritivos também podem exigir uma interpretação e, nesse caso, ele será igualmente submetido a juízo de valoração. Por exemplo: *A* estrangula o seu amigo *B*, há alguns anos em coma, sob a avaliação de que quem está mantido vivo em razão da

falsa representação da realidade) é apto a eliminar o dolo: se em uma caçada um caçador atira em direção a uma pessoa pensando tratar-se de um cervo, o elemento descritivo (pessoa) não foi adequadamente apreendido pela consciência do agente, razão pela qual o caçador não agiu dolosamente; se um indivíduo entra em determinado estabelecimento, cujo acesso é permitido apenas para pessoa maior de 18 (dezoito anos), lá conhece uma mulher e, ao final da noite, tem com ela relações sexuais, tampouco será possível imputar-lhe uma conduta dolosa nos moldes do art. 217-A, do CP, se ele desconhecia a menoridade de sua parceira.

Há, contudo, elementos do tipo que não podem ser apreendidos pelos sentidos, isto é, há elementos que não são *autoexplicáveis* e que, por isso mesmo, exigem a emissão de um juízo de valor jurídico ou social para determinar o seu conteúdo (= *elementos normativos*). Por exemplo, o conceito de documento, funcionário público ou o caráter alheio de uma coisa. Para fins jurídico-penais, tais elementos não têm conteúdo natural passível de apreensão, senão que exigem valoração que determine o seu significado: o conceito jurídico-penal de documento não pode ser apreendido a partir da linguagem cotidiana, senão recorrendo a uma complexa valoração jurídica.

Acontece que as elementares do tipo não autoexplicativas também devem ser abrangidas pelo conhecimento do autor, mas evidentemente a partir de juízo não jurídico, isto é, o autor não precisa saber a definição legal de documento público ou de funcionário público, mas apenas qual o conteúdo de sentido que a sociedade vincula àquele conceito[123] (= conteúdo de significado social). Nesse caso, argumenta-se a favor de *juízo de valoração paralela na esfera do profano*,[124] isto é, o conhecimento deve ser valorado a partir da perspectiva do círculo individual de conhecimento do autor.[125]

utilização de aparelhos eletrônicos não pode mais ser considerado uma pessoa. Cf. Kudlich, Hans. *§ 15... Op. cit.*, Rn. 13; Roxin, Claus; Greco, Luís. *Strafrecht... Op. cit.*, § 10, Rn. 11; Satzger, Helmut. *Der Vorsatz... Op. cit.*, p. 114. Para a discussão sobre diferença entre elementos descritivos e elementos normativos cf. Dopslaff, Ulrich. *Plädoyer für einen Verzicht auf die Unterscheidung in deskriptive und normative Tatbestandsmerkmale. In:* GA, 1987, p. 1-26; Kindhäuser, Urs K. *Rohe Tatsachen und normative Tatbestandsmerkmale. In*: Jura, 1984, p. 465-478.

123. Otto, Harro. *Grundkurs... Op. cit.*, p. 79, Rn. 12.

124. Somente há algum sentido falar em *juízo de valoração paralela* quando elementos normativos entrarem em consideração, nos demais, isto é, quando o fato realizado pelo agente ajustar-se a tipos penais com elementos descritivos, a só percepção do autor é suficiente para o aperfeiçoamento do conhecimento.

125. No *Brasil*: Bruno, Aníbal. *Direito... Op. cit.*, p. 68. Na *Alemanha*: Baumann, Jürgen; Weber, Ulrich; Mitsch, Wolfgang. *Strafrecht... Op. cit.*, p. 498, Rn. 5; Fischer, Thomas. § 16... *Op. cit.*, Rn. 14; Jescheck, Hans-Heinrich; Weigend, Thomas. *Lehrbuch... Op. cit.*, p. 295; Puppe, Ingeborg. § 16... *Op. cit.*, Rn. 69 e ss; Kühl, Kristian. *Strafrecht... Op. cit.*, p. 123, Rn. 93; Mezger, Edmund. *Strafrecht... Op. cit.*, p. 325 e ss; Roxin, Claus; Greco, Luís. *Strafrecht... Op. cit.*, § 12, Rn. 101; Safferling, Christoph J. *Vorsatz... Op. cit.*, p. 130 e ss; Schild, Wolfgang. *Der strafrechtliche Vorsatz... Op. cit.*, p. 131 e ss; Wessels, Johannes; Beulke, Werner. *Strafrecht... Op. cit.*, p. 89-90, Rn. 243.

Isso significa que o juízo de subsunção ao tipo penal, feito com base nos conhecimentos do autor, não tem conotação completa e hermeticamente jurídica, mas sim conotação do dia a dia; e justamente por isso, para o preenchimento do lado cognitivo do dolo não é necessário que o próprio autor tenha feito juízo de subsunção jurídica.[126]

Dito de outro modo, a consciência exigida pelo dolo não deve ser compreendida como um conhecer exato, geral e científico dos elementos do tipo, mas sim um conhecimento que possibilite ao autor a orientação da sua conduta projetada no mundo exterior. Em poucas palavras, *o conhecimento deve ser interpretado como a representação do autor sobre coisas.*

Uma vez aperfeiçoada a representação será possível passar para o segundo elemento do dolo. Como dito, somente aquilo que é representado pode ser querido e sabemos o que é a representação, mas o que é querer? Agora farei apenas uma aproximação à substância do querer defendida pela doutrina majoritária. Vamos a ela.

2.2.2 O dolo como querer

A literatura majoritária recomenda que apenas o conhecimento das circunstâncias não é suficiente para expressar decisão de contrariedade ou indiferença do indivíduo em relação ao dever jurídico-penal de respeito ao bem jurídico. O dolo necessita da marca especial, algo que justifique o desnível de pena entre as modalidades de imputação subjetiva, e essa marca reside justamente na vontade: "o dolo... exige... que a prática do fato seja presidida por *vontade dirigida à sua realização*".[127] O elemento volitivo, portanto, é o responsável pela transição entre a realidade psíquica do indivíduo e o mundo jurídico; é o canal que permite o adequado juízo de imputação subjetiva.

É relevante ressaltar que *a vontade também tem o seu objeto de referência, mas não é necessário que essa tenha como objeto todos os elementos do tipo penal objetivo*, como se exige do elemento cognitivo, mas sim, única e tão somente, o *resultado típico.*[128] Isso é bastante evidente porquanto há elementos do tipo (e até mesmo circunstâncias) que não podem ser queridos, pois eles concretizam objetos pré-dados pelo legislador. É o que ocorre, por exemplo, com a idade da

126. No *Brasil*, para uma análise sobre a problemática do erro, especialmente da valoração paralela, cf. Leite, Alaor. *Dúvida e erro sobre a proibição no direito penal: a atuação nos limites entre o permitido e o proibido*. 2. ed. Atlas: São Paulo, 2014. Na *Espanha*, cf. Díaz y García Conlledo, Miguel. *El error... Op. cit.*, p. 270 e ss.

127. Dias, Jorge de Figueiredo. *Direito penal... Op. cit.*, p. 366 (grifo no original); Queiroz, Paulo. *Curso... Op. cit.*, p. 252.

128. Não se ignora haver uma discussão sobre o que isso significa exatamente, tampouco se há alguma utilidade na dicussão sobre a tradicional distinção entre resultado juídico e resultado naturalístico. Fazendo essa observação, cf. Estellita, Heloisa. *Responsabilidade penal dos dirigentes de empresas por omissão*. São Paulo: Marcial Pons, 2017, capítulo IV, item B (no prelo).

vítima nos crimes de estupro de vulnerável (art. 217-A do CP); a natureza de documento público para fins de falsificação (art. 297 do CP). Nesses casos, apenas o conhecimento pode ser exigido do agente.

A problemática da vontade está localizada nas zonas de fronteira, bem por isso deixarei o seu exame mais detalhado para um momento posterior (*abaixo*, parte II). Basta dizer, nesse momento, que a doutrina tradicional adverte que mesmo a vontade em relação ao resultado típico nem sempre se apresenta com a mesma intensidade em todas as formas de manifestação do comportamento humano, daí se poder dizer que a vontade do dolo, segundo concepção tradicional, é uma *vontade escalonada* e é justamente essa diferença de intensidade que permite a tradicional classificação tripartida das espécies do dolo: dolo direto, dolo direto de segundo grau e dolo eventual. Doravante ocupo-me dessas modalidades.

2.3 Espécies de dolo e sua relação sistemática

Antes de abordar as teorias que se ocupam do dolo, convém ressaltar como a articulação daqueles tradicionais elementos programadores (o conhecer e o querer) determinam a manifestação das clássicas espécies de dolo. Embora existam variações terminológicas que, em absoluto, comprometem o conteúdo de cada uma das espécies,[129] a opinião majoritária inclina-se a favor de um modelo tripartido de dolo. A configuração tripartida corresponde, em maior ou menor medida, à resposta oferecida à seguinte pergunta: *o que é querido pelo autor do fato quando da realização da conduta*? As tradicionais respostas são: a. *querido* é aquilo que o autor tem como propósito. Esse é o *dolo direto de primeiro grau*, compreendido por parcela da doutrina como o protótipo do dolo;[130] b. *querido* é aquilo que autor visualiza como consequência necessária de sua conduta e a ela adere. Esse é o *dolo direto de segundo grau*, considerado um caso especial de dolo; c. finalmente, *querido* é aquilo que o autor prevê como consequência possível da sua conduta e assume o risco de produzir. Esse o *dolo eventual*, compreendido como forma-limite do dolo.[131] As três modalidades, como visto,

129. Além da diversa terminologia indicada no decorrer texto, é possível identificar, ainda, outras variações. No *Brasil*: utilizando as expressões *dolo determinado* (equivalente ao direto) e *dolo indeterminado* (equivalente eventual) Bruno, Aníbal. *Direito Penal... Op. cit.*, p. 71; denominando o dolo direto de segundo grau de *dolo de consequências necessárias* Fragoso, Heleno. *Lições... Op. cit.*, p. 175-176; na *Alemanha*: Blei, por exemplo, denomina o dolo direto de primeiro grau de dolo imediato ("*unmittelbarer Vorsatz*"); ao passo que o dolo direto de segundo grau ele chama de dolo mediato ("*mittelbarer Vorsatz"*) Blei, Hermann. *Strafrecht... Op. cit.*, p. 113. Em Schönke e Schröder há uma classificação próxima à brasileira, eis que distinguem, apenas, o dolo direto ("*direktem Vorsatz*") e o dolo eventual ("*bedingtem Vorsatz*"). Aquele abrangeria todos os casos de dolo direto de primeiro e segundo graus. Cf. Sternberg-Lieben, Detlev; Schuster, Frank. § 15... *Op. cit.*, Rn. 64.

130. Cf. nota de rodapé n. 163.

131. Para referências gerais sobre as espécies de dolo, bem assim opiniões a favor de uma classificação tripartida: no *Brasil*: Bruno, Aníbal. *Direito Penal... Op. cit.*, p. 71-76; Busato, Paulo César.

descrevem variações de intensidade que ocorrem em algum dos dois tradicionais elementos psíquicos do dolo.[132]

Nas duas primeiras modalidades, abrangidas pela geral denominação de *dolo direto*, a doutrina se refere a espécies de dolo com estrutura nem sempre idêntica, contudo, em todas elas, é possível encontrar certo grau de intensidade de algum de ambos os elementos; grau de intensidade e presença suficiente para afirmar, sem sombra de dúvida, que se trata de um comportamento doloso. São espécies de configuração dolosa que não apresentam dificuldades[133] porquanto a realização do tipo (com o conhecimento dos elementos do tipo e com a disposição de ânimo do autor) entrecruza-se perfeitamente com a *meta* do autor ou a realização do tipo carrega consigo *consequências necessárias*. Naquele caso temos a forma mais *forte* do aparecimento do dolo, chamado de dolo direto de primeiro grau; nesse, temos uma forma especial de aparecimento do dolo, denominado dolo direto de segundo grau.

Para a doutrina tradicional, no entanto, o problema surge quando a imputação está localizada na fronteira inferior do comportamento doloso, isto é, no dolo eventual. Ali há suspeitosa presença do elemento volitivo. Se se admite um dolo com única programação cognitiva não há maiores problemas, mas se a marca de Caim do dolo, como antecipado, está assentada no querer do agente, será necessário confirmar aquela suspeitosa presença, ainda que se recorrendo a conceitos substitutivos. Esse arenoso terreno será percorrido quando da análise das teorias de disposição de ânimo (cf. abaixo, parte II). Por ora, não ingressaremos nesse problemático ponto da teoria do dolo. Farei simplesmente breve exame das duas primeiras modalidades de dolo direto e, posteriormente, uma aproximativa análise do nível mais inferior (e problemático) do dolo: o dolo eventual.

Direito Penal... Op. cit., p. 417-422; HUNGRIA, Nelson. *Comentários... Op. cit.*, p. 114 e ss; SOUZA, Artur de B. Gueiros; JAPIASSÚ, Carlos Eduardo A. *Curso...Op cit.*, p. 193-194; SANTOS, Juarez Cirino dos. *Direito... Op. cit.*, p. 139-142; TAVARES, Juarez. *Espécies de dolo e outros elementos subjetivos do tipo. In:* Revista de Direito Penal. Rio de Janeiro. Borsoi, 1972, n. 6, p. 22 e ss; ZAFFARONI, Eugênio Raul; BATISTA, Nilo; ALAGIA, Alejandro; SLOKAR, Alejandro. *Direito penal... Op. cit.*, p. 275-277; na *Alemanha*: BAUMANN, Jürgen; WEBER, Ulrich; MITSCH, Wolfgang. *Strafrecht... Op. cit.*, p. 483-491, Rn. 40-58; JAKOBS, Günther. *Strafrecht...Op. cit*, p. 258 e ss, Rn. 5 e ss; JESCHECK, Hans-Heinrich; WEIGEND, Thomas. *Lehrbuch... Op. cit.*, p. 297-302; FRISTER, Helmut. *Strafrecht. Allgemeiner Teil*. 7. Aufl. München: Beck, 2015, p. 143-145, Rn. 13-20; Kühl, Kristian. Strafrecht... *Op. cit.*, p. 95-100, Rn. 33-44; MAURACH, Reinhart; ZIPF, Heinz. *Strafrecht... Op. cit.*, p. 308-315, Rn. 23-43; OTTO, Harro. *Strafrecht... Op. cit.*, p. 83-85; Rn. 28-37; OEHLER, Dietrich. *Neue strafrechtliche Probleme des Absichtsbegriffes. In*: NJW, 1966, n. 36, p. 1633; ROXIN, Claus; GRECO, Luís. *Strafrecht... Op. cit.*, § 12, Rn. 2 e ss; STERNBERG-LIEBEN, Detlev; SCHUSTER, Frank. § 15... *Op. cit.*, p. 269 e ss, Rn. 2 e ss; STRATENWERTH, Günter; KUHLEN, Lothar. *Strafrecht...Op. cit*, p. 103 e ss, Rn. 101 e ss; VOGEL, Joachim. § 15... *Op. cit.*, Rn. 79-132; WESSELS, Johannes; BEULKE, Werner. *Strafrecht... Op. cit.*, p. 81, Rn. 210.

132. Cético quanto à diferenciação com base apenas na intensidade do elemento volitivo ZIEGERT, Ulrich. *Vorsatz, Schuld und Vorverschulden*. Berlin: Duncker & Humblot, 1987, p. 69.

133. Cf. BLOY, René. *Funktion und Elemente des subjektiven Tatbestandes im Deliktsaufbau. In*: JuS, 1989, L. 3.

Creio que a fixação dos conceitos básicos e a descrição aproximativa do objeto do problema funcionarão como bom assoalho antes de ingressar propriamente no problema central da tese (partes II-IV).

2.3.1 Dolo direto de primeiro grau

Diz-se que há dolo *direto de primeiro grau,*[134] também denominado de *dolo intencional,*[135] quando o agente quer realizar os elementos descritos no tipo penal ou esse é o motivo da conduta.[136] *Há perfeita sintonia entre os elementos descritos no tipo objetivo, a representação do agente e a finalidade da conduta ou a realização do tipo deve ser a razão pela qual o autor pôs em marcha o curso causal.* Essa simetria entre o tipo penal e o mundo anímico do agente esclarece por que parcela da doutrina caracteriza essa espécie como a modalidade fundamental de dolo ou a sua forma ideal.[137]

Essa harmonia entre o tipo penal e o mundo anímico do agente revela que o elementos *volitivo* e *cognitivo* não têm a mesma intensidade. Com efeito, como o agente realiza a conduta querida, isto é, dirige o seu comportamento orientado a determinado propósito, o qual pretende seja alcançado, *o elemento volitivo é aqui o dominante.*

Várias são as fórmulas linguísticas que o idioma põe à disposição para descrever o dolo direto de primeiro grau, a saber: o autor deu um tiro na região craniana da vítima com a *intenção* (*objetivo*, *propósito*) de matá-la; ele atirou *para* matar a vítima; ele atirou *porque* queria matar a vítima.[138] Em todas essas

134. Na Alemanha o substantivo *Absicht* é utilizado para designar o dolo direto de primeiro grau. Luís Greco adverte que o termo também poderia ser traduzido, simplesmente, por *propósito* ou *finalidade*. (Opção de Luís Greco em Puppe, Ingeborg. *Dolo... Op. cit.*, p.132). Considerando-se que a literatura científica brasileira engloba ambos os termos (*propósito* e *finalidade*) dentro da categoria do dolo direto, optei pela precisão.

135. Fischer, Thomas. §15... *Op. cit.*, Rn. 6; Geppert, Klaus. *Zur Abgrenzung von bedingtem Vorsatz und bewußter Fahrlässigkeit. In*: Jura, 1986, p. 610; Geppert, Klaus. *Zur Abgrenzung von Vorsatz und Fahrlässigkeit, insbesondere bei Tötungsdelikten. In:* Jura, 2002, p. 56; Jescheck, Hans-Heinrich; Weigend, Thomas. *Lehrbuch... Op. cit.*, p. 297; Rengier, Rudolf. *Strafrecht... Op. cit.*, p. 102, Rn. 13.

136. No *Brasil*: Souza, Artur de B. Gueiros; Japiassú, Carlos Eduardo A. *Curso... Op cit.*, p. 193; Zaffaroni, Eugênio Raul; Batista, Nilo; Alagia, Alejandro; Slokar, Alejandro. *Direito penal... Op. cit.*, p. 275. Na *Alemanha*: Kühl, Kristian. *Strafrecht... Op. cit.*, p. 95, Rn. 33; Jescheck, Hans-Heinrich; Weigend, Thomas. *Lehrbuch... Op. cit.*, p. 297; Kindhäuser, Urs K. *Strafrecht... Op. cit.*, p. 129, Rn. 3; Mayer, Hellmuth. *Strafrecht... Op. cit.*, p. 118; Otto, Harro. *Grundkurs... Op. cit.*, p. 83-84, Rn. 29-31; Roxin, Claus; Greco, Luís. *Strafrecht... Op. cit.*, § 12, Rn. 7; Rudolphi, Hans-Joachim; Stein, Ulrich. § 16... *Op. cit.*, Rn. 36; Stratenwerth, Günter; Kuhlen, Lothar. *Strafrecht... Op. cit.*, p. 103, Rn. 102 Vogel, Joachim. § 15... *Op. cit.*, Rn. 79 e ss.

137. Vogel, Joachim. § 15... *Op. cit.*, Rn. 80; Ziegert, Ulrich. *Vorsatz... Op. cit.*, p. 70. Contra, Frisch, Wolfgang. *Vorsatz... Op. cit.*, p. 498; Puppe, Ingeborg. § 15... *Op. cit.*, Rn. 105; Kindhäuser, Urs K. *Der Vorsatz... Op. cit.*, p. 31.

138. Sobre as fórmulas linguísticas no cenário alemão cf. Jescheck, Hans-Heinrich; Weigend, Thomas. *Lehrbuch... Op. cit.*, p. 298; Lackner, Karl; Kühl, Kristian. § 15... *Op. cit.*, Rn. 20; Sternberg-

fórmulas linguísticas, fica evidenciado que o autor tinha o objetivo *imediato* e *determinado* de matar a vítima; não por outra razão esse dolo também é etiquetado como uma forma de dolo com vontade especialmente intensa.[139] Com o seu comportamento, o autor expressa, clara e induvidosamente, qual era o seu íntimo propósito ao realizar a conduta. O *território do dolo direto de primeiro grau*, portanto, *é o território da certeza*.

Todavia, ainda dentro da moldura do dolo direto de primeiro grau, também age intencionalmente quem realiza o tipo penal como *plataforma intermédia necessária* para alcançar seu propósito principal, isto é, quando a realização do tipo não constitui a finalidade principal ou o motivo de agir do autor, mas constitui – conforme a sua representação – etapa indispensável (= plataforma intermédia necessária) para alcançar o seu verdadeiro propósito.[140] Dito com poucas palavras, a realização do meio, na representação do autor, é *conditio sine qua non* para se alcançar o objetivo. Um exemplo deixará mais evidente a hipótese: imagine-se, por exemplo, o filho que tem o propósito de receber imediatamente o seu quinhão decorrente da sucessão hereditária; como o seu pai ainda goza de boa saúde, o filho não vê possibilidade de que isso ocorra em breve espaço de tempo, razão pela qual resolve matá-lo. Nesse caso, fica bastante evidente que a meta final do agente não é a realização do tipo razão, senão, única e exclusivamente, receber a tão almejada herança. A literatura insiste que, nesse caso, alcançar a *meta* não tem que constituir necessariamente um tipo de ilícito, basta que o meio utilizado para alcançá-la preencha um tipo de ilícito.[141] Mais ainda, o nível da imputação (= dolo) não muda absolutamente caso o autor tenha posição psíquica de desacordo com o resultado (o filho, por mais incongruente que possa parecer, pode lamentar a morte do pai). Por essas razões, deve-se manter a imputação a título de dolo direto de primeiro grau.

Como é possível identificar, nesse caso, o que é efetivamente relevante para a imputação a título de dolo é a *indissociável vinculação de dependência* entre o estágio intermediário (= o fato efetivamente realizado) e a meta final do autor

LIEBEN, Detlev; SCHUSTER, Frank. § 15... *Op. cit.*, Rn. 66; VOGEL, Joachim. § 15... *Op. cit.*, Rn. 79.

139. Cf. BLOY, René. *Funktion... Op. cit.*, L. 3; SATZGER, Helmut. *Der Vorsatz... Op. cit.*, p. 116; SCHROEDER, Friedrich Christian. *Zwischen Absicht und dolus eventualis. In*: FS – Hans-Joachim Rudolphi. Luchterhand: Neuwied, 2004, p. 290.

140. Cf. JESCHECK, Hans-Heinrich; WEIGEND, Thomas. *Lehrbuch... Op. cit.*, p. 297; JOECKS, Wolfgang. § 16... *Op. cit.*, Rn. 22; KINDHÄUSER, Urs K. *Strafrecht... Op. cit.*, p. 129, Rn. 4; KÜHL, Kristian. *Strafrecht... Op. cit.*, p. 96, Rn. 35; OTTO, Harro. *Grundkurs... Op. cit.*, p. 83, Rn. 29; OTTO, Harro. *Der Vorsatz... Op. cit.*, p. 471; ROXIN, Claus; GRECO, Luís. *Strafrecht... Op. cit.*, § 12, Rn. 10; RUDOLPHI, Hans-Joachim; STEIN, Ulrich. § 16... *Op. cit.*, Rn. 41; SAMSON, Erich. *Absicht und direkter Vorsatz im Strafrecht. In*: JA, 1989, p. 449 e ss; SATZGER, Helmut. *Der Vorsatz... Op. cit.*, p. 116; STRATENWERTH, Günter; KUHLEN, Lothar. *Strafrecht... Op. cit.*, p. 104, Rn. 104; STERNBERG-LIEBEN, Detlev; SCHUSTER, Frank. § 15... *Op. cit.*, Rn. 66; VOGEL, Joachim. § 15... *Op. cit.*, Rn. 81; WESSELS, Johannes; BEULKE, Werner. *Strafrecht... Op. cit.*, p. 81, Rn. 211.

141. STRATENWERTH, Günter; KUHLEN, Lothar. *Strafrecht... Op. cit.*, p. 104, Rn. 106.

(= razão interna pela qual o autor efetivamente agiu). Ao fim e ao cabo, para identificar quando há uma plataforma intermediária, basta se perguntar se a meta principal da ação (= receber imediatamente a herança) poderia ser imediatamente alcançada se a conduta que expressa a plataforma intermediária (= matar o pai) não fosse realizada.

Se descrevi o que é suficiente para fins de configuração do dolo direto de primeiro grau, convém registrar o que não é. Nesse caso, aquilo *que apenas é desejado não pode ser equiparado ao que é querido.*[142] O autor que apenas deseja, mesmo com toda intensidade de espírito, que determinado resultado ocorra, não age dolosamente. Se o indivíduo *A* somente compra e presenteia o desafeto com um bilhete de passagem aérea para outro continente desejando que o avião caia, ainda que isso ocorra, não há ação homicida dolosa, porquanto, nesse caso, o autor não tem qualquer influência sobre o desenrolar do acontecimento, falta-lhe a *vontade de realização.*[143]

Como a dimensão volitiva no dolo direto de primeiro grau é evidente, a doutrina aponta que o aperfeiçoamento da dimensão cognitiva apresenta poucas dificuldades: para a concepção dominante, é suficiente que o autor tenha representado a possibilidade de que com a realização da conduta o resultado aconteça. Se o que interessa primariamente para a imputação em nível de dolo direto de primeiro grau é a intensidade volitiva da relação existente entre a realização da conduta e o propósito do autor (= comportamento dirigido a um objetivo), do lado cognitivo somente se exigirá que o autor tenha representado o resultado como possível (= não completamente improvável). Isso significa que mesmo um resultado com escassa possibilidade de ocorrência (= aquele autor que *tenha tentado a sorte*) poderá implicar a possibilidade de imputação subjetiva dolosa.[144-145] Pensemos,

142. Blei, Hermann. *Strafrecht... Op. cit.*, p. 114.

143. "Como vontade de realização o dolo pressupõe que o autor se atribua a possibilidade de influência sobre acontecer real. Aquilo que, de acordo com a própria visão do autor, está fora da sua possibilidade de influência, ele pode, eventualmente, como uma casual conexão com a sua ação, esperar ou desejar, mas não querer realizar" ("Als Verwirklichungswille setzt der Vorsatz voraus, daß der Täter sich eine Einwirkungsmöglichkeit auf das reale Geschehen zuschreibt. Was nach der eigenen Ansicht des Täters außerhalb seiner Einwirkungsmöglichkeit liegt, das kann er als zufällige Verknüpfung mit seiner Handlung wohl erhoffen oder wünschen, aber nicht verwirklichen wollen") cf. Welzel, Hans. *Das Deutsche... Op. cit.,* p. 66.

144. No *Brasil*: Fragoso, Heleno C. *Lições... Op. cit.*, p. 175; Tavares, Juarez. *Espécies... Op. cit.*, p. 24; na *Alemanha*: BGHSt 18, 246; BGHSt 21, 283; Engisch, Karl. *Untersuchungen über Vorsatz und Fahrlässigkeit im Strafrecht.* Berlin: Liebmann, 1930, p. 150; Mezger, Edmund. *Strafrecht... Op. cit.*, p. 339; Jescheck, Hans-Heinrich; Weigend, Thomas. *Lehrbuch... Op. cit.*, p. 297; Oehler, Dietrich. *Neue... Op. cit.*, p. 1634; Stratenwerth, Günter; Kuhlen, Lothar. *Strafrecht... Op. cit.*, p. 103, Rn. 102; Welzel, Hans. *Das deutsche... Op. cit.*, p. 67. Pondo em xeque esta afirmação na hipótese de disparos efetuados a longa distância Satzger, Helmut. *Der Vorsatz... Op. cit.*, p. 116.

145. Exigindo a *representação de elevada probabilidade,* Reale Júnior, Miguel. *Arts. 13... Op. cit.*, p. 72. Exigindo a *representação de uma possibilidade concreta*, Kindhäuser, Urs K. *Strafrecht... Op. cit.*, p. 130, Rn. 7; na mesma linha, Fischer, Thomas. § 15... *Op. cit.*, Rn. 6. Argumentando que o agente

por exemplo, no caso do atirador à distância: *A* quer matar o seu vizinho, *B*, o qual está a 500 metros de distância. *A* sabe que a essa distância o disparo tem poucas chances de alcançá-lo. No entanto, resolve tentar a sorte e efetua o disparo. Porque há evidente decisão do autor em relação à realização do tipo estaríamos diante de um(a tentativa de) homicídio, ainda que o autor tenha considerado reduzidas as chances de alcançar o resultado. A mesma solução poderia ser aplicada para a seguinte hipótese: *A* quer matar a sua sogra, *B*, envenenada. Ele tem (apenas) 15g do veneno e não está seguro de que com essa quantidade conseguirá realizar o seu propósito, mas, mesmo assim, resolve livrar-se da sogra. Também aqui – mesmo diante do fato de que o autor representa como incerto o resultado morte – será possível afirmar que ele agiu *dolosamente*.

Portanto, para a doutrina majoritária, o aperfeiçoamento do plano cognitivo no dolo direto de primeiro grau se dá com a simples representação da possibilidade de realização do tipo. Na hipótese de o resultado estar completamente nas mãos do acaso, não será possível imputação a título de dolo, por mais que o agente o queira. A sobrinha que recomenda ao tio um passeio nas montanhas na esperança de que algo ocorra e o tio morra não responderá por homicídio doloso caso o resultado efetivamente tenha lugar, afinal, esse estava integralmente nas mãos da casualidade e a representação da mera possibilidade de sua ocorrência era impossível. Contudo, se variamos um pouco a hipótese, ou seja, se a sobrinha recomenda ao tio que faça uma rota especialmente perigosa, que ela sabe somente pode ser trilhada por profissionais altamente qualificados, o resultado morte já não se mostra obra do acaso. Nessa hipótese, seria possível investigar a possibilidade de imputação a título de dolo.

2.3.2 Dolo direto de segundo grau

No *dolo direto de segundo grau*,[146] ou dolo de consequências necessárias, o autor representa que sua ação conduzirá *necessariamente* à produção de consequências colaterais, caso o seu propósito seja efetivamente realizado. Dife-

precisa representar que ele cria um risco não permitido de realização do tipo penal, KÜHL, Kristian. *Strafrecht... Op. cit.*, p. 97, Rn. 37; JOECKS, Wolfgang. § 16... *Op. cit.*, Rn. 14.

146. Optando pela denominação *dolo cumulativo*, SAUER, Wilhelm. *Allgemeine... Op. cit.*, p. 177. Na literatura alemã não é incomum a utilização da expressão *Wissentlichkeit* para designar o dolo direto de segundo grau. Assim FREUND, Georg. *Strafrecht... Op. cit.*, p. 280, Rn. 67; JAKOBS, Günther. *Strafrecht... Op. cit.*, p. 268, Rn. 18 (*Wissentlichkeit bei Nebenfolgen)*; KÖHLER, Michael. *Strafrecht. Allgemeiner Teil.* Berlin: Springer, 1997, p. 162; KÜHL, Kristian. *Strafrecht... Op. cit.*, p. 97, Rn. 38; LACKNER, Karl; KÜHL, Kristian. § 15... *Op. cit.*, Rn. 21; OTTO, Harro. *Strafrecht... Op. cit.*, p. 84, Rn. 32; VOGEL, Joachim. § 15... *Op. cit.*, Rn. 91. Exaustivo: ENGISCH, Karl. *Untersuchungen... Op. cit.*, p. 170 e ss. O legislador alemão, desde a entrada em vigor do código de 1975, também optou por utilizar a terminologia (cf. §§ 258 e 323b, do StGB). Na Suíça, utiliza-se a expressão "*einfacher Vorsatz*" ou "*Vorsatz schlechthin*" GERMANN, O. A. *Vorsatzprobleme: dargestellt aufgrund kritischer Analyse der neueren Judikatur des Schweizerischen Bundesgerichts. In*: SchwZStr, 1961, n. 77, p. 353.

rentemente da anterior espécie de dolo,[147] não há aqui plataforma intermediária necessária para alcançar o propósito representado pelo agente: a meta pode ser alcançada por diversos meios, mas o autor elege um em especial; um cujo preço a se pagar será a causação de inevitáveis consequências colaterais, consequências com as quais o autor, apesar de representá-las, e talvez até lamentá-las, assume *relação psíquica de aprovação.*[148] Expressado em modo de fórmula, o dolo direto de segundo grau implica que se (x) for o meio utilizado para alcançar a meta *Y*, então, *necessariamente* (ou *muito provavelmente*), sobrevirão também os resultados colaterais – desejados ou não – *Z* e *W*. *Como essa modalidade do dolo realça a representação do autor em relação às consequências colaterais, o elemento preponderante, aqui, no que diz respeito às consequências colaterais, é o cognitivo.* Uma especial força (presença) do elemento volitivo em relação a tais consequências é absolutamente dispensável.

Vale frisar que a dúvida ou a simples esperança de que o tipo não seja realizado é absolutamente insignificante para fins de imputação subjetiva.[149] Tal irrelevância em relação ao mundo anímico do agente tem algumas explicações: *1.* como reflexo da aceitação do teorema do monte (*Sandhaufentheorem*),[150] o menos em vontade é compensado pelo mais em conhecimento;[151] *2.* o conhecimento seguro da ocorrência das consequências colaterais é indicativo inexorável da vontade ou, dito mais claramente, o elemento cognitivo funda o elemento volitivo;[152] *3.* a consequência colateral tem a necessária e indisfarçável conexão com o fim diretamente desejado pelo autor.

147. Destaca Schroeder que poucos têm sido os esforços de delimitação do dolo em sua fronteira superior, isto é, nas formas de dolo direto de primeiro e segundo graus. Essa delimitação se faz necessária, destaca, porquanto alguns tipos penais exigem uma forma especial de dolo. Schroeder, Friedrich Christian. *Zwischen... Op. cit.*, p. 285.

148. Germann, O. A. *Vorsatzprobleme... Op. cit.*, p. 354. Críticos Lesch, Heiko H. *Dolus directus, indirectus und eventualis. In*: JA, 1997, p. 808; Puppe, Ingeborg. *Strafrecht... Op. cit.*, *passim.*

149. Cfr. RGSt. 5, p. 314 e ss, p. 317; Maurach, Reinhart; Zipf, Heinz. *Strafrecht... Op. cit.*, p. 309, Rn. 29; Wessels, Johannes; Beulke, Werner. *Strafrecht... Op. cit.*, p. 82, Rn. 213.

150. O teorema do monte, também conhecido como paradoxo de sorites, é o paradoxo utilizado para descrever o problema geral de termos vagos, a exemplo de baixo, alto, rico, pobre, pouco, muito. Por exemplo: "*Com que altura uma pessoa deixa de ser baixa?*" "*Em que momento uma pessoa deixa de ser careca?*". Para a segunda pergunta, por exemplo, uma resposta possível seria: "quando não tem nenhum cabelo". Contudo, essa resposta ainda não é suficiente para esclarecer o problema, afinal, também utilizamos o termo careca para as pessoas que têm poucos cabelos. Sendo assim, a pergunta somente pode ser adequadamente respondida com a precisão da situação-limite, isto é, com a determinação do que são *poucos cabelos*. Sobre o teorema do monte cf. Bender, Rolf. *Das "Sandhaufentheorem". Ein Beitrag zur Regelungstechnik in der Gesetzgebungslehre. In*: GS – Jürgen Rödig. Berlin: Springer, 1978, p. 34 e ss; Molina Fernandez, Fernando. *La cuadratura del dolo problemas irresolubles, sorites y derecho penal*. Colombia: Universidad Externado de Colombia, 2007.

151. BGHSt 21, 283, p. 284; Scheffler, Uwe. *J. S. F. von Böhmer (1704-1772) und der dolus eventualis. Kann der große Professor der alten Viadrina dem heutigen Strafrecht noch etwas geben? In*: Jura, 1995, p. 353.

152. Cfr. BGHSt 7, 363; Blei, Hermann. *Strafrecht... Op. cit.*, p. 114; Bloy, René. *Funktion... Op. cit.*, L. 3; Jescheck, Hans-Heinrich; Weigend, Thomas. *Lehrbuch... Op. cit.*, p. 298-299; Maurach, Reinhart;

Naturalmente é desnecessária a *representação certa* de que as consequências colaterais terão lugar, mas é necessário existir relação de *intensidade* entre a representação do autor e ocorrência das consequências colaterais representadas, ou seja, é necessário que o autor as represente como *altamente prováveis.*[153] Evidentemente essa afirmação da doutrina não é de muita serventia, afinal, permanecerá em aberto a questão sobre o que significa altamente provável.[154] Bem por isso, na maioria das vezes, *um bom e suficiente critério será identificar o quão estreita é a conexão entre a ocorrência da consequência acessória e a conduta principal almejada e realizada pelo autor.*[155] O sempre mencionado *caso Thomas* deixará mais evidente por que *o relevante no dolo direto de segundo grau é a conexão entre fim e meio*: em dezembro de 1875, Alexander Keith, autodenominado Thomas, com o propósito de receber o prêmio do seguro, instalou uma bomba relógio no barril de um navio. Segundo os seus cálculos, a explosão deveria ocorrer oito dias depois da instalação do artefato explosivo, no percurso entre Southampton e Nova York, e mataria toda a tripulação. Aconteceu que o dispositivo se ativou no momento em que o navio estava no porto, matando os estivadores e não a tripulação.[156-157]

Questão imediatamente conexa com o que acaba de ser descrito diz respeito à situação na qual o autor não tem certeza (= duvide) de que o resultado principal ocorrerá; dito com outras palavras, o *resultado principal é representado pelo autor como incerto, mas se ele ocorrer, as consequências colaterais serão certas.*[158] Faltaria, portanto, a própria representação segura da ocorrência do fato

ZIPF, Heinz. *Strafrecht... Op. cit.*, p. 309, Rn. 29; WESSELS, Johannes; BEULKE, Werner. *Strafrecht... Op. cit.*, p. 82, Rn. 213.

153. DIAS, Jorge de Figueiredo. *Direito penal... Op. cit.*, p. 367; ENGISCH, Karl. *Untersuchungen... Op. cit*, p. 175; FISCHER, Thomas. § 15... *Op. cit.*, Rn. 7; JESCHECK, Hans-Heinrich; WEIGEND, Thomas. *Lehrbuch... Op. cit.*, p. 299.

154. Considerando que o alto grau de probabilidade equivale à segurança, cf. ENGISCH, Karl. *Untersuchungen... Op. cit*, p. 175; JESCHECK, Hans-Heinrich; WEIGEND, Thomas. *Lehrbuch... Op. cit.*, p. 298-299; ROXIN, Claus; GRECO, Luís. *Strafrecht... Op. cit.*, § 12, Rn. 20.

155. Cfr. SAMSON, Erich. *Absicht... Op. cit.*, p. 450.

156. Para uma descrição detalhada cf. BINDING, Karl. *Die Normen und Ihre Übertretung. Eine Untersuchung über die rechtmässige Handlung und die Arten des Delikts*. Aalen: Scientia Verlag, 1965, B. 2, p. 851. Cfr. JESCHECK, Hans-Heinrich; WEIGEND, Thomas. *Lehrbuch... Op. cit.*, p. 299; ROXIN, Claus; GRECO, Luís. *Strafrecht... Op. cit.*, § 12, Rn. 18; WEGNER, Arthur. *Strafrecht... Op. cit.*, p. 139.

157. Também há, evidentemente, um problema de *aberratio ictus*, mas o exemplo é utilizado, aqui, apenas para demonstrar que a realização do tipo não é intencionada diretamente pelo agente, mas que essa conexão entre o meio escolhido (= a bomba) e o objetivo principal (= o recebimento do prêmio do seguro) geraria consequências necessárias (= morte dos tripulantes do navio).

158. Ocupando-se da questão, na *Alemanha*, BLEI, Hermann. *Strafrecht... Op. cit.*, p. 114-115; ENGISCH, Karl. *Untersuchungen...Op. cit*, p. 170 e ss; GALLAS, Wilhelm. *Der dogmatische... Op. cit.*, p. 28; JAKOBS, Günther. *Strafrecht... Op. cit.*, 268, Rn. 18; LACKNER, Karl; KÜHL, Kristian. § 15... *Op. cit.*, Rn. 22; KÜHL, Kristian. *Strafrecht... Op. cit.*, p. 99, Rn. 42; OEHLER, Dietrich. *Neue... Op. cit.*, p. 1635; VOGEL, Joachim. § 15... *Op. cit.*, Rn. 95. Na *Espanha* MIR PUIG, Santiago. *Derecho penal... Op. cit.*, p. 271, nm. 86.

principal. Um exemplo ajudará a esclarecer essa problemática: imagine a hipótese de um terrorista que instala uma bomba-relógio no avião que transporta chefes de Estado. Ele, contudo, não tem certeza se o aparato funcionará no momento adequado (= e, portanto, considera o resultado principal apenas possível). Essa debilidade da representação do resultado principal em nada modifica a possibilidade de imputação a título de dolo direto de segundo grau em relação às consequências colaterais, uma vez que, tanto nessa modalidade de dolo como na do dolo direto de primeiro grau, bastará que o autor represente *"como possível"* a realização do propósito principal e que esse, uma vez realizado, as consequências colaterais inevitavelmente também ocorram.[159]

Todo modo, é preciso pôr acento nisso: no dolo direto de segundo grau a relação de intensidade deve existir entre o autor e as consequências colaterais. Isso significa que essa (relação) deve aludir mais precisamente à conexão de dependência que há entre (o êxito d)a conduta principal almejada e a ocorrência da consequência colateral. Isso mostra que o verdadeiramente decisivo para o dolo direto de segundo grau é identificar se o autor apresentou a seguinte representação mental: se a conduta principal for exitosa, as consequências colaterais serão certas; com outras palavras, a dúvida do autor não pode recair sobre a *alta probabilidade* de ocorrência das consequências colaterais. *Se se compreende o dolo direto de segundo grau nesses moldes, não há qualquer dificuldade para se admitir o dolo nas hipóteses de resultado principal incerto com consequências colaterais certas.*

Em suma, pode-se dizer que a marca do dolo direto de segundo grau é a estreita conexão entre a consequência colateral e a ação principal almejada. A rigor, é precisamente essa conexão (= alta probabilidade ou certeza de que a consequência colateral se realizará) que justifica o mesmo *nível de desvalor* que há entre o dolo direto de primeiro grau e o dolo direto de segundo grau.[160]

2.3.3 Dolo eventual

Antes de passar à análise da próxima modalidade de dolo, talvez seja conveniente rememorar como os elementos do dolo se articulam nas duas anteriores modalidades: no dolo direto de primeiro grau a vontade é o elemento determinante; em razão da especial intensidade da vontade em relação à realização do tipo, nesse dolo exige-se menos do elemento cognitivo e é suficiente que o resultado tenha sido representado como *possível* (*i*). Para *o dolo direto de segundo grau essa relação de intensidade é invertida, ou seja, em razão da intensidade do elemento*

159. Jakobs descreve a situação sob a denominação de *"Wissentlichkeit im weiteren Sinn"*, que poderia ser traduzido como "representação em sentido amplo". Jakobs, Günther. *Strafrecht... Op. cit.*, 268, Rn. 18. Julgando a hipótese como um genuíno caso de dolo eventual Mir Puig, Santiago. *Derecho penal... Op. cit.*, p. 271, nm. 86.

160. Assim, Jescheck, Hans-Heinrich; Weigend, Thomas. *Lehrbuch... Op. cit.*, p. 298.

cognitivo, no que diz respeito à confluência das consequências colaterais, não se pode identificar no elemento volitivo toda aquela intensidade (*ii*). Na terceira e última modalidade de dolo, o *dolo eventual,*[161] não há tal compensação, os dois elementos do dolo perdem em intensidade; mais ainda, quanto ao elemento volitivo sequer há acordo doutrinário sobre a sua real necessidade (*iii*). Também aqui, seguindo-se a mesma estrutura de abordagem dos itens anteriores, tratarei (repito: de modo apenas aproximativo!) da concepção clássica, isto é, aquela concepção doutrinária que considera ambos os elementos necessários para o aperfeiçoamento do dolo eventual.

Também denominado de *dolo condicional* (ou condicionado),[162] é considerado pela doutrina majoritária como uma forma imperfeita de dolo,[163] em razão de a realização do tipo penal não se encontrar no mesmo percurso do propósito perseguido pelo autor, isto é, o indivíduo apenas representa a realização do tipo como *possível* (= enfraquecida representação) e sustenta a relação psíquica de

161. Cumpre sublinhar observação terminológica. Como é possível derivar da descrição da modalidade, há inequívoca impropriedade terminológica, uma vez que o que é eventual é o resultado e não o dolo. Ressaltando a imprecisão do conceito, KÖHLER, Michael. *Strafrecht... Op. cit.*, p. 163, Fn. 86; ROXIN, Claus; GRECO, Luís. *Strafrecht... Op. cit.*, § 12, Rn. 24; MAYER, Hellmuth. *Strafrecht. Allgemeiner Teil.* Stuttgart: W. Kohlhammer, 1967, p. 120; PRITTWITZ, Cornelius. *Strafrecht und Risiko. Untersuchungen zur Krise von Strafrecht und Kriminalpolitik in der Risikogesellschaft.* Klostermann: Frankfurt am Main, 1993, p. 355, Fn. 188.

162. Utilizam a expressão, entre outros, BLEI, Hermann. *Strafrecht... Op. cit.*, p. 115; JAKOBS, Günther. *Strafrecht... Op. cit.*, p. 259, Rn. 21; JESCHECK, Hans-Heinrich; WEIGEND, Thomas. *Lehrbuch... Op. cit.*, p. 299; SAUER, Wilhelm. *Allgemeine... Op. cit.*, p. 177. Críticos em relação à utilização do termo "*condicional*" DIAS, Jorge de Figueiredo. *Direito penal... Op. cit.*, p. 368, nota de rodapé n. 48; KINDHÄUSER, Urs K. *Strafrecht... Op. cit.*, p. 131, Rn. 11, Fn. 7; STRATENWERTH, Günter; KUHLEN, Lothar. *Strafrecht... Op. cit.*, p. 105, Rn. 111; WELZEL, Hans. *Das Deutsche... Op. cit.*, p. 68; WESSELS, Johannes; BEULKE, Werner. *Strafrecht... Op. cit.*, p. 82, Rn. 213.

163. SAUER considerava o dolo eventual como forma básica de dolo uma vez que o conhecimento certo (*Gewißheitskenntnis*) do acontecer típico é raramente possível, escreveu: "*Der Wahrscheinlichkeitsvorsatz ist der Grundtyp des Vorsatzes...*" SAUER, Wilhelm. *Allgemeine... Op. cit.*, p. 177 (itálico no original); consideram o dolo eventual como forma básica de dolo, na *Alemanha*: FREUND, Georg. *Strafrecht... Op. cit.*, p. 282, Rn. 70; FRISCH, Wolfgang. *Vorsatz... Op. cit.*, p. 496; KINDHÄUSER, Urs K. *Der Vorsatz... Op. cit.*, p. 30; KINDHÄUSER, Urs K. *Strafrecht... Op. cit.*, p. 131, Rn. 11, LUCAS, Herman. *Die subjektive Verschuldung im heutigen deutschen Strafrechte: Mit besonderer Berücksichtigung der Praxis.* Berlin: Decker, 1883, p. 17; PUPPE, Ingeborg. *§ 15... Op. cit.*, Rn. 105; PUPPE, Ingeborg. *Strafrecht... Op. cit.*, p. 112, Rn. 3. Na *Espanha* SILVA SÁNCHEZ, Jesús-Maria. *Aproximación al derecho penal contemporáneo.* Barcelona: Bosch, 1992, p. 402. Também adere à concepção do dolo eventual como dolo básico, PÉREZ BARBERÁ, Gabriel. *El dolo... Op. cit.*, p. 688. Defendendo o dolo eventual como modelo estruturador da *fronteira inferior* do dolo e da *fronteira superior* da culpa SCHEWE, Günter. *Bewußtsein... Op. cit.*, p. 33-36. Negavam o dolo eventual, entre outros, VON BAR, Carl Ludwig. *Gesetz und Schuld im Strafrecht.* Berlin: J. Guttentag, B. II, 1906, p. 304; STOOSS, C. *Dolus eventualis und Gefährdung. In*: ZStW, n. 15, 1895, p. 200. No Brasil, e já estávamos pelo ano de 1930, COSTA E SILVA destacou o desinteresse pela figura do dolo eventual. Cf. COSTA E SILVA, Antonio José da. *Codigo Penal... Op. cit.*, p. 143.

conformidade e/ou *aprovação* em relação à sua eventual ocorrência[164-165] (= enfraquecida vontade). Isso permite afirmar que no dolo eventual o aperfeiçoamento do lado cognitivo do agente permitirá a imputação subjetiva dolosa desde que com ele esteja presente um traço volitivo do autor, genérica e amplamente descrito com o "*estar de acordo*".[166] Qualquer postura psíquica volitiva do autor mais intensa em relação ao resultado permitirá o deslocamento da imputação para o dolo direto de primeiro grau.

Como é possível derivar dessa posição da doutrina majoritária, o dolo eventual possui essencialmente dois requisitos: a. *primeiro*, é necessário que o agente represente a realização do tipo como *possível*; b. *segundo*, não basta que o agente tenha tal representação, além disso, é necessário que ele tenha relação psíquica de *conformidade* em relação à *eventual* ocorrência do resultado representado como possível.[167] Ademais, não há no dolo eventual, como é o caso do dolo direto, uma meta (objetivo ou propósito), imediata ou mediata, de realização do tipo. Ambos os requisitos combinados são os responsáveis por situar o dolo eventual na fronteira inferior da zona do dolo. Dito de outro modo, *o duplo enfraquecimento dos elementos psíquicos é o responsável pela aproximação entre o dolo eventual e a culpa (consciente).*

Mas não é apenas esse limite que ainda se apresenta pouco claro e muito duvidoso. *A figura do dolo eventual também tem problemas de fronteira com o dolo direto*, embora esse tema seja pouco debatido.[168] Em sua significativa maioria, a literatura científica, como apontado acima, tende a considerar que o dolo direto está no campo da *certeza* da realização do tipo, ao passo que o dolo eventual no campo da *dúvida* da realização do tipo.[169] Contudo, essa cisão baseada na *certeza* ou *dúvida* não é capaz de fornecer desenho seguro para cada uma

164. O conteúdo desta relação psíquica depende da teoria da disposição de ânimo adotada. Isso será tratado com profundidade na parte III.

165. Margeando pequenas variações, exigem o elemento volitivo, AMBROSIUS, Jürgen. *Untersuchungen... Op. cit.*, p. 70 e ss; BLEI, Hermann. *Strafrecht... Op. cit.*, p. 115; HENN, Arne. *Der subjektive... Op. cit.*, p. 702; KÜHL, Kristian. *Strafrecht... Op. cit.*, p. 100, Rn. 44; KÜPPER, Georg. *Zum Verhältnis von dolus eventualis, Gefährdungsvorsatz und bewußter Fahrlässigkeit. In*: ZStW, 1988, n. 100, p. 766; ROXIN, Claus; GRECO, Luís. *Strafrecht... Op. cit.*, § 12, Rn. 27; STERNBERG-LIEBEN, Detlev; SCHUSTER, Frank. § 15... *Op. cit.*, Rn. 7; STRATENWERTH, Günter; KUHLEN, Lothar. *Strafrecht... Op. cit.*, p. 105, Rn. 110; WESSELS, Johannes; BEULKE, Werner. *Strafrecht... Op. cit.*, p. 82, Rn. 214. (conferir outras referências ao longo da parte II).

166. Exigindo a presença da vontade, SOUZA e JAPIASSÚ: "É indispensável uma *relação de vontade* entre o resultado e o agente, e é exatamente essa parte volitiva que distingue o dolo da culpa (consciente)". Contudo, não é esclarecido em que consiste essa relação de vontade, SOUZA, Artur de B. Gueiros; JAPIASSÚ, Carlos Eduardo A. *Curso... Op. cit.*, p. 194 (sem itálico no original).

167. Essa racionalização corresponde à teoria majoritária. Sobre as demais teorias vinculadas à disposição de ânimo do autor cf. *abaixo*, parte II, item 2.

168. No Brasil, cf. ZAFFARONI, Eugênio Raul; BATISTA, Nilo; ALAGIA, Alejandro; SLOKAR, Alejandro. *Direito penal... Op. cit.*, p. 276.

169. Cf. TAVARES, Juarez. *Espécies... Op. cit.*, p. 26.

das categorias, pois, como visto, no dolo direto também há hipóteses nas quais o agente tem (ou pode ter) sérias dúvidas sobre a realização do tipo penal. Se considerarmos a estrutura do dolo eventual acima descrita e a confrontarmos com as hipóteses de dolo direto, aparecem ao menos *duas dificuldades para o argumento que considera a certeza ou a dúvida um critério de distinção:* a. *primeira*, como ninguém pode realizar um juízo de *prognose segura* do quanto sua ação será apta para realizar o tipo penal, a chave conceitual teórica que diferencia uma e outra modalidade (a alta probabilidade e a possibilidade) não é de muita utilidade prática; b. *segunda*, há casos nos quais o dolo direto deve ser reconhecido, ainda que a probabilidade de produção do resultado seja pequena (caso do atirador à distância, acima 2.3.1). Essas duas dificuldades permitiriam, aqui, um pequeno aprimoramento do critério tradicional. Mesmo não estando de acordo com a concepção, para fins de argumentação, realizarei esse esforço.

Analisando-se atentamente ambas as figuras, vê-se que a distinção não está tão somente na possibilidade/probabilidade de realização do tipo, mas também na própria vontade, isto é, quando o propósito do autor é a realização direta do tipo não são relevantes as questões relacionadas à probabilidade/possibilidade de produção do resultado, todo comportamento é atraído para o campo do dolo direto. A ausência de propósito direto de realização do tipo pertencerá ao campo do dolo eventual desde que haja, por parte do agente, atitude de aquiescência em relação ao resultado. Isso permite construir a seguinte fórmula linguística: *o território de incidência do dolo eventual é o território da dúvida sobre o resultado somado à sua induvidosa aquiescência.*[170]

Finalmente, ao se comparar com as outras formas de aparecimento do dolo, o dolo eventual não transmite a mesma intensidade de injusto. Com efeito, a relação menos intensa de dependência existente entre a representação do autor e a possibilidade de ocorrência do resultado, bem assim a ausência direta do conteúdo volitivo, permite afirmar que o conteúdo do injusto do dolo eventual é inferior às duas outras formas de dolo direto.[171]

Considerando-se o panorama até aqui exposto, creio pertinente recorrer a uma hipótese capaz de ilustrar a distinção entre as três espécies de dolo:

> "O professor de direito, *A*, quer matar a sogra. Resolve, então, presenteá-la com um passeio de charrete pelas ruas históricas da cidade onde vive. Na noite anterior à surpresa, *A* esconde um aparato explosivo dentro da mala de mão da sogra. Ele sabe que a cuidadora da sogra estará presente e que tanto ela

170. Cfr. Schröder: "Der gesamte Bereich des Zweifels gehört also zum Vorsatz. Seine Grenze liegt einmal dort, wo der Zweifel aufhört und das Bewußtsein beginnt". Schröder, Horst. *Aufbau... Op. cit.*, p. 240, nota de rodapé n. 36; Blei, Hermann. *Strafrecht... Op. cit.*, p. 115.

171. Cfr. Jescheck, Hans-Heinrich; Weigend, Thomas. *Lehrbuch... Op. cit.*, p. 299. Descrevendo o dolo eventual como um *minus* de intensidade em relação ao dolo direto Hungria, Nelson. *Comentários... Op. cit.*, p. 172; Fragoso, Heleno C. *Lições... Op. cit.*, p. 177.

quanto o condutor da charrete serão inevitável e lamentavelmente atingidos. Dada a potencialidade lesiva do explosivo, utilizado em grande quantidade para que tudo saia como planejado, também é possível que outras pessoas morram ou saiam gravemente feridas. *A* considera todas essas circunstâncias e diz para si mesmo: '*paciência*'. Em decorrência da explosão, a sogra, a sua cuidadora e o condutor da charrete morrem; também são gravemente feridos dois transeuntes que passavam no momento da explosão."[172]

Quais seriam os níveis de responsabilidade? Em relação à sogra, há o dolo direto de primeiro grau (ou dolo intencional), afinal, existe perfeita sintonia entre o resultado e a meta que o professor queria atingir; em relação à cuidadora e ao condutor da charrete, o professor agiu com dolo direto de segundo grau, eis que, embora lamentadas, as mortes eram consequência inevitável do meio escolhido para a realização do seu propósito principal; finalmente, em relação aos transeuntes, o professor agiu com dolo eventual, eis que nesse caso a lesão era meramente possível.

Se considerarmos o cenário traçado, conseguiremos derivar três observações finais: a) tradicionalmente o dolo direito de primeiro grau é considerado a forma básica do dolo, porquanto está em perfeita harmonia com a dupla programação psíquica (volitiva e intelectual); b) dolo direto de segundo grau representa a forma especial de dolo, porquanto ainda que os resultados não sejam a meta imediata do autor, são consequências inevitáveis da sua atuação; c) finalmente, o dolo eventual é considerado um *dolo inacabado*, uma modalidade na qual reina o império da dúvida. Esse é o modo clássico de análise sistêmico-conceitual da inter-relação entre as modalidades de dolo.[173]

Todo o quadro traçado poderia ser representado graficamente da seguinte maneira:[174]

172. Com ligeiras modificações, exemplo em Greco, Luís. *Algumas observações introdutórias à "Distinção entre dolo e culpa" In: Puppe, Ingeborg. A distinção... Op. cit.*, p. XIII; Frister, Helmut. *Strafrecht... Op. cit.*, p. 143, Rn. 14.

173. Jescheck, Hans-Heinrich; Weigend, Thomas. *Lehrbuch... Op. cit.*, p. 318 e ss; Roxin, Claus; Greco, Luís. *Strafrecht... Op. cit.*, § 12, Rn 7 e ss; Sternberg-Lieben, Detlev; Schuster, Frank. § 15... *Op. cit.*, Rn. 64 e ss.

174. Com pequena variação, este é o esquema com o qual Struensee representa a teoria do dolo. Struensee, Eberhard. *Consideraciones sobre el dolo eventual. In*: Indret, 2009, n. 4, p. 5.

	Elemento intelectual			
Elemento volitivo	**Indivíduo**	**Representar uma consequência como certa**	**Representar uma consequência como necessária**	**Representar uma consequência como possível**
	Querer	Dolo de primeiro grau		Dolo de primeiro grau
	Ausência de querer		Dolo direto de segundo grau	Dolo eventual ———— Culpa consciente

Essa diferença entre as modalidades de dolo, ao contrário do que ocorre na Alemanha e na Espanha, não é apenas consequência da construção da literatura jurídico-penal, senão uma (*aparente*) imposição legal. No Brasil, o marco legal do dolo (art. 18, I, do CP) impõe, ao menos, a distinção entre o dolo direto e o dolo eventual. Se é assim, será preciso identificar o porquê de tal disposição legal; melhor ainda, será necessário identificar qual a importância jurídica da distinção entre as diversas espécies de dolo. É o que será examinado a seguir.

2.3.4 A importância jurídica da distinção entre as espécies de dolo

Considerando-se o marco normativo brasileiro, bem assim a posição doutrinária, a parte geral do nosso código distingue, mas ao mesmo tempo equipara, as diversas modalidades de dolo, a saber: "dolo direto quando o agente quis o resultado" (art. 18, I, primeira parte, do CP); ou dolo eventual "quando o agente assumiu o risco de produzi-lo" (art. 18, I, segunda parte, do CP). Isso poderia sugerir que, a rigor, não há qualquer importância jurídica na distinção entre as diversas espécies de dolo. Contudo, se adotamos a clássica definição para o crime doloso, será possível apontar ao menos duas consequências evidentes e imediatas das variações do dolo: uma prática e outra dogmática. Ao indicar essas consequências, *insisto*, estou considerando o material científico que construímos até aqui: o tradicional tratamento do crime doloso.[175]

Do ponto de vista *prático*, não são raros os tipos penais previstos na nossa parte especial que contêm *demanda* por uma modalidade específica de dolo; do ponto de vista dogmático, parcela da literatura científica inadmite a tentativa caso

175. A questão sobre se elas permanecem, ou não, relevantes é questão que será resolvida na parte IV deste trabalho.

a conduta seja ajustada à modalidade de dolo eventual.[176] Vou me deter (um pouco mais) no ponto de vista prático.

No tocante à consequência *prática* da distinção entre as diversas modalidades de dolo, também está bem claro que, a princípio, o dolo eventual poderia ser subsumido a todos os tipos penais, mesmo que nesses não haja menção expressa da admissibilidade do dolo eventual. Contudo, também é bastante evidente que na parte especial, em razão da estrutura dos tipos penais, há delitos que admitem unicamente o dolo direto. Assim, por exemplo, é o que ocorre no crime de exposição ou abandono de recém-nascido (art. 134, *caput*, do CP);[177] denunciação caluniosa (art. 339 do CP)[178] ou comunicação falsa de crime (art. 340 do CP).[179] Nesses casos, pela própria estrutura típica, fica excluída a possibilidade de imputação a título de dolo eventual, afinal, elas somente permitem a imputação a título de dolo direto.

Por outro lado, há tipos penais cuja estruturação típica permite imputação com a presença da forma menos intensa do dolo. É o que ocorre, por exemplo, nos tipos penais que contêm elementares que toleram o juízo positivo de tipicidade que se basta com o dolo eventual, a saber: a elementar "*que deve saber*", contida nos arts. 130 e 180, § 1.º, do CP é indicativa, segundo posição de parcela da literatura e jurisprudência nacionais, da admissibilidade de punição por dolo eventual.[180]

176. Do ponto de vista dogmático, que especificamente nesse ponto não se entrecruza diretamente com o objeto da tese, há quem considere que a tentativa é incompatível com o dolo eventual. No *Brasil*: Mirabete, Júlio Fabbrini. *Manual de Direito Penal. Parte Geral.* 11. ed. São Paulo: Atlas, 1996, p. 154; Greco, Rogério. *Curso de direito penal: parte geral.* 18. ed. Rio de Janeiro: Niterói, 2016, vol. 1, p. 371; Greco, Rogério. *Código penal comentado.* 5. ed. Niterói: Rio de Janeiro, 2011, p. 49. Essa discussão continua sendo ventilada nos *tribunais superiores*, cf. *STF*: HC 114223-SP, rel. Min. Teori Zavascki, p. 5-6 (julgamento m 27.10.2015); no *STJ*: HC 308180-SP (2014/0282037-1), rel. Min. Reynaldo Soares da Fonseca, p. 7 (julgamento em 13.09.2006); AgRg no REsp 1176324-RS (2010/0007845-4), rel. Min. Reynaldo Soares da Fonseca, p. 5-7 (julgamento em 16.02.2016). Na *Alemanha*: Lampe, Ernst-Joachim. *Genügt für den Entschluss des Täters in § 43 StGB sein bedingter Vorsatz? In*: NJW, 1958, p. 332-333. Em *Portugal*: Costa, José de Faria. *Tentativa e dolo eventual (ou da relevância da negação em direito penal). In:* Estudos em Homenagem ao Prof. Doutor Eduardo Correia. Coimbra: Almedina, 1996. p. 74 e ss (separata). Para um panorama cf. Tamarit Sumalla, Josep Maria. *La tentativa con dolo eventual. In*: ADP, 1992, fasc. II, p. 515 e ss.

177. "Art. 134. *Expor* ou *abandonar* recém-nascido, para ocultar desonra própria."

178. "Art. 339. Dar causa à instauração de investigação policial, de processo judicial, instauração de investigação administrativa, inquérito civil ou ação de improbidade administrativa contra alguém, *imputando-lhe crime de que o sabe inocente.*"

179. "Art. 340. Provocar a ação de autoridade, comunicando-lhe a ocorrência de crime ou de contravenção *que sabe não se ter verificado.*"

180. Sobre a discussão no cenário brasileiro cf. Bitencourt, Cezar Roberto. *Tratado de direito penal: parte especial.* 8. ed. São Paulo: Saraiva, 2012, vol. 3, p. 355 e ss; Busato, Paulo César. *Direito Penal: parte especial.* São Paulo: Atlas, 2014, vol. 1, p. 614; Jesus, Damásio E. de. *Direito Penal: parte Especial.* 28.ed. São Paulo: Saraiva, 2007, vol. 2, p. 501 e ss; Prado, Luís Regis; Carvalho, Érika Mendes de; Carvalho, Gisele Mendes de. *Curso... Op. cit.*, p. 998.

Sendo assim, e ao contrário do quanto se possa imaginar, a principal repercussão prática a que as tradicionais variações do dolo conduzem não está no rigor da pena, senão na possibilidade, ou não, de atribuição de tipos penais.

2.4 Dimensão temporal do dolo

Questão que também habilita interesse é determinar o momento no qual os conhecimentos do indivíduo precisam estar presentes para que se possa falar em atuação dolosa, ou seja, a determinação da *dimensão temporal do dolo.*[181] Definir o ponto temporal do dolo tem importantíssimo significado para a imputação subjetiva, porquanto apenas o momento da execução da ação,[182] e somente ele, é que deve ser considerado para fins de determinação do nível da imputação. Para esclarecer o quão isso pode ser relevante e decisivo para o dolo, sirvo-me de duas hipóteses:

> *Situação 3.* O indivíduo *A*, cansado de sua sogra, *S*, resolve matá-la. Pensa na melhor forma de fazê-lo e chega a uma conclusão que lhe parece mais racional: atropelamento. No dia seguinte, dirigindo desatento em razão de uma discussão que havia travado com sua esposa, atropela um transeunte, o qual morre imediatamente. Após descer do veículo, *A* prontamente comprova que a pessoa atropelada era, de fato, a sua ex-sogra *S*;
>
> *Situação 4.* O indivíduo *D*, no bar "*Ando devagar porque já tive pressa*", bebe algumas cervejas e, a contragosto dos amigos, resolve voltar para casa dirigindo seu potente automóvel. No caminho para casa, decide imprimir a seu automóvel velocidade excessivamente superior à permitida. O automóvel dirigido por *D* se choca com outro que vinha em sentido contrário, matando todos os passageiros do outro veículo, os membros da família *F*. Em razão da qualidade do *cockpit* do seu veículo, *D*, por sorte, tem apenas pequenas escoriações. A prova colhida nos autos demonstra que depois do acidente *D* ligou para o amigo *X* lamentando os danos em seu automóvel e também comemorou o acidente, eis que um dos ocupantes do veículo atingido era um antigo desafeto.

Aqui, estamos diante de duas situações que retratam, perfeitamente, o quanto é necessário observar o momento temporal do dolo: na primeira, estamos diante de um comportamento *anterior* – o qual deveria ser apenas a preparação para o ato principal, conforme os planos do autor – que já causa um resultado indesejado; na segunda, uma situação *posterior* que, em tese, indicaria indiferença do autor em relação ao resultado. Por ora, deixarei as hipóteses sem resposta, pois será

181. No cenário alemão a dimensão temporal do dolo é derivada diretamente do § 16, Abs. 1, S. 1 "(1) *Wer bei Begehung der Tat...*" ("quem no cometimento do fato...").

182. O termo está utilizado em sentido amplo, isto é, abrange tanto os comportamentos comissivos quando os omissivos.

necessário, por exigência lógica, esclarecer o que vem a ser a dimensão temporal do dolo.[183]

A dimensão temporal do dolo (também denominada princípio da simultaneidade[184] ou princípio da coincidência[185]) expressa a obrigatoriedade de que a valoração da atitude mental do indivíduo seja limitada pelo momento de realização da conduta típica; isso significa que conhecimento ou vontade anterior (*dolus antecedens*[186]) e/ou os atos posteriores (*dolus subsequens*[187]) à realização da conduta não podem ser levados em consideração para determinar o nível da imputação subjetiva.[188]

Essa afirmação tem um *quê* de *ingenuidade* e *intuitividade*. Há quem fundamente a necessidade de uma limitação temporal do dolo recorrendo a uma espécie de *princípio lógico-semântico*. Nesse sentido, por exemplo, Hruschka argumenta que o princípio da simultaneidade requer (e significa) que os elementos do tipo – um homicídio é a morte dolosa de uma pessoa – coincidam temporalmente com a realização de determinado ato, do contrário, o ato não será um homicídio. Apenas

183. Sobre a dimensão temporal do dolo, no *Brasil*, Queiroz, Paulo. *Curso... Op. cit.*, p. 266-267; Santos, Juarez Cirino dos. *Direito... Op. cit.*, p 152. Na *Alemanha*: Baumann, Jürgen; Weber, Ulrich; Mitsch, Wolfgang. *Strafrecht... Op. cit.*, p. 474, Rn. 18 e p. 491, Rn. 62; Freund, Georg. *Strafrecht... Op. cit.*, p. 272, Rn. 44; Gaede, Karsten. *Mord ohne Leiche? – Koinzidenz, unmittelb. Ansetzen zum Versuch u.d. Ausschaltung der Verteidigungsmöglichkeiten des Opfers – BGH, NJW 2002, 1057. In*: JuS, 2002, p. 1059; Gaede, Karsten. § 15... *Op. cit.*, Rn. 4; Hecker, Bernd. *Anmerkung zu BGH, 5 StR 75/10. In:* JuS, 2010, p. 1114; Hettinger, Michael. *Der Irrtum im Bereich der äußeren Tatumstände – eine Einführung. In:* JuS, 1989, L. 19; Joecks, Wolfgang. § 16... *Op. cit.*, Rn. 15; Kindhäuser, Urs K. *Strafrecht... Op. cit.*, p. 127, Rn. 8; Kindhäuser, Urs K. *Strafgesetzbuch... Op. cit.*, p. 166, Rn. 5; Kühl, Kristian. *Strafrecht... Op. cit.*, p. 89-90, Rn. 20-23; Lackner, Karl; Kühl, Kristian. § 15... *Op. cit.*, Rn. 9; Lampe, Ernst-Joachim. *Ingerenz oder dolus subsequens. In*: ZStW, 1960, n. 72, p. 93 e ss; Mayer, Hellmuth. *Strafrecht... Op. cit.*, p. 117; Momsen, Carsten. §§ 15-16... *Op. cit.*, Rn. 20; Roxin, Claus; Greco, Luís. *Strafrecht... Op. cit.*, § 12, Rn. 89; Rudolphi, Hans-Joachim; Stein, Ulrich. § 16... *Op. cit.*, Rn. 44-47; Sternberg-Lieben, Detlev; Schuster, Frank. § 15... *Op. cit.*, Rn. 49; Sternberg-Lieben, Detlev; Sternberg-Liebe, Irene. *Vorsatz... Op. cit.*, p. 884; Vogel, Joachim. § 15... *Op. cit.*, Rn. 52; Welzel, Hans. *Das Deutsche... Op. cit.*, p. 71. Na jurisprudência alemã Cf. BHG – 3 StR 159/03, NStZ, 2004, 201. Na Áustria: Fuchs, Helmut. *Strafrecht... Op. cit.*, p. 133-135, Rn. 30-34.

184. Hruschka, Joachim. *Strafreht... Op. cit.*, p. 4; Sternberg-Lieben, Detlev; Schuster, Frank. § 15... *Op. cit.*, Rn. 48.

185. BGH 5 StR 75/10, JuS, 2010, 1114; BGH – 5 StR 75/10, NStZ, 2010, 503; Hettinger, Michael. *Der Irrtum... Op. cit.*, L. 19.

186. Cf. BGHSt 6, 329. Evidentemente que nesse cenário também se insere a discussão sobre a teoria da *action libera in causa*. Sobre o tema cf. Rudolphi, Hans-Joachim; Stein, Ulrich. § 16... *Op. cit.*, Rn. 47.

187. Cf. BGHSt 10, 151.

188. É preciso ressaltar que essa determinação da simultaneidade não tem relação com a validade temporal da legislação, isto é, com o art. 4 do CP (tempo do crime). Essa definição legal do tempo do crime não está situada no mesmo campo dogmático da imputação subjetiva, uma vez que ela se refere apenas ao campo da validade temporal de uma legislação penal.

quando os elementos conceituais do tipo de homicídio são simultaneamente preenchidos, há a *completa justificação semântica* para se falar em homicídio.[189]

Contudo, também é pertinente, senão mais adequado, vincular a necessidade de uma limitação temporal de valoração do comportamento humano com base no próprio elemento cognitivo. Um *voluntarista*, por exemplo, poderia argumentar que o elemento cognitivo é a moldura capaz de guiar a vontade do agente e, portanto, também parece evidente que somente a cognição é capaz de permitir que o indivíduo conduza a sua ação em direção à realização do tipo, isto é, transporte a sua potência cognitiva para a vontade de realização; se não há conhecimento, a vontade de realização não pode ser posta em marcha. Um *cognitivista*, alinhado à posição que aqui assumo, poderia argumentar que se é o elemento cognitivo que habilita o poder punitivo e apenas esse é capaz de permitir que o agente tenha domínio sobre o seu comportamento, parece óbvio que apenas o conhecimento existente no momento de realização da conduta pode ser levado em consideração para verificar se é possível falar, ou não, em dominabilidade do comportamento: um dolo anterior ou posterior ao fato corresponderia a uma responsabilidade sem conhecimento (= responsabilidade objetiva). Seja qual for o fundamento adotado, o que parece inegável é que a utilização de expressões como *dolo antecedente* e *dolo subsequente* consolida grande contradição e imprecisão termino(lógica), afinal, a rigor não há dolo, ao menos não em sentido jurídico-penal.[190-191]

Naturalmente, a presença da atitude dolosa durante todo o transcorrer da fase executiva é dispensável, isto é, a delimitação temporal se dá no momento no qual o agente põe em marcha o processo de causação do resultado, ainda que depois, eventualmente, abandone o curso causal à sua própria sorte; não acredite no resultado ou, inclusive, não mais o queira. Caso um terrorista instale uma bomba-remoto em um avião e após a decolagem tente, infrutiferamente, evitar a explosão, ainda assim ele será responsável pelo resultado morte a título de dolo.[192]

Se sabemos que o dolo precisa estar simultaneamente conectado com o desenvolvimento da ação representada (e almejada pelo autor) (*i*); que essa representação do autor sobre a execução do delito (bem assim o seu propósito) recorta a zona temporal para fins de imputação subjetiva (ii); e que quando o resultado

189. Hruschka, Joachim. *Strafrecht... Op. cit.*, p. 4-5.

190. No Brasil, afirmando expressamente a inexistência de um dolo subsequente, Fragoso, Heleno C. *Lições... Op. cit.*, p. 174. Considerando essa distinção, desde 1930, desprovida de valor, Costa e Silva, Antonio José da. *Código Penal... Op. cit.*, p. 145.

191. No âmbito do cenário alemão, a jurisprudência pretende excepcionar a regra da inexistência do dolo subsequente admitindo, com a figura da autoria sucessiva, a responsabilização do coautor tardio pela integralidade do empreendimento criminoso. Cf. BGH – 4 StR 5/69. Na doutrina, contra, Roxin, Claus; Greco, Luís. *Strafrecht... Op. cit.*, § 12, Rn. 91.

192. Cf. Kühl, Kristian. *Strafrecht... Op. cit.*, p. 91, Rn. 27; Roxin, Claus; Greco, Luís. *Strafrecht... Op. cit.*, § 12, Rn. 90; Sternberg-Lieben, Detlev; Schuster, Frank. § 15... *Op. cit.*, Rn. 48-49; Wessels, Johannes; Beulke, Werner. *Strafrecht... Op. cit.*, p. 79, Rn. 206.

não se situa na cadeia de representação durante a realização da conduta não será possível imputar ao agente a modalidade dolosa (*iii*), creio que a partir daqui estou habilitado para julgar as duas situações anteriormente apresentadas:

> *Resolução da situação 3*. Nos moldes traçados, a conduta de *A* não enseja imputação dolosa. Embora tivesse verdadeiramente planejado a morte de *S*, no momento do fato a sua imagem mental não era a realização do tipo. Naturalmente será possível considerar imputação a título de culpa, mas, em absoluto, a título de dolo.
>
> *Resolução da situação 4*. O comportamento posterior de *D* não fundamenta um juízo de valoração da conduta. Naturalmente, será possível investigar a sua responsabilidade (seja dolosa, seja culposa), mas é igualmente evidente que a ligação posterior (= indiferença em relação à vida), bem assim a alegria com o resultado (= assunção do resultado) não podem ser levadas em consideração para fundamentar a ocasional atribuição do dolo eventual.

Dito isso, é possível chegar à seguinte síntese: *a*. planos em geral, sem a materialização em uma conduta, não são suficientes para o dolo, do contrário estaríamos admitindo a punição dolosa em atos preparatórios: "dolo" antes da ação não é dolo; *b*. a alteração da postura mental do indivíduo após ativação do curso causal, ainda que antes de resultado, não exonera o agente da atribuição de conduta dolosa; *c*. concordância, aceitação ou aprovação de eventual resultado posterior decorrente de ação não dolosa não converte a conduta em dolosa.[193]

3. Sobre a relação entre o dolo e a culpa

É extremamente controvertida a discussão sobre se a relação entre o dolo e a culpa desenvolve-se em um plano quantitativo ou qualitativo. Se considerarmos a linguagem e o sentido cotidianos, pode-se dizer que a conduta culposa carrega grau de reprovabilidade mais intenso que a conduta dolosa. Quando se diz que alguém atuou culposamente, para o não-jurista isso expressa um dado de *maior intensidade* da reprovabilidade que recairá sobre o comportamento. Grande parte desse sentido invertido, salvo engano, deve-se ao fato de que a palavra dolo, ao menos em português, pertence tipicamente ao vocabulário jurídico, ao passo que a palavra culpa está etimológica e historicamente ligada à própria ideia de crime ou como um erro derivado de um impulso interior. Isso significa que o dolo, no âmbito da linguagem cotidiana, tem significado mais tendente à neutralidade valorativa, ao passo que o termo culpa é empregado para designar a relação negativamente valorada entre o indivíduo e um fato.[194]

193. Cfr. Kudlich, Hans. *§ 15... Op. cit.*, Rn. 9.

194. Isso não ocorre com a língua alemã. Nesse idioma, há uma palavra específica para querer (*Absicht*), usada tanto na linguagem cotidiana quanto na linguagem jurídica. Não por outra razão, Puppe destaca no cenário alemão uma realidade inversa à nossa. Com efeito, na linguagem cotidiana alemã, quando se expressa que alguém causou um dano culposamente, por temeridade ou por falta de

No cenário estritamente jurídico, permanece aberta a discussão sobre se essa relação entre ambas as formas de manifestação do comportamento penalmente relevante está assentada sobre o pilar da diferença de qualidade ou da diferença lógico-gradativa entre os comportamentos.

Parcela da doutrina, a qual representa a opinião majoritária, defende que entre dolo e culpa há uma relação de *diferença qualitativa* que se expressa no fato de o conceito de culpa pressupor a negação de elementos específicos do dolo; dolo e culpa se excluem mutuamente, essencialmente, por meio da negação da vontade de realização do tipo penal; entre eles há, portanto, uma relação de *aliud.*[195] A culpa, assim, não é uma forma atenuada de dolo, mas sim uma categoria de distinta entidade sobre a qual, em razão da ausência da adesão interna do indivíduo em relação à lesão do bem jurídico, recai um juízo menos grave de desaprovação social. Isso permite dizer que à luz da proteção dos bens jurídicos, o dolo expressa maior magnitude de injusto e culpabilidade se comparado à culpa (*relação de gradação normativa*).[196]

Para outro setor da doutrina não há relação de gradação normativa entre os institutos, mas apenas relação de gradação lógico-conceitual (ou exclusivamente classificatória).[197] Entre as categorias há uma relação de grandezas, na qual o dolo representa um grau máximo de reprovabilidade, ao passo que a culpa um grau mínimo. Nas palavras de Puppe, o desvalor da ação, tanto nos delitos culposos quanto nos delitos dolosos, pressupõe a criação de um risco não permitido; em ambos pressupõe-se a violação de um dever de cuidado, bem por isso é possível dizer que todo autor que age dolosamente também preenche todos os requisitos

atenção, está implícita a ideia de que o autor não tinha o resultado como seu propósito, mais ainda, que ele o recusava interiormente ou que ao menos tal resultado lhe era indiferente. ("Die Redewendung, jemand habe einen Schaden fahrlässig, leichtfertig oder aus Mangel an Sorgfalt verursacht, impliziert im alltagssprachlichen Verständnis die Vorstellung, dass der Täter diesen Erfolg gerade nicht beabsichtigte, ihn vielmehr selbst als Ergebnis seines Handelns innerlich ablehnte oder ihm zumindest gleichgültig gegenüberstand") Puppe, Ingeborg. § 15... *Op. cit.*, Rn. 4.

195. No *Brasil*, expressamente, Tavares, Juarez. *Teoria do crime culposo... Op. cit.*, p. 480. Na *Alemanha*: BGHSt 4, 340 (341); Duttge, Gunnar. § 15. *In*: MüKo, Rn. 104; Fischer, Thomas. § 15... *Op. cit.*, Rn. 13 e Rn. 19; Jescheck, Hans-Heinrich; Weigend, Thomas. *Lehrbuch... Op. cit.*, p. 563; Kühl, Kristian. *Strafrecht... Op. cit.*, p. 585, Rn. 4; Rengier, Rudolf. *Strafrecht... Op. cit.*, p. 515, Rn. 2; Roxin, Claus; Greco, Luís. *Strafrecht... Op. cit.*, § 24, Rn. 79; Schröder, Horst. *Aufbau... Op. cit.*, p. 244; Sternberg-Lieben, Detlev; Schuster, Frank. § 15... *Op. cit.*, Rn. 3; Momsen, Carsten. §§ 15-16... *Op. cit.*, Rn. 58; Mylonopoulos, Christos. *Das Verhältnis von Vorsatz und Fahrlässigkeit und der Grundsatz in dubio pro reo. Eine strafrechtlich-rechtstheoretische Untersuchung. In:* ZStW, 1987, n. 99, p. 695.

196. Cfr. Roxin, Claus. *Strafrecht... Op. cit.*, p. 1091-1092, Rn. 79.

197. Expressamente, Jakobs, Günther. *Strafrecht... Op. cit.*, p. 317, Rn. 4; Puppe, Ingeborg. § 15... *Op. cit.*, Rn. 5; Schmidhäuser, Eberhard. *Strafrecht... Op. cit.*, p. 450-452, Rn. 115; Schmidhäuser, Eberhard. *Die Grenze... Op. cit.*, p. 251. Cfr. Freund, Georg. *Vorbemerkungen... Op. cit.*, Rn. 299; Mitsch, Wolfgang. *Fahrlässigkeit und Straftatsystem. In*: JuS, 2001, p. 107.

dos delitos culposos.[198] Não há, portanto, diferença de qualidade, mas sim diferença de quantidade, isto é, o dolo é a culpa adicionada de algum outro elemento.

Por ora, basta indicar quais são essas correntes predominantes. Ainda não tenho elementos suficientes que permitam estabelecer, aqui, uma tomada de postura. Será necessário avançar na investigação para poder identificar, com clareza, qual é a espécie da relação que deve ser estabelecida entre as duas modalidades de imputação subjetiva e, consequentemente, qual é o outro elemento adicional que permitirá situar a diferença quantitativa entre o dolo e a culpa.

Estabelecidas as bases essenciais para a compreensão da teoria do dolo, é possível avançar no objeto da investigação. Nas linhas anteriores ficou pontuado, ainda que de modo indireto, que *a doutrina majoritária afirma que o elemento volitivo do agente representa a marca de Caim do dolo, o qual é responsável por erguer a sua fronteira com a culpa.* Acontece que mesmo esse breve excurso sobre as bases da teoria do dolo também foi suficiente para demonstrar a euforia referida à capacidade de estabelecimento de uma fronteira entre as modalidades de imputação subjetiva pelo elemento volitivo. Se considerarmos o dolo direto de primeiro grau (nas hipóteses de plataforma intermediária necessária), bem assim o dolo eventual, é possível, no mínimo, pôr em xeque o rendimento do querer como melhor candidato para desempenhar aquela tarefa. Sendo assim, nada melhor que servir-nos dessa problemática categoria do dolo para testar a tese majoritária. Para isso, adotarei o seguinte percurso: primeiro, o múltiplo cenário de concretização do conceito de vontade. Noutros termos, será preciso responder à seguinte pergunta: *o que é a vontade para o dolo eventual?*; depois, admitindo-se que alguma resposta a essa pergunta seja considerada satisfatória, será necessário dialogar com os argumentos que os voluntaristas utilizam para explicar a diferença de pena que há entre o dolo eventual e a culpa consciente para, com isso, verificar se tais argumentos são suficientemente convincentes para insistir no dolo com dupla programação psíquica.

198. Puppe, Ingeborg. § 15... *Op. cit.*, Rn. 6; também Puppe, Ingeborg. *Strafrecht... Op. cit.*, p. 89, Rn. 2. Essa regra, inclusive, pode ser derivada do código civil alemão, que à altura do § 276, II, Abs. 2, ao tratar da responsabilidade culposa, define que "atua culposamente aquele que não tem o cuidado devido no âmbito de uma relação".

PARTE II

SOBRE O TRADICIONAL TRATAMENTO DA VONTADE DENTRO DA ESTRUTURA DO DELITO DOLOSO

1. Considerações preliminares

Não é algo novo o problema da fronteira entre o dolo eventual e a culpa consciente ser considerado o calcanhar de Aquiles da dogmática jurídico-penal.[199] Há uma espécie de relação inversamente proporcional entre a quantidade de soluções apresentadas[200-201] e o insatisfatório rendimento dogmático em casos-limite;[202] saldo negativo que provoca no cientista de direito penal imediato desconforto e indisfarçável embaraço. Desconforto, porquanto por mais que as propostas sejam refinadas, e seus elementos revisitados, não há solução de consenso. Embaraço

199. Cfr. BRAMMSEN, Joerg. *Inhalt... Op. cit.*, p. 71; ROXIN, Claus. Über... *Op. cit.*, p. 1201; SCHÜNEMANN, Bernd. *Vom philologischen... Op. cit.*, p. 364; PRITTWITZ, Cornelius. *Risikovorsatz und Vorsatzgefahr. Zum Verständnis und zur strafrechtlichen Relevanz des Verdrängens. In*: FS – Ingeborg Puppe. Berlin: Duncker & Humblot, 2011, p. 821.

200. No *Brasil*, via de regra, encontramos, secamente, a (equivocada) referência a apenas aos troncos de teorias, isto é, à teoria da vontade (ou do consentimento) e à teoria da representação, sugerindo que há apenas uma teoria da vontade e apenas uma teoria da representação cf. BITENCOURT, Cezar Roberto. *Tratado... Op. cit.*, p. 349-350 e ss; BRANDÃO, Cláudio. *Teoria... Op. cit.* p. 68 e ss. Na *Espanha*, destacando que a discussão foi polarizada entre esses dois troncos, embora também faça menção apenas à teoria da vontade e à teoria da representação, BACIGALUPO, Enrique. *Derecho penal... Op. cit.*, p. 315, nm. 596.

201. No âmbito da literatura *alemã*, esse número é bastante variável, BRAMMSEN, Joerg. *Inhalt... Op. cit.*, p. 77 (dez); HILLENKAMP, Thomas. *32 Probleme aus dem Strafrecht. Allgemeiner Teil.* 14. Aufl. München: Vahlen, 2012, p. 1-14 (oito); JESCHECK, Hans-Heinrich; WEIGEND, Thomas. *Lehrbuch... Op. cit.*, p. 302 (cinco); KÜHL, Kristian. *Strafrecht... Op. cit.*, p. 101, Rn. 46 (nove); OTTO, Harro. *Der Vorsatz... Op. cit.*, p. 472-473 (dez); ROXIN, Claus; GRECO, Luís. *Strafrecht... Op. cit.*, § 12, Rn. 35 e ss (doze); SATZGER, Helmut. *Der Vorsatz... Op. cit.*, p. 117 e ss (cinco); WESSELS, Johannes; BEULKE, Werner. *Strafrecht... Op. cit.*, p. 83, Rn. 217 (seis). Na Áustria, SCHMOLLER, Kurt. *Das voluntative Vorsatzelement. In*: ÖJZ, 1982, p. 282 (três).

porquanto é posto em xeque a capacidade do pensamento jurídico sistemático de solucionar os seus próprios problemas. Todo modo, considero que esse dissenso também proporciona excelente oportunidade para aguçar a lente analítica e verificar se, de fato, há impossibilidade concreta de diferenciar o dolo (eventual) da culpa (consciente).[202]

Desse embate sem consenso é possível derivar algumas conclusões: primeiro, a doutrina consegue chegar a um denominador comum, isto é, *um elemento de consenso: a representação;*[203] a diferença reside na programação da precisão do conteúdo desse elemento (*i*); *há um elemento de dissenso: o volitivo* – as diferenças aqui são mais acentuadas, pois, se, por um lado, parcela da doutrina diverge sobre a programação de precisão da dimensão volitiva, por outro, há quem negue a própria existência de tal dimensão. A diferença entre esses dois grupos equivalerá, conforme se comprovará, às diferentes respostas que podem ser dadas às seguintes perguntas: *como o autor calculava a possibilidade de ocorrência resultado*? ou *como o autor se posicionava psiquicamente em relação à sua ocorrência?* (*ii*). A análise dos argumentos manejados pelos dois grupos de teorias comprovará que, em grande medida, há certa *fraude de etiquetas*,[204] ou seja, os autores atribuem nomes diversos para as mesmas soluções (*iii*); finalmente, essa

202. Alertando para a pequena diferença no resultado prático que diversas nuances teóricas conduzem, Fischer, Thomas. § 15... *Op. cit.*, Rn. 9g; Geppert, Klaus. *Zur Abgrenzung... Op. cit.*, p. 57; Kindhäuser, Urs K. *Strafrecht... Op. cit.*, p. 126, Rn. 3; Mayer, Hellmuth. *Strafrecht... Op. cit.*, p. 118; Roxin, Claus; Greco, Luís. *Strafrecht... Op. cit.*, § 12, Rn. 72.

203. Tratar este elemento como elemento de consenso não significa afirmar que há unanimidade. Há, ao menos, um posicionamento na doutrina que considera o conhecimento (em sentido psicológico), dispensável para a imputação subjetiva. Assumindo uma construção que vem do direito anglo-saxão (*wilfull blindness*), tenta-se, aos poucos, inserir no direito continental a figura da cegueira deliberada (na Alemanha, *Tatsachenblindheit*; na Espanha, *ignorancia deliberada*). Conforme essa doutrina, além da vontade, o conhecimento (em sentido psicológico) também estaria dispensado para fins de imputação a título de dolo. A premissa é que, alguns casos não poderão ser valorados de modo justo enquanto se exigir o conhecimento real da situação fática para fins de imputação. Desse modo, nos casos de *ignorância direcionada* sobre os fatos, o agente deverá ser tratado como aquele que efetivamente realizou a conduta. No *Brasil*, a teoria foi ventilada nos julgamentos, no *STF*: AP 470-MG, rel. Min. Joaquim Barbosa; revisor Min. Ricardo Lewandowski; nas seguintes decisões monocráticas do *STJ*: HC 373.742-MT (2016/0261664-5), rel. Min. Maria Thereza de Assis Moura; AREsp 595.432-PR (2014/0265048-3), rel. Min. Joel Ilan Paciornic; RE nos EDcl no AgRg no REsp 1262752 (2011/0153219-1), rel. Min. Gilson Dipp; REsp 1.262.752-PR (2011/0153219-1), rel. Min. Laurita Vaz. Por ora, basta essa referência jurisprudencial; deixarei a discussão da literatura para o momento mais oportuno (parte III, item 2.1). Cf. também nota de rodapé n. 531.

204. Por fraude de etiquetas deve ser entendido o reproche que pode ser dirigido a determinada teoria que, afirmando um (suposto) erro de categorização, declara possível uma forma de proceder inadmissível, mas sob um nome distinto, ou seja, meramente atribuindo-lhe uma nova etiqueta. Na feliz explicação de Luís Greco "*o fato de nós chamarmos um cachorro de gato não modificará, em nada, o fato de que ele ladrará*" ("Die Tatsache, dass wir einen Hund eine Katze nennen, ändert nichts daran, dass er bellen wird...". Cf. Greco, Luís. *Lebendiges... Op. cit.*, p. 277. (sem itálicos no original). Cf. também Greco, Luís. *Was ist Folter? In*: FS – Bernd Schnünemann. Berlin: de Gruyter, 2014, p. 72. (o artigo foi por mim traduzido e em breve será publicado sob o título: "*O que é tortura?*").

fraude de etiquetas comprova que o dissenso entre as teorias cognitivas, por um lado, e as teorias volitivas, por outro, não é de substância, mas de manobra linguística (*iv*). Isso permitirá confirmar, ou não, uma intuição: o que há são várias teorias sobre o dolo, mas também há pouca discussão em torno dessas teorias.

Mas esse duvidoso contorno científico em nada muda o fato de que o ajuste de uma conduta como dolosa ou culposa deságua em severas consequências punitivas. Ao se recorrer a único, mas significativo, recorte estrutural e ao se atentar apenas para o abstrato aspecto dosimétrico, basta recordar que no Brasil a (máxima) consequência jurídica para um homicídio culposo são 3 anos de prisão; ao passo que o homicídio doloso (simples) permite até 20 anos de prisão. Por outro lado, se tomarmos emprestado um modelo do cenário internacional, o alemão, por exemplo, verificar-se-á que a conduta homicida dolosa qualificada permite uma espécie de pena de prisão perpétua revisável (invariáveis quinze anos, após os quais há possibilidade de concessão de liberdade),[205] penalidade que não se dá no âmbito culposo. Some-se a isso o fato de que muitos delitos só admitem a modalidade dolosa. Ambos os exemplos desenham com relativa clareza a importância de dizer com bastante lucidez o que é dolo e o que é culpa, afinal, muitas vezes, essa distinção equivalerá à decisão entre a punição e a *não-punição*. Se se observar que esta dualidade (= punição *versus* liberdade) reverbera sobre toda a estrutura do Código Penal, é possível captar, imediata e inequivocamente, que é urgentíssima a missão científica de delinear os exatos limites da imputação subjetiva.

Para tentar solucionar essa problemática, é possível seguir três grandes vias:[206] *i*) a primeira delas composta por um grupo de teorias o qual se poderia denominar genericamente *teorias da disposição de ânimo*; grosseiramente, essa via não permite renunciar à dupla programação volitiva do dolo e, portanto, exige que a decisão sobre a maior ou menor punição do comportamento seja realizada com base nas balizas indicadas pela vontade do agente; *ii*) a segunda via é integrada pelo grupo que rivaliza com o anterior, um grupo de teorias que poderíamos denominar genericamente *teorias da representação*; basicamente, os seus defensores negam a necessidade de um elemento volitivo dentro da estrutura do crime doloso e preferem traçar os limites entre as duas modalidades intermediárias de imputação a partir de uma base meramente cognitiva; *iii*) finalmente, o terceiro grupo de teorias, aqui também genericamente denominadas *teorias do risco*. Igualmente vinculadas a uma concepção cognitiva, mantêm o elemento

205. Também há previsão para o crime de homicídio simples em casos que representem especial gravidade (§ 212, Abs. 2) mas, na prática, a pena de prisão perpétua fica restrita às hipóteses de homicídio qualificado.

206. É certo que desde o princípio do século XIX as discussões em torno do dolo eventual foram dominadas (apenas) pela bipolaridade científica que se formou entre os adeptos das teorias de disposição de ânimo, por um lado, e as teorias da vontade, por outro. Contudo, desde o último vintênio do século XX, outro grupo de teorias vem ganhando terreno nesse cenário discordante. Cf. Ragués i Vallès, Ramon. *El dolo... Op. cit.*, p. 53.

intelectual do dolo, posto que irrenunciável, mas alteram a programação do seu conteúdo: no lugar do resultado, a *representação do perigo de realização do tipo* passa a ser objeto de referência do comportamento dolo.

O objetivo central das duas partes seguintes (II e III) será traçar os argumentos oferecidos por aqueles três grupos de teorias para, posteriormente, submetê-los à contra-argumentação. Creio que um bom método para realizar esse diálogo precisa separar e considerar duas dimensões de argumentação, quais sejam: aquela utilizada para dar substância à teoria; e aquela que explicita os compromissos assumidos com a fundamentação. Àqueles argumentos chamarei de dimensão da fundamentação; esses de dimensão da precisão. Nesta parte II, diferentemente do percurso que percorrerei na parte III, examinarei inicialmente a dimensão da precisão para, a seguir, analisar a dimensão da fundamentação. Qual é a razão metodológica para inverter a análise científica, isto é, qual a razão para não iniciar a análise de uma teoria pela verificação da sua fundamentação? A razão é a seguinte: nesta parte II desenvolverei os argumentos desfavoráveis à concepção do dolo como vontade e, como tal, por exigência lógica, estou obrigado a iniciar pela desconstrução da precisão; invertesse o percurso, a dimensão da precisão não poderia ser analisada, eis que faltaria, desde o princípio, fundamento para realizá-la. Figurativamente, poderíamos associar o *método desconstrutivo*, do qual me sirvo doravante, ao desmonte das engrenagens de qualquer sistema: o processo é sempre de fora para dentro. Passo, então, à apreciação dos critérios de precisão do elemento volitivo do dolo.

2. Dimensão da precisão da vontade

2.1 A imputação psicológico-descritiva da vontade: as teorias da disposição de ânimo

As teorias da disposição de ânimo (= teorias da vontade[207]), dominantes na doutrina e na jurisprudência, tanto interna quanto internacional, consideram a dimensão volitiva do dolo o elemento chave para diferençar o dolo eventual da culpa consciente,[208-209] embora também reconheçam o denominador comum à

207. Considerando v. Hippel o mais importante defensor das teorias da vontade Engisch, Karl. *Untersuchungen... Op. cit.*, p. 132. Atribuindo ao trabalho de v. Hippel determinante influência sobre a dogmática do dolo; influência que persiste, inclusive, até o presente Koriath, Heinz. *Grundlagen... Op. cit.*, p. 617.

208. Críticos, entre outros, Frisch, Wolfgang. *Vorsatz... Op. cit.*, p. 304 e ss; Küpper, Georg. *Zum Verhältnis... Op. cit.*, p. 776; Puppe, Ingeborg. § 15...Op. cit, Rn. 68; Puppe, Ingeborg. *Tötungsvorsatz und Affekt – Über die neue Rechtsprechung des BGH zum dolus eventualis in Bezug auf den möglichen Todeserfolg bei offensichtlich lebensgefährlichen Gewalthandlungen. In*: NStZ, 2014, p. 183 e ss.

209. Na jurisprudência brasileira, recentemente, HC 131.029-RJ, rel. Min. Luiz Fux, relator(a) p/ acórdão: Min. Edson Fachin, p. 7-8 (voto vencido).

imputação: *apenas aquilo que foi representado pode ser querido.*[210] A questão que se põe imediatamente é: *quando será possível afirmar que um resultado representado pelo autor foi querido?* Para tentar responder a tal indagação, os autores que atribuem ao dolo determinada posição volitiva interna do autor em relação ao resultado precisam recorrer a alguns *substitutivos linguísticos* para reconduzir a imputação à vontade, isso porque, como visto (*acima*, parte I), não há no dolo eventual genuína vontade, o propósito de realização do tipo. Contudo, mesmo diante da ausência de propósito, a conduta continua a ser considera dolosa. Aqui apresenta-se um dilema: como a vontade necessariamente faz parte do dolo (em qualquer de suas modalidades), a doutrina volitivista vê-se forçada a recorrer a um artifício de natureza linguística que seja capaz de traduzir para o direito penal um sentimento do autor equivalente ao propósito.

A cruzada em busca de um substitutivo (ideal) para a vontade começa com a seguinte questão: *como se sente o autor diante da produção do resultado?* As respostas oferecidas a essa pergunta correspondem àquele artifício linguístico. Se considerarmos que o ponto de referência para a valoração do comportamento é o resultado, poder-se-ia afirmar que a imputação a título de dolo está condicionada à demonstração de um(a):[211] estar de acordo (*einverstanden sein*); assunção aprovadora do risco (*billigende Inkaufnahme*); aprovar o resultado em sentido jurídico (*den Erfolg im Rechtsinne billigen*); levar a sério (*erst nehmen*); conformar-se com (*sich damit abfinden*); não ter vontade de evitação (*nicht Vorhandensein eines Vermeidewillens*); decisão pela possível lesão do bem jurídico (*Entscheidung furo die mögliche Rechtsgüterverletzung*). Todas essas expressões linguísticas (= substitutivos linguísticos) funcionam como referencial para determinar o ponto de conversão de uma conduta culposa em dolosa e, por isso mesmo, funcionam como critérios que expressam o querer (= conceito substituído) do agente.[212]

210. Daí porque há que afirme que entre o dolo eventual e a culpa consciente há uma *sobreposição inevitável*. Essa sobreposição somente pode ser resolvida, portanto, pelo elemento volitivo. Cf. DIAS, Jorge de Figueiredo. *Direito penal... Op. cit.*, p. 368.

211. Sobre essas teorias, para além das obras citadas no decorrer da exposição, cf. BAUMANN, Jürgen; WEBER, Ulrich; MITSCH, Wolfgang. *Strafrecht... Op. cit.*, p. 487, Rn. 51 e ss; FRISTER, Helmut. *Strafrecht... Op. cit.*, p. 145, Rn. 21; JAKOBS, Günter. *Strafrecht... Op. cit.*, p. 273 e ss, Rn. 25 e ss; JESCHECK, Hans-Heinrich; WEIGEND, Thomas. *Lehrbuch... Op. cit.*, p. 302; PUPPE, Ingeborg. *Strafrecht... Op. cit.*, p. 112-113, Rn. 3; PUPPE, Ingeborg. § 15... *Op. cit.*, Rn. 31; KINDHÄUSER, Urs K. *Strafrecht... Op. cit.*, p. 134, Rn. 23; ROXIN, Claus; GRECO, Luís. *Strafrecht... Op. cit.*, § 12, Rn. 35 e ss; STRATENWERTH, Günter; KUHLEN, Lothar. *Strafrecht...Op. cit.*, p. 105 e ss, Rn. 112 e ss; WESSELS, Johannes; BEULKE, Werner. *Strafrecht... Op. cit.*, p. 83, Rn. 217. No Brasil são poucos os manuais que contêm uma análise individualizada das diversas variações das teorias da disposição de ânimo, entre as exceções BUSATO, Paulo César. *Direito Penal... Op. cit.*, p. 443-449; SANTOS, Juarez Cirino dos. *Direito penal... Op. cit.*, p. 142-144. Cf. também COSTA, Pedro Jorge. *Dolo... Op. cit.*, p. 97-151.

212. Para outras referências, utilizadas especialmente no início do século XX, cf. HIPPEL, Robert v. *Die Grenze von Vorsatz und Fahrlässigkeit: Eine dogmatische Studie*. Leipzig: Hirzel, 1903, p. 98-99. Ressaltando ausência de paridade semântica entre os conceitos substitutivos e o conceito substituído (o querer) KINDHÄUSER, Urs K. *Der Vorsatz... Op. cit.*, p. 23-24.

Como é possível derivar das expressões-síntese acima mencionadas, interessa às teorias volitivas determinada inclinação subjetiva do autor em direção à realização típica; não tem relevância, portanto, pura e simplesmente o seu grau de crença na realização do resultado, senão a atitude psíquica que se estabelece entre o fato representado pelo indivíduo e aquilo que foi realizado. Essa relação psíquica, ao contrário do que fazem crer alguns autores, especialmente no Brasil,[213] não é descrita linguisticamente de forma única, ao revés, são múltiplas as variantes que se desenvolveram no marco da relação que se dá entre o autor e o resultado. Todas essas obviamente partem do mesmo elemento primário: *a vontade*, nada além disso.

Esse elemento comum a todas as teorias de disposição de ânimo provoca excelente oportunidade para que seja possível indicar alguns argumentos centrais:[214]

> *Argumento 1.* Dolo significa conhecer e querer a realização do tipo penal. Essa é a estrutura básica de todas as formas dolosas, as quais se diferenciam entre si apenas na intensidade ou preponderância de um dos dois elementos.
>
> *Argumento 2.* O critério "ações com a previsão da possibilidade do resultado" não abrange apenas a zona do comportamento doloso, mas também o território da culpa consciente. Por isso, a representação (sozinha) não é capaz de delimitar as modalidades de imputação subjetiva. Tal somente será possível, única e exclusivamente, caso seja agregado um conteúdo volitivo necessariamente presente no dolo e necessariamente ausente na culpa.
>
> *Argumento 3.* Quem age com consciência do elevado risco de lesão do bem jurídico não está necessariamente de acordo – no sentido de decisão contra o bem jurídico – com a lesão do bem jurídico-penalmente tutelado. Do contrário, um médico que realiza uma cirurgia de risco em paciente seria punido dolosamente.
>
> *Tese central.* O dolo deve ser derivado da relação psíquica, de conteúdo volitivo, que se estabelece entre o indivíduo e o resultado representado.

Grosso modo, e olvidando-se pequenas variações, esse pode ser considerado o denominador comum às teorias de corte volitivo. Cumpre verificar, inicialmente, o que há de diferente em cada uma delas e, posteriormente, submeter os argumentos à contra-argumentação. Começo pela teoria mais prestigiada tanto nacional quanto internacionalmente: a(s) teoria(s) do consentimento.

213. Cf. Jesus, Damásio E de. *Direito...Op. cit.*, p. 331; Bitencourt, Cezar Roberto. *Tratado... Op. cit.*, p. 349; Brandão, Cláudio. *Teoria... Op. cit.*, p. 68.

214. Para uma visão geral, além das obras citadas no decorrer da exposição, cf., especialmente, Geppert, Klaus. *Zur Abgrenzung... Op. cit.*, p. 610-613; Germann, O. A. *Vorsatzprobleme... Op. cit.*, p. 358-369; Küpper, Georg. *Zum Verhältnis... Op. cit.*, p. 758; Puppe, Ingeborg. § *15... Op. cit.*, Rn. 14-99; Roxin, Claus; Greco, Luís. *Strafrecht... Op. cit.*, § 12, Rn. 35-71.

2.1.1 Teorias do consentimento ou da assunção aprovadora

2.1.1.1 Exposição

Dentro da historiografia jurídico-penal *a(s) teoria(s)* do consentimento ou da assunção aprovadora (*Einwilligungstheorien* ou *billigende Inkaufnahme*)[215] foi a mais influente teoria da vontade,[216] sobretudo no âmbito jurisprudencial alemão da primeira metade do século XX.[217-218] Também contando com inúmeros defensores no setor doutrinário,[219-220-221] a teoria do consentimento descreveu a

215. Luís Greco prefere a expressão assunção aprovadora. Cf. Puppe, Ingeborg. *A distinção... Op. cit.*, p. 36, nota de rodapé n. 27. Creio que é a melhor tradução, além de estar em sintonia com o verbo utilizado pelo nosso código. Desse modo, e espero não causar estranheza, usarei os termos consentimento, assentimento e assunção aprovadora como sinônimos.

216. Cf. Roxin, Claus; Greco, Luís. *Strafrecht... Op. cit.*, § 12, Rn. 36; Díaz Pita, Maria del Mar. *El dolo... Op. cit.*, p. 173.

217. RGSt 21, 420, (422); RGSt 33, 4, (5); RGSt 59, 2 (4). Para outras referências cf. Sauer, Wilhelm. *Allgemeine... Op. cit.*, p. 178, nota de rodapé n. 56; Ragués i Vallès, Ramon. *El dolo... Op. cit.*, p. 6o, nota de rodapé n. 109. Afirmando que o RG e o BGH desde sempre adotaram a *aprovação* ou a *assunção aprovadora* do resultado como critério diferenciador Fischer, Thomas. § 15... *Op. cit.*, Rn. 9b. Afirmando que a teoria do consentimento ainda goza da preferência da doutrina e da jurisprudência alemãs, cf. Artkämper, Heiko; Dannhorn, Reinhold. *Argumentation zur Feststellung oder Ablehnung eines bedingten NStZ Tötungsvorsatzes – mit Anm. zum Urteil des BGH vom 16.5.2013 – 3 StR 45/13. In*: NStZ, 2015, 241; Lackner, Karl; Kühl, Kristian. § 15... *Op. cit.*, Rn. 24.

218. Na jurisprudência brasileira, no *STF*: HC 131.029-RJ, rel. Min. Luiz Fux, relator(a) p/ acórdão: Min. Edson Fachin, p. 8 (voto vencido); HC 101.698-RJ, rel. Luiz Fux, p. 25; HC 107.801-SP, voto vista Min. Luiz Fux, p. 10; HC 92.304-SP, rel. Ellen Gracie, p. 11, item 4; RHC 116950-ES, rel. Min. Rosa Weber, p. 4; HC 91.159-MG, rel. Ellen Gracie, p. 12, item 4. No *STJ:* REsp 1358116-RN (2012/0253631-0), rel. Min. Rogério Schietti Cruz, p. 5; AgRg no REsp 1.199.947-DF (2010/0124228-5), rel. Min. Laurita Vaz, p. 6; HC 196.292-PE (2011/0023113-8), rel. Min. Laurita Vaz, p. 8; HC 296.621-DF (2014/0138352-5), rel. Min. Walter de Almeida Guilherme, p. 6 e s.; REsp 1.327.087-DF (2012/0117018-0), rel. Min. Og Fernandes, p. 13; REsp 249.604-SP (2000/0019028-4), rel. Min. Félix Fischer, p. 7; REsp 705.416-SC (2004/0155660-5), rel. Min. Paulo Medina, p. 13. Todo modo, não é incomum encontrar na jurisprudência brasileira referências em relação ao critério da indiferença, cf. nota de rodapé n. 319.

219. *No Brasil*: Bitencourt, Cezar Roberto. *Tratado... Op. cit.*, p. 350; Brandão, Cláudio. *Teoria... Op. cit.*, p. 70; Capez, Fernando. *Curso... Op. cit.*, p. 225; Costa Júnior, Paulo José da. *Direito penal... Op. cit.*, p. 47; Costa e Silva, Antonio José da. *Codigo Penal... Op. cit.*, p. 142; Hungria, Nelson; Fragoso, Heleno Cláudio. *Comentários... Op. cit.*, p. 54; Greco, Rogério. *Curso... Op. cit.*, p. 289; Jesus, Damásio E. de. *Direito... Op. cit.*, p. 330; Noronha, E. Magalhães. *Direito... Op. cit.*, p. 147; Souza, Artur de B. Gueiros; Japiassú, Carlos Eduardo A. *Curso de Direito Penal... Op. cit.*, p. 193. Cfr. Reale Júnior, Miguel. *Instituições... Op. cit.*, p. 228. *Na Alemanha*: Baumann, Jürgen; Weber, Ulrich; Mitsch, Wolfgang. *Strafrecht... Op. cit.*, p. 488-489, Rn. 54; Maurach, Reinhart; Zipf, Heinz. *Strafrecht... Op. cit.*, p. 311, Rn. 34; Wegner, Arthur. *Strafrecht... Op. cit.*, p. 146 e ss; *na Espanha*: Antón Oneca, José. *Derecho penal... Op. cit.*, p. 227; Cordoba Roda, Juan; Rodríguez Mourullo, Gonzalo. *Comentarios al Codigo Penal*. Barcelona: Ariel, 1972, p. 20; Sáinz Cantero, José. A. *Lecciones de derecho penal. Parte General*. Barcelona: Bosch, 1990, 677-678. Reconhecendo a majoritariedade da teoria, embora adeptos da teoria da probabilidade, Octavio de Toledo y Ubieto, Emilio; Huerta Tocildo, Susana. *Derecho penal. Parte general. Teoría Jurídica del delito*. 2. ed. Madrid: Rafael Castellanos, 1986, p. 129. Também reconhecendo a majoritariedade em solo espanhol, mas ressaltando a crescente tendência de aceitação da teoria da probabilidade, Mir Puig, Santiago. *Derecho penal... Op. cit.*, p. 273, nota de rodapé n. 70; Na *Suíça*: Hafter, Ernst. *Lehrbuch des Schweizerischen Strafrechts. Allgemeiner Teil*. Berlin: Springer, 1926, p. 120, nota de rodapé n. 1.

220. Segundo doutrina brasileira, essa também teria sido a teoria adotada pelo Código Penal brasileiro Cf. nota de rodapé n. 60.

distinção entre o dolo (eventual) e a culpa a partir de determinada postura psíquica do autor em relação ao resultado: o *querer*.[222] Essa *relação do querer* entre o autor e o resultado se expressa pela generalidade dos autores que aderem a essa corrente, por meio dos termos, na maioria das vezes indistintamente utilizados, "*aprovar*" ou "*estar de acordo com*".[223] Tais variações são apenas preferências linguísticas, pois, todas encampam a premissa segundo a qual: se, à luz do caso concreto, for possível afirmar que o autor aprovou internamente o resultado, será possível imputá-lo subjetivamente o dolo eventual; por outro lado, se o autor não aceitava internamente o resultado ou esperava seriamente que ele não ocorreria, haverá culpa consciente.[224] Donde é possível concluir que, a princípio, dois são os requisitos para que ao autor seja imputada conduta dolosa: a) que ele tenha representado o resultado como possível (e aqui ainda não é possível fazer distinção com a culpa consciente); b) que ele esteja de acordo com o resultado representado (= o aprove), isto é, que não tenha acreditado que tudo sairia bem.

Justamente nesse segundo ponto surge uma bifurcação dentro da própria teoria do consentimento. A rigor, *não há uma teoria do consentimento, senão duas* e a distinção entre uma e outra dependerá da resposta a ser dada à seguinte pergunta: *o que significa aprovar (internamente) o resultado?* Embora a literatura científica ainda não tenha alertado para essa variação, creio que ela é essencial para a compreensão do *querer* como categoria do dolo. E por quê? Porque, como será examinado a seguir, ambas as teorias interpretam o elemento volitivo do dolo a partir de perspectivas semânticas completamente distintas. Para evitar que as variações da teoria do consentimento sejam compreendidas como uma única teoria, proponho que essa distinção seja analiticamente interpretada e examinada em duas gerações, a saber: *a teoria do consentimento de primeira geração, a qual corresponde, essencialmente, à jurisprudência do Reichsgericht e compreende o*

221. Ainda na Espanha, Luzón Peña defende uma posição muito particular sobre a concretização da aceitação do resultado, concepção que ele denomina *teoria restrita do consentimento*. Diferentemente de uma teoria subjetivista pura do consentimento, o autor sustenta a introdução de um parâmetro de valoração *objetivo-normativo* para concretizar o que se entende por aceitação e não aceitação da produção do resultado. O parâmetro mais comum e importante da aceitação do resultado consiste em considerar que a aceitação não se exclui em casos de confiança irracional e infundada na não produção do fato. Por outro lado, a aceitação só se exclui quando estivermos diante de uma confiança minimamente fundada objetivamente, ainda que errônea, de que o fato não se produza. Luzón Peña, Diego-Mauel. *Lecciones... Op. cit.*, p. 240-241; no que é seguido pelo seu discípulo, Díaz y García Conlledo, Miguel. *El error... Op. cit.*, p. 315-316, nota de rodapé n. 2

222. Bem por isso, Hall julga que a teoria finalista da ação possivelmente é a base de uma extrema da teoria do consentimento. Cf. Hall, Karl Alfred. Über die Leichtfertigkeit. Ein Vorschlag de lege ferenda. *In*: FS – Edmund Mezger. München: Beck, 1954, p. 235.

223. Descrevendo o panorama de debate que se trava entre os membros dessa teoria no que diz respeito a adequado conceito de dolo como uma *terrível discussão*, Puppe, Ingeborg. § 15... *Op. cit.*, Rn. 45.

224. Cf. Lackner, Karl; Kühl, Kristian. § 15... *Op. cit.*, Rn. 24; Maurach, Reinhart; Zipf, Heinz. *Strafrecht... Op. cit.*, p. 312, Rn. 36; Zaffaroni, Eugênio Raul; Batista, Nilo; Alagia, Alejandro; Slokar, Alejandro. *Direito penal... Op. cit.*, p. 278.

querer como categoria puramente psicológica; e a teoria do consentimento de segunda geração, a qual corresponde à posição jurisprudencial que se formou a partir da decisão do caso do cinto de couro e compreende o querer como categoria normativa.

Antes de passar a cada uma das gerações, presumo interessante, de passagem, deixar dois casos rotineiramente mencionados pela doutrina:

> *Situação 5.* O indivíduo *A* *quer* estuprar a sua secretária, *B*. Para tanto, decide que efetuará o estupro em um bosque da cidade. Para realizar o intento, *A* aturde *B*, colocando-a, semiconsciente, no porta-malas do carro. Ato contínuo, dirige-se ao local em que levaria a cabo seu intento, mas ao chegar lá percebe que a vítima já está morta (provavelmente em razão de asfixia). No local, *A* resolve enterrar a vítima.[225]

> *Observação.* Nesse caso, apresenta-se uma situação na qual a primeira conduta – a qual, conforme os planos do autor, deveria ser apenas a preparação para o ato principal – causa um resultado indesejado.

> *Situação 6.* Os mendigos M_1 e M_2 mutilavam crianças para inspirar a compaixão das pessoas e, com isso, angariar mais esmolas. Acontece que em razão dos ferimentos provocados pela mutilação, as crianças C_1, C_2 e C_3 morreram.[226]

> *Observação.* Também aqui, em primeira análise, a ação dos indivíduos cria um resultado de antemão indesejado.

Considerando as duas hipóteses, é de se indagar: qual o nível de imputação a ser atribuído ao autor em relação ao resultado morte?

Em uma aproximação meramente semântica, aprovar o resultado significa, ao menos se tomarmos o termo literalmente, como indica Roxin e Luís Greco, que o autor estava contente com esse ou que se alegrou com a sua realização;[227] *queridas são todas as consequências desejadas pelo autor, independentemente do grau de probabilidade de sua ocorrência.*[228] Isso significa que se deve imputar ao agente, a título de culpa consciente, toda aquela realização típica que provoque um resultado indesejado, ainda que tal realização transporte um perigo de alta intensidade para o bem jurídico. Estamos diante, portanto, de um termo que exige uma *positiva* atitude psíquica do agente em relação ao resultado, pouco importando a intensidade do perigo que a sua conduta gera para o bem jurídico tutelado. Essa é a linha de argumentação que envolve a teoria do consentimento de primeira geração.

225. Caso baseado em BGH – 3 StR 303/01, NStZ 2002, 309-310.

226. Löffler, Alexander. *Die Schuldformen des Strafrechts in vergleichend-historischer und dogmatischer Darstellung*. Leipzig: Hirschfeld, 1895, B. 1.

227. Roxin, Claus; Greco, Luís. *Strafrecht... Op. cit.*, § 12, Rn. 36.

228. Cfr. Hippel, Robert v. *Die Grenze... Op. cit.*, p. 76.

Em sua primeira fase, portanto, a teoria do consentimento associou o binômio jurídico conceitual *previsão* e *aceitação* (ou conformismo) ao significado atribuído pela linguagem coloquial ao verbo querer (aqui equiparado ao desejar).[229-230] Como consequência, ao autor que tenha "*aprovado*" o resultado (= desejado, almejado) ou com ele "*consentido*" (= desejado, almejado) deverá ser subjetivamente imputada conduta dolosa (eventual), ainda que seja representado perigo de *pequena* intensidade para o bem jurídico; ao passo que ao autor que apenas levianamente confiava que tudo sairia bem, deverá ser imputada a culpa consciente, ainda que seja representado perigo de *alta* intensidade para o bem jurídico.[231] Isso significa que se querer é somente aquilo que é desejado, a consequência será uma (drástica) redução do poder punitivo, eis que a vontade do indivíduo nem sempre corresponderá à realização do tipo objetivo[232] (*consequência*: alargamento do campo da culpa e estreitamento do âmbito do dolo). Se essa redução do poder punitivo é algo sempre positivo, é questão que debaterei logo adiante (*abaixo*, item 3.3).

Esse modo de compreender o dolo a partir da aceitação do resultado por parte do autor, argumentam seus partidários, seria o único meio capaz de afastar a dolosidade do comportamento daquele que representa o resultado como possível, mas internamente o desaprova. Pensemos, pois, na hipótese do médico que realiza uma operação complexa em paciente, sabendo do elevado risco que tal operação implica para a vida desse. Somente seria possível excluir o dolo, defendem os adeptos da teoria, se se tivesse no horizonte de valoração da conduta, o fato de que ele, o médico, não aceitava internamente o resultado morte do paciente.[233]

Bem, se aceitarmos como verdadeira a afirmação segundo a qual o dolo eventual é caracterizado pela aceitação do resultado, seus adeptos precisam se confrontar, necessária e logicamente, com uma segunda pergunta, qual seja: considerando-se que a aprovação do resultado é uma atitude psíquica e, portanto, insondável, *como comprovar que o autor teria aceitado o resultado*? Para responder a essa questão, a literatura que se vincula à atitude mental, curiosa-

229. Cf. RGSt 72, 36 (44); RGSt 76, 115 (116). Como antecipado, essa primeira fase corresponde essencialmente à jurisprudência *Reichsgericht*. Para outras referências cf. nota de rodapé n. 217.

230. Sobre a distinção entre querer e desejar cf. Engisch, Karl. *Untersuchungen... Op. cit.*, p. 90-91.

231. Cf. Müller, Ingo. *Der Vorsatz der Rechtsbeugung. In*: NJW, 1980, p. 2392. Cfr. Baumann, Jürgen; Weber, Ulrich; Mitsch, Wolfgang. *Strafrecht... Op. cit.*, p. 488, Rn. 54; Hippel, Robert v. *Die Grenze... Op. cit.*, p. 93 e ss; Jescheck, Hans-Heinrich; Weigend, Thomas. *Lehrbuch... Op. cit.*, p. 302; Otto, Harro. *Grundkurs... Op. cit.*, p. 85, Rn. 38; Roxin, Claus. *Zur Abgrenzung... Op. cit.*, p. 54.

232. Cf. Engisch, Karl. *Untersuchungen... Op. cit.*, p. 223; Corcoy Bidasolo, Mirentxu. *El delito imprudente. Criterios de imputación del resultado*. 2. ed. Montevideo-Buenos Aires: BdeF, 2005, p. 248.

233. Cf. Blei, Hermann. *Strafrecht... Op. cit.*, p. 116; Hippel, Robert v. *Vorsatz und Fahrlässigkeit in den Entwürfen. In:* ZStW, 1911, n. 31, p. 572; Liszt, Franz v. *Zum Vorentwurf eines Reichsstrafgesetzbuches. In*: ZStW, 1910, n. 30, p. 261; Maurach, Reinhart; Zipf, Heinz. *Strafrecht... Op. cit.*, p. 311-312, Rn. 35.

mente, teve que recorrer às fórmulas[234] sugeridas pelo representante mais (*re*) conhecido[235] das teorias da representação, Reinhard Frank.[236]

Consideremos a *situação 6*, acima mencionada: os mendigos M_1 e M_2 mutilavam crianças para inspirar a compaixão das pessoas e, com isso, angariar mais esmolas. Acontece que, em razão dos ferimentos provocados pela mutilação, crianças C_1, C_2 e C_3 morreram. M_1 e M_2 concordaram com o resultado morte? A questão que se põe é saber se os autores consentiram com o resultado morte. Como comprovar essa postura psíquica interna? Frank sugeriu a ideia de que o consentimento está diretamente ligado à ideia de desistência de realização da conduta. Mais precisamente, a previsão de um resultado deve funcionar como contramotivo à realização da conduta. Se, no caso concreto, for possível afirmar que o indivíduo agiria, em que pese a previsão do resultado, estaríamos diante da figura dolosa. Com esse argumento, Frank chegou à *primeira fórmula*: *haverá dolo eventual quando for possível afirmar que o autor teria atuado mesmo se o que lhe parece provável fosse certo.*[237] Se aplicarmos a fórmula ao exemplo de Löffeler, e nos perguntarmos mentalmente: os mendigos atuariam mesmo na

234. Utiliza o substantivo no singular e, portanto, dá a entender que só há uma fórmula, Capez, Fernando. *Curso... Op. cit.*, p. 227. Correto: Santos, Humberto Souza. *Problemas estruturais do conceito volitivo do dolo. In*: Greco, Luís; Lobato, Danilo (Coord.). Temas de direito penal: parte geral. Rio de Janeiro: Renovar, 2008, p. 280.

235. Não é incomum encontrar a afirmação de que Frank teria sido o pai das teorias da representação. Ao menos três autores, anteriores a Frank, também são mencionados como fundadores da teoria ou, na pior das hipóteses, como instituidores do axioma que abre espaço para as teorias da representação. O próprio Frank, aliás, descreve Ludwig Harscher von Almendingen (*Untersuchungen über das culpose Verbrechen*) como verdadeiro fundador científico da teoria da representação. Cf. Frank, Reinhard. *Vorstellung und Wille in der modernen Doluslehre. In*: ZStW, 1890, n. 10, p. 177. Apontando Ernst Immanuel Bekker (*Theorie des heutigen deutschen Strafrechts*. Leipzig: Hirzel, 1859, p. 525 e ss) como precursor das teorias de corte cognitivo Klee, K. *Der Dolus Indirectus als Grundform der vorsätlichen Schuld*. Berlin: Decker's, 1906, p. 21; Hippel, Robert v. *Deutsches... Op. cit.*, p. 319. Hemmen, por sua vez, embora reconhecendo que as contribuições de Bekker são usualmente mencionadas como o motivo fundante das teorias da representação, essa atribui a August Otto Krug, cf. Hemmen, Heinrich. Über... *Op. cit.*, p. 20. Krug, então em 1854, descreveu o seguinte axioma lógico "(...)na previsão do resultado como consequência da ação o querer está *eo ipso* contido". ("(...) in dem Voraussehen des Erfolges als Folge der Handlung das Wollen desselben *eo ipso* enthalten sei"). Krug, August Otto. *Ueber dolus und culpa und insbesondere über den Begriff der unbestimmten Absichten*. Leipzig: Tauchnitz, 1854, p. 29 (destaque no original). Considerando as datações das obras de Almendingen (1804) e Krug (1854) aliado à própria afirmação daquele, é apontado como o pai das teorias, não há razão para discordar de Frank: Almendingen é o verdadeiro fundador das teorias da representação. Todavia, reconhece a doutrina, essa nomenclatura "*teorias da representação*" provém de Frank. Hippel, Robert v. *Deutsches... Op. cit.*, p. 319, Fn. 1.

236. Sobre as fórmulas, em geral, consultar, no *Brasil*: Hungria, Nelson. *Comentários... Op. cit.*, p. 117-118; Silveira, Renato de Melo Jorge. *A teoria... Op. cit*, p. 230-234; Tavares, Juarez. *Espécies... Op. cit.*, p. 29 e ss. Na *Espanha:* Corcoy Bidasolo, Mirentxu. *El delito... Op. cit.*, p. 257; Díaz Pita, Maria del Mar. *El dolo... Op. cit.*, p. 173; Ragués i Vallès, Ramon. *El dolo... Op. cit.*, p. 62 e ss. Cf. também Pérez Barberá, Gabriel. *El dolo... Op. cit.*, p. 190 e ss. Na *Alemanha*, sobre a primeira fórmula de Frank cf. Hippel, Robert v. *Die Grenze... Op. cit.*, p. 111 e ss.

237. Frank, Reinhard. *Vorstellung... Op. cit.*, p. 217.

hipótese de que o resultado morte fosse certo? Uma coerente e possível resposta poderia ser em sentido negativo, eis que a morte dos filhos representaria a ausência de esmolas e, consequentemente, contradição com o propósito dos mendigos. Nesse caso, estaríamos autorizados a imputar as mortes a M_1 e M_2 a título de culpa consciente. Conclusão: se a morte tivesse sido prevista, eles não teriam agido. Submetendo a *situação 5* à fórmula seria possível chegar à mesma conclusão, eis que o agente queria estuprar a secretária e não é possível estuprar pessoas mortas. Conclusão: se a morte tivesse sido prevista, ele não teria agido, afinal, seria uma contradição lógica com o propósito de estuprar.

Perceba-se que a fórmula exige do terceiro uma representação do mundo emocional do autor que nem mesmo esse (= o autor) teve: o julgador precisa deduzir qual o hipotético impacto que a hipotética representação do autor poderia surtir em seu mundo psíquico (= contramotivo). Bem por isso, a fórmula linguística utilizada para a estrutura da proposição é *o futuro do pretérito composto*. Imagine-se a seguinte oração: *Eu teria amarrado o cachorro se eu soubesse que ele iria te morder*. No caso, a oração descreve uma ação que poderia ter sucedido no passado caso o sujeito tivesse realizado a hipotética previsão do resultado futuro. Se aplicarmos a análise sintática às duas situações jurídicas apresentadas: eu descrevo ações que *poderiam* ter ocorrido no passado (= não teria mutilado as crianças, não teria colocado a secretária no porta-malas), *mas que não ocorreram* (= efetivamente mutilou as crianças, colocou a secretária no porta-malas) por ausência da hipotética previsão do resultado (= as mortes). Em definitivo, o dolo eventual, na primeira fórmula de Frank, exige a verificação de que a representação de hipotética ocorrência certa do resultado *não teria* potência inibidora suficiente para anular a atitude psíquica do autor em relação à realização da ação. A fórmula, portanto, funciona com fato hipotético no lugar do fato real: não por outra razão, essa primeira fórmula é denominada *teoria hipotética do consentimento*.[238]

Os contraintuitivos resultados a que a aplicação da primeira fórmula conduz são suficientes para fazer presumir que os críticos tinham a fórmula perfeita para a reprimenda. Não por outra razão, pouco tempo depois, Frank dá-se conta de que a sua fórmula se encaixa perfeitamente com uma concepção eminentemente volitiva (= querer = consentimento hipotético)[239] e propõe outra, essa sem dar relevância para o *hipotético* estado emocional do agente; há dolo eventual quando for possível concluir que o autor travou o seguinte diálogo mental: "*seja como*

238. Para objeções à fórmula, entre outros, cf. Engisch, Karl. *Untersuchungen... Op. cit.*, p. 192; Lacmann, W. *Die Abgrenzung... Op. cit.*, p. 157 e ss. Para outras referências cf. Puppe, Ingeborg. *Der Vorstellungsinhalt... Op. cit.*, p. 4, Fn. 11. Cf. nota de rodapé n. 236.

239. Utilizando-as (primeira e segunda), no *Brasil*: Hungria, Nelson. *Comentários... Op. cit.*, p. 118; Hungria, Nelson; Fragoso, Heleno Cláudio. *Comentários... Op. cit.*, p. 51. Recorrendo à primeira fórmula, na *Alemanha*: Hippel, Robert v. *Die Grenze... Op. cit.*, p. 140.

for, dê no que der, em qualquer caso não deixo de agir".[240] Aqui, diferentemente da primeira hipótese, não há hipótese derivada de outra hipótese, o dolo requer, por um lado, a representação do resultado e, por outro, a realização da conduta. Se aplicarmos a segunda fórmula aos casos apresentados, a solução, ao menos no caso LÖFFLER, será inversa, eis que M_1 e M_2 agiram apesar de suspeitarem que a mutilação conduziria à morte das crianças e, portanto, estaríamos diante de um dolo eventual.

Para compreender o resultado da aplicação da segunda fórmula, recorro, agora, à mencionada hipótese de LACMANN (*caso 3*): em uma tenda de tiro ao alvo dois indivíduos apostam determinada quantia; um deles diz que é capaz de acertar uma bola de vidro que está na mão de uma garota, sem provocar qualquer lesão; o disparo atinge a garota. Pela segunda fórmula de FRANK, haveria aqui, sempre, culpa consciente, afinal, o autor não teria apostado se tivesse certeza de que o disparo acertaria a garota; seria um contrassenso aprovar um resultado que antecipadamente se sabe conduzir à perda da aposta.[241] A situação fática demonstra que o garoto não teve a atitude mental "seja como for, dê no que der, eu atuo...". Se bem visualizarmos, em todos os casos em que o agente tem algo a perder (casos de apostas ou *poena naturalis*, por exemplo) seria de se imputar subjetivamente a culpa consciente.[242]

A relevância do hipotético estado emocional dá lugar à relevância do hipotético estado emocional derivado do estado de coisas, daí porque, ao contrário do quanto considera parcela da literatura científica,[243] o mundo psíquico do agente continua sendo substancial para o juízo de imputação: o magistrado não mais julgará o estado emocional do agente de acordo com o seu hipotético estado emocional, senão que o desenhará a partir das circunstâncias de fato. Em um e em outro caso permanece inalterado o fato de que a imputação dolosa está subordinada à demonstração do contentamento do autor em relação ao resultado:[244] na primeira fórmula, um contentamento hipotético derivado de uma circunstância

240. "(...) mag es so oder anders sein, so oder anders werden, auf jeden Fall handle ich (...)". FRANK, Reinhard. *Das Strafgesetzbuch für das Deutsch Reich*. 18. Aufl. Tübingen: Mohr, 1931, § 59, Anm. V, p. 190. Admitindo a fórmula apenas em princípio, haja vista que uma tal reflexão do autor é extremamente rara e de difícil reconstrução, MAIWALD, Manfred. *Die ThyssenKrupp-Urteile... Op. cit.*, p. 170.

241. LACMANN, W. *Die Abgrenzung... Op. cit.*, p. 159.

242. Daí ser (equivocadamente) denominada de *teoria positiva*. Adiante o leitor encontrará as razões pelas quais estou em desacordo com a terminologia.

243. Por isso, RAGUÉS I VALLÈS exagera ao afirmar que o conteúdo emocional do consentimento já não tem substancialidade própria. RAGUÉS I VALLÈS, Ramon. *El dolo... Op. cit.*, p. 63.

244. Contra RAGUÉS I VALLÈS, destaca: "(...) en la *segunda fórmula* los elementos del dolo parecen más bien tomar como punto de referencia la conducta peligrosa y no el resultado". RAGUÉS I VALLÈS, Ramon. *El dolo... Op. cit.*, p. 64, nota de rodapé n. 119 (destaque no original). A argumentação não convence. Com efeito, se é certo que na primeira fórmula é mais evidente que apenas a postura psíquica do autor em relação ao resultado entra em consideração para a valoração sobre a existência, ou não, do seu consentimento, não é menos verdade que na *segunda fórmula* o autor consente com a *realização do complexo total* do tipo e nessa realização está inevitavelmente incluído o resultado. Isso significa que

hipotética; na segunda, um contentamento hipotético derivado das circunstâncias de fato.

Se aplicássemos a teoria do consentimento de primeira geração ao caso do cinto de couro,[245] haveríamos de imputar aos agentes a culpa consciente, eis que o resultado morte da vítima não parecia desejado.

Em primeira síntese, portanto, até a primeira metade do século XX, especialmente no âmbito da jurisprudência do *Reichsgericht*,[246-247] a aprovação do resultado no âmbito do elemento volitivo do dolo estava ligada à ideia de que para a imputação a título de dolo era necessário demonstrar que o autor celebrou (comemorou) a sua realização (*i*); apenas a dimensão volitiva do dolo seria capaz de justificar satisfatoriamente a diferença de gradação da pena entre o crime doloso e o crime culposo (*ii*); esse período fica caracterizado pelo estreitamento do elemento volitivo em favor do alargamento do campo da culpa consciente; finalmente, essa primeira fase da teoria do consentimento pode ser compreendida sob a denominação de teoria do consentimento de primeira geração (ou teoria *estrita* do consentimento) (*iii*).[248]

A partir da segunda metade do século XX, a jurisprudência alemã introduziu a teoria do consentimento aqui denominada de segunda geração: a compreensão do elemento volitivo do dolo não mais estava subordinada à atitude positiva psíquica do indivíduo, mas, sim, à interpretação jurídica. Embora o BGH não tenha levado essa proposta às últimas consequências, não é razoável ignorar que

não é adequado considerar que, em alguns casos, apenas a conduta perigosa é o ponto de referência para a valoração do comportamento.

245. *A* e *B* resolvem subtrair objetos de valor da casa do indivíduo *C*. *A* crê que *C* não procurará a polícia para relatar o fato, razão pela qual a subtração não será arriscada. A princípio, *A* e *B* consideram utilizar um cinto para estrangular *C*. Contudo, ao perceberem a possibilidade de *C* morrer estrangulado, chegam à conclusão de que esse método é muito arriscado. Decidem, então, utilizar um saco de areia para golpear a cabeça da vítima enquanto ela dorme. E assim o fazem, mas, ao golpeá-la, a única coisa que conseguiram foi acordá-la. Na luta que se seguiu, *A* tira o cinto que levara e pressiona contra o pescoço de *C* até que esse desfaleça. Ambos finalizam a execução da subtração; posteriormente, tentam reanimar *C*, mas não obtêm êxito, a vítima havia falecido.

246. Para referência a outras determinações do dolo eventual no âmbito do *Reichsgericht* cf. Grossmann, Hans. *Die Grenze von Vorsatz und Fahrlässigkeit: ein neuer Beitrag zu einer alten Frage*. Hamburg: Gente, 1924, p. 90 e ss; Hippel, Robert v. *Die Grenze... Op. cit.*, p. 96 e ss; Hippel, Robert v. *Deutsches... Op. cit.*, p. 312-313, Fn. 2.

247. Inaugurado em 1 de outubro de 1879 foi, até o ano 1945, o tribunal alemão equivalente ao nosso STF. Cf. Lobe, Adolf. *Fünfzig Jahre Reichsgericht* am 1. Oktober 1929. Berlin: de Gruyter, 1929, p. 4.

248. Essa foi exatamente a filiação do nosso código e a *intenção* do legislador brasileiro ao utilizar a expressão assumir o risco. Com efeito, após pequeno relato da crítica de Schäfer à restrição da fórmula alemã que não era suficiente para alcançar as hipóteses em que o autor tinha consciência do risco do resultado, embora não o aprovasse, reforçou Hungria: "*Assumir o risco é alguma coisa mais que ter consciência do risco: é consentir* previamente no resultado". Hungria, Nelson; Fragoso, Heleno Cláudio. *Comentários... Op. cit.*, p. 54 (itálicos no original). Vale ressaltar que isso em nada invalida a pergunta sobre se essa opção é a mais adequada ou sobre se é possível outra interpretação para o querer ou para a assunção do risco (cf. *abaixo*, item 4).

o tribunal sinalizou, muito claramente, para o possível caminho de *normativização*[249] da vontade.[250]

Após a virada da primeira metade do século passado, no conhecido caso do cinto de couro (*Lederriemenfall*, BGHSt, 7, 363),[251] o BGH reconheceu que o aperfeiçoamento do elemento volitivo do dolo, ou seja, o *aprovar o resultado*, dispensava a comprovação de que o autor o desejava; *para o dolo eventual será suficiente que o agente, em razão da sua meta ambicionada, resigne-se com o resultado (ainda que esse seja indesejado);*[252-253] essa decisão foi acertadamente percebida como um rompimento com a antiga jurisprudência do RG[254] ou, no mínimo, como o princípio da imposição de uma nova linha jurisprudencial.[255]

249. Esta palavra não está no Vocabulário Ortográfico da Língua Portuguesa, razão pela qual um esclarecimento parece-me prudente. Para tentar transmitir a ideia ao leitor brasileiro, inicialmente considerei a possibilidade de empregar o verbo normatizar. Acontece que normatizar significa, apenas, regular, tornar legal e não é este o sentido a que me refiro. Quando utilizo o substantivo *normativização* quero expressar o processo de conversão de uma categoria psicológica em uma categoria normativa. Ao utilizar o verbo normatizar, estaria punindo duplamente o leitor: *primeiro*, com a utilização de um termo que não tem a mesma carga de conteúdo que quero expressar; *segundo*, induzindo o leitor a erro. Em espanhol, é de uso corrente o termo normativização cf. JAKOBS, Günther. *Sobre la normativización de la dogmática jurídico-penal*; trad. Manuel Cancio Meliá y Bernardo Feijóo Sánchez. Madrid: Civitas, 2003; FEIJÓO SÁNCHEZ, Bernardo. *Normativización del derecho penal. ¿hacia una teoría sistémica o hacia una teoría intersubjetiva de la comunicación. In*: GÓMEZ-JARA DÍAZ, Carlos (coord). *Teoría de sistemas y derecho penal: fundamentos y posibilidades de aplicación*. Granada: Comares, 2005, p. 435; RAGUÉS I VALLÈS, Ramon. *El dolo... Op. cit., passim*. Há, ainda, outra variante, JAKOBS, Günther. *La normativación del derecho penal en el ejemplo de la participación*; trad. Manual Cancio Meliá. *In*: *Modernas tendencias en la ciencia del derecho penal y en la criminología*, 2001, p. 619. Esta variante tampouco existe em português. Feitos os esclarecimentos, creio não haver prejuízo na utilização do termo.

250. Considerando que o BGH sinalizou o caminho de abandono da teoria da vontade JAKOBS, Günter. *Strafrecht... Op. cit.*, p. 274-275, Rn. 28; SCHMIDHÄUSER, Eberhard. *Die Grenze... Op. cit.*, p. 245-246.

251. Comparar com BGH, NStZ-RR, 2015, 109; NStZ, 2011, 210 (211); BGH, NStZ, 2007, 700. Sobre a jurisprudência recente do BGH cf. abaixo, parte V.

252. Sobre a decisão, cf. ENGISCH, Karl. *StGB § 59; StPO, § 268 (Zum bedingten Vorsatz). Anmerkung. In:* NJW, 1955, p. 1689; ROXIN, Claus. *Zur Abgrenzung... Op. cit.*, p. 53 e ss; SCHMIDHÄUSER, Eberhard. *Der Begriff des bedingten Vorsatzes in der neueren Rechtsprechung des BGH und in § 16 Komm. Entw. StGB Allg. Teil 1958. In*: GA, 1958, p. 168 e ss; SCHMIDHÄUSER, Eberhard. *Die Grenze... Op. cit.*, p. 245-246.

253. Também há referência na *jurisprudência suíça*. Segundo SEELMANN, "se, nesse contexto, a jurisprudência tiver ocasionalmente mencionado a 'aceitação', ela não se refere, com isso, a uma favorável postura interna do autor em relação ao resultado, senão nada além do 'correr o risco' ou ou 'conformar-se'" ("Wenn die Rechtsprechung in disem Zusammenhang gelegentlich von 'Billigen' gesprochen hat, so ist damit keine positive Stellungnahme des Täters zum Taterfolg gemeint, sodern auch nichts anders als das 'Inkaufnehmen' oder 'Sich-Abfinen'"). SEELMANN, Kurt. *Strafrecht... Op. cit*, p. 55.

254. Cf. ENGISCH, Karl. *StGB... Op. cit.*, p. 1690.

255. Expressamente ROXIN, Claus. *Zur Abgrenzung... Op. cit.*, p. 56. Alertam ROXIN e GRECO que mesmo após a decisão de 1995 ainda houve decisões isoladas no sentido de que o dolo eventual somente existiria se o autor tivesse desejado o resultado. ROXIN, Claus; GRECO, Luís. *Strafrecht... Op. cit.*, § 12, Rn. 75, Fn. 169-170.

Para sublinhar essa ruptura, destaco alguns trechos que se referem à necessidade de que o autor "tenha representado o possível resultado de sua ação e esse conscientemente aprovado e desejado";[256] "para o dolo eventual não é suficiente que o autor tenha contado com resultado e tido uma assunção aprovadora; é necessário que ele o aprove internamente e, para o caso dele ocorrer, que ele tenha desejado".[257]

Com efeito, *o BGH argumentou que o termo aprovar não deveria ser interpretado como uma manifestação da postura psíquica do autor em relação ao resultado, senão como um termo com estrito significado jurídico (Rechtsinn).* Diferentemente da teoria do consentimento de primeira geração, em que haveria por parte do autor *genuína disposição interna aprovadora* em relação ao resultado, na teoria do consentimento de segunda geração o aperfeiçoamento do elemento volitivo era resultado da *atribuição ao autor de uma determinada disposição psíquica.*

Com essa distinção, o BGH pode argumentar que há assunção aprovadora do resultado quando o autor representa a ocorrência do resultado e com ele internamente resigna-se, *ainda que esse resultado lhe seja altamente indesejado.* Isso porque, quando se diz que o autor *aprovou um resultado* não estamos autorizados a compreender essa expressão no mesmo sentido da linguagem cotidiana, isto é, como se ele, o autor, *celebrasse*, no sentido emocional, a realização do tipo penal. Isso quer dizer que o desejo (ou não) do autor em relação à produção do resultado é irrelevante para afirmar ou excluir o lado volitivo do dolo: age dolosamente aquele que representa a ocorrência do resultado como possível e mesmo assim atua para alcançar o seu objetivo, ainda que esse resultado lhe seja altamente indesejado.[258] Em poucas palavras, o BGH considerou que o elemento volitivo do dolo pode ser compatível com aquele autor que tem real disposição interna desaprovadora do resultado.

Contudo, esse indicativo de *normativização*[259] do lado volitivo do dolo implementada pelo BGH não foi levado às últimas consequências nos anos posteriores à decisão, especialmente nas hipóteses que estão sob o marco da denominada teoria do obstáculo psíquico (Hemmschwelle*theorie*).[260] Com efeito, desde o princípio da década de oitenta do século passado, nos casos de homicídio, o

256. RGSt 65, 67 (69).

257. RGSt 72, 36 (43). No mesmo sentido RGSt 22, 65 (78); RGSt 29, 40 (42); RGSt 31, 211 (217); RGSt 33, 4 (5); RGSt 46, 227 (231); RGSt 55, 204 (205); RGSt 67, 424 (425).

258. Cf. BGHSt 36, 1, p. 9 e ss; BGHSt 57, 183. Também é possível encontrar uma síntese do critério em Ebert, Udo. *Zum Bedeutungswandel der Billigung begangener Straftaten. In:* FS – Günter Spendel. Berlin: De Gruyter, 1992, p. 115 e ss; Schroth, Ulrich. *Die Rechtsprechung des BGH zum Tötungsvorsatz in der Form des "dolus eventualis". In:* NStZ, 1990, p. 324 e ss.

259. Cf. nota de rodapé n. 249.

260. Nesse momento não me aprofundarei na jurisprudência do BGH. Sobre a posição da jurisprudência alemã cf. parte V.

BGH exige muito mais do lado volitivo do agente para afirmar a existência de um crime doloso; especial, curiosa e paradoxalmente, tal exigência se faz presente mesmo naqueles casos nos quais o autor cria um elevadíssimo perigo para a vida da vítima. Para verificar, no caso concreto, se o autor realmente aprovava o resultado, pondera o BGH, deve ser levada a cabo uma observação global de todas as relevantes circunstâncias, objetivas e subjetivas, que envolvem o caso. O tribunal, contudo, não estabelece um rol fixo, tampouco graduado, de quais circunstâncias devem ser observadas, apenas exige que o magistrado – no momento de determinar o nível de imputação – deve levar em conta todas aquelas circunstâncias (?) que *pesam* contra e a favor do dolo. Assim, por exemplo, o excesso de álcool, estado de incontrolável excitação psíquica ou descontrole emocional em situações de elevado estresse são circunstâncias, para o BGH, que militam contra a existência de um comportamento doloso.[261]

Em síntese, a teoria do consentimento de segunda geração chega às seguintes conclusões: aprovar o resultado deve ser interpretado a partir da lente jurídica e não a partir da linguagem cotidiana (*i*); consequentemente, a imputação a título de dolo dispensa a comprovação de que o resultado era desejado em sentido psicológico (*ii*); logo, é possível que o autor aprove um resultado ainda que ele seja altamente indesejado (*iii*).

Por fim, convém ressaltar que os defensores da teoria da anuência – em qualquer de suas variações – também se inclinam no sentido de que as circunstâncias objetivas do fato devem ser valoradas em conjunto para, sopesando, verificar a possível atitude volitiva do indivíduo em relação à assunção aprovadora do resultado.[262-263] Expostos os argumentos, é necessário submetê-los à contra-argumentação.

261. Em princípio, de acordo com este método da jurisprudência Vogel, Joachim. § 15... *Op. cit.*, Rn. 128. Contra o método da jurisprudência Brammsen, Joerg. *Inhalt... Op. cit.*, p. 77 e ss; Puppe, Ingeborg. § 15... *Op. cit.*, Rn. 54 e ss; Schneider, Hartmut. § 212... *Op. cit.*, Rn. 46 e ss; Trück, Thomas. *Die Problematik der Rechtsprechung des BGH zum bedingten Tötungsvorsatz. In*: NStZ, 2005, p. 236. Para mais referências cf. *abaixo*, parte V.

262. No *Brasil*: Hungria, Nelson. *Comentários... Op. cit.*, p. 118; Hungria, Nelson; Fragoso, Heleno Cláudio. *Comentários... Op. cit.*, p. 50-51; Jesus, Damásio E de. *Direito...Op. cit.*, p. 332; na *Alemanha*: Hassemer, Winfried. *Kennzeichen... Op. cit.*, p. 304 e ss; Prittwitz, Cornelius. *Die Ansteckungsgefahr bei Aids. In*: JA, 1988, p. 497 e ss (2ª Teil); na *Espanha*: Díaz Pita, Maria del Mar. *El dolo... Op. cit.*, p. 311 e ss.; na *Itália*: Canestrari, Stefano. *Die Struktur des dolus eventualis. Die Unterscheidung zwischen bedingtem Vorsatz und bewusster Fahrlässigkeit und die neuen Risikophänomenologien. In*: GA, 2004, p. 219 e ss.

263. Essa também é a linha adotada pela jurisprudência brasileira, especialmente nos casos de homicídio na direção de veículo automotor: no *STF:* HC 131884-SC, rel. Min. Teori Zavascki, j. 15.03.2016; HC 127774-MS, rel. Min. Teori Zavascki, j. 01.12.2015; RHC 116950-ES, rel. Min. Rosa Weber, j. 03.12.2013; HC 101698-RJ, rel. Min. Luiz Fux, j. 18.10.2011; HC 97252-SP, rel. Min. Elen Gracie, j. 23.06.2009. No *STJ*: REsp 1358116-RN (2012/0253631-0), rel. Min. Rogerio Schietti Cruz; HC 308180-SP (2014/0282037-1), rel. Min. Reynaldo Soares da Fonseca; HC 321354-SC (2015/0086818-9), rel. Min. Felix Fischer; HC 226359-DF (2011/0284449-2), rel. Min. Ribeiro Dantas.

2.1.1.2 Objeções

Apresentados os principais argumentos a favor de quaisquer das teorias do consentimento, percebe-se claramente que as soluções apresentadas, ao menos do ponto de vista estritamente abstrato, são de uma *simplicidade* e *aplicabilidade* espantosa. Tão espantosa que se torna imediatamente suspeita quando o horizonte de análise da teoria é submetido a uma lente mais rigorosa. Essa suspeita já poderia ser notada com a contribuição de ARMIN KAUFFMANN no tocante aos delitos omissivos, eis que nessa modalidade *aquele que omite não quer realizar,* senão que abandona o curso causal à sua própria sorte.[264] E é justamente isso que será feito doravante: inicialmente concretizarei as suspeitas em objeções à teoria de primeira geração e, posteriormente, à teoria de segunda geração.

As objeções que podem ser dirigidas à primeira geração da teoria do consentimento são bastante previsíveis. A primeira delas reside no fato de que a teoria se assenta sobre um dado hipotético (*irreal*). Com essa afirmação tenho a possibilidade de apresentar as razões pelas quais considero ambas as fórmulas de FRANK teorias hipotéticas. A primeira pergunta que devemos fazer é: qual é o objeto de referência do dolo para a teoria do consentimento? A resposta é simples, o resultado. Na primeira fórmula, o alegrar-se com o resultado é derivado de proposição hipotética elevada à segunda potência (= será preciso presumir o que o agente suporia caso tivesse previsto o resultado como certo); na segunda fórmula há proposição hipotética simples (= será preciso supor, pelas circunstâncias do fato, que o agente agiria qualquer que fosse o resultado). E isso em nada muda o fato de que estamos diante de conclusões irreais: na primeira, mais grave, há uma hipótese derivada de uma hipótese; e na segunda, menos grave, há uma hipótese derivada da indicação fática.

Para demonstrar o acerto da crítica, consideremos a seguinte situação fática sugerida pelos autores volitivos[265] e apliquemos a segunda fórmula de FRANK:

> *Problema.* O fazendeiro, após uma rusga com a esposa, vai mal-humorado fumar seu cachimbo no celeiro repleto de feno; sabe que há perigo de comunicação de fogo à palha, mas confia no acaso ou cautela que tal não se dará. Acontece, entretanto, que o vento leva a fagulha do cachimbo ao feno e este arde-se, incendiando o celeiro.
>
> *Variável.* O empregado da fazenda, depois de repreendido pelo patrão, retira-se mal-humorado e vai fumar seu cachimbo no celeiro etc.; mas, diversamente do caso acima, tanto se lhe dá a incolumidade quanto o incêndio do celeiro, e o vento resolve a alternativa.
>
> *Solução apresentada.* O fazendeiro agiu com culpa consciente e empregado com dolo eventual.

264. KAUFMANN, Armin. *Die Dogmatik der Unterlassungsdelikte.* Göttingen: Schwartz, 1959, p. 66 e ss (em especial p. 73 e ss). Cf. BACIGALUPO, Enrique. *Derecho penal...Op. cit.*, p. 319-320, nm. 604.

265. HUNGRIA, Nelson. *Comentários... Op. cit.*, p. 118-119.

O que há de diferente em ambos os casos? No primeiro caso, a situação fática faz crer que o fazendeiro não queria o incêndio; no segundo caso, a situação fática faz crer que o empregado consentia com o incêndio. *E o que há de semelhante?* Em ambos os casos o estado psíquico volitivo é derivado de um conjunto de circunstâncias que *fazem crer* na aceitação, ou não, do resultado. E o que é pior, perceba-se que o que está em jogo para a determinação do dolo, o que é decisivo mesmo, não é o momento de realização da conduta, mas sim um estado de coisas *anterior ao fato*, a partir dos quais eu derivo a (hipotética) postura psíquica em relação ao futuro resultado, o que viola frontalmente a dimensão temporal do dolo. Contudo, se consideramos outra vez a hipótese, também é possível intuir que há um dado de semelhança entre a hipótese e a variável que pode ser decisivo para determinar o nível da imputação: a representação *ex ante* do perigo concreto. Por ora, essa intuição pode ser deixada de lado (mas deve esquecida) em favor das objeções que ainda podem ser lançadas.

O dado irreal ao qual se subordina a imputação dolosa (= o consentimento no resultado), se não quisermos ferir a semântica jurídica, não pode ser objeto de valoração para fins de imputação a título de dolo, sob pena de deixarmos a ciência de lado em favor da futurologia e do achismo. O resultado é evento futuro e incerto e, portanto, para fins penais, não pode ser ponto de referência para a determinação do nível de responsabilidade. O que pode ser querido, isso sim, é a sua *possibilidade* de materialização ou mesmo a própria ação.[266] Sem ferir a linguagem e a lógica, não é possível que o autor esteja contente com algo que não aconteceu e sequer é possível ter certeza de que acontecerá. A rigor, portanto, a teoria tenta regenerar o tempo que passou, conferindo ao agente uma postura psíquica referente a um futuro que era indeterminado: uma incongruente tentativa de girar e fazer voltar a areia da ampulheta para produzir estados mentais. E não há nada mais frágil que esta aliança entre o futuro e o passado. Que sentido teria a seguinte oração: "*Estou feliz se chover amanhã*"? É este tipo de resultado propositivo que a aplicação do consentimento autoriza.

Mas ainda é possível seguir apresentando objeções? E agora estou imaginando um segundo leitor, o qual ainda não esteja satisfeito com aquelas que até aqui foram apresentadas e lance a pergunta sobre se é possível encontrar outro fundamento, agora de ordem dogmática ou político criminal, para refutar a teoria do consentimento de primeira geração. A minha resposta é sim. Simples, como a determinação do nível de responsabilidade está diretamente vinculada à *atitude interna* do indivíduo, a aplicação do critério pode conduzir a duas problemáticas distorções: *primeiro, o hipotético consentimento do autor em relação ao resultado implicaria imputação a título de dolo nas hipóteses de criação de riscos de pequena intensidade; a hipotética recusa do autor em relação ao resultado*

266. Cfr. Puppe, Ingeborg. § 15... *Op. cit.*, Rn. 38; Cerezo Mir, José. *Derecho... Op. cit.*, p. 540; Gimbernat Ordeig, Enrique. *Estudios... Op. cit.*, p. 252.

implicaria imputação a título de culpa nas hipóteses de criação de riscos de alta intensidade.[267] Nesse ponto, o adepto da teoria precisaria justificar, por um lado, por que o direito penal – ignorando o bem jurídico[268] – está aparelhado para reagir *menos intensamente* nas hipóteses em que o sujeito cria um risco de alta intensidade para o bem jurídico apenas porque a sua atitude interna em relação ao resultado era, por exemplo, indiferente; e, por outro lado, também seria necessário fundamentar por que o direito penal deve reagir *mais intensamente* nas hipóteses em que o sujeito cria um perigo de pequena intensidade para o bem jurídico apenas porque ele tinha um atitude positiva interna em relação ao resultado. De modo propositivo: às custas da proteção de bens jurídicos *exige-se mais para a imputação a título de dolo naquelas hipóteses em que se deveria exigir menos.* Não creio que haja uma fundamentação capaz de superar essa distorção.[269]

Não bastasse isso, agora sublinho outra e mais grave distorção: na hipótese em que o indivíduo cria um risco com a mesma intensidade, em um mesmo contexto fático, mas com posição volitiva distinta, os adeptos da teoria do consentimento, para manter a coerência, devem reconhecer a possibilidade de imputação subjetiva distinta. Creio que um exemplo pode ilustrar a objeção: indivíduo *R*, durante a madrugada, e com o intuito de livrar-se de uma vez por todas do marido, *M,* da sua amante, *A*, sabota os freios do automóvel de *M* para, finalmente, poder viver seu romance com *A*. Como planejado, na manhã seguinte *M* perde o controle do veículo, chocando-o violentamente contra um muro. O desejado e o indesejado ocorrem simultaneamente: *M* e *A* não resistem aos ferimentos. Para manter a coerência com a teoria há somente uma solução: *A* responderia a título de dolo em relação à morte de *M* e a título de culpa consciente em relação à morte de *A*.

267. Cfr. Mir Puig, Santiago. *Derecho penal... Op. cit.,* p. 273, nm. 92.

268. E desconsiderando que a maioria da literatura científica defende que a missão do direito penal é a proteção de bens jurídicos. Cf. Kindhäuser, Urs. *Strafrecht... Op. cit.*, p. 38, Rn. 6; Roxin, Claus. *Sinn und Grenzen staatlicher Strafe. In*: JuS, 1966, p. 377 e ss; Roxin, Claus. *Rechtsgüterschutz als Aufgabe des Strafrechts? In*: Hefendehl, Roland; Bottke, Wilfried. Empirische und dogmatische Fundamente, kriminalpolitischer Impetus. Köln; München: Heymann, 2005, p. 135 e ss; Roxin, Claus; Greco, Luís. *Strafrecht... Op. cit.*, § 2, Rn. 7; Schünemann, Bernd. *Das Rechtsgüterschutzprinzip als Fluchtpunkt der verfassungsrechtlichen Grenzen der Straftatbestände und ihrer Interpretation. In*: Hefendehl; Wohlers (Hrsg.). Die Rechtsgutstheorie. Legitimationsbasis des Strafrechts oder dogmatisches Glasperlenspiel? Baden Baden: Nomos, 2003, p. 133 e ss; Hefendehl, Roland. *Mit langem Atem: Der Begriff des Rechtsguts – Oder: Was seit dem Erscheinen des Sammelbandes über die Rechtsgutstheorie geschah. In*: GA, 2007, p. 1 e ss. Sobre bem jurídico em geral Hefendehl; Wohlers (Hrsg.). *Die Rechtsgutstheorie. Legitimationsbasis des Strafrechts oder dogmatisches Glasperlenspiel?* Baden Baden: Nomos, 2003; Jakobs, Günther. *Rechtsgüterschutz? Zur Legitimation des Strafrechts.* München: Schöningh, 2012. Sobre a missão e fronteiras do direito penal cf. Schünemann, Bernd. *Aufgabe und Grenzen der Strafrechtswissenschaft im 21. Jahrhundert. In*: Putzke, Holm (Hrsg.). Strafrecht zwischen System und Telos. Festschrift für Rolf Dietrich Herzberg zum siebzigsten Geburtstag am 14. Februar 2008. Tübingen: Mohr Siebeck, 2008, p. 39 e ss.

269. Nesta seção estou enfrentando o problema da precisão da fronteira entre o dolo e a culpa, razão pela qual ainda não estou autorizado a ventilar questões sobre a fundamentação da concepção volitiva. Os porquês da minha descrença serão indicados logo adiante (cf. *abaixo*, item 3).

Tal distorção é tão evidente e forte que dispensa qualquer esforço argumentativo adicional.[270]

Caso o leitor (ainda) não esteja convencido das objeções anteriores, ainda é possível levantar a última. Se para essa geração da teoria do consentimento é necessário que o agente *dê por bem* o resultado, uma questão se impõe: qual seria, então, a diferença entre o dolo direto e o dolo eventual? Com efeito, ao exigir uma positiva atitude psíquica do indivíduo em relação ao resultado, a teoria do consentimento de primeira geração tanto desfaz as próprias fronteiras das espécies de dolo como também não resolve adequadamente o problema da delimitação entre esse e a culpa consciente.

No que diz respeito à teoria do consentimento de segunda geração, pode-se dizer que há boa dose de acerto e intuição em sua formulação, especialmente no que diz respeito à tentativa de normatização do dolo. Mas, ao manter o dolo atrelado à categoria volitiva, o BGH permaneceu na mesma zona de erro da literatura.

Um ponto que merece alerta diz respeito ao rebaixamento linguístico que o axioma "é possível querer (= aprovar) um resultado que não é desejado" proporciona. Aprovação não significa outra coisa senão dar por bem. A solução encontrada pelo BGH para manter a teoria do consentimento e, com isso, o elemento volitivo, a *aprovação em sentido jurídico* é uma fórmula que gera a incompreensão e conduz à indefinição. Se tomarmos a explicação de Luís Greco sobre a fraude de etiquetas,[271] poderíamos dizer que: "Em sentido jurídico cachorro é gato"; "noite é dia" e "homem é mulher". A fórmula, simultaneamente, fere a linguagem, é indefinida e não é capaz de expressar a natureza das coisas.

Contudo, para seguir na argumentação, é de se aceitar a fórmula e verificar se ela é capaz de diferençar o dolo da culpa. E, nesse sentido, a próxima objeção diz respeito à sua imprecisão.[272] Então, se o tribunal argumenta que *aprovar*, em

270. Essa incômoda solução deve ser aplicada a todos os casos em que os sujeitos têm algo a perder com a realização do tipo. Se o leitor ainda não estiver satisfeito com os casos mencionados, é possível registrar, por exemplo, outro aduzido por Ragués i Vallès: "Los miembros de una banda terrorista secuestran a un funcionario de policía y deciden torturarle para obtener cierta información. Los métodos empleados en el interrogatorio son contundentes, pero aun así no se consigue hacerle hablar. Después de varios días de torturas, el policía se encuentra muy débil y sus captores comentan entre ellos que, si continuan torturandole, puede morir. Sin embargo, deciden seguir adelante, pues es su última oportunidad para obtener la información que les interesa. A consecuencia de las torturas el secuestrado muere sin que sus captores hayan conseguido que hable". Também nesse caso é possível verificar como a teoria do consentimento chega a resultados insatisfatórios. É de se dar razão a Ragués i Vallès, que aponta não ser possível uma imputação nem a título de dolo direto de primeiro grau (porque o propósito não era a morte) nem a título de dolo direto de segundo grau (porque o resultado morte não era certo, senão possível); os torturadores tampouco desejam o resultado, eis que a morte do policial significava a impossibilidade de alcançar o propósito. Conclusão: estaríamos obrigados a imputar o resultado morte a título de culpa. Ragués i Vallès, Ramon. *El dolo... Op. cit.*, p. 47-48.

271. Cf. nota de rodapé n. 204.

272. Crítica já em Puppe, Ingeborg. *Der Vorstellungsinhalt... Op. cit.*, p. 6.

sentido jurídico, é compatível com aqueles casos nos quais o autor dá causa a resultados indesejados, a primeira pergunta que vem à cabeça é: onde estaria situada a fronteira do dolo eventual com a culpa consciente, uma vez que na culpa consciente, por definição, os resultados são igualmente indesejados pelo agente? Salvo engano, ao se aplicar a fórmula tal como sugerida pelo tribunal, a fronteira entre as modalidades intermediárias de imputação subjetiva estaria diluída. Não por outra razão, ao julgar um caso que envolvia a transmissão do vírus-HIV, o BGH viu-se obrigado a admitir que, em algumas hipóteses, a posição psíquica do autor interferirá no nível da imputação: ao defrontar-se com aquele caso – tratava-se de indivíduo homossexual que teve relações sexuais sem proteção e sem esclarecer ao parceiro da sua condição pessoal de portador do vírus[273] – o caminho que o BGH encontrou para negar o dolo do autor em relação ao resultado morte foi, justamente, exigir desse determinada postura psíquica aprovadora do resultado, algo que havia sido rechaçado com o caso do cinto de couro. Na ocasião, para sustentar a imputação dolosa em relação ao resultado de lesão corporal e consequentemente afastar o dolo em relação ao resultado morte, o BGH argumentou que o autor *confiou de modo sério* que, na hipótese de contaminação do parceiro, e durante o período de incubação do vírus, era possível que fosse descoberta a cura para a doença.[274]

Além de o BGH não ser consequente com a própria teoria, a fórmula da assunção aprovadora em sentido jurídico também padece de um defeito de precisão e essa é, segundo penso, a principal objeção. Com efeito, o tribunal sugeriu a fórmula, mas não esclareceu o que se deve entender por *aprovar em sentido jurídico*.[275] É justamente essa ausência de definição que permite a incoerência e manipulabilidade (= a crise de identidade) da fórmula: em alguns momentos ela pode permitir uma conotação do dolo mais próximo ao normativo (= caso do cinto de couro), mas em outros casos ela é imprecisa o suficiente para permitir seja outorgado um sentido psicológico ao dolo (= caso da AIDS).[276]

Finalmente, convém assinalar que o recurso à expressão *aprovação em sentido jurídico* faz com que a posição jurisprudencial se iguale em consequência com a posição majoritariamente assumida pela literatura; há desacordo terminológico, é verdade, mas a imprecisão do conceito do qual se serve o BGH permite que sua teoria seja considerada apenas uma variante da teoria do levar a sério a

273. Com detalhes, abaixo, parte V, item 2.4.4.

274. BGHSt, 36, 1. Avaliando que, nesse caso, o tribunal utilizou a teoria da assunção aprovadora como fórmula vazia e que o decisivo mesmo, ao menos para fundamentar a imputação do dolo de lesões corporais, foi o conhecimento do autor, cf. PUPPE, Ingeborg. § 15... *Op. cit.*, Rn. 88.

275. Crítica, PUPPE, Ingeborg. § 15... *Op. cit.*, Rn. 33; LACKNER, Karl; KÜHL, Kristian. § 15... *Op. cit.*, Rn. 25.

276. A fórmula é um vazio conceitual, julgou SCHMIDHÄUSER, Eberhard. *Die Grenze... Op. cit.*, p. 246; da maneira como a fórmula é manejada, arbitrariamente, *não tem ela qualquer sentido*, reprovou PUPPE, Ingeborg. § 15... *Op. cit.*, Rn. 33. Cf. também PUPPE, Ingeborg. *Der Vorstellungsinhalt... Op. cit.*, p. 6-9.

realização do tipo, afinal, se aprovar em sentido jurídico significa, nas inseguras linhas sugeridas pelo tribunal, não desistir do objetivo traçado, ainda que esse objetivo implique a produção de resultado *em si indesejado*, ao fim e ao cabo, o que o BGH está afirmando é que o agente considera *seríssima* a possibilidade de realização do tipo; tão séria que o indesejado não foi capaz de fazê-lo mudar a meta.[277] Com essa observação de semelhança, passo à teoria (aparentemente) majoritária em solo alemão, a teoria do levar a sério.

2.1.2 Teoria do levar a sério o perigo de realização do tipo objetivo

2.1.2.1 Exposição

A teoria do levar a sério a possibilidade de que se realize o tipo (*Ernstnahmetheorie*)[278] tem estrutura sistemática também vinculada à disposição de ânimo do autor,[279] contudo, como demonstrarei a seguir, apresenta pequena variação no que diz respeito ao referencial utilizado para distinguir o dolo e a culpa.

Provavelmente majoritária no cenário da literatura científica alemã,[280] finca-se na ideia segundo a qual age dolosamente aquele que leva a sério a possibilidade de lesão do bem jurídico e com ela anui. Quem, em contrapartida, confia na não-lesão do bem jurídico, agirá culposamente. Vê-se, assim, que a teoria está

277. Cfr. BAUMANN, Jürgen; WEBER, Ulrich; MITSCH, Wolfgang. *Strafrecht... Op. cit.*, Rn. 54, p. 489; MAURACH, Reinhart; ZIPF, Heinz. *Strafrecht... Op. cit.*, p. 312, Rn. 36; ROXIN, Claus; GRECO, Luís. *Strafrecht... Op. cit.*, § 12, Rn. 39; RUDOLPHI, Hans-Joachim; STEIN, Ulrich. § 16... *Op. cit.*, Rn. 43.

278. Na Áustria, esta também é opção legislativa, seguida pela doutrina e jurisprudência, cf. FOREGGER, Egmont. *Strafgesetzbuch. StGB samt ausgewählten Nebengesetzen: Kurzkommentar*. 12. Aufl. Wien: Mnaz'sche Verlags- und Universitätsbuchhandlung, 2016, p. 30, Rn. 1; GERMANN, O. A. *Vorsatzprobleme... Op. cit.*, p. 368. Ressaltando a necessidade de conjugação do levar a sério e concordar com o resultado "*ernstlich für möglich hält und sich mit ihr abfindet*". FUCHS, Helmut. *Strafrecht... Op. cit.*, p. 138, Rn. 49; TRIFFTERER, Otto. *Österreichisches Strafrecht. Allgemeiner Teil*. 2. Aufl. Wien: Springer, 1994, p. 176, Rn. 68. Esta segunda fórmula é a adotada pelo Código Penal austríaco (§ 5). Na *Suíça*, os tribunais também reconhecem a fórmula cf. DONATSCH, Andreas (Hrsg). *Schweizerisches... Op. cit.*, p. 51, Rn. 10; STRATENWERTH, Günter, WOHLERS, Wolfgang. *Schweizerisches Strafgesetzbuch Handkommentar*. 2. Aufl. Bern: Stämpfli, 2009, p. 23, Rn. 2. Para outras referências na *jurisprudência suíça* cf. notas de rodapé n. 392 e 722.

279. Cf. BRAMMSEN, Joerg. *Inhalt... Op. cit.*, p. 78; KÜPPER, GEORG. *Zum Verhältnis... Op. cit.*, p. 764; PUPPE, Ingeborg. § 15... *Op. cit.*, Rn. 45; OTTO, Harro. *Der Vorsatz... Op. cit.*, p. 473; ROXIN, Claus; GRECO, Luís. *Strafrecht... Op. cit.*, § 12, Rn. 67; RUDOLPHI, Hans-Joachim; STEIN, Ulrich. § 16... *Op. cit.*, Rn. 43.

280. Confirmando a (aparente) primazia da teoria em solo alemão. No *Brasil*: GRECO, Luís. *Dolo sem vontade... Op. cit.*, p. 888, nota de rodapé, n. 14; SANTOS, Humberto Souza. *Elementos fundamentais de um conceito de dolo político-criminalmente fundamentado*. *In*: RBCCrim, vol. 97, 2012, p. 92. Na *Alemanha*: FRISCH, Thomas. § 15... *Op. cit.*, Rn. 9e; KUDLICH, Hans. § 15... *Op. cit.*, 21.1; LACKNER, Karl; KÜHL, Kristian. § 15... *Op. cit.*, Rn. 24; PUPPE, Ingeborg. § 15... *Op. cit.*, Rn. 45; STRENG, Franz. *Hemmschwellentheorie, Vorsatz und Schuldfähigkeit*. *In*: FS – Hans-Heiner Kühne. Heidelberg; München; Landsberg: Müller, 2013, p. 47 e ss. Igualmente, PÉREZ BARBERÁ, Gabriel. *El dolo... Op. cit.*, p. 316.

assentada na seguinte tríade: representar como *possível a lesão do bem jurídico – levar a sério tal representação – anuir à representação da possibilidade de lesão do bem jurídico.*[281]

Alheando pequenas variações que, no fundo, não representam divergências de substância,[282] os argumentos da teoria do levar a sério a realização do tipo podem ser condensados em três:

Argumento 1. O direito penal tem a função de proteger bens jurídicos visando promover a convivência pacífica entre os cidadãos, razão pela qual seu objetivo é evitar que esses sejam lesionados. Tomando essa premissa em consideração, o dolo e a culpa não se distinguem entre si segundo a representação, mas sim segundo a posição interna do autor em relação ao perigo que conhece: a essência do dolo está na decisão do autor em favor da possível lesão fática do bem jurídico tutelado pelo tipo penal.

Argumento 2. As teorias da possibilidade e da probabilidade respondem equivocadamente à pergunta sobre como o autor precisa valorar antecipadamente o desenrolar do resultado, porquanto elas não levam em conta que uma pessoa pode representar um resultado como possível ou inclusive como provável e, apesar disso, não decidir em favor dele, isto é, o autor pode reprimir psiquicamente (*verdrängen*[283]) a possibilidade ou probabilidade de

281. Além de Stratenwerth (e mesmo Roxin), cujas ideias serão analisadas abaixo, também são adeptos, ainda que com pequenas variações, na *Alemanha*: Ambrosius, Jürgen. *Untersuchungen... Op. cit.*, p. 45 e ss; Blei, Hermann. *Strafrecht... Op. cit.*, p. 115; Bockelmann, Paul; Volk, Klaus. *Strafrecht. Allgemeiner Teil*. 4. Aufl. München: Beck, 1987, p. 82 e ss; Henn, Arne. *Der subjektive... Op. cit.*, p. 702; Jescheck, Hans-Heinrich; Weigend, Thomas. *Lehrbuch... Op. cit.*, p. 299; Kühl, Kristian. *Strafrecht... Op. cit.*, p. 117, Rn. 85; Lackner, Karl; Kühl, Kristian. § 15... *Op. cit.*, Rn. 24; Rönnau, Thomas; Becker, Christian. *Vorsatzvermeidung durch Unternehmensleiter bei betriebsbezogenen Straftaten*. In: NStZ, 2016, p. 573; Rudolphi, Hans-Joachim; Stein, Ulrich. § 16... *Op. cit.*, Rn. 43; Satzger, Helmut. *Der Vorsatz... Op. cit.*, p. 117 Schramm, Edward. *Der praktische Fall – Strafrecht: Die Reise nach Bangkok. In*: JuS, 1994, p. 407; Wolff, Ernst Amadeus. *Die Grenzen des dolus eventualis und der willentlichen Verletzung. In*: FS – Wilhelm Gallas. Berlin: de Gruyter, 1973, p. 225; Wessels, Johannes; Beulke, Werner. *Strafrecht... Op. cit.*, p. 82, Rn. 214. Com algumas variações, na *Espanha*: Zugaldía Espinar, Jose Miguel. *La demarcación entre el dolo y la culpa: el problema del dolo eventual. In*: ADP, 1986, fasc. II, p. 395 e ss.

282. Cf. Frisch, Wolfgang. *Gegenwartsprobleme des Vorsatzbegriffs und der Vorsatzfeststellung am Beispiel der AIDS-Diskussion. In*: GS – Karlheinz Meyer. Berlin: de Gruyter, 1990, p. 545; Frister, Hermult. *Strafrecht... Op. cit.*, p. 147, Rn. 25; Puppe, Ingeborg. § 15... *Op. cit.*, Rn. 47; Rudolphi, Hans-Joachim; Stein, Ulrich. § 16... *Op. cit.*, Rn. 25.

283. Luis Greco sugere que o termo, nesse contexto, tem carga semântica correspondente ao nosso verbo *ignorar*, cf. Puppe, Ingeborg. *A distinção... Op. cit.*, p. 52, nota de rodapé n. 30. E me parece que esta sugestão é absolutamente correta. Duas são as razões: *primeiro*, o verbo *verdrängen* é normalmente utilizado quando a situação à qual ele se refere é ruim; e, em português, também é possível ignorar algo que tenha um significado positivo: "o namorado ignorou o presente da namorada". *Segundo*, em alemão o verbo também é normalmente empregado quando a pessoa tem uma postura psíquica puramente ativa em relação ao acontecimento, algo proposital: um piloto alemão que tenha participado do bombardeio a Varsóvia durante a Segunda Guerra mundial, diria: "Nós bombardeávamos tão próximo ao solo, que eu não consigo ignorar (*verdrängen*) a feição de desespero das pessoas". No texto, contudo, o verbo *verdrängen* não é utilizado com esta carga semântica, senão com aquela que corresponde ao verbo

sua ocorrência sob a irracional suposição de que tudo acabará bem (*es wird schon gutgehen*) e, nesse caso, o autor não terá tomado posição concreta contra o bem jurídico.

Argumento 3. Finalmente, uma vez que o risco foi levado a sério, não restará alternativa ao autor senão concordar com a possibilidade de ocorrência do resultado representado.

Conclusão. Considerando esses argumentos, sugere a doutrina que agirá com dolo eventual o autor que levar a sério a realização do tipo e, naturalmente, com ele concordar; em contrapartida, agirá com culpa consciente o autor que confiar seriamente que a realização do tipo não acontecerá.[284]

Tais argumentos serão doravante analisados, especialmente na versão desenvolvida por STRATENWERTH, a quem é atribuído o mérito de reunir os principais fundamentos que conduziram à sua preponderância na literatura alemã.[285]

Como ponto de partida, o autor indaga se a discussão sobre a fronteira entre o dolo e a culpa, a qual há mais de dois séculos transita por um caminho tautológico e insolúvel, não decorre do fato de essa centrar-se na prevalência ora do elemento cognitivo e ora do elemento volitivo.[286] Segundo ele, se é certo que os conceitos tradicionalmente fornecidos para o elemento cognitivo e para o elemento volitivo apenas funcionam satisfatoriamente no momento de se diferençar os dois extremos da imputação subjetiva, isto é, o dolo direto e a culpa inconsciente, também é verdade que os conceitos de conhecimento e de vontade são imprestáveis para precisar os pontos intermediários da imputação subjetiva, é dizer, o dolo eventual e a culpa consciente.[287] Sublinha, contudo, que uma vez que tenhamos consciência da imperfeição da expressão, o tradicional conceito de dolo como conhecer e como querer deve ser mantido; no mínimo como ponto de partida. O que deve ser aprimorado, assinala, é o conteúdo da vontade.[288] *Esse conteúdo da vontade, entretanto, não deve ser determinado a partir da análise do dolo, senão*

ignorar na língua portuguesa, a saber: fazer pouco caso. Feitos os esclarecimentos, usarei tanto a tradução composta como também aquela sugerida por LUÍS GRECO.

284. Cf. AMBROSIUS, Jürgen. *Untersuchungen... Op. cit.*, p. 70; BLEI, Hermann. *Strafrecht... Op. cit.*, p. 115; BRAMMSEN, Joerg. *Inhalt... Op. cit.*, p. 81; JESCHECK, Hans-Heinrich; WEIGEND, Thomas. *Lehrbuch... Op. cit.*, p. 299; KRÜMPELMANN, Justus. *Vorsatz und Motivation. In*: ZStW, 1975, n. 87, p. 895 e ss; KÜPPER, Georg. *Zum Verhältnis... Op. cit.*, p. 766; LACKNER, Karl; KÜHL, Kristian. § 15... *Op. cit.*, Rn. 24; ROXIN, Claus; GRECO, Luís. *Strafrecht... Op. cit.*, § 12, Rn. 27; RUDOLPHI, Hans-Joachim; STEIN, Ulrich. § 16... *Op. cit.*, Rn. 43; WESSELS, Johannes; BEULKE, Werner. *Strafrecht... Op. cit.*, p. 82, Rn. 214.

285. Cf. nota de rodapé n. 280.

286. STRATENWERTH, Günter. *Dolus eventualis und bewußte Fahrlässigkeit. In:* ZStW, 1959, n. 71, p. 52; STRATENWERTH, Günter; KUHLEN, Lothar. *Strafrecht... Op. cit.*, p. 91, Rn. 61.

287. STRATENWERTH, Günter. *Dolus eventualis... Op. cit.*, p. 53.

288. STRATENWERTH, Günter; KUHLEN, Lothar. *Strafrecht... Op. cit.*, p. 92-93, Rn. 66.

a partir da análise da culpa. A teoria do levar a sério, portanto, tenta definir o que é *temeridade* (= *Leichtsinn*[289]) e a partir daí derivar o conceito de dolo eventual.[290]

Para iniciar a caracterização às avessas do seu elemento volitivo, STRATENWERTH trabalha com a seguinte hipótese: estando consciente da possibilidade de que ocorra um incêndio, *A* joga um cigarro aceso dentro de um bosque; confia, contudo, que não dará causa a um incêndio porquanto o cigarro caiu sobre folhas que não são suficientemente inflamáveis. De acordo com a fórmula tradicionalmente utilizada (= teoria do consentimento), diz ele, este é o típico caso da culpa consciente; uma situação que SCHRÖDER descreveu com a seguinte expressão linguística "o autor se diz: tudo acabará bem".[291] Para solucionar o nível de imputação na hipótese do cigarro, esclarece STRATENWERTH, não é necessário perguntar pela aprovação ou não do autor em relação a um hipotético resultado, mas sim, avaliar se ele, indivíduo, levou ou não levou a sério o risco de realizar o tipo penal (= causar o incêndio do bosque). Aplicando à hipótese do bosque essa racionalização sugerida por STRATENWERTH é possível afirmar que: o autor atuou sem consciência do perigo criado (= de modo *temerário*) e justamente porque agiu sem consciência do perigo, ele pode ser taxado de imprudente, insensato ou irreflexivo, mas não *temerário* em sentido doloso.[292]

Dessa descrição é possível observar que STRATENWERTH valora o comportamento do autor a partir da postura psíquica que há entre o autor e o perigo

289. O adjetivo "*leichtsinnig*" é de difícil correspondência em português e trouxe-me algumas dificuldades no momento de traduzi-lo. Derivado do substantivo "*Leichtsinnigkeit*", que significa culpa grave, trata-se de adjetivo aplicado às pessoas que não refletem sobre as consequências de seu comportamento; por exemplo, o motociclista que conduz sem capacete. Nesse ponto, LUÍS GRECO sugere o termo leviandade; no entanto, como estamos no âmbito da culpa e o termo leviandade tem carga semântica que sugere propósito, creio melhor falar em temeridade. Cf. GRECO, Luís. *Algumas observações... Op. cit.*, p. 13-14, nota de rodapé n. 5.

290. E, simultaneamente, também extrair consequências da autocolocação em perigo para a definição do dolo (e isso fica bem evidente nas argumentações de ROXIN, *abaixo* 2.2). Esclarecedora a descrição de PUPPE "Ao mesmo tempo tenta-se fazer frutífero o fenômeno da autocolocação em perigo perguntando-se como é possível explicar psicologicamente que uma pessoa coloque a sua propriedade, o seu corpo ou inclusive a sua vida conscientemente em perigo, apesar de não ter perdido o interesse na conservação desses bens, de maneira que se possa dizer que ele não quer a realização desse perigo. Esse fenômeno é explicado psicologicamente da seguinte maneira: apesar de o autor, a princípio, reconhecer o perigo, no momento decisivo da ação ele o excluiu de sua consciência". ("Dabei versucht man, das Phänomen der Selbstgefährdung fruchtbar zu machen, indem man fragt, wie es psychologisch zu erklären sei, dass ein Mensch sein Eigentum, seinen Körper oder sogar sein Leben bewusst selbst in Gefahr bringt, obwohl er das Interesse an der Erhaltung dieser Güter nicht verloren hat, so dass man sagen kann, dass er die Realisierung dieser Gefahr nicht wolle. Dieses Phänomen wird psychologisch damit erklärt, dass der Täter die Gefahr zwar zunächst erkannt, aber im entscheidenden Moment der Handlung wieder aus seinem Bewusstsein verdrängt habe") PUPPE, Ingeborg. § 15... *Op. cit.*, Rn. 48.

291. "...der Täter sich sagt: *Es wird schon gutgehen*". STRATENWERTH, Günter. *Dolus eventualis... Op. cit.*, p. 55.

292. STRATENWERTH, Günter. *Dolus eventualis... Op. cit.*, p. 55-56.

concreto por ele representado, próximo do sentido sugerido por SCHMIDHÄUSER.[293] A diferença é que não é apenas a consciência do perigo concreto que autorizará a imputação a título de dolo, mas sim essa mesma consciência aliada à sua atitude psíquica de haver levado a sério a possibilidade de realização do tipo. Portanto, quem representa tal possibilidade (= o perigo concreto), mas não leva a sério a possibilidade de realização, isto é, se comporta de forma temerária ("*leichtsinnig*"[294]), atua com culpa consciente. Isso implica reconhecer que para a imputação a título de dolo o essencial não é mais o enlace psíquico que se forma entre a representação do autor e o resultado, mas sim o enlace psíquico que se forma entre o autor consciencioso e o perigo concreto de realização do tipo.

Mas por que STRATENWERTH insiste com a referência à atitude interna do indivíduo? Adepto do finalismo, ele também considera que o conceito de finalidade, especialmente a ideia de domínio da conduta, é o ponto arquimédico para traçar a fronteira entre o dolo e a culpa.[295] Para o autor, na finalidade da conduta humana concretiza-se uma liberdade frente a uma situação, uma liberdade que supera o *passivo* esquema conhecer e querer traçado pelas tradicionais concepções. A liberdade é condição para que a vontade de realização não precise se referir a toda consequência possível do comportamento; apenas quando o específico domínio humano sobre a situação estiver em foco será possível construir a fronteira do dolo.[296] Como é possível perceber, STRATENWERTH extrai mais consequências do conceito de finalidade que o próprio WELZEL, eis que além da vontade de realização ele saca do conceito de finalidade outra potência positiva com reflexos para o dolo: a vontade não se comporta passivamente, ela está manifestada na liberdade de controle da conduta humana diante de algumas situações.

Esse específico domínio ao qual se referiu STRATENWERTH é justamente a tomada de posição do agente frente a uma situação de perigo concreto representado. E se se observa mais atentamente a argumentação, ele não está afirmando outra coisa senão que também no dolo eventual há um *nexo de finalidade* e é precisamente à luz dessa estrutura final (da ação) que a culpa consciente precisa diferenciar-se do dolo eventual. A consciência do perigo concreto permite que o indivíduo *tome uma posição* em relação a ele (= *finalnexus*): o que impede seja atribuído o dolo ao indivíduo que atira cinzas de cigarro sobre folhas e confia

293. A diferença é que para SCHMIDHÄUSER essa relação psíquica era dispensável, para a imputação bastava a representação (= consciência) do perigo concreto. Ressaltando, ainda, a influência de SCHRÖDER (e também de SCHMIDHÄUSER) no pensando de STRATENWERTH, AMBROSIUS, Jürgen. *Untersuchungen... Op. cit.*, p. 40. Sobre a concepção de SCHMIDHÄUSER cf. *abaixo*, parte III, item 3.1.1.

294. Cf. nota de rodapé n. 289.

295. Outro finalista, o Armin KAUFMANN, também percebeu a importância da estrutura ontológica do finalismo e tentou derivar daí a sua teoria do dolo (*abaixo*, item 2.1.4). A diferença é que KAUFMANN propôs a construção do dolo a partir do conceito negativo de vontade, ao passo que STRATENWERTH enxergou outra potência dentro do próprio conceito de vontade de realização: a dominabilidade da conduta.

296. STRATENWERTH, Günter. *Dolus eventualis... Op. cit.*, p. 54.

que não cairá sobre folhas secas é o fato de que, embora ele tenha representado o perigo concreto, não levou a sério a possibilidade de incendiar o bosque (ausência de *finalnexus*). Portanto, um perigo não conhecido pelo agente não é necessariamente sinônimo de que ele não o tinha representado, como pretendiam SCHRÖDER e SCHMIDHÄUSER, senão apenas que esse não foi levado a sério. Isso significa que é perfeitamente possível que um perigo seja *conhecido*, mas não seja *reconhecido* e, nessa hipótese, a possibilidade de imputação dolosa também estaria eliminada, permanecendo apenas a culpa consciente.[297] Só a estrutura final da ação permite essa conclusão, pois somente pode tomar posição quem domina o que faz.

Finalmente, como somente é possível querer um resultado cuja realização do tipo foi levada a sério, a teoria proposta por STRATENWERTH também abre espaço para um conceito unitário de dolo,[298] eis que toda conduta dolosa (= seja no dolo direto seja no eventual) terá a mesma marca de Caim: o fato de o agente levar a sério a possibilidade de realização do perigo concreto representado.[299]

Aplicando tal lógica ao caso do cinto de couro, o nosso problema-condutor, aqui seria uma hipótese de atuação dolosa, porquanto a escolha de outro meio para a realização do crime demonstra que os autores levaram a sério a possibilidade de que o estrangulamento poderia conduzir à morte da vítima. Em uma frase: a mudança do método em nada altera o fato de que eles levaram a sério o risco para a vida da vítima.[300]

Em modo de síntese: a imputação a título de dolo depende da representação por parte do indivíduo da existência de um perigo concreto (*i*); o indivíduo pode ter duas atitudes internas em relação ao perigo concreto representado: ou leva a sério a possibilidade de realização do perigo (= reconhece o perigo), hipótese em que será possível a imputação a título de dolo eventual, ou o indivíduo é temerário e não leva a sério a possibilidade de realização do perigo (= conhece o perigo colocando-o entre parêntesis), hipótese em que será possível a imputação a título de culpa consciente (*ii*). Se combinarmos as duas racionalizações, chegamos à seguinte proposição: somente será possível a imputação subjetiva a título de dolo (eventual) quando o autor tiver consciência do perigo concreto que seu comportamento provoca e, acima de tudo, contar com a sua realização.

297. STRATENWERTH, Günter. *Dolus eventualis... Op. cit.*, pp. 55, 56, 59. Cf. PÉREZ BARBERÁ, Gabriel. *El dolo... Op. cit.*, p. 313-314.

298. Na ciência brasileira, aparentemente contra uma concepção unitária de dolo, SANTOS, Juarez Cirino dos. *Direito Penal... Op. cit.*, p. 138.

299. Observação de PÉREZ BARBERÁ, Gabriel. *El dolo... Op. cit.*, p. 315. Cf. STRATENWERTH, Günter. *Dolus eventualis... Op. cit.*, p. 58. As hipóteses de medos irracionais também configuram culpa. STRATENWERTH, Günter. *Dolus eventualis... Op. cit.*, p. 55.

300. STRATENWERTH, Günter; KUHLEN, Lothar. *Strafrecht... Op. cit.*, p. 109, Rn. 125; cfr. ROXIN, Claus; GRECO, Luís. *Strafrecht... Op. cit.*, § 12, Rn. 22 e ss.

2.1.2.2 *Objeções*

As principais críticas dirigidas à teoria do levar a sério dizem respeito basicamente à ausência de clareza do conceito (*i*); em que medida há melhor rendimento dogmático em comparação com a teoria do consentimento (*ii*); bem assim àquilo que pode ser descrito como a inversão da polaridade do reproche que resulta da aplicação do conceito (*iii*).[301] A primeira e a segunda crítica podem ser conjuntamente formuladas.

Levantar objeções a essa teoria não é tarefa muito fácil, não propriamente pela potência de seu conteúdo, mas, sim, e principalmente, pela ausência de clareza do seu principal elemento: o levar a sério. Apesar dos esforços realizados por STRATENWERTH, não fica nem um pouco claro o que se quer dizer com a expressão levar a sério.

Também não está claro em que medida a teoria proporciona melhor rendimento dogmático se comparada com a anteriormente analisada. Salvo engano, as soluções a que se chega com a teoria do consentimento são as mesmas a que chega a teoria do levar a sério, a diferença está no objeto que deve ser levado a sério (ou aprovado): o perigo concreto ou o resultado. Isso é ainda mais evidente quando observamos que o critério do levar a sério também é capaz de eliminar o dolo *em todos os casos nos quais o autor acreditava que tudo sairia bem* (= confiança vaga, confiança em Deus[302] = não assumiu uma assunção aprovadora do resultado). Creio que um exemplo trivial ajudará a evidenciar a identidade entre os critérios: imagine-se que um pai benevolente determine que o seu filho, *F*, arrume a bagunça do seu quarto até o fim do dia sob pena de colocá-lo de castigo durante todo o final de semana. *F* considera inicialmente o perigo de perder o fim de semana, mas logo avalia que isso não ocorrerá, concluindo que tudo sairá bem e que terá o seu tão desejado fim de semana. Nesse caso, para a imposição, ou não, do castigo, tanto faz que o filho argumente com o seu pai "eu não levei a sério o que o senhor me disse" (o perigo) ou "eu acreditei que nada aconteceria" (o resultado). Isso porque, em últimos termos, quem não leva a sério um perigo é porque acredita que nada acontecerá. A fórmula levar a sério, portanto, é apenas um contorno linguístico para evitar expressões como *consentir* ou *aprovar*.[303] Uma fraude de etiquetas, como afirmei (acima, item 1).

Por outro lado, a teoria também pode conduzir a soluções extremamente problemáticas: se o autor é o responsável por definir a classe do perigo, reconhecendo-o ou não, também será ele quem dará a última palavra sobre o nível de sua

301. Síntese de algumas críticas em PUPPE, Ingeborg. § 15... *Op. cit.*, Rn. 55; PÉREZ BARBERÁ, Gabriel. *El dolo... Op. cit.*, p. 316-325. Entre nós cf. SANTOS, Humberto Souza. *Problemas... Op. cit*, p. 273-274.

302. Utiliza o termo *Gottvertrauen*, por exemplo, HENN, Arne. *Der subjektive... Op. cit.*, p. 702.

303. Cfr. ESER, Albin; BURKHARDT, BJÖRN. *Strafrecht. Schwerpunkt Allgemeine Verbrechenselemente*. 4. Aufl. München: Beck, 1992, B. I, p. 86. Concordando parcialmente, PÉREZ BARBERÁ, Gabriel. *El dolo... Op. cit.*, p. 324.

própria imputação. Com efeito, se a consciência do perigo precisa ingressar no âmbito do feixe de circunstâncias que determinam a tomada de postura do autor, a teoria pode alterar a polaridade da valoração da conduta, é dizer, permite seja atribuída punição mais severa àquele indivíduo cuidadoso e mais suave para o indiferente. Àquele a sanção será mais grave porquanto – cauteloso que é – ele considerará todas as possibilidades de realização do tipo e, portanto, *reconhecerá* um perigo; o indiferente, por sua vez, despreza o bem jurídico e isso naturalmente abre caminho para que ele reprima psiquicamente a possibilidade de realização do tipo (= não o reconheça), o que significa que tais circunstâncias do perigo sequer ingressam em sua consciência no momento temporal do dolo. Consequência: nesse segundo caso, os adeptos da teoria, para manter a coerência, devem estar dispostos a admitir a imputação culposa.

Para expressar esse risco, imagine-se as seguintes situações: primeiro, considere-se a possibilidade de um autor *X* encontrar-se diante de um perigo de média probabilidade; nesses casos, dada à não evidência do perigo, apenas os mais prudentes o levariam a sério. Agora, considere a hipótese de um autor *Y* encontrar-se diante de um perigo extremo; nesse caso, e se partimos da premissa de que é possível que o agente *Y* tenha total desprezo pelo bem jurídico, um argumento possível é que *Y* tenha reprimido o perigo psiquicamente (= ignorado);[304] para ser consequente com a teoria, e considerando que a intensidade do perigo, a rigor, não é o ponto relevante para a imputação, ao indiferente dever-se-ia imputar a conduta em nível culposo.[305] A que conclusão chegamos: o indivíduo mais prudente será mais intensamente penalizado justamente por ter sido mais cauteloso em relação à preservação do bem jurídico.

Para seguir concretizando essa incongruência, talvez seja interessante recorrer a uma hipótese ventilada pela crítica: imaginemos o caso do professor de escola primária que, apesar da placa de advertência "*rio perigoso*", permite que um de seus alunos ali tome banho;[306] o garoto, arrastado pela correnteza, morre logo depois de entrar no rio. Nesse caso, se o professor ignora o perigo, os partidários da teoria do levar a sério teriam que admitir a impossibilidade de uma imputação dolosa, eis que o professor, se por um lado pensou na possibilidade de que seu comportamento poderia causar o resultado, por outro, no momento da ação, o excluiu de sua consciência (= o ignorou, o reprimiu psiquicamente).[307] Contudo, pondera Herzberg, nesse caso ainda seria de esclarecer a seguinte

304. Bem destaca Puppe, "quanto menor o interesse do autor pela integridade alheia, mais fácil para ele ignorar o conhecimento de que ela está sendo exposta ao perigo" ("Je weniger Interesse der Täter für die fremde Integrität aufbringt, desto leichter wird es ihm fallen, seine Erkenntnis v. deren Gefährdung einfach zu verdrängen"). Puppe, Ingeborg. § 15... *Op. cit.*, Rn. 49.

305. É justamente para evitar essa possibilidade que Jakobs nega que o conhecimento possa ser compreendido como elemento psicológico. Cf. *abaixo*, parte III, item 2.1.

306. Roxin, Claus. *Zur Abgrenzung... Op. cit.*, p. 60.

307. Herzberg, Rolf D. *Die Abgrenzung... Op. cit.*, p. 250.

interrogação: *não poderia o professor de igual maneira levar a sério o perigo e, reflexivo, após uma ponderação racional, cuidadosamente decidir que não há um risco excessivo, permitindo que o aluno tome banho no rio?* Fica muito claro que, nessa segunda hipótese, apesar da cautela do professor, e em razão dela (veja que grave!), a teoria do levar a sério autorizaria a imputação a título de dolo, o que nos conduziria a clara inversão de polaridade acima ressaltada: se o professor fosse um indivíduo pouco cuidadoso seria possível a imputação culposa; ao passo que se fosse reflexivo, seria possível a imputação dolosa. Isso significa que todo aquele que reprimir psiquicamente o risco que há em seu comportamento, eliminará a possibilidade de imputação a título de dolo. Mais uma vez: *quanto mais irresponsável for o indivíduo, menos grave será a responsabilidade penal; quanto mais prudente mais grave a imputação.*[308]

Restaria a questão dos *perigos insignificantes*: é possível que o autor tome a sério um perigo cuja possibilidade de realização é remota ou insignificante? Como a teoria não precisa o que significa levar a sério, uma plausível resposta é sim. E nesse sentido, o resultado a que leva a aplicação dos critérios sugeridos pela teoria do levar a sério também é contraintuitivo: não seria equivocado defender que, nas hipóteses de perigo insignificante (ou mínimo), contrariaria a lógica admitir que tal juízo possa ser realizado pelo agente, ao menos se interpretarmos o termo *levar a sério* no sentido psicológico proposto pelos adeptos da teoria. Assim, para pôr um caso bastante comum e controverso, é possível afirmar que, em razão da baixíssima possibilidade de transmissão do vírus-HIV, ao indivíduo que realiza relação sexual desprotegida com um parceiro desinformado de tal circunstância será de se imputar sempre a lesão corporal culposa.[309] Dito de outro modo: apesar da relação sexual sem proteção, o agente pode confiar na não transmissão do vírus (= não levar o risco a sério) ou, caso transmitido, confiar no aparecimento da cura para ele próprio e para o parceiro infectado.[310] Em um e em outro caso a imputação a título de dolo seria extrema e seriamente questionável se adotássemos o parâmetro de imputação sugerido pela teoria do levar a sério.[311]

Há quem contra-argumente, certamente objetivando evitar a distorção acima apresentada, que nos casos de *probabilidade mínima*, a ínfima vinculação entre

308. Cf. Herzberg, Rolf D. *Die Abgrenzung... Op. cit.*, p. 250. Cf. Puppe, Ingeborg. § 15... *Op. cit.*, Rn. 51; Puppe, Ingeborg. *Der Vorstellungsinhalt... Op. cit.*, p. 14.

309. Os parâmetros de risco de infecção variam. Alguns apontam um risco de contaminação inferior a 5%, Bruns, Manfred. *Nochmals: Aids und Strafrecht. In*: NJW, 1987, p. 2282; outros apontam uma probabilidade entre 0,1 % e 1 %, Frisch, Wolfgang. *Riskanter Geschlechtsverkehr eines HIV-Infizierten als Straftat? – BGHSt 36, 1. In*: JuS, 1990, p. 367; Rengier, Rudolf. *AIDS und Strafrecht. In*: Jura, 1989, p. 225; Dias, Jorge de Figueiredo. *Direito Penal... Op. cit.*, p. 374. Apontando um perigo pequeno (abaixo de 2%) Puppe, Ingeborg. § 15... *Op. cit.*, Rn. 88; Puppe, Ingeborg. *Vorsatz... Op. cit.* p. 45; mencionando variação entre 1:20 a 1:000 Kreuzer, Arthur. *Aids und Strafrecht. Kriminologische Anmerkungen zur strafrechtlichen und kriminalpolitischen Diskussion. In*: ZStW, 1988, n. 100, p. 786.

310. Cf. BGHSt 36, 1 (16).

311. Frisch, Wolfgang. *Riskanter... Op. cit.*, p. 367.

o perigo e a realização do tipo pode ser compensado por uma decidida vontade criminosa.[312] Não esclarecem, contudo, o que significa exatamente essa decidida vontade criminosa e, todo modo, insistem no elemento volitivo do dolo atribuindo-lhe, unicamente, o papel decisivo para a imputação.

Razão assiste, portanto, a HERZEBERG quando argumenta que o decisivo para a determinação do nível de responsabilidade penal não é a atitude psíquica do indivíduo em relação ao perigo, mas sim a própria natureza do perigo. A imputação a título de dolo "*depende não de o autor ter levado a sério um perigo conhecido, mas sim de se ele conheceu um perigo que deveria ser levado a sério*".[313] Justamente por isso, nas palavras de PUPPE, não é o autor "*o competente para decidir sobre a relevância jurídica do perigo de realização do tipo por ele reconhecido* (...)".[314]

As críticas não implicam ausência de méritos. Com efeito, creio que o louvável da concepção foi haver sublinhado que a representação do perigo concreto é um ponto essencial para a calibração da responsabilidade penal. *Se* e *como* será possível retirar algum rendimento desse ponto positivo é algo que, por ora, ficará sem resposta (cf. *abaixo*, parte IV).

2.1.3 Teoria da indiferença

2.1.3.1 Exposição

A teoria da indiferença (*Gleichgültigkeitstheorie*), considerada muito próxima à teoria da anuência,[315] foi formulada por ENGISCH.[316] Embora não tenha tido muita adesão por parte da literatura científica,[317] não são raras as vezes em que o BGH utiliza a indiferença como um argumento de que o autor aprovou

312. Cf. DIAS, Jorge de Figueiredo. *Direito Penal... Op. cit.*, p. 373-374.

313. HERZBERG, Rolf D. *Die Abgrenzung... Op. cit.*, p. 262 (itálico no original).

314. "Nicht der Täter ist kompetent, über die rechtliche Relevanz der ihm bewussten Tatbestandsverwirklichungsgefahr zu entscheiden (...)". PUPPE, Ingeborg. § 15... *Op. cit.*, Rn. 55 (grifo no original).

315. ROXIN, Claus. *Zur Abgrenzung... Op. cit.*, p. 54. Ou uma versão mais estrita, DÍAZ PITA, Maria del Mar. *El dolo... Op. cit.*, p. 177-178.

316. ENGISCH, Karl. *Untersuchungen... Op. cit.*, p. 88 e ss; ENGISCH, Karl. *StGB § 59... Op. cit.*, p. 1688-1690.

317. Além de ENGISCH, são também partidários da tese da indiferença, no *Brasil*: TAVARES, Juarez. *Teoria dos crimes omissivos... Op. cit.*, p. 395. Não está muito clara a posição de JESUS que, em uma mesma oração, faz referência à indiferença e ao consentimento. JESUS, Damásio E de. *Ensaio... Op. cit.*, p. 523; na *Espanha*, QUINTERO OLIVARES faz referência ao consentimento e também à indiferença, mas quanto à segunda, não é possível determinar, com clareza, o sentido por ele empregado cf. QUINTERO OLIVARES, Gonzalo. *Parte general... Op. cit.*, p. 359; na *Alemanha*: GALLAS, Wilhelm. *Zum gegenwärtigen... Op. cit.*, p. 43; STERNBERG-LIEBEN, Detlev; SCHUSTER, Frank. § 15... *Op. cit.*, Rn. 84. Cfr. ROXIN, Claus; GRECO, Luís. *Strafrecht... Op. cit.*, § 12, Rn. 40; na Áustria: NOWAKOWSKI, Friedrich. *Zu Welzels Lehre von der Fahrlässigkeit. Eine Besprechungsabhandlung. In*: JZ, 1958, p. 339.

o resultado[318-319] ou, como o fez recentemente, considerou que a indiferença em relação ao possível resultado como elemento suficiente para afirmação do dolo eventual.[320-321]

Engisch ponderou que a existência do dolo (eventual) independe de aprovação do autor quando esse, como mínimo, *"vê"* a elevadíssima probabilidade de ocorrência do resultado e mesmo assim atua. Isso pode ocorrer tanto nos casos em que o autor *dá por bem* a possibilidade de ocorrência das *ruins* consequências colaterais quanto nos casos em que *indiferentemente* as aceita; o fato de que o resultado era indesejado ou que o autor simplesmente esperava que ele não ocorresse, nenhum papel desempenha na atribuição do dolo.[322] Com poucas palavras, pode-se dizer que a teoria concretiza uma espécie de combinação entre a representação do autor e o seu sentimento.

São dois, basicamente, os argumentos levantados por Engisch, a saber:

Argumento 1. Dolo é a forma mais grave de culpabilidade. Essa não pode ser afirmada em casos de simples assunção do risco, mas apenas com a indiferença desrespeitosa frente à possibilidade de ocorrência do resultado; apenas tal desvalor da atitude interna justifica a mais intensa forma de culpabilidade.

Argumento 2. A fórmula segundo a qual o autor, por meio da representação da realização do tipo objetivo, não se afastou do seu plano é compatível tanto com o dolo quanto com a culpa consciente. Por essa razão, a existência do dolo requer "algo mais", esse é expressado por meio do grau de "descon-

318. BGH – 2 StR 449/94, StV 40, 304 (306); BGH – 2 StR 530/94, StV, 1995, 511 (512); BGH – 4 StR 172/00, NStZ-RR 2000, 327 (328); BGH– 5 StR 134/04, NStZ 2005, 90 (91); BGH – 2 StR 198/06, NStZ-RR 2007, 43 (44); BGH – 1 StR 126/07, NStZ 2007, 639 (640); BGH – 2 StR 531/10, NStZ 2011, 210 (211); BGH – 2 StR 245/15, NStZ 2016, 404.

319. Na jurisprudência brasileira também é possível encontrar argumentos que vinculam a indiferença à ideia de anuência, cf. No *STF*: HC 121654-MG, rel. Min. Marco Aurélio, rel. p/ acórdão Min. Edson Fachin, j. 21.06.2016, 1ª T., p. 3 do voto vencido; HC 109210-RJ, rel. Min. Marco Aurélio, rel. p/ acórdão Min. Rosa Weber, j. 21.08.2012, 1ª T., p. 5 do voto vencido; HC 131884-SC, rel. Min. Teori Zavascki, j. 15.03.2016, 2ª T., p. 5; HC 127774-MS, rel. Min. Teori Zavascki, j. 01.12.2015, 2ª T., p. 4-5. No *STJ*: HC 360617-RR (2016/0166826-2), rel. Min. Jorge Mussi; HC 296621-DF (2014/0138352-5), rel. Min. Walter de Almeida Guilherme, p. 7; REsp 1358116-RN (2012/0253631-0), rel. Min. Rogério Schietti Cruz, p. 5; REsp 1277036-SP (2011/0202442-4), rel. Min. Jorge Mussi, p. 4; REsp 1.350.098-DF (2012/0224739-1), rel. Nefi Cordeiro, p. 14; STJ HC 58.826-RS (2006/0099967-9), rel. Min. Maria Thereza de Assis Moura, p. 5; HC 296.621-DF (2014/0138352-5), rel. Min. Walter de Almeida Guilherme, p. 7; REsp. 1.327.087-DF (2012/0117018-0), rel. Min. Og Fernandes, p. 13, 16 e ss.; REsp 249.604-SP (2000/0019028-4), rel. Min. Félix Fischer, p. 7; REsp 705.416-SC (2004/0155660-5), rel. Min. Paulo Medina, p. 13; RHC 6.368-SP (1997/0021628-4), rel. Min. Luiz Vicente Cernicchiaro, p. 1.

320. BGH – 4 StR 72/15, NStZ 2016, 211; BGH – 5 StR 498/15, NStZ-RR 2016, 204.

321. No PL do Senado 236/2012 (Anteprojeto de Reforma do Código Penal), o critério da indiferença aparece vinculado ao critério do consentimento. A redação sugerida para o artigo 18, I, determina que o crime será: "I – doloso, quando o agente quis realizar o tipo penal ou assumiu o risco de realizá-lo, consentindo ou aceitando de modo *indiferente* o resultado".

322. Cf. Engisch, Karl. *StGB § 59... Op. cit.*, p. 1689.

sideração" (*Rücksichtslosigkeit*) pelo bem jurídico; esse desprezo pode ser derivado da ideia de indiferença (*Gleichgültigkeit*).

Sua investigação é considerada obra de divisa entre as tradicionais e as novas concepções alemãs dentro da temática da imputação subjetiva.[323] Do seu trabalho "Investigações sobre dolo e culpa no Direito Penal" ("*Untersuchungen über Vorsatz und Fahrlässigkeit im Strafrecht*") é possível derivar primordial contribuição para a teoria do crime doloso, qual seja: enfraquecer a extensão da dimensão psíquica do autor como critério de fronteira entre dolo e culpa. Não por outra razão, sob o argumento de que a teoria é uma combinação entre uma teoria da representação e uma teoria do sentimento, há autores que preferem não ajustá-la dentre as teorias de disposição de ânimo.[324] Passo a examinar como Engisch arquitetou o enfraquecimento da dimensão psíquica volitiva do dolo.

Para Engisch, não há conceito genérico de dolo, mas sim duas distintas formas de manifestação do comportamento doloso que variam entre si de acordo com a intensidade da relação entre o indivíduo e o elemento intencional: *i*) na modalidade mais intensa dessa relação, a intenção e o dolo comportam-se como elementos irmanados: o sujeito *quer* a realização do tipo; tal forma apresenta-se apenas em situações extremas (= certa ou alta probabilidade de ocorrência do resultado); *ii*) na modalidade mais fraca daquela relação, o dolo possui relação *direta* com a intenção (= média probabilidade de ocorrência do resultado). Passo a examinar brevemente cada forma de manifestação.

Na primeira modalidade, a mais tradicional manifestação do dolo, diz Engisch, o autor tem a intenção de realizar o tipo, age dolosamente e, nesse caso, pouco importa – em primeiro plano – o grau de representação do autor em relação à produção do resultado (se certo, altamente provável ou possível).[325] A única exigência que faz neste ponto é a da idoneidade do comportamento para a realização do tipo, idoneidade essa que deve ser abarcada pela representação do autor, caso contrário o autor agirá em estado de erro:[326] "*A* atira contra *B* com a intenção de matá-lo. Neste caso, para saber se dolo existe, é indiferente perguntar sobre se *A* estava certo ou apenas representou como possível que *B* seria atingido pelo projétil".[327]

Engisch converte a intenção, elemento meramente psicológico e subjetivo, em um conceito complexo, à medida que a representação da periculosidade do comportamento é relevante para determinar ou excluir a existência da intenção

323. Atribuindo especial importância à obra de Engisch, Koriath, Heinz. *Grundlagen... Op. cit.*, p. 624; Stratenwerth, Günter. *Dolus eventualis... Op. cit.*, p. 51; Pérez Barberá, Gabriel. *El dolo... Op. cit.*, p. 229.

324. Por todos, Koriath, Heinz. *Grundlagen... Op. cit.*, p. 625.

325. Engisch, Karl. *Untersuchungen... Op. cit.*, p. 142.

326. Engisch, Karl. *Untersuchungen... Op. cit.*, p. 151.

327. Engisch, Karl. *Untersuchungen... Op. cit.*, p. 141-142.

do indivíduo; como dito, é uma espécie de combinação entre *teoria da cognição* e *teoria do sentimento*.[328] Assim, a intenção dolosa é a vontade de realizar o tipo penal (*a*) com a consequente representação da idoneidade do comportamento para a realização do tipo (*b*).[329] Quando desconectada da representação da periculosidade do comportamento para a realização do tipo, a intenção não será penalmente relevante, eis que mera esperança ou desejo.[330]

Evidentemente essa relação entre a cognição e o sentimento exigiria um passo de precisão, ou seja, uma vez que a intenção é composta pela vontade e pela representação da periculosidade do comportamento, o passo seguinte seria responder à seguinte indagação: qual o nível de representação da idoneidade da periculosidade da ação será exigível para que se afirme uma atuação dolosa? Aqui, excepcionalmente, o que é decisivo é o alto grau de probabilidade de desenlace positivo do comportamento, ou seja, somente quem considera seu comportamento idôneo para a produção do resultado, leia-se, certo ou altamente provável, pode ser considerado um autor doloso.[331]

Uma vez traçadas as linhas básicas para a imputação subjetiva nas situações extremas (= certa ou alta probabilidade de ocorrência do resultado), Engisch enfrenta a questão dos casos-limite (acima *ii*), como é o caso do dolo direto de segundo grau (*a*) ou a fronteira entre o dolo e a culpa (*b*). No primeiro caso (*a*), alocam-se as hipóteses nas quais não há intenção direta na produção do resultado, mas esse ocorrerá com alta probabilidade. Quando *A* coloca uma bomba no barco de turistas para receber o valor do seguro, ele não atua guiado pela representação da morte dos passageiros – a qual pode ser, em sentido psicológico, inclusive, não querida –, mas sim é possível dizer que tal representação não foi suficiente para obstar a realização do comportamento.[332]

É de se observar que, nesse caso, o ponto de curvatura para determinar maior ou menor grau de censurabilidade do comportamento não está no conteúdo psíquico do indivíduo que, inclusive, pode ser contrário à realização do fato. Qual é a justificativa jurídica, pergunta Engisch, para, nessa constelação de casos, atribuir o mesmo juízo de reprovação que há nas hipóteses de dolo com intenção (acima *i*)? A resposta somente pode estar no mundo valorativo;[333] precisamente no conceito normativo de indiferença.

328. Esta denominação é de uso corrente entre os autores espanhóis cf. Antón Oneca, José. *Derecho penal... Op. cit.*, p. 226; Corcoy Bidasolo, Mirentxu. *El delito...Op. cit.*, p. 258; Díaz Pita, Maria del Mar. *El dolo... Op. cit.*, p. 177; González Cussac, José L; Orts Berenguer, Enrique. *Compendio...Op. cit.*, p. 340; Luzón Peña, Diego-Mauel. *Lecciones...Op. cit.*, p. 239.

329. Próximo Pérez Barberá, Gabriel. *El dolo... Op. cit.*, p. 232.

330. Engisch, Karl. *Untersuchungen... Op. cit.*, p. 163.

331. Engisch, Karl. *Untersuchungen... Op. cit.*, p. 162.

332. Cfr. Engisch, Karl. *Untersuchungen... Op. cit.*, p. 171.

333. Engisch, Karl. *Untersuchungen... Op. cit.*, p. 171.

Com base nessa ideia, o autor também ancora o conceito para traçar e solucionar os casos situados na zona intermediária (= média probabilidade de ocorrência do resultado), isto é, na fronteira intermediária entre o dolo (eventual) e a culpa (consciente). Aqui, ENGISCH exige expressamente a *positiva comprovação da indiferença.*[334] Haverá dolo eventual, argumenta, "quando o sujeito aprovou ou aceitou com indiferença as consequências colaterais negativas meramente possíveis", ao passo que estará afastada a imputação a título de dolo eventual "quando o autor considera tais consequências colaterais indesejadas e consequentemente crê que elas não se materializem".[335]

Assim, o conteúdo da *indiferença* ao qual se apega ENGISCH para realizar tal distinção "é um estado anímico que talvez poderíamos descobrir melhor de maneira negativa como a ausência de uma oposição frente à lesão de um bem jurídico representada que, não obstante, é concreta e real";[336] ela é *uma característica da vontade.*[337] Recorrendo a um dos cinco exemplos fornecidos por ele mesmo, creio que a sugestão ficará mais bem concretizada: para evitar uma perseguição, o criminoso *A* atira em direção ao policial que o estava perseguindo; o policial ainda se encontrava bastante distante. *A* não tinha a intenção de matá-lo. Também não era certo nem altamente provável que um disparo atingisse o policial e que pudesse feri-lo mortalmente. Contudo, nesse caso, é possível verificar que para *A* era no mínimo indiferente em relação às consequências que o seu disparo poderia causar.[338] E essa indiferença, *que pode ser bem compreendida dentro de uma moldura de posição pessoal passiva do autor em relação ao resultado representado*, é suficiente para atestar o dolo eventual.

Se interpretarmos o raciocínio pela via inversa, é dizer, de exclusão do dolo eventual, é possível afirmar com segurança que não haverá imputação dolosa sempre que alguma atitude do autor demonstre algum indício de que o resultado não lhe era indiferente. Dito de outro modo: ao rebaixar o nível de intensidade do querer, ENGISCH converte o querer, nas situações intermediárias, em categoria

334. Bem registra PUPPE, "Contudo, Engisch exige a positiva verificação da indiferença apenas para a *zona intermediária* da probabilidade de realização do tipo reconhecida pelo autor. Se a probabilidade reconhecida é pequena, seja como for, haverá a culpa; se a probabilidade reconhecida for especialmente grande, então, independentemente da verificação da indiferença, haverá dolo". ("Eine positive Feststellung der Gleichgültigkeit verlangt Engisch aber nur für den *mittleren Bereich* der v. Täter angenommenen Wahrscheinlichkeit der Tatbestandsverwirklichung. Ist die angenommene Wahrscheinlichkeit gering, so liegt jedenfalls Fahrlässigkeit vor, ist sie bes. hoch, so ist unabhängig v. der Feststellung einer Gleichgültigkeit Vorsatz gegeben"). PUPPE, Ingeborg. § 15... *Op. cit.*, Rn. 56-57 (grifo no original).

335. "wo der Täter die bloß möglichen schlechten Nebenfolgen positiv gutheißt oder gleichgültig hinnimmt, nicht aber dort, wo er Nebenfolgen als unerwünscht ansieht und demgemäß hofft, dass sie ausbleiben werden". ENGISCH, Karl. *StGB § 59... Op. cit.*, p. 1689.

336. ENGISCH, Karl. *Untersuchungen... Op. cit.*, p. 207-208. Com este argumento, e isso poderá ser comprovado logo adiante, é possível identificar um ponto de contato com a teoria da vontade de evitação não atuada (cf, *abaixo*, item 2.1.4).

337. ENGISCH, Karl. *Untersuchungen... Op. cit.*, p. 223.

338. ENGISCH, Karl. *Untersuchungen... Op. cit.*, p. 188.

volitiva neutra e permite, inclusive, que em algumas ocasiões o dolo seja compatível com um resultado que o autor não desejava, afinal, como o querer é equiparado à indiferença, é possível querer ainda quando o resultado seja indesejado.[339]

Nesse sentido, a teoria pode ser associada com ambas as fórmulas sugeridas por FRANK. A indiferença absoluta não é outra coisa senão a interpretação às avessas da primeira proposição "se o que me parece provável fosse certo, não atuaria";[340] de modo que poderíamos formular a seguinte proposição "seja como for, atuo", que equivale à segunda fórmula. A diferença é que não estamos diante de uma proposição que serviria para demonstrar a aceitação do resultado, senão para demonstrar a total indiferença do autor em relação à lesão do bem jurídico. É preciso não olvidar, contudo, que ENGISCH agrega à fórmula a necessidade de representação da probabilidade do resultado.

ENGISCH, portanto, não nega a valoração da atitude interna do sujeito; em verdade, nos *casos duvidosos* a relação psíquica que se estabelece entre o autor e a realização do fato foi expressada por meio da *indiferença*. Contudo, é preciso reconhecer, ele também não se contenta apenas com postura mental do indivíduo; ele agrega que a postura de indiferença do autor deve ser considerada nas hipóteses em que o resultado se apresente como algo concreto e real. Não deixa de ser, como acertadamente antes indicado, uma combinação da teoria do consentimento (= aqui compreendida como indiferença) com a teoria da probabilidade, adiante analisada.

Conhecida a teoria, então é possível verificar a que resultado chegaremos quando a aplicamos a nosso problema-condutor, a saber: seria de imputar aos autores apenas o homicídio culposo, visto que o resultado não lhes parecia indiferente, tanto assim que consideraram inicialmente um plano de execução menos arriscado para a vida da vítima.[341]

Em modo de síntese: a teoria da indiferença também foca em uma disposição interna do autor quanto à realização típica (*i*); nos casos extremos (= certa ou alta probabilidade do resultado) é desnecessária a verificação da indiferença, afinal, a atuação do autor é uma expressão concreta da sua indiferença (*ii*), a comprovação da indiferença se faz necessária naquele grupo de casos situados na zona intermediária (= média probabilidade do resultado) (*iii*); ENGISCH rebaixa o nível de exigência da dimensão volitiva, eis que não é necessário o autor deliberadamente querer a produção do resultado, mas sim que ele o tome como *indiferente* diante

339. Justamente por essa razão, há quem fale em situação passiva dos sentimentos do autor em relação ao resultado. EXNER, Franz. *Das Wesen der Fahrlässigkeit. Eine strafrechtliche Untersuchung*. Deuticke: Leipzig und Wien, 1910, p. 129.

340. Assim DÍAZ PITA, Maria del Mar. *El dolo... Op. cit.*, p. 178.

341. Reconhece expressamente em relação aos autores do problema condutor "que em relação à morte da vítima não existia a atitude interior que deve se exigir para o reproche do dolo de matar". ("daß mit Bezug auf dem Tod des Opfers nicht ganz die innere Einstellung vorhanden war, die für den Vorwurf des Tötungsvorsatzes (...) gefordert werden muß"). ENGISCH, Karl. *StGB § 59... Op. cit.*, p. 1689.

da provável realização do tipo (*iv*); essa indiferença pode ser bem caracterizada com a *imagem* de um indivíduo que tem uma *posição pessoal passiva* em relação ao resultado representado (*v*).

2.1.3.2 Objeções

Com boa dose de exagero, parcela da doutrina afirma que a teoria é o alvo perfeito para todas as críticas.[342] É verdade que o critério da indiferença, paradoxal e curiosamente, traz em si seu ponto mais forte e mais fraco.

Os problemas começam a aparecer quando ENGISCH tenta precisar o conteúdo da representação. Ora, se nos casos extremos (=certa ou alta probabilidade de materialização do resultado) o relevante para determinar a atuação dolosa é justamente a representação que o autor faz sobre o elevado grau de idoneidade da sua conduta para realização do tipo, o que dizer daquelas hipóteses nas quais o autor crê piamente na idoneidade do seu comportamento para produzir o resultado, apesar de objetivamente a probabilidade de que ele ocorra é (praticamente) nula. Por exemplo: *A* pretende realizar aborto em *B*, sua namorada. Resolve, então, manipular e ministrar Florais de Bach à vítima com o intuito de provocar a expulsão fetal. É verdade que em resposta a essa objeção, ENGISCH faz uma correção de curso, ponderando que a periculosidade à qual se refere deve ser necessariamente periculosidade real (ou efetiva). Se não há *perigo real*, a conduta não está legalmente proibida.[343] Ele propõe interessante conexão entre o mundo subjetivo do autor (formado pelo complexo vontade e representação) com o mundo empírico, comprovável. Sem tal conexão não há juízo lógico de probabilidade, pois o subjetivo e o objetivo não se alinharam.

Por outro lado, é também criticável que na zona em que se exige a precisão do critério, a proposta de ENGISCH deixa muito a desejar. Com efeito, além de não neutralizar o conteúdo sentimental do crime doloso, ou seja, o *querer* do autor, ele propõe um critério que, por definição, é aplicável tanto aos crimes dolosos quanto aos crimes culposos, qual seja: a indiferença.[344] Com efeito, se a marca da culpa inconsciente é a ausência de previsão, é de se perguntar: há maior sinal de indiferença em relação ao bem jurídico tutelado que a ausência de previsibilidade?[345]

342. DÍAZ PITA, Maria del Mar. *El dolo... Op. cit.*, p. 179.

343. ENGISCH, Karl. *Untersuchungen... Op. cit.*, p. 169.

344. Mencionando a indiferença como conteúdo da culpa, entre outros, KOHLER, Josef. *Leitfaden des deutschen Strafrechts*. Leipzig: A. Deichert, 1912, p. 57. Cf. FRISCH, Wolfgang. *Vorsatz... Op. cit.*, p. 8; GERMANN, O. A. *Vorsatzprobleme... Op. cit.*, p. 367; RAGUÉS I VALLÈS, Ramon. *El dolo... Op. cit.*, p. 78. Contra a crítica DÍAZ PITA, Maria del Mar. *El dolo eventual... Op. cit.*, p. 180.

345. Cf. "a ausência de representação do resultado, que é marca da culpa inconsciente, pode se basear precisamente no elevadíssimo grau de indiferença" ("daß das Ausbleiben der Erfolgsvorstellung, das die unbewußte Fahrlässigkeit kennzeichnet, gerade auf einem besonders hohen Grad von Gleichgültigkeit beruhen kann"). WELZEL, Hans. *Das Deutsche... Op. cit.*, p. 70.

Ademais, como alerta a doutrina, ENGISCH, provavelmente sem dar-se conta, mescla os possíveis conteúdos semânticos da indiferença; ora essa possui um sentido normativo ora um sentido psicológico.[346] Explico: como nos casos extremos (= alta probabilidade de ocorrência do resultado), ele dispensa a necessidade de averiguação da indiferença, pois, as circunstâncias demonstrariam que o autor foi indiferente em relação à materialização do resultado – o conceito de indiferença aqui funciona a partir de uma chave de compreensão normativa-atributiva; contudo, como nos casos intermediários (= média probabilidade de ocorrência do resultado), ENGISCH exige a demonstração da indiferença que, aqui, equivale a um estado anímico do agente, o conceito de indiferença funciona a partir de uma chave de compreensão psicológico-descritiva.[347] E justamente nesse segundo caso, em que se situa zona de transição entre o dolo e a culpa, que a teoria da indiferença não pode oferecer rendimentos distintos (ou mais convincentes) quando comparados à teoria do consentimento de primeira geração;[348] não pode porque, no fundo, o critério fica resumido ao mesmo pano de fundo: a confiança de que tudo sairá bem. A prova é a conclusão a que chega ENGISCH em relação ao caso da correia de couro.[349]

Finalmente, também não é possível identificar qualquer ganho científico, ou diferença de resultados, a que chega a teoria da indiferença quando a comparamos com a teoria da vontade de evitação não atuada (logo abaixo analisada).

346. JAKOBS, por exemplo, utiliza o termo em sentido normativo: quando for possível reconhecer que o desconhecimento (= ausência de representação) do autor deriva de uma atitude de *desrespeito (= indiferença) à vigência da norma*, é possível – apesar da ausência de conhecimento – uma atribuição dolosa. Desse modo: "Dois terroristas, que num carro fogem da polícia, veem-se de súbito diante de um bloqueio da rua por viaturas policiais. De comum acordo decidem eles furar o bloqueio. O primeiro terrorista pensa que essa decisão poderá custar a vida de algum policial que por acaso se encontre atrás das viaturas: 'azar o dele'. Já o segundo terrorista nem chega a pensar que algum policial possa sofrer qualquer lesão, porque a vida de um policial não é algo que sequer mereça um pensamento seu. De fato, havia um policial escondido atrás das viaturas, que se salva por um triz". Pergunta JAKOBS: seria correto punir o primeiro por tentativa ao mesmo tempo que se isenta o segundo (pela ausência de conhecimento em sentido psicológico). Nesse caso, argumenta JAKOBS, o desconhecimento por indiferença expressa a mesma carga de desrespeito em relação à norma e, portanto, também merece imputação dolosa. Cf. JAKOBS, Günther. *Strafrecht...Op. cit.*, p. 259-260, Rn. 5a; JAKOBS, Günther. *Studien zum fahrlässigen Erfolgsdelikt*. Berlin; New York: de Gruyter, 1972, p. 105 e ss; JAKOBS, Günther. *Das Fahrlässigkeitsdelikt. In*: ZStW-Beiheft, 1974, p. 8; JAKOBS, Günther. *Gleichgültigkeit als dolus indirectus. In*: ZStW, 2002, n. 114, p. 584 e ss; JAKOBS, Günther. Über... *Op. cit.*, p. 528 e ss; JAKOBS, Günther. *Dolus Malus. In:* FS – Hans-Joachim Rudolphi. Neuwied: Luchterhand, 2004, p. 107 e ss. Tomei de GRECO o trecho do exemplo, Luís. *Dolo... Op. cit.*, p. 890. Crítico em relação à posição de JAKOBS, cf. VOGEL, Joachim. *Normativierung und Objektivierung des Vorsatzes. In*: GA, 2006, p. 388 e ss; VOGEL, Joachim. *Vorbemerkungen zu den § 15... Op. cit.*, Rn. 70. Para outras referências cf. nota de rodapé n. 505.

347. Cf. PUPPE, Ingeborg. § 15... *Op. cit.*, Rn. 56-57. Entre nós, seguindo essa crítica, SANTOS, Humberto Souza. *Problemas... Op. cit.*, p. 277.

348. Cfr. BAUMANN, Jürgen; WEBER, Ulrich; MITSCH, Wolfgang. *Strafrecht... Op. cit.*, p. 489, Rn. 54; ROXIN, Claus; GRECO, Luís. *Strafrecht... Op. cit.*, § 12, Rn. 40; STERNBERG-LIEBEN, Detlev; SCHUSTER, Frank. § 15... *Op. cit.*, Rn. 82.

349. Cf. nota de rodapé n. 341.

Indiferente, por definição, é aquele que não se importa ou, na linguagem jurídica, aquele que não leva a cabo contrafatores de evitação do resultado, que teve uma postura passiva em relação à realização do tipo. Se isso parece pouco questionável fica bastante evidente que, nesse caso, para fins de imputação dolosa, a rigor, tanto faz afirmar que o sujeito foi indiferente como argumentar que ele não ativou mecanismos de evitação de realização do tipo. Outra vez, estamos diante de uma fraude de etiquetas.

2.1.4 Teoria da vontade de evitação não atuada

2.1.4.1 Exposição

A teoria da vontade de evitação não atuada (*Theorie des nicht betätigten Vermeidewillens)* (= ou teoria dos contrafatores não ativados) tem em Armin Kaufmann seu principal representante.[350-351] Discípulo de Welzel, ele absorveu as premissas do pensamento finalista com toda a vitalidade de que a teoria gozava na primeira metade do século XX, trasladando-as para a sua concepção sobre os limites do crime doloso. Tal conexão é evidenciada no título do artigo no qual desenvolve a sua concepção: "O dolo eventual na estrutura do delito. Os impactos da teoria da ação e da teoria da culpabilidade sobre os limites do dolo".[352] Nesse artigo, Kaufmann tenta extrair um critério objetivo para a fronteira do dolo a partir do ontologismo e subjetivismo da ação finalista.

Absorvendo-se a tese segundo a qual toda a valoração do dolo deve estar livre de considerações sobre a consciência da ilicitude do comportamento e tomando-se como verdadeira a premissa segundo a qual exigir uma aprovadora postura psíquica do autor em relação ao resultado é o mesmo que equiparar o querer ao desejo, Kaufmann elege a espinha dorsal do finalismo como seu ponto de partida: o dolo é a *vontade final de realização* (do tipo), vontade que não abarca apenas a

350. Além de Kaufmann, estão parcialmente de acordo, na *Alemanha*: Behrendt, Hans-Joachim. *Die Rechtsbeugung. In*: JuS, 1989, p. 950; Hillenkamp, Thomas. *Dolus eventualis und Vermeidewille. In*: GS – Armin Kaufmann. Köhln, Berlin, Bonn, München: Carl Heymanns, 1989, p. 351 e ss; Schroth, Ulrich. *Die Differenz... Op. cit.*, p. 8. Na *Espanha*: Cuello Contreras, Joaquim. *Acción, capacidad de acción y dolo eventual. In*: ADP, 1983, fasc. I, p. 96.

351. Advertindo sobre a existência de autores – não mencionados por Kaufmann – os quais então utilizavam o critério da vontade de evitação (a exemplo de Hälschner, Weissenborn, Finger e Engelmann), Engisch, Karl. *Untersuchungen... Op. cit.*, p. 95; Germann, O. A. *Vorsatzprobleme... Op. cit.*, p. 361, Fn. 1; Pérez Barberá, Gabriel. *El dolo... Op. cit.*, p. 301.

352. "A tese da ação finalista e a moderna 'teoria da culpabilidade' forçam não apenas uma modificação do sistema de direito penal; elas simultaneamente também modificam as premissas a partir das quais são solucionados concretos problemas dogmáticos e é justamente aqui que ela tem que frutificar" ("Die Thesen der finalen Handlungslehre und der modernen 'Schuldtheorie' erzwingen nicht nur einen Umbau des Strafrechts-systems; sie verändern zugleich auch die Prämissen, von denen aus einzelne dogmatische Probleme zu lösen sind, und sie haben gerade hier ihre Fruchtbarkeit zu erweisen"). Kaufmann, Armin. *Der dolus eventualis... Op. cit.*, p. 64. Sobre a influência do finalismo na teoria cf. Safferling, Christoph J. *Vorsatz... Op. cit.*, p. 82-84.

intenção ou a aspiração da meta principal, mas também os meios e as consequências da realização levada a cabo.[353] Assim, se a vontade abarca todos os meios e consequências da realização, por que não a compreender, também, a partir de uma perspectiva negativa, é dizer, se precisamente aquela vontade final do autor foi dirigida a impedir a realização da consequência acessória representada como possível. Ao fim e ao cabo, o critério ontológico utilizado pelo finalismo para chegar à distinção entre dolo e culpa – a vontade de realização – também serviria, sustentou KAUFMANN, como critério de diferenciação das modalidades intermediárias de imputação subjetiva: dolo eventual e culpa consciente.

Se se tem em mente as duas polaridades da vontade (o *realizar* e o *impedir*) é possível formular a seguinte premissa: a conduta tanto pode ser compreendida como a *vontade de realizar* o tipo penal como também pode ser interpretada como a *vontade (não atuada) de evitação* da consequência colateral representada como possível. E se é assim, *a vontade de realização encontra sua fronteira dentro da própria vontade de realização.*[354]

A sedutora conclusão a que chega KAUFMANN deriva de um princípio de lógica, afinal, quem atua para evitar a realização do tipo não pode simultaneamente querer realizá-lo. Dito com suas próprias palavras: "*a vontade de evitação elimina a aceitação de uma vontade de produção*".[355]

Observando-se as entrelinhas, vê-se que KAUFMANN propõe que a fronteira do dolo seja elaborada a partir de uma perspectiva negativa, isto é, a diferença entre as modalidades intermediárias de imputação subjetiva não está mais em uma suposta vontade de realização do tipo penal, *mas sim pela ausência de direção da conduta do autor no sentido de evitar as consequências colaterais representadas como possíveis.*

Naturalmente o critério de fronteira, a vontade de evitação, por si só não é suficiente para delimitar com clareza o âmbito do dolo e da culpa, afinal, permanece em aberto uma indisfarçável questão de precisão que KAUFMANN logo tenta corrigir, a saber: *qual o nível de intensidade da vontade de evitação suficiente para eliminar o dolo?* Nesse ponto, KAUFMANN ponderou que o dolo somente estará eliminado quando houver *poderosa vontade* (*tatmächtigen Willen*)[356] de

353. KAUFMANN, Armin. *Der dolus eventualis... Op. cit.*, p. 64-65. Para uma crítica sobre o ponto de partida cf. STRATENWERTH, Günter. *Dolus eventualis... Op. cit.*, p. 60 e ss.

354. "*Der Verwirklichungswille findet seine Grenze also am — Verwirklichungswillen!*". KAUFMANN, Armin. *Der dolus eventualis... Op. cit.*, p. 73-74.

355. "Der 'Vermeidungswille' schließt eben die Annahme eines 'Herbeiführungswillens' aus". KAUFMANN, Armin. *Der dolus eventualis... Op. cit.*, p. 74.

356. Este termo trouxe-me dificudades para realizar a tradução. Na doutrina há algumas sugestões. Luís GRECO, por exemplo, sugere que o adjetivo "*tatmächtig*" corresponda aos adjetivos idôneo, eficiente ou eficaz (cf. PUPPE, Ingeborg. *A distinção... Op. cit.*, p. 47). Não me parecem as melhores opções. A rigor, KAUFMANN não se refere à eficácia ou à idoneidade do contrafator levado a cabo pelo indivíduo, mas sim, se esse contrafator tem suficiente *potência volitiva* para anular a vontade de realização, tanto

evitação sobre os fatos. Poderosa vontade de evitação que se expressa empiricamente quando o autor tenha levado a cabo ações (contrafatores) para impedir a produção das consequências acessórias representadas como possíveis. Donde é possível chegar a uma conclusão intermediária: os limites do dolo devem ser elaborados à luz da presença de vontade de evitação (*i*), mas *apenas uma evidente constatação externa* dessa vontade de evitação (= levar a cabo contrafatores destinados ao impedimento da consequência colateral) será apropriada para afastar o dolo *(ii)*.

Se o que importa é a vontade de evitação expressada no mundo sensível, também fica fácil compreender que para KAUFMANN pouco importa se o sujeito erra sobre a eficácia do meio utilizado para impedir o resultado representado como possível ou se ele tem dúvidas sobre a sua eficácia, isso porque, *o fato de o autor levar a cabo contrafatores* à realização das consequências colaterais representadas como possíveis evidencia uma impossibilidade lógica de existência simultânea de vontade de realização e de vontade de evitação. Daí porque, pondera, "'querer evitar', no sentido de puro desejo, é aqui irrelevante".[357] Para bem compreender a ideia, basta imaginar a hipótese do sujeito contaminado com o vírus-HIV, o qual utiliza preservativo para manter relações sexuais com o seu parceiro, o qual não está informado da sua condição de portador do vírus; a utilização do meio de proteção indica a utilização de um contrafator à contaminação e, portanto, afasta a possibilidade de que ao agente, caso o parceiro, por alguma razão, seja contaminado, seja imputada responsabilidade subjetiva em qualquer dos níveis (*i*); se, ao revés, tem relações sexuais sem preservativo está consciente de que pode transmitir o vírus e, portanto, é possível a imputação a título de dolo eventual (*ii*).

E é justamente por meio desse método de observação externa da eleição dos meios empregados para a realização da conduta e direção da vontade do autor que ele crê alcançar a *objetivação do limite dolo*.[358] Se tomarmos outro exemplo dado pelo próprio KAUFMANN, isso ficará mais evidente:

> "(...) o dono de um jardim quer arrancar as ervas daninhas que ali proliferam. Como a distância entre as flores é muito pequena e sua enxada é demasiada larga, ele reconhece o perigo de causar danos aos delicados arbustos do seu jardim. Se, por um lado, ele cava despreocupadamente, então ele inclui o dano em sua vontade de realização; se, por outro lado, ele se esforça e conduz sua ferramenta de modo a impedir um dano, então sua vontade de realização

assim, para excluir o dolo, como será esclarecido logo a seguir, as medidas de evitação utilizadas pelo autor não precisam surtir efeito algum, tampouco serem idôneas, basta que o autor acredite que essas sejam. Por essa razão, parece-me que a opção pela literalidade traduz com maior fidelidade o contraste sugerido por KAUFMANN.

357. KAUFMANN, Armin. *Der dolus eventualis... Op. cit.*, p. 75.

358. KAUFMANN, Armin. *Der dolus eventualis... Op. cit.*, p. 78.

está dirigida à proteção das flores. Nesta segunda hipótese, a possibilidade de dano não está compreendida em sua vontade de realização."[359]

Como é possível intuir, não se trata de perquirir o que o autor não quer que se produza, não interessa a sua postura psíquica, isto é, se não está de acordo com o possível dano ou se para ele é indiferente que tal dano sobrevenha. O que verdadeiramente importa, se consideramos o exemplo de KAUFMANN, é *que o dono do jardim se propõe realizar* (*i*) e o *que ele efetivamente realiza* (*ii*): se dirige ou não a sua ação à evitação do dano representado como possível. Daí porque, como será ressaltado adiante, para a eliminação do dolo não importa que a ação efetivamente impeça as consequências colaterais representadas como possíveis, mas sim que os contrafatores sejam levados a cabo.

Se se observa atentamente a argumentação de KAUFMANN, fica claro o porquê de ele afirmar que sua concepção está fundada em um critério objetivo.[360] Com efeito, o que determinará o nível da imputação será o cenário exterior: o mundo sensível informará o dado psíquico do autor. A própria ação do autor julgará, positiva ou negativamente, a sua vontade de evitação. A vontade de evitação, portanto, não é uma vontade puramente psíquica, mas sim uma vontade concreta dirigida à evitação de uma consequência colateral tida como possível (*i*) e efetivamente expressada no acontecer externo (*ii*).[361] Em síntese, nas palavras de KAUFMANN:[362]

> "(...) todas as circunstâncias que o autor leva em consideração como possivelmente existentes ou conta com sua produção são abarcadas pelo seu dolo, a menos que sua vontade de realização esteja dirigida necessariamente a evitar a produção de uma consequência acessória reconhecida como possível."

Feitas as observações e objeções gerais, convém analisar criticamente dois grandes grupos de casos deriváveis da proposta de KAUFMANN: *primeiro*, aquele ao qual o autor dirige (ou poderia dirigir) a sua vontade em direção à evitação da consequência colateral; *segundo*, aquele grupo de casos nos quais o autor

359. "Ein Gartenbesitzer will auf einem Blumenbeet Unkraut jäten. Weil seine Hacke breit und der Abstand der Blumenstauden gering ist, erkennt er die Gefahr, beim Jäten die empfindlichen Stauden zu verletzen. Hackt er nun unbesorgt los, so nimmt er die Beschädigung der Stauden in seinen Verwirklichungswillen auf. Anders, wenn er sich Mühe gibt, sein Gerät so zu führen, daß eine Verletzung vermieden wird. Dann ist sein Verwirklichungswille gerade darauf gerichtet, die Blumen zu schützen, umfaßt jedoch nicht das Gegenteil, die mögliche Verletzung". KAUFMANN, Armin. *Der dolus eventualis... Op. cit.*, p. 75.

360. KAUFMANN, Armin. *Der dolus eventualis... Op. cit.*, p. 76.

361. KAUFMANN, Armin. *Der dolus eventualis... Op. cit.*, p.76.

362. "Alle Umstände, die der Handelnde als möglicherweise seiend oder eintretend in Rechnung stellt, werden von seinem Vorsatz umspannt, es sei denn, daß sein Verwirklichungswille gerade darauf gerichtet ist, eine als möglicherweise eintretend erkannte Nebenfolge zu vermeiden". KAUFMANN, Armin. *Der dolus eventualis... Op. cit.*, p. 8.

representa a possibilidade de produção do resultado, mas não empreende qualquer meio para alterar o curso da ação.[363]

Quanto ao primeiro grupo de casos, é possível destacar três subgrupos: as hipóteses nas quais o autor atribui (erroneamente) à sua vontade de evitação o *poder* suficiente para evitar as consequências acessórias (*i*); as hipóteses nas quais o sujeito tem dúvida sobre tal eficácia (*ii*); finalmente, aquelas hipóteses nas quais o sujeito atribui igual peso à vontade de realização do tipo e o poder da vontade de evitação (*iii*).[364]

Na primeira hipótese, isto é, aquela na qual o autor está seguro de que os contrafatores por ele levados a cabo evitarão o resultado, não há dolo, pois, como antecipado, a vontade de realização e a vontade de evitação estão em uma direção de contrariedade lógica. Se o agente atribui à sua conduta uma *chance real* de evitar o resultado e são efetivamente levados a cabo contrafatores de evitação, a vontade de evitação é poderosa o suficiente para excluir o dolo.[365] Tomando-se como ponto de análise a transmissão do vírus-HIV e relação sexual protegida, a aplicação do critério fica clara: o indivíduo contaminado não considera a possibilidade de risco de infecção do seu parceiro porque crê que o risco está seguramente excluído com a utilização do preservativo.[366]

Quando o autor tem dúvidas sobre a eficácia do poder de evitação (*ii*), também estaria excluído dolo quando são empreendidos os contrafatores e o autor atribui uma chance real de êxito às suas medidas de evitação. Ainda considerando o caso da AIDS, mas agora na hipótese de relação sexual sem preservativo, o dolo estaria excluído quando o autor acredita poder evitar a transmissão da doença se a relação sexual não está propensa a causar lesões no parceiro a ponto de permitir um possível contato sanguíneo.[367]

Por fim, quando o autor, apesar de representar como iguais a possibilidade de ocorrência das consequências colaterais e a possibilidade da sua não ocorrência (*iii*), não empreende medida alguma para evitá-las, será possível afirmar conduta dolosa, eis que a não ocorrência do resultado centra-se na exclusiva *esperança* do autor de que esse não sobrevirá; *e somente a esperança de que tudo sairá bem é insuficiente para excluir o dolo.*

363. Kaufmann, Armin. *Der dolus eventualis... Op. cit.*, p. 74 e ss. Classificando de forma ligeiramente distinta Ambrosius, Jürgen. *Untersuchungen... Op. cit.*, p. 37-38; Hillenkamp, Thomas. *Dolus eventualis... Op. cit.*, p. 363-366. Segue a categorização de Hillenkamp, Díaz Pita, Maria del Mar. *El dolo eventual... Op. cit.*, p. 266-269.

364. Sobre esses grupos de casos cf. Hillenkamp, Thomas. *Dolus eventualis... Op. cit.*, p. 363 e ss.

365. Kaufmann, Armin. *Der dolus eventualis... Op. cit.*, p. 77.

366. Hillenkamp, Thomas. *Dolus eventualis... Op. cit.*, p. 362; cfr. Herzberg, Rolf Dietrich. *Bedingter Vorsatz und objektive Zurechnung beim Geschlechtsverkehr des AIDS Infizierten. In*: JuS, 1987, p. 777 e ss.

367. Hillenkamp, Thomas. *Dolus eventualis... Op. cit.*, p. 363-364.

Finalmente, Kaufmann confronta-se com um segundo grupo de casos, qual seja: aqueles nos quais o autor não dirige a sua vontade à evitação da consequência acessória. Nessa constelação de casos, Kaufmann propõe outros três subgrupos, a saber: quando o objetivo do autor é extremamente importante para que ele abandone a vontade de realização (*i*); situações nas quais o autor renuncia à possibilidade de lançar mão dos contrafatores porquanto demasiadamente custoso para ele (*ii*); para o autor é *indiferente* a produção da consequência colateral (*iii*).[368]

Nesses casos, justamente pela ausência de uma vontade dirigente expressada no mundo sensível permite seja reconhecido um crime doloso, afinal, como o autor somente poderá alcançar o seu objetivo se *assumir em sua vontade* as consequências colaterais representadas como possíveis, essas estão inexoravelmente incorporadas à sua vontade de realização. Então, não mais poder-se-á falar em vontade de evitação poderosa o suficiente para excluir o dolo.

A esta altura, acredito que estamos aptos a aplicar o critério ao caso do cinto de couro:[369] por um lado, parece que esse conduzirá à imputação a título de culpa consciente, afinal, não se pode negar que após os autores terem considerado os meios para a execução do crime e as consequências colaterais indesejadas (= a possibilidade de morte da vítima, caso fosse realizado o plano original), eles buscaram reduzir (ou dosar) o risco para a vida da vítima escolhendo o saco de areia como instrumento do crime.[370] Kaufmann, contudo, parece negar tal solução. Referindo-se ao caso, sublinha que a vontade de evitação ou a realização do objetivo podem mudar no curso de realização da conduta. Isso significa não haver contradição alguma ao se reconhecer que uma conduta, a princípio animada pela vontade de evitação, possa, durante o desenrolar dos fatos, ser movida pela vontade de realização e, nesse caso, a solução transitaria da imputação culposa para a imputação dolosa.[371] Ao que parece, portanto, o critério não é capaz de proporcionar soluções previsíveis. De agora em diante examinarei se essa suspeita tem fundamento.

368. Cfr. Hillenkamp, Thomas. *Dolus eventualis... Op. cit.*, p 366.

369. *A* e *B* resolvem subtrair objetos de valor da casa do indivíduo *C*. *A* crê que *C* não procurará a polícia para relatar o fato, razão pela qual a subtração não será arriscada. A princípio, *A* e *B* consideram utilizar um cinto para estrangular *C*. Contudo, ao perceberem a possibilidade de *C* morrer estrangulado, chegam à conclusão de que esse método é muito arriscado. Decidem, então, utilizar um saco de areia para golpear a cabeça da vítima enquanto ela dorme. E assim o fazem, mas, ao golpeá-la, a única coisa que conseguiram foi acordá-la. Na luta que se seguiu, *A* tira o cinto que levara e pressiona contra o pescoço de *C* até que esse desfaleça. Ambos finalizam a execução da subtração; posteriormente, tentam reanimar *C*, mas não obtêm êxito, a vítima havia falecido.

370. Cfr. Roxin, Claus. *Zur Abgrenzung... Op. cit.*, p. 55; Stratenwerth, Günter. *Dolus eventualis... Op. cit.*, p. 62.

371. Kaufmann, Armin. *Der dolus eventualis... Op. cit.*, p. 77. Ressaltando que a teoria admite ambas as soluções apresentadas Kühl, Kristian. *Strafrecht... Op. cit.*, p. 116, Rn. 83. Indicando que a imputação dolosa é a solução adequada ao critério Cuello Contreras, Joaqui. *Acción... Op. cit.*, p. 96-97.

Em modo de síntese, a tese de Kaufmann propõe: uma objetivação do dolo recorrendo ao dado subjetivo (*i*); isso é possível graças à *heterogeneidade* da vontade: ou o indivíduo dirige sua conduta à produção do resultado (= fator positivo = vontade de realização) ou põe em marcha contrafatores eficazes para a sua evitação (= fator negativo = vontade de evitação) (*ii*); o fator positivo da conduta corresponde à imputação dolosa ao passo que o fator negativo da conduta conduz à sua exclusão (*iii*).[372]

2.1.4.2 Objeções

Estabelecidas as linhas dirigentes do critério de fronteira, bem assim a aplicabilidade prática, a doutrina não se convence da proposta *kaufmanniana.*[373-374] De início, é preciso sublinhar que, no fundo, *não há diferença substancial entre essa teoria, a teoria da anuência e a teoria da indiferença:* a não vontade de evitação da consequência colateral representada não é outra coisa senão a compreensão às avessas do querer, ao menos se partirmos da ideia do querer no sentido psicológico-descritivo, precisamente no sentido de *permitir que aconteça.* Aquele que não ativa um contrafator para evitar consequências colaterais representadas, ao fim e ao cabo, *quer*, *assume o risco*, *aprova*, *concorda*, *consente*, é *indiferente*, enfim, permite que o curso causal ativado deságue no resultado.[375] E, nesse caso, não faz qualquer diferença afirmar que o indivíduo não atuou para evitá-lo ou o aprovou ou era indiferente (quer em sentido psicológico, quer em sentido jurídico). Dito de outro modo, se o sujeito tivesse genuína vontade de evitação, não estivesse de acordo ou não fosse indiferente, *evitaria* a consequência colateral e não ativaria o curso causal de realização do tipo.

Do ponto de vista substancial concentrar-me-ei, a princípio, nas inconsistências referentes ao elemento que marca a concepção *kaufmanniana*, o elemento volitivo. A princípio, é substancialmente problemático o fato de que Kaufmann pressupõe possível, em todas as modalidades de dolo, a confrontação entre a ambivalência *vontade de realizar* e *vontade de evitar*, quando é certo que nem todas as todas as modalidades de dolo admitem tal confrontação. É verdade que no dolo direto de primeiro grau é possível fundamentar contradição entre vontades como

372. Também apresenta uma síntese dos argumentos cf., Hassemer, Winfried. *Kennzeichen... Op. cit.*, p. 289-290.

373. Ressaltando, contudo, a pouca atenção que a doutrina tem dado à teoria Ambrosius, Jürgen. *Untersuchungen... Op. cit.*, p. 38. Para críticas gerais, cf. Hassemer, Winfried. *Kennzeichen... Op. cit.*, p. 291-294; Feijóo Sánchez, Bernardo. *El dolo... Op. cit.*, p. 39-41.

374. Reconhecem o valor de indicador: *Alemanha*: Ambrosius. Jürgen. *Untersuchungen... Op. cit.*, p. 68; Kreuzer, Arthur. *Aids... Op. cit.*, p. 799 e ss; Prittwitz, Cornelius. *Die Ansteckungsgefahr... Op. cit.*, p. 499; Roxin, Claus; Greco, Luís. *Strafrecht... Op. cit.*, § 12, Rn. 54; na *Espanha*: Díaz Pita, Maria del Mar. *El dolo... Op. cit.*, p. 270; Zugaldía Espinar, Jose Miguel. *La demarcación... Op. cit.*, p. 419.

375. Cfr. Assim Roxin, Claus; Greco, Luís. *Strafrecht... Op. cit.*, § 12, Rn. 53-54; cf. Engisch, Karl. *Untersuchungen... Op. cit.*, p. 185.

critério limitador do dolo, afinal, naquele caso, a vontade de realizar é equivalente ao propósito do autor e, portanto, se há propósito de realizar não pode haver simultaneamente propósito de evitar. Contudo, se considerarmos as hipóteses nas quais a *vontade de realização não é regida por algum propósito determinado* (some-se a isso o fato de que, nesses casos, o elemento preponderante ou é o cognitivo ou ambos estão no mesmo nível de intensidade), como é o caso do dolo direto de segundo grau e do próprio dolo eventual, o critério de KAUFMANN mostra-se insuficiente, eis que, nesse segundo caso, como a vontade de realização não significa a vontade de realização de um propósito, essa não impede reconhecer a existência de um resultado incompatível com a vontade de realização do tipo.[376] Então, nesse caso, não se poderá falar em contradição lógica entre vontades. Se analisarmos o caso de LACMANN, isso fica mais claro, eis que a vontade de realização do garoto (= o objetivo de acertar a bola de cristal) era incompatível com o resultado. Isso significa que, salvo seja assumida postura contrária à lógica, se não há propósito de realização do tipo não pode haver vontade ativa de evitação, afinal, *não é possível atuar para evitar aquilo que não se tem vontade de realizar*. Dito de outro modo, considerando que a ideia de fundo sugere que a conduta humana seja enantiomorfa, isto é, formada das mesmas partes, mas em sentidos inversos, o critério da vontade de evitação não atuada somente funcionará perfeitamente naqueles grupos de casos em que seja possível assegurar que as condutas são opostamente simétricas.

Como KAUFMANN elege a disputa (interna) entre a vontade de evitação e a vontade de realização, a primeira a corresponder ao *não dolo* e a segunda ao *dolo*, parece mais que evidente que esse contraponto precisa ter uma nota de corte, isto é, quando é que a vontade de evitação, expressada em sinais exteriores, sobrepassa a vontade de realização a ponto de justificar a eliminação do dolo. A objeção que será levantada deriva da ausência de resposta para a seguinte pergunta: *qual o nível de eficácia que uma poderosa vontade de evitação precisaria ter para ser considerada suficientemente forte para afastar o reproche do dolo?* KAUFMANN nada diz a respeito.[377] E a incongruência em que tal omissão desemboca pode ser mais bem apreciada na seguinte hipótese: o indivíduo *X* tinha um cão da raça *pit bull*, ZEUS; além de advertido pela secretaria de controle de animais de que o animal não poderia ficar solto, em hipótese alguma, ele sabia que o cão possuía força de mordida considerável e que foi treinado para saltar alto. Certo dia, *X* levou ZEUS, sem coleira, para a área livre interna de casa. Atraído pelo barulho do jogo de futebol que vinha do pátio da escola vizinha, o cão repentinamente salta o muro de 1,40 m que divisava os locais. ZEUS, então, ataca a criança *C*, de seis anos de idade, e começa a mordê-la no pescoço. *X* corre atrás do animal, dá dois socos em sua cabeça, mas o cão não larga o pescoço da criança. Então, diante da

376. Cfr. PUPPE, Ingeborg. § 15... *Op. cit.*, Rn. 42.
377. Crítica semelhante cf. FEIJÓO SÁNCHEZ, Bernardo. *El dolo... Op. cit.*, p. 40.

tentativa infrutífera, *X* resolve apenas gritar com o cão "*Larga*! *Larga*!". Tempos depois, o cão finalmente larga o pescoço da criança. A criança *C* morre no pátio da escola.[378] Nesse caso, como não há determinação do nível de eficácia da evitação, estaríamos diante de difícil ajuste à modalidade dolosa, eis que o autor verdadeiramente ativou contrafatores de evitação da realização do tipo e, nesse caso, KAUFMANN teria que estar disposto a afastar a imputação a título de dolo eventual (lembre-se que a pergunta sobre a eficácia dessa vontade de evitação não é relevante). Acontece que essa solução é absolutamente contraintuitiva e também inadequada: o risco residual de realização do tipo é bastante superior ao risco de não realização. Bem por isso, o descompasso entre o perigo de realização do tipo e a possibilidade de evitação não é suficientemente forte para justificar, nesse caso, a imputação a título de culpa.[379]

Não bastasse o descompasso que pode haver entre o perigo residual de realização do tipo e a possibilidade de evitação, KAUFMANN adiciona um elemento ainda mais *problemático: a dúvida do autor sobre a eficácia da evitação.* Como descrevi, ele considera que a dúvida sobre a efetividade da medida em nada altera o fato de que o autor ativou contrafatores e, nesse caso, deve beneficiá-lo. Acontece que a temeridade humana tende, não raramente, a confiar na própria sorte independentemente de serem adotadas medidas de precaução e, nesse caso, para KAUFMANN, estaríamos diante do dolo eventual; por outro lado, o indivíduo pode agir, mas levar a cabo esforços de evitação em cujo êxito nem ele mesmo confia e, nesse caso, para KAUFMANN, o dolo eventual estaria excluído.[380] Nesse caso, repriso uma crítica formulada por ROXIN e LUÍS GRECO,[381] parece incorreto atribuir menor *reproche* à conduta de evitação que nem o autor que a empreendeu crê ter eficácia suficiente para impedir a realização do tipo. Ora, se o autor não acredita que seu contrafator pode evitar o resultado e mesmo assim segue atuando, não há dúvidas de que ele tem postura aprovadora do resultado, afinal, deixa o curso causal à sua própria sorte; e se é assim, essa conduta não pode ser diversamente valorada quando comparada àquelas hipóteses nas quais o indivíduo, desde o início, pôs em marcha um curso causal sem ter certeza do seu sucesso.

Do ponto de vista da *ratio* punitiva, a diferença de tratamento não se justifica adequadamente com base no elemento da dúvida, pelo contrário, confirma o desacerto da teoria: aquele que leva a cabo contrafatores de evitação nos quais não confia sejam eficazes, se não age com vontade de realização também não age com vontade de evitação. E, nesse caso, a dúvida aproxima-se muito mais da neutralidade volitiva do autor em relação à realização. E somente a neutralidade

378. Caso modificado, cfr. BGH – 5 StR 419/01, NStZ, 2002, 315.
379. Adiante tratarei do caso originalmente julgado, cf. abaixo, parte IV, item 2.3.1.3.
380. Cf. ROXIN, Claus; GRECO, Luís. *Strafrecht... Op. cit.*, § 12, Rn. 54.
381. ROXIN, Claus; GRECO, Luís. *Strafrecht... Op. cit.*, § 12, Rn. 54.

não é suficientemente forte para justificar a diferença de tratamento de pena que há entre o *comportamento doloso e o comportamento culposo.*

Na mesma linha, parcela da doutrina reprova a teoria, nesse ponto de justificação da *ratio* punitiva, porquanto somente a vontade de evitação não justifica tratamento menos severo (*i*); essa redução do risco não precisa ser necessariamente atitude interna ajustada ao direito, senão que pode ser resultado de um cálculo estratégico-criminal (*ii*); e o sujeito pode não ter manifestado sua vontade de evitação porque não lhe restava outra oportunidade (*iii*).[382]

Tudo o quanto dito demonstra, ao fim e ao cabo, o seguinte: embora o critério formulado por KAUFMANN tenha potencial para objetivar a fronteira do dolo, esse permite, em última análise, ao menos em alguns grupos de casos, que o nível de imputação seja determinado pela convicção subjetiva do indivíduo. Ora, se o dolo não é eliminado à luz da concreta *efetividade objetiva* dos contrafatores tomados para a evitação da consequência colateral, mas sim o simples fato de o autor tê-los levado a cabo presumindo (verdadeiramente) a sua suficiência, o pano de fundo critério comporta uma direção de determinação da imputação subjetiva guiada pela atitude psíquica do autor.

Quando nos movemos para o elemento cognitivo, os problemas de imprecisão também persistem. Como visto, toda a teoria de KAUFMANN depende da demonstração de que o autor lançou mão de contrafatores para evitar as consequências *representadas como possíveis.* E é justamente nesse ponto que se encontra a última objeção que pode ser levantada contra a teoria, a saber: qual deve ser a entidade de representação que o autor deve possuir em relação às consequências colaterais para que se possa atribuir o dolo? KAUFMANN oferece apenas um esboço de resposta. Partindo da premissa segundo a qual em consequência da limitação do conhecimento humano quase nunca são possíveis representações seguras, chega à seguinte conclusão: para afirmar o dolo não basta qualquer *leve dúvida* sobre a possibilidade de ocorrência de consequências colaterais,[383] daí porque "se a dúvida ainda não é séria, não há ainda o dolo eventual; se já passou de séria, então já não há o dolo eventual, mas sim o dolo direto".[384] Se se aceita a conclusão apresentada, pode-se dizer que a teoria da vontade de evitação nada mais é que uma *versão forte* da teoria da probabilidade subjetivo-objetiva, afinal, para que o

382. HASSEMER, Winfried. *Kennzeichen... Op. cit.*, p. 291-292. Manejando argumentos na mesma linha FRISCH, Wolfgang. *Vorsatz... Op. cit.*, p. 278 e ss.

383. Aqui é possível ver a harmonia com o pensamento de SCHMIDHÄUSER, afinal, uma dúvida pequena pode ser reprimida psiquicamente e, portanto, ter força suficiente para eliminar o dolo. SCHMIDHÄUSER, Eberhard. *Zum Begriff... Op. cit.*, p. 312. Sobre a sua concepção, cf. *abaixo*, parte III, item 3.1.1.2.

384. KAUFMANN, Armin. *Der dolus eventualis... Op. cit.*, p. 80. Para outras tentativas de determinação do grau de representação cf. ENGISCH, Karl. *Untersuchungen... Op. cit.*, p. 220; MEZGER. Edmund. *Lehrbuch... Op. cit.*, p. 346.

dolo seja imputado, o autor precisa ter um grau de representação não insignificante da consequência colateral aliado à ausência de atuação da vontade de evitação.[385]

Mas não é somente crítica. Na concepção da teoria da vontade de evitação há algo bem interessante; algo que pode ser prioritariamente *promissor para a fundamentação* – e não para a concretização da vontade – do elemento cognitivo de dolo. KAUFMANN faz referência ao fato de que se o dono do jardim cava despreocupadamente, então ele inclui o dano em sua vontade de realização; se, por outro lado, ele se esforça e conduz sua ferramenta de modo a impedir um dano então sua vontade de realização está dirigida à proteção das flores. É de se perguntar: que há, na essência dessas afirmações? Antes de responder, façamos um esforço de comparação com outra situação: o condutor *A* avista uma barreira policial; se, por um lado, ele segue despreocupadamente, então, ele inclui a colisão em sua vontade de realização; se, por outro lado, ele se esforça e conduz seu carro de modo a impedir a colisão, então, sua vontade de realização está dirigida à proteção dos policiais que estão atrás da viatura. Agora, volto à indagação: o que há de fundamental em ambas as situações? Para responder adequadamente a essa pergunta não é pertinente identificar a fundamental dessemelhança entre essas situações, mas sim o que há de semelhante. O que as aproxima, embora tenhamos situações com vontades de evitação opostas? *Tanto o jardineiro quanto o condutor têm o controle sobre aquilo que se está realizando ou está prestes a se realizar*. Como demonstrarei adiante (abaixo, parte III, item 2), esta *nota de semelhança* pode ser de extrema relevância para a fundamentação do dolo sem vontade.

2.2 *A imputação normativa da vontade: a teoria da decisão pela lesão do bem jurídico*

2.2.1 Exposição

Antes de passar à análise da teoria, parece-me necessária uma brevíssima justificação de ordem metodológica. Entendi por bem dar tratamento particularizado à concepção de ROXIN,[386] como uma variação teórica pertencente ao tronco geral, por considerar que, se é certo que ROXIN não abdica *completamente* do elemento volitivo, não é menos verdade que há indisfarçável sinalização em

385. Considerando que a teoria de KAUFMANN é uma *teoria da probabilidade forte*, AMBROSIUS, Jürgen. *Untersuchungen... Op. cit.*, p. 39-40. Julgando haver similitude estrutural entre a teoria de KAUFMANN e a de HERZBERG. PUPPE, Ingeborg. *Der Vorstellungsinhalt... Op. cit.*, p. 19.

386. Observar-se-á que, nesta seção, diferentemente de passagens anteriores, não faço menção a Luís GRECO. Como estou analisando o pensamento de ROXIN desde a sua primeira publicação sobre o crime doloso, optei por manter as referências que dizem respeito à 4.ª edição do seu manual. A partir da próxima edição a obra será em coautoria com Luís GRECO.

direção à normativização da vontade em suas últimas contribuições.[387] Isso implica reconhecer que ROXIN marca uma variação no âmbito das teorias de corte volitivo: o ponto de referência para a determinação da intencionalidade do autor não é compreendido como conceito puramente psicológico, mas sim como conceito jurídico. Em razão dessa ruptura de continuidade do pensamento *roxinneano*, no que diz respeito à teoria do dolo, parece-me pertinente e também necessário sugerir que suas ideias sejam analisadas em duas etapas: a primeira, denominarei *concepção volitiva pura* (= primeiro ROXIN); a segunda, denominarei *concepção volitiva-normativa* (= segundo ROXIN). Passo à analise daquela.

2.2.1.1 O primeiro Claus Roxin

O conceito de dolo em ROXIN não pode ser perfeitamente compreendido sem que se tenha uma noção do seu sistema. Se analisarmos o seu sistema teleológico, não fica difícil perceber como o microponto da teoria do dolo se conecta perfeitamente com as premissas desse sistema. Primeiro, separarei os argumentos para depois juntá-los. Se o direito penal tem a missão de garantir a convivência pacífica na sociedade, e o faz por meio da indispensável proteção dos bens jurídicos, o conceito de dolo deve se situar justamente ali onde há evidente sinal de desacordo entre o comportamento humano e a missão do direito penal (*i*).[388] Mas esse sinal de desacordo, a princípio elemento que se vê refletido dentro da categoria do injusto, também deve estar refletido dentro da determinação da culpabilidade (ou, para usar a terminologia do próprio ROXIN, da responsabilidade); com isso, ROXIN cria a conexão necessária entre a teoria do injusto e a teoria da pena. E se há essa conexão, um conceito de dolo deveria ser não apenas dogmaticamente coerente, senão também, e principalmente, apto a justificar convincentemente a diferença de desvalor que há entre ambas as formas de manifestação do comportamento. Se é assim, o critério de fronteira entre o dolo eventual e culpa consciente somente pode ser encontrado recorrendo-se à diferença de pena que há entre ambas as formas de imputação subjetiva intermediária (*ii*).[389] Se agora unimos o que foi separado, fica bastante evidente que o dolo eventual não poderia ter como referência nem exclusivamente a representação nem apenas a aprovação do resultado. Era preciso um critério mais evidente, o qual pudesse ser expressado em um elemento capaz de autorizar que o direito penal cumprisse a sua missão e, ao

387. Talvez por isso PUPPE censure a teoria afirmando que ela padece de certa crise de identidade, PUPPE, Ingeborg. *Strafrecht... Op. cit.*, p. 113, Rn. 4. Também ponderando que a teoria da decisão contra o bem jurídico nem é teoria volitiva nem teoria cognitiva FEIJÓO SÁNCHEZ, Bernardo. *El dolo... Op. cit.*, p. 61-62.

388. Para uma síntese sobre a posição de 1964, cf. ROXIN, Claus. Über... *Op. cit.*, p. 1205-1208.

389. ROXIN, Claus. *Zur Abgrenzung... Op. cit.*, p. 58. (cf. nota de rodapé n. 28). Posteriormente, ROXIN, Claus ROXIN, Claus. *Zur Normativierung des dolus eventualis und zur Lehre von der Vorsatzgefahr. In*: FS – Hans-Joachim Rudolphi. Luchterhand: Neuwied, 2004, p. 248. Sobre o reflexo da distinção para a diferença de intensidade de reprovação no âmbito da culpabilidade, ROXIN, Claus. S*trafrecht...Op. cit*, p. 447, Rn. 26.

mesmo tempo, fosse hábil a justificar a diferença de pena entre o dolo e a culpa. ROXIN encontrou no conceito *decisão* um conteúdo suficientemente forte para unir aqueles dois motes e chegou à ideia segundo a qual o dolo eventual é "*uma decisão pela possível lesão do bem jurídico*".[390-391-392-393] *No dolo há a realização do plano do autor e na culpa consciente há apenas temeridade.* Quem inclui em seus cálculos (= considerou possível) a realização de um tipo sem que isso seja suficientemente forte para dissuadi-lo de tal realização decidiu conscientemente contra o bem jurídico protegido pelo tipo penal. *E é justamente nesse ponto (= realização de um plano baseado na decisão calculada pela possível lesão do bem*

390. Cf. ROXIN, Claus. *Strafrecht... Op. cit.*, p. 445 e ss, Rn. 22 e ss; ROXIN, Claus. *Zur Abgrenzung... Op. cit.*, p. 53 e ss; ROXIN, Claus. *Zur Normativierung... Op. cit.*, p. 243 e ss. No *Brasil*, seguem expressamente o critério: SANTOS, Juarez Cirino dos. *Direito Penal... Op. cit.*, p. 139; BUSATO defende que há dolo quando o agente se compromete com a realização do resultado, expressa em uma decisão contra o bem jurídico, BUSATO, Paulo César. *Direito Penal... Op. cit.*, p. 411; cf. BUSATO, Paulo César. *Dolo e significado. In*: BUSATO, Paulo César (*et alii*). *Modernas tendências sobre o dolo em direito penal.* Rio de Janeiro: Lumen Juris, 2008, p. 119. Ainda que com algumas variações, na *Alemanha*: BRAMMSEN, Joerg. *Inhalt... Op. cit.*, p. 79; FRISCH, Wolfgang. *Vorsatz... Op. cit.*, p. 111 e ss; HASSEMER, Winfried. *Kennzeichen... Op. cit.*, p. 295; PHILIPPS, Lothar. *Dolus eventualis als Problem der Entscheidung unter Risiko. In*: ZStW, n. 85, 1973, p. 27 e ss; ZIEGERT, Ulrich. *Vorsatz... Op. cit.*, p. 84 e ss; p. 142 e ss; na *Espanha*: DÍAZ PITA, Maria del Mar. *El dolo... Op. cit.*, p. 302; MUÑOZ CONDE, Francisco; GARCÍA ARÁN, Mercedes. *Derecho penal... Op. cit.*, p. 273; compreendendo o dolo como consciência e vontade, mas interpretando a vontade como um compromisso com a ação e, consequentemente, como um compromisso com a lesão do bem jurídico protegido ORTS BERENGUER, Enrique; GONZÁLEZ CUSSAC, José L. *Compendio... Op. cit.*, p. 337; também defendendo o dolo como um compromisso com a ação VIVES ANTÓN, Tomás Salvador. *Reexamen del dolo. In*: MUÑOZ CONDE, Francisco (dir). Problemas actuales del derecho penal y de la criminología: estudios penales en memoria de la profesora dra. María del Mar Díaz Pita. Valencia: Tirant lo Blanch, 2008, p. 369 e ss; em *Portugal*: DIAS, Jorge de Figueiredo. *Direito Penal... Op. cit.*, p. 372.

391. É possível encontrar referências ao critério da decisão do autor a favor da realização do ato como critério característico do dolo eventual em autores bem anteriores a ROXIN. Assim, por exemplo CALKER, em 1933, defendeu haver dolo eventual quando o autor previu o resultado como possível, mas, apesar disso, decidiu-se pela realização da conduta. O decisivo, e aqui bem se vê a espantosa similitude com a doutrina da tomada de posição e da decisão pela possível lesão do bem jurídico, escreveu CALKER «é a tomada de posição interior, a decisão do autor. O grau de probabilidade representado é, ademais, irrelevante». «Entscheidend ist die innere Stellungnahme, der Entschluß des Täters. Der Grad der vorgestellten Wahrscheinlichkeit ist dabei unerheblich" CALKER, Fritz van. *Strafrecht*. München: Schweitzer, 1933, p. 46. (mantive a ortografia original).

392. Como examinarei mais adiante, a *jurisprudência alemã* elege a intensidade do perigo como o ponto arquimédico do dolo, isto é, o perigo de alta intensidade afirma o dolo (abaixo, parte V). Nesse sentido, uma interpretação plausível permite concluir que a jurisprudência do tribunal, ao menos nesse ponto, não é contrária à sugestão de ROXIN, pois aquele que decide contra o bem jurídico normalmente cria um perigo de alta intensidade. Cf. nota de rodapé n. 887. Esse também é um critério conhecido pela *jurisprudência suíça*, por exemplo: "Ao lado do conhecimento em torno da real possibilidade de realização do tipo penal o dolo também exige a vontade de realização do tipo penal. *O autor precisa se decidir contra o bem juridicamente protegido*" ("Neben dem Wissen um die reale Möglichkeit der Tatbestandserfüllung verlangt der Vorsatz auch den Willen, den Tatbestand zu verwirklichen. Der Täter muss sich gegen das rechtlich geschützte Gut entscheiden) Cf. BGE 130 IV 60 (grifei); ou ainda: "Um ladrão que causa a morte de uma mulher em razão do susto não age com dolo eventual de matar porque ele não se decidiu contra a vida da vítima" ("Ein Räuber, welcher eine Frau zu Tode erschreckt, begeht

jurídico) que está justificada a diferença de sanção entre o dolo eventual e a culpa consciente.[394]

Na oportunidade em que formulou a proposta (1964), Roxin não pretendeu formular uma teoria geral do dolo, apenas traçar a fronteira entre o dolo eventual e a culpa consciente.[395] Sem pretensão de converter o dolo em categoria unitária[396] propôs, então, aquele conceito genérico de dolo eventual a partir do qual é possível derivar dois elementos fundamentais, a saber: realização de um plano (*i*) e decisão (*ii*). O porquê de um deles conhecemos, resta saber a razão da relevância da realização do plano e o entrecruzamento entre ambos.

Nas palavras de Roxin, a realização do plano ("*Planverwirklichung*")[397] do autor é a essência do dolo. Se na culpa (consciente ou inconsciente) a conduta do autor pode ser plasticamente identificada como temerária[398] ou fruto da inobservância do dever de cuidado, no dolo o resultado poderá ser considerado dolosamente produzido *quando* e *por que* dito resultado, valorado objetivamente, corresponde ao plano do autor, ao passo que a culpa consciente é somente teme-

keine eventualvorsätliche Tötung, weil er sich nicht gegen das Leben des Opfers entscheiden hat") cf. BGer 6P. 165/2006.

393. Na jurisprudência espanhola o critério da decisão contra o bem jurídico também foi acolhido em algumas decisões, cf. SSTS, 6100/1987, relator Ramon Montero Fernández-Cid: "Lo que caracteriza el dolo eventual es la eventual y puntual decisión de lesionar bienes jurídicos".

394. Esclarece Janzarik que o conceito de decisão ganhou especial aceitação não apenas no âmbito da literatura científica como, por exemplo, nos critérios de Philipp, Hassemer, Rudolphi, Zielinski e Ziegert, mas também no âmbito da própria legislação. O § 6 do Código Penal da Alemanha Oriental (1968), por exemplo, previa a punição dolosa para aquele comportamento que pudesse ser conectado com a ideia de "decisão consciente". Janzarik, Werner. *Vorrechtliche Aspekte des Vorsatzes*. *In*: ZStW, 1992, n. 104, p. 67, Fn. 18.

395. Roxin, Claus. *Zur Abgrenzung... Op. cit.*, p. 54.

396. Afirma expressamente em Roxin, Claus. *Strafrecht... Op. cit.*, p. 438, Rn. 6, Fn. 4.

397. Com conceito semelhante, Hippel, ao tratar do dolo direto de segundo grau, destaca que quando o complexo de representação do autor (= meta perseguida e consequências colaterais necessárias), sejam todas essas consequências queridas ou não, converte-se em motivo principal para a realização do crime, isto é, o autor quis a *realização do complexo total* (*Realisierung des Gesamtkomplexes*). Hippel, Robert v. *Die Grenze... Op. cit.*, p. 83-84. Hungria, ao analisar casos fronteiriços entre dolo e culpa, também fazia referência a *complexo motivante* do autor como elemento identificador da assunção de risco no dolo eventual: "Um motorista, dirigindo o seu carro com grande velocidade, para atender ao compromisso de um encontro com hora certa, divisa à sua frente um transeunte, que, à aproximação do veículo, fica atarantado e vacilante e é atropelado e morto. Evidentemente, o motorista previu a possibilidade desse evento; mas, deixando de reduzir ou anular a marcha do carro, teria aceito o risco de matar o transeunte ou esperou que esse se desviasse a tempo de não ser alcançado? Na dúvida, a solução não pode ser outra senão a do reconhecimento de um homicídio com culpa consciente. Suponha-se, entretanto, que o motorista, recebendo a notícia de que um filho seu foi vítima de grave queda e precisa de ser transportado ao Pronto-Socorro, sai com o seu veículo em louca disparada, indiferente à sorte dos transeuntes que se lhe antolham, e colhe um deles, esmagando-o: o *complexo motivante* está a indicar que o motorista preferiu assumir o risco de tal evento a deixar de prosseguir na desabalada carreira. O homicídio ser-lhe-á imputado a título de dolo eventual". Hungria, Nelson; Fragoso, Heleno Cláudio. *Comentários... Op. cit.*, p. 52 (grifo no original).

398. Roxin utiliza o substantivo "*Leichtsinn*". Sobre a tradução, cf. nota de rodapé n. 289.

ridade.[399] Se esse é um critério evidente para o dolo direto de primeiro e segundo graus, também serviria como diretriz de delimitação entre o dolo eventual e a culpa consciente. Assim, por exemplo, se alguém com o seu automóvel atropela outro intencionalmente e sabe que também é possível que um terceiro seja lesionado, então, quando incluiu esta representação em seu cálculo, ainda que tal lesão lhe pareça desagradável, também a admitiu em seu plano. Por outro lado, quando alguém, apesar das advertências da namorada, segue fumando em cima da cama e em razão disso causa um incêndio, ao agente somente poderá ser imputado incêndio culposo (consciente), porquanto, ainda que omisso em relação às advertências feitas pela namorada, não é possível sustentar que tal resultado seja consequência da realização de um plano de incêndio[400] (*i*).

Essa descrição, contudo, corresponde apenas à parcela da resposta, afinal, se a temeridade ou inobservância do dever de cuidado são as descrições plásticas da culpa e a realização do plano do autor é correspondente descrição plástica geral do dolo, permanece aberta a questão sobre a chave conceitual que servirá para identificar o dolo eventual. A pergunta com a qual Roxin se defrontou foi: *o que caracteriza especificamente o dolo eventual*? A resposta, a esta altura, deve ser mais óbvia: *o que caracteriza o dolo eventual é a realização de um plano no qual, após um cálculo, o autor decidiu-se pela possível lesão do bem jurídico* (*ii*).

Até aqui Roxin chega a um conceito de dolo eventual que ainda exige pontos de precisão, afinal, permanece aberta a questão sobre o que significa concretamente essa decisão; questão que, inclusive, abriria espaço para o *segundo* Roxin. Em modo de problema: *quando será possível afirmar que houve uma decisão contra o bem jurídico?* Nesse ponto, para melhor concretizar a problemática e melhor esclarecer o critério, talvez seja interessante começar por um caso que, segundo Roxin, é muito próximo do caso do cinto de couro: imagine o condutor que, apesar das advertências do seu passageiro, realiza uma ultrapassagem perigosa e causa um acidente. Ainda que seja possível sustentar que ele conhecia a possibilidade de realização do tipo e havia sido, inclusive, advertido de tal risco, por regra geral ele não agiu dolosamente, mas sim imprudentemente. A razão está no fato de que o condutor, em que pese conhecer o risco, acredita que suas habilidades podem evitar o acidente, pois, do contrário, desistiria da sua ação, afinal ele mesmo poderia ser a primeira vítima da sua conduta. Esse confiar que tudo sairá bem é mais que simples esperança, é a expressão de que o autor não se decidiu contra o bem jurídico protegido.[401] Se tomarmos tal exemplo como ponto de apoio, poderíamos, então, desenvolver a seguinte fórmula: agirá com

399. "Ein Erfolg ist als vorsätzlich herbeigeführt anzusehen, wenn und weil er bei objektiver Bewertung dem Plan des Täters entspricht". Roxin, Claus. *Strafrecht...Op. cit,* § 12, p. 438, Rn. 6.

400. Roxin, Claus. *Strafrecht... Op. cit.*, p. 438, Rn. 6.

401. Roxin, Claus. *Strafrecht... Op. cit.*, p. 446-447, Rn. 23.

dolo eventual aquele indivíduo que se *decide direta e incondicionalmente pela possibilidade de lesão do bem jurídico penalmente protegido.*[402]

No caso do cinto de couro, ROXIN julgou que estaríamos diante de um caso de dolo eventual, eis que os agentes, quando o utilizaram, decidiram-se pela morte da vítima. A solução apresentada, com essa simples fórmula linguística, certamente desperta alguma desconfiança. *Como é possível concluir que os indivíduos se decidiram contra o bem jurídico?* A teoria não era capaz de preencher o vazio que essa pergunta deixava, razão pela qual foram necessários mais esforços de precisão. Esforços que nos conduzem à transição para o ponto de descontinuidade do pensamento de ROXIN.

Considerando-se, então, haver dolo eventual quando o indivíduo se decide direta e incondicionalmente pela possibilidade de lesão do bem jurídico, ROXIN se viu obrigado a dar aquele passo de precisão (= concretização) do critério: uma vez que formula seu conceito com base em uma tomada de decisão, isto é, *com base no processo cognitivo por meio do qual se elege um plano* – dentre vários possíveis de serem elegidos – para o desenvolvimento da ação, resta saber como é possível identificar que houve decisão contra o bem jurídico. E é justamente aqui, como dito, que ROXIN deixa o normativismo penetrar na sua concepção inicial e inaugura a sua segunda fase.

2.2.1.2 O segundo Claus Roxin

Para iniciar a análise do segundo ROXIN, imperioso retomar a pergunta anteriormente formulada: *quando será possível afirmar que houve uma decisão contra o bem jurídico?* O primeiro passo para identificar o plano está na própria figura do autor, precisamente em investigar como ele representou o percurso de seu comportamento.[403] Tal investigação, contudo, não se dá no âmbito psíquico do autor, é dizer, como fruto de uma *nua* resolução psíquica, mas sim que se desenvolve a partir com parâmetros normativos. Com isso, ROXIN assume evidente rompimento com a sua primeira fase. Como fonte de contraste, por exemplo, basta recorrer às palavras do próprio ROXIN, de 1964. Naquela oportunidade ele afirmou expressamente que a decisão contra o bem jurídico tratava-se de um ato psíquico do autor, ainda que, evidentemente, inacessível à experiência sensível.[404] Em seu tratado, em contrapartida, afirma expressamente que *o conceito de decisão, como todos os conceitos jurídicos, não deve ser valorado como mero fenômeno psico-*

402. Não por outra razão, como ele mesmo adverte, a denominação dolo eventual está completamente incorreta, pois essa forma de dolo nada tem de eventual ou condicional.

403. ROXIN, Claus. *Zur Abgrenzung... Op. cit.*, p. 58.

404. ROXIN, Claus. *Zur Abgrenzung... Op. cit.*, p. 60.

lógico, mas sim conforme parâmetros normativos; estamos diante, portanto, e como ele mesmo reconhece, de um normativismo volitivo.[405]

Essa posição foi enfaticamente reafirmada em 2004 e 2011. Ponderou Roxin, *a identificação da decisão do autor em favor da lesão do bem jurídico requer uma interpretação do comportamento do autor como aceitação do resultado,*[406] isto é, não realizar medida alguma de evitação do resultado (momento em que se aproxima do critério desenvolvido Kaufmann) ou levar a sério a realização do risco (momento em que se aproxima do critério desenvolvido por Stratenwerth): ao sujeito que tem a intenção de realizar o tipo penal há de imputar-lhe conduta dolosa porquanto ele decidiu-se induvidosamente contra o bem jurídico; ao autor culposo, isto é, àquele que não teve a intenção de causar o resultado (ou que estava diante de um perigo médio ou relativamente mínimo de que o resultado ocorreria) será de se reconhecer que confiava em um *feliz desenlace*, salvo se, por meio de *indicadores*, for possível deduzir que ele era absolutamente indiferente à questão de se o resultado se produziria ou não (utiliza o critério de Engisch como indicador de dolosidade do comportamento.[407]

Vê-se, aqui, portanto, como antecipado, que a aceitação do resultado não é mais elemento próprio do dolo, mas sim indicativo da decisão do autor pela possível lesão do bem jurídico. Com isso, fica bastante claro que o último Roxin propõe concretizar o seu critério combinando a fórmula da decisão do bem jurídico com alguns indicadores. Alguns deles foram expressamente apresentados em seu último artigo sobre o dolo eventual (2011), razão pela qual imprescindível descrevê-los, ainda que de modo abreviado.

As posteriores discussões travadas em torno da proposta de Roxin conduziram-no à conclusão de que como a *decisão pela possível lesão do bem jurídico* não é um *fato externo*, mas sim algo que pertence ao mundo psíquico do agente, essa somente pode ser deduzida a partir de indicadores.[408] Ele indica, então, quais seriam os três indicadores mais importantes para a concretização do critério: o conhecimento do perigo do próprio comportamento (*a*); o autor ter levado em consideração a possibilidade de a vítima, por si mesma, escapar do perigo (*b*); ausência de motivo para a aprovação do resultado (*c*).

405. Cfr. Roxin, Claus. *Strafrecht... Op. cit.*, p. 449, Rn. 30; Roxin, Claus. *Zur Normativierung... Op. cit.*, p. 248. Esta posição era assumida desde a primeira edição cf. Roxin, Claus. *Strafrecht. Allgemeiner Teil.* Beck: München, 1992, p. 278, Rn. 30.

406. Roxin, Claus. *Zur Normativierung... Op. cit.*, p. 244-245; Roxin, Claus. Über... *Op. cit.*, p. 1208 e ss.

407. Com Roxin, o critério da indiferença assume contornos decisivos para o conceito de culpa e não para o conceito de dolo. Com efeito, pondera Roxin, a indiferença somente pode ser utilizada como um *indício negativo* da culpa consciente e consequentemente um *indício positivo* a ser considerado para o dolo quando ela estiver presente, isto é, o autor que age com indiferença dá indício seguro de que se resignou com o resultado, nada além disso (= a sua ausência não implica necessariamente a exclusão do dolo). Cf. Roxin, Claus. *Strafrecht... Op. cit.*, p. 454, Rn. 40.

408. Roxin, Claus. *Über... Op. cit.*, p. 1208.

Como primeiro indicador, Roxin exige que o autor *conheça o perigo do próprio comportamento (a)*. Nesse caso, ele segue a lógica mais ou menos evidente, segundo a qual, quando o autor age conhecendo o alto risco do perigo criado para o bem jurídico, ele não pode afirmar que não acreditava na ocorrência do resultado e, consequentemente, também não pode negar que tenha se decidido contra o bem jurídico. Esse é o caso, por exemplo, daquele que dá uma facada no peito da vítima deixando-a sem assistência médica. Em contrapartida, quando o autor está consciente de que é capaz de criar apenas um pequeno risco, ele normalmente crê na não ocorrência do resultado e, portanto, não é possível dizer que ele se decidiu verdadeira e incondicionalmente contra o bem jurídico protegido. Assim, por exemplo, se o terrorista tem consciência do pequeno risco que a detonação da bomba pode trazer a transeuntes contra os quais o atentado não foi diretamente dirigido, o magistrado, partindo do princípio do *in dubio pro reo*, pode acolher a tese segundo a qual o autor confiava na não ocorrência da lesão de terceiros e, portanto, que o terrorista também não se decidiu incondicionalmente contra os seus bens jurídicos.[409]

Como segundo indicador, à semelhança de Herzberg, aponta Roxin a necessidade de se observar *se o autor levou em conta a possibilidade da vítima, por si mesma, escapar do perigo* (*b*). Para analisar esse indicador, Roxin recorre ao tradicional exemplo da barreira policial: imagine que um indivíduo esteja fugindo de uma perseguição policial; ignorando as advertências de *pare*, o fugitivo segue firme em direção à barreira policial e em alta velocidade atropela um dos policiais. Estaríamos diante de um dolo eventual de homicídio? Aponta Roxin que a experiência de vida demonstra que os policiais, nesses casos, estão habilitados a evitar o perigo causado, saltando, não se deixando serem facilmente atropelados. Na maioria desses casos, então, seria de se refutar a imputação dolosa porque o fugitivo poderia muito bem considerar que o policial saltaria no último instante. E, nesse caso, o autor também não teria se decidido verdadeiramente pela lesão do bem jurídico vida.[410]

Finalmente, como último indicador, aponta Roxin a necessidade de considerar a possível *ausência de um motivo para a aprovação do resultado* (*c*). As hipóteses nas quais não há indicação de que o autor teria algum motivo para aprovar o resultado militam contra a admissibilidade do dolo eventual. Assim, por exemplo, imagine-se a hipótese do indivíduo *X* que após aproveitar uma noitada regada a muita cerveja, e estando extremamente cansado, resolve fumar deitado na cama, mesmo após as insistentes advertências da companheira; consequência, *X* pega no sono e causa um incêndio. Apesar de conhecer que o risco não era pequeno, a imputação culposa pelo crime de incêndio não estaria descartada

409. Roxin, Claus. *Über... Op. cit.*, p. 1209-1210.
410. Roxin, Claus. *Über... Op. cit.*, p. 1210.

porquanto a ausência de motivo para a realização do tipo penal depõe contra o possível dolo eventual e a favor de possível culpa consciente.[411]

Não se pense, contudo, que tais indicadores são definitivos. Como o próprio Roxin reconhece, eles não têm a última palavra dentro da sua teoria do dolo, razão pela qual nos casos de fronteira torna-se necessária a valoração conjunta de todas as circunstâncias que envolvem a realização do tipo. Isso significa que apenas único indicador é insuficiente para delimitar a fronteira entre o dolo e a culpa.[412]

Em modo de síntese, pode-se dizer que a realização do plano do autor expressa uma decisão contra o bem jurídico; aquele indivíduo que inclui em seu plano a realização de um tipo penal estará decidindo conscientemente contra o bem jurídico penal ainda que, eventualmente, tal realização não corresponda completamente à sua vontade ou seja, inclusive, contrária a ela (*i*); entre o critério da realização do plano e forma de manifestação do dolo há uma relação diretamente proporcional, é dizer, quanto mais evidente a conclusão de que o autor inclui a produção resultado no seu plano, tanto mais induvidosamente a conduta se aproximará da forma básica do dolo, que é o dolo direto de primeiro grau (*ii*). Por outro lado, quanto menos evidente a conclusão de que o autor toma uma decisão contra o bem jurídico, mais debilitada a intensidade do dolo, circunstância que conduzirá à possibilidade de imputação subjetiva para as suas duas espécies intermediárias: o dolo eventual ou a culpa consciente (*iii*); a fronteira entre uma e outra modalidade, isto é, a concretização *sobre se* o autor decidiu-se contra o bem jurídico pode ser encontrada por meio de indicadores cuja chave para compreensão é normativa e não psicológica (*iv*); tais indicadores, ante a dificuldade de se reproduzir linguisticamente uma situação psicológica muito sutil, são apenas aproximações (*v*); três indicadores são importantes concretização do critério da decisão contra o bem jurídico, a saber: o conhecimento do perigo do próprio comportamento; o autor ter levado em consideração a possibilidade de a vítima, por si mesma, escapar do perigo; ausência de motivo para a aprovação do resultado (*vi*); o juízo sobre a decisão do autor pela lesão do bem jurídico há de ser emitido com base na valoração combinada de todos os elementos objetivos e elementos subjetivos que possam ser relevantes para identificar tal atitude interna do autor (= decisão contra o bem jurídico) (*vii*).

2.2.2 Objeções

Parece-me que as premissas a partir das quais Roxin deriva sua concepção são *corretas:* um bom conceito de dolo, um conceito capaz de estabelecer a fronteira entre o dolo e a culpa *deve estar em sintonia com a missão do direito penal e ao mesmo tempo ser apto a justificar a diferença de pena.* E se essa

411. Roxin, Claus. *Über... Op. cit.*, p. 1211.
412. Roxin, Claus. Über... *Op. cit.*, p. 1211 e ss.

premissa parece-me bastante coerente com um direito penal tecido dentro de um Estado Democrático, não me parece dogmaticamente adequado negar proteção ao bem jurídico em razão de uma hipotética postura psíquica do indivíduo.[413] ROXIN, contudo, não extrai todas as consequências possíveis de tais premissas. É, por assim dizer, tímido, evitando levar às últimas consequências a ideia da normatização assumida em sua segunda etapa. Concentrarei as objeções nesse segundo ROXIN, não sem antes fazer uma pequena observação.

Como o próprio ROXIN reconhece, *sua teoria não está muito distante das outras fórmulas linguísticas utilizadas pelas teorias de disposição de ânimo*. Em verdade, ainda que com alguma variação de interpretação, ele mesmo absorve expressamente elementos de ENGISCH, KAUFMANN e STRATENWERTH, razão pela qual, a princípio, não há contradição alguma em afirmar que quem decide pela possível lesão do bem jurídico é indiferente à sua lesão; que quem decide pela possível lesão do bem jurídico leva a sério a possibilidade de realização do tipo; que quem decide pela possível lesão do bem jurídico conforma-se com o resultado; ou que quem decide pela possível lesão do bem jurídico não põe em marcha a vontade de evitação.[414] Bem, se não valoro equivocadamente, o problema está exatamente na insuficiência da utilização da fórmula "decisão contra o bem jurídico" como critério de fronteira. Com efeito, essa mostra-se absolutamente nebulosa justamente nas hipóteses em que deveria ser mais precisa possível, isso porque, como parece evidente, tanto o autor doloso quanto o autor culposo, nas tradicionais concepções de ambas as categorias, *decidem*, em maior ou menor medida, contra o bem jurídico. A questão de fundo, ou seja, o que configura verdadeiramente o dolo permanece sem convincente solução. Vale recordar que o outro elemento fundamental do dolo, a *realização do plano do autor*, é a marca de todas as espécies de dolo, razão pela qual não funciona como critério de correção, tampouco como ponto de distinção com o crime culposo. Desse modo, o que ROXIN considera como a marca de Caim do dolo eventual, a decisão, não passa de outra imprecisa fórmula linguística, tão imprecisa que não chega a resultados substancialmente distintos das demais fórmulas até aqui analisadas.

Essa vagueza do conceito de decisão talvez justifique o fato de que o critério psíquico da decisão tem recebido diferentes concretizações,[415] como constatado inclusive pelo próprio ROXIN. E é justamente nesse ponto do *segundo* ROXIN,

413. Argumentando a favor de uma restrição à ideia geral de orientação da programação do dolo pela noção de proteção de bens jurídicos PÉREZ BARBERÁ, Gabriel. *El dolo... Op. cit.*, p. 335-338.

414. ROXIN, Claus. *Strafrecht... Op. cit.*, p. 452, Rn. 35.

415. Admitindo expressamente as diversas formulações de sentido para o conceito de decisão ZIEGERT, Ulrich. *Vorsatz... Op. cit.*, p. 84; também ressaltando a fungibilidade conceitual do substantivo utilizado para caracterizar a teoria RAGUÉS I VALLÈS, Ramon. *El dolo... Op. cit.*, p. 115.

isto é, na sua fase de normativização[416] do conceito de decisão, que as objeções parecem mais evidentes.[417]

Certamente motivado pela insuficiência da primeira proposta, ROXIN reconhece ser necessário que a interpretação do conceito de decisão se dê no âmbito normativo e que a concretização do critério deve ser feita recorrendo a indicadores adicionais. Também aqui, em essência, assiste razão a ROXIN. A complexidade do comportamento humano requer mais do que um único critério de valoração. Em uma primeira tentativa de concretização, como visto, ele apresenta três indicadores adicionais; resta saber se algum deles merece ser acolhido.

Quanto ao primeiro critério sugerido, o conhecimento do elevado perigo (*a*), esse merece ser acolhido, na essência, como um indicador do dolo, mas deve ser recusado no que diz respeito à fundamentação. O ponto necessário para a calibração da responsabilidade não está na decisão do autor pelo prosseguimento da conduta, apesar de conhecer o alto risco, mas sim no próprio conhecimento da intensidade do perigo criado para o bem jurídico. Como analisarei adiante, essa circunstância, por si, tem potencial para funcionar como ponto de referência da determinação da responsabilidade penal, razão pela qual *a fórmula linguística de uma decisão contra o bem jurídico é absolutamente supérflua: se o autor conhece a intensidade do perigo para o bem jurídico e prossegue com a ação, a rigor,* não faz *diferença alguma, para fins de atribuição, afirmar que ele aprovava o resultado, assumiu o risco, levou a sério a possibilidade de realização do perigo ou decidiu-se contra o bem jurídico.* Todos esses recursos linguísticos têm como pano de fundo, necessária e inevitavelmente, o fato de que havia elevado e conhecido perigo de lesão para o bem jurídico e que, não obstante, esse perigo não foi suficiente para o autor interromper a sua ação. Isso significa que a essência da fundamentação *prima facie* de uma imputação a título de dolo é a representação do autor da intensidade do perigo que a conduta transporta para o bem jurídico.

Como segundo indicador ROXIN aponta que a possibilidade de a vítima se salvar por sua própria força (*b*) poderá indicar imputação a título de culpa consciente, afinal, essa abre caminho para o argumento de que em razão da possibilidade de autossalvação o autor confiava na não ocorrência do resultado. Do ponto de vista dogmático, *esse argumento merece ao menos duas objeções, uma sistêmica e outra de precisão.*

A *primeira* deve-se ao questionável traslado do comportamento da vítima para o âmbito da imputação subjetiva. O indicador sugerido por ROXIN não disfarça que ele se move no âmbito da suposta existência de determinado *dever de autoproteção da* vítima o qual, se não é suficiente para a essa adscrever o tipo, pode funcionar como ponto de referência para rebaixar a responsabilidade do autor pela

416. Cf. nota de rodapé n. 249.

417. Cético quanto à possibilidade de normativização do conceito de decisão, PÉREZ BARBERÁ, Gabriel. *El dolo... Op. cit.*, p. 338-342.

criação do risco.[418] Acontece que esse rebaixamento de responsabilidade deve alojar-se em uma eventual análise do âmbito do alcance do tipo e não no âmbito da imputação subjetiva. E, mesmo assim, apenas quando o comportamento da vítima permite concluir que ele foi de tal forma imprudente que a essa deve ser atribuída a responsabilidade pela realização do tipo.[419]

No caso em particular sugerido por Roxin (o da barreira policial), o policial atropelado fatalmente não realiza qualquer comportamento que sinalize, sequer hipoteticamente, em direção a uma infração de *dever de comportamento*, isto é, a vítima não realizou qualquer comportamento imprudente a partir do qual seria teoricamente possível afirmar que ela é corresponsável pela realização do tipo (= *imputação à vítima*). Mas, ainda é possível seguir contra-argumentando. Ainda que se aceite a posição dogmática segundo a qual é perfeitamente possível que o comportamento da vítima seja trasladado à imputação subjetiva, permanece aberta a questão sobre se esse dever de autoproteção (autossalvação) é suficientemente forte para produzir efeito dessa magnitude, especialmente quando a imputação envolve o bem jurídico vida. Sob qual fundamento é possível justificar a exclusão do dolo e atribuição da culpa? Em crimes que atentem contra a vida, as vítimas estariam eventualmente obrigadas por algum *dever de reação* (= autossalvação) sob pena de interferência na imputação atribuída ao causador do perigo?

Para além dessas problemáticas questões, também é possível verificar a inconsistência sistêmica desse indicador com outro também sugerido por Roxin. Para demonstrar essa assimetria, recorro, uma vez mais, ao exemplo da barreira policial: é possível afirmar que aquele terrorista que foge de uma perseguição e atira o carro em uma barreira policial era, no mínimo, indiferente em relação à morte de algum policial? Parece-me que a resposta positiva se impõe. E se for assim, como de fato é, Roxin não sintoniza esse indicador com o outro por ele mesmo apontado, a saber: a indiferença. A indiferença, escreveu, "(...) é *um indício certo de que o autor se conformou com o resultado e, por essa razão, atuou dolosamente*".[420] Donde é possível concluir que falta ao indicador aptidão para funcionamento em situações de clara indiferença do autor em relação ao bem jurídico tutelado.

418. Sobre o dever de autoproteção e questões gerais cf. Frisch, Peter. *Das Fahrlässigkeitsdelikt und das Verhalten des Verletzten.* Berlin: Duncker & Humblot, 1973, p. 118 e ss. Cf. Cancio Meliá, Manuel. *Conducta de la Víctima e Imputación Objetiva en Derecho Penal.* 2. ed. Barcelona: Bosch, 2001. Roxin, Claus. *Strafrecht... Op. cit.*, p. 454, Rn. 40. (sem destaque no original). Sobre a introdução da responsabilidade da vítima na dogmática cf. Murmann, Uwe. *Die Selbstverantwortung des Opfers im Strafrecht.* Berlin: Springer, 2005; Zaczyk, Rainer. *Strafrechtliches Unrecht und die Selbstverantwortung des Verletzten.* Müller: Heidelberg, 1993.

419. Cf. nota de rodapé n. 1017.

420. "(...) die Gleichgültigkeit ein sicheres Indiz dafür ist, dass der Täter sich mit dem Erfolg abgefunden und damit vorsätzlich gehandelt hat." Roxin, Claus. *Strafrecht... Op. cit.*, p. 454, Rn. 40.

Entretanto, para persistir com a contra-argumentação, e supondo-se que tal assimetria não seja um forte argumento contra o indicador, é possível reprová-lo, ainda, em razão da ausência de fundamentação apta para justificar a alteração do nível de imputação subjetiva do criador do risco. Não está claro qual o caminho de fundamentação que segue ROXIN para traduzir o comportamento da vítima para esse juízo da imputação; em verdade, ele apenas apresenta o indicador. Para seguir com a objeção, seria possível apontar que o seu fundamento está em um (hipotético) dever de autossalvação da vítima: uma vítima concreta em uma situação concreta, desde que tenha aptidão para afastar o perigo, está obrigada a ativar contrafatores de realização do perigo criado ou incrementado por um terceiro. Essa fundamentação, contudo, não mereceria êxito, do contrário estaríamos próximos à ideia de *autorrealização* do tipo.

Contudo, parece-me que a consideração sobre o papel da vítima no processo de imputação subjetiva pode ser bastante promissor. Ainda não tenho elementos suficientes para afirmar, com segurança, *como* e *se* essa integração pode ser concretizada de modo a produzir bons frutos para a determinação do juízo de imputação. Até aqui, portanto, somente estou habilitado a afirmar que essa tradução do comportamento da vítima para a imputação subjetiva não pode ser realizada com base em um hipotético dever de autossalvação (abaixo, parte IV, item 2.3.1.2). Nesse ponto, parcela da literatura tem total razão quando adverte que para a introdução da vítima no sistema de imputação jurídico-penal, "não deve perder-se de vista que no marco do ordenamento penal não se trata de formular um reproche ao titular do bem".[421]

O último indicador, ausência de motivo (*c*) para a aprovação do resultado também é problemático e padece de dificuldade no que diz respeito à fundamentação e precisão. Não está muito claro o *porquê* de a ausência de motivo funcionar como um contraindicador da dolosidade do comportamento. O critério também carece de precisão, eis que também não está bem claro se ROXIN o utiliza no sentido normativo-atributivo ou se no sentido fático-psíquico. Se o indicador estiver sendo utilizado nesse segundo sentido, como de fato parece ser, haverá um choque sistemático com a ideia de normatizar o conceito de decisão a qual, consequentemente, restará frustrada. E, o que é pior, também poderá mostrar-se problemático em todos os casos em que o agente tem algo a perder. Imagine-se, por exemplo, a hipótese de dois sujeitos que disputam um *racha* pelas ruas da cidade para decidir quem é o mais veloz. Na hipótese de um choque fatal com um automóvel conduzido por um terceiro, a afirmação de que não havia qualquer motivo aparente para a aprovação do resultado não desempenhará qualquer papel relevante para a elaboração do juízo de imputação subjetiva.[422] Ao fim e ao cabo, isso significa que o problema primário para a solução da delimitação da impu-

421. Cf. CANCIO MELIÁ, Manuel. *Conducta... Op. cit.*, p. 304.

422. Adiante voltarei a esse exemplo. Cf. *abaixo*, parte IV, item 2.3.1.4.

tação subjetiva não é saber se haviam motivos que justificassem a vontade de atuar expressada no comportamento, mas, sim, se o agente conhecia o suficiente para não ter atuado como atuou.

Por fim, convém ressaltar a clara constatação em relação às últimas contribuições de Roxin no âmbito da teoria do dolo: fica evidente que a própria teoria volitiva, em uma das suas variações mais aperfeiçoadas, está percorrendo o caminho da normatização, então, é possível falar em um *normativismo volitivo*.[423] E para quem ainda permanece cético em relação ao acerto de direção da tese central aqui defendida, não custa rememorar o vaticínio do próprio Roxin: "*a delimitação do dolo eventual em relação à culpa consciente não pode prescindir de parâmetros normativos de valoração*".[424]

Uma vez ultrapassada a barreira analítico-crítica de todas as teorias que focam a insondável atitude volitiva psíquica do indivíduo como ponto de calibração da responsabilidade penal, ou seja, a dimensão de precisão da vontade, torna-se evidente o quão problemático pode ser determinar a intensidade da resposta punitiva à luz da postura psíquica do indivíduo. Contudo, não é possível ignorar que qualquer dessas teorias poderia ser adotada e, eventualmente, aprimorada. Sendo assim, ainda não estamos autorizados a refutar completa e irrestritamente uma teoria de corte volitivo. Mas, a essa altura, estamos aptos a levantar a seguinte questão: se o elemento chave para a determinação do nível de intensidade da resposta punitiva está na vontade do autor, é possível justificar o desnível de intensidade da pena levando-se em consideração a postura volitiva psíquica do indivíduo? Na próxima seção indicarei os argumentos pelos quais se crê que a justificação da diferença da intensidade punitiva não pode prescindir do elemento volitivo. Se essa questão material puder ser satisfatoriamente acolhida, não haverá maiores problemas em se adotar uma teoria de disposição de ânimo, ainda que essa contenha alguma imprecisão. Mas, ao revés, se as respostas não forem satisfatórias, será possível e, sobretudo, imprescindível, traçar um novo caminho de distinção entre o dolo e a culpa.

3. Dimensão da fundamentação: a *ratio* da concepção volitiva

O porquê de sancionar alguns comportamentos de forma mais enérgica deve ser encontrado na *ratio* punitiva; isso, a esta altura, não é novidade.[425] O ponto desta seção, portanto, diz respeito à questão da *ratio do tratamento punitivo* mais severo para o crime doloso analisado e, partindo-se do pressuposto de que a pena

423. Roxin, Claus. *Zur Normativierung... Op. cit.*, p. 248. Também parece ser o caminho sugerido por Busato, Paulo César. *Direito Penal: parte especial... Op. cit.*, p. 47 e ss.

424. "Die Abgrenzung des dolus eventualis im Verhältnis zur bewussten Fahrlässigkeit kommt ohne normativen Bewertungsmaßstab nicht aus". Roxin, Claus. *Zur Normativierung... Op. cit.*, p. 257 (sem itálico no original).

425. Cf. nota de rodapé n. 28.

deve ser compreendida como última alternativa para a preservação da convivência pacífica, o *voluntarista precisará justificar, com base no seu elemento chave, a vontade, o porquê da diferença da resposta punitiva entre o crime doloso e o crime culposo.*

A importância de se oferecer fundamentação convincente pode se constatar não apenas à luz da diferença dosimétrica de consequências jurídicas, senão também, e principalmente, do fato de que em muitos casos a diferença entre a imputação subjetiva a título de dolo ou a título de culpa significará a diferença entre a punição e a ausência de punição. Por isso, um bom conceito de dolo deve ser capaz de aportar bons fundamentos, fundamentos capazes de esclarecer onde reside a razão para tal disparidade de tratamento.[426] Suponho interessante recordar dois argumentos centrais apresentados pelas teorias de disposição de ânimo:

> *Argumento 1.* Dolo significa conhecer e querer a realização do tipo penal. Essa é a estrutura básica de todas as formas dolosas, as quais se diferenciam entre si apenas na intensidade ou preponderância de um dos dois elementos.
>
> *Argumento 2.* O critério "*ações com a previsão da possibilidade do resultado*", fornecido por um setor das teorias de corte cognitivo, não abrange apenas a zona do comportamento doloso, mas também o território da culpa consciente. Por isso, a representação (sozinha) não é capaz de delimitar as modalidades de imputação subjetiva. Tal somente será possível, única e exclusivamente, caso seja agregado conteúdo volitivo necessariamente *presente* no dolo e necessariamente *ausente* na culpa.

Assim, as teorias sobre a *ratio* punitiva apontam que a vontade é chave para a compreensão da dilatada diferença de tratamento jurídico entre as modalidades de imputação subjetiva. Há, basicamente, três posições nesse sentido: por um lado, a diferença de tratamento reside no fato de que o comportamento derivado da vontade é *objetivamente* mais perigoso para o bem (3.1); por outro, o autor

426. Há quem ressalte, inclusive, que esta disparidade de tratamento não pertence exclusivamente ao âmbito do direito penal, senão que obedece a padrões de justiça que imperam na vida cotidiana. Argumenta-se que a atribuição de um distinto grau de punição corresponde aos padrões de *fundamentação baseados na racionalidade cotidiana: o nível de responsabilidade é diretamente proporcional à participação interna do sujeito na realização do comportamento.* Isso pode ser facilmente demonstrado se observamos os esquemas de atribuição de responsabilidade presentes na vida cotidiana: a sociedade está disposta a castigar menos severamente aquele que negligentemente causa um resultado. Do mesmo modo, quem obtém o sucesso como fruto do seu esforço e trabalho tende a ser mais reconhecido que aquele que o alcança por casualidade. Cf. Sobre essas pautas cotidianas e alguns dos seus reflexos no direito penal cf. *Alemanha:* HASSEMER, Winfried. *Alternativen zum Schuldprinzip? In*: BAUMGARTNER, Hans Michael; ESER, Albin (Hrsg). Schuld und Verantwortung philosophische und juristische Beiträge zur Zurechenbarkeit menschlichen Handelns. Tübingen: Mohr Siebeck, 1983, p. 89 e ss; PRITTWITZ, Cornelius. *Die Ansteckungsgefahr... Op. cit.*, p. 486. Na *Espanha:* DÍEZ RIPOLLÉS, José Luis. *Los elementos subjetivos del delito. Bases metodologicas*. Valencia: tirant to blanch, 1990, p. 134-144; RAGUÉS I VALLÈS, Ramon. *La ignorancia deliberada en derecho penal*. Barcelona: Atelier, 2007, p. 164; SANZ-DÍEZ DE ULZURRUN LLUCH, Marina. *Dolo e imprudencia en el Código Penal español: análisis legal y jurisprudencial*. Valencia: Tirant lo Blanch, 2007, p. 74-76.

volitivo demonstra maior periculosidade subjetiva (3.2); finalmente, o referencial volitivo do agente é imprescindível para a contenção da expansão do poder punitivo (3.3).[427]

Como forma de esclarecer o que será discutido, convém mencionar dois casos:

> "O garoto atirador que não tinha vontade de acertar a garota que sustentava uma bola de cristal nas mãos, nem aceitava tal possibilidade, mas representa que há elevada possibilidade de que o disparo atinja a garota, caso atire. (*caso 3*)
>
> O indivíduo inexperiente e com pistola descalibrada, desde uma longa distância, e mesmo sabendo da pequena possibilidade de atingir a vítima, efetua o disparo. O projétil, contrariando as projeções, atinge a vítima fatalmente."

A pergunta central a ser enfrentada é: *a vontade do agente de realizar o tipo penal, ausente no primeiro caso e presente no segundo, é suficiente para fundamentar a diferença de pena que há entre o dolo e a culpa?* A doutrina amplamente majoritária responde positivamente,[428] entretanto, outro setor doutrinário aponta que a postura dominante "parece mais confiar no acerto de sua intuição - se alguém quer matar e dispara em direção à vítima (...) não se pode afirmar que não há dolo, parece gritar uma voz dentro de nós".[429] Passo a examinar, então, se aquela *voz intuitiva* pode ser satisfatoriamente ignorada por ausência de fundamentação convincente.[430]

3.1 Maior desvalor da ação: periculosidade objetiva para o bem jurídico

Essa primeira tentativa de fundamentação parte do pressuposto segundo o qual *o comportamento que é derivado da vontade representa um maior perigo para o bem jurídico-penalmente.*[431] Se por um lado é possível reconhecer que tal

427. Para considerações gerais cf. Greco, Luís. *Dolo sem vontade... Op. cit.*, p. 897 e ss; Rudolphi, Hans-Joachim; Stein, Ulrich. § 15... *Op. cit.*, Rn. 15 e ss; Ragués I Vallès, Ramon. *El dolo... Op. cit.*, p. 32-42; Ragués i Vallès, Ramon. *La ignorancia... Op. cit.*, p. 164-170; Sanz-Díez de Ulzurrun Lluch, Marina. *Dolo... Op. cit.*, p. 40 e ss.

428. Por todos, Roxin, Claus. *Zur Normativierung... Op. cit.*, p. 250; Schünemann, Bernd. Über die objektive... *Op. cit.*, p. 200; Vogel, Joachim. § 15... *Op. cit.*, Rn. 85; Dias, Jorge de Figueiredo. *Direito Penal... Op. cit.*, p. 369-370.

429. Greco, Luís. *Dolo sem vontade... Op. cit.*, p. 894; Puppe, Ingeborg. § 15... *Op. cit.*, Rn. 61 e ss; Puppe, Ingeborg. *Vorsatz... Op. cit.*, p. 63 e ss.

430. Cf. nota de rodapé n. 511.

431. No *Brasil*: Prado, Luís Regis; Carvalho, Érika Mendes de; Carvalho, Gisele Mendes de. *Curso... Op. cit.*, p. 297; Na *Alemanha*: Prittwitz, Cornelius. *Die Ansteckungsgefahr... Op. cit.*, p. 487; na *Espanha*: Mir Puig, Santiago. *El derecho penal en el Estado Social y democrático de derecho.* Barcelona: Ariel, 1994, p. 69; Mir Puig, Santiago. *Función de la pena y teoría del delito en el Estado social y democrático de Derecho.* 2. ed. Barcelona: J. M. Bosch, 1982, p. 76; Sanz-Díez de Ulzurrun Lluch, Marina. *Dolo... Op. cit.*, p. 77; Tamarit Sumalla, Josep Maria. *La tentativa... Op. cit.*, p. 541.

pressuposto representa uma tentativa de fundamentar a maior intensidade de pena para o crime doloso sem que se desvalore a atitude interna do sujeito (cf. *abaixo*, item 3.2), por outro, como chama a atenção parcela da doutrina,[432] nesse tipo de argumento há uma ligeira confusão em relação à causa determinante da periculosidade do comportamento, isto é, *o que determina a intensidade do perigo para o bem jurídico não é a intenção do agente, mas sim o modo como a conduta é realizada*. Isso quer dizer que se isolando o método de realização da conduta do juízo de valoração, a periculosidade objetiva para o bem jurídico é a mesma, seja a conduta culposa, seja a conduta dolosa. Nesse sentido, gostaria de recorrer a uma série de hipóteses as quais, suponho, são suficientes para demonstrar que *a ação com vontade não altera a periculosidade objetiva para o bem jurídico*.

Imagine-se a hipótese do indivíduo que *quer* matar o desafeto servindo-se de uma arma que ele sabe *negar fogo*; ou, ainda, na hipótese do indivíduo *A* que quer matar o seu desafeto *B*, mas que posteriormente constata que a dose de veneno utilizada é menor que a dose necessária para provocar a morte. Em ambos os casos, por maior que seja a vontade do agente de realizar o tipo penal, isso em nada alterará a circunstância objetiva de potencialidade do risco criado, daí que a intensidade da vontade não implicará qualquer incremento de perigo para o bem jurídico vida.

A inconsistência deste fundamento não é aparente apenas no grupo de casos nos quais os meios utilizados são inidôneos para produzir determinado resultado.[433] Mesmo quando os meios utilizados são idôneos para causar a lesão ao bem jurídico é possível demonstrar que a intenção em nada altera o nível de periculosidade.[434] Por exemplo, o disparo com arma de fogo em direção a potencial vítima situada em um mesmo lugar gera idêntico risco de morte independentemente de o disparo ser efetuado com ou sem intenção de matar.[435]

A irrelevância da vontade para valorar o perigo objetivo para o bem jurídico se mostra ainda mais evidente nas hipóteses de ataque a bens jurídicos de titularidade distinta em um mesmo contexto fático, mas com posição volitiva distinta: imagine-se a mencionada hipótese do indivíduo *R* que, durante a madrugada, e com o intuito de livrar-se de uma vez por todas do marido *M* da sua amante *A*,

432. Greco, Luís. *Dolo sem vontade... Op. cit.*, p. 898-899. No que é seguido por, Santos, Humberto Souza. *Elementos... Op. cit.*, p. 101.

433. Fazendo menção expressa em relação a esse grupo de casos, Pérez Manzano, Mercedes. *Culpabilidad y prevención: las teorías de la prevención general positiva en la fundamentación de la imputación subjetiva y de la pena*. Madrid: Ediciones de la Universidad Autónoma de Madrid, 1990, p. 158, nota de rodapé n. 66.

434. Contra argumentando que quando o meio utilizado pelo autor é idôneo todas as suas habilidades se põem a serviço do propósito e, portanto, a periculosidade para o bem jurídico é maior, Sanz-Díez de Ulzurrun Lluch, Marina. *Dolo... Op. cit.*, p. 48. O equívoco do argumento é o mesmo inicialmente apontado: a periculosidade não se encontra propriamente na intenção, senão no método de realização do tipo penal.

435. Ragués i Vallès, Ramon. *La ignorancia... Op. cit.*, p. 166.

sabota os freios do automóvel de *M* para, finalmente, poder viver seu romance com *A*. Na hipótese de ocorrência do resultado morte e naturalmente considerando que a morte de *A* era altamente indesejada, seria de se admitir a imputação a título de dolo em relação à morte de *M* e outra a título de culpa [em relação à morte de *A* apenas porque a posição volitiva do agente era distinta? Por acaso havia diferentes níveis de perigo para o bem jurídico vida? Presumo que ninguém responderia a isso afirmativamente.

Também seria possível mencionar o caso da roleta russa que expressa evidente antítese com o *querer*. É de se perguntar: se é a vontade que determina o nível de perigo para o bem jurídico, a conduta nas hipóteses de roleta russa se torna menos perigosa pela ausência de vontade do agente? A resposta negativa também se impõe.

Para seguir demonstrando a irrelevância da vontade para a determinação do nível de periculosidade para o bem jurídico, também é possível recorrer a ações que não representam, em si, qualquer perigo. Consideremos, pois, a hipótese do indivíduo que tem relação sexual consentida com uma menor de 14 (quatorze) anos. O ajuste típico existe independentemente da vontade do agente: ou bem o sujeito conhecia a idade da vítima e o tipo poderá lhe ser imputado ou bem o sujeito desconhecia essa circunstância e o tipo não poderá lhe ser imputado. A pergunta sobre se ele queria ou não realizar o estupro é tão irrelevante para o ajuste típico quanto a pergunta sobre se o fato se deu com ou sem o consentimento da vítima.[436] Donde é possível concluir, uma vez mais, que a investigação sobre a vontade do agente nenhum papel desempenha para a proteção do bem jurídico.

Finalmente, há o último argumento que pode ser levantado contra este tipo de fundamentação: se a vontade demonstra maior periculosidade objetiva para o bem jurídico, como explicar a quantidade de pena na hipótese em que o indivíduo realiza o tipo penal como plataforma intermédia necessária ou no dolo direito de segundo grau, quando é certo que, nesses casos, não há vontade genuína em

436. Não desconheço a discussão sobre se a presunção de violência pode ser relativizada. Mas isso é problema de subsunção e não de imputação subjetiva. Sobre a relevância, ou não, do consentimento, cf. Bitencourt, Cezar Roberto. *Tratado de direito penal: parte especial.* 6. ed. São Paulo: Saraiva, 2012, vol. 4, p. 94 e ss; Greco, Rogério. *Comentários... Op. cit.*, p. 655 e ss; Prado, Luís Regis; Carvalho, Érika Mendes de; Carvalho, Gisele Mendes de. *Curso... Op. cit.*, p. 1047-1048. Na jurisprudência há firme entendimento no sentido da irrelevância do consentimento. Prevalece a tese segundo a qual para a caracterização do crime de estupro de vulnerável previsto no art. 217-A, *caput*, basta que o agente tenha conjunção carnal ou pratique qualquer ato libidinoso com pessoa menor de 14 anos. O consentimento da vítima, sua eventual experiência sexual anterior ou a existência de relacionamento amoroso entre o agente e a vítima não afastam a ocorrência do crime. Cf. no *STF*: HC 128971 AgR-MG, Min. Luiz Fux, j. 20.09.2016; ARE 940701 AgR-SP, rel. Min. Gilmar Mendes, j. 08.03.2016. No *STJ*: REsp 1480881-PI, rel. Min. Rogerio Schietti Cruzm, 3ª seção, j. 26.08.2015.

relação ao resultado?[437] A fundamentação exposta, portanto, ainda que se admita alguma correção teórica, somente funcionaria para o dolo direto de primeiro grau.

Por outro lado, também é possível fazer uma objeção empírica a esse tipo de argumento voluntarista, qual seja: se considerarmos que a quantidade de crimes culposos, especialmente nos casos de acidentes de trânsito, é consideravelmente superior a de crimes dolosos, seria também coerente, no mínimo, que a punição, nesses casos, tivesse sob mesmo grau de reprovabilidade, afinal, os números indicam que os comportamentos culposos são mais perigosos para os bens jurídicos que os dolosos.[438]

Todas essas situações demonstram o quanto é incoerente a argumentação de que a vontade incrementa o perigo para o bem jurídico e comprovam, de forma clarividente, *o quanto é arbitrário considerar o estado anímico do agente para fins de imputação*. Noutros termos: do ponto de vista da afetação do bem jurídico a gravidade da lesão é a mesma, esteja, ou não, o agente possuído por uma vontade de realização. A objeção a esse fundamento pode ser assim formulada: *a vontade do agente é irrelevante para determinar o nível de intensidade do perigo (ou afetação) para o bem jurídico.*

3.2 A periculosidade subjetiva

Ficou claro que a vontade não pode alterar a intensidade objetiva do perigo, mas ainda seria possível argumentar que a vontade criminosa é inegável indicador da maior periculosidade subjetiva do agente. Aquele que *quer* disparar contra outro indivíduo é subjetivamente mais perigoso se comparado àqueloutro que disparou *sem querer*; quem *quer* decide contra o bem jurídico.[439] Essa maior intensidade da participação interna do autor doloso na realização do tipo dá ensejo a três tipos de argumentos: a sanção mais severa deve ser imposta para corrigir o autor doloso (*a*); a sanção mais severa deve ser imposta para neutralizar a vontade do potencial delinquente (*b*) e, finalmente, a pena mais severa deve ser imposta como forma de estabilizar o conteúdo da norma (*c*).

437. Referindo-se ao dolo eventual, Ragués i Vallès, Ramon. *La ignorancia... Op. cit.*, p. 167. Cf. Ragués i Vallès, Ramon. *El dolo... Op. cit.*, p. 182.

438. Com dados sobre a realidade da Alemanha Cf. Duttge, Gunnar. § 15... *Op. cit.*, Rn. 6-7. Esse autor aponta que dos 860 casos julgados na Alemanha, no ano 2014, aproximadamente 585 derivam do trânsito (68%). Para dados mais antigos, cf. Vogel, Joachim. § 15... *Op. cit.*, Rn. 6-7.

439. Neste sentido, por exemplo, Frisch, Wolfgang. *Vorsatz... Op. cit.*, p. 97-99. Ao analisar a concepção desse autor (abaixo, parte III, item 3.2.1), ficará mais evidente porque um cognitivista recorre a esse tipo de argumento. Essa parece ser a posição majoritária. Em maior ou menor medida, para além de Frisch, o argumento também é ventilado por Freund, Georg. *Strafrecht...Op. cit.*, p. 269-270, Rn. 38; Joecks, Wolfgang. § 16... *Op. cit.*, Rn. 12; Otto, Harro. *Strafrecht... Op. cit.*, p. 76, Rn. 5; Roxin, Claus; Greco, Luís. *Strafrecht... Op. cit.*, § 12, Rn. 25 e ss; Schroth, Ulrich. *Die Differenz... Op. cit.*, p. 6 e ss; Vogel, Joachim. § 15... *Op. cit.*, Rn. 11; Hassemer, Winfried. *Kennzeichen... Op. cit.*, p. 295.

O primeiro argumento alinha-se com a ideia de prevenção especial, ou seja, ao autor doloso deve ser imposta pena mais severa com o intuito de promover a sua alteração subjetiva: que ele também passe a considerar relevantes os valores juridicamente protegidos; o crime culposo, por sua vez, é fruto da desatenção e ninguém está livre de cometê-lo; a pena imposta não visa a correção de princípios, mas sim aumentar o nível de atenção do indivíduo[440] (*a*).

No fundo, o que essa doutrina está argumentando é que a conduta derivada da vontade expressaria relação de maior distanciamento entre o agente e a norma, razão pela qual o autor do comportamento doloso lesa não somente o bem jurídico, mas também a norma que manda observar o bem jurídico. E tal distanciamento normativo, que outra coisa não é senão *a demonstração da atitude interior antissocial*, justifica o maior incremento da pena como meio de reajustar a escala de interesses do indivíduo.

Embora argumentos dessa natureza possam ter algum (*intuitivo*) fundo de verdade – especialmente se consideramos o fato de que estamos muito mais inclinados a nos identificar linguisticamente com a expressão *foi sem querer* do que com a expressão *eu quis* – a sua correção teórica é, no mínimo, duvidosa. Com efeito, tais argumentos são absolutamente incompatíveis com o modelo de direito penal no Estado de Direito, uma vez que indisfarçavelmente fincam a ideia de punição pelo estilo de condução de vida e não pelo fato. O Estado pode *comunicar* aos indivíduos quais são os interesses que considera mais relevante para a convivência social pacífica (= e o faz com a elaboração dos catálogos penais) e *esperar* que o indivíduo respeite a escala de valores. Contudo, o Estado não pode promover um programa direcionado à alteração de prioridades subjetivas.

A ideia de correção de atitude interior antissocial do autor expressada pela realização do crime também esbarra em duas outras objeções adicionais: *primeiro*, em alguns casos a prioridade subjetiva de realização do delito pode ser coerente com a prioridade subjetiva da maioria dos cidadãos (*i*); *segundo*, o autor doloso pode ter um prognóstico positivo de reinserção (*ii*).

Quanto à primeira (em alguns casos a prioridade subjetiva de realização do delito pode ser coerente com a prioridade subjetiva da maioria dos cidadãos), a realização dolosa não justificaria qualquer alteração na quantidade de pena se comparado ao comportamento culposo, muito pelo contrário. Basta considerar, por exemplo, a hipótese do filho *F* que *intencionalmente* desliga os aparelhos que mantêm a sua mãe viva. Seria possível falar em imposição de pena mais severa para justificar a alteração do padrão subjetivo de *F*? Porque agiu *intencionalmente*, demonstra *F* maior periculosidade subjetiva? Parece-me pouco questionável que com uma pena mais intensa não se alcançará um reforço à proibição de matar,

440. Schroth, Ulrich. *Vorsatz als Aneignung der unrechtskonstituierenden Merkmale*. Frankfurt: Peter Lang, 1994, p. 10; p. 117 e ss; Díaz Pita, Maria del Mar. *El dolo... Op. cit.*, p. 306.

muito pelo contrário, nesse caso, a imposição de pena poderá gerar um sofrimento adicional e inútil. A alteração da prioridade subjetiva do autor, portanto, não é um fundamento válido para todas as hipóteses de realização dolosa (*i*).

No que diz respeito à segunda objeção adicional (o autor doloso pode ter um prognóstico positivo de reinserção), a ideia de que o autor doloso é subjetivamente mais perigoso esbarra nas hipóteses em que o prognóstico de reincidência de um autor doloso pode ser eventualmente mais favorável que um autor culposo, mas, nem por isso, o direito penal trata aquele de modo mais benigno[441] (*ii*).

Uma vez que a ideia de prevenção especial não se sustenta, seria de se argumentar, agora sob a *perspectiva geral negativa* ou *intimidatória*, isto é, que a imposição de uma punição mais severa para o autor volitivo faz-se necessária porquanto o direito deve tentar anular essa *potencial vontade criminosa* do indivíduo[442] (*b*). A pena somente poderia surtir esse efeito intimidatório se houvesse relação diretamente proporcional entre a intensidade do impulso delitivo e a quantidade de pena imposta; como o dolo requer maior participação subjetiva do autor para a realização do tipo, a resposta punitiva deve ser mais intensa.

Do ponto de vista psicológico, essa argumentação não tem sustentação. A intensidade da exigência psicológica para anulação de uma *potência psíquica* pode ser muito maior nos delitos culposos que nos dolosos. É muito mais fácil desmotivar quem tem propósitos estabelecidos de forma clara, isto é, ao autor doloso, que aquele que não tem propósito algum. Desfazer o defeito cognitivo do autor culposo exige muito mais esforço psíquico.[443] Se recorrermos a um exemplo trivial, o indivíduo que sabe da prova de direito penal no sábado, embora esteja decidido a encontrar os amigos, precisa de muito menos esforço psicológico para abandonar o seu propósito se comparado com aquele que não sabe que haverá prova. Isso significa que a correção de um defeito volitivo pode ser mais fácil se comparada à necessidade de correção de um defeito cognitivo. Desse modo, como o fundamental problema de repercussão motivacional está no âmbito cognitivo, e não volitivo, o argumento da inibição da potencial vontade criminosa é absoluta-

441. Ragués i Vallès, Ramon. *La ignorancia... Op. cit.*, p. 168. No Brasil, as avaliações psicossociais para fins de aferição da personalidade e grau de periculosidade do indivíduo são realizadas por meio do *exame criminológico*. Cf. *STF:* HC 105.234, rel. min. Cármen Lúcia; HC 106.678, rel. p/ o ac. Min. Luiz Fux; HC 94.208, rel. Min. Ayres Britto; HC 102.859, rel. Min. Joaquim Barbosa; HC 93.108, rel. p/ o ac. Min. Ricardo Lewandowski; cf. súmula vinculante n. 26 ("Para efeito de progressão de regime no cumprimento de pena por crime hediondo, ou equiparado, o juízo da execução observará a inconstitucionalidade do art. 2.º da Lei 8.072, de 25 de julho de 1990, sem prejuízo de avaliar se o condenado preenche, ou não, os requisitos objetivos e subjetivos do benefício, podendo determinar, para tal fim, de modo fundamentado, a realização de exame criminológico").

442. Tese defendida por Feuerbach, cf. a respeito Greco, Luís. *Lebendiges... Op. cit.*, p. 60 e ss; Greco, Luís. *Dolo sem vontade... Op. cit.*, p. 899; Löffler, Alexander. *Die Schuldformen... Op. cit.*, p. 212 e ss. Sobre importância da vontade criminosa no conceito de dolo em Feuerbach, cf. Hemmen, Heinrich. Über... *Op. cit.*, p. 16-24. Cf. nota de rodapé n. 22.

443. Esta argumentação também aparece em Feijóo Sánchez, Bernardo. *El dolo... Op. cit.*, p. 73.

mente ingênuo e, consequentemente, não serve como fundamento para explicar a drástica distinção de pena.

Finalmente, se a pena não pode ser utilizada para alterar a razão de prioridades do indivíduo, tampouco intimidá-lo, poder-se-ia, por fim, manejar o argumento segundo o qual a pena mais severa imposta ao autor volitivo está justificada pelo abalo que ele provoca na ordem normativa. Em verdade, essa perspectiva muito se assemelha à ideia de prevenção; ela é, por assim dizer, uma consequência da primeira perspectiva: nesse caso, a pena *olha* para o indivíduo com o objetivo de alterar a sua escala de valores; na prevenção geral positiva, a punição *olha* para os próprios valores violados em razão daquela alteração da prioridade de valores. E, nesse ponto, são vários os autores que defendem fundamento dessa natureza: BRAMMSEN, por exemplo, argumenta que a vontade manifesta *maior desprezo pelo bem jurídico*, o que abalaria de modo mais intenso a confiança da comunidade no ordenamento jurídico.[444] DÍAZ PITA, que também argumenta na linha da prevenção especial, afirma, expressamente, que atua dolosamente quem se decide contra um bem jurídico; e essa decisão é relevante, porque questiona diretamente a vigência da norma.[445] Na mesma linha, FEIJÓO SÁNCHEZ, metaforicamente, argumenta que um gol de placa não tem o mesmo valor se o jogador, no momento do arremate, não tinha consciência da jogada que iria consumar...[446] Portanto, quem é consciente do alcance do que está fazendo perturba a estabilidade normativa e motiva medidas mais radicais de reparação. Com efeito, o objeto de desvalor não é, por isso mesmo, o conhecimento em si, mas sim o que se decide realizar *apesar* do conhecimento. Isso significa que para esses autores o ponto de desvalor é a desobediência subjetiva que há na conduta dolosa e que inexiste na culposa.

Meu objetivo não é investigar as dificuldades que a teoria da prevenção geral positiva apresenta, isso a doutrina fez com profundidade e clareza.[447] Entretanto, gostaria de ressaltar o ponto que aqui me parece essencial: essa exigência de lealdade ao direito determinada por hipotética vontade (= deslealdade) do agente não pode se fundamentar com base em uma diretriz de comportamento; esse fundamento moralizante fere diretamente a autonomia humana. Com um exemplo singelo, a legitimidade do dono da loja de antiguidades que pune o cliente adulto porque quebrou o vaso de porcelana estilo chinês do século VII não está no fato de indicar razões morais para obrigá-lo a comportar-se conforme as normas da casa, mas sim apresentar-lhe razões prudenciais para não mais fazê-lo. Bem por isso, é compreensível porque LUÍS GRECO define a prevenção geral positiva como a teoria segundo a qual a ameaça com pena dá ao agente razões morais (em sentido amplo) para comportar-se conforme o direito e esse objetivo educacional por

444. BRAMMSEN, Joerg. *Inhalt... Op. cit.*, p. 78.
445. DÍAZ PITA, Maria del Mar. *El dolo... Op. cit.*, p. 306.
446. FEIJÓO SÁNCHEZ, Bernardo. *El dolo... Op. cit.*, p. 68 e ss.
447. Por todos, cf. GRECO, Luís. *Lebendiges... Op. cit.*, p. 396 e ss.

meio da pena não é compatível com o princípio segundo o qual o homem pode alcançar a razão por si mesmo.[448]

Como os argumentos pelas teorias têm a mesma razão substancial, isto é, camufla-se uma linha argumentativa de corte ético-sentimental que se aproxima, muito perigosamente, de um direito penal do autor, é possível formular uma objeção geral: "(...) *elas levem a que se castigue o autor não pelo que ele fez, mas por sua atitude interna*",[449] e atitudes internas não se ajustam ao direito penal com vocação democrática.

3.3 Contenção do poder punitivo

A última linha de defesa a favor de uma dimensão volitiva do dolo aponta para a direção segundo a qual a vontade seria o único elemento capaz de limitar poder punitivo. Argumente-se que a manutenção da *vontade como elemento de referência no âmbito da teoria do dolo seria a única forma de conter a expansão do poder punitivo* ou, com outras palavras, que o dolo (duplamente programado) desempenha a função de filtragem do poder punitivo.[450-451-452] Esse argumento apresenta vários problemas, especialmente pela duvidosa premissa da qual sua fundamentação deriva, isto é, a ilegitimidade da imposição de pena.[453] Desse equívoco de premissa deriva o desacerto dos argumentos. O primeiro deles é a visão mais ou menos deturpada de que é sempre positiva e bem-vinda qualquer espécie de contenção do poder punitivo. De que o poder punitivo deve ter os seus freios, ninguém poderá discordar. Mas daí a se considerar que o direito penal tem

448. Greco, Luís. *Lebendiges... Op. cit.*, p. 397 e ss (com referências à bibliografia espanhola na nota de rodapé n. 810, p. 400-401).

449. Greco, Luís. *Dolo sem vontade... Op. cit.*, p. 900.

450. Nesse sentido sinalizada Zaffaroni, Eugênio Raul; Batista, Nilo; Alagia, Alejandro; Slokar, Alejandro. *Direito penal... Op. cit.*, p. 270. Embora, adiante, também deixem claro "*a partir de uma perspectiva negativa da pena, é dispensável encontrar um fundamento legitimante para a maior gravidade do dolo, bastando descartar exista aí uma intolerável irracionalidade*" (p. 271; itálicos no original).

451. Se consideramos a repercussão da teoria da imputação objetiva dentro da dogmática penal, também é possível argumentar que as motivações não limitam, em primeiro plano, o alcance do poder punitivo. Muito mais importante que identificar a finalidade é saber se um determinado resultado pode ser imputado ao agente como sendo *obra sua*. Cf. Frisch, Wolfgang. *Objektive Zurechnung des Erfolgs – Entwicklung, Grundlinien und offene Fragen der Lehre von der Erfolgszurechnung. In*: JuS, 2011, p. 19 e ss; Roxin, Claus. *Gedanken zur Problematik der Zurechnung im Strafrecht. In*: FS – Richard M. Honig. Göttingen: Schwartz, 1970, p. 133 e ss. Também faz referência ao fato de que esse argumento pode ser levantado Streng, Franz. *Hemmschwellentheorie... Op. cit.*, p. 52.

452. Sobre o fato de que a exigência de um elemento volitivo possibilita, por exemplo, a distinção entre o dolo de lesar e o dolo de matar e, com isso, naturalmente, impede a sobrecriminalização, cf. Weigend, Thomas. *Zwischen Vorsatz und Fahrlässigkeit. In*: ZStW, 1981, n. 93, p. 671; Küpper, Georg. *Zum Verhältnis... Op. cit.*, p. 772.

453. Sobre o tema cf. Greco, Luís. *Lebendiges... Op. cit.*, p. 207-227.

pretensão de fossilização dos interesses que merecem dignidade penal, que é o destino para onde este argumento conduz, é um passo muito mais amplo.

Para demonstrar o quanto ingênuo é o argumento de que qualquer contenção do poder punitivo é sempre bem-vindo, basta considerar a *posição legal* dos escravos durante o período de escravidão. No direito penal do Império, a pena preponderante empregada para os escravos era o açoite. Apesar de a Constituição de 1824 haver declarado a abolição de todo tipo de pena cruel, o Código Criminal, à altura do art. 60, dispunha que, em se tratando de réu escravo, não sendo caso de pena de morte ou de galés, o escravo deveria ser castigado, nos termos da respectiva sentença, em até 50 chibatadas por dia.[454] Seria possível considerar que a ampliação do poder punitivo – considerar criminosas tais condutas – foi negativa? Noutros termos: a transformação legal dos escravos de objetos do direito para sujeitos de direitos é algo que deve ser interpretado positivamente? Caso a resposta seja em sentido positivo, e não creio provável noutro sentido, estaríamos admitindo que a expansão do poder punitivo nem sempre é ruim.

Para seguir argumentado não é preciso ir tão distante. Basta considerar o seguinte caso: *A*, suspeitoso de que sua mulher, *M*, estava tendo um caso amoroso como o seu vizinho, *V*, resolve voltar para casa mais cedo. Ao chegar, encontra os amantes em sono alto e deitados seminus na cama. Saca a arma de fogo que levava na cintura e aos berros diz que lavará a sua honra com sangue. *A* mata a esposa e o amante. Em casos como esse, até fins da segunda metade do século XX, a frase "matei por amor" não era tomada com grande espanto e a *legítima defesa da honra* era admitida como causa de irresponsabilidade penal.[455] Mas não é somente isso, também eram ventiladas as teses de legitimidade do estupro da esposa (= em razão da obrigação de prestar)[456] ou da utilização menos ortodoxa de meios de convencimento para relação sexual entre casais.[457] O próprio Código

454. Souza, Artur de B. Gueiros; Japiassú, Carlos Eduardo A. *Curso... Op. cit.*, p. 47-48.

455. Esse argumento excludente da ilicitude segue sendo articulado. Cf. na jurisprudência, *STJ*: AgRg no AREsp 558084-MS (2014/0196231-7), rel. Min. Reynaldo Soares da Fonseca, p. 4, julgamento em 11.06.2015; HC 44009-PE (2005/0076617-1), rel. Min. Felix Fischer, p. 7, julgamento em 23.08.2005; REsp 203632-MS (1999/0011536-8), rel. Min. Fontes de Alencar; rel. p/ o acórdão Min. Fernando Gonçalves, p. 3-6, julgamento em 19.04.2011; REsp 1517-PR (1989/0012160-0), rel. Min. José Candido de Carvalho Filho, p. 3 e ss, julgamento em 11.03.1991.

456. Significativa a seguinte passagem: "Questiona-se sobre se o marido pode ser, ou não, considerado réu de estupro, quando, mediante violência, constrange a esposa à prestação sexual. *A solução justa é no sentido negativo. O estupro pressupõe cópula ilícita (fora do casamento). A cópula intra matrimonium é recíproco dever dos cônjuges*". E prossegue: "*O marido violentador, salvo excesso inexcusável, ficará isento até mesmo da pena correspondente à violência física em si mesma, (...) pois é lícita a violência necessária para o exercício regular de um direito* (...)". Hungria, Nelson; Lacerda, Romão Cortes de; Fragoso, Heleno Cláudio. *Comentários... Op. cit.*, p. 114-115 (itálicos no original). No mesmo sentido Fragoso, Heleno Cláudio. *Lições de direito penal*. 2. ed. São Paulo: José Bushatsky, 1962, vol. 2, p. 493.

457. Também ressaltou Hungria: "(...) Aquele que arromba a porta do quarto em que se acha a mulher, e vem a obter que esta se lhe entregue voluntariamente, não comete estupro". Hungria, Nelson;

Penal, até alteração realizada em 2005,[458] continha, nos artigos 107, VII e VIII, a extinção da punibilidade no caso do casamento da vítima com o agente ou com o terceiro nos crimes contra a dignidade sexual (então denominados crimes contra os costumes). Contudo, parece pouco provável que atualmente algum cientista sustentaria tais teses, dito de outro modo, que o poder punitivo deveria ser contido e, consequentemente, deveria ser restabelecido o estado da arte de outrora. Isso significa que a ampliação do poder punitivo nem sempre implica arbitrariedade.

Finalmente, também é possível desenvolver uma demonstração hipotética do desacerto da tese de que toda contenção do direito penal é bem-vinda. Seria imaginável considerar, por exemplo, que o legislador pretenda implementar uma reforma no Código Penal nos seguintes moldes:

> "Art. 121. Matar alguém:
>
> Pena – reclusão, de seis a vinte anos.
>
> (...)
>
> § 7.º As pessoas da religião Z não são alguém no sentido expressado no *caput.*"

Se considerarmos as consequências da hipotética alteração legislativa – alguém que matasse uma pessoa da religião Z não responderia por homicídio – fica bastante evidente que, por um lado, a ampliação do poder punitivo nem sempre pode ser negativamente interpretada pela comunidade científica e, por outro, a redução do poder punitivo nem sempre pode ser positivamente interpretada pela comunidade científica.

Contudo, mesmo considerando que a premissa pudesse ser verdadeira – apenas uma suposição *ad argumentandum – o voluntarista ainda deveria demonstrar que uma teoria cognitiva implicaria, sempre, ampliação do poder punitivo e uma teoria volitiva sempre uma contenção do poder punitivo.* E isso, a meu ver, dificilmente ocorrerá.[459]

Portanto, a objeção ao último argumento pode ser assim formulada: *a contenção do poder punitivo é um argumento retórico, eis que nem sempre pode ser considerado como algo positivo para a convivência pacífica em sociedade.*

Lacerda, Romão Cortes de; Fragoso, Heleno Cláudio. *Comentários... Op. cit.*, p. 109, nota de rodapé n. 21.

458. Lei 11.105/2005.

459. Essa constatação poderá ser feita na última seção com a solução dos casos propostos. Cf. também *abaixo*, parte IV, item 5.2.

3.4 Síntese

Ponderando-se todos os argumentos cogitados pelos defensores das teorias volitivas e as objeções levantadas, creio estarmos autorizados a concluir que nenhuma das fundamentações propostas é suficientemente poderosa para sustentar a indispensabilidade de uma concepção de dolo com dupla programação psíquica, donde é possível concluir, com alguma segurança, que a diferença de pena entre o crime doloso e o crime culposo não precisa ser determinada pela atitude volitiva do indivíduo.[460] Mais ainda, e pior, toda teoria que recorre a fundamentos subjetivos para justificar maior punibilidade abona o direito penal do fato para firmar alguma sintonia com o direito penal do autor.[461] Portanto, se estamos punindo com base na vontade, por coerência científica, também estamos obrigados a admitir que essa punição ainda não pôde ser satisfatoriamente justificada, bem por isso, se seguimos com a concepção de dolo como vontade é unicamente *porque (entre nós) sempre foi assim*. E se isso parece aceitável, a ciência não pode desobrigar-se de buscar outros caminhos de fundamentação da atribuição da responsabilidade penal. Mas antes de começar a trilhar esse caminho, é possível seguir o último percurso de refutação da vontade.

4. Objeções adicionais ao elemento volitivo

Até agora critiquei, seja no que diz respeito à precisão, seja no que diz respeito ao fundamento, as teorias que propõem concretizações do querer. Isso significa que a essência do elemento volitivo ainda não foi verdadeiramente enfrentada. E uma boa concepção de dolo deve ser capaz de refutar não apenas os conceitos substitutos (= assunção aprovadora, levar a sério, indiferença, vontade de evitação, vontade em sentido normativo), senão também o próprio conceito substituído. Uma boa concepção cognitiva de dolo deve ser capaz de identificar obstáculos à utilização do próprio conceito primário, isto é, ao *querer*. Em poucas palavras: deve ser capaz de questionar o *dogma da vontade*.[462] E é essa última lacuna que uma teoria do dolo sem vontade precisa preencher antes de iniciar o caminho da argumentação construtiva.

Sustenta a doutrina brasileira que a teoria volitiva estaria legalmente amparada no art. 18, I, do CP: considera-se doloso *querer* o resultado.[463] A utilização desse verbo também nos permite questionar algumas certezas no que diz respeito

460. Cf. Schmidhäuser, Eberhard. *Strafrecht... Op. cit.*, p. 179, Rn. 36.

461. Greco, Luís. *Lebendiges... Op. cit.*, p. 68. Próximo Mir Puig, Santiago. *Derecho penal... Op. cit.*, p. 273, nm. 91.

462. Utiliza esta expressão Koriath, Heinz. *Über den Vorsatz und wie man ihn beweisen könnte. In:* Koriath, Heinz (Hrsg.). Grundfragen des Strafrechts, Rechtsphilosophie und die Reform der Juristenausbildung. Wissenschaftliches Kolloquium aus Anlass des 70. Geburtstages von Prof. Dr. Fritz Loos am 23. Januar 2009. Göttingen: Universitätsverlag, 2010, p. 114.

463. Cf. nota de rodapé n. 60.

à sua própria precisão semântica. Isso parece ser de extrema importância, uma vez que *o verbo querer não é específico da linguagem jurídica*, isto é, mesmo com a utilização do termo pelo legislador permanece aberta a questão sobre se o seu conteúdo deve ser deduzido da semântica da linguagem cotidiana ou, ao revés, se o seu conteúdo também pode – e deve – derivar-se da semântica jurídica. Sendo assim, o problema com o qual pretendo me controverter decorre da seguinte questão: o nosso Código Penal teria dotado o *querer* com o sentido determinado pela semântica da linguagem cotidiana? Como consequência da resposta que será sugerida a essa primeira questão, pretendo derivar três outras oposições contra uma programação volitiva do dolo.

Os problemas que se enlaçam com o conceito de querer extrapolam aqueles anteriormente mencionados quando da análise da sua precisão e da sua fundamentação. Há, ainda, objeções auxiliares que podem ser direcionadas contra a própria essência do elemento volitivo. Em todas essas permanece como pano de fundo a crítica sobre a possibilidade de leitura – muitas vezes tida como certa – da locução *querer o resultado* apenas a partir da lente volitiva.

4.1 Os sentidos do querer

Nas seções anteriores, procurei demonstrar, inicialmente, a ausência de precisão das teorias da disposição de ânimo como critério de calibração da responsabilidade penal e, posteriormente, a insuficiência da fundamentação volitiva para justificar a diferença de tratamento punitivo dispensada a cada uma das modalidades de imputação subjetiva. Agora, com os conceitos essenciais fincados e as objeções mais genéricas efetuadas, estamos habilitados a levantar mais alguns obstáculos ao emprego irrestrito do festejado elemento volitivo, precisamente no que diz respeito à (*im*)precisão semântica do verbo "*querer*".[464] Talvez por isso a central objeção dirigida por Frank às teorias volitivas esteja no fato de que a principal ponderação contra essas está na falta de clareza do conceito de vontade.[465]

A ampla parcela da doutrina majoritária – e também da doutrina minoritária – faz uso do verbo *querer* sem se preocupar em ajustá-lo às diferentes cargas de sentido que esse possui.[466] Quando a doutrina faz alusão à locução "*querer*

464. Também levantando uma crítica à vontade com temperos linguísticos Koriath, Heinz. *Grundlagen... Op. cit.*, p. 632 e ss; Koriath, Heinz. Über... *Op. cit.*, p. 114 e ss; Schmidhäuser, Eberhard. *Vorsatzbegriff... Op. cit.*, p. 13 e ss; Schmidhäuser, Eberhard. *Die Grenze... Op. cit.*, p. 242; Ross, Alf. Über den Vorsatz (Studien zur dänischen, englischen, deutschen und schwedischen Lehre und Rechtsprechung). Baden-Baden: Nommos, 1979, p. 19; p. 82 e ss. Hruschka, Joachim. *Strafrecht... Op. cit.*, p. 425 e ss. Anteriormente, Frank, Reinhard. *Vorstellung... Op. cit.*, p. 195 e ss.

465. "Das Hauptbedenken gegen die Willenstheorie liegt in der Unklarheit des Willensbegriff", Frank, Reinhard. *Das Strafgesetzbuch... Op. cit.*, § 59, Anm. I, p. 181.

466. Alertando para tal omissão e equívoco, Greco, Luís. *Dolo... Op. cit.*, p. 886-888; Kindhäuser, Urs K. *Der Vorsatz... Op. cit.*, p. 2 e ss; Puppe, Ingeborg. § 15... *Op. cit.*, Rn. 23; Stuckenberg, Carl-Friedrich. *Vorstudien... Op. cit.*, p. 174 e ss. Para uma observação etimológica mediante análise

o resultado" como objeto do dolo, ignora a evidente exigência de aclaramento do conceito primário, qual seja: esclarecer o que se quer dizer quando o termo *querer* é utilizado. Portanto, nesta seção, o meu objetivo, a partir do ponto de vista semântico, é demonstrar a imprecisão que há quando a doutrina se refere, genericamente, à *vontade psíquica* de realizar os elementos do tipo penal objetivo. Se recorrermos a um exemplo literário, a problemática ficará mais evidente: quando Brutus assassinou Júlio César, parecia a ele completamente indesejada a sua morte, embora, sem sombra de dúvida, quando o esfaqueou o fez intencionalmente, afinal, por meio da morte do imperador, Brutus aspirava a restaurar a república romana.[467] Essa referência literária permite a seguinte indagação: como é possível interpretar a locução "*querer o resultado*"?

O *querer* pode seguir dois caminhos de ajuste de significados, quais sejam: *uma pavimentação psicológica ou uma pavimentação atributiva.* E é justamente neste ponto que será necessário investigar se o art. 18, I, do CP permite sejam empregadas as duas possibilidades de compreensão para a fórmula linguística "*quis o resultado*", a saber: ou bem o termo é hospedado em um *sentido psicológico* ou bem o é em um *sentido normativo.*[468] Isso merece ser investigado porquanto o nosso código não ofereceu qualquer definição para a expressão, tampouco outra *evidente* referência sistêmica a partir da qual o conceito poderia ser derivado. Se considerarmos, como mencionado, que o termo *querer* não pertence exclusivamente ao âmbito da ciência jurídica, parece duvidoso associá-lo, imediata e ingenuamente, (apenas) à perspectiva dicionarista.[469] Começo, então, pelo sentido psicológico do querer.

Em sentido psicológico, o querer está umbilicalmente associado à linguagem cotidiana e, por isso mesmo, muito mais próximo ao significado dicionarista. Quando um diz para si mesmo: eu quis levantar o braço; eu quis jogar videogame; eu quis ir à festa, está utilizando o termo com sentido que se refere a determinada postura volitiva psíquica: uma intenção ou um fim perseguido.[470] Um finalista, por exemplo, representaria o sentido psicológico com a seguinte proposição: *a*

da utilização do termo em diversos dicionários alemães, cf. SPENDEL, Günter. *Zum Bregriff... Op. cit.*, p. 167 e ss. Destacando a assimetria de significados entre o termo no pensamento grego e romano e o nosso pensamento cf. LUNA, Everardo da Cunha. *Notas. In*: BETTIOL, Giuseppe. *Direito Penal*; trad. Paulo José da Costa Jr. e Alberto Silva Franco. São Paulo: RT, 1971, vol. II, p. 99.

467. PUPPE, Ingeborg. *Strafrecht... Op. cit.*, p. 112, Rn. 1.

468. Cf. GRECO, Luís. *Dolo... Op. cit.*, p. 886-888; SANTOS, Humberto Souza. *Problemas...Op. cit.*, p. 268 e ss; OTTO, Harro. *Der Vorsatz... Op. cit.*, 470; PUPPE, Ingeborg. § 15... *Op. cit.*, Rn. 23 e ss; STUCKENBERG, Carl-Friedrich. *Vorstudien... Op. cit.*, p. 211 e ss.

469. Críticas ao método de recorrer à linguagem cotidiana para conceituação jurídica, cf. GRECO, Luís. *Lebendiges... Op. cit.*, p. 278 e ss. No mesmo sentido: HASSEMER, Winfried. *Kennzeichen... Op. cit.*, p. 294-295, nota de rodapé n. 30; HERZBERG, Rolf Dietrich. *Das Wollen... Op. cit.*, p. 573 e ss; HERZBERG, Rolf D. *Das vollendete... Op. cit.*, p. 379; SCHMIDHÄUSER, Eberhard. *Vorsatzbegriff... Op. cit.*, p. 12 e ss.

470. Cf. VOGEL, Joachim. *Vorbemerkungen zu den § 15... Op. cit.*, Rn. 60. Para registrar a força volitiva, curioso ressaltar, esse autor faz uso dos verbos "*be*absichtigen" e "*bez*wecken". Na língua alemã esse prefixo é utilizado para imprimir mais intensidade de conteúdo semântico da raiz.

vontade do autor está dirigida ao movimento de levantar o braço, a jogar videogame ou ir à festa. Contudo, essa é uma descrição muito geral e mesmo nesse sentido cotidiano nem sempre será possível interpretar o querer como sinônimo do termo "*com intenção de*".

Não raramente o próprio uso diário da linguagem demonstra que o verbo *querer* nem sempre pode ser acoplado à posição psíquica do agente, à sua genuína vontade,[471] sob pena de conduzir a conclusões que ferem a lógica. Para deixar o horizonte dessa advertência um pouco mais evidente, vale considerar uma hipótese penalmente irrelevante e duas outras com repercussão na esfera penal:

> "Imaginemos o caso do estudante que não estuda até a véspera da prova e, ao abrir o livro, recebe um telefonema, sai, bebe, não dorme e chega direto da discoteca para fazer a prova. Pode ser que ele lamente com sinceridade a reprovação: 'Minha vontade não era isso', 'foi sem querer'."[472] (*i*).

Mas consideremos, agora, as hipóteses penalmente relevantes:

> "*P*, pai de *F*, resolve dar um *corretivo* na filha e, de fato, dá-lhe um tapa na cara causando-lhe lesões corporais. Aqui também é perfeitamente possível que o agente sustente que não *quis* causar a lesão. Poderíamos pensar, por exemplo, nas seguintes '*justificativas*': 'eu não queria machucar...eu só queria educá-la', 'a vara e a disciplina dão a sabedoria', 'quem ama bate, mas sempre afirmando o amor', diria *P*."[473] (*ii*)

Por fim, consideremos uma hipótese mais complexa:

> "Os motoristas M_1 e M_2 possuem veículos possantes e resolvem disputar um *racha* para saber quem é o mais veloz. O ganhador ficará com o outro veículo. Ambos disputam a corrida em uma avenida da cidade *X*; naturalmente havia pessoas na rua e algumas delas estavam sentadas em uma lanchonete que se situava à beira da pista. Conforme perícia, ambos imprimiam velocidade aproximada de 100 km/h. Ao passar por um quebra-molas, M_1 perde o controle do veículo e atinge as pessoas que estavam no bar, duas das quais falecem imediatamente. Testemunhas relatam que M_1 desceu do veículo e, aos prantos, ao telefone, protestou com um terceiro: '*Acabei de perder meu automóvel e de matar duas pessoas*'."[474] (*iii*).

Se analisarmos as três hipóteses a partir do intento declarado pelo agente, o sentido da vontade deve ser traduzido a partir do sentido *psicológico-descritivo*.

471. Conforme ressaltou, PUPPE, Ingeborg. § 15... *Op. cit.*, Rn. 23. Cf. VOGEL, Joachim. *Vorbemerkungen zu den § 15... Op. cit.*, Rn. 62. Também ressaltando que a investigação do uso cotidiano igualmente demonstra a extraordinária vagueza da expressão. FRANK, Reinhard. *Vorstellung... Op. cit.*, p. 201-202.

472. GRECO, Luís. *Dolo... Op. cit.*, p. 887.

473. Caso ocorreu em São Paulo e foi aqui levemente modificado no tocante às excusas (cf. Apelação nº 0044904-54.2012.8.26.0562).

474. Hipótese descrita com base no *habeas corpus* julgado pelo *STJ*: HC 3479-SP (1995/0021599-3), rel. Min. Jesus Costa Lima.

Aplicando o significado que tradicionalmente é atribuído ao querer, chegaríamos aos seguintes resultados:

> (*i*) Analisando tal conduta sob o prisma do universo psíquico do autor, ele não *quis* o resultado (= a reprovação).
>
> *Observação*: se aplicamos esse sentido, estamos reconhecendo que o estudante conhecia e *quis*, concomitantemente, tanto *ir para a festa* como *evitar* a reprovação (= não ir para a festa). Conclusão que – no contexto narrado – representaria contradição lógica insuperável; o que deixa evidente que nem a linguagem cotidiana tem uma semântica precisa para o verbo.
>
> (*ii*) Se consideramos qualquer das *"justificativas"* apresentadas, não havia uma atitude psíquica de *P* em relação à lesão corporal, razão pela qual não poderia responder dolosamente pela eventual lesão causada.
>
> *Observação*: se aplicarmos o conceito psicológico do querer, também chegaríamos a um resultado que contraria a lógica, afinal, significaria dizer que simultaneamente o pai conhecia e *quis* bater na filha, mas não *quis* ofender a sua integridade física.
>
> (*iii*) Se considerarmos o sentido psicológico-descritivo, parece evidente que M_1 não *queria* a morte das vítimas, eis que isso implicaria na perda do seu automóvel.
>
> *Observação*: o resultado morte, inclusive, é completamente incompatível com os seus propósitos: ganhar o outro veículo e provar que é melhor "*piloto*".

As duas hipóteses penalmente relevantes demonstram muito claramente os resultados contraintuitivos a que se chega com a utilização do querer em sentido psicológico. Mais ainda, se o referencial para a determinação da responsabilidade mental tem o seu centro de gravidade determinado pela postura psicológica do indivíduo, no fundo, isso implicará reconhecer que é o autor da conduta, e não o magistrado, quem decidirá não somente sobre o nível da imputação, mas também, e principalmente, sobre a própria tipicidade, ou não, do comportamento. Como o Código Penal nada esclarece a respeito, teria esse adotado tal parâmetro psicológico? Antes de responder a essa indagação, é necessário expor *o que se entende por sentido normativo-atributivo da vontade.*

Não parece incorreto afirmar que o BGH, com a mencionada decisão do caso de cinto de couro, mesmo considerando todas as objeções levantadas, possibilitou que a locução "*querer o resultado...*" fosse compreendida a partir de outra perspectiva semântica, afinal, o dolo não era só o querer, mas o *querer em sentido jurídico.*[475] E isso representou, sem dúvida, tímida possibilidade de transição do conceito de vontade em sentido psicológico para o conceito de vontade em sentido normativo. Para esclarecer os reflexos que tal transição provoca, recorrerei, outra vez, a dois dos exemplos mencionados. Imaginemos o desenrolar do diálogo

475. Cf. acima, parte II, item 2.1.1.1.

travado no exemplo do estudante boêmio: O amigo sincero talvez responda: "*não reclame, você quis ser reprovado*"; no segundo exemplo, o Promotor de Justiça talvez afirme: "*Quem desfere tapa na boca de filho menor de idade tem intenção de ofender a integridade física*". Nesses dois casos, a valoração do querer não mais está determinada pela postura psíquica indicada pelo próprio agente, mas sim pelo juízo de atribuição de responsabilidade realizado por um terceiro, o qual é concretizado a partir da informação empírica externa deixada pelo comportamento do indivíduo. A rigor, o juízo sobre o conteúdo da vontade *move-se* da cabeça do agente para a cabeça do observador. Nesses casos, a vontade não é mais compreendida em sentido psicológico, mas sim em sentido *atributivo-normativo*. Esse significado atributivo, como claramente se percebe, não estabelece qualquer carga de contraste com peso valorativo entre o que é desejado e o que é efetivamente realizado pelo agente.

Ambos os sentidos, então, encerram significados bastante distintos porquanto partem de diferentes perspectivas de compreensão do comportamento humano. *Por um lado, no sentido psicológico, a conduta é valorada a partir da perspectiva do interveniente e o dolo é fruto, por assim dizer, de autoatribuição; por outro lado, no sentido normativo, a conduta é valorada a partir da perspectiva do observador e o dolo é fruto da atribuição desse terceiro.*

Naturalmente, há casos nos quais ambos os sentidos se sobrepõem e não fará diferença se estamos diante de sentido psicológico-descritivo ou normativo--atributivo. Tomando o exemplo de SCHMIDHÄUSER: B_1 é proprietário de uma casa de campo. Em uma noite, em frente à sua casa, e com material inflamável à mão, encontra-se com seu irmão B_2, que formula a seguinte pergunta: o que você quer fazer? B_1 responde abertamente: eu quero incendiar minha casa, para finalmente receber o dinheiro do seguro. Após colocar material inflamável em pontos suficientes, B_1 ateia fogo, mas as pequeninas chamas se apagam. Prontamente, uma vez mais, B_1 incendeia diversos lugares da casa que, pouco tempo depois, está completamente em chamas.[476] Nesse caso, sem sombra de dúvidas, o *querer* psicológico e o *querer* atributivo se cruzam: inicialmente houve a tentativa frustrada;[477] porém, para alcançar o objetivo, o comportamento incendiário foi novamente realizado. Aqui ninguém hesitará em dizer que não se trata de um hipotético caso de fraude para recebimento de indenização de seguro (art. 171, § 2.º, V, do CP). O problema é que esse caso não corresponde àqueles que se apresentam na zona de fronteira entre o dolo e a culpa e, portanto, dada à sua autoevidência, praticamente não oferece dificuldades de justificação para a imputação a título de dolo.

Considerando-se as advertências semânticas, fica ainda mais evidente que a locução "*querer o resultado...*" admite mais de uma interpretação; mais ainda, o significado meramente psicológico a essa atribuído pode conduzir a soluções

476. SCHMIDHÄUSER, Eberhard. *Strafrechtlicher... Op. cit.*, p. 138.
477. Termo empregado no *sentido vulgar*.

problemáticas não somente no campo dogmático, mas também no campo político-criminal. Assim que, se no campo do uso cotidiano a expressão é denunciada pela sua invulgar imprecisão, evitar a sua utilização no âmbito jurídico é o que de mais sensato a comunidade científica pode sugerir.[478] Agora, se essa vontade psicológica pode ser adequadamente normatizada, e, com isso, fornecer contornos mais claros sobre os limites internos da imputação subjetiva, é problema para o qual ainda não temos resposta satisfatória.[479]

Podemos derivar como certo, contudo, que casos como o da disputa automobilística ou o do pai que bate no rosto da filha não podem ser adequadamente solucionados com o dolo como programação volitiva em sentido psicológico, razão pela qual há, desde aqui, elementos suficientes para sugerir que o conteúdo do dolo exige programação levada a cabo a partir de dados jurídicos, isto é, um conteúdo meramente normativo. Se isso parece pouco questionável, fica evidente que a locução "*querer o resultado...*" também permite um sentido que descreve unicamente a consciência da realização da ação, sendo desnecessária a conexão psíquica entre o resultado e alguma consequência aspirada ou tolerada pelo autor.[480] Sendo assim, creio ser possível voltar àquela indagação: o código teria adotado a postura psicológica? Parece-me que a resposta negativa se impõe. Tanto a doutrina quanto a jurisprudência, ao menos parcela de ambas, admitem o dolo sem vontade, embora não reconheçam expressamente tratar-se de uma posição normativa: seria muito difícil – mesmo seguindo-se a opção da literatura científica brasileira – negar o dolo eventual na hipótese número (*iii*) e, nesse caso, estamos diante de dolo sem vontade em sentido psicológico (cf. *abaixo*, parte IV, item 5.1).

A essa altura, creio ser possível a última observação de ordem linguística: no nosso idioma, ao contrário do que ocorre na língua alemã, o termo dolo pertence única e exclusivamente à semântica jurídica. Um alemão, por exemplo, consegue associar carga de sentido psicológico em relação ao dolo direto de segundo grau porque a palavra utilizada para essa categoria jurídica, "*Vorsatz*", também pertence à linguagem cotidiana, pelo que a normativização do termo não é tão fácil. Para um brasileiro, por exemplo, a palavra de maior conexão com a linguagem cotidiana é culpa. Tanto assim que não resulta tão fácil explicar para um indivíduo que a culpa é justamente "*não ter intenção*". O que quero considerar nesse caso é que, para nós, a linguagem cotidiana oferece a excelente oportunidade para construir uma concepção puramente normativa de dolo, isto é, há em português um termo jurídico que permite que sua carga semântica seja preenchida com conceitos ligados exclusivamente ao seu campo de incidência.[481]

478. Contra-argumenta, HIPPEL, Robert v. *Die Grenze... Op. cit.*, p. 41-42.

479. Esse é o caminho para o qual sinaliza ROXIN. Claus. *Zur Normativierung... Op. cit.*, *passim*; ROXIN, Claus. Über... *Op. cit.*, *passim*. Sobre isso cf. *acima*, parte II, item 2.2.

480. Cfr. SCHMIDHÄUSER, Eberhard. *Strafrechtlicher... Op. cit.*, p. 139.

481. Cf. nota de rodapé n. 194.

Ao fim e ao cabo, todo esse cenário permite concluir que a exortação da dimensão volitiva do dolo é insustentável[482] e indica, minimamente, que a definição (e precisão) de dolo pode perfeitamente partir de outros pontos de arranque que não o mero (e irrelevante, no ponto) significado dicionarista das palavras. Tal advertência ao conteúdo volitivo do dolo pode, então, ser assim formulada: *a noção de vontade no âmbito jurídico-penal não corresponde necessariamente ao sentido psicológico (= ou literal sentido dicionarista) da expressão.*

Em síntese, pode-se dizer – como observou a doutrina – que a habitual definição do dolo, que aqui depende do *querer*, ignora dois sentidos de vontade bastante distintos. Daí porque, se é possível dizer, sem qualquer contradição, e para colocar as coisas em seus devidos lugares, que psicologicamente algo pode ser querido, não é menos verdade que também para fins de atribuição de responsabilidade saber se algo foi querido e, consequentemente, se esse algo pode ser imputado ou não, será sempre uma questão normativa. Mais ainda: que a vontade normativa também não está em condições de fundamentar satisfatoriamente uma concepção de dolo, parece-me questão respondida (*acima*, itens 2.2 e 3).

Contudo, caso se argumente que o código teria adotado a vontade com conteúdo meramente psicológico, surgem outros problemas: ela deve ser mesmo encarada como um dado psicológico ao qual o juiz deve aferrar-se para realizar o juízo de valoração? E, caso a resposta seja positiva, seria possível que tal conteúdo fosse isolado da consciência e, somente ele, valorado pelo terceiro observador? Pretendo oferecer resposta a essas perguntas nas duas próximas seções.

4.2 A vontade como fenômeno psicológico?

Como visto, as teorias volitivas e as diversas fórmulas linguísticas atribuídas ao querer psicológico (= estar de acordo com o resultado, assunção aprovadora do resultado, levar a sério a possibilidade de realização, vontade de evitação não atuada) exigem a atitude psicológica do indivíduo em relação ao resultado. A questão que aqui se põe é se tal dado psicológico efetivamente existe de modo claro (*i*) e, em caso positivo, como pode ser apreendido pelo magistrado (*ii*). Antes de prosseguir, gostaria de ventilar a seguinte situação fática:[483]

> *A* encontra-se com sua (ainda) namorada *B* para uma conversa sobre o relacionamento, durante a qual *B* decide terminar definitivamente o relacionamento. Com uma mescla de sentimentos (raiva, paixão, frustração, incre-

482. Afirmando que a vontade nunca foi levada a sério, Schmidhäuser, Eberhard. *Vorsatzbegriff... Op. cit.*, p. 12 e ss ou tratar-se de um *clichê*, Ross, Alf. Über... *Op. cit.*, p. 82. Nem os próprios voluntaristas dão uma interpretação uniforme ao termo. Assim, por exemplo, Hungria, ao comentar o estado de necessidade, afirma que a expressão perigo alheia à sua *vontade*, significa que o agente não tenha provocado o estado de necessidade intencionalmente, ou por *grosseira inadvertência* ou *leviandade* (= leia-se, culposamente). Hungria, Nelson. *Comentários... Op. cit*, p. 273.

483. Leitmeier, Lorenz. *Bedingter Vorsatz – ein Wertbegriff. In*: HRRS, Ausgabe 5, 2016, p. 244.

dulidade e esperança), *A* resolve dar uma volta de automóvel com ela. Com velocidade de aproximadamente 70 km/h, avista uma curva que deve ser feita a, no máximo 30 km/h, mas não reduz a velocidade. *A* não consegue realizar a curva e, em razão do capotamento, *B* sofre lesões graves.

Perguntado sobre o que havia pensado, entre outras respostas, duas são plausíveis sejam dadas, *A* responde:

(1) "Nada, absolutamente nada..."

Indagado noutro momento, *A* responde:

(2) "Tudo passava pela minha cabeça naquele momento..."

Em regra, os tribunais recorrem à fórmula de Frank para solucionar casos como esse e outros semelhantes, qual seja: se *A*, no momento em que fazia a curva disse para si "*tudo sairá bem*" haverá culpa consciente; contudo, se o diálogo mental foi "*que se dane*", haverá dolo eventual. Acontece que essa resposta firme não pode ser dada pelo magistrado e, às vezes, tampouco pelo próprio autor do fato (1). Isso significa, para situar em termos processuais, que a absolvição deve ser declarada, afinal, o autor em nada pensou.[484]

A resposta de número (2) também conduz a sério problema, afinal, a onda de pensamentos que invadia a cabeça do condutor no momento da conduta (a raiva, a esperança, o ódio, a frustração, o desespero, a dúvida) impediu que ele organizasse sua atividade mental em apenas duas alternativas: "tudo sairá bem" ou "que se dane".

Não parece haver dúvida de que o caso acima relatado se encontra justamente naquela zona de imputação subjetiva duvidosa que aqui pretendo seja diluída. E se isso parece pouco discutível, aquela imagem em branco e negro que a literatura científica majoritária tenta traçar é impossível de ser verificada nos casos fronteiriços. Aqui, com razão, Puppe aponta que o problema da utilização dessa descrição do elemento volitivo do dolo não está onde ordinariamente se vê, isto é, no fato de o magistrado não poder acessar a cabeça do autor para saber das suas intenções,[485] senão no fato de ele procurar (= o "estar de acordo com o resultado ou confiar seriamente na não produção do resultado") o que simplesmente não existe, isto é, não está na cabeça do autor no momento de realização do fato.[486]

484. E justamente por isso, lamentavelmente, as regras de experiência indicam haver infundada inclinação para o dolo eventual, na maioria dos casos, mesmo nessas hipóteses fronteiriças. E o que indica essa decisão pelo dolo eventual de lesão corporal de natureza grave (ou até mesmo de tentativa de homicídio) sem a certeza daquela atitude mental? Indica haver assimetria entre a teoria e a *praxis*, a prática não leva a sério os conceitos que a ciência forja.

485. Assim Mayer, Hellmuth. *Strafrecht... Op. cit.*, p. 116-117.

486. Cf. Puppe, Ingeborg. *Beweisen oder Bewerten. Zu den Methoden der Rechtsfindung des BGH, erläutert anhand der neuen Rechtsprechung zum Tötungsvorsatz. In*: ZIS, 2014, n. 2, p. 68; Puppe, Ingeborg. *Feststellen, zuschreiben, werten: semantische Überlegungen zur Begründung von Strafurteilen und deren revisionsrechtlicher Überprüfbarkeit. In*: NStZ, 2012, p. 409; Puppe, Ingeborg. *Kleine...*

Seria possível, inclusive, levantar a seguinte questão: o *que deve ser comprovado pelo magistrado quando não há fato algum a ser comprovado*? Isso indica claramente que a atividade do magistrado não deve ser de comprovação, senão de valoração. Quando o magistrado afirma que o agente teve assunção aprovadora, era indiferente ou levou a sério a realização do tipo, ele não está realizando o julgamento a partir de determinado diagnóstico do estado psíquico do agente, senão uma atribuição de determinada postura psíquica (= o dolo) a partir da observação de algumas circunstâncias marcantes do comportamento do agente.

Adicionalmente, e para demonstrar o quão problemática pode ser a legitimação da punição a partir da hipotética postura psicológica interna do autor, poderíamos seguir argumentando com casos extremos. Consideremos, pois, a hipótese na qual o sujeito é torturado para revelar a verdade sobre determinado crime. Mesmo nesses casos em que o sujeito confessa que *quis* praticar um determinado crime, não estamos autorizados a concluir que esse efetivamente *quis*, mas apenas que confessa ter querido.[487] Isso significa que a vontade, compreendida em sentido psicológico, pode ser apoderada por um terceiro que eventualmente impere sobre o corpo da vítima.[488] Desse modo, talvez seja mais promissor eleger como ponto de referência para a determinação do nível de responsabilidade do agente um candidato que não possa ser objeto de apoderamento.

De modo bem metafórico, se existe alguma vontade no momento de realização do delito – e aqui me refiro ao grupo de casos que interessa: os casos duvidosos – essa é apenas um borrão na tela de realização do crime. *Nessa pintura, o único componente que permanece claro e limitador é a moldura, a qual* é, justamente, o elemento cognitivo. Os conceitos conectados à ideia de vontade em sentido meramente psicológico, como a própria natureza das intenções, também são voláteis, manipuláveis, imprecisos, confusos e coincidentes. Consequentemente, o dolo calibrado por hipotético estado mental não pode desempenhar o papel de fiel da balança no momento de determinar a responsabilidade penal. *Disso é possível supor que o ponto central de legitimação da imposição da responsabilidade penal deve estar situado na determinação de regras gerais de atribuição de responsabilidade, razão pela qual a tarefa a ser desenvolvida deve ser voltada a encontrar um parâmetro seguro para atribuir a responsabilidade.* Ainda não estamos habilitados, sequer, a especular sobre quem seria esse candi-

Op. cit., p. 39. Anteriormente, falando em inacessibilidade pelo magistrado PUPPE, Ingeborg. *Der Vorstellungsinhalt... Op. cit.*, p. 11. Cf. RÖNNAU, Thomas; BECKER, Christian. *Vorsatzvermeidung... Op. cit.*, p. 571.

487. Esse tipo de argumento aparece em GONZÁLEZ CUSSAC, José Luis. *Dolus in re ipsa*. *In*: CUERDA ARNAU, M. L. (dir). Constitución, Derechos Fundamentales y Sistema Penal (Semblanzas y estudios con motivo del setenta aniversario del profesor Tomás Salvador Vives Antón). Valencia: Tirant lo Blanch, 2009, T. I, p. 827 e ss.

488. Para uma análise sobre a tortura cf. GRECO, Luís. *Was... Op. cit.*, p. 69 e ss (especificamente, p. 75 e ss).

dato, mas a esta altura temos razões suficientes para suspeitar de que o *querer* não é o mais apropriado.

Com base nos argumentos até aqui desenvolvidos, a objeção ao elemento volitivo desenvolvida nesse item poderia ser assim formulada: *os sentimentos que invadem o indivíduo no momento de realização da conduta não podem ser aprisionados em fotografias fáticas isoladas, como se fizessem parte de único sentimento maior, daí porque tudo que desse (= do sentimento) deriva não passa de conjecturas mais ou menos plausíveis e, por isso mesmo, manipuláveis.*

Resta enfrentar os seguintes problemas: considerando que tanto o elemento cognitivo quanto o volitivo pertencem à pintura do crime, seria possível afirmar que o elemento cognitivo contém alguma marca da vontade? Ou, ainda, seria possível afirmar que a vontade é a própria conduta?

4.3 Conhecimento sem vontade em sentido psicológico?

Supondo-se – apenas para argumentar – que a vontade seja um elemento do qual não é possível abrir mão, seria possível formular a seguinte pergunta aos voluntaristas: *qual a lógica de um tratamento independente da vontade psicológica quando, em verdade, essa está englobada pela própria representação*?[489] Assim, é possível dizer que a relevância do querer se esgota no momento em que o indivíduo realiza a conduta, com o conhecimento concreto de que ela (a conduta) cria ou incrementa um perigo de determinada qualidade para o bem jurídico previsto em um tipo penal correspondente. Quem entra em uma disputa automobilística em período diurno pelas ruas da cidade, em alta velocidade e sob efeito de álcool, conhece o risco que o seu comportamento tem para o bem jurídico e, no conhecimento desse risco, não é possível ignorar haver a vontade – se se quiser insistir no termo – de realização dessa precisa conduta. Então, se o possível resultado daí advindo pode ser atribuído subjetivamente ao sujeito, isso é questão que deve ser tratada independentemente da análise isolada de uma atitude psicológica volitiva independente.

Essa confusão gerada pela exigência de elemento emocional dentro da imputação subjetiva está ancorada, portanto, no circular e distorcido argumento de que conhecer e querer são elementos psicologicamente dissociáveis e, assim, aptos a tratamento independente; argumento que, ao fim e ao cabo, conduziu a discussão da teoria do dolo a mero jogo de palavras e provocou mais dúvidas que certezas; mais imprecisão que precisão.[490]

489. Sobre a impossibilidade de se estabelecer a diferença entre querer e conhecer, esreveu Kargl "conhecer é querer, e querer é conhecer" ("*Wissen ist Willen, und Wollen ist Wissen*"). cf. Kargl, Walter. *Der strafrechtliche Vorsatz auf der Basis der kognitiven Handlungstheorie*. Frankfurt: Peter Lang, 1993, p. 71 (sem itálico no original).

490. Cf. Jakobs, Günther. *Altes und Neues zum strafrechtlichen Vorsatzbegriff*. *In*: RW, 2010, p. 285; Quintero Olivares, Gonzalo. *Parte general... Op. cit.*, p. 354.

4.4 A vontade é a conduta

Finalmente, como consequência dos três itens anteriores, somos forçados a considerar que, se se quer insistir com a ideia de vontade dentro do conceito de dolo, é preciso ter em mente que *a vontade é sempre o que se faz*. É possível considerar o seguinte exemplo: Eu quero levantar meu braço; eu levanto meu braço. Enquanto eu não o levantar, simplesmente não quis fazê-lo; talvez tenha desejado, pensado, representado, mas não querido. Apenas quando eu realizo o movimento é possível dizer que eu quis, donde é possível concluir que "*a vontade é o ato*".[491] Isso significa que a vontade, em sentido psicológico, não é propriamente elemento do dolo, mas, sim, inerente ao próprio comportamento humano, como mínimo; no ato está implícita a postura psíquica do indivíduo.[492]

O singelo exemplo demonstra que o ato do indivíduo é demonstração de que ele estava de acordo consigo mesmo. Em outras palavras, além da imagem objetiva do comportamento, é completamente desnecessário recorrer a qualquer fórmula linguística adicional para descrever possível relação entre o resultado e a atitude mental do indivíduo. Perguntar se o autor estava de acordo, levava a sério, aceitava, assumia uma assunção aprovadora em relação à realização do tipo é tão inútil quando ilógico. O que interessa saber não é se o ato era querido pelo indivíduo que o realizou, mas se o ato pode ser a ele imputado.

4.5 Determinação do nível de imputação nas mãos do cidadão

Supondo-se, para seguir com os argumentos, que todos os contra-argumentos anteriores fossem ignorados, há um, de ordem prática, que me parece definitivo. E nesse está bem estampado o risco que é deixar a imputação do dolo nas mãos do cidadão, ou seja, da casualidade.

Conforme jurisprudência dos tribunais, ao menos nos casos de acidente automobilístico,[493] cabe ao conselho de sentença decidir sobre a imputação a título de dolo eventual ou culpa consciente.[494] Acontece que, para o mesmo caso, em julgamento de autores distintos, o conselho de sentença decidiu que para um havia dolo eventual e para outro culpa consciente.

491. Waismann, Friedrich. *Wille und Motiv*. Stuttgart: Reclam, 1983, p. 12 (itálico no original).

492. Cf. a distinção feita por Löffler entre "querer o resultado" e "querer o movimento corporal" Löffler, Alexander. *Die Abgrenzung von Vorsatz und Fahrlässigkeit mit Berücksichtigung des deutschen und des österreichischen Vorentwurfes*. *In*: ÖZStr, 1911, p. 149.

493. Nesse momento da argumentação não interessa saber se todo acidente automobilístico justifica imputação dolosa. Sobre o tema tratarei no decorrer da exposição, especialmente na seção de proposição da minha tese e exposição da jurisprudência do BGH (*abaixo*, partes IV e V, respectivamente).

494. No *STF*: HC 121654-MG, rel. Min Marco Aurélio, rel p/ acórdão, Min. Edson Fachin, p. 3; RHC 116950-ES, rel. Min. Rosa Weber, p. 5; no *STJ*: AgRg no AREsp 828852-PR (2015/0318035-6), rel. Min. Sebastião Reis Júnior, p. 9; AgRg no REsp 1317844-CE (2012/0078508-0), rel. Min. Jorge Mussi, p. 5-6; AgRg no REsp 1547927-SP, rel. Min. Sebastião Reis Júnior, p. 4; AgRg no REsp 693.045-ES, Min. Reynaldo Soares da Fonseca, p. 7.

Fato 1: O indivíduo *X* se encontrava ao volante do veículo X_1; *Y*, segundo denunciado, ao volante do veículo Y_1. Naquela ocasião, ambos seguiam por uma estrada, em tarde ensolarada, cujo tráfego de veículos era intenso naquela via, e realizavam o que vulgarmente se denomina "pega", sendo certo que o faziam em velocidade excessiva e absolutamente incompatível com o local, efetuando, inclusive, manobras arriscadas, como, aliás, indicava o laudo de local.

Assim é que, ao atingirem a via, em frente ao local *L*, *X*, devido à velocidade imprimida, e pelo estreitamento da pista, veio a atingir a motoneta conduzida pela vítima 1, lançando-a ao chão. O segundo denunciado, *Y*, por seu turno, também porque irresponsável na condução do veículo, veio efetivamente a, com seu auto, atingir a vítima *V*, arrastando seu corpo por alguns metros. *V* não resistiu aos ferimentos.

Fato 2. Naquele mesmo contexto, e em razão da velocidade imprimida e das manobras efetuadas, os denunciados, *animus laedendi*, ofenderam a integridade física da V_2, causando-lhe as lesões descritas no auto de fls. 29.

É que a vítima 2 também se encontrava na motoneta conduzida pela vítima 1, sendo certo que, mesmo lançada ao chão, logrou sobreviver à conduta irresponsável dos denunciados.

Do resultado. "(...) havendo verdadeira ruptura do elemento subjetivo em relação aos agentes, *visto que um foi condenado por homicídio doloso e o outro por homicídio culposo*, a despeito de a acusação ter imputado a ambos o mesmo fato delituoso – participação no "pega" com velocidade excessiva e manobras arriscadas –, resultando no atropelamento e morte da vítima".

Da Pena

Em relação a X, responsável pela colisão, foi condenado pelo delito de homicídio culposo na direção de veículo automotor (art. 302 da Lei 9.503/1997) à pena de 3 (três) anos de detenção, em regime aberto, além da suspensão da habilitação para dirigir veículo por igual período (fls. 1.462/1.465);

Em relação a Y: assumiu o risco de produzir o resultado morte na vítima, ou seja, que agiu com dolo eventual, resultando na sua condenação pela prática do crime do art. 121, *caput*, do Código Penal, à pena de 7 (sete) anos de reclusão, em regime semiaberto, com a inabilitação para dirigir veículo automotor por 5 (cinco) anos (art. 1.465/1.467).[495]

Aqui estamos diante do mesmo fato imputado a duas pessoas, em concurso, com a mesma conduta, e com julgamentos distintos. Em relação ao réu *X*, o qual atingiu a vítima, segundo relatório, o conselho de sentença considerou ter havido homicídio culposo na direção de veículo automotor; para o outro, *Y*, o qual atropelou a vítima, considerou homicídio doloso. Sem ser necessário ingressar

495. REsp 1.306.731-RJ (2011/0249384-0), rel. Min. Marco Aurélio Bellizze, p. 7 e ss.

em qualquer questão referente ao concurso de pessoas, tampouco em relação ao acerto ou desacerto de cada imputação, o acórdão transcrito retrata o absurdo que é entregar um conceito extremamente maleável, um conceito sobre o qual sequer a ciência jurídica sabe ao certo do que se trata, nas mãos do cidadão.[496] Se se quer manter a decisão do nível de imputação nas mãos de um não jurista, será necessário, no mínimo, que ele disponha de um material conceitual mais seguro.

Ao fim e ao cabo, é possível concluir este rol de objeções adicionais à concepção psicológica da volição reafirmando aquilo que, desde o princípio do século XX, defendeu Löffer: o dolo eventual é um problema com o qual a psicologia não se ocupa, e por uma razão bastante simples, não se trata de um problema de psicologia.[497] Se é assim, parece-me que aquela suspeita antes levantada – que o conceito psicológico de vontade nada tem a acrescentar ao conceito de dolo eventual – está devidamente confirmada.

5. Síntese e primeiras conclusões preliminares

As teorias da vontade alinham-se por uma ética de sentimento incompatível com o direito penal do fato. Confiar, ter a esperança, desejar, assumir, ser indiferente, decidir contra o bem jurídico são vazias referências linguísticas, as quais, além de permitir a maleabilidade da fórmula, provêm de um mundo inacessível: a mente humana. Com isso chego às seguintes conclusões preliminares:

1. A definição do dolo como consciência e vontade parece ser a mais simples e desejável possível, mas ela converte a categoria do crime doloso em algo mais complexo do que é compreensível;

2. Para fins de imputação subjetiva, ao lado da dimensão intelectual do dolo, é dispensável uma dimensão emocional (permanece em aberto qual o ponto de referência do elemento intelectual; problema que pretendo resolver na parte IV);

3. Dentro do campo semântico, o *querer* pode ser compreendido com sentido *psíquico* ou com sentido *normativo*. O nosso legislador não estabe-

496. Reconhecendo esse risco, na jurisprudência, cf. *STJ* REsp 1.327.087-DF (2012/0117018-0), rel. Min. Og Fernandes, p. 14 e p. 17.

497. Löffler, Alexander. *Die Abgrenzung... Op. cit.*, p. 137. Kelsen também registrou: "Esta vontade da ética e a ciência do Direito é algo completamente diferente daquilo a que a psicologia se refere atualmente com semelhante termo". ("Dieser Wille der Ethik und Jurisprudenz ist aber etwas völlig anderes als dasjenige, was die Psychologie mit disem Terminus heute bezeichnet"). Kelsen, Hans. *Hauptprobleme der Staatsrechtslehre. Entwickelt aus der Lehre vom Rechtssatze*. Tübingen: Mohr, 1923, p. 146. No mesmo sentido, embora também volitivista, Quintero Olivares "A buen seguro la psiquiatría mantenderá criterios diferentes y científicos sobre lo que, con cierta simpleza, los penalistas llaman conocer o querer". Quintero Olivares, Gonzalo. *Parte general...Op. cit.*, p. 353. Sobre a relação entre o direito penal e a psicologia cf. Bockelmann, Paul. *Bemerkungen über das Verhältnis des Strafrechts zur Moral und zur Psychologie*. *In*: GS – Gustav Radbruch. Göttingen: Vandenhoeck & Ruprecht, 1968, p. 250 e ss.

leceu em qual sentido esse deve ser compreendido, mas, tanto a doutrina quanto a jurisprudência conhecem o dolo meramente normativo;[498]

4. O estado mental ao qual se referem as teorias da disposição de ânimo é aquele com o qual o agente, possivelmente, jamais se defrontou. A complexidade da emoção impede seja encontrado um ponto firme para elaboração do juízo de imputação. Sendo assim, é mera especulação julgar a natureza do comportamento com base nas traduções linguísticas sugeridas pela doutrina majoritária;

5. Por exigência lógico-conceitual o agente não pode estar de acordo, aprovar, levar a sério, consentir com resultados futuros, eis que, como evento futuro, sequer podem ocorrer; o único que pode ser *querido* pelo agente é a realização da própria conduta;

6. Em razão da impossibilidade lógico-conceitual, o querer só pode ser interpretado em *sentido normativo*;

7. As teorias que elegem o estado emocional como ponto de curvatura entre o dolo e a culpa ignoram esse sentido normativo e delegam ao indivíduo a determinação do nível da imputação (= querer emocional); essa tarefa, contudo, compete ao direito penal;

8. O direito não pode valorar o sentimento do autor, seja qual for a fórmula linguística utilizada para traduzir essa emoção. O direito somente pode valorar o que o autor fez apesar do conhecimento do perigo que sua conduta implicava para o bem jurídico tutelado por um tipo penal. Para fins de imputação subjetiva, o direito penal não pode valorar caráter (um autoritário direito penal do autor), mas sim comportamentos (um democrático direito penal do fato);

9. Se considerarmos que as observações anteriores são verossímeis, é possível concluir que o problema da fronteira do dolo com a culpa não é um problema de natureza emocional, mas sim um problema de *natureza jurídica*; dito de outro modo, saber se o comportamento do autor necessita de sanção dolosa ou culposa é questão *puramente* jurídico-penal;

10. Como problema jurídico, a imputação subjetiva não pode depender do estado emocional do indivíduo. Isso significa que sentimentos são elementos que nenhum magistrado pode utilizar para realizar o adequado juízo de calibração da imputação subjetiva.

Se aceitarmos a premissa de que essas conclusões podem ser tomadas em consideração para a construção de um novo caminho para a determinação do crime doloso, isto é, que o elemento volitivo não resolve o problema da fronteira entre o dolo e a culpa, senão que o complica, então a questão, de agora em diante, precisa ser debatida no âmbito do elemento cognitivo. Disso decorre uma série de

498. Mais detalhadamente *abaixo*, parte IV, item 6.1.

outras perguntas, as quais que devem ser necessariamente enfrentadas para que se possa pavimentar aquele novo caminho:

1. O elemento cognitivo é suficiente para fundamentar o conceito de dolo compatível como nosso ordenamento jurídico?

2. Se a resposta for positiva, deve-se indagar: como é possível precisar esse elemento cognitivo? A simples representação da possibilidade do resultado é suficiente para o dolo ou é necessário que tal resultado seja representado pelo autor como provável?

3. Finalmente, como o objeto de representação do dolo pode ser traduzido para o direito penal?

Na parte seguinte traçar-se-á o panorama das tradicionais respostas que a literatura cognitivista oferece para todas essas indagações. Por imperativo metodológico, e a exemplo da seção anterior, também examinarei as duas dimensões da teoria cognitiva do dolo: inicialmente abordarei a fundamentação do dolo meramente intelectual e, em seguida, tratarei dos modelos teóricos que precisam a fronteira entre o dolo e a culpa tendo como ponto de referência apenas aquele elemento intelectual.

Parte III

SOBRE O TRADICIONAL TRATAMENTO DA COGNIÇÃO DENTRO DA ESTRUTURA DO DELITO DOLOSO

1. Considerações preliminares

Com fundamentos e premissas bastante distintas, não são poucos os autores que negam a existência do elemento volitivo do dolo.[499] Dentro desse âmbito geral, o fundamento central dos autores que aderem à assepsia volitiva do dolo, pode ser sintetizado em duas proposições contrapostas: 1. *Negativa* – a fundamentação do dolo à luz da vontade é insatisfatória; 2. *Positiva* – realiza a precisão do dolo à luz da representação do autor em relação ao resultado ou em relação ao perigo.[500] A primeira proposição representa síntese dos argumentos de fundamentação do dolo cognitivo; a segunda proposição incorpora as tentativas de precisão do dolo cognitivo.

Nesta parte desenvolverei um caminho inverso ao anterior. Doravante, principia o caminho *construtivo* da tese. Para realizá-lo com êxito, parece-me necessário considerar, primariamente, o feixe de argumentos aventados para fundamentar, apenas no elemento cognitivo, a drástica distinção de pena que há entre o dolo e a culpa. Ultrapassado o processo de fundamentação, será necessário travar um diálogo com as teorias cognitivas de precisão do elemento intelectual

499. No *Brasil*, Luís Greco era simpático às teorias de corte cognitivo, como bem revela o sugestivo título do seu artigo, "*Dolo sem vontade*", publicado em 2009; todo modo, o autor não mais sustenta a mesma concepção publicada naquela oportunidade, senão adere à concepção de Roxin. Isso poderá ser comprovado com a publicação, próxima, da 5.ª edição do manual de direito penal em coautoria com Roxin. Defendendo conteúdo meramente cognitivo de dolo como elemento de fronteira com a culpa, entre outros, na *Alemanha*: Bottke, Frisch, Grünwald, Herzberg, Hruschka, Jakobs, Kindhäuser, Koriath, Lesch, Puppe, Schumann, Schmidhäuser; na *Espanha*: Bacigalupo, Corcoy Bidasolo, Feijóo Sanchez, Gimbernat Ordeig, Ragués i Vallès, Silva Sánchez. As obras nas quais os autores defendem suas respectivas posições estão referenciadas no decorrer da exposição.

500. Cfr. Hippel, Robert von. *Die Grenze... Op. cit.*, p. 1.

do dolo. E, nesse ponto, tratarei das tradicionais abordagens, isto é, a teoria da probabilidade e a teoria da possibilidade para, posteriormente, enfrentar aquelas teorias que também se satisfazem com o conteúdo cognitivo do autor, mas alteram o ponto de referência de tal conteúdo do resultado para o risco: as teorias do risco. Passo ao exame da fundamentação.

2. Dimensão da fundamentação: a *ratio* da concepção cognitiva

A questão que se põe agora é a mesma apresentada quando da análise das teorias da disposição de ânimo (acima, parte II, item 3). O cognitivista precisará justificar, apenas com base na cognição, a sensível diferença de significado punitivo que há entre o comportamento doloso e o comportamento culposo. Vejamos quais são os argumentos lançados.

2.1 Indiferença e poena naturalis

Por que a teoria da imputação deve ser escrava da psicologia?[501] A partir dessa indagação, JAKOBS constrói fundamentação meramente normativa para justificar a diferença de pena entre o dolo e a culpa. O dessemelhante conteúdo expressivo da realização dolosa e da realização culposa somente pode ser adequadamente valorado, argumenta, apelando-se para a ideia de *indiferença*. Para ele, somente se pode dispensar tratamento benigno àquele que não era indiferente à lesão do bem jurídico. Mas, como adiantado, esse conceito de indiferença não é um conceito que deve ser compreendido em sentido volitivo (ou como um estado anímico), nos moldes sugeridos por ENGISCH (acima, parte II, item 2.1.3), senão em um sentido normativo, isto é, a indiferença como expressão de desafio à vigência norma, uma espécie de déficit de fidelidade do agente em relação ao direito. Noutros termos: aqui não se trata de interpretar a indiferença como um fenômeno psíquico, mas sim de valorar o conteúdo daquilo que o sujeito expressa com a realização do tipo.[502]

Isso permite que se possa identificar a indiferença tanto no comportamento do sujeito que conhece a realidade, quanto no daquele que se põe na condição de desconhecimento por mera indiferença em relação aos fatos ("cegueira diante dos fatos").[503] Para demonstrar o acerto da hipótese, JAKOBS recorre ao seguinte exemplo: um terrorista atravessa uma barreira policial conduzindo a alta veloci-

501. JAKOBS, Günther. *Gleichgültigkeit... Op. cit.*, p. 588 e ss. Compartilha o critério da indiferença sugerindo, inclusive, a dicotomia *indiferença grave* (ajustável ao dolo) e *indiferença leve* (ajustável à culpa), RAGUÉS I VALLÈS, Ramon. *La Ignorancia... Op. cit.*, p. 170 e ss.

502. Expressamente RAGUÉS I VALLÈS, Ramon. *La Ignorancia... Op. cit.*, p. 175.

503. JAKOBS, Günther. *Gleichgültigkeit... Op. cit.*, p. 584 e ss. Sobre a cegueira diante dos fatos, entre outros, cf. LESCH, Heiko H. *Dolus directus... Op. cit.*, p. 802 e ss; LESCH, Heiko H. *Der Verbrechensbegriff: Grundlinien einer funktionalen Revision.* Köln; München: Heymanns, 1999, p. 140 e ss. Na *Espanha* RAGUÉS I VALLÈS, Ramon. *La Ignorancia... Op. cit., passim.*

dade; ele não chega a considerar a possibilidade de atingir um policial que corre pela margem dos veículos porque está muito preocupado em escapar. Diante deste cenário, questiona Jakobs, "dever-se-ia impor uma pena de tentativa de homicídio para o caso de tudo sair bem ou de homicídio consumado na hipótese de morte do agente?"[504] Para ele, esses casos de desconhecimento por indiferença não podem provocar descarga de responsabilidade, razão pela qual o conceito psicológico do elemento cognitivo do dolo é tão problemático quanto o conceito de vontade. Daí o conhecimento, como categoria psicológica, deixar de ser necessário para a imputação e passar a se constituir indicador de indiferença em relação ao direito.[505]

O comportamento culposo, por sua vez, não representa base de realização de planos no mundo, o autor culposo é um sujeito incapaz de *administrar os seus próprios assuntos*, um desastrado cuja *sorte* estará acompanhada de *pena natural*.[506] Nos crimes culposos, segue argumentando Jakobs, existe sempre a possibilidade de que o próprio autor seja prejudicado com o comportamento e, não raramente, mais prejudicado que a própria vítima. É justamente essa possibilidade de autolesão que justifica não somente a menor punição do crime culposo quando comparado com o crime doloso como também permite questionar as razões pelas quais se pune o comportamento culposo.[507]

Se considerarmos as duas hipóteses, pode-se dizer que a diferença de pena reside no fato de que a *indiferença no desconhecimento doloso* não é bem uma deficiência de competência do agente, como ocorre no crime culposo, senão uma confirmação da qualidade do comportamento que justifica a intensidade da resposta punitiva.

Quem conhece o pensamento de Jakobs imediatamente vincula essa proposição com o seu sistema. Jakobs, portanto, é coerente com suas premissas. Mas quem conhece o sistema também conhece todas as objeções que podem ser

504. "Sollte, wenn alles gut ausgeht, eine Bestrafung wegen versuchter Tötung und im Fall der Tötung eine solche wegen vorsätzlicher Vollendung verfehlt sein?" Jakobs, Günther. *Gleichgültigkeit Op. cit.*, p. 586.

505. Expressamente contra, entre outros, Greco, Luís. *Dolo sem vontade... Op. cit.*, p. 889-893; Kindhäuser, Urs K. *Gleichgültigkeit... Op. cit.*, p. 356 e ss; Puppe, Ingeborg. *Strafrecht als Kommunikation. Leistungen und Gefahren eines neuen Paradigmas in der Strafrechtsdogmatik. In*: FS – Gerald Grünwald. Baden-Baden: Nomos, 1999, p. 483 e ss; Schneider, Hendrik. *Kann die Einübung in Normanerkennung die Strafrechtsdogmatik leiten? Eine Kritik des strafrechtlichen Funktionalismus.* Berlin: Duncker & Humblot, 2004; etiquetando a concepção de Jakobs como a *total objetivação pós-moderna do dolo,* cf. Schünemann, Bernd. *Die Objektivierung von Vorsatz und Schuld im Strafrecht. In*: Chengchi Law Review, n. 50, 1994, p. 265 (sem itálico no original). Cf. ainda, Vogel, Joachim. *Normativierung... Op. cit.*, p. 388 e ss; Vogel, Joachim. *Vorbemerkungen zu den § 15... Op. cit.*, Rn. 70; Walter, Tonio. *Der Kern des Strafrechts. Die allgemeine Lehre vom Verbrechen und die Lehre vom Irrtum.* Tübingen: Mohr Siebeck, 2006, p. 114 e ss.

506. Jakobs, Günther. Über... *Op. cit.*, p. 532.

507. Jakobs, Günther. *Strafrecht... Op. cit.*, p. 259, Rn. 5. As razões pelas quais o comportamento culposo deve ser punido estão brevemente expostas em Jakobs, Günther. Über... *Op. cit.*, p. 532-533.

levantadas,[508] razão pela qual, nesse ponto, gostaria de concentrar meus argumentos apenas no âmbito do dolo. Além disso, tentar demonstrar não ser preciso ir tão longe para justificar a drástica diferenciação de pena existente entre os diferentes níveis de imputação subjetiva.

Consideremos, pois, como ponto de contraste, os dois exemplos sugeridos pelo próprio Jakobs, um dos quais mencionei linhas atrás:[509]

> *Exemplo 1.* Um terrorista atravessa uma barreira policial conduzindo a alta velocidade; ele não chega a considerar a possibilidade de atingir um policial que corre pela margem dos veículos porque está muito preocupado em escapar.
>
> *Variação.* Dois terroristas, que em um carro fogem da polícia, veem-se de súbito diante de um bloqueio da rua por viaturas policiais. De comum acordo decidem furar o bloqueio. O primeiro terrorista pensa que essa decisão poderá custar a vida de algum policial que por acaso se encontre atrás das viaturas: "azar o dele", diz o primeiro terrorista. O segundo terrorista nem chega a pensar que algum policial possa sofrer qualquer lesão, porque a vida de um policial não é algo que sequer mereça um pensamento seu. De fato, havia um policial escondido atrás das viaturas, que se salva por um triz.

Para demonstrar a desnecessidade de qualquer recurso à normativização da cognição, não me preocuparei em observar as dessemelhanças que há entre o exemplo e a sua variação, senão em examinar os pontos de semelhança. Pergunta-se: o que há de semelhante em ambas as situações? A resposta é simples, há sempre um terrorista que conduz o automóvel. E o que isso significa? Isso significa que há um indivíduo que *detém o controle* sobre o desenrolar daquilo que está prestes a acontecer. E por quê? Porque o terrorista que conduz o automóvel tem o *domínio sobre o seu próprio corpo*. E qual a relevância disso? Simples, ele, e somente ele, nas circunstâncias apresentadas, pode decidir se vai acelerar para furar a barreira; se vai acionar os freios para diminuir o impacto; se vai efetivamente parar ou se vai desviar para um caminho alternativo. O terrorista-passageiro não pode, ainda que queira, ter esse nível de controle sobre o desenrolar causal. E é justamente nessa diferença de nível de controle, melhor dito, de dominabilidade, que também pode estar a justificação para a diferença de pena.

Para seguir argumentando, poderíamos variar o problema sugerido e, no lugar do terrorista, considerar que seja uma pessoa sequestrada:

> "Um sequestrador, que em um carro foge da polícia, vê-se subitamente diante de um bloqueio da rua por viaturas policiais. Temendo pela própria vida, e sem pestanejar, o sequestrado não somente anui à ideia do seques-

508. O leitor encontrará um bom panorama sobre a mais recente discussão em torno do sistema de Jakobs em Schünemann, Bernd. *Ein neues Bild des Strafrechtssystems? Zugleich Rezension von Günther Jakobs, System der strafrechtlichen Zurechnung, 2012. In*: ZStW, 2014, n. 126, p. 1-26.

509. Cf. nota de rodapé n. 346.

trador de furar o bloqueio como também sugere que ele imprima mais velocidade. O sequestrado considera: 'se o sequestrador for preso a minha vida estará em perigo, melhor que ele consiga escapar porque eu estou disposto a pagar pelo resgate'. O sequestrador pensa que essa decisão poderá custar a vida de algum policial que por acaso se encontre atrás das viaturas: 'azar o dele'. O sequestrado, preocupado com a própria vida, nem chega a pensar que algum policial possa sofrer qualquer lesão, porque a vida de um policial não é tão importante quando a sua. De fato, havia um policial escondido atrás das viaturas, que se salva por um triz."

A situação, aqui, é idêntica à anterior. E, mais uma vez, a semelhança da situação é o que ajudará a encontrar a chave para a solução do problema de pena: o sequestrador é quem tem o controle sobre aquilo que se está prestes a realizar e não o sequestrado.

Observando-se os exemplos com cautela, parece-me que os pontos de semelhança entre as hipóteses sugerem um promissor candidato a elemento fundamentador da diferença de pena entre as modalidades de imputação subjetiva. Não é difícil intuir que a dominabilidade é esse candidato: o conhecimento permite que o agente tenha o *controle* ou a *dominabilidade* sobre aquilo que se estava em vias de ser realizado. Desse modo, será preciso investigar se essa intuição pode ser cientificamente comprovada.

Ademais, será preciso satisfazer uma exigência adicional: como fruto da exigência de construção de um modelo de imputação coerente com o modelo de direito penal no Estado de Direito e a autonomia do indivíduo, a fundamentação do dolo cognitivo deve ter como centro de gravidade o fato e não o sujeito.[510] A conclusão a que pretendo chegar, portanto, somente poderá ser acolhida se todas as fundamentações da *ratio*[511] punitiva puderem respeitar essa premissa.

Excurso. A compatibilização de esferas de liberdade

Se o dolo representa a forma mais drástica de intervenção do Estado na vida do indivíduo, a primeira pergunta a se realizar diz respeito à chave substancial para justificar essa drástica intervenção. Se se partir da ideia mais ou menos intuitiva de que, por vocação, o direito penal deve desempenhar a tarefa de promoção da convivência pacífica entre os cidadãos, bem como de proteção de bens jurídicos, a resposta para o problema de justificação da intervenção punitiva deve estar ali onde esses dois pontos se entrecruzam, ou seja, na maximização da possibilidade

510. Como adverte Puppe, "a postura psicológica do autor não é o ponto de conexão adequado para interpretar a sua conduta como violação da norma". ("Die psychologische Situation des Täters ist nicht geeignete Anknüpfungspunkt für die Interpretation seines Verhaltens als Normverletzung"). Puppe, Ingeborg. *Der Vorstellungsinhalt... Op. cit.*, p. 16.

511. Fundamentalmente o termo deve ser compreendido no sentido de que todos os elementos emocionais e intuitivos estão despojados da argumentação de fundamentação da tese. Cf. Hoffmeister, Johannes. *Wörterbuch der philosophischen Begriffe*. 2 Aufl. Hamburg: Meiner, 1955, p. 506.

de convivência pacífica expressada no respeito aos deveres[512] aliada à proteção de bens jurídicos expressada no respeito aos direitos. Esse ancoradouro do individual no social é, em últimos termos, o fundamento ético último de toda a imputação subjetiva, isto é, um modelo de atribuição de responsabilidade subjetiva fruto de um juízo de reflexão sobre o valor da presença do outro.

Sendo assim, a premissa que serve de fundamento para a derivação dos pressupostos da imputação subjetiva dolosa deriva do seguinte convencimento: eleger o elo entre a existência de deveres e a exigência de direitos como ponto constitutivo da valoração do comportamento humano alinha-se com os valores professados no Estado de Direito, especialmente com a ideia de *proteção* (ou segurança) que se deve ter em um sistema de relações caracterizado pela complexidade. Sendo assim, proponho a seguinte premissa: o direito penal estrutura sua programação normativa a partir de parâmetros racionais de limitação da liberdade como forma de assegurar as condições mínimas para a convivência pacífica. Cumpre, então, anatomizá-la.

Uma crível razão para existência do direito penal, como ressaltado, é o fato de que esse está substancialmente orientado a manter a paz e a segurança sociais. E por quê? Bem, pela simples razão de que *a convivência pressupõe a compatibilização das esferas de individualidade.*[513] Esta *ratio funcional* do instrumento punitivo é traduzida para o direito penal recorrendo-se a uma abstração, o bem jurídico. A proteção de bens jurídicos, portanto, é uma abstração jurídica que concretiza a finalidade do Estado de manutenção das condições necessárias para a convivência pacífica entre os cidadãos: a paz social somente pode ser alcançada se os indivíduos respeitarem os bens jurídicos uns dos outros. Até então, essa parece ser a forma mais coerente de compatibilização entre o modelo de direito penal do fato, característico dos Estados que se pretendem democráticos de direito, e o exercício da força punitiva.[514] Em outros termos: ao direito penal está conectada a inseparável ideia de proteção social. Há mais.

Ao direito penal também está conectada a ideia de que ele é o mais drástico instrumento do qual o Estado pode lançar mão para a manutenção da paz social. Isso significa, com poucas palavras, que o seu uso somente estará justificado quando o rompimento com o *pacto* de mútuo respeito dos interesses for de tal dimensão que não será possível realizar a correção de tal perturbação social, senão com o recurso ao direito penal. Essa tensão entre a proteção do bem jurídico, por um lado, e o exercício da força, por outro, revela que o direito penal é

512. O dever jurídico ao qual doravante farei referência é, apenas, o dever de se abster de cometer o delito ou, dito de outro modo, o dever do cidadão de respeitar a norma jurídica.

513. Utilizando um argumento de ordem mais coletivista, RAGUÉS I VALLÈS, Ramon. *El dolo... Op. cit.*, p. 326.

514. Por todos ROXIN, Claus; GRECO, Luís. *Strafrecht... Op. cit.*, § 1, Rn. 1 e ss. Sobre a função da pena em ROXIN, cf. HIRECHE, Gamil Föppel. *A função da pena na visão de Claus Roxin*. Rio de Janeiro: Forense, 2004.

um instrumento de garantia de esferas de liberdades, mas também é, simultaneamente, o instrumento viabilizador da restrição dessas mesmas esferas liberdades. Esta moeda de duas faces exprime a lógica segundo a qual o Estado somente pode fazer uso da força punitiva excepcionalmente e, ademais, apenas se estiverem presentes duas condições: a perturbação da convivência social (= materializada pelo catálogo normativo) e o exercício da autonomia individual. Se é assim, estamos autorizados a afirmar que para a manutenção da paz social o Estado pode exigir do cidadão o cumprimento de uma contraprestação, qual seja: o dever de respeitar o catálogo de condutas elaboradas pelo legislador, ou seja, o dever de não realizar o tipo penal. O exercício da autonomia individual tem, portanto, um preço: as consequências derivadas do seu exercício – que implica comportar-se de um modo respeitoso, ou não, – também implica a assunção das consequências que esse comportamento transporta.

O caminho para a exigência do cumprimento dos deveres, teoricamente implementada a partir de critérios de legitimação de criminalização, é expressado com a elaboração de um catálogo de condutas que merecem a resposta punitiva.[515] A algumas dessas condutas dignas de proteção o legislador atribuiu sanção penal mais intensa (= crimes dolosos), a outras nem tanto (= crimes culposos), donde é possível concluir que a intensidade da resposta punitiva será diretamente proporcional à intensidade com que o cidadão viola o dever de respeito ao comando normativo, ou seja, a intensidade da resposta punitiva deverá corresponder à intensidade da perturbação daquele *pacto*.[516]

Neste momento, portanto, apenas estamos habilitados a fazer as seguintes inferências: o direito penal, ao menos se estamos sintonizados com parcela da literatura científica, é um instrumento para a manutenção da convivência pacífica (*i*); como essa missão pode ser viabilizada? Com a elaboração de um catálogo de condutas que o legislador considera relevante para a manutenção da paz social (*ii*); ao elaborar o catálogo, o legislador informa a todos os cidadãos sobre o *dever de não realização do tipo penal* (*iii*); o direito penal, portanto, é o instrumento que corporifica duas dimensões da relação entre Estado e cidadão: por um lado, ele é um instrumento de força, mas, por outro, também é um instrumento de proteção dos bens jurídicos (*iv*); apenas o desrespeito ao *dever de não realização do tipo penal* legitima o Estado a impor ao cidadão uma consequência jurídica que seja correspondente à intensidade da violação do dever (*v*).[517] Considerando esse quadro de inferências, chegamos a um ponto decisivo para o desenrolar da

515. O objetivo deste trabalho não é a elaboração e apresentação de tais critérios, razão pela qual essa questão ficará ladeada.

516. Para uma teoria da pena fundamentada no dever do cidadão de cooperação (*Mitwirkungspflicht*) como meio de assegurar o seu estado de liberdade, cf. PAWLIK, Michael. *Das Unrecht des Bürgers. Grundlinien der allgemeinen Verbrechenslehre*. Tübingen, Mohr Siebeck, 2012, p. 106 e ss.

517. Para PAWLIK, a intensidade da pena é regida, por um lado, pela medida do injusto e pela intromissão do autor na esfera de liberdade da vítima (*Umfang der Freiheitsbeeinträchtigung*) e, por

argumentação: *quando é possível dizer que houve a violação ao dever de não realização do tipo*?

No que diz respeito aos crimes culposos, a resposta é tão imediata quanto intuitiva: na hipótese de crimes dessa natureza o Estado pode exercer o poder punitivo quando está patente que o cidadão violou um dever de cuidado (ou, para usar outra terminologia, *criou um risco não permitido*). Para imposição de uma consequência jurídica culposa, o Estado não pode derivar a responsabilidade penal diretamente da conduta realizada pelo indivíduo, senão recorrendo à cooperação de um fator adicional, o qual, analisado pelo magistrado, permitirá a habilitação do poder punitivo, qual seja: a violação do dever de *cuidado*.

Acontece que a criação desse risco não permitido, em razão do *nível* e *qualidade* da representação do autor, não é tão evidente quanto nos crimes dolosos e, materialmente, isso significa que, para o legislador, o crime culposo representa um ataque *mediato* ao bem jurídico (*i*); e se a paz social não foi diretamente turbada, para manter a coerência da premissa, a resposta punitiva não pode (nem deve) ser tão intensa quando a resposta que deve ser dada ao ataque *imediato* ao bem jurídico (= àquele ataque que perturba diretamente a paz social) (*ii*). Em síntese, pode-se dizer que o crime culposo concretiza uma violação menos intensa de um dever de preservação da paz social. Isso explica, por exemplo, porque o Estado está disposto a perdoar o agente que, culposamente, mata outra pessoa (art. 121, § 5.º, do CP).

E em relação ao crime doloso? Quando será possível afirmar que houve a violação do dever apta a ensejar a resposta punitiva mais intensa (= o dolo)? Mais ainda, qual é o ponto de referência que o cidadão tem para balizar a sua conduta e respeitar o comando normativo, ou seja, qual é o parâmetro fático suficiente para que o cidadão possa cumprir o seu dever de não realização do tipo?

Como ponto de partida para responder a essas perguntas é possível considerar que tanto a legitimação do crime doloso quanto a do crime culposo está assentada na violação de um dever (ou criação de um risco não permitido).[518] Acontece que no crime doloso essa violação, em virtude do *nível* e *qualidade* da representação do autor, é tão intensa que a responsabilidade penal pode ser simples e diretamente derivada do próprio comportamento do indivíduo; a irmandade que há entre a violação do dever de respeito ao comando normativo e o comportamento

outro, é determinante o *grau de deslealdade* do autor (*Grad der Illoyalität des Täters*) para com a comunidade. Pawlik, Michael. *Das Unrecht... Op. cit.*, p. 118.

518. Defendem esta posição, na *Alemanha*: Bloy, René. *Die Beteiligungsform als Zurechnungstypus im Strafrecht*. Berlin: Duncker & Humblot, 1985, p. 257; Herzberg, Rolf Dietrich. *Die Unterlassung im Strafrecht und das Garantenprinzip*. Berlin: de Gruyter, 1972, p. 243 e ss; Krauss, Detlef. *Erfolgsunwert und Handlungsunwert im Unrecht*. *In*: ZStW, 1964, n. 76, p. 45; Schaffstein, Friedrich. *Soziale Adäquanz und Tatbestandslehre*. *In*: ZStW, 1960, n. 72, p. 373, nota de rodapé n. 11; na *Espanha*: Feijóo Sánchez, Bernardo. *El dolo... Op. cit.*, p. 15; Gimbernat Ordeig, Enrique. *La causalidad en derecho penal*. *In*: ADP, 1962, fasc. III, p. 568.

do indivíduo torna tão desnecessário quanto inútil recorrer a qualquer elemento adicional para confirmar o desrespeito ao bem jurídico. Evidentemente isso não significa que o crime doloso dispensa a indicação de um ponto de referência para a sua valoração. Mas esse ponto não está ali onde sempre se divisou, isto é, no resultado. E a razão para isso é bastante simples: o Estado não pode legitimar a imposição de responsabilidade tendo como pedra angular um dado hipotético, o qual ainda não existe no mundo fático, aliás, não é possível dizer, sequer, que ele existirá, pois, como evento futuro, o resultado é algo incerto. Contudo, há um elemento ínsito ao comportamento do agente e esse pode servir como elemento de referência tanto para o Estado impor poder punitivo quanto para o cidadão cumprir o seu dever de não realização do tipo. Consideremos, por exemplo, a seguintes hipóteses:

> *Situação 7. A*, cansada das traições do marido, *M*, resolve matá-lo envenenado. Para realizar seu intento, serve ao marido um prato com cogumelos, porquanto crê que essa conduta é apta para a realização do tipo: *M* não morre.

> *Situação 8. A*, cansada das traições do marido, *M*, resolve matá-lo envenenado. Para realizar seu intento, serve ao marido um prato com cogumelos e veneno para ratos, porquanto crê que essa conduta é apta para a realização do tipo: *M* morre envenenado.

Essas hipóteses ilustram, com evidência, haver um elemento diferente em ambos os comportamentos; um elemento capaz de fundamentar a habilitação do poder punitivo e identificar claramente que o agente descumpriu o dever de não realização do tipo. Esse elemento evidentemente não é o querer – de igual intensidade em ambos os casos –, mas sim a *periculosidade objetiva da realização do tipo*. Se temos em mente que o fundamento para que o Estado use a força é a necessidade de manutenção da paz social, a qual, como visto, é turbada quando há perigo para o bem jurídico, o Estado não pode justificar a punição da tentativa irreal; e não pode pela simples razão de que a ausência de perigo *ex ante* para o bem jurídico impede que seja reconhecida qualquer turbação para a convivência pacífica entre os cidadãos.

Em tom provocativo, é possível formular a seguinte pergunta: *o que mais falta para imputar ao agente a conduta dolosa quando ele conhece o perigo e com esse estabelece um compromisso cognitivo de realização, isto é, faz tudo que é suficiente para a sua realização?*[519] (= *o que falta para imputar ao agente uma conduta dolosa quando esse não leva a sério a – exigência de – proteção do bem jurídico tutelado pelo tipo penal?*). Por que esse autor compromissado cognitivamente já pode ser punido dolosamente? Se as perguntas forem interpretadas em modo de proposição, chegamos à seguinte fórmula: a *representação do*

519. Com maior ou menor coincidência, esta pergunta aparece em Frisch, Wolfgang. *Vorsatz... Op. cit.*, p. 95 e ss; Feijóo Sánchez, Bernardo. *El dolo... Op. cit., passim.*

perigo objetivo que a conduta implica para o bem jurídico é o dado fundamental para determinar o nível da imputação subjetiva. Mas, essa primeira fórmula é apenas aproximativa, eis que, com ela, ainda não solucionamos as questões mais incômodas relativas à imputação subjetiva como, por exemplo, a pergunta sobre se todo perigo representado habilitaria a imputação a título de dolo. Todo modo, a fórmula funcionará como premissa para a elaboração da *ratio* punitiva do dolo, bem assim como primeiro indicativo de fronteira entre os dois extremos de imputação subjetiva, a saber: a diferença entre o dolo e a culpa corresponde, a princípio, à diferença entre a consciência e a inconsciência da periculosidade objetiva da conduta.

Por ora, aquela lacuna (*sobre se todo perigo habilitaria a imputação a título de dolo*) ficará sem resposta, afinal, até o momento, não apresentei fundamentação satisfatória para o dolo sem vontade. E se o caminho metodológico traçado nesta seção é construtivo, eu não posso realizar qualquer dimensão de precisão sem antes superar a dimensão de fundamentação. Sendo assim, nesse momento, a argumentação deverá concentrar-se na proposição que fiz linhas atrás: a *representação do perigo objetivo é o dado fundamental para determinar o nível da imputação subjetiva.*

Como a premissa contida na fórmula é a de que a imputação está atrelada à representação do agente e ao perigo objetivo para o bem jurídico, o próximo passo será seguir averiguando a possibilidade de fundamentar – apenas com base na cognição – a diferença de pena entre o dolo e a culpa; em caso de resposta positiva, os argumentos utilizados para a construção desta *ratio* punitiva devem ser empregados como ponto arquimédico para a formulação dos parâmetros de precisão da qualidade do perigo doloso (abaixo, parte IV, item 2). Sem mais considerações, sigo na discussão sobre a fundamentação da concepção de dolo sem vontade.

2.2 Representação do perigo como ativador do compromisso entre o agente e a conduta

Do mesmo modo que o agente deve atuar para evitar um perigo que conhece, porque esse é o comportamento que dele se espera, todo indivíduo tem ativado o seu compromisso de realização da conduta compatível com a premissa de preservação da paz social quando cria um perigo de lesão do bem jurídico. Em outros termos: a representação do perigo indica o estabelecimento de uma relação de compromisso entre o indivíduo e a conduta realizada, isto é, a representação do perigo converte o cidadão em *pessoa especialmente obrigada.* Desse modo, a primeira razão para o maior grau de distinção de pena do crime doloso é o elemento cognitivo ser suficiente para estabelecer o vínculo de responsabilidade entre o sujeito consciencioso e o perigo criado ou incrementado.

A ideia que transita como pano de fundo dessa proposição é a de que os demais membros da sociedade – fundamentados na ideia da convivência pacífica – estão autorizados a exigir do indivíduo que representa o perigo de realização de determinado tipo um padrão comportamental que confirme aquela ideia de convivência pacífica. Desse modo, o indivíduo que desrespeita essa ideia de cidadão prudente e racional, isto é, o compromisso com o nível de habilidade social exigível de um homem médio razoável, estabelece um pacto com o perigo e não com a sociedade. Em últimos termos, isso significa que a representação da situação do perigo de realização de um tipo penal é o elemento viabilizador da realização do *bem*:[520] o agente consciencioso conhece o caminho para a conservação do bem jurídico, mas não estabelece compromisso com a sua preservação, senão com o perigo de lesão. Aquele que em rua movimentada e durante o dia resolve disputar corrida de automóvel não realiza um comportamento com o nível de habilidade social que se espera de um cidadão razoável e prudente.

A representação do risco, portanto, é uma fonte de advertência da periculosidade que o comportamento do indivíduo leva para o bem jurídico e é justamente essa advertência que deve funcionar como motor para que esse mesmo indivíduo consciencioso não assuma postura passiva diante dos acontecimentos. E isso é assim porque a representação do risco da conduta para a integridade do bem jurídico deve ser suficiente para ativar no cidadão consciente o compromisso com a sociedade e, com isso, evitar o *deixar acontecer*. Quando essa representação não é capaz de retirar o indivíduo, então *convertido em pessoa especialmente obrigada*, da mera condição de espectador do desenrolar do perigo representado, ele é, minimamente, *neutro* em relação à proteção do bem jurídico e, consequentemente, à manutenção da convivência pacífica. E é justamente essa decisão de permanecer como espectador indiferente que incrementa o grau de seu déficit de acatamento normativo e energiza o compromisso cognitivo do indivíduo com a realização do tipo. Se consideramos as situações 1 e 2, apresentadas no início do trabalho, vê-se claramente como essa premissa é suficientemente forte para justificar a igualdade de *reproche* que deve ser atribuído a ambos os comportamentos, veja-se:

> *Situação 1.* O indivíduo *A* dispara contra a cabeça do indivíduo *X*, sobre a qual há uma bola de vidro que a princípio é o alvo, conhecendo que existe a possibilidade de atingir a cabeça e não a bola de vidro. *A* não quer acertar a cabeça de *X*, mas sim a garrafa. No entanto, o tiro não atinge o alvo e *X* morre com um tiro na cabeça. *A* não queria matar *X*, mas o fez;
>
> *Situação 2.* O indivíduo *B* dispara contra a cabeça do indivíduo *X*, sobre a qual há uma bola de vidro que, a princípio, supõe-se ser o alvo, conhecendo que existe a possibilidade de atingir a cabeça e não a bola de vidro. *B* quer acertar a cabeça de *X*. *B* acerta a cabeça de *X*. *B* queria matar *X*, e o fez.

520. Termo empregado no sentido de preservação da paz social.

Ora, em ambos os casos há conduta derivada de compromisso cognitivo do agente que vai ao encontro da lesão do bem jurídico. O direito não pode valorar a orientação volitiva do indivíduo em relação ao resultado, pois, (repito!) como fato futuro, ele é incerto e indeterminado; em ambos os casos, hipoteticamente, o projétil poderia não ter atingido *X*. Por outro lado, o direito pode valorar a representação dos autores, afinal, ela diz respeito ao presente, ao que foi efetivamente representado por um e por outro (*i*). O direito também não pode balizar o nível de responsabilidade do comportamento tendo como ponto de referência o otimismo ou a temeridade do agente; por outro lado, ele pode valorar como ele conduziu o seu comportamento de acordo com aquela representação (*ii*). Se temos bem claras essas duas racionalizações e observamos ambos os casos, é possível encontrar o fundamento-chave para a igualdade de *reproche*. Também aqui, o método para encontrar esse fundamento-chave está na observação do ponto de semelhança que há entre ambas as situações. Se obedeço a esse método, não fica difícil chegar à seguinte conclusão: em ambas as situações os autores conheciam a alta intensidade do perigo de lesão que a conduta implicava para o bem jurídico, ambos tinham a mesma intensidade de compromisso cognitivo com o perigo e, por isso mesmo, estão igualmente vinculados, melhor dizendo, possuem a mesma intensidade de vinculação com o resultado. Isso significa que a diferente atitude volitiva entre eles em nada mudou o fato de que os autores realizaram um comportamento em total descompasso com a expectativa de preservação do bem jurídico.

É justamente essa igualdade de desrespeito das pessoas especialmente obrigadas – a par de hipotética diferença volitiva psíquica – que impede as condutas de serem valoradas de modo distinto. Em outros termos: a desculpa "*não tinha a intenção de fazê-lo*" absolutamente nada deve significar para fins de imputação subjetiva, pois, a representação do perigo de realização do tipo é capaz de permitir que o indivíduo se comporte com o nível de habilidade social que se espera de uma pessoa que convive coletivamente.

Assim, é possível concluir: a representação do perigo é o elemento de compromisso entre o indivíduo e o resultado; essa ligação também implica uma relação lógico-objetiva entre o indivíduo e o resultado. Donde se depreende que a lesão do compromisso que decorre desse vínculo representa um déficit de acatamento normativo que inexiste no autor culposo. A questão que se põe, agora, é examinar como a pessoa especialmente compromissada expressa o déficit de acatamento normativo.

2.3 Lesão do dever de autodomínio

Parcela da doutrina considera que somente o conhecimento permite ao agente controle sobre o que faz e, certa maneira, é justamente esse domínio que possibilita ao agente determinar o que decorre do seu fazer.[521] Justamente nesse sentido caminham os argumentos de LUÍS GRECO, para quem essa possibilidade de determinar o que pode acontecer dá ao menos duas razões para a maior intensidade da pena no crime doloso: a primeira delas, preventiva (*i*) e a segunda, deontológica (*ii*). Quanto à primeira, argumenta ser possível esperar bons resultados preventivos se se punir mais severamente quem atua com conhecimento, afinal, racionalmente, é de se esperar que o indivíduo consciencioso, isto é, que domina a sua conduta, abandone mais facilmente um comportamento perigoso para um bem jurídico: "A existência de um domínio sobre a realização do fato gera, portanto, maior necessidade de prevenção"[522] (*i*).

Essa primeira conclusão gera, contudo, o risco de que as necessidades preventivas, de algum modo, instrumentalizem o indivíduo que age apenas com consciência do perigo. Para conter esse risco, é necessário agregar à fundamentação consequencialista um argumento de ordem deontológica que ofereça boas razões para se crer, nesse caso, não haver instrumentalização. LUÍS GRECO considera que tal argumento está precisamente no *maior vínculo* que o conhecimento cria entre o indivíduo e o resultado, vínculo que gera para o indivíduo maior carga de *responsabilidade* em relação ao resultado, "aquele que atua com domínio, por deter em suas mãos o poder de decidir que curso de ação tomará (...) possui *ceteris paribus* muito maior responsabilidade pela prática dessa ação"[523] (*ii*).

O ponto decisivo de tal argumentação reside no fato de a maior justificação da pena se dar desde a perspectiva de relação entre o autor e o fato e não a partir da perspectiva de vinculação do autor com a norma, como parte da doutrina defende. Com o recurso ao *vínculo fático* não é possível cogitar qualquer objeção cujo fundamento seja a violação da autonomia, ao revés, a maior responsabilidade do autor é a consequência direta e inexorável da sua autonomia, do controle sobre o próprio corpo, enfim, é consequência do controle do autor sobre o seu centro anímico. Bem se vê que, aqui, o elemento cognitivo permanece como categoria psíquica.

Argumentos semelhantes também aparecem em FRISCH, o qual considera o comportamento consciente mais fácil de ser evitado; ao passo que se o autor não conhecer a situação, resultará mais difícil evitá-la. A teoria poderia ser formulada

521. Para além de recorrer a este argumento, a dominabilidade também é um importante elemento do sistema teórico de LUÍS GRECO. Entre outros, cf. GRECO, Luís. *Dolo sem vontade... Op. cit.*, p. 892; GRECO, Luís. *Lebendiges... Op. cit.* p. 186 e ss; GRECO, Luís. *Was... Op. cit.*, p. 75; GRECO, Luís. *Rechtsgüterschutz und Tierquälerei. In*: FS – Knut Amelung. Berlin: Duncker & Humblot, 2009, p. 13; SCHÜNEMANN, Bernd; GRECO, Luís. *Der Erlaubnistatbestandsirrtum und das Strafrechtssystem. In*: GA, 2006, p. 784. Para outras referências cf. nota de rodapé n. 526.

522. GRECO, Luís. *Dolo sem vontade... Op. cit.*, p. 892.

523. GRECO, Luís. *Dolo sem vontade... Op. cit.*, p. 892 (itálico no original); cf. SCHÜNEMANN, Bernd; GRECO, Luís. *Der Erlaubnistatbestandsirrtum... Op. cit.*, p. 777; FEIJÓO SÁNCHEZ, Bernardo. *El dolo... Op. cit.*, p. 57.

na seguinte proposição: *o autor doloso, apesar de conhecer a situação, não a evita.*[524]

Considero a dominabilidade o argumento central para fundamentar a drástica diferença de pena entre o dolo e a culpa. Por essa razão, seria interessante ampliar o esforço argumentativo nesse ponto.

Como suspeitei anteriormente (acima, parte II, item 2.1.4.2), Armin KAUFMANN tinha substancial razão ao perceber que os movimentos do jardineiro tinham relevância para a imputação subjetiva. KAUFMANN, contudo, não pôs destaque no que há de realmente relevante para o dolo: o importante não é a existência de uma suposta vontade de evitar um dano, mas sim o fato de o jardineiro, que tem o controle sobre o próprio corpo, poder fazê-lo. Quando os autores, hoje, se referem à dominabilidade, não estão dizendo outra coisa senão que o autor que conhece uma situação de perigo pode ativar mecanismos de evitação, leia-se, dominar o seu comportamento para a evitação do resultado. KAUFMANN, portanto, apenas chamou de vontade de evitação aquilo que hoje denomina-se dominabilidade.

KAUFMANN deu o primeiro passo, mas, embora estivesse evidente, não retirou do conceito de vontade de evitação o seu principal potencial: o elemento da dominabilidade. Para demonstrar o quanto isso é verdadeiro, sugiro o seguinte esforço de interpretação. Esqueçamos o conceito sugerido por KAUFMANN, mas aproveitemos o seu exemplo: o dono de um jardim quer arrancar as ervas daninhas que ali proliferam. Como a distância entre as flores é muito pequena e sua enxada é demasiada larga, ele reconhece o perigo de causar danos aos delicados arbustos do seu jardim (...) se, por outro lado, ele se esforça e *conduz sua ferramenta* de modo a impedir um dano (...). Pergunta-se: se tivéssemos que usar outras palavras para descrever a locução "condução da ferramenta", quais seriam essas palavras? Uma resposta muito plausível é que o jardineiro, consciente da possibilidade de causar dano às flores, domina o movimento do seu corpo e, por isso mesmo, é capaz de adotar medidas de evitação do resultado. KAUFMANN observou as consequências do fato e encontrou na vontade de evitação um critério para descrever um dado que é anterior: o *domínio sobre o próprio corpo*. O fundamental para a evitação do dano não é a existência e ativação de uma suposta vontade de evitação, mas sim o fato de que a representação do agente permite que ele tenha controle sobre aquilo que está realizando ou está prestes a realizar. Justamente nessa linha sigo com a argumentação.

O fundamento que adjudica maior *ratio* punitiva ao dolo como conhecimento deriva, portanto, da ideia segundo a qual o controle sobre o próprio corpo somente pode ser exercido por aquele que tem consciência do perigo. Quando nos encontramos diante da necessidade de valoração de um determinado compor-

524. JAKOBS, Günther. *Strafrecht... Op. cit.*, p. 269-270, Rn. 21; FRISCH, Wolfgang. *Vorsatz... Op. cit.*, p. 97 e ss. Esse argumento também aparece em FEIJÓO SÁNCHEZ, Bernardo. *El dolo... Op. cit.*, p. 23.

tamento, seja ele jurídico-penalmente relevante, ou não, intuitivamente estamos dispostos a acomodar uma diferença de tratamento entre aquele que foi perpetrado com plena consciência das circunstâncias e aquele fruto da inconsciência (= não raramente descrito como resultado de uma *má sorte*[525]). E qual o fundamento que essa intuição pode ter? A resposta a essa pergunta passa, necessariamente, por uma argumentação com roupagem deontológica. Senão, vejamos.

A princípio, a razão para a punição mais severa atribuída àquele que age com conhecimento das circunstâncias reside na lesão de algo que se poderia chamar de dever de autodomínio ou, como prefere argumentar parcela da doutrina, no fato de que o autor que representa o perigo para o bem jurídico tem maior poder de evitação da realização do tipo quando comparado com o autor culposo.[526-527]

Por dever de autodomínio compreendo a possibilidade que o indivíduo tem, em determinadas circunstâncias, de demonstrar que dele é possível esperar relação de conformidade com a premissa de preservação da convivência pacífica.[528] Com determinada quantidade de dados, o agente tem suficiente informação sobre o perigo de lesão do bem jurídico, circunstância que lhe permite exercer o domínio sobre o próprio corpo e, com isso, adotar o comportamento que se espera de qualquer indivíduo razoável. Em outros termos: a relação de conformidade entre a premissa de preservação da convivência pacífica é expressa com a possibilidade de *controle sobre o próprio corpo* como meio de evitar que o homem pratique incompreensibilidades.

A relevância desse ponto é demonstrada, como destaca a doutrina, com facilidade, basta considerar a irrelevância jurídico-penal dos movimentos reflexos ou dos movimentos derivados de ataques epiléticos, sob coação física absoluta que, "apesar de serem movimentos corporais, e poderem causar consequências lesivas, conforme doutrina unânime, não se imputam à pessoa porque não são

525. Utiliza a referência Ragués i Vallès, Ramon. *El dolo... Op. cit.*, p. 32.

526. O argumento da dominabilidade também aparece em Greco, Luís. *Dolo... Op. cit.*, p. 892; Greco, Luís. *Lebendiges... Op. cit.* p. 186 e ss; Otto, Harro. *Grundkurs... Op. cit.*, p. 82, Rn. 26. Schünemann, Bernd. § 26. *In*: Leipziger Kommentar zum Strafgesetzbuch. 12. Aufl. Berlin: de Gruyter, 2006, Rn. 16 e ss; Schünemann, Bernd. *Vom philologischen... Op. cit.*, p. 471; Schünemann, Bernd. *Grund und Grenzen der unechten Unterlassungsdelikte. Zugleich ein Beitrag zur strafrechtlichen Methodenlehre*. Göttingen: Schwartz, 1971, p. 229 e ss; Schünemann, Bernd; Greco, Luís. *Der Erlaubnistatbestandsirrtum... Op. cit.*, p. 784. Frisch também menciona que o autor doloso tem um "*supremo poder de evitação*" (*erhöhte Vermeidemacht*), Frisch, Wolfgang. *Vorsatz... Op. cit.*, p. 103.

527. Na jurisprudência não é incomum se encontrar referências ao nível de dominabilidade do agente, cf. BGH – 2 StR 483/14, NStZ 2016, 25; BGH – 2 StR 179/10, BeckRS 2010 26371; BGH – 1 StR 191/09, NStZ 2009, 629; BGH – 5 StR 44/08, BeckRS 2008, 7997; BGH – 1 StR 126/07, NStZ 2007, 639; BGH – 1 StR 410/05, NJW 2006, 386; BGH – 1 StR 233/04, NStZ 2005, 92.

528. O jurista, à luz dos critérios de racionalidade, será o responsável pela valoração sobre a violação da convivência pacífica (abaixo, parte IV). Cfr. Schild, Wolfgang. *Der strafrechtliche Vorsatz... Op. cit.*, p. 133 e ss.

expressão do domínio pessoal sobre o corpo".[529] Donde é facilmente derivável que a representação do perigo, como intuiu KAUFMANN, é o momento fundamental para o exercício do domínio absoluto sobre o próprio corpo.

Para melhor expressar essa ideia, recorrerei à seguinte metáfora: o irmão *A*, ciente de que haverá prova na segunda-feira, passa o fim de semana jogando videogame com o irmão mais velho, *B*, o qual também terá prova na segunda--feira. Acontece que *B* não tem consciência do exame. Ambos são indagados pela mãe sobre se há algum exame na segunda-feira. *A* responde "não..."; *B* responde "não que eu saiba...". Poucas semanas depois, ambos recebem resultado negativo. O filho *A* tenta se justificar para a mãe, dizendo: "*Eu não queria ter jogado...*" ao que a mãe retruca: "*você sabia que teria prova e jogou...*"; o filho *B* também tenta se justificar e diz: "*Eu não sabia que tinha prova...*"; ao que a mãe responde: "*mas você deveria ter prestado mais atenção nas aulas...*". Evidentemente a mãe censurará mais severamente o filho que era consciente do exame e mentiu, porquanto, para o juízo de imputação do castigo, pouco importa o adorno volitivo incrementado pelo filho *A* "eu não *queria* ter jogado...", afinal, em últimos termos, quem joga quer jogar. Para o filho *B*, o qual não estava ciente do exame, não haverá, *em regra*, qualquer censura (= excepcionalidade da culpa), pois, quem não representa o perigo não pode ser (dolosamente) censurado. O que há de essencial nessa hipótese que podemos aproveitar para o direito penal? O filho *A* era detentor de determinado grau de conhecimento que o permitia exercer o controle sobre o perigo, isto é, evitar a reprovação, mas ignora o dever de autodomínio e deixa o resultado abandonado à própria sorte. O grau de censura, portanto, não precisa ter como fundamento o resultado (= reprovação), mas, sim, o conhecimento das circunstâncias capazes de permitir que o indivíduo ativasse ações para evitá-lo.

Se convertemos a situação cotidiana em uma hipótese com relevância jurídico-penal, tanto a lesão ao dever de autodomínio quanto a irrelevância do adereço volitivo do agente ficam mais evidentes. Consideremos o seguinte diálogo: o juiz pergunta ao acusado *X*: "Você matou *V* com um golpe de machado na cabeça?"; acusado: "Sim, Excelência". O juiz prossegue: "O senhor sabia de que o golpe de machado poderia ser mortal?"; acusado: "Sim, sabia que poderia ser mortal, mas eu não queria matá-lo...".[530] A surpresa com que o magistrado recebe tal informação não é causada somente pela improvável veracidade do argumento do acusado, senão pela agressão à racionalidade, afinal, fazer conscientemente tudo que é necessário para que o tipo se realize e simultaneamente afirmar que não queria que ele se realizasse é tão ilógico e irracional quanto afirmar que o sol não nascerá amanhã. Também aqui o conhecimento da letalidade da conduta

529. "(...) zwar Körperbewegungen, die schädliche Erfolge verursachen können, sie werden aber nach einhelliger Meinung der Person nicht zugerechnet, weil sie nicht Ausdruck der personalen Herrschaft über den Körper sind." SCHÜNEMANN, Bernd. *Grund... Op. cit.*, p. 236.

530. Cf. HRUSCHKA, Joachim. *Strafrecht... Op. cit.*, p. 435.

permitiria ao agente o controle sobre o próprio corpo e, portanto, o domínio sobre a fonte primária do perigo. Contudo, o agente, mesmo advertido do perigo, ignora-o (= lesa o dever de autodomínio). Aquele que, apesar de representar a possibilidade de haver policiais detrás da barreira que tem diante de si, acelera em direção a essa em vez de acionar os freios, lesa o seu dever de autodomínio sobre o próprio corpo no sentido de evitação de realização do perigo representado. É, portanto, responsável dolosamente pelo resultado morte que derivar do choque entre os automóveis.

Considerando-se as duas primeiras hipóteses, é facilmente perceptível que ambas ilustram o importante elemento para justificar a docilidade do tratamento punitivo dispensado ao crime culposo e a rigidez dispensada ao crime doloso: o filho *A*, o qual sabia da prova, isto é, conhecia o perigo, lesou o dever de *autodomínio*, ou seja, *não levou a sério a proteção ao bem jurídico*; a consequência (a reprovação) pode ser *imediatamente* derivada da conduta de jogar, daí porque há maior intensidade da reprimenda. O filho *B* não lesou o seu dever de autodomínio porque a ele era impossível exercer a representação da possibilidade de reprovação; faltava-lhe, capacidade de evitabilidade e, não por outra razão, sua reprimenda, se existir, não pode ser imediatamente derivada da sua conduta, senão *mediatamente*, por exemplo, deveria ter prestado atenção às aulas; daí porque a reprimenda não pode possuir a mesma intensidade. Se consideramos a hipótese com relevância penal, *X* era consciente do perigo; a consciência é o sinal de advertência da ativação da evitabilidade. Contudo, fez tudo que era suficiente para realizar o tipo penal e, portanto, também não levou a sério a proteção do bem jurídico (= lesou o dever de autodomínio); a consequência (= morte de *V*) pode ser imediatamente derivada da sua conduta, isto é, da machadada. Em ambos os casos, fica evidente que o sentimento do agente em relação à consequência não é suficiente para alterar o conteúdo de reproche que deve ser atribuído à sua conduta.

Assim, podemos conceber que o segundo fundamento para a maior intensidade da pena no dolo cognitivo reside no fato de aquele que age com consciência, o qual tinha o *domínio da conduta*, quando comparado com aquele indivíduo que age inconscientemente, pode mais facilmente empreender medidas para evitar a realização do perigo.[531-532] Daí não ser equivocado dizer que o indivíduo incons-

531. Justamente em razão da ausência de dominabilidade não é possível imputar uma conduta dolosa nas hipóteses de cegueira deliberada. A impossibilidade de controle sobre o que está acontecendo ou prestes a acontecer impede que o indivíduo que esteja em estado de cegueira tenha o mesmo nível de imputação daquele que tem o domínio da conduta. Cf. nota de rodapé n. 203. É preciso chamar atenção para o fato de que à categoria da cegueira deliberada, seja por influência de parcela da literatura científica germânica (Jakobs) seja pela larga aplicação no sistema anglo-saxão, vem sendo admitida a imputação dolosa. Para além das referências indicadas na nota acima, o leitor encontrará tentativa de fundamentação em Ragués i Vallès, Ramon. *La ignorancia... Op. cit.*, p. 170-193; Ragués i Vallès, Ramon. *El dolo...Op.cit.*, p. 42-43; Ragués i Vallès, Ramon. *Mejor no saber. Sobre la doctrina de*

ciente, isto é, o autor culposo, também é *vítima da sua própria (má) sorte* ao passo que o indivíduo consciente, isto é, o autor doloso, *determina a sua própria (má) sorte.* E, nesse ponto, poderíamos formular o seguinte imperativo: *aja de tal modo que seu comportamento seja compatível com a convivência pacífica na sociedade.*[533] O descumprimento desse imperativo – daí a marca consequencialista do próximo fundamento – conduz à terceira e última razão para a maior intensidade de pena no dolo cognitivo: a prevenção geral negativa.

2.4 Prevenção geral negativa

Finalmente, convém mencionar que a drástica distinção de pena também pode ser justificada a partir do ponto de vista da prevenção geral negativa. Não na concepção tradicional fundada no pensamento feuerbachiano, mas sim na ideia da cominação da pena como categoria teórico-racional das razões para atuar.[534] O argumento aqui não se dá no âmbito deontológico, senão consequencialista.[535]

la ignorancia deliberada en Derecho penal. In: Discusiones: Ignorancia deliberada y Derecho Penal. Sección I: Discusión, núm. 13 (2014), p. 11-38.

532. A jurisprudência espanhola vem admitindo a aplicação da cegueira deliberada como modalidade de dolo eventual especialmente nos crimes de perigo, de mera atividade, tráfico de drogas e crimes econômicos. Destaco, unicamente, os seguintes trechos *"En STS 970/2016, de 21 de diciembre, con cita de nuestra Sentencia 33/2005, de 19 enero, se expresa que no se exige un dolo directo, bastando el eventual o, incluso, es suficiente situarse en la posición de ignorancia deliberada, es decir, quien pudiendo y debiendo conocer la naturaleza del acto o colaboración que se le pide, se mantiene en situación de no querer saber, pero no obstante presta su colaboración, se hace acreedor a las consecuencias penales que se deriven de su antijurídico actuar (SSTS, 236/2003 de 17 de febrero, 628/2003 de 30 de abril ó 785/2003 de 29 de mayo). Nuestra jurisprudencia referente al concepto de dolo eventual ha establecido que en aquellos supuestos en los que se haya probado que el autor decide la realización de la acción, no obstante haber tenido consistentes y claras sospechas de que se dan en el hecho los elementos del tipo objetivo, manifestando indiferencia respecto de la concurrencia o no de estos, no cabe alegar un error o ignorancia relevantes para la exclusión del dolo en el sentido del art. 14.1 CP. Esta situación, como se ha dicho, es de apreciar en aquellos casos en los que el autor incumple conscientemente obligaciones legales o reglamentarias de cerciorarse sobre los elementos del hecho, como en el delito de blanqueo de capitales, o en los delitos de tenencia y tráfico de drogas, cuando el autor tuvo razones evidentes para comprobar los hechos y no lo hizo porque le daba igual que concurrieran o no los elementos del tipo" SSTS, 447/2017, ponente Julian Artemio Sanchez Melgar (destaquei); e "quien se pone en situación de ignorancia deliberada, sin querer saber aquello que puede y debe saber, está asumiendo y aceptando todas las consecuencias del ilícito actuar en que voluntariamente participa. O, como dice la STS 633/2009, de 10 de junio, quien se encuentra en una situación que se conoce como cegueira voluntaria (willfull blindness), no está excluido de responsabilidad criminal por la acción ejecutada". SSTS, 181/2017, ponente Julian Artemio Sanchez Melgar.* Também há decisões que rechaçam a cegueira deliberada, por exemplo, SSTS, 4730/2016, ponente Luciano Varela Castro. O leitor encontrará recente análise da doutrina e da jurisprudência espanhola em Feijóo Sánchez, Bernando. *La teoría de la ignorancia deliberada en Derecho penal: una peligrosa doctrina jurisprudencia. In*: InDret, 3/2015.

533. Conforme ressaltado, caberá ao jurista a tarefa de verificar essa compatibilidade por meio dos critérios de racionalidade. Cf. nota de rodapé n. 528.

534. Greco, Luís. *Lebendiges... Op. cit., Op. cit.*, p. 419.

535. Sobre o termo cf. Birnbacher, Dieter. *Analytische Einführung in die Ethik.* 2. ed. Berlin: de Gruyter, 2007, p. 173 e ss; Mahlmann, Matthias. *Rechtsphilosophie und Rechtstheorie.* 4. ed.

A pena deve ser imposta com maior intensidade aos comportamentos que são domináveis porque, como é de se esperar, somente há legitimidade de uma reprimenda quando é possível influenciar o comportamento de alguém. A pena nada mais é que o elogio às avessas e, portanto, assim como o elogio deve ser capaz de influenciar o comportamento humano, a pena, igualmente, também deve ser capaz de influenciar a melhor condução do comportamento. Isso significa que se a pessoa não puder ser *alcançada* por meio da pena, porque essa não pode mudar o seu comportamento, então a pena perderá a sua legitimidade:

> "Se queremos prevenir crimes, mas a prevenção gera custos, é racional empenharmos nossos limitados recursos primeiramente na prevenção de condutas as quais, por serem dominadas, são – *ceteris paribus* (isto é, mantendo-se o resto constante) – tanto mais perigosas para bens jurídicos penalmente protegidos, como também mais passíveis de virem a ser repensadas e abandonadas pelos agentes que estão a ponto de as praticar."[536]

A dominabilidade sobre o próprio corpo (acima, item 2.3), portanto, gera maior necessidade de prevenção porquanto a representação da situação do perigo deveria ter feito o agente repensar o seu comportamento e abandonar o seu compromisso cognitivo com a realização do tipo. Como é possível intuir, a atenção da intervenção punitiva tem como fundamento a relação entre as consequências da não dominabilidade do corpo e as responsabilidades que derivam da lesão do dever de autodomínio. A maior responsabilidade, portanto, não decorre do ilustre "*eu quis*", mas sim do *que deveria ter sido feito*.

Contra esse argumento poder-se-ia levantar a ingênua objeção segundo a qual um fundamento consequencialista implica reconhecer um estilo de cidadão sempre calculista. Entretanto, não há qualquer sentido nessa objeção porquanto a maior intensidade da pena, nesse caso, não está baseada na valoração de consequência derivada de um processo de ponderação e decisão, mas sim valorada com base no fato de o agente não ter abandonado a conduta que estava prestes a praticar e isso, natural e necessariamente, não implica reconhecer que ele esteve empenhado em ponderar os custos e os benefícios que sua conduta acarretaria, mas apenas que não fez o que deveria ter sido feito.

Com isso, fica fácil perceber porque o agente culposo não pode ter uma sanção com a mesma intensidade do autor doloso: ao autor culposo não assiste similar controle sobre o próprio corpo derivado do conhecimento e, por isso mesmo, ele também tem maiores dificuldades de abandonar a conduta que está prestes a praticar. E essa argumentação pode ser derivada do princípio geral segundo o qual a nossa responsabilidade se amplia à medida que se amplia o domínio sobre o nosso próprio corpo. Assim que o *ponto focal* para a valoração da intensidade da reprimenda não está propriamente em um processo de decisão

Baden-Baden: Nomos, 2017, p. 147 e ss, Rn. 4 e ss.

536. Greco, Luís. *Dolo... Op. cit.*, p. 892 (itálico no original).

psíquica do autor em relação ao resultado, mas sim no fato de que a representação do perigo de lesão do bem jurídico não é suficiente para que o autor abandone a conduta contrária em relação aos outros indivíduos.

A essa altura, acredito estar devidamente justificada não somente a razão da diferença dosimétrica de pena entre o dolo e a culpa, como também demonstrado que o elemento cognitivo não somente é suficiente para fundamentar essa diferença como também, e principalmente, esse se mostra compatível com o direito penal do fato. Donde é possível concluir que o *dolo é o compromisso cognitivo do autor com a realização do perigo representado.*[537-538]

Isso significa que uma vez superada a dimensão da fundamentação, o próximo passo deve ser dado em direção às propostas de precisão do elemento cognitivo. Noutros termos: tendo em vista que a dimensão cognitiva é tradicionalmente vinculada tanto ao dolo quanto à culpa, poderia a representação, sozinha, fazer frente às exigências de uma segura fronteira entre o dolo e a culpa? Esta pergunta começa a ser examinada de agora em diante.

3. Dimensão da precisão da cognição

No final do século XIX, Frank questionava se, em realidade, era "possível *falar* de *um querer o resultado*";[539] na primeira metade do século XX, Engisch se perguntou: *o que efetivamente pertence ao dolo eventual*: *um determinado grau do conhecimento ou também uma especial relação emocionalmente constituída com o fato*?[540] Se partirmos do pressuposto de que, intuitivamente, conhecemos a resposta para ambas as indagações, a discussão travada no seio das teorias cognitivas poderia ser conduzida a partir da seguinte pergunta: *qual a intensidade da representação do autor necessária para o dolo?* A essa questão são oferecidas duas tradicionais respostas, as quais correspondem às teorias que dominavam até o princípio da primeira metade do século passado, a saber: ou o autor representou a possibilidade de ocorrência do resultado como possível (*teoria da possibilidade*) ou o autor a representou como provável (*teoria da probabilidade*). Nesse primeiro

537. O conceito de dolo, portanto, assume o traço normativo. Conceito normativo é aquele que exige do jurista um juízo de valor. Cf. Rüthers, Bernd; Fischer, Christian; Birk, Axel. *Rechtstheorie mit juristischer Methodenlehre*. 8. Aufl. München: Beck, 2016, p. 121, Rn. 176 e ss.

538. Como bem alerta a doutrina, esforços para discutir uma possível imprecisão conceitual, neste caso, serão improdutivos. Uma possível imprecisão conceitual não tem consequências materiais, eis que relacionadas apenas com problemas de linguagem. Como adverte Pérez Barberá, a precisão definitiva, a que não pode ser ignorada, é aquela que garante ao autor que não haverá imputação arbitrária em seu desfavor. E essa precisão definitiva será alcançada com a apresentação dos critérios de inferência do dolo (abaixo, parte IV). Cf. Pérez Barberá, Gabriel. *El dolo... Op. cit.*, p. 649; Frisch, Wolfgang. *Gegenwartsprobleme... Op. cit.*, p. 541; Roxin, Claus; Greco, Luís. *Strafrecht... Op. cit.*, § 12, Rn. 73.

539. "Ist es überhaupt zulässig, von einem Wollen des Erfolges zu sprechen?" Frank, Reinhard. *Vorstellung... Op. cit.*, p. 194. (sem itálicos no original).

540. "(...) *was überhaupt zum Vorsatz gehört: ein graduell bestimmtes Wissen oder auch eine besonders geartete emotionale Beziehung zur Tat?*" Engisch, Karl. *Untersuchungen... Op. cit.*, p. 85-86.

marco das teorias da representação, a dispensabilidade do elemento volitivo, para parcela dos autores, era marca evidente apenas para as hipóteses de dolo eventual, isto é, um setor da literatura científica mantinha o elemento volitivo para o dolo direto de primeiro grau. Bem por isso, em regra, as concepções não conduziram a uma mudança global dentro da teoria do dolo.

Contudo, a partir do último vintênio da segunda metade do século XX, e com a constatação dos insatisfatórios resultados de precisão a que chegavam tanto as teorias de corte volitivo como as teorias de corte cognitivo, a teoria do dolo sofreu impacto decisivo: a alteração do seu objeto de referência. Com efeito, aquela pergunta formulada pelas tradicionais teorias de disposição de ânimo e volitivas foi considerada inadequada, afinal, o autor não pode conhecer aquilo que não existe (= o resultado) e o que não existe não pode ser graduado. Disso resultam duas observações relevantes para a apresentação da nova problemática que se instaurou: o dolo é somente conhecimento (*i*); e o objeto de conhecimento não é mais o resultado (*ii*). Se considerarmos ambos os dados, naturalmente aquela pergunta formulada por Engisch, ou mesmo por Frank, não faz mais sentido, de modo que a nova moldura de investigação é trilhada a partir da seguinte questão: *o que precisa ser conhecido para que seja possível a imputação dolosa?* A resposta a essa pergunta corresponde à literatura científica produzida nas últimas duas décadas do século passado; para essa não interessa o cálculo do agente sobre a possibilidade ou a probabilidade de realização do tipo, senão a sua representação em relação ao risco criado. E, nesse ponto, as três variantes apontam que o perigo é o objeto do dolo, são essas: a *subjetiva*, a *objetiva* e o *perigo doloso*. Começo o exame da precisão pelas tradicionais teorias da representação, quais sejam: a teoria da possibilidade e as teorias da probabilidade.

3.1 Teorias da representação: a fronteira cognitiva entre o dolo e a culpa

Ultrapassada a esfera da fundamentação da *ratio* punitiva do dolo à luz apenas do elemento cognitivo, cumpre, então, verificar se as teorias existentes foram capazes de oferecer adequada precisão do seu conteúdo da representação. Nesse ponto, entram em cena, em primeiro lugar, as teorias da representação (*Vorstellungstheorien*).[541] Essa denominação, em juízos apressados, pode conduzir a alguns equívocos, bem por isso é necessária a seguinte observação: apenas representação ainda não é suficiente para fundamentar o dolo.

O princípio básico de toda a concepção das teorias da representação pode ser bem compreendido a partir da síntese de Frank, a quem se atribui a paternidade

541. No Brasil, dando a entender (imprecisamente) que a teoria da representação é uma espécie de teoria cognitiva ao lado da teoria da probabilidade. Greco, Rogério. *Curso...Op. cit.*, p. 288. O autor menciona, inclusive, que essa teoria da representação teria adeptos, mas não aponta um sequer. A descrição ajusta-se aparentemente à teoria que aqui é tratada como uma espécie da teoria da representação, qual seja: a *teoria da possibilidade*. Cf. nota de rodapé n. 200.

das teorias na sua forma moderna,[542-543] segundo as quais o dolo é essencialmente a previsão do resultado de uma ação.[544] Isso significa que o caminho adequado para a delimitação entre o dolo e a culpa não deve ser percorrido levando-se em consideração a vontade (ou intenção) do autor; daí porque a questão a ser respondida não será mais aquela enfrentada pelas teorias da disposição de ânimo (quando um resultado representado foi querido), mas, sim, *quando será possível afirmar que o autor teve representação da realização do tipo suficiente para a imputação dolosa*. Se é assim, parece cientificamente impreciso afirmar, secamente, que as teorias da representação confundem culpa consciente com dolo.[545] Essas teorias *exigem*, justamente para evitar uma sobreposição dos campos do dolo e da culpa, que o autor tenha tido uma representação com determinada intensidade sobre o risco de realização do tipo penal.[546]

Sendo assim, as teorias da representação partem da premissa de que o componente volitivo dolo é absolutamente desnecessário para fins de imputação subjetiva, afinal, quem age conhecendo determinado grau do perigo, ao fim e ao cabo, está de acordo com a realização do tipo penal. A determinação da intensidade do grau de (*re*)conhecimento que o autor deveria ter para a imputação a título de dolo foi inicialmente indicada pelo próprio FRANK: o dolo pode ser reconhecido quando o autor representou o resultado como *certo* ou *altamente provável* ou, na hipótese de dolo eventual, quando o agente representou o resultado como *possível*. Essa delimitação paramétrica sugerida corresponde, em grande medida, às duas variantes existentes no âmbito das teorias da representação.

Sendo essa a estrutura básica das teorias da representação, o argumento comum a ambas as tradicionais teorias de corte cognitivo, em linhas amplas, pode ser assim formulado:

> *Teses*. As teorias de disposição de ânimo estão completamente equivocadas, pois, em essência, o dolo é a consciência do agente em situações concretas relevantes (*i*); o problema da fronteira entre o dolo eventual e a

542. SCHRÖDER, Horst. *Aufbau... Op. cit.*, p. 210, Fn. 8.

543. Cf. nota de rodapé n. 235.

544. FRANK, Reinhard. *Vorstellung... Op. cit.*, p. 169 e ss. Para uma análise do conceito de dolo em FRANK, cf. KORIATH, Heinz. *Grundlagen... Op. cit.*, p. 612-617. Para além daqueles citados no decorrer da exposição, uma teoria de base meramente cognitiva também foi defendida por BÜNGER, Paul. *Über Vorstellung und Wille, als Elemente der subjektionen Verschuldung*. In: ZStW, 1886, n. 6, p. 291; GROSSMANN, Hans. *Die Grenze... Op. cit.*, p. 37; KLEE, K. *Der Dolus... Op. cit., passim*; LISZT, Franz v. *Lehrbuch... Op. cit.*, p. 237 e ss. Para outros representantes cf. HIPPEL, Robert v. *Die Grenze... Op. cit.* p. 4-5 (e Fn. 2, p. 5); LISZT, Franz v. *Lehrbuch... Op. cit.*, p. 241, Fn. 8; SAUER, Wilhelm. *Allgemeine... Op. cit.*, p. 165, Fn. 33.

545. Entre nós, por exemplo, CAPEZ, Fernando. *Curso... Op. cit.*, p. 225; GRECO, Rogério. *Curso... Op. cit.*, p. 288. Cfr. GÖTTL, Teresa. *Der subjektive Tatbestand der Gefährdungsdelikte. In:* JuS, 2017, p. 309.

546. Cf. JOECKS, Wolfgang. § 16... *Op. cit.*, Rn. 33.

culpa consciente precisa e pode ser resolvido recorrendo-se apenas ao conhecimento do agente (*ii*).

Argumento. Quem age apesar de *representar* a concreta possibilidade de realização do tipo penal fundamentalmente não pode negar que aprovava a ocorrência do resultado.

De agora em diante passo à análise das duas primeiras variantes, quais sejam: a teoria da possibilidade e a teoria da probabilidade.

3.1.1 Teoria da possibilidade

Como o termo indica, a teoria da possibilidade (*Möglichkeitstheorie*),[547] a qual tem como seus principais representantes as figuras de Schröder[548] e Schmidhäuser,[549] sugere basicamente que a imputação subjetiva dolosa está subordinada à verificação da representação do indivíduo de que o seu comportamento tornaria (*concretamente*) *possível* a produção do resultado.[550] Com intuito aproximativo, e em grossas linhas, os argumentos gerais poderiam ser assim formulados:

Argumento 1. Entre a representação da possibilidade e assunção do risco há necessariamente uma identidade. Não é defensável a ideia segundo a qual aquele que age com representação de que sua ação possivelmente geraria um resultado "mal visto" (*verpönt*) não aprove tal possibilidade. Por essa razão a exigência de qualquer elemento que sobrepasse a representação da possibilidade é redundante.

547. Além dos autores predominantemente mencionados no decorrer deste tópico, também são adeptos da teoria da possibilidade, ainda que com (algumas) variações, Freund, George. *Strafrecht... Op. cit.*, p. 282-283, Rn. 70; Frister, Helmut. *Strafrecht... Op. cit.*, p. 147, Rn. 24; Grünwald, Gerald. *Der Vorsatz des Unterlassungsdelikts. In*: FS – Hellmuth Meyer. Berlin: Duncker & Humblot, 1966, p. 288; Kargl, Walter. *Handlung und Ordnung im Strafrecht: Grundlagen einer kognitiven Handlungs- und Straftheorie*. Berlin: Duncker & Humblot, 1991, p. 544; Kindhäuser, Urs K. *Strafrecht... Op. cit.*, p. 136, Rn. 30-31; Kindhäuser, Urs K. *Strafgesetzbuch... Op. cit.*, p. 189, Rn. 114; Langer, Winrich. *Das Sonderverbrechen: eine dogmatische Untersuchung zum Allgemeinen Teil des Strafrechts*. Berlin: Duncker & Humblot, 1972. Langer, Winrich. *Methodik: Ein Streit unter Nachbarn. In:* Jura, 2003, p. 137; Lesch, Heiko H. *Dolus directus... Op. cit.*, p. 805; Maihofer, Werner. *Zur Systematik der Fahrlässigkeit. In*: ZStW, 1958, n. 70, p. 191; Morkel, Dan W. *Abgrenzung zwischen vorsätzlicher und fahrlässiger Straftat. In*: NStZ, 1981, p. 178. Considerando a postura de Jakobs uma variante da teoria da possibilidade Geppert, Klaus. *Zur Abgrenzung... Op. cit.*, p. 56; Schmidhäuser, Eberhard. *Die Grenze... Op. cit.*, p. 242, nota de rodapé n. 4; Pérez Barberá, Gabriel. *El dolo... Op. cit.*, p. 424. Apontando que a teoria da possibilidade remonta a Ludwig Harscher von Almendigen, na obra *Darstellung der rechtlichen Imputation* (1803), Joecks, Wolfgang. § 16... *Op. cit.*, Rn. 34, Fn. 92.

548. Schröder, Horst. *Aufbau... Op. cit.*, p. 207 e ss.

549. Schmidhäuser, Eberhard. *Die Grenze... Op. cit.*, p. 241 e ss; Schmidhäuser, Eberhard. *Strafrecht... Op. cit.*, p. 389 e ss, Rn. 28 e ss; Schmidhäuser, Eberhard. *Vorsatzbegriff... Op. cit., passim*; Schmidhäuser, Eberhard. *Zum Begriff der bewussten Fahrlässigkeit. In:* GA, 1957, p. 305 e ss.

550. Por isso mesmo, considerada por Roxin e Greco como a forma radical da teoria da representação. Roxin, Claus; Greco, Luís. *Strafrecht... Op. cit.*, § 12, Rn. 41.

Argumento 2. Isso significa que o elemento intelectual é suficiente para traçar a fronteira entre o dolo eventual e a culpa consciente, a qual deverá ser realizada nos seguintes moldes: o indivíduo que age conhecendo a *concreta possibilidade* de realização do tipo agirá dolosamente; ao passo que ao indivíduo que crê que tudo sairá bem faltará não apenas o querer, mas a própria representação da concreta possibilidade de causação do resultado e, por conseguinte, do dolo.

Conclusão. O que determina o nível de imputação subjetiva é a relação de previsibilidade baseada no binômio *representação-possibilidade*, cujo referencial é o resultado.

Consequências. O elemento volitivo está fora da compreensão do dolo eventual (*i*); toda culpa é culpa inconsciente (*ii*).

Com a teoria da possibilidade, o ponto de curvatura entre as modalidades de imputação subjetiva transita da dimensão volitiva para a dimensão cognitiva, precisamente para a representação do indivíduo de que sua ação provoca a *real possibilidade* de lesão ao bem jurídico, a tornar indiferente qualquer pergunta sobre a atitude volitiva psíquica do indivíduo em relação àquele resultado representado como possível. Contudo, se a representação não existiu ou foi equivocada, isto é, o indivíduo acreditava que o possível resultado não sobreviria, então não mais será possível se falar em dolo.[551] Cumpre, então, percorrer o caminho sugerido por Schröder para chegar a este perímetro entre o dolo e a culpa.

3.1.1.1 Horst Schröder

Em artigo publicado em 1949 (*Estrutura e fronteiras do conceito de dolo*), Schröder dedica-se à estruturação das consequências acessórias dentro do sistema do dolo, bem como ao delineamento da fronteira entre o dolo e a culpa.[552]

Schröder parte da concepção segundo a qual, de fato, há distintos conceitos para o dolo e para a culpa; que entre essas modalidades de imputação subjetiva não há apenas diferença quantitativa e, finalmente, que a diferença entre uma e outra modalidade não pode ser estabelecida à luz de considerações sobre o merecimento de pena. Para ele, há uma específica reprovabilidade para o dolo e outra para a culpa, a qual permite não apenas o delineamento da fronteira entre ambas as modalidades de imputação subjetiva, como também torna essa tarefa necessária:

551. Cf. Jescheck, Hans-Heinrich; Weigend, Thomas. *Lehrbuch... Op. cit.*, p. 302; Roxin, Claus; Greco, Luís. *Strafrecht... Op. cit.*, § 12, Rn. 41.

552. Com efeito, Schröder diferençava entre ações intencionais, aquelas perseguidas diretamente pelo agente e que, portanto, situam-se no âmbito do dolo direto de primeiro grau; e ações não intencionais, aquelas que se situam fora do âmbito do propósito do autor. É justamente nesse segundo grupo que se insere a proposta de distinção entre dolo e culpa e que também situa o autor no grupo científico cuja teoria sobre o dolo eventual não abriu caminho para uma concepção monista. Schröder, Horst. *Aufbau... Op. cit.*, p. 207 e ss.

trata-se, muito mais, de determinar o ponto no qual ambos os conceitos encontram a sua limitação natural.[553]

Ao contrário do que defendia o finalismo, que àquela altura ainda gozava de prestígio, SCHRÖDER estava convicto de que o dolo era uma forma de culpabilidade. O dolo, em primeiro lugar, é o objeto neutro da valoração da culpabilidade. Ele mesmo não contém elemento algum de reprovabilidade, mas estrutura-se como um estado de coisas psicológico, como a relação subjetiva entre o autor e o fato que deve ser valorado conforme pontos de vista da culpabilidade. Dito de outro modo, como um juízo sobre a ação do autor com propósitos determinados e representações, pois, não é a relação psicológica do autor como tal que autoriza o juízo de reproche, senão o ato de vontade manifestado.[554] O exposto até aqui permite compreender parcela da definição de dolo por ele sugerida, a saber: o dolo não é apenas vontade, tampouco apenas representação, dolo é a vontade com determinadas representações.[555]

Essas afirmações poderiam causar alguma desconfiança, pois, partidário de uma teoria cognitiva, SCHRÖDER refere-se à vontade do autor. Mas, para que fique logo claro, o *ato de vontade manifestado*, e não apenas a representação do autor, era o fundamento de reproche da culpabilidade: o *querer apesar da representação*. E é justamente aqui, em que pese ser possível identificar traços de uma teoria da disposição de ânimo,[556] que a concepção cognitiva em SCHRÖDER mostra a sua potência: o ponto decisivo reside no fato de que o dolo não está guiado por uma vontade e permanece como um elemento da culpabilidade; se a função dessa categoria é constatar a infração da norma de determinação, não há por que situar a essência do dolo na vontade do resultado, com muito mais razão será necessário investigar porque o autor converteu em motivo de sua ação representações distintas daquelas acomodadas na substância das normas.[557] O ponto de determinação da intensidade do *reproche*, portanto, desenvolve-se a partir da seguinte pergunta: por que o autor não reagiu frente à sua representação contrária à expectativa da ordem jurídica? Se orientarmos a resposta pela função da culpabilidade, ficará fácil chegar à seguinte conclusão: o objeto do *reproche* é a expressão da personalidade do autor e sua personalidade encontra-se marcada no fato de que ele atuou apesar de ter consciência de que sua conduta era contrária ao direito. Agora estamos aptos a completar a definição de dolo sugerida por SCHRÖDER: "o dolo não é apenas vontade, tampouco apenas representação, dolo é a vontade com determinadas representações, é querer a ação com conhecimento

553. SCHRÖDER, Horst. *Aufbau... Op. cit.*, p. 207-208.

554. SCHRÖDER, Horst. *Aufbau... Op. cit.*, p. 208.

555. SCHRÖDER, Horst. *Aufbau... Op. cit.*, p. 223-224.

556. Considerando a variante de SCHRÖDER uma espécie de teoria de disposição de ânimo WOLFF, Ernst Amadeus. *Die Grenzen... Op. cit.*, p. 200 e ss; KÖHLER, Michael. *Die bewusste Fahrlässigkeit: eine strafrechtlich-rechtsphilosophische Untersuchung*. Heidelberg: Winter, 1982, p. 304.

557. SCHRÖDER, Horst. *Aufbau... Op. cit.*, p. 215.

das circunstâncias que constituem seu caráter proibido".[558] O dolo, portanto, não é isolada relação psíquica do autor para com seu fato, mas sim expressão da significativa conexão que há entre o autor e o fato, por um lado, e a norma jurídica, por outro (= *dolus malus*).

Deste modo, SCHRÖDER logra eliminar a relação volitiva entre o autor e o acontecer típico como fundamento de *reproche* do dolo, supera os inconvenientes apresentados nas teorias da vontade – especialmente no que diz respeito à lacuna explicativa sobre a existência de dolo sem vontade (o dolo direto de segundo grau e dolo eventual) – e encontra na *personalidade hostil ao direito* do autor doloso o ponto de justificação da *ratio* do tratamento punitivo dispensado a ambas as figuras.[559]

Essa personalidade inimiga da ordem jurídica, por sua vez, não se manifesta nas hipóteses em que o indivíduo atua com a confiança de que o resultado não se produzirá, de que tudo correrá bem. Nesses casos, o autor descarta essa possibilidade de produção do resultado e, portanto, *não o conhece verdadeiramente.*[560] A confiança de que tudo saia bem sinaliza em sentido contrário à direção apontada pelo critério que fundamenta o dolo, qual seja: a decisão de violação da norma. A falta de juízo do autor sobre a possibilidade de produção do resultado equivale à não representação – ou, para usar as palavras de SCHRÖDER, não se trata de verdadeira representação – abrindo espaço apenas para a imputação a título de culpa inconsciente.[561] Daí porque, sublinhou SCHRÖDER, "*toda culpa é culpa inconsciente*".[562]

Até agora é possível apresentar o seguinte quadro sistemático: a representação segura da possibilidade de realização do tipo aliada à vontade do autor configura o dolo direto de primeiro grau; também aqui, o grau objetivo de probabilidade de

558. "Vorsatz ist weder nur Wollen noch nur Vorstellung, sondern ist Wollen mit bestimmten Vorstellungen, ist Wollen der Handlung in Kenntnis der ihr Verbotensein ausmachenden Umstände". SCHRÖDER, Horst. *Aufbau... Op. cit.*, p. 223-224.

559. Como é possível intuir, SCHRÖDER não descarta totalmente a importância puramente psicológica do elemento volitivo. Com efeito, nas hipóteses de dolo direto de primeiro grau, ele segue considerando que o decisivo para determinar o nível da imputação deve ser o propósito do autor, razão pela qual, ainda que a probabilidade do resultado seja pequena, é possível a atribuição do dolo.

560. SCHRÖDER, Horst. *Aufbau... Op. cit.*, p. 215; p. 231 e ss.

561. Claramente, "(...) der Täter beruhigt sich bei der Überzeugung, es werde schon gut gehen, er 'vertraut' also auf den Nicht-Eintritt des Erfolges. Dann fehlt es überhaupt an einer wirklichen Vorstellung von der Möglichkeit der Erfolgsverursachung, an dem Urteil: Der Erfolg kann eintreten, und schon deswegen und nur deswegen liegt kein Vorsatz vor, nicht jedoch wegen der fehlenden emotionalen Einstellung zum möglichen Erfolg". SCHRÖDER, Horst. *Aufbau... Op. cit.*, p. 231. Cfr. FREUND, George. *Strafrecht... Op. cit.*, p. 236; Rn. 60; KARGL, Walter. *Handlung... Op. cit.*, p. 541.

562. SCHRÖDER, Horst. *Aufbau... Op. cit.*, p. 245 (destaque no original). Considerando o dolo e a culpa inconsciente como as únicas formas possíveis de imputação subjetiva BINDING, Karl. *Die Normen und Ihre Übertretung. Eine Untersuchung über die rechtmässige Handlung und die Arten des Delikts.* Aalen: Scientia Verlag, 1965, B. 2, p. 327.

dano é irrelevante para a afirmação do dolo eventual (*i*);[563] a representação sob a esperança de que tudo corra bem equivale à não representação e configura a hipótese de imputação culposa (*ii*). Um nível de representação ainda permanece sem esclarecimento: o nível das representações duvidosas; com isso, chegamos ao ponto que interessa, a configuração do dolo eventual. Como deve estar evidente a esta altura, SCHRÖDER defende ser suficiente para o dolo a representação do autor da *possibilidade* de ocorrência do resultado (e não propriamente do grau objetivo de perigo).

Creio agora ser possível vincular as duas pontas da argumentação: de um lado, o autor não atende aos motivos inibidores da ação encravados na norma jurídica (*i*); do outro, o autor representa a possibilidade de causação do resultado (*ii*). A resposta para as representações duvidosas, portanto, tem lugar exatamente no ponto de convergência de ambos os argumentos: *como a legislação está em condições de motivar o autor a renunciar (i) à realização típica representada como possível (ii), toda a zona da dúvida pertencerá ao dolo.* Ou na significativa síntese do próprio SCHRÖDER:

> "Dolo eventual significa ação com a representação da possível lesão do bem jurídico. Toda a zona da dúvida pertence, pois, ao dolo. Sua fronteira encontra-se ali onde a dúvida termina e principia a consciência de que o resultado indesejado é impossível ou ali onde a possibilidade do resultado indesejado é tão pequenamente valorada que ele não precisa ser levado em consideração."[564]

Quanto ao problema-condutor,[565] o caso do cinto de couro, parece não haver qualquer equívoco em se considerar que o critério sugerido por SCHRÖDER conduziria à confirmação da imputação a título de dolo eventual, eis que ambos os agentes conheciam perfeitamente a possibilidade *verdadeira* da morte da vítima.

Em síntese, segundo SCHRÖDER, para o dolo eventual é suficiente a representação da *verdadeira possibilidade* de ocorrência do resultado (*i*); a confiança

563. Cf. nota de rodapé n. 559.

564. "Dolus eventualis bedeutet Handeln mit der Vorstellung möglicher Rechtsverletzung. Der gesamte Bereich des Zweifels gehört also zum Vorsatz. Seine Grenze liegt einmal dort, wo der Zweifel aufhört und das Bewusstsein beginnt, der Eintritt des ungünstigen Erfolges sei unmöglich, oder dort, wo die Möglichkeit ungünstigen Ausgangs so gering veranschlagt wird, dass sie nicht in Rechnung gestellt zu werden braucht". SCHRÖDER, Horst. *Aufbau... Op. cit.*, p. 243.

565. *A* e *B* resolvem subtrair objetos de valor da casa do indivíduo *C*. *A* crê que *C* não procurará a polícia para relatar o fato, razão pela qual a subtração não será arriscada. A princípio *A* e *B* consideram utilizar um cinto para estrangular *C*. Contudo, ao perceberem a possibilidade de *C* morrer estrangulado, chegam à conclusão de que esse método é muito arriscado. Decidem, então, utilizar um saco de areia para golpear a cabeça da vítima enquanto ela dorme. E assim o fazem, mas, ao golpeá-la, a única coisa que conseguiram foi acordá-la. Na luta que se seguiu, *A* tira o cinto que levara e pressiona contra o pescoço de *C* até que esse desfaleça. Ambos finalizam a execução da subtração; posteriormente, tentam reanimar *C*, mas não obtêm êxito, a vítima havia falecido.

de que tudo sairá bem não é genuína representação do resultado, razão pela qual, nesse caso, seria de se apreciar apenas a imputação culposa (*ii*).

3.1.1.2 Eberhard Schmidhäuser

Schmidhäuser avança na precisão do critério da imputação com base no conhecimento da possibilidade e promove uma redução da zona do dolo (quando comparado à concepção de Schröder). Assentado em argumentação linguística, considera que a vontade, como elemento de delimitação entre o dolo e a culpa, verdadeiramente nunca foi levada a sério, o que deu lugar a contradições insuperáveis e discussões tautológicas. Bem por isso, o fechamento de sua proposta conceitual é coroado com nova sugestão terminológica: *ele não utiliza mais a palavra dolo e sim dolosidade (Vorsätzlichkeit*[566]*).*

A princípio, como Schröder, Schmidhäuser considera que o dolo e a culpa se diferenciam no que respeita à culpabilidade[567] e que apenas o elemento cognitivo, precisamente determinada qualidade da representação do indivíduo, é suficiente para sustentar o perímetro de cada uma das modalidades de imputação subjetiva.[568] Assim, elege como ponto de partida a própria legislação alemã e considera que nada é mais indicado para a elaboração dessa fronteira que o marco legal, precisamente pelo fato de que o conteúdo do § 16 do StGB[569] indica haver ato doloso apenas com o *conhecimento* dos elementos do tipo e apenas com o *não-conhecimento* dos elementos do tipo há ato culposo.[570] Como o elemento cognitivo foi por ele programado, é tarefa que, doravante, passo a analisar.[571]

Schmidhäuser estava situado no momento de polarização dogmática entre a anteriormente reinante teoria causalista e a promissora teoria finalista. Essa polaridade repercutiu sobre a discussão em torno de qual elemento deveria assentar o *estigma do* dolo: os finalistas sublinhavam o elemento volitivo do dolo, ao passo que os causalistas atribuíam maior força ao elemento cognitivo, mas ambos estavam de acordo quanto à necessidade de um elemento volitivo no conceito de

566. Schmidhäuser, Eberhard. *Vorsatzbegriff... Op. cit.*, p. 5; Schmidhäuser, Eberhard. *Die Grenze... Op. cit.*, p. 250.

567. Schmidhäuser, Eberhard. *Strafrecht... Op. cit.*, p. 209, Rn. 34.

568. Schmidhäuser, Eberhard. *Strafrecht... Op. cit.*, p. 395 e ss, Rn. 33 e ss; Schmidhäuser, Eberhard. *Zum Begriff... Op. cit.*, p. 312.

569. Cf. nota de rodapé n. 47.

570. Schmidhäuser, Eberhard. *Die Grenze... Op. cit.*, p. 241. Esse também é o ponto de partida de boa parte da literatura científica alemã. Cf. nota de rodapé n. 46.

571. Para Pérez Barberá, esse marco teórico corresponde ao segundo período do pensamento de Schmidhäuser. Segundo ele, há modificação material na concepção original quando comparada com os textos publicados nos anos 1957 e 1958, ambos no GA; modificação marcada pela acentuação que o autor dá à consciência da ilicitude. Cf. Pérez Barberá, Gabriel. *El dolo... Op. cit.*, p. 499 e ss. Três são as razões pelas quais não me ocuparei precisamente desse "primeiro período" indicado por Pérez Barberá: *primeiro*, o próprio Pérez Barberá se incumbiu de fazê-lo; *segundo*, a minha tese não tem pretensões de historicizar a dogmática do dolo; *terceiro*, entendo relevante para a tese a concepção aperfeiçoada.

dolo e a razão para isso se situava no fato de que ambas as teorias tomavam por base o sentido psicológico vulgar do termo.[572] Em sua investigação dedicada ao crime doloso, SCHMIDHÄUSER tenta, então, comprovar que aquela polarização é mais aparente que verdadeira.

Inicialmente traça um quadro de *harmonia discordante* entre a teoria causalista, a teoria finalista e a jurisprudência, no que diz respeito ao pertencimento de um elemento volitivo ao dolo. Em relação às duas primeiras, apesar da divergência teórica que havia entre as teorias sobre a posição do dolo,[573] constatou haver concordância de todos sobre o dolo também exigir o elemento volitivo. A tradicional teoria – escreve referindo-se ao causalismo – acolhida por BAUMANN, BLEI, DREHER, LANGE e SCHRÖDER, concebe o dolo como vontade e conhecimento de realização do tipo penal; para a nova teoria finalista – capitaneada por GALLAS, ARMIN KAUFMANN, MAURACH, STRATENWERTH e WELZEL – o dolo também é o conhecimento e a vontade de realizar o tipo penal. Com a jurisprudência ocorre o mesmo, dolo também é a vontade de realização do tipo penal com o conhecimento de suas circunstâncias.[574]

Adiante SCHMIDHÄUSER questiona, contudo, se esse conceito formulado é seriamente acolhido pela teoria e pela jurisprudência, isto é, se é levado às últimas consequências. A resposta é negativa. Ele constata variações e incongruências entre o discurso propagado e o discurso concretizado.[575] Em pelo menos duas hipóteses, afiança, o conceito jurídico abstratamente formulado não é levado a sério: por um lado, naqueles grupos de casos nos quais o autor *não quer o resultado*, mas ainda assim lhe é imputada conduta dolosa, a saber: no dolo direto de segundo grau e no dolo eventual; por outro, naquelas hipóteses nas quais *o autor sabe e quer o resultado*, mas não lhe é imputada conduta dolosa, é o que se dá nas hipóteses de legítima defesa putativa.[576] Daí concluir preliminarmente, "... não é um bom sinal para uma ciência quando ela não se expressa com os conceitos que crê...".[577]

Desse modo, *um conceito* é incompatível com a ciência quando, *em razão da sua estruturação jurídico-abstrata*, não é levado a sério nem pela própria doutrina que o formula, *nem pela jurisprudência que diz aplicá-lo*. Por essa razão, o único caminho possível era encontrar a verdadeira linha de fronteira entre o dolo e a culpa e, consequentemente, realizar o necessário ajuste terminológico para o novo conceito.[578] A questão que se apresentou àquela altura foi: como chegar ao novo

572. SCHMIDHÄUSER, Eberhard. *Vorsatzbegriff... Op. cit.*, p. 3 e ss.
573. Cf. *acima*, parte I, item 2.1.
574. SCHMIDHÄUSER, Eberhard. *Vorsatzbegriff... Op. cit.*, p. 5-6.
575. SCHMIDHÄUSER, Eberhard. *Vorsatzbegriff... Op. cit.*, p. 9.
576. SCHMIDHÄUSER, Eberhard. *Vorsatzbegriff... Op. cit.*, p. 10 e ss.
577. SCHMIDHÄUSER, Eberhard. *Vorsatzbegriff... Op. cit.*, p. 13-1.
578. Cfr. BUNG, Jochen. *Wissen... Op. cit.*, p. 173.

conceito? Para Schmidhäuser, o caminho não poderia ser outro senão a identificação de um método capaz de determinar o dolo.

Desde as primeiras linhas do novo percurso conceitual, dentro das quais aproveita para ressaltar o conhecido método da ciência penal utilizado para a interpretação da parte especial do direito penal, revela que o novo conceito deve ser desenvolvido no marco de um método teleológico: "ele [o método teleológico], de uma vez por todas, deve ser seriamente utilizado *também na parte geral do direito penal*; e isso significa (...) que igualmente é de se determinar *teleologicamente* o *conceito de dolo*".[579]

Concretamente, o novo percurso significa o seguinte: ao contrário do que sempre fez a doutrina tradicional, não é permitido questionar isoladamente primeiro sobre o dolo e apenas depois sobre a culpa; ambos devem ser simultaneamente apreciados como conceitos paralelos os quais têm a mesma localização sistêmica (a culpabilidade). São conceitos cuja principal distinção está no merecimento de pena: o dolo como a forma mais grave de criminalidade e a culpa como a modalidade menos grave. É exatamente essa diferença de consequência jurídica que deve orientar, teleologicamente, a tarefa de determinação conceitual de ambos. Por poucas palavras, a ideia diretriz é que o *dolo e culpa precisam ser simultaneamente analisados à luz da entidade do castigo imposto a cada um.*[580] E se o ponto de referência está no castigo, o próximo passo precisa identificar qual elemento justifica essa diferença na reposta punitiva.

Schmidhäuser argumenta que ações dolosas e ações culposas coincidem no fato de que em ambos os casos houve, da mesma maneira, comportamento não permitido. Acontece que, como adiantado, por força do marco legal alemão, ambos os conceitos têm relação com conhecimento e desconhecimento das circunstâncias do tipo. E é justamente aí que se situa o ponto de distinção entre uma e outra modalidade.[581]

O "conhecer" e o "conhecimento", esclarece de saída, não têm relação com o sentido empregado pelo uso cotidiano das expressões. Se alguém diz "eu conheço a Christine", esse está empregando o termo em sentido cotidiano, ainda que não reflita sobre a Christine; e não é essa a carga de sentido à qual se refere a legislação alemã. No § 16 do StGB, na maioria das vezes, o sentido dos termos está

579. No ponto, cita a existente obra de Schwinge: *Teleologische Begriffsbildung im Strafrecht* (1930). Schmidhäuser, Eberhard. *Vorsatzbegriff... Op. cit.*, p. 15 (itálicos no original) e Fn. 33; Schmidhäuser, Eberhard. *Strafrecht... Op. cit.*, p. 178, Rn. 36; Schmidhäuser, Eberhard. *Die Grenze... Op. cit.*, p. 247, Fn. 42. Destacando a característica sobressalente da concepção teleológica do dolo em Schmidhäuser Roxin, Claus; Greco, Luís. *Strafrecht... Op. cit.*, § 7, Rn. 31. Sendo mais enfático, considerando Schmidhäuser o pioneiro e o precursor dessa nova direção metodológica, Pérez Barberá, Gabriel. *El dolo... Op. cit.*, p. 503, nota de rodapé n. 927.

580. Schmidhäuser, Eberhard. *Vorsatzbegriff... Op. cit.*, p. 17. Também ressaltando essa ideia reitora, Bung, Jochen. *Wissen... Op. cit.*, p. 173-174; Pérez Barberá, Gabriel. *El dolo... Op. cit.*, p. 503-504.

581. Cf. nota de rodapé n. 22.

relacionado à *atual consciência* de uma circunstância. E essa atual circunstância, ao contrário do quanto se possa imaginar, não se refere apenas ao presente (= há um automóvel à minha frente e em direção contrária), senão também ao futuro (= se eu efetuar a ultrapassagem, meu caminhão se chocará com o veículo pequeno que vem em sentido contrário e o outro motorista morrerá). Nesse sentido, conhecer significa *previsão de circunstâncias vindouras*. Isso indica, escreveu SCHMIDHÄUSER, que ação dolosa e ação culposa se diferenciam entre si por meio do conhecimento e do não conhecimento. Em outros termos: "por meio da atual consciência das circunstâncias do ato e o defeito de tal consciência".[582]

Daí que SCHMIDHÄUSER chega à conclusão de que o importante para a distinção entre o dolo e a culpa é a diferença de nível cognitivo que há entre um e outro comportamento, ou seja, a diferença que se dá com o conhecimento ou desconhecimento do ilícito. A vontade propriamente dita nenhuma função cumpre para o conceito de dolo, tampouco para funcionar como ponto de distinção entre essa e aquela categoria.[583] A *dolosidade*, então, expressa a modalidade de conduta na qual o sujeito *consciente* se decide pela realização de conduta contrária ao direito. Donde é possível derivar que a ausência de consciência da antijuridicidade é hipótese de exclusão do dolo.[584] Essa é a base para a diferença quantitativa de pena que há entre as modalidades de imputação subjetiva.

Bem observando, e é preciso pôr assento nisso, esse primeiro conhecimento do autor se situa na dimensão de fundamentação de dolo cognitivo, ou seja, SCHMIDHÄUSER não se refere àquele conhecimento que se estabelece entre o autor e o fato, senão à relação de contrariedade que há entre o autor e a norma. O que verdadeiramente justifica a distinção de pena entre o dolo e a culpa é a relação subjetiva de proximidade e oposição que há entre o autor doloso e a violação da norma. Apenas o contato subjetivo entre o autor e o conteúdo da norma, o qual estabelece uma espécie de relação espiritual entre eles, é capaz de funcionar como contramotivo para a realização da conduta proibida.[585-586]

582. "(...) *akktuelles Bewußtsein von den Tatumständen und Fehlen eines solchen Bewußtseins*". SCHMIDHÄUSER, Eberhard. *Die Grenze... Op. cit.*, p. 241.

583. SCHMIDHÄUSER, *Vorsatzbegriff... Op. cit.*, p. 21.

584. Em SCHMIDHÄUSER, a discussão sobre a consciência do injusto também é uma discussão sobre o dolo.

585. SCHMIDHÄUSER, *Vorsatzbegriff... Op. cit.*, p. 20 e ss.

586. Conhecendo a concepção de culpabilidade em Schmidhäuser é possível identificar de onde ele retira tais consequências para o dolo. Como esclarece a doutrina, "(...) a culpabilidade diz respeito à relação do agente para com a exigência ético-social expressa na norma penal, ao 'comportamento espiritual moralmente reprovável', à atitude interna contrária ao direito. A culpabilidade não é então mais do que atitude interna reprovável, e todos os elementos tradicionalmente referidos pela doutrina e legislação à culpabilidade (dolo e culpa, imputabilidade, consciência do caráter ilícito da ação etc.) são 'dados materiais, em cuja existência reconhecemos uma atitude interna mais ou menos reprovável'." Montenegro, Lucas. *Por que se qualifica o homicídio? Um estudo sobre a relevância da motivação em direito penal, por ocasião da lei do feminicídio (Lei 13.104/2015)*. São Paulo: Marcial Pons, 2017, p. 70.

Ocorre que até aqui SCHMIDHÄUSER somente faz referência ao conhecimento *seguro* (ex., à minha frente vem um veículo de pequeno porte em sentido contrário); mas a zona problemática do dolo não está no âmbito do conhecimento *seguro*. Alteremos, então, a hipótese acima: à meia distância vejo que há uma curva perigosa, considero que caso realize a ultrapassagem *poderá* haver um veículo de pequeno porte em sentido contrário; se eu ultrapassar na curva, meu caminhão *poderá* bater de frente com o outro veículo e o outro motorista *poderá* morrer. Como é possível notar, não há mais conhecimento seguro da circunstância, senão *conhecimento incerto*. Então, a pergunta que se põe é: *como valorar uma situação na qual o autor não está seguro da circunstância?* Considera SCHMIDHÄUSER que somente se pode dar uma resposta convincente se consideramos aquele *porquê* da punição dada ao comportamento doloso. Trata-se, com suas palavras, de uma questão de reprovabilidade.[587]

Isso significa que ainda resta o problema da precisão, isto é, de como delimitar as espécies de imputação subjetiva, afinal, o conhecimento pode assumir diversos graus. Para solucionar essa exigência de precisão, SCHMIDHÄUSER, agrega a ideia de perigo. Aquilo que SCHRÖDER denominou de *verdadeira representação*, ele converteu em *conhecimento da possibilidade concreta de um perigo.*[588] Daí não ser exagero algum considerar que o gérmen das teorias do perigo, as quais examinarei em seguida, estava presente na concepção de SCHMIDHÄUSER. Seria necessário, como de fato sugere a doutrina que se solidifica a partir dos anos oitenta do século passado, dar um passo no sentido de proporcionar critérios para identificar a qualidade do perigo.

Com efeito, é conhecida a distinção entre *perigo concreto* e *perigo abstrato*. Para SCHMIDHÄUSER essa diferenciação reflete sobre os conceitos de dolo e culpa: "com a culpa consciente o autor conhece o perigo abstrato de sua conduta", mas esse, seja por considerações irracionais, seja por brevíssima reflexão mental, não acredita, no caso concreto, na possibilidade do resultado. Essa hipótese expressa, em verdade, comportamento culposo inconsciente (ou, na sua terminologia, *culpa consciente aparente*[589]); ao passo que há *dolosidade* no comportamento quando o indivíduo representa a realização das circunstâncias do tipo como *concretamente*

587. SCHMIDHÄUSER, Eberhard. *Die Grenze... Op. cit.*, p. 242. Com mais profundidade cf. SCHMIDHÄUSER, Eberhard. *Strafrecht... Op. cit.*, p. 394-395, Rn. 32 e p. 416-419, Rn. 64; SCHMIDHÄUSER, Eberhard. *Der Verbotsirrtum und das Strafgesetz (§ 16 I Satz 1 und § 17 StGB). In:* JZ, 1979, p. 367; SCHMIDHÄUSER, *Vorsatzbegriff... Op. cit.*, *passim.*

588. É como vê o dolo, na Espanha, BACIGALUPO, "*obra con dolo el que sabe lo que hace, conociendo el peligro concreto que genera su acción*". BACIGALUPO, Enrique. *Derecho penal... Op. cit.*, p. 320, nm. 606 (destaque no original).

589. O termo usado é "*scheinbar bewußte Fahrlässigkeit*". Essa é terminologia sugerida por SCHMIDHÄUSER para os casos tradicionalmente denominados de culpa consciente, mas em seu sistema configuram hipóteses de culpa inconsciente. SCHMIDHÄUSER, Eberhard. *Die Grenze... Op. cit.*, p. 250.

possível e isso não é o suficiente para fazê-lo renunciar à ação.[590] Isso significa que "a ação com o *desconhecimento do perigo concreto* é o momento fundamental da culpa",[591] de onde deriva-se que a ação com o conhecimento da concreta possibilidade de um perigo é o momento fundamental do dolo. Creio interessante recorrer a um caso da ultrapassagem perigosa para verificar como SCHMIDHÄUSER aplica essa distinção:

> "O motorista *M* mora em uma grande cidade e foi convidado para a festa de aniversário de um amigo que será realizada em uma pequena cidade a 30 km. Está consideravelmente atrasado e considera extremamente desgostoso não aproveitar o início da festa. Isso o leva a imprimir maior velocidade e a dirigir por uma via alternativa. Mas, logo percebe que a pista é sinuosa, com entroncamentos e que a escuridão está aumentando. Então, pensa: 'por esta via provavelmente não é permitido dirigir tão rápido'. Mais uma vez, em seus pensamentos, ele se encontra com as lamentações pelo atraso indesejado. E agora pensa: 'a hora do *rush* já passou, neste momento todas as pessoas estão em casa para o jantar, eu tenho bons faróis e consigo manter meu carro do lado da mão de direção. Serei cuidadoso, nada acontecerá'. Então, *M* 'enfia o pé na tábua' em direção à festa. Eis que se depara surpreendentemente com uma curva em cotovelo que facilmente o arremessa para o lado esquerdo da pista. *M* choca seu veículo contra outro que vinha em sentido contrário. O condutor do outro veículo é ferido mortalmente."[592]

Nesse caso, pondera SCHMIDHÄUSER, quando o condutor considera as condições da pista e percebe que uma condução tão veloz não está autorizada, ele tem consciência da possibilidade concreta do perigo. Contudo, quando reconsidera as circunstâncias à luz do desgosto que um provável atraso lhe acarretará e, por isso, decide acelerar o veículo, o condutor excluiu de sua consciência a possibilidade concreta do perigo: *M* quer chegar o mais cedo possível para festejar e, por isso, *deixa de lado* as reflexões sobre o perigo concreto. Pensasse na possibilidade concreta do perigo, não aceleraria, afinal de contas, ele quer festejar e não perma-

590. SCHMIDHÄUSER, Eberhard. *Strafrecht... Op. cit.*, p. 407, Rn. 31; SCHMIDHÄUSER, Eberhard. *Die Grenze... Op. cit.*, p. 252; SCHMIDHÄUSER, Eberhard. *Zum Begriff... Op. cit.*, p. 312 e ss.

591. SCHMIDHÄUSER, Eberhard. *Zum Begriff... Op. cit.*, p. 312-313 (sem destaque no original).

592. Não fiz tradução literal, mas me detive nos dados substanciais. No original, o trecho corresponde, aproximadamente, à seguinte passagem: "Der Fahrer wohnt in der Großstadt; er ist zur abendlichen Gebunstagsfeier eines Freundes in einem 30 km entfernten Dorf eingeladen. Er hat sich erheblich verspätet und versäumt nur ungern den fröhlichen Anfang des Festes. So drängt es ihn, kaum ist er aus der Stadt auf die Landstraße hinausgekommen, zu rascher Fahrt; aber er sieht die Strecke ist kurvenreich, Seitenstraßen münden ein, die abendliche Dunkelheit nimmt zu. Sehr schnell darf man hier wohl nicht fahren, denkt er. Doch wieder sieht er mit Bedauern die entstehende Verspätung. Nun denkt er: der Berufsverkehr ist schon vorüber, jetzt werden alle Leute zu Hause sein und zu Abend essen, ich habe gute Scheinwerfer und kann mit meinem schweren Wagen auch in den Kurven die rechte Seite schön einhalten, ich passe auf, es wird nichts passieren. Und schon gibt er noch mehr Gas und rast dahin, kommt in der übernächsten Rechtskurve leicht nach links und stößt mit einem entgegenkommenden, ordnungsgemäß fahrenden Auto zusammen; dessen Fahrer wird tödlich verletzt". SCHMIDHÄUSER, Eberhard. *Die Grenze... Op. cit.*, p. 244.

necer na estrada por conta de um acidente.[593] Essa hipótese, portanto, retrata genuína culpa inconsciente ou, na terminologia sugerida por SCHMIDHÄUSER, *culpa consciente aparente.*[594]

Para proporcionar contraste de resultados, parece-me conveniente averiguar a solução apresentada por SCHMIDHÄUSER para o caso do cinto de couro.[595] Embora tenha chegado à mesma imputação sugerida pelo BGH, o caminho percorrido foi outro, o qual deriva basicamente da pergunta: quando é que alguém está de acordo que sua ação cause um resultado indesejado? Apenas quando o autor representa a possibilidade concreta de ocorrência do resultado e mesmo assim age.[596] SCHMIDHÄUSER considera que os acusados representaram a possibilidade concreta de morte da vítima, tanto assim que mudaram de plano. Contudo, voltam ao plano original (que significa a representação da possibilidade da morte) e, de fato, causam a morte da vítima. Nesse caso há genuína hipótese de dolo eventual, isto é, consciência insegura do fato.[597-598]

Em síntese, a maior reprovabilidade da ação dolosa, em comparação com a culpa, precisa ser afirmada, porquanto, apesar de o autor não estar seguro da lesão ao bem jurídico, ele provavelmente *vê* a concreta possibilidade e age apesar disso. O que fundamenta o dolo é a consciência pela lesão e isso significa que há um ato doloso quando o autor tem as circunstâncias como possíveis ou as tem como iminentes.[599] Dito definitivamente: para o aperfeiçoamento do dolo será necessário apenas o conhecimento concreto de que as circunstâncias previstas do tipo poderiam suceder ou que sua ocorrência poderia ser iminente, sem importar se o autor as considerava, ou não, prováveis.[600] E é justamente pela referência à necessidade de conhecimento de *possibilidade concreta* de realização do tipo que é possível visualizar na teoria de SCHMIDHÄUSER maior precisão na ideia genérica de possibilidade de ocorrência do resultado.[601]

593. SCHMIDHÄUSER, Eberhard. *Die Grenze... Op. cit.*, p. 244.

594. Cf. nota de rodapé n. 589.

595. Com efeito, o autor expôs sua opinião sobre a decisão do BGH, cf. SCHMIDHÄUSER, Eberhard. *Der Begriff... Op. cit.*, p. 168 e ss; SCHMIDHÄUSER, Eberhard. *Die Grenze... Op. cit.*, p. 245-246.

596. SCHMIDHÄUSER, Eberhard. *Die Grenze... Op. cit.*, p. 246.

597. Ele utiliza o termo "unsicheres Tatbewußtsein". Cf. SCHMIDHÄUSER, Eberhard. *Die Grenze... Op. cit.*, p. 245.

598. A solução apresentada, contudo, não é consequente com a teoria por ele mesmo sustentada. Tentarei demonstrar isso mais adiante (abaixo, item 3.1.1.3).

599. SCHMIDHÄUSER, Eberhard. *Die Grenze... Op. cit.*, p. 242.

600. SCHMIDHÄSER, Eberhard. *Die Grenze... Op. cit.*, p. 242; cf. também SCHMIDHÄUSER, Eberhard. *Strafrecht... Op. cit.*, p. 204, Rn. 26. Solução semelhante, fazendo um paralelo entre perigo concreto e abstrato, por um lado, e dolo eventual e culpa consciente, por outro cf. JOERDEN, Jan C. *Strukturen des strafrechtlichen Verantwortlichkeitsbegriffs. Relationen und ihre Verkettungen.* Berlin: Duncker & Humblot, 1988, p. 144 e ss (em especial p. 150-157)

601. Ressaltando a precisão AMBROSIUS, Jürgen. *Untersuchungen... Op. cit.*, p. 32; Cfr. MORKEL, Dan W. *Abgrenzung... Op. cit.*, p. 178; KINDHÄUSER, Urs K. *Strafrecht... Op. cit.*, p. 132, Rn. 16.

Com isso, creio que estamos aptos a sintetizar a teoria da possibilidade em SCHMIDHÄUSER: o decisivo para o dolo é a opção consciente pelo comportamento ilícito (*i*); essa opção consciente se dá nas hipóteses de conhecimento seguro, bem assim nos casos de conhecimento inseguro, quando o autor tem a consciência da concreta possibilidade de realização do perigo (*ii*); o autor que é consciente da concreta possibilidade de ocorrência do resultado e apesar disso age, age dolosamente (*iii*); a crença de que tudo sairá bem equivale ao conhecimento da *periculosidade abstrata*, descrito por ele como culpa consciente aparente ("*scheinbar bewusste Fahrlässigkeit*")[602] (*iv*); quem atua sob essas circunstâncias, a rigor, atua sem conhecimento da periculosidade exigida para o dolo, isto é, o conhecimento da periculosidade concreta, razão pela qual tal hipótese conduzirá apenas à imputação culposa (*v*).

3.1.1.3 Objeções

É possível estar de acordo com a essência das duas versões da teoria da possibilidade. O ponto crucial de distinção entre o dolo e a culpa é o mesmo ponto de distinção que se deve fazer entre conhecimento e desconhecimento, especialmente na forma conceitual desenhada por SCHMIDHÄUSER. É justamente em sua proposta teórica que concentrarei as minhas objeções.

O primeiro equívoco de SCHMIDHÄUSER, o qual termina por contaminar toda a derivação da teoria, diz respeito à possibilidade de conhecimento das circunstâncias futuras. Se recordarmos o exemplo inicial, *atual circunstância, ao contrário do quanto se pode imaginar, não se refere apenas ao presente* "há um automóvel à minha frente e em direção contrária", *senão também ao futuro* "se eu efetuar a ultrapassagem, meu caminhão se chocará com o veículo pequeno que vem em sentido contrário e o outro motorista morrerá", o verdadeiramente importante para o dolo não é propriamente a representação do futuro, ou o tentar a sorte, senão a representação das circunstâncias que evidenciam a periculosidade objetiva que envolve o comportamento. Se o indivíduo *X*, portador do vírus-HIV, tem relação sexual sem proteçao com parceiro *P*, o qual desconhece essa circunstância, não é relevante em primeiro plano questionar sobre a representação que *X* fez sobre a possibilidade de transmissão da doença (= culpabilidade) na relação sexual R_1. Do contrário, *X* poderia ter (*n*) relações sexuais com *P* e, a cada vez, isoladamente, representar a possibilidade de transmissão e deixar de lado essa possibilidade porque crê que tal não acontecerá. Quando é certo que, para considerar apenas uma variável de transmissão, o nível de periculosidade de infecção do parceiro é diretamente proporcional ao número de relações sexuais havidas. Com isso quero dizer que a periculosidade concreta não pode ser sempre determinada por um único dado, mas sim, na maioria das vezes, por um complexo de dados.

602. Cf. nota de rodapé n. 589.

Para seguir argumentando nesse ponto, basta observar a inconsequente solução de SCHMIDHÄUSER para o caso do cinto de couro. Para melhor compreender o ponto, retomo algumas considerações: SCHMIDHÄUSER avalia que quando o autor pondera as circunstâncias e toma determinada decisão, por exemplo, desacelerar o carro, esse tem consciência da possibilidade concreta do perigo; contudo, quando o autor reconsidera as circunstâncias, isto é, decide acelerar o veículo, o sujeito exclui de sua consciência a possibilidade concreta do perigo; resultado: tem ele apenas *culpa consciente aparente* que é, na verdade, culpa inconsciente.

Consideremos agora o problema-condutor: quando os assaltantes consideram a possibilidade do uso do cinto de couro e logo a abandonam, nesse instante eles têm consciência concreta do perigo; contudo, quando resolvem usar o saco de areia, mas, diante das circunstâncias, voltam ao plano inicial, eles não retomam a posse da consciência concreta da possibilidade do perigo concreto, senão agem com evidente culpa consciente aparente. Pensassem na possibilidade concreta do perigo, não usariam o cinto de couro, afinal, eles queriam sair com o botim do roubo e não serem processados pelo crime de homicídio. Nesse caso, por coerência, a imputação, recusada pelo próprio SCHMIDHÄUSER, deveria ser de culpa (inconsciente). Permanecem pouco claros os porquês de se afirmar culpa no caso da ultrapassagem perigosa e dolo no caso do cinto de couro.[603] Dito de outro modo: não está claro por que a crença séria na não ocorrência do resultado faz com que o autor reprima psiquicamente (*verdrängt*[604]) o perigo em um caso e não o reprima no outro. Ao que tudo indica, a diferença de resultado é consequência da ausência de critérios adicionais destinados a precisar o nível da imputação subjetiva.

Nesse sentido, é preciso seguir com as objeções de precisão; a tentativa de limitação do âmbito do dolo baseado na hipotética atitude psíquica do indivíduo "*tudo sairá bem*", isto é, tentar a sorte, também é reprovável. Nem sempre se pode considerar esse tipo de atitude psíquica para fins de rebaixamento do nível de responsabilidade penal, do contrário, estaríamos estimulando as condutas aventureiras e, consequentemente, premiando os inconsequentes. Ora, ao assentar o nível da imputação no âmbito da representação da possibilidade de realização do tipo, a aplicação da teoria implicará a possibilidade de aplicar o maior castigo ao indivíduo cauteloso, pois, justamente em razão do seu excesso de cuidado, ele representará mais facilmente o perigo concreto; ao passo que ao *indivíduo descuidado* ou ao *indivíduo cético*, serão imputadas, sempre, condutas menos severas, pois a inobservância do seu dever de cuidado, ou a sua ausência de crença na

603. Cf. observação em PÉREZ BARBERÁ, Gabriel. *El dolo... Op. cit.*, p. 516-517.
604. Cf. nota de rodapé n. 283.

possibilidade do resultado, determinam a ausência de representação. O resultado da teoria, portanto, também poderá conduzir a um efeito às avessas.[605]

É preciso deixar claro que o problema não está propriamente na relação cognitiva entre o indivíduo e o perigo representado. É evidente que essa relação deve existir porque o elemento cognitivo permanece como elemento psicológico na concepção aqui adotada. Contudo, essa relação subjetiva que ocorre entre o sujeito e o perigo representado não pode vir guiada pela possível repressão psíquica do autor no que diz respeito à representação sobre a possibilidade da ocorrência do resultado. Isso porque, ao eleger a *mensuração da possibilidade* do resultado – aqui não redutível a uma grandeza matemática, mas, sim, linguisticamente, à previsibilidade – como ponto de referência do dolo, a teoria ignora ser psicologicamente frequente o fato de muitos indivíduos preverem a possibilidade do resultado, mas acreditarem na sua não ocorrência.[606] O elemento cognitivo, portanto, não deve ter como base a representação sobre a possibilidade do resultado, mas sim a representação do próprio perigo.

Outro setor doutrinário aponta que, ao abandonar o elemento volitivo do dolo, a teoria da representação abre flanco para ampliação da zona do dolo, eis que as hipóteses de culpa consciente passariam para a zona do dolo e isso seria questionável do ponto de vista político-criminal, além de ignorar o fato de que dolo eventual também é vontade:[607] o motorista que deseja apresentar-se pontualmente para o trabalho e, por essa razão, em uma estrada apertada e com dia chuvoso, ultrapassa um caminhão chocando-se de frente com um carro que vinha em sentido contrário, conhecia, sem sombra de dúvida, a concreta possibilidade de tal colisão. Nesse caso, contudo, normalmente não agiu dolosamente, cometeu apenas um homicídio culposo.[608]

Essa crítica, contudo, parece injusta e não corresponde à análise conceitual global proposta por SCHMIDHÄUSER. Embora esse afirme concretamente que a distinção entre dolo e culpa se dá no âmbito do conhecimento e do desconhecimento, o que parece fundamentar a objeção, esse não foi o único ponto de referência da fronteira que SCHMIDHÄUSER traçou. Com efeito, ele exigia o *conhecimento do perigo concreto* e esse significava que o *autor considera possível*

605. A essa objeção costuma-se retrucar com o seguinte argumento: é necessário exigir mais de quem sabe e conhece mais; o indivíduo que mais sabe e conhece a possibilidade concreta de ocorrência do resultado tem maior obrigação de não realizar a conduta se comparado ao indivíduo que nada sabe. SCHMIDHÄUSER, Eberhard. *Die Grenze... Op. cit.*, p. 250 e ss; SCHRÖDER, Horst. *Aufbau... Op. cit.*, p. 239 e ss.

606. ROXIN, Claus; GRECO, Luís. *Strafrecht... Op. cit.*, § 12, Rn. 42.

607. AMBROSIUS. Jürgen. *Untersuchungen... Op. cit.*, p. 46; BAUMANN, Jürgen; WEBER, Ulrich; MITSCH, Wolfgang. *Strafrecht... Op. cit.*, p. 487-488; GEPPERT, Klaus. *Zur Abgrenzung... Op. cit.*, p. 611; WESSELS, Johannes; BEULKE, Werner. *Strafrecht... Op. cit.*, p. 83, Rn. 217; ZIEGERT, Ulrich. *Vorsatz... Op. cit.*, p. 82; DÍAZ PITA, Maria del Mar. *El dolo... Op. cit.*, p. 108.

608. FREUND, George. *Strafrecht... Op. cit.*, p. 236, Rn. 60; WESSELS, Johannes; BEULKE, Werner. *Strafrecht... Op. cit.*, p. 83, Rn. 217.

a realização típica. No caso mencionado, o condutor apressado, no *momento decisivo*, excluiu a possibilidade concreta de realização do tipo e essa repressão psíquica equivale à inconsciência, razão pela qual também SCHMIDHÄUSER afirmaria imputação culposa.[609] Ademais, o que há, nesse ponto, é apenas um ajuste na desarrumação científica que ele denunciara no início da obra dedicada ao dolo, voltemos a ela: *não é um bom sinal para uma ciência quando ela não se expressa com os conceitos em que diz crer.* A questão que verdadeiramente se põe, como dito anteriormente (*acima*, item 3.1.1.2), não é precisamente de ampliação de zonas do dolo ou da culpa, mas sim de melhor precisão nos casos fronteiriços.

Do modo como foi formulada, no fundo, a teoria da possibilidade se diferencia muito pouco da teoria do consentimento ou de levar a sério o perigo de realização do risco, afinal, em seu bojo está a ideia segundo a qual o dolo está subordinado à demonstração de determinados indícios de que o sujeito conhecia a possibilidade (concreta) de que sua conduta poderia realizar um risco proibido; ao passo que se tende a afirmar a culpa quando o sujeito, apesar de conhecer a concreta possibilidade de realização do perigo, crê que tudo sairá bem, o que equivale à não representação da possibilidade de causação do resultado ou a elimina mentalmente no momento decisivo. Assim que as três fórmulas linguísticas para descrever a admissibilidade do dolo eventual, quais sejam: verdadeira representação, perigo concreto ou levar a sério o risco, conduzem aos mesmos resultados práticos. A discussão travada é, ao fim e ao cabo, discussão sobre a terminologia mais adequada para expressar o mesmo fenômeno.[610]

3.1.2 Teorias da probabilidade

As teorias da probabilidade também elegem a representação do autor como ponto de referência para a distinção entre o dolo e a culpa, mas realçam – ao menos linguisticamente – maior exigência do elemento cognitivo quando comparadas com a teoria da possibilidade. Este grupo de teorias, para além de especial importância teórica,[611] também encontrou repercussão dentro da jurisprudência.[612]

609. Ele mesmo analisa um caso semelhante. Cf. SCHMIDHÄUSER, Eberhard. *Die Grenze... Op. cit.*, p. 244.

610. Cf. HERZBERG, Rolf Dietrich. *Die Abgrenzung... Op. cit.*, p. 259, Fn. 40; LACKNER, Karl; KÜHL, Kristian. § 15...Op. cit, Rn. 27; ROXIN, Claus; GRECO, Luís. *Strafrecht... Op. cit.*, § 12, Rn. 43. Outras críticas PUPPE, Ingeborg. *Der Vorstellungsinhalt... Op. cit.*, p. 1 e ss.

611. Para além das concepções abaixo, também são adeptos da teoria da probabilidade, LUCAS, Herman. *Die subjektive... Op. cit.*, p. 11 e ss; MÜLLER, Max Ludwig. *Die Bedeutung des Kausalzusammenhanges im Straf- und Schadensersatzrecht.* Tübinge: Mohr, 1912. Sobre esses autores, defensores da denominada *concepção clássica* da probabilidade, cf. PÉREZ BARBERÁ, Gabriel. *El dolo... Op. cit.*, p. 196-215.

612. Cf. PUPPE, Ingeborg. § 15. *In:* KINDHÄUSER, Urs; NEUMANN, Ulfrid; PAEFFGEN, Hans-Ullrich (Hrsg.). Nomos Kommentar zum Strafgesetzbuch. Baden-Baden: Nomos, 1995, Rn. 82 (a afirmação consta, apenas, na primeira edição do NK); SCHÜNEMANN, Bernd. *Riskanter Geschlechtsverkehr eines HIV-Infizierten als Tötung, Körperverletzung oder Vergiftung? In*: JR, 1989, p. 93. Enfatiza a importância

Para examiná-las, pareceu-me pertinente abordar as tradicionais variantes da probabilidade: a *primeira* vinculada exclusivamente à representação do autor sobre a possibilidade de realização do tipo e a *segunda* que admite, em algumas hipóteses, que probabilidade objetiva do perigo criado também desempenhará papel no momento de valoração do comportamento doloso (*abaixo*, itens 3.1.2.1 e 3.1.2.2).

3.1.2.1 A probabilidade subjetiva

3.1.2.1.1 Exposição

A teoria da probabilidade[613-614-615] (*Wahrscheinlichkeitstheorie*) foi desenvolvida, entre outros, por Hellmuth Mayer,[616] que partiu da premissa segundo a qual

da teoria de probabilidade dentro do cenário espanhol, Pérez Barberá, Gabriel. *El dolo... Op. cit.*, p. 692, nota de rodapé n. 131.

613. Equipara a teoria da probabilidade à teoria da possibilidade Costa, José de Faria. *Tentativa... Op. cit.*, p. 27-28; situando-a próxima de algumas variantes da teoria do consentimento Lackner, Karl; Kühl, Kristian. § 15... *Op. cit.*, Rn. 26.

614. Também partidários, na *Alemanha:* Grossmann, Hans. *Die Grenze... Op. cit., passim;* Kohler, Josef. *Leitfaden... Op. cit.*, p. 57-58; Koriath, Heinz. *Grundlagen... Op. cit.*, p. 651; Ross, Alf. Über... *Op. cit.*, p. 149; Schumann, Heribert. *Zur Wiederbelebung... Op. cit.*, p. 433; Welzel, Hans. *Das Deutsche... Op. cit.*, p. 68. Mencionando Lucas (1883); Bünger (1886) e Kohler (1890), autores bem anteriores a Hellmuth Mayer, mas defensores da teoria, Mezger, Edmund. *Strafrecht... Op. cit.*, p. 342 (nota de rodapé n. 11). Para outros autores, cf. Puppe, Ingeborg. *Der Vorstellungsinhalt... Op. cit.*, p. 2-3, nota de rodapé n. 7. Para uma abordagem sobre a obra desses autores (correspondem ao período clássico das teorias da probabilidade) cf. Pérez Barberá, Gabriel. *El dolo... Op. cit.*, p. 185-215. Na *Espanha*: Gimbernat Ordeig, Enrique. *Estudios... Op. cit.*, p. 249 e ss; Gimbernat Ordeig, Enrique. *Algunos aspectos de la reciente doctrina jurisprudencial sobre los delitos contra la vida (dolo eventual, relación parricidio-asesinato). In: ADP,* 1990, p. 428; Octavio de Toledo y Ubieto, Emilio; Huerta Tocildo, Susana. *Derecho penal... Op. cit.*, p. 135. Destacando o prestígio que a teoria vem adquirindo na jurisprudência espanhola Mir Puig, Santiago. *Derecho penal... Op. cit.*, p. 274, nota de rodapé n. 75; Quintero Olivares, Gonzalo. *Parte general... Op. cit.*, p. 362 e ss. Considerando a postura de Herzberg e Jakobs apenas variantes da probabilidade, Jescheck, Hans-Heinrich; Weigend, Thomas. *Lehrbuch... Op. cit.*, p. 302, nota 35; Joecks, Wolfgang. § 16... *Op. cit.*, Rn. 38, Fn. 102. Para Jakobs, há dolo eventual quando o autor reconhece, no momento da ação, que a realização do tipo não é improvável. cf. Jakobs, Günther. *Strafrecht... Op. cit.*, p. 272 e ss, Rn. 23 e ss. Sobre a tese de Jakobs cf. Pérez Barberá, Gabriel. *El dolo... Op. cit.*, p. 400-445. Entre nós, cf. Santos, Humberto Souza. *Problemas... Op. cit.*, p. 274-276; Santos, Humberto Souza. *Elementos... Op. cit.*, p. 93-94.

615. Na jurisprudência do BGH o critério da probabilidade, expressado na extrema periculosidade da conduta ("äußerste Gefährlichkeit") assume um papel fundamental – *mas não decisivo* – na delimitação da fronteira entre o dolo eventual e a culpa consciente, especialmente nos casos de intensa afetação psíquica ou embriaguez elevada. Sobre isso cf. *abaixo*, parte V. Cf. BGH - 2 StR 483/14, NStZ 2016, 25 (26). Para outras referências cf. nota de rodapé n. 884. Sobre o especial caso da *jurisprudência suíça* cf. nota de rodapé n. 722.

616. No Brasil, é possível encontrar em alguns artigos científicos a referência a um autor de sobrenome Mayer, cuja teoria defendida teria sido a teoria da indiferença ou do sentimento. Shecaira, por exemplo, descreve: "Para Mayer, mentor da teoria do *sentimento*, diz-se que há dolo eventual quando o sujeito tem um sentimento de indiferença com o resultado que se apresenta do autor" Shecaira, Sérgio Salomão. *Dolo eventual... Op. cit.*, p. 144 (itálico no original); trecho idêntico em Shecaira, Sérgio Salomão.

o juiz não pode observar (= olhar para) o interior do acusado, razão pela qual os elementos subjetivos caracterizadores do dolo devem ser formulados de tal forma que permitam sejam esses deduzidos do cenário exterior.[617]

Para Mayer, *o dolo é a vontade consciente de realizar o tipo penal*; esse significa *o completo domínio da vontade sobre o fato*. Mais precisamente, o dolo é a decisão de realização do tipo posta em prática.[618] Embora seja uma teoria cognitiva, não é difícil perceber que seu desenvolvimento se dá em um marco teórico próximo das teorias da vontade,[619] afinal, considera o autor como dono do fato e, por isso mesmo, senhor da realização típica. E é justamente nesse ponto que se situa a diferença entre uma e outra modalidades de imputação subjetiva: *dolo e culpa são duas formas de culpabilidade que expressam diferentes graus de domínio sobre a vontade. A diferença que há entre elas, portanto, não é diferença qualitativa, mas, sim, quantitativa e identificada pelo grau de domínio da vontade sobre o fato.*[620]

Até aqui certamente a primeira pergunta que virá à tona diz respeito ao conceito de vontade manejado por Mayer. Essa pergunta, da qual o próprio Mayer se ocupa, é absolutamente coerente porque, como visto, estamos diante de uma teoria cognitiva. Com efeito, esse autor considera que a discussão, a qual se travou no início do século XX, entre as teorias da representação e teorias da vontade deriva de uma postura de psicologia analítica que àquela altura não mais tinha mais sentido, seja teórica, seja prático, isso porque elas partiam da premissa de que vontade e consciência eram diferentes estados mentais: haveria até certo ponto um fato da consciência e outro da vontade. Contudo, para Mayer, vontade e consciência são estados que integram o único psicológico.[621]

A vontade, no significado que lhe emprestam as teorias da disposição de ânimo, deriva de interpretação do estado psíquico volitivo como um sentimento do autor, pois, além da vontade de realização do ato, tais teorias ainda exigem um *cúmplice* dessa vontade (= desejos, consentimento ou no mínimo assunção aprovadora). A desvantagem desse modo de compreensão das teorias da disposição de ânimo, especificamente da teoria do consentimento, é essa não poder oferecer qualquer distinção entre desejo e vontade.

Crime de trânsito – Responsabilidade objetiva – Dolo eventual e culpa consciente. *In*: RBCCrim, vol. 59, 2006, p. 353; no mesmo sentido Jesus, Damásio E de. *Ensaio... Op. cit.*, p. 520. Nos artigos não há referência que permita identificar com exatidão quem é o autor alemão mencionado. Seria leviano especular sobre a quem os autores brasileiros pretendiam fazer menção, contudo, posso assegurar que *este* Mayer da citação não é *o* Hellmuth Mayer sobre o qual tratarei. Identifiquei esse mesmo problema de ausência de referências em outros autores, cf. nota de rodapé n. 629. Para descrição, nesse ponto, adequada, cf. Busato, Paulo César. *Direito Penal... Op. cit.*, p. 443.

617. Mayer, Hellmuth. *Strafrecht... Op. cit.*, p. 116-117.

618. Mayer, Hellmuth. *Strafrecht... Op. cit.*, p. 117.

619. Cf. Pérez Barberá, Gabriel. *El dolo... Op. cit.*, p. 364.

620. Mayer, Hellmuth. *Strafrecht... Op. cit.*, p. 116.

621. Mayer, Hellmuth. *Strafrecht... Op. cit.*, p. 118.

Como é possível derivar desse ponto de partida realizado por Mayer, o termo vontade, em sua construção teórica, não é empregado no sentido da linguagem cotidiana, mas sim em sentido muito mais próximo à ideia de vontade normativizada:[622] essa é apenas uma forma de ação da consciência como tal. Assim, o autor logra esclarecer porque o dolo é vontade consciente.

Essa concepção geral de dolo naturalmente requereria precisão posterior; precisão justamente no âmbito do dolo eventual. Para realizar a tarefa de transição de dedução da vontade do mundo mental do indivíduo a partir do cenário exterior, Mayer *propôs um modelo de dolo quantitativo baseado no nível da valoração da probabilidade de realização do tipo*. Naquela oportunidade, a pergunta era: qual o grau de representação do autor em relação à realização do tipo? Mayer principia com a óbvia afirmação de que raramente as pessoas podem ter certeza acerca do resultado derivado de suas atividades. Se isso é tão óbvio, e bem verossímil, surge imediatamente outra pergunta: alguém age dolosamente apenas por que representou a eventual possibilidade de cometimento do ato? Em sentido conceitual, é possível dizer que a pessoa quer aquilo que representou como possível consequência de sua ação,[623] mas o direito penal pode considerar dolosas tais *vontades conscientes?* Para tentar responder a essa indagação, Mayer recorre a uma espécie de *paradoxo da autoimagem*: até mesmo o mais consciencioso ser humano pode dirigir com algum excesso de velocidade, mesmo tendo representado que o automóvel poderia derrapar na pista e o seu passageiro, sem cinto de segurança, pudesse ser arremessado pelo vidro dianteiro. Se essa situação ocorresse e o passageiro morresse, o próprio motorista (azarento) se descreveria como assassino. Quem julga a si mesmo de tal forma culpado, nunca poderia ser descrito como escrupuloso.[624-625]

Contudo, diariamente as pessoas correm riscos. Assim que para o dolo não é suficiente a simples atribuição com base em vontade consciente, a atribuição depende muito mais do *suficiente domínio da vontade*. Exatamente nesse ponto Mayer associa o conceito de domínio da vontade ao de probabilidade. Provável, para ele, "é mais que meramente possível e menos que preponderantemente provável".[626] E, nesse caso, é indiferente como o autor chegou a essa valoração da probabilidade, ou seja, é indiferente se ele chega a essa conclusão após ponderações racionais, após repressão psíquica (= ignorância) ou quaisquer razões psico-

622. Cf. nota de rodapé n. 249.

623. Mayer, Hellmuth. *Strafrecht... Op. cit.*, p. 121.

624. Mayer, Hellmuth. *Strafrecht... Op. cit.*, p. 121.

625. Esse dolo compreendido como *autorreflexo* é o que marca o conceito de dolo em Ross, por exemplo: "Vorsatz liegt dann vor, wenn der Täter einsah, dass seine Tat die Engienschfat besaß, die sie zu einem Verbrechen machen". Ross, Alf. Über... *Op. cit.*, p. 30. O leitor encontrará uma análise da teoria de Ross em Koriath, Heinz. Über... *Op. cit.*, p. 106-109.

626. "(...) mehr als bloße Möglichkeit und weniger als überwiegende Wahrscheinlichkeit". Mayer, Hellmuth. *Strafrecht... Op. cit.*, p. 121.

lógicas.[627] O autor que representa o fato nesse sentido de probabilidade, *o quer* no sentido *suficiente de domínio da vontade*.

O próprio MAYER reconhece a dificuldade para encontrar tal fronteira, bem por isso adverte que a delimitação entre possibilidade e probabilidade deve ser derivada de juízo de valor no caso concreto. Mas, esse juízo de valor, e aqui fica bem visível a repercussão da sua premissa (= o magistrado não pode olhar o interior do acusado), refere-se ao *standard* de prova informado pelas circunstâncias do fato: "então, é de se provar, apenas, se o autor, subjetivamente, elaborou a representação da probabilidade que ele racionalmente precisaria ter tido".[628] Imaginemos a seguinte situação fática: *A* encontra com a moça *M* em um bar. Em ambiente à meia luz, e após alguns drinques, desenrola-se demorada conversa que adquire tons mais íntimos; nesse intervalo, *A* percebe a privilegiada constituição corporal de *M* e, diante do seu comportamento absolutamente relaxado, sente-se encorajado a dar o próximo passo. *A* convida *M* para, confortavelmente, terminarem a conversa em seu apartamento; ao final, tudo sai como *A* havia representado: eles têm relação sexual. Acontece que *M* tinha apenas 13 anos de idade. Estaríamos diante de um crime de estupro de vulnerável na modalidade de dolo eventual (art. 217-A do CP)? Para responder a essa indagação há que se considerar aqueles elementos circunstanciais aos quais se referiu MAYER: constituição física, ambiente, iluminação, álcool, comportamento etc. De modo que a pergunta sobre se há ou não estupro de vulnerável na modalidade de dolo eventual dependeria da análise de todas essas circunstâncias. O magistrado deveria se perguntar: pôde o autor representar a probabilidade de a vítima ser menor de 14 anos? A pergunta sobre o dolo eventual, portanto, deve ser feita dentro da zona do cognoscível e não na zona do incognoscível e a resposta deve ser encontrada a partir da valoração do complexo de circunstâncias que envolve a realização do crime.

Não estamos diante, é preciso pôr acento nisso, de modulação quantitativa representada pelas leis matemáticas, mas sim diante de probabilidade subjetivada. O que interessa para a elaboração da fronteira entre o provável (= afirmação do dolo eventual) e o possível (= negação do dolo eventual) não é o grau objetivo do perigo conhecido pelo autor, mas sim se esse considerou tal perigo de realização do tipo mais que possível e menos que preponderantemente provável (= probabilidade subjetiva). Noutros termos: para a atribuição do nível de responsabilidade o magistrado não deve levar em consideração a probabilidade estatística de ocorrência do resultado,[629] mas, se diante das circunstâncias apresentadas pelo

627. Cf. nota de rodapé n. 283.

628. "Es ist dann nur zu prüfen, ob der Täter subjektiv sich die Wahrscheinlichkeitsvorstellung gebildet hat, die er vernünftigerweise hätte haben müssen". MAYER, Hellmuth. *Strafrecht... Op. cit.*, p. 121.

629. Na doutrina brasileira há alguma menção à teoria da probabilidade, mas as obras não costumam citar os defensores da teoria, o que dificulta, e muito, o trabalho de averiguar a veracidade da informação. Assim, por exemplo, é possível encontrar a seguinte descrição: "Na verdade, a teoria da probabilidade

caso concreto, o autor representou a probabilidade de produção do resultado que racionalmente deveria ter representado.[630]

Se observarmos o nosso caso do cinto de couro, o problema-condutor,[631] MAYER afirmaria a existência de conduta dolosa, afinal, se os autores provavelmente não representaram a ocorrência do resultado como altamente provável, certamente a representaram como mais que meramente possível, tanto assim que alteraram o método inicial de execução do plano. E essa solução apresentada ao problema-condutor oferece boa oportunidade para esclarecer a diferença entre probabilidade e possibilidade, por um lado, e precisar a ideia de probabilidade, por outro.

Em síntese: há dolo eventual se o autor considerou o resultado não somente como possível, mas também como provável (*i*); a diferença entre o provável e o possível deve ser feita à luz de juízo de valor elaborado no caso concreto (*ii*); para esse juízo de valor não interessa o grau objetivo de perigo representado (*iii*); a probabilidade deve ser fruto da valoração das circunstâncias do caso concreto associado à representação que o autor racionalmente precisaria ter elaborado (*iv*); finalmente, há a exigência mais intensa do elemento cognitivo, ou seja, não basta que o autor tenha a produção do resultado apenas como possível, ele deve considerá-la *provável* (*v*).

3.1.2.1.2 Objeções

O maior problema da teoria da probabilidade está localizado no seu elemento central, a probabilidade. Isso desemboca em ao menos dois grupos de problemas, um de ordem substancial e outro de ordem pragmática. Começo pela substância.

trabalha com dados estatísticos, ou seja, se de acordo com determinado comportamento praticado pelo agente, estatisticamente houvesse grande probabilidade de ocorrência do resultado, estaríamos diante do dolo eventual" GRECO, Rogério. *Curso... Op. cit.*, p. 288-299. Como registrado em outra oportunidade, seria leviano especular sobre a qual teoria da probabilidade o autor se refere, mas posso asseverar que essa descrição não é adequada para expressar com precisão a teoria da probabilidade defendida por Hellmuth MAYER. Cf. nota de rodapé n. 616.

630. ROSS, também partidário da teoria da probabilidade, defendeu a concepção de dolo eventual igualmente subordinada à representação preponderantemente provável: deve ser constado se o agente agira contando com a realização do tipo objetivo com base em uma representação preponderantemente provável ("*als überwiegend wahrscheinlich einsah*"). ROSS, Alf. Über... *Op. cit.*, p. 114.

631. *A* e *B* resolvem subtrair objetos de valor da casa do indivíduo *C*. *A* crê que *C* não procurará a polícia para relatar o fato, razão pela qual a subtração não será arriscada. A princípio *A* e *B* consideram utilizar um cinto para estrangular *C*. Contudo, ao perceberem a possibilidade de *C* morrer estrangulado, chegam à conclusão de que esse método é muito arriscado. Decidem, então, utilizar um saco de areia para golpear a cabeça da vítima enquanto ela dorme. E assim o fazem, mas, ao golpeá-la, a única coisa que conseguiram foi acordá-la. Na luta que se seguiu, *A* tira o cinto que levara e pressiona contra o pescoço de *C* até que esse desfaleça. Ambos finalizam a execução da subtração; posteriormente, tentam reanimar *C*, mas não obtêm êxito, a vítima havia falecido.

Da forma como Mayer apresenta a proposta para a delimitação da fronteira do dolo eventual, é possível dizer, sem receio de qualquer exagero, que a mais improvável das teorias é a teoria da probabilidade. E é assim porque, em sua definição, Mayer combina dois elementos que, na forma como foram expostos, são incompatíveis entre si, a saber: a graduabilidade e a subjetividade.[632]

É preciso deixar claro que em nenhum momento Mayer objetiva identificar gradação estatística para atribuir qualquer das modalidades de imputação subjetiva. Com efeito, está bastante claro que, a seu ver, a probabilidade não é matemática, é circunstancial, derivada de valoração subjetiva. Assim que a adequada crítica à teoria não deriva precisamente da ausência de graduabilidade, senão da própria impossibilidade de fazê-lo nos moldes propostos por Mayer.

O termo *probabilidade* tem carga semântica preenchida e essa carga de significado está ligada à noção de graduabilidade: *provável é aquilo que pode ser calculado de antemão com alguma precisão*. Pergunta-se, assim: o conceito sugerido por Mayer pode ser calculado de antemão com alguma precisão? A resposta não é difícil, eis que o próprio Mayer reconhece que a fronteira entre possível e provável deve ser feita a partir de juízo de valor sobre o caso concreto. É verdade que esse juízo de valor poderia ter alguma precisão, mas ele não oferece os parâmetros que eventualmente poderiam ser manejados para valorar o caso concreto; ao revés, Mayer submete a noção do provável ao subjetivo, a uma determinação puramente intelectual. Disso decorre a primeira objeção à teoria: ela não consegue definir o seu conceito-chave, qual seja: *o que é provável*.[633] Mas não é somente isso.

Ainda seria possível um acréscimo argumentativo à objeção: nos casos fronteiriços é impossível ao autor nem, ademais, à grande maioria das pessoas, que não reflete sobre a graduabilidade do comportamento, realizar juízo de prognose *ex ante* que lhe permita distinguir, com alguma segurança, entre resultado possível e resultado provável, circunstância que deixa a probabilidade no mesmo campo de incerteza do critério formulado pela teoria da possibilidade.[634] Se isso parece bastante crível, não seria equivocado dizer que, em últimos termos, as ideias de Mayer são melhor acomodadas dentro do conceito de crença, a crença do autor da ocorrência ou não do resultado e, dentro desse modelo, essa não passaria de uma variação da teoria do consentimento.

Contudo, para seguir a contra-argumentação e supondo-se acertada a ideia de que o provável é mais que meramente possível e menos que preponderantemente provável e, mais ainda, que as pessoas normalmente realizam a atividade

632. Naturalmente é possível um conceito de probabilidade subjetiva, mas não nos moldes apresentados. Cf. abaixo, parte IV, item 4.

633. Cf. Geppert, Klaus. *Zur Abgrenzung... Op. cit.*, p. 611.

634. Cfr. Kindhäuser, Urs K. *Strafrecht... Op. cit.*, p. 132, Rn. 17 (cf. também p. 136, Rn. 28); Kindhäuser, Urs K. *Strafgesetztbuch... Op. cit.*, p. 189, Rn. 115.

mental de gradação do resultado, restaria aberta a questão do critério jurídico que justifique um corte quantitativo nas situações que estão submetidas às mesmas circunstâncias, mas que apresentam distintos graus de probabilidade. Imaginemos o seguinte:

> *Situação 9*. Dois jovens *brincam* de roleta russa. O revólver utilizado na brincadeira está carregado com 4 dos 5 projéteis possíveis. Portanto, porcentagem de 80% para o disparo fatal;
>
> *Situação 10*. Dois jovens *brincam* de roleta russa. O revólver utilizado na brincadeira está carregado com 3 dos 5 projéteis possíveis. Portanto, porcentagem de 60% para o disparo fatal;
>
> *Situação 11*. Dois jovens *brincam* de roleta russa. O revólver utilizado na brincadeira está carregado com 2 dos 5 projéteis possíveis. Portanto, porcentagem de 40% para o disparo fatal;
>
> *Situação 12*. Dois jovens *brincam* de roleta russa. O revólver utilizado na brincadeira está carregado com 1 dos 5 projéteis possíveis. Portanto, porcentagem de 20% para o disparo fatal.

Considerando-se que as circunstâncias que envolvem a realização do delito são as mesmas, o que varia é a probabilidade do resultado, qual o critério utilizado para se afirmar, por exemplo, que há dolo eventual nas situações 9 e 10, e que não há nas situações 11 e 12? A teoria da probabilidade não dá resposta, tampouco poderia fazê-lo. Esses casos revelam um problema substancial, qual seja: a arbitrariedade de qualquer critério de corte quantitativo. Se se elegesse o patamar de 60% para que a conduta fosse amoldada ao dolo eventual, restaria aberta a questão sobre se também não seria possível afirmar o dolo quando estivéssemos diante de probabilidade de 57%. E por que não 65%, em vez de 60% e assim sucessivamente? Para escrever em termos metafóricos: *em que momento um indivíduo careca deixará de sê-lo quando se vai implantando gradualmente fio de cabelo por fio de cabelo?*[635] O que nos permite concluir pela vagueza da resposta a que o conceito conduz, ou seja, mesmo que todas as informações sejam fornecidas, não será possível saber se o conceito é, ou não, aplicável.

Todo modo, e para seguir contra-argumentando, também poderíamos supor que algum critério fosse indicado para justificar a conversão do dolo em culpa nas hipóteses submetidas às mesmas circunstâncias, mas com graus de probabilidade distintos. Ainda assim haveria outro problema: a impossibilidade de justificação da drástica distinção de pena entre dolo e culpa nas hipóteses próximas ao ponto de conversão. Para considerar os padrões acima indicados, supondo-se que o corte para imputação dolosa pudesse ser feito na probabilidade de 60%, isto é, condutas cuja probabilidade de resultado estivesse no patamar igual ou acima desse valor implicariam imputação a título de dolo eventual ao passo que todos os crimes

635. Cf. nota de rodapé n. 150.

abaixo da cota implicariam imputação a título de culpa (consciente). Sendo assim, considere-se, hipoteticamente, que um crime de homicídio fora praticado com probabilidade de 61% e outro com probabilidade de 59%. Ao primeiro, para seguir os padrões de pena brasileiros, seria possível a atribuição de reprimenda de até 20 (vinte) anos; ao segundo, no máximo 3 (três) anos. *Como justificar a drástica diferença da resposta punitiva se o que diferencia as condutas é uma probabilidade em si mesma insignificante?* Essa perplexidade descortina dois problemas: primeiro, para fins de intervenção punitiva, não há fundamento que justifique a preferência de um número a outro; segundo, se houvesse, esse esbarraria na impossibilidade de fundamentar *ratio* punitiva para um e outro caso. Não creio ser possível apresentar resposta suficientemente forte para desfazer essa perplexidade.

Tudo dito até aqui conduz a outra objeção, essa de ordem prática: como a teoria não sintetiza um modelo de delineamento da fronteira entre o dolo e a culpa ajustável a grandezas matemáticas, tampouco o complexo de dados empíricos que deve ser utilizado para a valoração do nível da percepção subjetiva do autor, seria altamente inseguro manejá-la na prática. Se é certo que em situações extremas o critério da probabilidade poderia servir como indício adicional, também é certo que nas zonas grises ele é demasiado vago.[636]

Finalmente, se se observar o eixo central da teoria da probabilidade, é possível concluir que, ao fim e ao cabo, nem essa mesma leva a sério a sua ideia central de considerar a probabilidade de realização do tipo como exigência para o dolo. Isso porque, como visto, para o dolo não importa, a princípio, o grau objetivo do perigo, mas apenas a representação do autor em torno desse perigo.

3.1.2.2 A probabilidade subjetiva-objetiva

3.1.2.2.1 Exposição

Uma proposta de delimitação do dolo, também focada na probabilidade, mas vinculada a critérios distintos daqueles sugeridos por Mayer, é a sugerida por Sauer.[637] Ambos partem da mesma premissa: o autor raramente pode ter certeza sobre a ocorrência do resultado, daí porque, em regra, é necessário reconduzir o conceito fundamental de dolo à noção de probabilidade.

Sauer também considera que a distinção entre o dolo e a culpa equivale à distinção entre conhecimento e desconhecimento. O dolo é o conhecimento do injusto.[638] Mas, esse conhecimento – ao contrário da vontade, a qual tem somente os dois extremos, *querido* ou *não querido* – nem sempre tem o mesmo *grau de*

636. Cfr. Germann, O. A. *Vorsatzprobleme... Op. cit.*, p. 361; Puppe, Ingeborg. *Der Vorstellungsinhalt... Op. cit.*, p. 21.

637. Sauer, Wilhelm. *Allgemeine... Op. cit.*, p. 163 e ss.

638. Sauer, Wilhelm. *Allgemeine... Op. cit.*, p. 163 e p. 165.

intensidade e é justamente essa variação que permite escalonar as diversas espécies de dolo: o propósito (= dolo direto de primeiro grau = *Absicht*) está em nível superior, afinal, o agente quer conduzir seu comportamento à determinada meta que produz determinado resultado; tanto assim que ele somente é exigido em poucos tipos penais. Em uma plataforma intermediária está o *conhecimento certo (i)*, presente no dolo direto de segundo grau, o qual significa que o autor sabe que seu comportamento preenche o tipo de injusto. Ocorre que o conhecimento certo raramente é possível, na maioria das vezes o agente consciencioso conta apenas com a *probabilidade (ii)*.[639] Esse grau inferior de conhecimento constitui a essência do dolo (= que ele chama de *dolo de probabilidade*) e é exatamente aí que se situa a passagem para a imputação subjetiva dolosa ou para a imputação subjetiva culposa: *só é possível falar em dolo de probabilidade (= dolo eventual) se o autor representou o resultado típico como provável ou, no mínimo, como uma fronteiriça possibilidade*; a culpa, por sua vez, está na zona da *possibilidade remota*.[640] Uma leitura apressada poderia conduzir à seguinte valoração: a de não ser possível visualizar qualquer distinção substancial com a concepção de MAYER. Isso seria um engano.

Ao situar a culpa na zona *da possibilidade remota*, SAUER se afasta do marco subjetivo de probabilidade sugerido por MAYER para considerar que eventualmente a probabilidade objetiva do perigo criado também desempenhará um papel no momento de valoração do comportamento doloso. Com efeito, para SAUER, nas hipóteses em que há escassa possibilidade de realização do tipo, não será possível a imputação dolosa, ainda que o autor tenha querido o resultado. Assim, por exemplo, se submetermos o critério de SAUER à hipótese do atirador inexperiente: o atirador inexperiente *I* tem intenção de matar o sujeito *S*. É consciente, contudo, que à distância em que se encontra de *S* tem escassa possibilidade de acertá-lo. Apesar disso, mesmo à distância e com a pistola com mira descalibrada, dispara e atinge *S*, o qual morre imediatamente. Nesse caso, mesmo diante da afirmação de que o agente quis o resultado, SAUER negaria o dolo eventual, e, por sua vez, afirmaria a culpa consciente, em razão da pequena probabilidade objetiva do perigo criado.

Por outro lado, aplicando-se o critério ao caso do cinto de couro, a imputação assumiria o nível do dolo eventual, porquanto os autores representaram a probabilidade de ocorrência do resultado típico ou, no mínimo, a sua fronteiriça possibilidade, tanto assim que substituíram o plano inicial por outro potencialmente menos perigoso.

639. SAUER, Wilhelm. *Allgemeine... Op. cit.*, p. 176-177.
640. SAUER, Wilhelm. *Allgemeine... Op. cit.*, p. 178.

3.1.2.2.2 Objeções

Parece inegável que Sauer, por um lado, alinha-se à tese central da probabilidade subjetiva de Mayer, mas, por outro, também agrega um dado objetivo como referência negativa para o dolo, qual seja: a pequena possibilidade de realização do tipo apenas autoriza a imputação a título de culpa. Todavia, é justamente esta similitude, associada à ausência de qualquer critério adicional de precisão, que aqui permite validarem-se as mesmas objeções lançadas à teoria da probabilidade subjetiva. A graduação estatística que permitiria a identificação da existência de dolo de probabilidade ou de remota possibilidade de realização do tipo (que leva a uma imputação culposa) não foi elaborada, razão pela qual, fosse aplicada nos casos fronteiriços, a imputação a título de dolo eventual ou culpa consciente, outra vez, seria fruto de especulação. Não é equivocado dizer que o conhecimento de probabilidade remota é um indício da não dolosidade do comportamento, mas, como também parece bastante óbvio, a possibilidade remota não integra a zona problemática do dolo, daí porque o critério sugerido por Sauer é de pouca ou de nenhuma utilidade para a solução dos casos mais problemáticos.

3.2 Teorias do perigo

No âmbito da ciência penal alemã, o novo curso da distinção entre o dolo (eventual) e a culpa (consciente) está sendo pavimentado à luz da noção de perigo. Essencialmente sustenta-se que a distinção entre as categorias deve ser feita a partir da valoração sobre a natureza do perigo criado e representado pelo autor. Não parece ser coincidência o fato de que essas teorias crescem e se consolidam em ambiente fenomenológico absolutamente distinto daquele que propiciou a formação das tradicionais teorias da vontade e da representação. Com efeito, o grupo de casos que hoje origina a problemática da distinção não se situa apenas no homicídio com causalidade evidente, mas sim sobre os problemáticos casos de transmissão de enfermidades (como HIV); condução de veículo automotor sob influência de álcool ou condução altamente arriscada; utilização de produtos ou novas técnicas medicinais. Essa nova fenomenologia, de estrutura essencialmente diversa dos casos tradicionais, permitiu que a doutrina encontrasse no perigo um critério para identificar, com maior clareza e rendimento dogmático, a distinção entre o dolo e a culpa. Pode-se dizer, sem qualquer receio, que tais teorias são consequência dos novos problemas que afetam as sociedades modernas, razão pela qual uma nova concepção de dolo não é somente possível, como também inexorável.

O novo ponto de apoio para a fronteira entre as modalidades de imputação subjetiva refere-se, portanto, à classe e à dimensão do perigo representado pelo indivíduo. O autor atuaria com dolo apenas quando o perigo de realização típica por esse representado pudesse ser juridicamente valorado.[641] Com isso, crê-se introduzir um critério normativo suficientemente apto para valorar objetivamente a conduta do autor. Embora FRISCH seja considerado por alguns autores o fundador das teorias do risco,[642] é verdade que quase uma década antes da publicação de sua obra fundamental, PHILIPPS (1973) afirmava a existência do dolo eventual quando o autor conscientemente se decidiu por conduta incompatível com a ordem jurídica. Na oportunidade, ele ponderou que a singularidade do dolo eventual deriva da singularidade da decisão sob risco, razão pela qual, mais precisamente, age com dolo eventual aquele indivíduo que "conscientemente se decidiu por uma conduta incompatível com o risco máximo válido no ordenamento jurídico".[643-644-645]

Contudo, somente a partir de 1980, com a extensa monografia de FRISCH, a ideia de perigo como ponto de referência para traçar a fronteira entre o dolo e a culpa passa a ser objeto de maior atenção da literatura e da jurisprudência alemãs.

Antes de passar à análise de cada uma das variantes, cumpre alertar que as teorias do perigo podem ser ajustadas ao texto de StGB sem maiores dificuldades, afinal, como visto, o marco legal alemão não trouxe uma definição de dolo (*acima*, introdução, item n. 7). A distinção entre as variantes diz respeito, justamente, aos critérios utilizados para determinação do risco. Passo, então, à análise das três variantes da teoria do risco: subjetiva; objetiva e perigo doloso.

641. Cf. FRISTER, Helmut. *Strafrecht... Op. cit.*, p. 147, Rn. 26.

642. Cf. JOECKS, Wolfgang. § 16... *Op. cit.*, Rn. 39.

643. "Vorsatz ist dann anzunehmen, wenn der Handelnde sich bewußt für ein Verhalten entscheidet, dass mit einer in der Rechtsordnung geltenden Risiko maxime unverträglich ist". PHILIPPS, Lothar. *Dolus eventualis... Op. cit.*, p. 38. Na literatura alemã do princípio do século passado havia referência à existência de culpabilidade dolosa quando o agente agia com consciência do perigo. Cf. KLEE, K. *Der Dolus... Op. cit.*, p. 62.

644. Para a delimitação, PHILIPPS recorre a um programa de computador e à chamada logica *fuzzi*. A partir da valoração do processamento dos dados inseridos em um programa de computador, o próprio programa "decidiria" se houve conduta dolosa ou conduta culposa. Esse resultado, por fim, passaria pelo crivo final do magistrado. O autor chega a apresentar 26 (vinte e seis) indicadores, *pro* e *contra* o dolo, os quais deveriam ser observados.

645. "Die Fuzzy-Logik versucht u.a., ungenaue sprachliche Begriffe mathematisch umzusetzen, indem es unscharfe Mengen einführt, in denen ein Element auch ein wenig enthalten sein kann. Umgesetzt wird dies, indem dem Element Werte von 0 (gar nicht enthalten) bis 1 (voll enthalten) zugeschrieben werden. Ein Umstand, den die Mathematik normalerweise nicht kennt. Mengen werden üblicherweise in der Mathematik so definiert, dass ein Element entweder in der Menge enthalten ist oder nicht". JOECKS, Wolfgang. § 16... *Op. cit.*, Rn. 50, Fn. 149. Na prática, a lógica difusa permite que sejam quantificados conceitos que a princípio não são redutíveis a uma realidade numérica. Assim, por exemplo, partir de determinados parâmetros sobre a idade inseridos no programa de computador, seria possível definir quem é velho e quem é novo; quem é gordo e quem é magro; quem é feio e quem é bonito e assim por diante.

3.2.1 Variante subjetiva

3.2.1.1 Exposição

A variante subjetiva do perigo é consequência do trabalho realizado por Frisch no princípio da década de oitenta do século XX.[646] Em grossas linhas, Frisch ataca dois conteúdos formulados pelas tradicionais teorias do crime doloso: a sua *ratio* do tratamento punitivo e o seu objeto de referência. Eu gostaria de me ocupar, inicialmente, da *ratio* punitiva e, posteriormente, de como a *ratio* de tratamento punitivo impactou sobre os elementos do dolo. Três argumentos condensam a essência da variante subjetiva do risco, quais sejam:

> *Argumento 1.* O dolo não pode ter por objeto o resultado típico simplesmente porque ele ainda não existe no momento da realização da conduta, razão pela qual é o risco o ponto de referência do dolo. Um elemento volitivo é desnecessário.
>
> *Argumento 2.* Mas para o dolo não é suficiente que o autor conheça o perigo. O agente precisa conceber mais que a dimensão do risco, que também objetivamente não é mais tolerado (risco não permitido). *O autor precisa tomar certa postura em relação à realização do risco;*
>
> *Argumento 3.* O risco é consideravelmente decisivo e suficiente para o dolo, não apenas se é altamente proibido, mas também se sobrepassa a dimensão imposta para o risco permitido. Sendo assim, a dimensão do risco suficiente para o dolo é determinada pelo direito e não de acordo com o julgamento individual.

Passo, então, ao primeiro ponto de ataque que Frisch realiza em relação às tradicionais teorias: a *ratio* punitiva do crime doloso. Após dura crítica em relação às sugestões sobre a fronteira entre as modalidades de imputação subjetiva a que chegaram as teorias de disposição de ânimo, crítica que culmina com a afirmação de que para onde se olha só há incertezas, debilidades e dúvidas,[647] Frisch propõe que o elemento volitivo seja abandonado e sugere que o conceito de dolo seja elaborado apenas com base no elemento cognitivo.[648] A pergunta que se põe é: como elaborar esse conceito de dolo? Para Frisch, um bom *conceito funcional*

646. Seguindo a Frisch em linhas essenciais, na *Alemanha*: Freund, Georg. *Anmerkung zu BGH, Urt. v. 20.11.1986 – 4 StR, 633/86. In*: JR, 1988, p. 116 e ss; Zielinski, Diethart. §15... *Op. cit.*, Rn. 15 e Rn. 18; na *Espanha*: Silva Sánchez, Jesús-Maria. *Aproximación... Op. cit.*, p. 402. Para uma visão geral cf. Brammsen, Joerg. *Inhalt... Op. cit.*, p. 80-81; Küper, Wilfried. *Vorsatz und Risiko. Zur Monographie von Wolfgang Frisch. In*: GA, 1987, p. 479 e ss. Cf. também Díaz Pita, María del Mar. *El dolo... Op. cit.*, p. 107-130; Pérez Barberá, Gabriel. *El dolo... Op. cit.*, p. 523-551. Com descrição pouco clara da teoria, eis que considera existir a marca distintiva do dolo eventual "quando o agente *leva a sério* que de sua conduta possa derivar o resultado, em contraposição à culpa consciente *na confiança na evitação do resultado*", Busato, Paulo César. *Direito Penal... Op. cit.*, p. 444 (grifos no original).

647. Frisch, Wolfgang. *Vorsatz... Op. cit.*, p. 25.

648. Frisch, Wolfgang. *Vorsatz... Op. cit.*, p. 28.

de dolo somente pode ser alcançado levando-se em consideração a *ratio* do tratamento punitivo para uma e outra modalidade de imputação.[649]

Desde o princípio, Frisch se ocupa, então, da questão do *porquê* da elevada intensidade de pena prevista para o comportamento doloso. Para ele essa questão somente pode ser adequadamente enfrentada, como antes havia alertado Schmidhäuser (*acima*, item 3.1.1.2) se se utiliza um método teleológico ou funcional.[650] A argumentação de Frisch começa a se desenvolver a partir da constatação de que a punição do comportamento doloso é realçada em duplo sentido: *primeiro*, pelo fato de, considerando-se o direito vigente, a punição pelo dolo é a regra, ao passo que os crimes culposos são excepcionalmente punidos; *segundo*, o dolo é fortemente penalizado, ao passo que o crime culposo, quando punido, o é com uma pena pequena. Essa constatação leva Frisch a levantar a seguinte pergunta: por que nós punimos as ações dolosas em maior quantidade e muito mais severamente que as culposas?[651]

Para responder a essa pergunta, Frisch enfrenta, inicialmente, as tradicionais respostas como, por exemplo, a maior culpabilidade do autor (cf. *acima*, parte II, item 3 e parte III, item 2). Sem refutá-las diretamente, mas julgando que essas não são fundamentais para a determinação da diferença de pena,[652] chega à conclusão que a resposta para a intensidade da pena do crime doloso é derivada da missão da pena. Mais ainda: a pergunta sobre o objeto do dolo pode ser respondida com a ajuda da formulação geral que se dê à pergunta sobre a missão da pena estatal.[653]

No que diz respeito à missão da pena – desde o ponto de vista teleológico – Frisch cogita, inicialmente, argumentos de prevenção geral e prevenção especial. Em relação à prevenção geral, e assumindo a concepção dominante de que a missão do direito penal é a proteção de bens jurídicos, ele considera que a missão da pena é assegurar a proteção daqueles bens e condições de desenvolvimento social, sem os quais a convivência saudável não é imaginável.[654] E essa é a primeira razão para a drástica diferença de pena entre as modalidades de imputação subjetiva: o comportamento doloso, quando comparado ao culposo, perturba mais intensamente o conteúdo da norma e, com isso, rompe a confiança do cidadão no ordenamento jurídico. A primeira estratégia da missão da punição estatal é, portanto, opor uma ameaça psicológico-social para o cometimento de um fato com relevância penal, afinal, a consciência da validade e vigência da norma como contramotivo à realização do crime, o sentimento de segurança e a confiança são condições elementares para a convivência pacífica em sociedade.[655]

649. Frisch, Wolfgang. *Vorsatz... Op. cit.*, p. 47.
650. Frisch, Wolfgang. *Vorsatz... Op. cit.*, p. 32.
651. Frisch, Wolfgang. *Vorsatz... Op. cit.*, p. 34.
652. Frisch, Wolfgang. *Vorsatz... Op. cit.*, p. 38.
653. Frisch, Wolfgang. *Vorsatz... Op. cit.*, p. 42.
654. Frisch, Wolfgang. *Vorsatz... Op. cit.*, p. 47-48.
655. Frisch, Wolfgang. *Vorsatz... Op. cit.*, p. 48.

A ameaça com a pena, portanto, aparece como primeiro, suficiente e necessário instrumento para alcançar essas condições.

No que diz respeito à prevenção especial, FRISCH argumenta que a punição mais intensa é a pena merecida para o autor, afinal, o atuar doloso personifica aqueles autores que tipicamente merecem especial e mais intensa resposta punitiva.[656] Mas não é somente isso.

FRISCH não se limita às questões prevencionistas; ele elege como pano de fundo axiológico outro componente para justificar a maior intensidade de punição. Para FRISCH, entre o autor doloso e o fato há especial conexão psíquica e essa conexão, que expressa maior *desvalor pessoal*, precisa ser intensamente atacada pela pena.[657] Em outros termos: nos comportamentos dolosos o *defeito pessoal* do autor em relação às exigências do direito é muito maior quando comparado com as ações culposas e, portanto, a punição deve ser capaz de promover nele a *desativação* desse defeito psicológico-social.[658]

Considerando-se ambos os componentes, é possível chegar à seguinte racionalização: a maior punição para o autor doloso reside, no descompasso entre o autor e as máximas do direito (*i*); isso perturba mais intensamente a confiança na validade do direito, daí que o ato doloso tem especial grau de contaminação social (*ii*); tal desviação também sinaliza especial periculosidade do autor doloso (*iii*); e, finalmente, no ato doloso há especial conexão psíquica entre o autor e o fato que expressa maior desvalor pessoal (*iv*).[659]

No fundo, o que FRISCH está dizendo é que a punibilidade do autor doloso é mais intensa e existe em maior quantidade porque expressa uma decisão do autor contra o bem jurídico.[660] Portanto, a fórmula geral para a *ratio* punitiva em relação ao comportamento doloso pode ser assim formulada: *a punição dolosa somente estará de algum modo legitimada se entre o autor e o direito for possível identificar um intenso contato psicológico de contrariedade*. Como ela impactará sobre a definição do dolo, logo adiante será esclarecido. Por ora, basta registrar que esse é um elemento fundamental para FRISCH chegar ao seu conceito de dolo e ao objeto do dolo. Passo, então, ao último.

Para a determinação do objeto do dolo FRISCH dedica-se, inicialmente, ao elemento cognitivo do dolo, precisamente à pergunta sobre se o objeto de conhecimento do dolo são os elementos objetivos do tipo.[661] Em desacordo com

656. FRISCH, Wolfgang. *Vorsatz... Op. cit.*, p. 49.
657. FRISCH, Wolfgang. *Vorsatz... Op. cit.*, p. 51.
658. FRISCH, Wolfgang. *Vorsatz... Op. cit.*, p. 51-52.
659. FRISCH, Wolfgang. *Vorsatz... Op. cit.*, p. 94 e ss.
660. FRISCH, Wolfgang. *Vorsatz... Op. cit.*, p. 98.
661. FRISCH, Wolfgang. *Vorsatz... Op. cit.*, p. 56.

a doutrina majoritária,[662] ele responde negativamente a essa pergunta. E a razão é bastante simples: nos tipos penais de resultado o elemento do tipo exigido – o resultado já materializado – não pode ser objeto de conhecimento.[663] Esse tipo de conhecimento somente estará disponível em momento posterior: *ex ante*, eles não estão disponíveis para o autor.[664] E aqui é preciso abrir um pequeno parêntese: o conhecimento ao qual Frisch faz referência não é, como ele mesmo alerta, um conhecimento especial, mas sim um conhecimento normal de um objeto determinado.[665] Nesse ponto, Frisch entrecruza a sua *ratio* punitiva: ora, se a punição mais intensa para o dolo está calcada no fato de que ela deve funcionar como elemento de contramotivação do autor, isto é, como elemento para a desativação do seu defeito psicológico, e aqueles elementos que não podem ser conhecidos *ex ante* pelo autor não podem desempenhar essa função,[666] isso significa que o candidato a ponto de referência do dolo não pode ser um elemento que somente exista depois do fato, senão um elemento que já existe e esteja disponível para o autor *ex ante*. Esse candidato, defendeu Frisch, é apenas um *fragmento* do tipo penal (*Teilstück* des Tatbestands), qual seja: *a conduta*.[667] Com outras palavras: o relevante para a imputação não é o conhecimento em si, mas sim o objeto do conhecimento.[668]

Contudo, essa primeira aproximação ainda é insuficiente para a determinação do objeto do dolo, afinal, no comportamento culposo o autor também está consciente da sua conduta. Desse modo, o próximo passo dado por Frisch deriva da seguinte pergunta: qual é o elemento particularizante daquele fragmento que possui uma carga de significado suficiente para poder ser objeto de um juízo de valor? Essa dimensão particularizante deve ser o *risco relevante*.

A base para a proposta de Frisch é espantosamente simples: a dimensão de desvalor do tipo penal, à qual faz referência o elemento cognitivo do dolo, consiste em um risco, o qual não é mais tolerado pelo direito. Portanto, e apri-

662. Para além dos já citados: Jescheck, Hans-Heinrich; Weigend, Thomas. *Lehrbuch... Op. cit.*, p. 295; Sternberg-Lieben, Detlev; Schuster, Frank. § 15... *Op. cit.*, Rn. 43a; Vogel, Joachim. § 15... *Op. cit.*, Rn. 24.

663. Frisch ressalta, nesse ponto, que quem elege o tipo objetivo como objeto de conhecimento do autor faz uma confusão entre *norma de sanção* e *norma de conduta*. Por exemplo, o artigo 121 do CP expressa uma *norma de sanção* e, como tal, não está direcionada para o autor do delito, mas sim para o jurista (existente *ex post*); ao passo que "*não matarás*", é uma *norma de conduta*, essa sim, direcionada para o indivíduo. O tipo objetivo é, portanto, uma categoria de norma de sanção e, portanto, não pode ser objeto de conhecimento *ex ante* do autor. Cf. Frisch, Wolfgang. *Vorsatz... Op. cit.*, p. 59 e ss.

664. Frisch, Wolfgang. *Vorsatz... Op. cit.*, p. 56-57.

665. Frisch, Wolfgang. *Vorsatz... Op. cit.*, p. 57.

666. E não podem porque, como dito, é algo que, por mais iminente que seja, pertencem ao futuro. Frisch, Wolfgang. *Vorsatz... Op. cit.*, p. 57 e ss.

667. Frisch, Wolfgang. *Vorsatz... Op. cit.*, p. 64 (itálico no original) e p. 69 e ss. Seguindo a sugestão de Frisch, Corcoy Bidasolo, Mirentxu. *El delito...Op. cit.,* p. 253. Cf. Roxin, Claus; Greco, Luís. *Strafrecht... Op. cit.*, § 12, Rn. 58.

668. Cf. Pérez Barberá, Gabriel. *El dolo... Op. cit.*, p. 540-545.

morando a afirmação acima, o *fragmento* do tipo penal relevante para a fronteira entre as modalidades da imputação é o *risco* (*relevante*). Em poucas palavras: como o risco (proibido) relevante está *ex ante* disponível para o indivíduo, essa disponibilidade permite que o indivíduo desative o comportamento contrário ao bem jurídico.[669-670]

Com isso também fica esclarecida a razão pela qual Frisch também elege como fundamento da maior *ratio* punitiva para o comportamento doloso o fato de que o autor que age dolosamente não ativa o seu *elevado poder de evitação* do resultado, isto é, aquele que reconhece um risco relevante pode cumprir mais facilmente o comando normativo quando comparado com aquele que não representou o risco. Isso quer dizer que o autor doloso mostra que em caso de conflito entre a proteção do interesse e a liberdade de comportar-se como quer, decidiu-se ele contra a norma comportamental[671] ou, nas palavras de Roxin e Greco, decidiu-se contra o bem jurídico.[672]

Parcela desses argumentos levantados deriva, sem dúvida, da relação que Frisch estabelece entre o conceito de dolo e a teoria da imputação objetiva (ou, na sua terminologia, do comportamento típico). Dessa relação, algumas consequências são evidentes: não agirá dolosamente aquele que crê que a sua conduta encerra um risco juridicamente irrelevante (*i*); por outro lado, não há o dolo eventual quando o autor minimiza o risco ou confronta-se com um risco meramente abstrato[673] (*ii*); há risco concreto quando existe a possibilidade de ocorrência do menoscabo da norma à luz das circunstâncias concretas da situação global (*iii*).[674]

669. Frisch, Wolfgang. *Vorsatz... Op. cit.*, 95. Cfr. Puppe, Ingeborg. *Vorsatz... Op. cit.*, p. 33 e ss; Ragués i Vallès, Ramon. Überlegungen zum Vorsatzbeweis. *In*: GA, 2004, p. 269; Schlehofer, Horst. *Risikovorsatz... Op. cit.*, p. 2017.

670. Crítico, Joecks argumenta que essa mudança é apenas aparente, apenas uma reformulação, afinal, se se diz que o autor tem o conhecimento de que a sua ação é perigosa, então, ele também precisa prognosticar se a ação realizada pode conduzir ao resultado(...). Expressamente, "Soll der Täter Kenntnis von einer gefährlichen Handlung haben, so muss er ebenfalls prognostizieren, ob die gerade vorgenommene Handlung, zum Erfolg, nämlich zur Rechtsgutsverletzung der konkreten Strafnorm führen kann". Joecks, Wolfgang. § 16... *Op. cit.*, Rn. 9. Para outras críticas, cf. Küpper, Georg. *Zum Verhältnis... Op. cit.*, p. 776 e ss; Roxin, Claus; Greco, Luís. *Strafrecht... Op. cit.*, § 12, Rn. 49 e ss; Schünemann, Bernd. *Vom philologischen... Op. cit.*, p. 370; Verrel, Torsten *(Noch kein)... Op. cit.*, p. 311.

671. Frisch, Wolfgang. *Vorsatz... Op. cit.*, p. 97. Cf. Sobre a dominabilidade cf. *acima*, item 2.3 e nota de rodapé n. 526.

672. Reconhecendo expressamente a semelhança de ambas as teses ao menos em três pontos, quais sejam: em deduzir a fronteira entre o dolo eventual e a culpa consciente a partir da *ratio* do tratamento punitivo (*i*); em levar em consideração a *decisão contra o bem jurídico* (*ii*); e na aplicação dos critérios "*levar a sério*" e "*confiar em*" para dar conteúdo à decisão (*iii*) Roxin, Claus; Greco, Luís. *Strafrecht... Op. cit.*, § 12, Rn. 60.

673. Frisch, Wolfgang. *Vorsatz... Op. cit.*, p. 159.

674. Frisch, Wolfgang. *Vorsatz... Op. cit.*, p. 127.

Bem se vê que, para FRISCH, a fronteira entre o dolo e a culpa somente pode ser bem traçada se dois pontos essenciais forem observados: o primeiro, a própria entidade de especial perigo que o comportamento expressa (*i*); depois, a determinada tomada de postura do autor em relação ao risco conhecido (*ii*). Qualquer elemento adicional ao elemento cognitivo é, portanto, absolutamente desnecessário.[675]

Agora é possível retomar aquela fórmula central sobre a punição do dolo, qual seja: a punição dolosa somente estará de algum modo legitimada se entre o autor e o direito for possível identificar um intenso contato psicológico de contrariedade. É justamente aqui que FRISCH, ao contrário de HERZBERG, registra que o conhecimento do risco relevante ainda não satisfaz completamente o juízo de imputação subjetiva. Se a *ratio* da severa punição do dolo reside no fato de que o autor doloso estabeleceu um intenso contato psicológico de contrariedade com o direito, fica fácil intuir que é necessário adicionar uma exigência: à análise nua e objetiva da dimensão do risco representado, FRISCH exige a vinculação anímica entre o autor e o risco, vinculação expressada com a tomada de *postura do autor frente ao risco representado*; com as suas palavras, o "ver para si" (*Für-sich-so-Sehen*").[676] Essa ambivalência, na precisa síntese de PÉREZ BARBERÁ, significa que um barema objetivo – o perigo concreto ou abstrato – decide se há, ou não, conduta típica; ao passo que com um barema subjetivo – tomada de postura do autor – é resolvida a questão sobre se a imputação será dolosa ou culposa.[677]

Essa exigência adiciona consequências importantes e, como demonstrarei a seguir, compromete toda a teoria "cognitiva" da variante subjetiva do perigo dolo. Por ora, basta considerar que, para FRISCH, aquela tomada de postura do autor em relação ao risco relevante conhecido constitui o *fiel da balança* para a imputação subjetiva a título de dolo. Em outros termos: se o autor, apesar do risco representado *ex ante*, considera que o conteúdo de sua representação não vai se produzir ou não toma clara posição frente a ele, haverá a imputação culposa.[678] Esse seria o caso, por exemplo, da mãe que na loja de departamentos, repentina e espantosamente, dá-se conta de que deixou uma garrafa com veneno sob a mesa da cozinha, mas que segue em seus pensamentos e logo depois diz para si: "Bobagem, a criança não irá para a cozinha pegar a garrafa".[679] Esse diálogo interno demonstra, para FRISCH, que apenas a decisão de realização do tipo, melhor dizendo, que *apenas uma avaliação pessoal positiva de realização do risco representado* configura decisão contra o bem jurídico em nível de desvalor suficiente para justificar e

675. FRISCH, Wolfgang. *Vorsatz... Op. cit.*, 100.

676. FRISCH, Wolfgang. *Vorsatz... Op. cit.*, p. 192 e ss.

677. PÉREZ BARBERÁ, Gabriel. *El dolo... Op. cit.*, p. 536.

678. FRISCH, Wolfgang. *Vorsatz... Op. cit.*, p. 196.

679. "Ach, das Kind wird schon nicht in die Küche gehen und sich an der Flasche vergreifen". FRISCH, Wolfgang. *Vorsatz... Op. cit.*, p. 219.

fundamentar a imputação dolosa.[680] O dolo também estará eliminado nas hipóteses nas quais o autor não mais considera o risco como um risco concreto; isso se dá, por exemplo, quando o autor está adaptado às situações de risco.

3.2.1.2 Objeções

O elemento volitivo da concepção de Frsich está mascarado no recurso à ideia do risco como objeto do dolo. A teoria, no momento decisivo da calibração da imputação subjetiva, recorre à postura anímica do indivíduo para determinar o nível da responsabilidade. Isso fica bem evidente ao sugerir que não agirá dolosamente aquele que crê que tudo sairá bem ou àquele que não toma posição alguma frente à representação.[681] Ora, se o critério maior para determinar a imputação subjetiva dolosa é a tomada de decisão do indivíduo contra o bem jurídico, ainda que o ponto de referência para tal afirmação não seja guiado em relação a determinado resultado, mas sim em relação ao risco representado, isso em nada altera o fato de que o ponto de curvatura entre o dolo e a culpa continua a ser o momento volitivo do dolo (*=deliberada postura psíquica do indivíduo em relação ao possível resultado*). Dito de outro modo, a forma clássica de interpretar o querer (= o agente quis o resultado) converte-se, com Frisch, *no querer o risco.*

Pode-se dizer que com a exigência desse *prognóstico* da lesão do bem jurídico à luz do conhecimento do risco que o comportamento abarca, Frisch combina critérios das teorias de corte volitivo (levar a sério o risco ou decisão contra o bem jurídico) e critérios da teoria cognitiva (teoria da possibilidade), mudando, apenas, o seu parâmetro de orientação. É de notar, inclusive, que a própria construção linguística da qual se serve Frisch para determinar o conteúdo do conhecimento do indivíduo, a saber: que o indivíduo "veja para si" (*"für sich so sieht"*[682]) o risco de realização do tipo, deixa claro que a imputação dolosa está subordinada à demonstração de postura interna do indivíduo, de induvidosa *vinculação volitiva pessoal* do sujeito com o risco normativamente relevante. E, nesse caso, a teoria não pode chegar a resultados significativamente distintos quando comparada com a teoria da decisão pela possível lesão do bem jurídico. Em outras palavras, Frisch está certo ao afirmar que o indivíduo não decide a dimensão do risco tolerado, mas erra – como as outras teorias da disposição de ânimo – ao permitir que esse decida o nível da imputação. Daí porque, embora a teoria tenha boa dose de acerto ao eleger o perigo como ponto de partida para a delimitação entre o dolo e a culpa, no fundo, tudo permanece como sempre foi.[683]

680. Aqui ele assume expressamente uma posição de aceitação em relação à teoria do levar a sério Frisch, Wolfgang. *Vorsatz... Op. cit.*, p. 196, Fn. 126.

681. Frisch, Wolfgang. *Vorsatz... Op. cit.*, p. 216 e ss.

682. Frisch, Wolfgang. *Vorsatz... Op. cit.*, p. 192 e ss (também p. 482 e ss); cfr. Herzberg, Rolf Dietrich. *Das Wollen... Op. cit.*, p. 636; Puppe, Ingeborg. § 15... *Op. cit.*, Rn. 45 e ss.

683. Cf. Herzberg, Rolf Dietrich. *Die Abgrenzung... Op. cit.*, p. 259; Küper, Wilfried. *Vorsatz... Op. cit.*, p. 503 e ss; Roxin, Claus; Greco, Luís. *Strafrecht... Op. cit.*, § 12, Rn. 60-61; Rodríguez Montañés,

A principal objeção pode ser assim formulada: se apenas a decisão de realização do tipo, isto é, a avaliação pessoal positiva de realização do risco representado, configura decisão contra o bem jurídico com desvalor suficiente para a imputação dolosa, então, essencialmente, a determinação da responsabilidade depende da vontade do autor e não do seu conhecimento. Com isso, todas as críticas acima lançadas contra a ideia de dolo como vontade (cf. *acima*, parte II), também se tornam pertinentes para a teoria de FRISCH.[684]

3.2.2 Variante objetiva

3.2.2.1 Exposição

Como analisado até agora, as teorias que tentam traçar a fronteira entre o dolo e a culpa, inclusive aquele com alto potencial de objetivação de tal fronteira (como a variante subjetiva de FRISCH), propuseram-se a fazê-lo, ao fim e ao cabo, sempre com dependência, direta ou indireta, de critério subjetivo. Tenta outro caminho HERZBERG, para quem as tradicionais teorias de marca cognitiva pecam, porquanto, ainda que fundadas na representação, terminam por sucumbir a problemáticos critérios, precários inclusive do ponto de vista processual, para a eliminação do dolo, a exemplo de reprimir psiquicamente o risco (= ignorar)[685] ou não refletir sobre ele (= não o levar a sério).[686] Para HERZBERG o problema da fronteira entre o dolo e a culpa se põe no âmbito da tipicidade objetiva. E justamente nesse âmbito faz-se necessário diferençar, a partir de perspectiva qualitativa, entre os *pequenos riscos* e os *grandes riscos*. Essa variante agrega a componente da especial qualidade ao risco para que se possa falar em conduta dolosa ou culposa. Isso significa que para se atribuir à conduta sanção de caráter doloso não basta que o indivíduo tenha representado o risco não permitido. Será necessário que o risco mesmo tenha determinada qualidade e essa deve ser suficiente para converter a não ocorrência do resultado em feliz casualidade. Ademais, essa propriedade do

Teresa. *Delitos... Op. cit.*, p. 112-115.

684. Para uma valoração crítica sobre cada um dos pontos abordados, cf. PÉREZ BARBERÁ, Gabriel. *El dolo... Op. cit.*, p. 551-564.

685. Cf. nota de rodapé n. 283.

686. Cf. HERZBERG, Rolf Dietrich. *Die Abgrenzung... Op. cit.*, p. 249 e ss; HERZBERG, Rolf Dietrich. *Die Strafdrohung als Waffe im Kampf gegen Aids? In*: NJW, 1987, p. 1461 e ss; HERZBERG, Rolf Dietrich. *Zur Strafbarkeit des Aids-Infrzierten bei unabgeschirmtem Geschlechtsverkehr". In*: NJW, 1987, p. 2283 e ss; HERZBERG, Rolf Dietrich. *Bedingter Vorsatz und objektive Zurechnung beim Geschlechtsverkehr des Aids-Infizierten. In*: JuS, 1987, p. 777 e ss; HERZBERG, Rolf Dietrich. *Das Wollen beim Vorsatzdelikt und dessen Unterscheidung vom bewusst fahrlässigen Verhalten. In*: JZ, 1988, p. 635 e ss (2a parte). Reflexões desse gênero já apareciam em KINDHÄUSER, Urs K. *Der Vorsatz... Op. cit.*, p. 28. Segue a teoria, na *Alemanha*: SCHLEHOFER, Horst. *Risikovorsatz und zeitliche Reichweite der Zurechnung beim ungeschützten Geschlechtsverkehr des HIV-Infizierten. In*: NJW, 1989, p. 2017 e ss. Sobre a teoria, cf. BRAMMSEN, Joerg. *Inhalt... Op. cit.* p. 80 e ss; ROXIN, Claus; GRECO, Luís. *Strafrecht... Op. cit.*, § 12, Rn. 65-69; também cf. PÉREZ BARBERÁ, Gabriel. *El dolo... Op. cit.*, p. 446 e ss; DÍAZ PITA, María del Mar. *El dolo... Op. cit.*, p. 216-223; RAGUÉS I VALLÈS, Ramon. *El dolo... Op. cit.*, p. 142-147.

perigo não está ali onde ordinariamente se acredita estar, ou seja, no risco não tolerado, afinal, esse se mostra compatível tanto com o dolo quanto com a culpa.

Partindo desse ponto, Herzberg vê-se obrigado a encontrar outro critério, também fundamentado no perigo, para delimitar o âmbito do dolo do âmbito da culpa. Para melhor compreender o caminho por ele traçado, talvez seja interessante recorrer ao típico caso de *pequeno risco* do qual ele parte, qual seja: em uma construção, *P* envia o inexperiente aprendiz *L* para a realização de um trabalho urgente, o qual deve ser executado sobre um andaime; esse equipamento, contudo, não atende às normativas de segurança exigidas pela legislação do trabalho. *P*, então, cria para *L* o perigo de queda mortal, o qual não é tolerado pela normativa vigente.[687] Na hipótese de acidente mortal, qual seria o nível de imputação a ser atribuído a *P*: homicídio doloso ou culposo? Herzberg aponta que os adeptos da teoria dominante tendem a variar a resposta conforme a intensidade do perigo, isto é, quando estão diante de um perigo pequeno tendem a negar o dolo, ao passo que diante de situações que envolvem grandes perigos tendem quase automaticamente a afirmar o dolo. Na hipótese apresentada, como há perigo pequeno, ainda que *P* tenha *aprovado o risco, não confiado que tudo sairia bem* ou, inclusive, ainda que ele tivesse tido a *intenção*, a doutrina não se convenceria de imputação subjetiva em nível doloso.[688]

Essa possibilidade de *solu*ção de conveniência fincada em uma perspectiva meramente *quantitativa* do perigo, isto é, na escala de imputação orientada pela tipologia perigo grande e perigo pequeno, impele Herzberg não somente a reforçar a ideia de dolo com um uma única dimensão, a cognitiva, mas também a apontar critério confiável e capaz de expressar a *qualidade* objetiva do perigo.

Herzberg apresenta, então, essencialmente, dupla fenomenologia para o perigo, a saber: os perigos inevitáveis (*unabgeschirmte*) (*i*) e o perigos evitáveis (*abgeschirmte*)[689] (*ii*). Essas duas classes de perigo articulam-se da seguinte forma: o *perigo será inevitável* quando a própria vítima não puder se proteger da

687. Herzberg, Rolf Dietrich. *Die Abgrenzung... Op. cit.*, p. 249.

688. Herzberg, Rolf Dietrich. *Die Abgrenzung... Op. cit.*, p. 252-253.

689. A tradução dos adjetivos derivados verbo *abschirmen* trouxe-me dificuldades. Na linguagem cotidiana, o verbo *abschirmen* significa proteção, blindagem, isto é, proteger algo ou alguém contra alguma coisa. Por exemplo, proteger os olhos com a mão (*seine Augen mit der Hand abschirmen*); proteger a sua vida privada (*sein Privatleben abschirmen*); o guarda-chuva (der Regen*schirm*). Por isso, em geral, a doutrina tem optado ora pela dupla "*perigo protegido*" e "*perigo desprotegido*", como é o caso de Díaz Pita, María del Mar. *El dolo... Op. cit.*, p. 216-223; ora pela tradução "*perigo coberto*" e "*perigo descoberto*", como é o caso de Ragués I Vallès, Ramon. *El dolo... Op. cit.*, p. 142-147; Rodríguez Montañés, Teresa. *El delito... Op. cit.*, p. 117. No *Brasil*, tanto Luís Greco (na tradução de Puppe, Ingeborg. *Dolo... Op. cit.*, p. 80) quanto Juarez Cirino (Santos, Juarez Cirino. *Direito... Op. cit.*, p. 146) utilizam a primeira opção. Contudo, com o sacrifício do estilo, preferi os adjetivos *evitável* e *inevitável* (ou *controlável* e *incontrolável*). Em ambos, salvo melhor juízo, ganhamos em clareza, afinal, creio que esses sintetizam melhor a qualidade objetiva que o risco criado deve possuir para viabilizar a imputação dolosa.

realização do tipo ou quando o autor não puder mais tomar medidas para evitá-lo, de modo que somente a sorte ou uma feliz casualidade poderiam impedir a realização do tipo como, por exemplo, as hipóteses roleta-russa(*i*); por outro, o *perigo será evitável* quando existirem circunstâncias as quais, no caso concreto, possivelmente poderiam se opor à sua realização ou, dito de outro modo, quando o perigo criado tiver uma *reserva de proteção* para a sua não realização como, por exemplo, os casos de acidente de trânsito nos quais a atenção do autor ou dos demais motoristas poderiam impedir a realização da situação perigosa. Daí que, o conhecimento (ou, inclusive, a *representação equivocada*[690]) do perigo inevitável fundamenta o dolo; ao passo que o conhecimento do perigo evitável fundamenta a culpa.

Como se vê, e também como antecipado, o ponto que diferencia o dolo da culpa não mais se situa no tipo subjetivo (= em uma determinada atitude volitiva do agente), mas no próprio tipo objetivo.[691] Voltando ao problema inicial: quando *P* envia o inexperiente aprendiz *L* para a realização do trabalho sem os dispositivos de segurança, há um *perigo evitável*, pois, a vítima, tivesse sido cautelosa e atenciosa (*a reserva de proteção*), poderia, ela mesma, ter evitado o resultado (a sua morte).[692] O mesmo raciocínio seria válido para os resultados derivados das ultrapassagens sem visibilidade ou para a hipótese do condutor que avança o sinal vermelho. Em ambos os casos, a própria precaução da vítima poderia ter evitado o resultado e é justamente essa evitabilidade do perigo que abre passagem, apenas, para a imputação culposa.[693] Donde é possível derivar que, onde há perigo rodeado por uma *reserva de proteção altamente eficiente*, não há possibilidade de imputação a título de dolo, isto é, há perigo de culpa apenas quando a ocorrência do resultado tem a *aparência externa improvável* ou parece consequência de infeliz casualidade.[694]

Essa fenomenologia não se confunde com aquela na qual não há reserva de segurança, isto é, com aquela na qual a materialização (ou não) do resultado

690. Herzberg aponta que, na maioria das vezes, a calibração da responsabilidade não envolve investigação sobre o erro. Ele se interessa, apenas, pela representação do risco realizada pelo autor; essa, sozinha, independentemente da sua correção ou erro, é suficiente para o aperfeiçoamento do dolo. Concretamente, na hipótese da roleta russa, para haver o dolo de matar, interessa saber se o autor representou o perigo, por exemplo, de 1:5; sendo irrelevante se no tambor havia, em verdade, quatro (probabilidade do disparo de 4:5) em vez da quantidade representada pelo indivíduo (probabilidade do disparo de 1:5). Com isso, Herzberg reforça a ideia segundo a qual a dimensão do risco calculada com base em probabilidade matemática é indiferente para o aperfeiçoamento do dolo. Cf. Herzberg, Rolf Dietrich. *Die Abgrenzung... Op. cit.*, p. 253. Sobre o erro cf. Herzberg, Rolf Dietrich. *Erlaubnistatbestandsirrtum und Deliktsaufbau. In*: JA, 1989, p. 243-250 (Teil 1); p. 294-300 (Teil 2).

691. Herzberg, Rolf Dietrich. *Das Wollen... Op. cit.*, p. 641.

692. Herzberg, Rolf Dietrich. *Die Abgrenzung... Op. cit.*, p. 251 e ss.

693. A ideia da atuação para a diminuição do perigo aproxima estruturalmente a teoria em análise da teoria da vontade de evitação não atuada proposta por Kaufmann (cf. *acima*, parte II, item 2.1.4). Cf. nota de rodapé n. 385.

694. Cf. Herzberg, Rolf Dietrich. *Die Abgrenzung... Op. cit.*, p. 256.

está nas mãos da sorte ou do acaso. Pensemos, por exemplo, na anteriormente mencionada hipótese da roleta-russa ou em relações sexuais com uma adolescente que o agente crê ser possivelmente maior de 14 (quatorze) anos. Nesses casos, aponta Herzberg, o indivíduo age com a consciência de um *perigo inevitável* de materialização do tipo penal, afinal, a própria atenção da vítima não poderia evitar a realização do perigo. São, portanto, típicas hipóteses de dolo eventual, ainda que o indivíduo confie na sua não ocorrência.[695]

Para melhor concretizar a ideia do dolo como qualidade objetiva do perigo criado, pensemos, agora, na corriqueira hipótese de transmissão de vírus HIV.[696] Imagine que um indivíduo tenha relação sexual desprotegida com o parceiro sem que esse tenha ciência da infecção do outro. Nesse caso, argumenta Herzberg, quem tem relação sexual sem preservativo sabendo de sua condição de infectado, não se preocupa com a possibilidade do risco de contaminação (*i*); trata-se de hipótese na qual o risco é inevitável, pois nem a vítima nem o autor podem lançar mão de contrafatores para evitar o perigo de contaminação (*ii*); o autor conhece o perigo que deveria ser levado a sério (a transmissão) (*iii*); conclusão, o autor agiu com dolo de lesão corporal (*iv*).[697] A situação seria distinta caso o autor tivesse utilizado preservativo na relação sexual, por haver, nesse caso, confiança objetivamente fundada da contenção do perigo.[698]

A fórmula proposta por Herzberg implica verdadeira objetivação do dolo, afinal, não há referência a qualquer atitude psíquica volitiva do indivíduo para a valoração da conduta, mas apenas referência ao tipo penal objetivo; não por outra razão, para o dolo, repise-se, "*não é necessário saber se o autor levou a sério um perigo conhecido, mas sim se ele conheceu um perigo que deveria ser levado a sério*".[699]

Bem, se observarmos com cautela a proposta, ainda restaria um grupo de casos a ser analisado, válido muito mais do ponto de vista teórico que prático. Qual o nível de responsabilidade a ser atribuída àquele indivíduo que conhece um *perigo inevitável, mas remoto*? Qual fenomenologia englobaria tais perigos remotos (*entfernte Gefahr*)? Herzberg considera que o tamanho e a proximidade do perigo não são elementos necessariamente conectados à inevitabilidade, mas

695. Herzberg, Rolf Dietrich. *Die Abgrenzung... Op. cit.*, p. 253-255.

696. Para uma visão sobre a solução de Herzberg nos casos transmissão do HIV, cf. Knauer, Christoph. *AIDS und HIV – Immer noch eine Herausforderung für die Strafrechtsdogmatik. In:* GA, 1998, p. 429-431.

697. Cf. especialmente Herzberg, Rolf Dietrich. *Zur Strafbarkeit... Op. cit.*, p. 1464 e ss; Herzberg, Rolf Dietrich. *Bedingter... Op. cit.*, p. 782 e ss. Para Herzberg, contudo, é possível que a imputação seja excluída não pela ausência de dolo, mas pela via da imputação objetiva, precisamente com base na adequação social. Cf. Roxin, Claus; Greco, Luís. *Strafrecht... Op. cit.*, § 12, Rn. 66; Rodríguez Montañés, Teresa. *El delito... Op. cit.*, p. 119, nota de rodapé n. 265.

698. Recomendando atenção à teoria de Herzberg, especialmente nos casos de transmissão do vírus HIV, Feijóo Sánchez, Bernardo. *El dolo... Op. cit.*, p. 14.

699. Herzberg, Rolf Dietrich. *Die Abgrenzung... Op. cit.*, p. 262 (itálico no original).

se pergunta se tais casos são sempre suficientes para afirmar o dolo. E a resposta é, a princípio, negativa. E é apenas "*a princípio*" porque o perigo remoto não suficiente para fundamentar o dolo precisa ser aquele de tal maneira distante que a materialização do resultado tem a aparência de improvável infeliz casualidade (*unwahrscheinliche "unglückliche Zufall"*); apenas nesse caso, o *perigo remoto* equipara-se ao *perigo evitável*. Então, por coerência, ainda que o autor tenha tido *a intenção* de provocar o resultado, para expressar a ideia na linguagem corrente, não haverá dolo. Pensemos, então, na hipótese de um indivíduo que às três da manhã atira uma pedra pela janela na esperança de que ela atinja alguém fatalmente. Como não há um risco de *visu,* isto é, há apenas um risco remoto, tal conduta poderá fundamentar imputação culposa, mas não dolosa.[700]

Em poucas palavras, a tese apresentada por Herzberg pode ser singelamente descrita da seguinte maneira: para a imputação culposa deve haver eficaz *cobertura* do perigo (também inclui o *perigo remoto*), do contrário, será possível a imputação a título de dolo.

3.2.2.2 Objeções

O aparato argumentativo e a elegância da proposta[701] de Herzberg não convencem. Curiosamente, as objeções mais severas podem ser lançadas justamente sob o seu aparato conceitual, precisamente sobre a noção de perigo *inevitável* e perigo *evitável.* Essa divisão entre perigos "estilo tudo ou nada" e que se assemelha à distinção por ele tão criticada (= perigo grande *versus* perigo pequeno), testemunha contra a própria teoria. Começo, contudo, por uma crítica substancial.

Parece ser tendência antiga a de os autores tentarem incluir a vítima no processo de atribuição da responsabilidade subjetiva. Assim sugeriu recentemente Roxin e sugeria Herzberg no final da década de oitenta. Para não ser repetitivo, pois parcelas das objeções a essa tentativa foram anteriormente lançadas (*acima* item 2.2, parte II), convém ressaltar que permanece absolutamente obscuro o fundamento pelo qual há de se excluir a responsabilidade dolosa pelo simples fato de que a *vítima* ou um *terceiro* possam desativar um risco representado e ativado por outro indivíduo. Não parece existir, ainda, convincente fundamento para justificar o porquê de o indivíduo, que nada tem a ver com o risco criado, ao revés, dele é vítima, tenha que cumprir um suposto o dever de *autoproteção* que repercutirá na imputação subjetiva; não bastasse a vítima ter que suportar o impacto do delito, recai sobre ela a sobrecarga da responsabilidade penal, afinal,

700. Herzberg, Rolf Dietrich. *Die Abgrenzung... Op. cit.*, p. 256. Posteriomente ajusta esse grupo de casos às hipóteses de risco permitido cf. Herzberg, Rolf Dietrich. *Das Wollen...Op. cit,* p. 641.

701. Cf. Brammsen, Joerg. *Inhalt... Op. cit.*, p. 79; Ragués i Vallès, Ramon. *El dolo... Op. cit.*, p. 145. Julgando o critério de Herzberg não mais que um indicador para o dolo Hassemer, Winfried. *Kennzeichen... Op. cit.*, p. 308, Fn. 93.

o ativador do risco poderá responder culposamente. Assim, por exemplo, imagine que o indivíduo *R* resolve livrar-se de *D*, dublê de filmes de ação e esposo de sua amante. Para realizar o intento, decide-se pelo atropelamento. No dia planejado, em um cruzamento próximo à rua do Desespero, *R*, aproveitando que *D* atravessava distraído, acelera o veículo e o atinge em cheio. *D* morre em consequência dos ferimentos. Esse caso encerra a hipótese de *perigo evitável*, pois, se a vítima tivesse sido cautelosa e atenciosa (= *a reserva de proteção*), poderia, ela mesma, ter evitado o resultado (a sua morte), ou seja, o dolo estaria excluído. A contraintuitividade da solução é forte indicativo da inexistência de fundamento consistente para, nesse caso, negar o dolo.[702]

Além disso, parece criticável a própria terminologia utilizada por HERZBERG. Com efeito, ele recorre a expressões as quais não têm precisão semântica e, por isso mesmo, ao serem utilizadas, nem sempre expressam significado inequívoco. E tal imprecisão semântica conduz a situações em que será difícil afirmar a existência ou não de perigo *evitável* ou de perigo *inevitável*.[703]

Mas, ao tentar precisar o significado dessas expressões, HERZBERG também atrai outros problemas que não apenas semânticos (mas, daí decorrentes). Com efeito, para a afirmação do dolo, é preciso recordar, o autor considera necessário não ser possível lançar contrafatores de evitação. Com isso, HERZBERG cria a noção de que o dolo sempre se aperfeiçoará se o perigo for efetivamente *inevitável* (= perigo integral) ou sempre se excluirá quando o perigo for *evitável*.[704] Essa distinção de tudo ou nada pode conduzir a soluções pouco convincentes. Para concretizar o quão problemático pode ser a aplicação dos critérios, basta recorrer a duas hipóteses: primeiro, a de perigo inevitável e depois, a de perigo evitável. Imagine-se a hipótese do condutor, que em curva com pouca visibilidade e em faixa dupla, realiza ultrapassagem, choca-se com um automóvel que vinha na direção contrária e causa a morte do outro motorista.[705] Naturalmente estamos diante de perigo inevitável, mas parece-me altamente duvidoso se a punição a título de dolo estaria, sempre, político-criminalmente justificada. É justamente essa objetivação sem precisão que conduz parcela da doutrina a afirmar que a proposta do dolo como qualidade do perigo aproxima-se arriscadamente do *dolo*

702. Se recordarmos que a teoria sugerida por KAUFMANN admite a exclusão do dolo quando o próprio autor ativa contrafatores à realização do tipo, a teoria de HERZBERG pode ser considerada uma *versão extremada* da teoria da vontade de evitação não atuada: contrafatores ativados pela vítima ou por terceiro excluem o dolo do ativador do risco. O benefício que é dado ao autor doloso a custo da vítima ou de um terceiro é insustentável tanto dogmática quanto político-criminalmente.

703. Cf. nota de rodapé n. 689.

704. Contra essa inferência ROXIN, Claus; GRECO, Luís. *Strafrecht... Op. cit.*, § 12, Rn. 68.

705. Exemplo em RAGUÉS I VALLÈS, Ramon. *El dolo... Op. cit.*, p. 146; cf. PUPPE, Ingeborg. § 15... *Op. cit.*, Rn. 86.

presumido[706-707] (do antigo *dolus indirectus*[708-709-710-711]); como hipótese de *perigo evitável*, poderíamos rememorar a tradicional hipótese da barreira policial: o indivíduo *A*, em fuga, tem diante de si uma barreira policial. Para continuar a fuga deverá passar pela barreira, na qual se encontra um policial altamente treinado para situações como essa. *A* segue com o automóvel, passa pela barreira e atropela o policial, o qual morre dias depois em consequência dos ferimentos. Nesse caso,

706. Rodríguez Montañés, Teresa. *El delito... Op. cit.*, p. 99 e ss.

707. Há pouco tempo a figura do dolo presumido esteve presente, por exemplo, na legislação espanhola. Até a lei orgânica número 8/1983, as ações e omissões reputavam-se sempre voluntárias, salvo demonstração em contrário (cf. *acima*, introdução, item 7). Cf. Ragués I Vallès, Ramon. *El dolo... Op. cit.*, p. 283, nota de rodapé n. 787. Em relação aos códigos penais da Prússia e da Baviera durante os séculos XVIII e XIX, cf. Waider, Heribert. *Die Bedeutung der praesumtio doli für die Strafrechtsentwicklung in Deutschland. In*: JuS, 1972, 305 e ss. Cf. também Henkel, Heinrich. *Die "praesumitio doli" im Strafrecht. In*: FS – Eberhard Schmidt. Göttingen: Vandenhoeck & Ruprecht, 1961, p. 578 e ss.

708. Brammsen, Joerg. *Inhalt... Op. cit.*, p. 79; cfr. Vogel, Joachim. *Normativierung... Op. cit.*, p. 386.

709. Talvez seja interessante deixar algumas linhas sobre a ideia do *dolus indirectus*. A criação do termo *dolus indirectus* deve-se a Carpzov. O dolo indireto corporificou a possibilidade de imputar a um indivíduo todos aqueles resultados não abrangidos diretamente pela intenção ou previsão do autor, os quais eram consequência de determinada ação por ele levada a cabo. Tal resultado não intencionado também era considerado dolo indireto quando o autor poderia prever o resultado mais grave. Recorrendo-se a dois exemplos, a consequência ficará mais evidente: se, por exemplo, o indivíduo desfere um tapa na anca de um cavalo que sai em disparada e atropela o indivíduo *B*, que estava próximo, causando-lhe a morte, tratar-se-ia de dolo de matar, afinal, o resultado morte é consequência da ação do autor; por outro lado, se de um golpe na palma da mão resultasse a morte, tal resultado não poderia ser imputado ao agente, afinal é extremamente raro que alguém morra em razão de tal golpe. Na *Alemanha*: Geßler, Theodor von. *Ueber den Begriff und die Arten des Dolus*. Tübingen: Laupp, 1860, p. 26 e ss (mantive a grafia original); Krug, August Otto. *Ueber... Op. cit.*, p. 8-49; Leuschner, Kurt. *Der Dolus indirectus, sein Wesen, seine Geschichte und seine praktischen Folgerungen*. Würzburg: Konrad Triltsch, 1935, p. 3 e ss; Löffler, Alexander. *Die Schuldformen... Op. cit.*, p. 166-181. Para mais referências na doutrina alemã cf. Greco, Luís. *Lebendiges...Op. cit.*, p. 61, nota de rodapé n. 186 (para uma relação de defensores, p. 62, nota de rodapé n. 187). Na *Espanha*: Julián Pereda, P. *Covarrubias penalista. In*: ADP, 1957, fasc. III, p. 485 e ss; Ragués I Vallès, Ramon *El dolo... Op. cit.*, p. 54-59. Na *Itália*: Demuro, Gian Paolo. *Prolegomeni... Op. cit.*, p. 1449-1453.

710. Parcela da doutrina, inclusive a própria Puppe, considera que a concepção do perigo de dolo flerta com a teoria do *dolus indirectus*. Contudo, tal comparação parece-me um tanto quanto exagerada. Como será analisado adiante, a teoria *puppeana* está baseada na ideia de que a imputação a título de dolo está vinculada à *representação de um perigo qualificado*. Para a autora, há dolo quando um terceiro racional possa considerar que somente alguém que queira realizar o tipo poderia ter agido como agiu. Se considerarmos o exemplo da nota anterior, não me parece que um tapa na anca de um cavalo seja um método apto para a realização do homicídio; ao menos não é suficiente para determinar um homicídio. Para isso, seria necessário recorrer um complexo de circunstâncias que poderiam ter envolvido a realização da conduta. Portanto, a princípio, o resultado morte somente poderia ser imputado a título de culpa. Ressaltando a similitude das teorias Greco, Luís. *Lebendiges...Op. cit.*, p. 62, nota de rodapé n. 187. Sobre a teoria de Puppe cf. *abaixo*, parte III, item 3.2.3. Para uma comparação cf. Hsu, Yu-An. *Die Lehre von der Vorsatzgefahr und dolus indirectus. In*: FS – Ingeborg Puppe. Berlin: Duncker & Humblot, 2011, p. 531 e ss.

711. Para a relação entre o dolo eventual e o dolo *indirectus* e os autores que abriram caminho para a concepção do dolo, cf. Geßler, Theodor von. *Ueber... Op. cit.*, p. 33; Klee, K. *Der Dolus... Op. cit.*, p. 20; Löffler, Alexander. *Die Schuldformen... Op. cit.*, p. 172.

Herzberg, por coerência, deve negar o dolo, uma vez que esse caso retrata perigo evitável, afinal, o policial aprendeu a lidar com tais situações e, evidentemente, o indivíduo *A* também conhecia essa habilidade do policial e, por experiência, é razoável supor que o indivíduo também confiava que o policial saltaria para não ser atropelado.[712] Também aqui a solução pela imputação culposa desperta ao menos desconfiança.

Além desse descompasso político-criminal das soluções, há algumas incompatibilidades materiais dentro da própria teoria. Recorde-se que Herzberg exige que o contrafator a ser oposto contra o risco ingresse na esfera de consciência do indivíduo. Acontece que existem casos nos quais os contrafatores não são conhecidos *ex ante* pelo autor, mas existem faticamente. Tomo como sugestão o exemplo de Jakobs; imaginemos que um indivíduo coloque uma bomba em uma delegacia, mas os policiais veem o objeto suspeito e imediatamente desativam o aparato explosivo. Evidentemente estamos diante de *perigo evitável*, afinal, existiam contrafatores que impediam a realização do perigo, circunstância que obrigaria Herzberg a reconhecer a impossibilidade de imputação por dolo.

Por outro lado, há casos nos quais o conhecimento ou desconhecimento não alterará o nível da imputação, simplesmente porque não se poderá lançar mão de nenhum contrafator de evitação. Assim, por exemplo, são os tipos penais que têm a idade da vítima como elemento. Imagine a seguinte hipótese: *A* vai a determinada boate, na qual é permitida a entrada de maiores de 18 anos. Lá, conhece uma linda e bem-apanhada moça, com a qual tem relação sexual. No dia seguinte, dá-se conta de que a vítima tinha apenas 13 anos de idade, apesar de todas as circunstâncias fáticas indicarem que ela era maior de idade. Nesses casos, haveria sempre *perigo inevitável*, porque nada poderia ser feito para alterar a idade da vítima. E se é assim, isso implicaria ampliação das hipóteses de dolo inclusive para afirmá-lo nos casos de erro.[713] Ou se condenaria por dolo ou não haveria responsabilidade penal.

Assim que, de saída, o conceito de perigo inevitável e evitável desconsidera fatores paralelos (caso da bomba na delegacia) ou inalteráveis (caso da idade da vítima). Mas também é preciso reconhecer méritos na concepção.

O argumento de Herzberg aponta para o sentido correto no que diz respeito ao objeto de valoração do dolo; com efeito, para o dolo não é necessário saber se o autor levou a sério um perigo conhecido, mas, sim, se ele conheceu um perigo que deveria ser levado a sério.[714] Herzberg aposta tudo na qualidade do risco para traçar uma fronteira razoável entre o dolo e a culpa, mas não se esforçou para

712. Cf. Philipps, Lothar. *An der Grenze von Vorsatz und Fahrlässigkeit – Ein Modell multikriterieller computergestützter Entscheidungen*. *In*: FS – Claus Roxin. Berlin: de Gruyter, 2001, p. 371.

713. Mesma objeção em Ragués i Vallès, Ramon. *El dolo... Op. cit.*, p. 145, nota de rodapé n. 392.

714. Alertando para que essa seria uma versão objetivada da teoria do levar a sério, cf. Roxin, Claus; Greco, Luís. *Strafrecht... Op. cit.*, § 12, Rn. 67.

dar maior precisão à qualidade do perigo, vazio que pode conduzir a soluções dogmáticas pouco recomendáveis do ponto de vista político-criminal. Se ainda resta alguma dúvida sobre a incerteza do critério, o próprio HERZBERG trata de afastá-la ao reconhecer que esse "em boa medida exige a valoração e nas zonas intermediárias não pode garantir decisões livre de dúvidas".[715]

3.2.3 Variante do perigo doloso

3.2.3.1 Exposição

A variante do perigo doloso, cuja estruturação deve-se ao trabalho de PUPPE,[716] tem dois objetivos principais quando comparada com as demais teorias: afastar o método de *julgamento psicológico* dos fatos, como percurso para encontrar o ponto de conversão do dolo em culpa (*i*); contornar as objeções levantadas contra a teoria clássica da probabilidade, especialmente no que diz respeito à impossibilidade de transformar o ponto de conversão da culpa (consciente) em dolo (eventual) em grandeza quantitativa (*ii*). Para concretizar esses objetivos, é possível dizer que PUPPE constrói um modelo de imputação subjetiva que poderia ser descrito como um *modelo de interpretação do comportamento a partir dos parâmetros normativos.*[717]

Em grandes linhas, pode-se dizer que PUPPE apenas compartilha a ideia central da teoria da probabilidade – de que o dolo é mais que o conhecimento da possibilidade do resultado –, nada além disso.[718] Com efeito, PUPPE não deduz o dolo a partir de estimativas sobre o nível de intensidade da representação do autor em relação à probabilidade do resultado, senão que elege o *perigo qualitativo* como critério de análise.[719] Em outros termos: para a variante do perigo doloso, há que imputar subjetivamente o dolo quando o indivíduo *representa a existência de um perigo qualificado.*

715. "(...) *in beträchtlichem Maße Wertung fordert und im übergangsbereich zweifelsfreie Entscheidungen nicht garantieren kann*". HERZBERG, Rolf Dietrich. *Die Abgrenzung... Op. cit.*, p. 255 (sem itálico no original).

716. PUPPE, Ingeborg. *Vorsatz und Zurechnung*. Heidelberg: Decker und Müller, 1992, p. 35 e ss; PUPPE, Ingeborg. *Der Vorstellungsinhalt... Op. cit.*, p. 1 e ss; PUPPE, Ingeborg. *Begriffskonzeptionen des dolus eventualis*. *In*: GA, 2006, p. 65 e ss; p. 73 e ss; PUPPE, Ingeborg. § 15... *Op. cit.*, Rn. 64 e ss; PUPPE, Ingeborg. *Strafrecht... Op. cit.*, p. 112 e ss, Rn. 1 e ss.

717. Cf. uma sugestão semelhante já em Cf. HONIG, Richard M. *Zur gesetzlichen... Op. cit.*, p. 262.

718. Em 1991, reconhecia a teoria como um *renascimento da teoria da probabilidade*. PUPPE, Ingeborg. *Der Vorstellungsinhalt... Op. cit.*, p. 18 e ss. Um ano mais tarde, no prefácio da obra *Vorsatz und Zurechnung*, a autora reafirma que sua teoria, *cum grano salis*, pode ser reconhecida como um renascimento da teoria da probabilidade. PUPPE, Ingeborg. *Vorsatz... Op. cit.*, p. VII.

719. Alojando a teoria como modalidade de teoria da probabilidade, SANTOS, Juarez Cirino dos. *Direito Penal... Op. cit.*, p. 145; DIAS, Jorge de Figueiredo. *Direito Penal... Op. cit.*, p. 369, nota de rodapé n. 50.

Dessa primeira e singela aproximação, dois pontos atraem a atenção: não mais se vê referência à relação psicológica volitiva entre o indivíduo e o resultado (*i*); vê-se a relação meramente cognitiva entre o indivíduo e o perigo (*ii*). A questão que se põe, então, é identificar qual deve ser a qualidade dessa relação entre o indivíduo e o perigo.

Nos prolegômenos para a fundação do conceito normativo de dolo, PUPPE reprova as teorias de disposição de ânimo e as teorias da representação porque, segundo ela, ambas padecem do mesmo defeito fundamental: essas se comprometem com a pergunta sobre como o autor *assimila psiquicamente* a equivocada decisão de um conflito entre o seu propósito e integridade alheia legalmente protegida, isto é, são teorias dependentes do fenômeno psíquico que acompanha o ato. Mas isso é somente o *assunto interior* do autor e não importa para a ordem jurídica, observa PUPPE. Importante, isso sim, não é se o autor aprovou ou reprimiu psiquicamente o perigo ou a lesão da integridade alheia, mas, sim, se o seu comportamento, *interpretado racionalmente*, é expressão dessa aprovação.[720] Essa mudança de paradigma de compreensão do dolo como categoria de postura psíquica para a categoria normativa constitui a espinha dorsal da variante do perigo doloso.

Como é possível intuir, essa moldura tem como ponto de arranque a relação cognitiva que se estabelece entre o autor e o *perigo qualificado*, o que imediatamente remete à necessidade de precisar o que vem a ser esse perigo qualificado. Em um passo aproximativo, pode-se dizer que o perigo qualificado está relacionado com a *estratégia utilizada para a realização da conduta*. Com outras palavras: há perigo de dolo (*Vorsatzgefahr*) quando é utilizada estratégia de realização do resultado que, aos olhos de um homem racional, somente seria posta em marcha por aquele indivíduo que estivesse de acordo com o resultado.[721-722-723] Se tomarmos como ponto de contraste a estrutura das teorias anteriormente anali-

720. PUPPE, Ingeborg. *Der Vorstellungsinhalt... Op. cit.*, p. 14.

721. Cf. PUPPE, Ingeborg. *Vorsatz... Op. cit.*, p. 39; PUPPE, Ingeborg. *Begriffskonzeptionen... Op. cit.*, p. 74; PUPPE, Ingeborg. *Der Vorstellungsinhalt... Op. cit.*, p. 14.

722. Vale mencionar, em razão da proximidade com a sugestão de PUPPE, uma passagem de HONIG no que diz respeito à questão processual da prova do dolo "(...) der Täter als vernünftiger Mensch damit rechnen *mußte*, eine strafbare Handlung nicht vermeiden zu können, sofern er sein Vorhaben durchzuführen entschlossen ist". HONIG, Richard M. *Zur gesetzlichen... Op. cit.*, p. 262 (itálico no original).

723. Também encontrei na *jurisprudência suíça* uma formulação bastante semelhante à teoria *puppeana*; uma combinação entre a alta probabilidade e a (única) interpretação racional que se pode daí derivar, qual seja: é possível concluir que o autor correu o risco do resultado "quando o resultado do seu comportamento se impõe de tal forma provável, que seu comportamento não pode ser racionalmente interpretado senão como correr o risco desse resultado" ("wenn sich dem Täter der Erfolg seines Verhaltens als so wahrscheinlich aufdrängte, dass sein Verhalten vernünftigerweise nicht anders denn als *Billigung* dieses Erfolges ausgelegt werden kann"). BGE 80 IV 184 (191); BGE 69 IV 78; BGE 74 IV 83; BGE 75 IV 5; BGE 79 IV 34; BGE 92 IV 67; BGE 96 IV 99 (100). Traduzi o termo *Billigung* por correr o risco. O porquê da tradução está justificado na nota de rodapé n. 253. Cf. também STRATENWERTH, Günter, WOHLERS; Wolfgang. *Schweizerisches... Op. cit.*, p. 24-25, Rn. 6.

sadas, especialmente a teoria do consentimento, será possível identificar, clara e rapidamente, o principal ponto de distinção entre as concepções: a teoria do perigo do dolo não se interessa pela assimilação psíquica do ânimo do autor para calibrar o nível de responsabilidade do indivíduo, senão que se interessa pelo comportamento mesmo como expressão dessa assimilação psíquica. E isso tem consequência impactante sobre a compreensão do dolo: passamos de considerações *fático-psicológicas* para considerações sobre o *valor expressado* no comportamento derivado a partir de uma moldura de racionalidade.[724]

Com isso, apenas a qualidade do perigo permanece como instrumental indispensável para orientação normativa.[725] Precisamente, o núcleo central para identificar a dolosidade de um comportamento, portanto, fica reduzido à estratégia apropriada para a realização do tipo. Bem, se a qualidade do perigo é o instrumental para a orientação normativa, evidentemente logo surge o problema: como diferençar um *perigo com qualidade dolosa* de um *perigo com qualidade culposa*? Quando a experiência (derivado do homem racional) indicar que a qualidade de determinados perigos não é idônea para realizar o tipo, então estaremos diante de um perigo culposo; haverá o perigo culposo quando esse mesmo homem racional não apenas vaga, senão seriamente, puder confiar que o tipo não se realizará. Mas há outros perigos que um autor racional somente correrá se estiver se acordo com a sua realização; esses são os perigos dolosos.[726]

Creio que, estabelecidas as linhas fundamentais do *renascimento da teoria da probabilidade*, como a própria PUPPE reconhece, no seio da teoria do perigo de dolo, é possível, doravante, anatomizar a tese. E começo precisamente pela advertência semântica que a autora realiza (*acima*, parte II, item 4.1).

PUPPE adverte que a tradicional concepção do dolo como conhecer e querer somente pode ser adequada se se compreender a vontade não em sentido psicológico-descritivo, mas sim em sentido normativo-atributivo.[727] Ela concretiza um ajuste de precisão para o qual a doutrina volitiva não atenta:[728] o adjetivo "querido" ("*gewollt*"), escreveu, é utilizado na linguagem cotidiana e jurídica com dois significados inteiramente distintos. No sentido *descritivo-psicológico*, a expressão "o autor quis o resultado" significa que ele pretendia ("*beabsichtigt*")

724. PUPPE, Ingeborg. *Der Vorstellungsinhalt... Op. cit.*, p. 15.

725. Nesse ponto, PUPPE aproxima-se da proposta de HERZBERG, precisamente no ponto segundo o qual, para o dolo não é necessário saber se o autor levou a sério um perigo conhecido, mas sim se ele conheceu um perigo que deveria ser levado a sério.

726. Cf. PUPPE, Ingeborg. *Vorsatz... Op. cit.* p. 40; PUPPE, Ingeborg. *Der Vorstellungsinhalt... Op. cit.*, p. 17-18; PUPPE, Ingeborg. *Strafrecht... Op. cit.*, p. 113, Rn. 3; PUPPE, Ingeborg. § 15... *Op. cit.*, Rn. 68 e ss; PUPPE, Ingeborg. *Begriffskonzeptionen... Op. cit.*, p. 65 e ss.

727. Recentemente PUPPE, Ingeborg. *Neue Entwicklungen in der Rechtsprechung des BGH zum Tötungsvorsatz bei lebensbedrohlicher Gewalt. In*: NStZ, 2016, p. 577; PUPPE, Ingeborg. *Beweisen... Op. cit.*, p. 68; PUPPE, Ingeborg. *Feststellen... Op. cit.*, p. 413.

728. Cf. *acima*, parte II, item 2.1.1.

o resultado;[729] ao passo que em sentido *atributivo-normativo* a expressão "o autor quis o resultado" significa que ele (o autor) não pode distanciar-se do resultado e alegar que não o queria no sentido psicológico. Se considerarmos a clássica tripartição dolo, o dolo direto de segundo grau é caso inequívoco de atribuição de resultado. Para ilustrar, basta recorrer à seguinte hipótese: *A* instala bomba-relógio no escritório do seu desafeto, *B*, desejando matá-lo. Admitindo-se que *A* pretendia única e tão somente a morte de *B* e não dos demais companheiros de trabalho, mas, ao mesmo tempo, admitindo-se também que *A* sabia que o êxito do seu plano acarretaria a morte de mais pessoas, ele não poderá alegar que não queria a morte dos demais para isentar-se das consequências jurídicas. Isso significa que a atribuição de responsabilidade no dolo direto de segundo grau somente é possível se a expressão "ele quis a morte dos demais ou decidiu-se em favor dela" for interpretada em um sentido atributivo-normativo.[730] Daí que o importante para a imputação subjetiva é saber qual era o concreto conhecimento do autor em relação ao risco de realização do resultado. E justamente nesse sentido é o elemento cognitivo a que não se pode renunciar.[731]

O dolo, portanto, é compreendido a partir de uma moldura fática criada pelo indivíduo, aliada à valoração objetiva do observador (sensato). Voltando ao exemplo citado, pôr uma bomba-relógio em um escritório – ainda que se fale apenas na intenção de matar o desafeto – aos olhos de um observador sensato cria risco adequado para a morte dos demais. Nesse ponto, portanto, temos uma primeira precisão de ordem semântica, cujo objetivo é chamar as coisas como elas realmente devem ser chamadas.

Ultrapassada a advertência semântica, passo ao ponto de precisão substancial.

Os argumentos cogitados pela teoria do perigo doloso principiam pela clássica reprovação dirigida à teoria (clássica) da probabilidade, a saber: ao fato de que essa recorre a um critério quantitativo necessariamente arbitrário. Essa é, segundo Puppe, a causa do seu fracasso. Na vida diária, argumenta a autora, não temos nem informações, nem métodos estatísticos, tampouco tempo disponível para elaborar representações com base em cotas estatísticas.[732] Assim, o primeiro passo para um novo conceito de dolo deve necessariamente propor um critério que não padeça da deficiência numérica, ou seja, um critério que não seja quantitativo. Para superar a imprecisão da teoria, Puppe altera a perspectiva de valoração da conduta, isto é, se as outras teorias submetem a valoração do dolo à perspectiva mentalística do autor, na concepção *puppeana* um terceiro observador é o responsável pela atribuição. O que está por trás dessa ideia é o fato de que o direito (penal) está

729. Puppe, Ingeborg. § 15... *Op. cit.*, Rn. 23.
730. Puppe, Ingeborg. § 15... *Op. cit.*, Rn. 24; Puppe, Ingeborg. *Strafrecht... Op. cit.*, p. 112, Rn. 2.
731. Puppe, Ingeborg. *Der Vorstellungsinhalt... Op. cit.*, p. 17, p. 37 e p. 41.
732. Puppe, Ingeborg. *Der Vorstellungsinhalt... Op. cit.*, p. 18.

autorizado a valorar o comportamento humano independentemente de como o indivíduo processa psiquicamente o conflito entre a realização da conduta e a proteção do bem jurídico. Sublinha PUPPE: "*Não é o autor o competente para decidir sobre a relevância jurídica da realização do perigo por ele conhecido e criado, senão o direito*".[733] Donde é possível dizer que o autor continua a ser o senhor absoluto da sua conduta, contudo, deixa de ser o senhor absoluto da imputação.

Chegamos, então, ao outro ponto de precisão da substância da concepção, a saber: se é um terceiro que deve desempenhar a tarefa de valoração do comportamento com total independência da postura mental do indivíduo, qual deve ser o seu ponto de referência valorativo? O ponto deve ser, como dito, o perigo criado e conhecido. Mas logo surge um outro problema: se a calibração da responsabilidade não está na orientação volitiva psicológica do sujeito e, sim, na ação conscienciosa do perigo criado e valorado pelo terceiro sensato, isso significa que todo perigo sugere ao terceiro a imputação a título de dolo? Não, em absoluto. Neste ponto, PUPPE realiza a primeira correção do conceito, qual seja: nem todo perigo está apto a ensejar a imputação a título de dolo. O perigo que se deve adjetivar como doloso, prossegue, deve possuir determinada entidade; a entidade que será determinada pela *natureza qualitativa* do perigo conhecido e criado. E, assim, conhecemos a segunda marca da variante: o agente cria e conhece um perigo que possui determinada natureza qualitativa. Até aqui, então, é possível chegar a uma inferência intermediária sobre a concepção *puppeana*, a saber: um terceiro observador deve valorar a natureza do perigo criado e chegar à conclusão de que o perigo possui qualidade suficiente para que seja possível atribuir ao indivíduo conduta dolosa (*ii*).

Entretanto, até este ponto ainda não se sabe como é possível ao terceiro sensato chegar a essa conclusão. Como o terceiro sensato pode determinar objetivamente a natureza do perigo a ponto de poder adjetivá-lo de doloso? A partir dessa indagação PUPPE realiza uma outra precisão substancial: a natureza qualitativa do perigo criado (*perigo doloso* ou *perigo culposo*) estará expressa no método ou na estratégia de realização do tipo (*Tatbestandsverwirklichungsstrategie*).[734]

Agora, se considerarmos todas as precisões, é possível compreender a conhecida espinha dorsal da teoria, qual seja: o perigo será perigo doloso quando o observador racional puder valorar o método (ou a estratégia utilizada) como idôneo para a realização do perigo representado. Em modo esquemático: indivíduo conhece e cria o perigo ⇒ terceiro sensato observa a conduta ⇒ valora se

733. "*Nicht der Täter ist kompetent, über die rechtliche Relevanz der ihm bewussten Tatbestandsverwirklichungsgefahr zu entscheiden, sondern das Recht*" (grifos no original). PUPPE, Ingeborg. § 15... *Op. cit.*, Rn. 55.

734. Cf. PUPPE, Ingeborg. § 15... *Op. cit.*, Rn. 55, Rn. 69, Rn. 106; PUPPE, Ingeborg. *Strafrecht... Op. cit.*, p. 116, Rn. 11.

há estratégia idônea para a realização do tipo ⇒ atribui o adjetivo doloso ao perigo criado e conhecido = perigo de dolo.

Há ainda importante elemento na concepção *puppeana*, o qual está diretamente conectado com a elevada exigência em relação ao elemento cognitivo e corresponde, indisfarçavelmente, à tentativa de impedir a ampliação da zona do dolo, qual seja: o *tamanho do perigo* como importante indicador da adequação do método para a realização do tipo.

Como mencionado, PUPPE não delimita o *tamanho do perigo* a partir de uma perspectiva numérica, porque tal representação numérica, diz ela, não pode ser desenvolvida pelo indivíduo. Mais ainda: na maioria das situações práticas, esse critério numérico não é válido. Justamente por isso, o tamanho do perigo deve ser determinado pela experiência: alguns perigos deixam a impressão de sua aptidão para a realização do tipo penal; na terminologia indicada pela autora, são ações que expressam perigos com *qualidade prototipicamente lesiva.*[735] Isso é válido, por exemplo, para os casos de facadas no peito ou no pescoço, longa duração de um estrangulamento, fortes golpes na cabeça. Essas são ações típicas de matar, isto é, ações válidas como métodos aptos para causar a morte de alguém. Todas essas expressam o caráter manifesto de perigo de morte (= *die Anschaulichkeit des Gefahrbildes*)[736] e também indicam a existência da representação do autor. Vale ressaltar, entretanto, não ser necessário o autor valorar o perigo, mas, sim, *re*conhecer os fatores necessários para qualificar o perigo como próprio do dolo. Isso significa que a qualidade prototípica do acontecer deve ser valorada conforme os padrões gerais e não conforme os padrões individuais do autor.[737]

É verdade que esse elemento do tamanho do perigo conduz à acertada limitação do campo do dolo, afinal, será possível negar o dolo nos casos em que haja *probabilidade mínima* de realização do perigo. Para concretizar a limitação da zona de incidência do dolo, basta rememorar o caso do atirador à distância que efetua o disparo sabendo da mínima probabilidade de que o projétil alcance a vítima. Se para a doutrina é possível afirmar a dolosidade do comportamento, tendo em vista a intensidade da atitude volitiva do indivíduo, esse nível de imputação é incompatível com a variante do perigo doloso, afinal, como o agente não utilizou um método idôneo para alcançar tal resultado, não é possível afirmar o dolo de matar. Recorrendo a outros dois exemplos, é possível deixar essa faixa de fronteira mais evidente:

> "(...) o infectado com o vírus HIV que, uma única vez e sem proteção, mantém relação sexual consentida (...), tendo em vista que a probabili-

735. PUPPE, Ingeborg. *Der Vorstellungsinhalt... Op. cit.*, p. 21. Segui a sugestão de tradução de PÉREZ BARBERÁ para o substantivo *Tipizität.* Cf. PÉREZ BARBERÁ, Gabriel. *El dolo... Op. cit.*, p. 477, nota de rodapé n. 853.

736. PUPPE, Ingeborg. *Der Vorstellungsinhalt... Op. cit.*, p. 21, p. 32.

737. PUPPE, Ingeborg. *Strafrecht... Op. cit.*, p. 116, Rn. 11; PUPPE, Ingeborg. § 15... *Op. cit.*, Rn. 70.

dade de contágio inferior a 2% (dois por cento), não utiliza um método de homicídio."[738]

"O proprietário de um bosque que fuma um cigarro e atira ao chão a ainda acesa bituca do cigarro, porque *veria com gosto* o fogo dissipando a área verde para que pudesse vendê-la para uma cadeia de hotéis (...), não realiza uma ação incendiária."[739]

É preciso sublinhar que PUPPE não elege esse caráter manifesto do perigo como único elemento adicional utilizado para auxiliar a identificação da qualidade do perigo doloso. Para ela, critérios adicionais também desempenham importante papel nessa determinação, especialmente: a iminência de realização (*i*); maior ou menor dominabilidade do transcurso dos acontecimentos por meio de medidas do autor ou de terceiros (= o *perigo evitável* no sentido empregado por HERZBERG) (*ii*); e, finalmente, a confiança do autor em sua própria capacidade de evitar o resultado e sua disposição para ativar essa evitação (no sentido empregado por KAUFMANN)[740] (*iii*). Assim, por exemplo, quanto maior é o perigo de acordo com a representação do autor ou quanto mais se avizinha a realização do perigo, mais próximo estamos da atribuição de perigo de dolo.

Por fim, a variante do perigo doloso precisa enfrentar a última (e problemática) indagação: se o perigo é a chave para a imputação de comportamento doloso, *todo dolo de lesão é um dolo de perigo*? Para diferençar o dolo de lesão do dolo de perigo, PUPPE propõe como critério decisivo o grau de probabilidade de realização do perigo. Para o dolo de perigo é suficiente a probabilidade de produção do resultado significativamente menor que para o dolo de lesão. PUPPE recorre aos casos dos delitos de trânsito: o indivíduo que conduz embriagado ou que dirige com excesso de velocidade em um cruzamento movimentado, bem assim aquele que realiza ultrapassagem em uma curva perigosa, comumente sabe que expõe outro a perigo e, portanto, tem dolo de perigo, mas, em regra, isso não representa o perigo de dolo, isto é, dolo de lesão.[741]

Qual a consequência categorial que se pode extrair dessa *(re)*estruturação da teoria do dolo? Como a intenção do autor não funda o conceito de dolo, torna-se evidente que a clássica definição tripartida do dolo (dolo direto de primeiro grau, dolo direto de segundo grau e dolo eventual) não mais tem lugar no sistema

738. "Der HIV-Infizierte, der einmalig ungeschützen, gewaltlosen Geschlechtsverkehr betreibt, (...), aber er wendet angesichts einer Infektionswahrscheinlichkeit von unter 2% keine Tötungsmethode an". PUPPE, Ingeborg. *Vorsatz... Op. cit.* p. 45. Vale registrar que nos casos de transmissão do vírus HIV, ela considera que a repetição dos contatos pode ser uma estratégia de realização do tipo.

739. "Der Waldbesitzer, der in seinem Wald eine Zigarette raucht und die brennende Kippe irgendwo wegwirft, weil er seinen unter Naturschutz stehenden Wald gerne brennen sähe, um dann das Land teuer an eine Hotelkette zu verkaufen, begeht keine Brandstiftungshandlung, obwohl das Rauchen im Walde gerade der Brandgefahr wegen verboten ist". PUPPE, Ingeborg. *Vorsatz... Op. cit.* p. 45.

740. PUPPE, Ingeborg. *Der Vorstellungsinhalt... Op. cit.* p. 32-33 e p. 42.

741. PUPPE, Ingeborg. *Der Vorstellungsinhalt... Op. cit.* p. 34. Cf. *abaixo*, parte IV, item 5.4.

de PUPPE.[742] Daí porque a concepção é também denominada de monista, é dizer, somente pode haver dolo, sem nenhum outro predicado. E a forma fundamental do dolo é o tradicionalmente chamado dolo eventual.[743]

Os argumentos da variante do perigo doloso podem ser assim sintetizados:

Argumento 1. O objeto de referência do dolo é a qualidade do perigo criado. O perigo criado tem qualidade dolosa quando houver a elevada probabilidade de realização do tipo.

Argumento 2. A probabilidade de realização do tipo não está na gradualidade matemática, mas na *estratégia de realização do tipo*. Há dolo quando o autor age conhecendo a dimensão do risco de realização do tipo que somente aquele que "quer realizá-lo" o faria; ao passo que haverá perigo culposo quando o homem racional puder crer seriamente, e por isso mesmo confiar, que tal perigo não se realizará;

Argumento 3. O agente não é responsável pela valoração da qualidade do risco que cria, senão um terceiro racional. Quando um terceiro racional puder afirmar que o resultado *X* deve ocorrer (*sein soll*) ou provavelmente ocorrerá (*sein darf*) se for realizado *P*, e o agente tiver realizado *P*, será possível a imputação dolosa.

Argumento 4. O tratamento psíquico de possível *decisão equivocada* (*Fehlentscheidung*) não pertence ao injusto subjetivo, mas à culpabilidade. Dito de outro modo, questões que envolvem álcool, drogas ou mesmo intensa perturbação psíquica não merecem peso valorativo para estabelecer a fronteira entre o dolo e a culpa, mas sim para determinar a intensidade da reprovabilidade.[744]

3.2.3.2 Objeções

Embora a tentativa de objetivação proposta por PUPPE tenha muitos méritos, afinal, com razão, aponta para a avaliação objetiva da intensidade do perigo criado e conhecido como critério diferenciador entre o dolo e a culpa, há alguns pontos de imprecisão do critério sugerido.[745] Donde é possível assumir, de saída, que a

742. Retirando as mesmas consequências, RAGUÉS I VALLÈS, Ramon. *El dolo... Op. cit.*, p. 185-186. No mesmo sentido, na Espanha, BACIGALUPO, "La teoría de las formas del dolo puede considerarse superada una vez que se ha eliminado el llamado 'elemento volitivo' del dolo. En efecto, las distintas formas del dolo se basaban en dicho elemento volitivo. En la medida en la que todas las 'formas de dolo' tienen el denominador común del conocimiento del peligro concreto ya no tiene razón de ser más que una única forma de dolo". BACIGALUPO, Enrique. *Derecho penal... Op. cit.*, p. 324, nm. 618.

743. PUPPE, Ingeborg. *Strafrecht... Op. cit.*, p. 112, Rn. 3; PUPPE, Ingeborg. § 15... *Op. cit.*, Rn. 105. Para outros autores que consideram o dolo eventual a forma básica do dolo cf. nota de rodapé n. 163.

744. PUPPE, Ingeborg. *Der Vorstellungsinhalt... Op. cit.*, p. 16.

745. A própria Puppe antecipa, e responde, uma série de objeções que podem ser levantadas contra a teoria, PUPPE, Ingeborg. § 15... *Op. cit.*, Rn. 84-87.

proposta é substancialmente correta e, por mim, expressamente adotada como ponto de partida para a formulação da minha tese.

ROXIN e outros autores têm reprovado a teoria do perigo doloso porquanto essa desaguaria em aumento injustificado da zona do crime doloso.[746] A crítica é, em grande parte, injusta. É verdade que – além do conhecimento do perigo qualificado – a teoria não recorre a critérios adicionais de precisão do perigo de dolo. O que resulta na inafastável consequência de que todo perigo qualificado de dolo, como demonstrado pelo exemplo acima, implique, necessária e automaticamente, uma imputação dolosa.[747] Todavia, também aqui não há um problema de substância do critério, senão um problema de precisão. Assim, é possível concluir que, a princípio, o perigo de dolo pode ser importante aliado na determinação da dolosidade do comportamento desde que a ele sejam agregados outros critérios. Ao que me parece, não se trata de ampliar ou diminuir a zona do dolo, senão de chamar as coisas como elas devem realmente ser chamadas. E é justamente nesse ponto que a promissora ideia de perigo de dolo perde sua consistência.

A simplicidade do pensamento *puppeano* desperta, de imediato, algumas dúvidas. Para identificá-las, retomo o axioma manejado por PUPPE: age dolosamente aquele indivíduo que, conscientemente, aos olhos do *homem racional*, utiliza a *estratégia idônea* para realização do tipo. Esses dois elementos prontamente merecem algum nível de reproche pela imprecisão.

A censura diz respeito à imprecisão que o recurso à ideia de *racional* traz para a teoria.[748] Primeiramente não há conceito único de *racionalidade*;[749] esse termo pode ser empregado com significados bastante distintos. Em uma dessas formas, a racionalidade é utilizada para expressar aquilo que unicamente pela reflexão poderia ser reconhecido pelo indivíduo. Por exemplo, a racionalidade, sozinha, diz-nos que o homem não pode ser mãe ou que a soma de dois e dois são quatro. Esses conhecimentos são independentes da experiência sensível e podem ser inferidos pela simples reflexão do indivíduo. Não posso teorizar sobre a forma como a racionalidade deve ser compreendida dentro do processo de valoração

746. LACKNER, Karl; KÜHL, Kristian. *§ 15... Op. cit.*, Rn. 25; KÜHL, Kristian. *Strafrecht... Op. cit.*, p. 110, Rn. 68a; ROXIN, Claus. *Zur Normativierung... Op. cit.*, p. 251; ROXIN, Claus; GRECO, Luís. *Strafrecht... Op. cit.*, § 12, Rn. 47-52. Afirmando que uma atribuição de responsabilidade com base no grau objetivo do perigo é extremamente injusta e fere o princípio da culpabilidade individual, PRITTWITZ, Cornelius. *Strafrecht... Op. cit.*, p. 357; PRITTWITZ, Cornelius. *Risikovorsatz... Op. cit.*, p. 823 e ss. Na *Espanha*: RODRÍGUEZ MONTAÑÉS, Teresa. *Delitos de peligro... Op. cit.*, p. 129-130.

747. A crítica também não merece acolhimento no ponto em que sugere que critérios psíquicos adicionais, a exemplo do estado de excitação do autor ou seu comportamento após o fato, sejam utilizados para a exclusão do dolo. É o que sugere por exemplo, ROXIN (ROXIN, Claus. *Zur Normativierung... Op. cit.*, p. 251). Tais critérios subjetivos, contudo, pertencem muito mais ao âmbito de determinação do grau de *reproche* que deve ser atribuído ao comportamento e não ao tipo de injusto.

748. Cf. ROXIN, Claus; GRECO, Luís. *Strafrecht... Op. cit.*, § 12, Rn. 49.

749. Apontando dezesseis conceitos, LENK, Hans. *Rationalitätstypen. In*: PASTERNACK, Gerhard (Hrsg.). *Rationalität und Wissenschaft. Ringvorlesung*. Bremen: Pressestelle Uni Bremen, 1988, p. 9 e ss.

do comportamento na teoria *puppeana*. Mas, posso intuir que esse conceito pode ser bem promissor para uma teoria do dolo, desde que sejam aliados parâmetros de controle,[750] isto é, critérios que possam expressar precisamente o que significa este padrão de racionalidade esperado. E a adição desses critérios adicionais me parece razoável porque, do contrário, seria de se habilitar a atribuição objetiva do perigo do resultado toda vez que esse, ainda que distante, estivesse *integrado* ao comportamento do indivíduo.

Superando-se esse ponto e aceitando-se o argumento de que a maior exigência do elemento cognitivo aliada a alguns critérios impede a ampliação da barreira do dolo, permanecerão apenas os problemas de precisão no parâmetro elegido pela teoria do perigo doloso. Será necessário oferecer ao terceiro racional que avalia o comportamento parâmetros mais seguros para a valoração do comportamento humano, especialmente para dar conteúdo à qualidade do perigo, isto é, ao método adequado à realização. Em poucas palavras, a pergunta a ser respondida será: quando será possível afirmar que o autor realizou um método adequado para a realização do tipo? Essa pergunta precisa ser enfrentada, uma vez que será necessário oferecer critérios para impedir qualquer caminho de simetria entre o perigo e a imputação dolosa. Esse é o capítulo da teoria do perigo doloso que precisa ser aprimorado; a partir da ideia de perigo doloso apresentarei critérios para que o terceiro racional possa, com maior segurança, avaliar se há ou não um método adequado para a realização do tipo (*abaixo*, parte IV).

4. Síntese e segunda conclusão preliminar

Ultrapassada a etapa de análise das teorias de molde meramente cognitivo, estamos capacitados para chegar a algumas conclusões preliminares, especialmente aquelas que derivam de perguntas formuladas na parte II. Ao elaborar o primeiro catálogo de críticas (*acima*, parte II) formulei as seguintes perguntas, as quais seguem com as respectivas respostas:

> *1.* O elemento cognitivo é suficiente para fundamentar o conceito de dolo compatível como nosso ordenamento jurídico?
>
> *Resposta*: sim. As teorias de corte cognitivo conseguem justificar, satisfatoriamente, o porquê da diferença de pena entre o dolo e a culpa. Isso significa, e reforça as conclusões gerais da primeira parte, que um elemento volitivo para o dolo é tão problemático quanto dispensável.
>
> *2.* A simples representação da possibilidade do resultado é suficiente para o dolo ou é necessário que tal resultado seja representado pelo autor como provável?
>
> *Resposta*: não. A atribuição da responsabilidade penal a título de dolo exige mais que a simples representação da possibilidade de produção do

750. Cf. *abaixo*, parte IV, item 2.

resultado, do contrário, os resultados derivados de ações cotidianas, quase sempre expostas a perigo, deveriam conduzir, sempre, à imputação dolosa. Isso significa que a atribuição do dolo baseado, apenas, na representação do perigo, é tão irracional quanto equivocado.

3. O resultado deve mesmo ser o objeto de referência do dolo?

Resposta: não. O resultado, como evento futuro e incerto, não pode ser ponto de valoração do comportamento humano. À dose de acerto das teorias da representação (= como elemento psicológico unidimensional) deve ser adicionado que o direito penal deve valorar o dado que pode ter sido objeto de conhecimento do autor, isto é, o perigo, e, com isso, indico antecipadamente a resposta da próxima indagação, qual seja:

3. (Segunda pergunta) Qual, então, deve ser o objeto de referência da representação do autor?

Resposta: o perigo.

4. Finalmente, como o objeto de representação do dolo pode ser traduzido para o direito penal?

Resposta: Ainda não estamos habilitados a indicar como o perigo pode ser traduzido para o direito penal. O percurso anterior foi necessário para indicar, apenas, a insatisfatória tradução desse objeto para o direito penal (*acima*, item 3).

A resposta dada à primeira pergunta não significa que foi satisfatória, tampouco que é desnecessário apontar outras razões que justifiquem a transição do dolo psicológico para o dolo sem vontade; muito menos ofereci resposta positiva à quarta pergunta. Como o método de percurso da tese é *desconstrutivo--construtivo*, será necessário, doravante, prosseguir o caminho construtivo, isto é, preencher as lacunas que essas respostas, até aqui insatisfatórias, deixaram. Para suprir esse vazio, a questão com a qual quero me confrontar no próximo item é precisamente a seguinte:

1. Quais parâmetros podem ser derivados da *ratio* punitiva do dolo e utilizados como pontos de precisão do dolo cognitivo?

Essa pergunta deverá atender ao meu objetivo central na próxima seção, qual seja: demonstrar, com consistência, que o dolo é uma categoria que só pode ser adequadamente concretizada tendo como base critérios que dispensam a vontade e põem relevo no dado da periculosidade objetiva do perigo criado pelo autor.

Parte IV

TRANSIÇÃO PARA O DOLO SEM VONTADE

1. Considerações preliminares

Na seção anterior tentei demonstrar que o ponto essencial para a determinação da dolosidade do comportamento humano está na consideração sobre se o método utilizado pelo indivíduo era adequado, ou não, para a realização do tipo penal. Também registrei que o *dolo deve ser compreendido como o compromisso cognitivo do autor com a realização do perigo representado*. Feito isso, e após abordar as tradicionais soluções cogitadas para delinear a fronteira entre o dolo e a culpa, sejam essas concepções as mais clássicas (as do dolo como vontade), sejam as mais recentes (por exemplo, a do perigo doloso), chego ao núcleo da investigação, isto é, ao momento de precisar adequadamente a transição de dolo com dupla programação psíquica para o dolo cognitivo (ou o que convencionou denominar de *dolo sem vontade*).[751]

A tese central que defenderei doravante, portanto, deriva da constatação a que é possível chegar à luz da investigação desenvolvida nas partes anteriores: a questão jurídica fundamental da imputação subjetiva não é averiguar se algum estado psicológico anima a conduta do indivíduo, senão estabelecer os critérios a partir dos quais é possível afirmar se houve, ou não, dolo.

Para que isso possa ser realizado com êxito, será necessário ter como pano de fundo – como problema suspenso – aquele que decorre da primeira parte da pergunta formulada para o caso do cinto de couro, qual seja: *já age dolosamente aquele que representa o perigo de realização do tipo*? Doravante pretendo apresentar os critérios que devem ser manejados para enfrentar e responder

751. Com certo exagero, há quem considere que a história do dolo é a história de um constante ataque à sua dimensão subjetiva. Cf. Demuro, Gian Paolo. *Il dolo... Op. cit.*, p. 251. O primeiro autor, ao menos de que tenho notícia, a utilizar essa expressão foi Luís Greco (*acima*, nota de rodapé n. 18).

satisfatoriamente a esse problema. E como isso será realizado? Os argumentos devem ser desenvolvidos a partir da resposta que deve ser dada à pergunta há pouco apresentada, a saber: quais parâmetros podem ser derivados da *ratio* punitiva e utilizados como pontos de precisão do perigo doloso? O modo como essa pergunta foi formulada implica reconhecer uma exigência estrutural, qual seja: é inquestionável que a consistência de uma teoria não deriva apenas da coerência dos argumentos que são manejados para a sua construção, senão também, e principalmente, do fato de que todas as partes se fundam em um todo de concordância e que cada uma é necessária para explicar as outras.[752] Desse modo, a dimensão de precisão do dolo não pode ignorar os elementos da dimensão de fundamentação acima apresentados (parte III, *excurso*, itens 2.2; 2.2; 2.4). Tentarei manter essa organicidade e, para isso, convém ancorar e reforçar alguns pontos de compreensão diluídos no decorrer da argumentação.

Ainda no início da exposição deixei bastante evidente inclinar-me em direção à doutrina que sustenta que o dolo e a culpa são conceitos pertencentes ao campo da ciência jurídica e, como tal, devem ser determinados pela dogmática ou pela jurisprudência; isso já deixava bastante evidente, desde o princípio, que o nível do injusto não poderia ser orientado pela postura mental do indivíduo, senão por um terceiro julgador que, à luz de critérios sugeridos pelos encarregados de determinar os conceitos jurídicos, a ciência ou a jurisprudência, seja capaz de valorar, objetivamente, e desde uma perspectiva *ex ante*, qual o nível de reprovabilidade que deve ser atribuído à conduta realizada (*acima*, especialmente parte III, item 3.2.3).

Nessa linha, parece-me, então, necessário questionar: qual seria o ganho científico com a apresentação de critérios para a identificação da imputação subjetiva? Não foi difícil encontrar a resposta para essa pergunta; se recordarmos rapidamente as teorias volitivas, preponderantemente adotadas pela doutrina brasileira,[753] foi possível verificar que essas apresentam respostas insatisfatórias para casos não muito complexos e isso basicamente porque argumentam com um *critério psicológico volitivo aliado a uma base tudo ou nada*, qual seja: ou bem o indivíduo quer o resultado (aqui pouco importa o que isso significa exatamente) e será possível imputar o dolo, ou bem o indivíduo não quer o resultado e, portanto, será possível a imputação culposa.[754] Esse modelo volitivo *binário*, contudo, não apenas é insuficiente para expressar juridicamente a multiplicidade dos sentimentos humanos que podem estar marcados em um comportamento, como também não é suficiente para abranger o conjunto de circunstâncias que envolvem

752. Cf. Hume, David. *Tratado sobre a natureza humana. Uma tentativa de introduzir o método experimental de raciocínio nos assuntos morais*; trad. Déborah Danowski. 2. ed. São Paulo: Editora Unesp, 2009, p. 187, nm. 20.

753. Cf. notas de rodapé n. 60 e n. 104.

754. O segundo Roxin distancia-se deste modelo cf. Roxin, Claus; Greco, Luís. *Strafrecht... Op. cit.*, § 12, Rn. 1 e ss; cf. *acima*, parte II, item 2.2.

a realização típica.[755] Se recordarmos, por exemplo, o caso da tenda de tiro ao alvo ou do motorista que ultrapassa em uma curva perigosa e admitirmos hipoteticamente que os protagonistas da conduta pudessem ser indagados, no momento do comportamento, se tudo sairia bem, ambos poderiam acreditar sinceramente que sim (*i*); como também seria crível a resposta de que em nada concreto chegaram a pensar, apenas agiram (*ii*); fosse dado um longo momento para a reflexão, certamente, poderiam reconsiderar as respostas *i* e *ii* e, racionalmente, acreditar que algo poderia sair mal (*iii*).[756] Isso representa, como antecipado, que o sentimento do indivíduo sobre a realização de um tipo penal é tão intuitivamente instável que autoriza supor, sem maiores esforços, na sua insuficiência como elemento de determinação de responsabilidade. E é assim porque a imputação a título de dolo ou culpa também não é apenas uma questão de *querer* ou não querer; *assumir* ou *não assumir o risco*, como se o cenário delitivo fosse tão preto e branco ou precisamente delimitadas como essas expressões fazem crer. Além do equívoco metodológico em ajustar a responsabilidade com base na posição psíquica em relação ao resultado, há uma série de fatores e circunstâncias que envolvem a realização típica e que, por isso mesmo, merecem ser levados em consideração no momento de valorar o comportamento humano.[757] Ao fim e ao cabo, quero insistir no fato de que um *modelo unidimensional* de determinação de responsabilidade pode, por um lado, dificultar a afirmação de dolo em casos evidentes, como o da tenda de tiro ao alvo e, por outro, simplificar em casos duvidosos, como o do motorista sob efeito de álcool que atropela fatalmente o transeunte.[758]

Em mente tal advertência, fica patente que no âmbito da fronteira entre o dolo e a culpa a grande tarefa é justamente igualar os polos daquela relação, isto é, tentar simplificar o complexo. Para isso, será necessário imprimir certo heterogenismo àquilo que hoje é representado de forma simples, isto é, enriquecer o mencionado modelo unidimensional (querer ou assumir o risco). Creio que a melhor forma de contornar a insatisfatória solução que as teorias oferecem para os casos complexos é propor uma série de critérios objetivos que possam opera-

755. Crítica desse gênero aparece em HAFT, Fritjof. *Die Lehre vom bedingten Vorsatz unter besonderer Berücksichtigung des wirtschaftlichen Betrugs*. *In*: ZStW, 1976, n. 88, p. 365 e ss.

756. Cf. *acima*, parte II, item 4.2.

757. E considerações desse gênero não são exclusivas da imputação subjetiva. A própria teoria da imputação objetiva pretendeu enriquecer o processo de análise da atribuição do tipo objetivo antes limitado à causalidade. Para um panorama, entre nós, por todos, cf. GRECO, Luís. *Um panorama da teoria da imputação objetiva*. 4. ed. São Paulo: RT, 2014. Na *Alemanha*: Cf. FRISCH, Wolfgang. *Objektive... Op. cit.*, p. 19 e ss; HÜBNER, Christoph. *Die Entwicklung der objektiven Zurechnung*. Berlin: Duncker & Humblot, 2004; KUDLICH, Hans. *Objektive und subjektive Zurechnung von Erfolgen im Strafrecht – eine Einführung*. *In*: JA, 2010, p. 681 e ss; RENGUIER, Rudolf. *Strafrecht...Op. cit.*, p. 73 e ss; ROXIN, Claus. *Gedanken... Op. cit.*, p. 133 e ss; ROXIN, Claus; GRECO, Luís. *Strafrecht... Op. cit.*, § 11, Rn. 43; RÖNNAU, Thomas; FAUST, Florian; FEHLING, Michael. *Durchblick: Kausalität und objektive Zurechnung*. *In:* JuS, 2004, p. 113 e ss.

758. A simplificação aqui tem conotação negativa, isto é, tratar rasamente casos que, em verdade, são mais complexos do que aparentam.

cionalizar um conceito primário e, com isso, criar mecanismos que permitam maior segurança quando da elaboração do juízo de imputação.[759] Por isso, um bom conceito de dolo exige uma determinação prévia à apresentação dos critérios de precisão, pois ele deve oferecer um candidato que permita a elaboração desses critérios. Ademais, também seria interessante que sobre esse candidato houvesse uma estável concordância doutrinária.[760] Se unirmos ambas as exigências, sem dúvida, a representação[761] do indivíduo é o único candidato apropriado para desempenhar essa tarefa.

Naturalmente a representação, *por si*, também é insuficiente para legitimar a intervenção do Estado na esfera de liberdade do indivíduo. Assim como ao elemento volitivo foi agregada uma marca da dolosidade, isto é, *o querer* e suas respectivas concretizações linguísticas, ao elemento cognitivo também deve ser agregada uma marca de Caim.[762] Aqui, duas exigências devem ser atendidas, uma teórica e outra prática: a *primeira*, será necessário que essa marca dolosa do elemento cognitivo permita ao terceiro julgador desempenhar o seu papel de atribuição da responsabilidade com o maior nível de segurança e de clareza possível; e que, ao contrário do que acontece com o querer psicológico, não possa ser apoderada por um terceiro por meio da força (acima, parte II, item 4.2). A *segunda*, o candidato a atributo deve ser identificado a partir do balanço de avaliação do material jurisprudencial.[763] Se outra vez mais unimos o que separamos, a marca de Caim que permite identificar o dolo em sua singularidade, o candidato a atributo do conhecimento é o *perigo*.[764] Mas, isso ainda não é suficientemente claro para identificar indubitavelmente a fronteira entre as modalidades de imputação subjetiva. Será necessário seguir na argumentação, pois ainda não

759. Isso não é novo no âmbito da dogmática, basta considerar o enriquecimento teórico que a teoria da imputação objetiva proporcionou quando da análise do tipo objetivo.

760. Cf. nota de rodapé n. 203.

761. Cf. nota de rodapé n. 107.

762. Cfr. GRECO, Luís. *Was... Op. cit.*, p. 75.

763. Como destaca HASSEMER, não é difícil perceber que a teoria do dolo pode aprender muito com a jurisprudência, ("(...) aquele que precisa aplicar a fórmula do dolo às peculiaridades dos casos concretos capta mais facilmente os seus limites que aquele que teoriza sobre eles") ("(...) Derjenige, der die Vorsatzformeln aud die Besonderheiten von Einzelfällen anwenden muss, bemerkt deren Grenzen eher, als derjenige, der sich erfindet"). HASSEMER, Winfried. *Kennzeichen... Op. cit.*, p. 306. Não é nenhuma novidade a ideia segundo a qual a teoria não pode ignorar a pragmática. Já no ano de 1802, KLEIN escreveu "a prática é a pedra de toque de qualquer teoria" ("Die praxis ist der Probierstein jeder Theoorie"). Cf. KLEIN, E. F. *Ueber die Verbindung der Theorie mit der Praxis im Criminalfache. In*: Archiv des Criminalrechts, 1802, Bd. IV, St. 3, p. 1.

764. A ideia de perigo, como limite inferior do dolo, é que o agente tenha reconhecido que se encontra em uma crítica situação de fronteira em relação à lesão ou possibilidade de lesão do bem jurídico. Convém esclarecer, entretanto, que não tratarei na tese do conceito de perigo. Sobre isso, cf. HORN, Eckhard. *Konkrete Gefährdungsdelikte*. Köln: Schmidt, 1973; ZIESCHANG, Frank. *Die Gefährdungsdelikte*. Berlin: Duncker & Humblot, 1998; WOHLERS, Wolfgang. *Deliktstypen des Präventionsstrafrechts – zur Dogmatik "moderner" Gefährdungsdelikte*. Berlin: Duncker & Humblot, 2000. Do mesmo modo, convés destacar que, aqui, utilizo os termos risco e perigo como sinônimos.

foi solucionada a questão sobre como identificar a qualidade do perigo suficiente para a imputação a título de dolo.

Creio que um caminho produtivo para essa precisão requer levar em consideração as fraquezas e as virtudes das demais teorias cognitivas. Explico: as teorias cognitivas acertaram em sua premissa central, isto é, apostaram no dolo como categoria meramente cognitiva, mas se equivocaram ao insistir no nível de intensidade da representação do autor em relação à ocorrência do resultado como objeto de precisão do dolo. FRISCH, por exemplo, acertou ao pontuar que o objeto do dolo deve ser o risco, mas errou ao contaminar tal objeto com a postura volitiva do agente.[765] HERZBERG e PUPPE acertaram ao pontuar que a chave para a fronteira entre o dolo e a culpa estava na *qualidade objetiva do perigo criado*,[766] mas a ambos é possível dirigir a censura de não prosseguirem no desenvolvimento de critérios adicionais. Essa omissão custou muito caro a ambas as teorias, afinal, simplificou soluções em casos mais complexos.[767]

Considerando esse pano de fundo, é possível extrair os seguintes pontos de partida para a transição do dolo volitivo para o dolo cognitivo: a diferença entre dolo e culpa deverá ser realizada apenas com base no elemento cognitivo (*i*); o perigo deve ser o objeto de referência do dolo (*ii*); esse perigo deve ser de determinada qualidade (*iii*); essa qualidade será determinada à luz da presença ou ausência dos critérios de precisão. Feita essa ancoragem preliminar, creio haver informações suficientes para dar o passo definitivo em direção à separação entre o dolo e a vontade.[768]

2. Dimensão da precisão

2.1 Considerações preliminares

Até aqui formulei a fundamentação para um conceito cognitivo de dolo. Ademais, assumi expressamente a ideia *puppeana* de dolo como criação de um perigo adequado para a realização do tipo (*acima*, parte III, item 3.2.3). Agora, será necessário manter a coerência e preencher os espaços de imprecisão deixados pela proposta de PUPPE. Noutros termos: uma vez que o ponto de referência do

765. Sobre a teoria de FRISCH, cf., *acima*, parte III, item 3.2.1.

766. Cf. *acima*, parte III, itens 3.2.2 e 3.2.3.

767. Cf. nota de rodapé n. 752.

768. Nesta seção, tampouco nesta tese, não pretendo adentrar nas questões sobre se o elemento volitivo ainda pode desempenhar algum papel dentro do âmbito da doutrina geral do delito. Nesse ponto, por exemplo, a teoria da dupla posição do dolo poderia ser um veículo de aproveitamento do elemento volitivo, isto é, o elemento volitivo do dolo funcionaria não somente dentro do injusto, mas também poderia ser considerado dentro do âmbito da culpabilidade, precisamente como indicador de maior grau de censurabilidade da conduta. É o que sugere, por exemplo, SCHÜNEMANN, Bernd. *Die deutschsprachige Strafrechtswissenschaft nach der Strafrechtsreform im Spiegel des Leipziger Kommentars und des Wiener Kommentars*". *In*: GA, 1985, p. 364 (1 Teil).

dolo está na representação do perigo e, mais ainda, que a diferença de pena entre a imputação dolosa e a imputação culposa está no compromisso cognitivo do agente à luz desse o perigo, parece bem evidente que a dimensão de precisão também necessitará ter como ponto de referência o perigo representado pelo autor. Essa posição de compromisso com os argumentos até aqui lançados permite deixar a linha de orientação para o ajuste de responsabilidade. Em termos de proposição: *o perigo doloso deve ser objetivamente valorado por um sensato observador externo o qual, à luz de determinados critérios, esteja em condições de inferir o dolo e afirmar que o agente que firmou um compromisso cognitivo com o perigo.*

Como a fundamentação foi satisfatoriamente desenvolvida nas primeiras seções da parte anterior (*acima*, parte III, item 2), cumpre, agora, indicar os critérios que devem ser manejados para a valoração do comportamento humano, isto é, os critérios de concretização da qualidade do perigo doloso. Mais ainda, o degrau que agora deve ser desenhado diz respeito exatamente às matizações da orientação consequencialista de determinação da responsabilidade penal à luz da proteção de bens jurídicos. Como não é possível a correspondência direta e generalizada entre o perigo (em sentido *lato*)[769] e a imputação a título de dolo, será preciso apontar quando um perigo terá relevância dolosa.[770] Para desenvolver essa argumentação de precisão, recorrerei à teoria que denomino de teoria inferencialista do dolo.

2.2 Critérios para a inferência do dolo

Como ponto de aproximação, pode-se dizer que a imputação a título doloso decorre de um juízo de *inferencialidade em relação ao perigo criado*. Mas o que isso significa exatamente? Essa pergunta faz todo o sentido porque o caminho de precisão não pode ser adequadamente pavimentado se a argumentação não apresentar a indicação rigorosa sobre o conteúdo dos conceitos que servem como base para a compreensão e elaboração da teoria.[771] Para fazê-lo com a clareza necessária, recuarei um pouco na argumentação.

É possível reconhecer a substancial correção do argumento das tradicionais teorias da probabilidade, qual seja: a alta probabilidade de realização do tipo é um importante indício para dolo.[772] De fato, a probabilidade de realização do perigo

769. Cf. Frisch, Wolfgang. *Vorsatz... Op. cit.*, 138-139.

770. Para o acusado não é mais tranquilizador saber que será imputada apenas a verdade quando não se sabe exatamente quais os critérios utilizados para identificar essa verdade. Cf. Kleb-Braun, Gabriele. *Codekartenmißbrauch und Sparbuchfälle aus „Volljuristischer" Sicht. In*: JA, 1986, p. 315.

771. "Los conceptos son las unidades más básicas, y por ello mismo imprescindibles, de toda forma de conocimiento humano, y en especial del conocimiento científico". Díez, José A.; Moulines, Carles Ulises. *Fundamentos de filosofía de la ciencia*. Barcelona: Ariel, 1999, p. 91.

772. Reconhecem o valor da teoria como indício, na *Alemanha*: Ambrosius. Jürgen. *Untersuchungen... Op. cit.*, p. 31; Prittwitz, Cornelius. *Die Ansteckungsgefahr... Op. cit.*, p. 498; Roxin, Claus; Greco, Luís. *Strafrecht... Op. cit.*, § 12, Rn. 46; na *Espanha*: Feijóo Sánchez, Bernardo. *El dolo... Op. cit.*, p. 139.

é ponto seguro para ancorar critérios capazes de fixar claramente os níveis da imputação subjetiva. Mas a questão que se põe é que tipo de probabilidade deve ser relevante para a identificação do comportamento: a análise da probabilidade estaria reduzida apenas a uma questão de estatística? Devo adiantar que a resposta é negativa. Aliás, os problemas que um conceito de probabilidade acomodado em roupagem matemática traz para os conceitos jurídicos já foram suficientemente abordados,[773-774] razão pela qual, aqui, é preciso apenas ressaltar a correção de substância do critério da probabilidade: a importância que a noção de probabilidade desempenha para a identificação do comportamento doloso não está no hipotético assentamento de uma cota numérica cujo sobrepasso converterá a ação culposa em dolosa; se esse perigo criado pelo autor representa a probabilidade de 40% (quarenta por cento), 55% (cinquenta e cinco por cento) ou 60% (sessenta por cento) de chance de realização, isso não é prioritário para a determinação do dolo (= *Judex non calculat*).[775] Assim, se a cota numérica não deve ser relevante para determinar o grau de probabilidade,[776] ou ao menos não expressa um critério frutífero,[777] qual seria, então, o critério? Como premissa de arranque para a elaboração do argumento central, é necessário fixar que o determinante está no fato de que *nas circunstâncias em que a conduta se desenvolveu, o indivíduo não poderá argumentar racionalmente que não estabeleceu um compromisso cognitivo com a realização do perigo*. Se partirmos dessa premissa, é possível alcançar uma noção de probabilidade acomodada em um molde conceitual suficientemente flexível para permitir que toda a multiplicidade de circunstâncias que envolve o comportamento humano possa ser valorada no momento de atribuição de responsabilidade.[778]

A primeira advertência no caminho da argumentação da nova moldura conceitual na qual deve ser acomodada a noção do perigo doloso está no campo

773. Acima, parte III, item 3.1.2.

774. A historiografia jurídica demonstra que as tentativas de expressar conceitos jurídicos com auxílio dos números nunca tiveram boa acolhida. Cf. NELL, Ernst Ludwig. *Wahrscheinlichkeitsurteile in juristischen Entscheidungen*. Berlin: Duncker & Humblot, 1983, p. 153.

775. Esse modo de interpretar a probabilidade se ajusta ao conceito estatístico. Sobre essa e outras definições de probabilidade, cf. ESSLER, Wilhelm K. *Induktive Logik. Grundlagen und Voraussetzungen*. Freiburg; München: Alber, 1970, p. 65 e ss; NELL, Ernst Ludwig. *Wahrscheinlichkeitsurteile... Op. cit.*, p. 21 e ss; PÉREZ BARBERÁ, Gabriel. *El dolo... Op. cit.*, p. 693 e ss.

776. Expressamente contra o conceito quantitativo de probabilidade, entre outros, FRISCH, Wolfgang. *Vorsatz... Op. cit.*, 282; JAKOBS, Günther. *Strafrecht...Op. cit.*, p. 271, Rn. 23, Fn. 47; ROXIN, Claus. *Zur Abgrenzung... Op. cit.*, p. 60.

777. Foi justamente a percepção da infertilidade de um conceito quantitativo de probabilidade para estabelecer a fronteira entre o dolo e a culpa que conduziu à moderna teoria da probabilidade (cf. *acima*, parte III, item 3.1.2.3). Expressamente, PÉREZ BARBERÁ, Gabriel. *El dolo... Op. cit.*, p. 700. Sobre os principais conceitos que podem ser manejados no conhecimento científico: o classificatório, o quantitativo e o comparativo, cf. DÍEZ, José A.; MOULINES, Carles Ulises. *Fundamentos... Op. cit.*, p. 91 e ss.

778. Como faz HRUSCHKA para diferençar entre *praesumptio dolus* e dolo *ex re*. Cf. HRUSCHKA, Joachim. Über Schwierigkeiten mit dem Beweis des Vorsatzes. *In*: FS – Theodor Kleinknecht. München: Beck, 1985, p. 197-198. E como fez PÉREZ BARBERÁ para a elaboração do seu conceito cognitivo.

terminológico. Para evitar as limitações, insuficiências e a carga de sentido semântico que o termo probabilidade transporta, creio mais adequado empregar o substantivo *inferencialidade.*[779-780]

Em primeira aproximação, pode-se dizer que a expressão inferencialidade é aqui compreendida como *juízo que permite seja estabelecida uma relação vinculacional entre uma conduta e um corpo de conhecimento.*[781] Nesse sentido, o juízo de imputação subjetiva poderia ser metaforicamente compreendido como um jogo de *dar* e *pedir* razões.[782] Imagine-se que um indivíduo faça a seguinte proposição: *Aquiles* é *um cão.* Quem elabora essa proposição se compromete com alguns conteúdos implícitos, a saber: *Aquiles* é um animal irracional; *Aquiles* não sabe falar; *Aquiles* é quadrúpede e assim por diante. Mas como é possível afirmar que Aquiles é um cão? Para isso é necessário que se deem algumas circunstâncias: o propositor precisa conhecer Aquiles ou conhecer alguém que o conhece ou saber o que é um cão.

Imagine-se, agora, a seguinte situação: o indivíduo *I*, pela manhã, insatisfeito com os constantes ruídos realizados pelo vizinho *V*, bate à porta desse e desfere um tapa com extrema violência em seu rosto; processado criminalmente pelo crime de lesão corporal, *I*, em juízo, declara: "eu não tinha a intenção de ofender a integridade física de *V*, apenas chamar a atenção para o fato de que eu estava incomodado com os constantes barulhos". Agora, imagine-se a hipótese do indivíduo que desfere 10 (dez) marteladas na cabeça de outra pessoa; processado criminalmente o autor declara em juízo "que não tinha consciência exata do que estava fazendo; que não queria matar". Ambas as afirmações parecerão ao magistrado tão ridículas e pouco críveis quanto a negação da lei da gravidade. E isso não decorre propriamente do conteúdo da declaração sobre ausência de intenção de ofender a integridade física de *V* ou do fato de o indivíduo afirmar que não sabia exatamente o que estava fazendo ou que não queria matar, na segunda hipótese, mas sim da ausência de inferencialidade das duas afirmações: ambas expressam uma violência à racionalidade. O que quero dizer, a princípio, é que entre uma conduta e o complexo de circunstâncias que envolve a realização do tipo penal deve existir um *vínculo relacional.* Apelando à linguagem matemática, é possível esclarecer o conceito primário na seguinte fórmula: considerando o

779. Sobre os conceitos probabilidade, cf. Carnap, Rudolf. *Induktive... Op. cit., passim*; Essler, Wilhelm K. *Induktive... Op. cit.*, p. 69 e p. 225 e ss; Stegmüller, Wolfgang. *Probleme... Op. cit.*, p. 774 e ss.

780. Cético em relação à utilidade e o sentido dos esforços de precisão do conceito de probabilidade, Frisch, Wolfgang. *Vorsatz... Op. cit.*, p. 21.

781. Comparar com as tradicionais concepções de probabilidade, cf. Carnap, Rudolf. *Induktive... Op. cit.*, p. 20 e ss; Essler, Wilhelm K. *Induktive... Op. cit.*, p. 68-69; Nell, Ernst Ludwig. *Wahrscheinlichkeitsurteile... Op. cit.*, p. 27.

782. As linhas abaixo derivam da apropriação e adaptação da noção de inferencialismo para o juízo de imputação. Sobre inferencialismo, cf. Brandom, Robert. *Articulating reasons: an introduction to inferentialism.* Cambridge: Harvard Univ. Press, 2000.

complexo de dados disponível (*a, b, c, d...*) a conduta *H* tem vínculo relacional com a consequência *X*. Isso quer dizer que, se da valoração do complexo de dados não for possível derivar *X*, não é possível realizar o juízo de atribuição dolosa, afinal, entre eles não haverá vínculo relacional. Para seguir o esforço de esclarecimento do conceito primário, passo à linguagem metafórica.

Pondere-se a seguinte proposição: "*o cavalo C ganhará a corrida porque é o cavalo mais bonito do páreo*". O adepto do conceito de probabilidade de corte subjetivo não tem razões para refutar a proposição, por mais absurda que ela possa parecer, eis que está baseada em uma crença puramente subjetiva determinada pelo universo psíquico de quem a formulou. Contudo, quando recorro à ideia de inferencialidade, a impugnação da proposição é tão singela quanto evidente: ela padece de *grau de credibilidade*, porquanto as regras de experiência não indicam que cavalos ganham corridas apenas porque são bonitos.[783] Faço uso, agora, de outra proposição, qual seja: imagine-se que uma pessoa, em um quarto escuro e acusticamente isolado, diga: "*Amanhã provavelmente choverá*". Também aqui, o conceito de inferencialidade deixa evidente o seu potencial. Essa proposição carecerá de grau de racionalidade porquanto não é possível derivar daí qualquer grau de *vínculo relacional*. Somente será possível falar em inferencialidade da afirmação quando essa esteja acompanhada do complexo de dados meteorológicos que dê suporte à proposição.

O inferencialismo, portanto, nada mais é que um método utilizado para isolar circunstâncias penalmente relevantes as quais, por meio de sua articulação, permitam, ou não, a atribuição de responsabilidade penal. Com isso, a determinação da atribuição do dolo não decorrerá de dado único – seja esse numérico ou não – senão da valoração de um complexo de dados.

Creio que ao se fazer uso desse método de determinação da responsabilidade será possível alcançar resultados mais convincentes e ganhar em segurança jurídica.[784] E a razão para acreditar nesse melhor rendimento é bastante simples: a inferencialidade expressa a determinação da qualidade do perigo a partir de parâmetros objetivos que devem ser aplicados ao caso concreto, ao passo que as tradicionais teorias da probabilidade pretenderam determinar o nível de imputação a partir da valoração da crença (*efetiva*) de uma pessoa influenciada pelo seu

783. Sobre a questão das regras de experiência que se utilizam como prova de indícios cf. Kusch, Klaus Günther. *Der Indizienbeweis des Vorsatzes im gemeinen deutschen Strafverfahrensrecht*. Hamburg, 1963, *passim*, (Dissertation); Vest, Hans. *Vorsatznachweis und materielles Strafrecht*. Bern: Lang, 1986, p. 93 e ss.

784. Na sua proposta, Ragués i Vallès inclina-se pela *natureza processual* das regras de atribuição do conhecimento doloso. Nesse sentido, ele assinala que tais regras se assemelham às *regras de experiência*, utilizadas processualmente para a valoração da prova. Ragués i Vallès, Ramon. *El dolo... Op. cit.*, p. 323 e ss; crítico em relação a esse modo de proceder à objetivação do dolo Köhler, Michael. *Anmerkung zu BGH, 2 StR 127/80*. *In*: JZ, 1981, p. 35 e ss.

universo psíquico.[785] Mais ainda, *em regra*, não será possível falar em *inferencialidade imediata*, mas sim em inferencialidade à luz do caso.

Esclarecida a ideia de inferencialismo que aqui será adotada, é preciso apontar como essa será traduzida para o direito penal, isto é, qual será o elemento que deve animar o vínculo relacional entre a conduta e a consequência; qual elemento autorizará a atribuição de responsabilidades ao indivíduo cognitivamente compromissado. Aqui, parece-me necessário adicionar uma exigência: o complexo de dados a ser valorado pelo terceiro sensato deve ser guiado por uma *linha diretriz*. A esta altura creio não ser mais novidade – até porque já afirmei expressamente algumas linhas atrás – que essa linha diretriz é a *periculosidade objetiva do perigo representado*. Adequadamente concretizada, a periculosidade objetiva do comportamento será o elemento vindicante daquela responsabilidade.

Até aqui estabeleci as linhas iniciais da argumentação de transição para o dolo sem vontade, parece-me pertinente, adicionalmente, condensá-las e adiantar qual será o próximo passo. Vejamos: a imputação a título de dolo requer o reconhecimento da existência de perigo doloso (*i*); o perigo doloso é identificado pelo vínculo relacional que há entre a conduta e a consequência (*ii*); a linha diretriz para a identificação desse vínculo relacional é animada pela periculosidade objetiva do perigo representado (*iii*). Como esse vínculo relacional está animado pela periculosidade objetiva do perigo, o próximo passo, fatalmente, será o de concretização de critérios que permitam identificá-lo.

Excurso. A redução do âmbito do dolo à luz da imputação objetiva

Parece bastante óbvio que, modernamente, as atividades humanas são marcadas pelo perigo. O simples fato de dirigir o próprio automóvel ou mesmo sair à rua pode ensejar considerável fator de risco na realização de um tipo penal. Contudo, essas atividades são cotidianamente desenvolvidas sem maiores *preocupações* seja porque inconscientemente calculamos que essas entranham um perigo aceitável, seja porque a elas nos habituamos. Se isso parece pouco questionável, um bom candidato a critério para a determinação da qualidade do perigo doloso deve ter uma propriedade que seja capaz de diferenciá-lo desses perigos diários e, ao mesmo tempo, seja capaz de reforçar a premissa da convivência social.

A primeira alavanca de identificação da qualidade do perigo necessária para a imputação dolosa pode ser alcançada com recurso à teoria da imputação objetiva.[786] A sugestão é mais bem expressada recorrendo-se a um exemplo referido por Roxin: o cirurgião que realiza uma operação perfeita, isto é, de acordo com a *lex artis*, e, ainda assim, morre a paciente, em nenhuma hipótese realizará um homicídio doloso, ainda que a tenha querido (em sentido psicológico), a tenha

785. Cf. *acima*, parte III, item 3.1.2.

786. Com argumentação mais extensa cf. Feijóo Sánchez, Bernardo. *El dolo... Op. cit.* p. 83-110.

levado a sério ou com essa estivesse de acordo.[787] O mesmo raciocínio se aplica aos tradicionais casos de cursos causais naturais: o sobrinho envia o tio à floresta com a esperança de que caia um raio em sua cabeça para poder, finalmente, receber a herança, o que efetivamente ocorre; ou do genro que envia a sogra para um passeio de barco na esperança de que uma tempestade o afunde e a sogra morra afogada, o que também efetivamente ocorre. A ausência de relevância da conduta não está ali onde tradicionalmente se vê, isto é, na ausência de dominabilidade do curso causal, mas sim em uma limitação valorativo-normativa imposta pelo próprio tipo penal e, como tal, uma limitação prévia à teoria da imputação subjetiva;[788] dito de outro modo, a irrelevância da conduta, nesses casos, deve-se ao fato de haver limitação objetiva à imputação subjetiva.

Com isso, sem necessidade de me aprofundar nesse ponto, posto que estou partindo de uma posição à qual a doutrina já dedicou suficiente atenção, ajusto-me à posição que considera o dolo inicialmente limitado pelo tipo objetivo, razão por que o perigo representado pelo agente deve sobrepassar o perigo permitido pelo tipo penal correspondente.[789] Portanto, a primeira indicação da qualidade do risco, penso, está anunciada no próprio âmbito do tipo objetivo a ser imputado, precisamente nos limites normativos do perigo representado. O tipo penal, por evidente exigência *lógico-semântica*, somente pode ser vinculado ao indivíduo se esse cria ou incrementa um perigo que realiza um tipo penal correspondente. Desse modo, àquele que cria um risco que não se encontra desaprovado, ainda que seja de alta intensidade, não é possível imputar, sequer, a tentativa, pois, nesse caso, a conduta move-se fora do âmbito de desaprovação da ação. Se considerarmos os problemáticos casos de embriaguez ao volante, é possível afirmar, a princípio, que o simples fato de beber e dirigir, mesmo sabendo-se que é possível provocar um acidente, isso, *por si*, não possui qualidade suficiente para a imputação da tentativa de homicídio doloso.[790-791-792]

787. Roxin, Claus. *Gedanken... Op. cit.*, p. 144.

788. Cf. na *Alemanha*: Frisch, Wolfgang. *Vorsatz... Op. cit.*, p. 141 e ss; Roxin, Claus. *Zur Problematik... Op. cit.*, p. 137. Na *Espanha*: Feijóo Sánchez, Bernardo. *El dolo... Op. cit.*, p. 101 e ss; Gimbernat Ordeig. Enrique. *La causalidad... Op. cit.*, p. 561.

789. No mesmo sentido Frisch, Wolfgang. *Vorsatz... Op. cit.*, *passim;* Geppert, Klaus. *Strafbares Verhalten durch – möglich – Aids-Übertragung? In*: Jura, 1987, 670; Herzberg, Rolf Dietrich. *Die Abgrenzung... Op. cit.*, p. 260; Kühl, Kristian. *Strafrecht... Op. cit.*, p. 86, Rn. 15; Schmidhäuser, Eberhard. *Strafrecht... Op. cit.*, p. 301, Rn. 31; Schröder, Horst. *Aufbau... Op. cit.*, p. 239.

790. Negando o sincronismo entre a condução sob efeito de álcool e o dolo eventual cf. *STF*: HC 131.029-RJ, rel. Min. Luiz Fux, relator p/ Acórdão: Min. Edson Fachin, p. 4 (voto vencido); HC 107.801-SP, voto vista do Min. Luiz Fux; HC 46.791-RS, rel. Min Aliomar Baleeiro, p. 879 e ss; *STJ*: AgRg no Agravo em REsp 235.654-RS (2012/0205310-5), rel. Min. Moura Ribeiro, p. 3 e ss; REsp 705.416-SC (2004/0155660- 5), rel. Min. Paulo Medina, p. 17. Afirmando o dolo de matar apenas na hipótese de embriaguez pré-ordenada, cf. HC 107.801-SP, voto vista do Min. Luiz Fux, p. 5. Na doutrina brasileira, afastando-se o dolo de matar em razão do excesso de velocidade: Greco, Rogério. *Cruso... Op. cit.*, p. 310 e ss; Shecaira, Sérgio Salomão. *Dolo eventual... Op. cit.*, p. 149; Shecaira, Sérgio Salomão. *Crime de trânsito... Op. cit.*, p. 373.

2.3 A qualidade do perigo doloso: a correção do critério

Uma vez ultrapassada a constatação lógico-semântica de realização do perigo doloso, será necessário retomar, ainda que brevemente, alguns pontos anteriormente discutidos (*acima*, parte III, item 3.2.3).

Para identificar a qualidade do perigo, como antecipei, seguirei a ideia de perigo doloso formulada por PUPPE. Para evitar repetições desnecessárias,[793] é conveniente registrar apenas o núcleo da concepção *puppeana* agasalhado pela teoria da inferencialidade do dolo (*i*) e o porquê da necessidade do aprimoramento (*ii*): a qualidade do perigo doloso estará associada à utilização de um *método* que aos olhos do terceiro racional – é *(apto) à realização do perigo*; a valoração do comportamento humano deve ser orientada pela consideração de um complexo de fatores, e isso quer dizer que apenas mencionar a utilização de um método adequado para a realização do tipo é insuficiente para determinar com segurança a fronteira entre o dolo e a culpa (*ii*).

Racionalizando-se o passo dado por PUPPE, é possível chegar à primeira fórmula para a concretização da imputação subjetiva dolosa, qual seja: *a utilização de um método apto à realização do tipo é o indicativo de um perigo com qualidade dolosa*. O dolo, portanto, e em essência, é constituído pelo *conhecimento do perigo* e *da realização de um método apto para realizar o tipo penal*. Donde é possível chegar às seguintes exigências gerais: o perigo doloso somente pode ser imputado àquele indivíduo que cria um perigo adequado à realização de um tipo penal correspondente (*i*); entre a consequência e a conduta deve haver um vínculo relacional (*ii*); a relação vinculacional é animada pela periculosidade objetiva perigo (*iii*). E esse item *iii* é exatamente o último ponto a ser abordado: o catálogo de concretização do perigo doloso ou para o juízo inferencial.

791. Na legislação brasileira, inclusive, há o tipo penal específico para o homicídio provocado no trânsito. Conforme o art. 302, do CTB, "Art. 302. Praticar homicídio culposo na direção de veículo automotor: Penas – detenção, de 2 (dois) a 4 (quatro) anos, e suspensão ou proibição de se obter a permissão ou a habilitação para dirigir veículo automotor".

792. Na legislação alemã a condução sob efeito de álcool constitui autônomo crime de perigo concreto (§ 315c), cf. EISELE, Jörg. *Der Tatbestand der Gefährdung des Straßenverkehrs. In*: JA, 2007, p. 168; LACKNER, Karl; KÜHL, Kristian. *§ 315c. In*: *Strafgesetzbuch Kommentar*. 28. Aufl. München: Beck, 2014, Rn. 20; PEGEL, Christian. § 315c. In: MüKo. 2 Aufl. München: Beck, 2014, B. 5, Rn. 89; ZIESCHANG, Frank. § 315c. In: KINDHÄUSER, Urs; NEUMANN, Ulfrid; PAEFFGEN, Hans-Ullrich (Hrsg.). Nomos Kommentar zum Strafgesetzbuch. 4 Aufl. Baden-Baden: Nomos, 2013, Rn. 6. Sobre o tema também cf. BERZ, Ulrich. *Zur konkreten Gefahr im Verkehrsstrafrecht. In:* NZV, 1989, p. 409 e ss; GEPPERT, Klaus. *Gefährdung des Straßenverkehrs (§ 315 c StGB) und Trunkenheit im Verkehr (§ 316 StGB). In*: Jura, 2001, p. 559; LACKNER, Karl. *Das konkrete Gefährdungsdelikt im Verkehrsstrafrecht.* Berlin: de Gruyter, 1967; RADTKE, Henning. *Gefährlichkeit und Gefahr bei den Straßenverkehrsdelikten. In*: FS – Klaus Geppert. Berlin: de Gruyter, 2011, p. 460 e ss; RANFT, Otfried. *Delikte im Straßenverkehr. In*: Jura, 1987, p. 608; STERNBERG-LIEBEN, Detlev; HECKER, Bernd. § 315c. In: SCHÖNKE, Adolf; SCHRÖDER, Horst. *Strafgesetzbuch Kommentar.* 29. Aufl. München: Beck, 2014, Rn. 1 e ss; ZIMMERMANN, Frank. *Die Straßenverkehrsgefährdung (§ 315c StGB). In*: JuS, 2010, p. 22 e ss.

793. Para a concepção de PUPPE, conferir *acima*, parte III, item, 3.2.3.

2.3.1 O catálogo para o juízo inferencial

Como ponto de partida, é de se reconhecer que a literatura científica e a jurisprudência, em maior ou menor medida, reconhecem que a intensidade do perigo criado para o bem jurídico é indicador fundamental da dolosidade do comportamento. Por exemplo, ninguém negará que se uma pessoa utilizar uma bomba ou efetuar o disparo de arma de fogo em direção a uma região vital do corpo é porque estabeleceu um compromisso cognitivo com a realização do tipo. Contudo, o que permanece em aberto é a questão sobre como concretizar essa premissa em casos de ataques ao bem jurídico que não são tão evidentes. E, por isso mesmo, uma boa teoria do dolo não pode ser apenas teoricamente coerente, senão também, e principalmente, deve ser capaz de apresentar parâmetros que permitam a sua aplicação segura. Em outros termos: o perigo doloso é aquele sobre o qual, fôssemos indagados, seríamos capazes de responder com naturalidade que não haveria razão alguma para duvidar da realização do tipo penal.

Os critérios que conduzem a esse grau de inferencialidade, por exigência lógica, não estão relacionados com comportamentos posteriores à realização típica ou com a atitude psíquica volitiva do indivíduo. Tais circunstâncias, pelas razões indicadas no decorrer da exposição, não podem desempenhar papel algum na determinação do nível de imputação subjetiva; isso não significa, contudo, que essas não possam ser levadas em consideração para fins de calibração da pena.[794] Portanto, por um lado, uma lamentação, uma tentativa de suicídio ou mesmo uma tentativa de resgate após a concretização do perigo, por exemplo, não permitem, *por si*, que a imputação dolosa seja colocada em xeque, mas podem permitir menor dosagem da pena.[795-796] De outra banda, um desumano comportamento posterior à conduta como, por exemplo, não prestar socorro à(s) vítima(s) do atropelamento nenhum papel pode desempenhar para fins de imputação subjetiva; eventualmente pode ser considerados para fins de reproche, mas nunca para determinar se o agente agiu dolosa ou culposamente: não é dogmaticamente correto concluir pela dolosidade, ou não, de um comportamento "apenas" porque o agente fugiu do local.[797]

Para encontrar o vínculo relacional entre a conduta e a consequência, o perigo deverá ser valorado a partir de três perspectivas, quais sejam: a que se

794. Sugerindo que essas (e outras) circunstâncias sejam incluídas no catálogo de critérios utilizados para a determinação da própria imputação subjetiva, HASSEMER, Winfried. *Kennzeichen... Op. cit.*, p. 307-308.

795. Comportamentos como "*chamar por socorro*" ou "*tentativas de reanimação*" por exemplo, integram o feixe de circunstâncias que o BGH leva em consideração para afastar o dolo eventual (cf. BGH – 1 StR 191/09, NStZ 2009, 629; BGH – 4 StR 163/14, NStZ 2015, 266. Cf. *abaixo*, parte V, item 2.4. Na doutrina cf. ROXIN, Claus; GRECO, Luís. *Strafrecht... Op. cit.*, § 12, Rn. 88r.

796. Cfr. FISCHER, Thomas. § 212... *Op. cit.*, Rn. 10.

797. Esse tipo de consideração aparece na jurisprudência, cf. RHC 56627/SP (2015/0018511-1), rel. Min. Felix Fischer, p. 7.

refere ao autor (*i*); a que se refere à vítima (*ii*); e a que se refere ao complexo de circunstâncias que envolvem a realização da conduta (*iii*). Para operacionalizar essas perspectivas, proponho que os critérios sejam assim compreendidos: no que diz respeito ao autor, deverá ser valorada a intensidade do perigo representado e a marca dominante da sua conduta; no que diz respeito à vítima, deverá ser valorado o seu grau de vulnerabilidade concreto; finalmente, no que diz respeito ao crime, deverão ser avaliadas todas aquelas circunstâncias relacionadas com o contexto de realização da conduta. Todos esses estão conexos, apenas, com a linha diretriz elegida: a periculosidade objetiva do perigo. Ademais, vale ressaltar que a identificação de um critério em determinada perspectiva não impede que esse também seja reconhecido no contexto de outro critério. Passo, então, à concretização desses critérios do perigo doloso.

2.3.1.1 Periculosidade objetiva da conduta

O primeiro critério para a determinação da qualidade dolosa é a periculosidade objetiva da conduta do agente. Mesmo a jurisprudência alemã, a qual ainda permanece essencialmente vinculada à doutrina voluntarista, reconhece que a gravidade objetiva do perigo é um indicador fundamental para a imputação dolosa.[798] A avaliação sobre a periculosidade objetiva do perigo criado, aliado ao grau de vulnerabilidade concreto da vítima, é o indicador fundamental da dolosidade. E por quê? Porque a representação do perigo deve ser suficiente para que o indivíduo detenha a conduta que está prestes a realizar.

Considerando-se haver diversos níveis de perigo, sugiro que a imputação subjetiva leve em consideração os seguintes níveis: perigo *sui generis*,[799] perigo de alta, média e baixa intensidade. Creio que essa racionalização, além de impactar de modo distinto a determinação do nível de responsabilidade penal, permitirá maior controle das decisões. Pergunta-se: como esses níveis devem operar dentro da teoria da inferencialidade? Para responder a essa pergunta há que se fazer distinção entre o perigo *sui generis*, por um lado, e as demais classes de perigo, por outro.

É verdade que o perigo, sozinho, e em regra, não é suficiente para justificar a imputação dolosa. Deixei registrado, inclusive que, em regra, não será possível falar em inferencialidade imediata (*acima*, item 2.2). Contudo, também é igualmente verdadeiro que alguns perigos, em razão da sua extraordinária intensidade, permitem a imputação a título de dolo sem maiores considerações. Imagine-se o indivíduo que desfere 10 facadas no peito da vítima; ou aquele que estando próximo à vítima efetua disparo em seu rosto; ou aquele indivíduo que, por qualquer razão, desfere um golpe de machado no tórax da vítima. Quem age servindo-

798. Cf. BGH – 2 StR 484/14, NStZ 2017, 22 (23). Com mais detalhes, *abaixo*, parte V.

799. Cf. nota de rodapé n. 886.

-se desses métodos não cria outro perigo, senão o de morte. A intensidade desses perigos, a qual denomino de *perigos sui generis*, indica, com um grau de credibilidade racional próximo ao incontestável, o dolo de matar. Desse modo, estando o fato nesse nível de perigo, é possível sugerir a seguinte racionalização: nos casos de perigo *sui generis* o sinal exterior de extrema violência possui inequívoca relação vinculacional com a realização do perigo de matar; desse modo, como não há razões para afastar o compromisso cognitivo do agente com a realização do perigo, há que se imputar o dolo, sem maiores considerações.

Contudo, também há perigos cujo compromisso cognitivo do agente com a realização do perigo não é tão evidente. E, nesse caso, a valoração da periculosidade objetiva do comportamento dependerá da consideração pericial sobre a potencialidade lesiva no caso concreto. Assim, por exemplo, a própria potencialidade lesiva do instrumento, local, duração e intensidade da agressão podem ser utilizadas como critérios de valoração (exemplos: o calibre da arma, o tamanho da faca, o local da lesão, a quantidade de lesões, o peso do bastão ou a duração do sufocamento). Todos esses elementos, por via pericial, são imprescindíveis para saber se o perigo criado era de alta, de média ou de baixa intensidade.

Diante de um perigo ajustável a qualquer desses três níveis, será necessário seguir concretizando o critério perigo doloso. E, nesse caso, a próxima perspectiva a se considerar é a perspectiva da vítima.

2.3.1.2 A gravidade do perigo determinado pela vulnerabilidade concreta da vítima

Quando da análise da concepção normativa-volitiva de Roxin (*acima*, parte II, item 2.2.2) registrei que a vítima poderia desempenhar o promissor papel no processo de atribuição de responsabilidade. Àquela altura ainda não haviam argumentos suficientes para fundamentar a incorporação da vítima à imputação da subjetiva. Mas, agora, creio que esta lacuna pode ser preenchida e será possível seguir na argumentação para verificar se a suspeita de ganho científico é verdadeira.

Salvo algumas considerações tímidas sobre o papel da vítima no processo de atribuição de responsabilidades, parece-me não somente ser possível, como também necessário, retirar consequências da perspectiva da vítima para a imputação subjetiva. Como antecipei, essas consequências não podem estar vinculadas a um possível *dever de autossalvação* da vítima como fato de rebaixamento da responsabilidade penal. Essa impossibilidade decorre do compromisso assumido com os fundamentos que empreguei para justificar a *ratio* de pena do crime doloso: a chave para a impossibilidade de a vítima participar do nível de determinação da imputação subjetiva à luz de um suposto dever de autossalvação decorre da ausência de dominabilidade sobre aquilo que está prestes a acontecer. Com efeito, como anteriormente argumentei (*acima*, parte III, item 2.3), a maior severidade da resposta punitiva para o crime doloso está na dominabilidade do comportamento. Nesse ponto, convém rememorar o caso da barreira policial: o indivíduo *A*, em fuga, tem diante de si uma barreira policial. Para continuar a fuga deverá passar pela barreira, na qual se encontra um policial altamente treinado para situações como essa. *A* segue com o automóvel, passa pela barreira e atropela o policial, o qual morre dias depois em consequência dos ferimentos. Nesses casos toda a extensão de dominabilidade do comportamento está nas mãos do autor e, portanto, nas condições indicadas, à vítima falece qualquer possibilidade de alterar a densidade daquele domínio. E se é assim, o nível de responsabilidade do criador do perigo não pode ser rebaixado. Parcela da doutrina considera que o terrorista poderia ter imaginado que o policial altamente treinado pularia no último instante e, nesse caso, não teria assumido o risco de matar.[800] Esse tipo de argumento é equivocado, e há ao menos duas razões: a *primeira* delas é conhecida, não existe um dever da vítima de autossalvação; a *segunda* está na incorreção de substância do argumento. Essa incorreção pode ser expressada por meio da seguinte racionalização e indagação: se o fundamento para exclusão do dolo é de que o terrorista poderia ter confiado que o policial pularia, também é possível argumentar que o policial poderia confiar que o fugitivo dominaria o seu comportamento e, no último momento, desviaria da barreira. Então, surge a incorreção levantada: quem tem o direito de confiar em quem? O autor no policial ou o policial no autor?

Por diversas vezes registrei que a possibilidade de autossalvação da vítima não poderia ser levada em consideração para fins de imputação subjetiva, razão pela qual a indicação desse critério poderia causar alguma estranheza. Contudo, não causará. De fato, a possibilidade de autoproteção da vítima não serve como parâmetro de determinação da imputação subjetiva, não interessa a contribuição da própria vítima para a redução do perigo criado pelo autor. O que deve ser levado em consideração, isso sim, é *a intensidade mesma do perigo em relação à condição de vulnerabilidade da vítima*. Dito de modo mais claro: o critério não deve ser valorado a partir da perspectiva de que a vítima tinha ou não um direito ou um dever de fazer, mas sim se ela tinha condições, ou não, de fazê-lo, isto é, de ativar algum sentido de autossalvação. Somente a partir da valoração do perigo à luz das considerações sobre a vulnerabilidade concreta da vítima será possível alcançar um promissor ganho de precisão dentro da imputação subjetiva.

Para expressar com maior clareza, é possível considerar, por exemplo, casos de agressões a crianças e a idosos, vítimas que naturalmente têm no seu grau de vulnerabilidade um elemento potencializador do perigo de realização do tipo. Se considerarmos, por exemplo, o caso do indivíduo experiente em artes marciais e adicionarmos variações, fica fácil perceber como o critério deve operar nesses casos:

800. Cfr. Roxin, Claus. *Über... Op. cit.*, p. 1210.

Variante 1. C, experiente em artes marciais, faixa preta de jiu-jítsu e pai de uma criança com 6 (seis) meses de idade, de quem sempre cuidou com os zelos que se espera de um bom pai de família, está sozinho com o filho em casa. A criança começa a chorar incessante e agudamente. *C*, irritado, berra com filho para que pare de chorar, o que não ocorre. Com os nervos à flor da pele, *C* aplica um estrangulamento no filho (...).

Variante 2. C, experiente em artes marciais, faixa preta de jiu-jitsu e casado com *Y*, a quem sempre dedicou amor e demonstrou ser um bom pai de família, discute com a mulher. No meio da discussão, extremamente irritado, *C* perde a cabeça e aplica um estrangulamento na esposa (...).

O que torna as hipóteses levemente distintas para fins de imputação? Conscientemente omiti o resultado por não me parecer relevante nesse momento de determinação do nível de imputação. Parece-me inquestionável que a marca diferenciadora reside no fato de que na *variante 1* as condições pessoais da vítima potencializam o perigo de realização, afinal, não há qualquer possibilidade de se ativarem mecanismos de autoproteção; na *variante 2*, a vítima pode naturalmente ativar qualquer mecanismo de autoproteção porque tem plena consciência da ação. Isso significa que na primeira hipótese há, sem maiores considerações, o dolo de matar; na segunda, não necessariamente. Para resolver a segunda solução será necessário seguir averiguando o complexo de circunstâncias que envolve a conduta do lutador (o local, o tempo e a intensidade do golpe, por exemplo) (cf. *abaixo*, item 2.3.1.4).

Como ponto de contraste, seria possível considerar uma hipótese próxima, especialmente para aqueles casos nos quais não há lesão aparente efetiva, o que é bastante comum nos casos de *intensas* e *longas* sacudidas em bebês, circunstância que reconhecidamente traz grande risco para a vida do bebê.[801] Esses casos precisam ser avaliados pelo contexto de realização da conduta, razão pela qual para a imputação não interessa a relação de parentesco entre o agente e a vítima ou a intensa perturbação psíquica do agente no momento de realização da conduta (cf. *abaixo*, item 2.3.1). Quando muito, essas hipóteses podem ser consideradas no momento de análise da culpabilidade, mas de nenhum modo podem integrar o arcabouço de elementos relevantes para a imputação subjetiva.

Também poderíamos considerar os ataques realizados contra pessoas que possuem alguma necessidade especial. O grau de vulnerabilidade dessas vítimas, expressado pela ausência de possibilidade de ativação de mecanismos de autossalvação também militam a favor da imputação dolosa.

Tais parâmetros podem ser utilizados para hipóteses semelhantes, isto é, todas e quaisquer hipóteses que envolvam a realização de uma conduta no marco de um contexto de potencialização do grau de vulnerabilidade da vítima (abaixo, item 2.3.1). A perspectiva da vítima, portanto, integra aquilo que é corporal, que

801. Cfr. BGH – 3 StR 159/03, NStZ 2004, 201; BGH – 1 StR 59/08, NStZ-RR 2009, 101.

pertence ao seu patrimônio físico e psíquico. Só assim ela, a vítima, poderá ser adequada e corretamente transplantada para o processo de imputação subjetiva.

Todo modo, como é possível intuir, a perspectiva da vítima não pode ser valorada como critério isolado, mas, sim, combinado com a intensidade do perigo criado pelo autor, do contrário, seria injustificadamente alargada a fronteira do dolo. Assim, por exemplo, se há uma agressão contra uma criança ou contra um idoso e o perigo é de baixa intensidade para a vida, por exemplo, não há porque afirmar desde já a dolosidade do comportamento. A exigência de combinação dos critérios permitirá, portanto, não somente a racionalização da imputação, como também uma maior previsibilidade e controle da atribuição de responsabilidades. É o que desenvolverei de agora em diante no *excurso.*

Excurso. Valoração qualitativa da periculosidade da conduta

Seria recomendável que fossem evitadas modulações qualitativas a exemplo de extremo perigo ou significativo perigo, mas, em casos fronteiriços, elas são inevitáveis. Se é assim, creio que a melhor maneira de extrair rendimento e equilíbrio em relação à valoração da periculosidade objetiva do perigo, é combinar ambos os critérios anteriormente mencionados. E por quê? Creio que este método objetivo oferece excelente oportunidade para superar a tendência que temos de infravalorar o perigo alheio.[802] Os dois critérios, ajustados, funcionam como diretriz fundamental para a avaliação objetiva da intensidade do perigo alheio e, portanto, oferecem bom parâmetro de orientação para a imputação dolosa: a *imputação direta*; a imputação *prima facie positiva* e imputação *prima facie negativa.* Para isso, entendo como extremamente útil considerar a seguinte tabela de valoração da intensidade do perigo:

Nível concreto de vulnerabilidade da vítima / **Nível de periculosidade do perigo criado**	1. Alto nível de vulnerabilidade (5)	2. Médio nível de vulnerabilidade (3)	3. Baixo nível de vulnerabilidade (1)
1. Alta intensidade (5)	10	8	6
2. Média intensidade (3)	8	6	4
3. Baixa intensidade (1)	6	4	2

802. Cf. Wolff, Ernst Amadeus. *Die Grenzen... Op. cit.*, p. 223. No mesmo sentido Puppe, Ingeborg. § 15... *Op. cit.*, Rn. 49.

A tabela deve ser interpretada da seguinte maneira: a imputação dolosa sem maiores considerações, deve ser afirmada quando a conduta se ajustar à situação representada pela dezena n. *10* (*i*). A imputação será *prima facie positiva*, por sua vez, quando o caso concreto retratar os números *8* e *6*; isso significa que o dolo poderá ser afastado se as demais circunstâncias do catálogo de inferencialidade assim indicarem. Finalmente, nas hipóteses representadas pelos números *4* e *2*, o dolo será *prima facie negativo*, isto é, tão somente poderá ser imputado se as demais circunstâncias do catálogo de inferencialidade indicarem.

Para melhor esclarecer a tabela acima, creio pertinente recorrer a alguns exemplos: considere a hipótese de condução de um caminhão com excesso de velocidade, local público, condutor sob efeito de álcool e vítima com problemas de locomoção; essa hipótese é numericamente representada pela dezena n. *10*, afinal, o excesso de velocidade, o local público e a embriaguez indicam a alta intensidade do perigo e, por outro lado, a condição de vulnerabilidade concreta da vítima potencializa esse perigo; há, portanto, um perigo *sui generis*, razão pela qual a imputação deve ser dolosa sem maiores considerações (*i*). Agora, alteremos os padrões: considere-se uma condução em alta velocidade, local público e sob efeito de razoável quantidade de álcool; é de se supor haver risco de alta intensidade e grau médio de vulnerabilidade, afinal, é possível considerar que as vítimas tinham a possibilidade concreta de pular ou correr; essa hipótese é numericamente representada pelo número *8*, aqui é possível partir da afirmação do dolo *prima facie positivo*; isso significa que será necessário averiguar se algum dos outros critérios abaixo indicados poderia afastar a imputação dolosa (*ii*). Finalmente, considere a condução com velocidade compatível com o local, local público e pequena quantidade de álcool; aqui estamos diante de perigo de grau médio de vulnerabilidade, situação representada pelo n. *4*, razão pela qual, a princípio, não é possível a imputação dolosa de resultado morte se, no caso concreto, não houver a presença dos demais critérios abaixo indicados (= *dolo prima facie negativo*) (*iii*).

A primeira dezena, n. *10*, indica conduta dolosa sem necessidade de maiores considerações, afinal, não há qualquer circunstância racional para duvidar que a realização do perigo é certa, corresponde ao perigo *sui generis*. As situações representadas pelas unidades *8* e *6*, por sua vez, indicam que a realização do perigo é algo próximo ao inquestionável; se alguém cria um perigo dessa natureza, a valoração da imputação deve partir do dolo (*dolo prima facie positivo*), isto é, o magistrado deverá controverter-se com as demais circunstâncias para verificar se não há alguma causa de exclusão do dolo. Contudo, nas demais situações, isto é, nas situações representadas pelas unidades *4* e *2*, a valoração deve partir da inexistência de dolo (*dolo prima facie negativo*); isso significa que o magistrado deverá controverter-se com as demais circunstâncias para verificar se há vínculo relacional entre a conduta e a consequência.

Para seguir argumentando, seria interessante retomar, neste ponto, o caso do atirador inexperiente: o atirador inexperiente *I* tem *intenção* de matar o sujeito *S*. Ele é consciente, contudo, de que à distância em que se encontra tem escassa possibilidade de acertar *S*. Mesmo à distância, e com a mira da pistola desajustada, aponta em direção à cabeça de *S* e dispara. Atingido, *S* morre imediatamente. Como visto, a doutrina volitiva tradicional, e mesmo a cognitiva da probabilidade subjetiva, tende a afirmar o dolo eventual. Mas, nesse caso, há uma armadilha linguística que agride diretamente a nossa intuição,[803] a saber: a referência ao firme e intenso estado volitivo do agente. Esse dado eclipsa a percepção de um dado objetivo determinante para o ajuste de imputação, qual seja: a postura volitiva psíquica do agente não aumenta a intensidade objetiva do perigo para o bem jurídico. Para demonstrar o quanto esse argumento é evidente e irrenunciável, basta imaginar outra hipótese: o amigo *A* desafia o companheiro de trabalho *C* ao afirmar que ele não é capaz de acertar o vaso de louça que está sobre a cabeça da sua sogra *S*. *A* é consciente que à distância em que se encontra tem escassa possibilidade de acertar o vaso de louça e *S*, pelo que considera não haver qualquer perigo para *S*. Aceita, então, o repto, mira e efetua o disparo para acertar o vaso de louça; o projétil, contudo, alcança a cabeça de *S*. Uma provável solução pela culpa do resultado morte, aqui, talvez não causasse a mesma perplexidade que a anterior, pois *A* não tinha a mesma postura psíquica de *I*. Em ambos os casos o que não muda, em nenhuma hipótese, é a intensidade objetiva do perigo criado para o bem jurídico. Ambos estão representados pela dezena n. 2, expressam, portanto, uma hipótese de *dolo prima facie negativo*.

Para prosseguir com a problematização e melhor ilustrar a necessidade do contrabalanceamento do complexo de circunstâncias, é possível considerar o perigo de pequena intensidade (ou até mínima intensidade), como a transmissão do vírus HIV por meio de relações sexuais (representada numericamente pela dezena n. 2). Considere, então, a hipótese do indivíduo que tem única relação sexual sem proteção com um estranho. Se aplicássemos o critério sugerido por Herzberg, como anteriormente anunciado, estaríamos diante da imputação a título de dolo. Contudo, tal solução não parece se justificar diante da situação fática: estamos diante de única relação sexual cuja probabilidade de infecção, no melhor dos cenários para a transmissão da doença, é inferior a 1%[804] e, portanto, estamos no cenário representado pelo número 2, isto é, há um de *dolo prima facie negativo*. Nesse caso, portanto, o que eventualmente determinará a possibilidade de imputação dolosa será propriamente a intensidade do perigo aliada à marca comportamental do agente.[805] Vale registrar que a transmissão do vírus

803. Provavelmente seduzido pela armadilha linguística, Ragués i Vallès, Ramon. *El dolo... Op. cit.*, p. 69, nota de rodapé n. 138.

804. Sobre as taxas de transmissão cf. notas de rodapé n. 309.

805. Naturalmente que a repetição da conduta com o mesmo parceiro, ou indiscriminadamente com vários parceiros, além de aumentar o índice de probabilidade de transmissão, indica uma marca de

HIV, analisando-se objetivamente o perigo, não difere da conduta daquele no qual o indivíduo que em uma curva perigosa e sem visão da outra mão de direção acelera o automóvel para realizar ultrapassagem.[806] Isso permite identificar que, em regra, nos casos de transmissão do vírus HIV, a imputação a título de dolo é fruto de perigosa combinação entre medo (do perigo) e irracionalidade[807] e, por isso mesmo, a imputação dolosa de lesão corporal na hipótese de única relação sexual com a transmissão de vírus HIV também não preenche a premissa, a saber: *não há razão alguma para duvidar que o perigo se realizaria.* Esses dois casos, a esta altura, demonstram que o dolo cognitivo conduz a imputações culposas em hipóteses nas quais a doutrina majoritária não hesitaria em afirmar o dolo.

Com o que acabo de expor, quero deixar fora de dúvida que a intensidade dolosa não pode ser identificada apenas pelo nível de intensidade da periculosidade objetiva da conduta. Esse é preponderante, mas em alguns casos poderá ceder desde que presente outros indicadores. Isso expressa que a intensidade do perigo é o centro de gravidade para a determinação do nível de imputação subjetiva, mas também significa que em volta desse centro pairam circunstâncias as quais, uma vez verificadas, permitem afirmar se a conduta se encontra, ou não, no centro de imputação dolosa, isto é, permitem afirmar se o comportamento cruzou, ou não, a fronteira da imputação culposa para a imputação dolosa.[808] E a primeira dessas circunstâncias, e, portanto, terceiro critério, é a marca dominante da conduta.

2.3.1.3 Marca dominante da conduta

Outro indicador contra, ou a favor, da então analisada periculosidade objetiva do perigo criado é, sem dúvida, a avaliação da marca dominante da conduta do indivíduo. E o que se entende por marca dominante? A marca dominante da conduta é aquela que *reafirma* um vínculo relacional entre a conduta e o resultado ou aquela que *rompe* com esse vínculo relacional. É preciso ressaltar que o rompimento do vínculo relacional nada tem a ver com o nível de eficácia de evitação do resultado, mas sim com o juízo de inferência em relação ao compromisso cognitivo de realização do delito. E isso pode ser facilmente verificado observando-se o caso concreto, isto é, se o agente empregou, ou não, meios para evitar a realização do perigo.

conduta de realização do perigo e, portanto, poderá ensejar a imputação a título de dolo de lesão corporal. Mas, como dito, isso deve ser dirimido à luz do complexo de circunstâncias indicado no próximo nível, notadamente, levando-se em consideração a marca dominante da conduta.

806. Seria possível contra-argumentar no sentido de que há diferença (sim!) entre as condutas, qual seja: no caso da ultrapassagem há o risco de *poena naturalis*, o que não há no caso com o vírus-HIV. Realmente esse contra-argumento tem que ser levado em consideração, mas não para a determinação da intensidade do risco, senão quando da análise do complexo de circunstâncias relevantes para a imputação subjetiva. Sobre a minha sugestão de solução nesses casos, cf. *abaixo*, parte V, item 2.4.4.

807. Cf. Kreuzer, Arthur. *Aids... Op. cit.*, p. 787-788.

808. Cfr. Philipps, Lothar. *An der Grenze... Op. cit.*, p. 366.

Esse critério poderia ser racionalizado do seguinte modo: se se observar na conduta a marca dominante de evitação ou redução do perigo criado, há que se interpretar esse indicador como um que milita contra a imputação do dolo; ao passo que se se observar na conduta a marca dominante de realização do perigo representado ou, no mínimo, de desinteresse em relação à consequência, há que se interpretar esse indicador como um que milita a favor da imputação a título de dolo.

Tomando como ponto de análise, por exemplo, os não incomuns casos de desabamentos de pontes, de casas ou de viadutos, será imprescindível identificar como o responsável, por exemplo, conduziu a compra e a utilização de material de melhor qualidade para a construção; se tal material estava disponível no mercado; se não estava, qual o risco de realização da obra com material de qualidade inferior; se foi utilizado material de qualidade inferior, quanto dele foi utilizado para compensar alguma deficiência de consistência, isto é, qual foi a ponderação do interesse para utilização do material de quantidade inferior: maximização dos custos ou maximização da segurança (= cautela em relação à proteção dos bens jurídicos); se o agente levou a cabo ações de controle de segurança. Caso o resultado da ponderação dessas circunstâncias indique desinteresse pelo bem jurídico, haverá a indicação da dolosidade do comportamento; no outro extremo, caso o resultado da ponderação dessas circunstâncias indique a utilização de meios para a evitação do perigo, isso militará a favor da negação do dolo.

Considerando-se os crimes contra a vida, uma série de fatores também precisará entrar em consideração para valorar a marca dominante da conduta. Nessa linha, será preciso observar, por exemplo, a parte do corpo atingida, a profundidade e multiplicidade das lesões. É possível considerar, por exemplo, a hipótese do indivíduo que dá um tiro a curta distância em direção a alguma parte vital da vítima. A presença conjunta da alta intensidade do risco criado e da marca dominante da ação (= disparo em região letal) não deixa qualquer dúvida em relação à afirmação da inferencialidade: não há razão alguma para se afirmar que o perigo não se realizaria. Por outro lado, se variarmos algumas circunstâncias, isto é, o atirador tinha boa visibilidade e estava a curta distância da vítima quando efetuou o disparo em direção ao pé da vítima. Nesse caso, a marca dominante da ação não indica a existência de dolo de matar, razão pela qual há dolo de lesão corporal e não de matar. Sustentar uma hipótese contrária, isto é, de tentativa de homicídio, não é compatível com o grau de credibilidade racional exigido para a imputação a título de dolo, eis que não há vínculo relacional entre a conduta e o tipo penal de homicídio.

Na hipótese do leitor (ainda) considerar os exemplos anteriores pouco claros, creio que um caso julgado pelo BGH ilustrará muito bem a ideia aqui defendida:

> "Os acusados *X* e *Y* tinham dois cães da raça *pit bull*, Zeus e Gipsy. Ambos os cães possuíam força de mordida considerável e foram treinados para saltar

alto. Por conta de incidente com outros animais, e porque Zeus poderia ferir gravemente outros animais, a secretaria de controle de cães ordenou que o animal somente poderia sair de casa com coleira. *X* não observou a recomendação da secretaria e Zeus mordeu outros animais. Dessa vez a secretaria de controle de cães declarou Zeus cão perigoso. Os dos donos de cães dessa categoria devem colocar focinheiras em seus animais e não estão autorizados a conduzir, simultaneamente, mais de um animal classificado como perigoso.

Em outra oportunidade, Gipsy mordeu outro animal com tamanha violência que esse precisou de cuidados de um médico veterinário. Pouco tempo depois, Gipsy pulou em uma senhora e mordeu uma criança no braço. Por conta do ataque anterior, o controle de cães decidiu que Gipsy somente poderia sair para locais públicos com coleira, a qual deveria ter, no máximo, 2 (dois) metros de comprimento.

No período que se seguiu, os cães foram controlados e, em geral, não saíam juntos.

Na casa de *X* e *Y* havia uma área livre interna adjacente ao local de uma escola primária; os cães sempre foram mantidos na coleira e com pouca liberdade de locomoção; ademais, os donos sempre garantiram que nenhuma criança entrasse no pátio.

Depois que Gipsy rasgou uma focinheira, os acusados adiaram a compra de outra porque, a seu ver, as focinheiras de "boa aparência" eram muito caras. Certo dia, *X* levou ambos os animais para a área livre interna de casa. *X* soltou os animais para que pudessem explorar o local. Atraídos pelo barulho do jogo de futebol que vinha do pátio da escola, de repente, Gipsy e Zeus saltaram o muro de 1,40 m que divisava os locais. *X* saltou atrás para agarrar os animais que corriam atrás das crianças que jogavam futebol. Gipsy saltou sobre a criança *C*, de seis anos de idade e a mordeu no pescoço; Zeus aproximou-se logo depois e ambos os cães mordiam a cabeça e pescoço da criança. O acusado *X* tentou retirar os cães de cima da criança, mas seus esforços foram em vão; ambos os animais continuavam a morder no pescoço, cabeça e rosto. Em um átimo de segundo, *X* conseguiu agarrar a criança, então gravemente ferida, e colocá-la sobre a sua cabeça. Contudo, os cães não cessaram o ataque e continuavam pulando para tentar morder a criança; *X* precisava pular para evitar que os cães alcançassem *C* e, em um desses pulos, tropeçou e caiu com a criança. Nesse momento, os cães reiniciaram o ataque. Sempre pedindo por socorro, *X* se pôs por cima da criança para protegê-la das mordidas. Com a ajuda de um terceiro, os cães finalmente interromperam a agressão. *C* morreu no pátio da escola."[809]

Esse caso, retrata o tom dominante da conduta de *X*. Embora, é preciso dizer, ele tenha desrespeitado as normas administrativas, a marca dominante da sua conduta foi de salvamento e não de um indivíduo que tinha estabelecido

809. BGH – 5 StR 419/01, NStZ 2002, 315 (316). Não fiz uma tradução literal do retrato fático, mas mantive os dados principais. O BGH, no caso, confirmou a decisão da instância inferior para negar o elemento volitivo do dolo (eventual) de matar, condenando os acusados por homicídio culposo.

um compromisso cognitivo com a realização do perigo de morte; não há, pois, vínculo relacional entre a conduta realizada e o tipo penal de homicídio doloso. Isso significa que o caso somente admitirá a imputação a título culposo.

Na mesma linha de tratamento jurídico-penal estão as múltiplas lesões de pequena intensidade. A princípio essas múltiplas lesões, isoladamente consideradas, não são letais, contudo, a sua quantidade poderá indicar uma marca dominante de realização do perigo em uma razão tal que mesmo diante da não letalidade das lesões, será é possível reconhecer a imputação dolosa (ou seja, haverá somente um *dolo prima facie negativo*).

Finalmente, o compromisso cognitivo com a realização do perigo também pode estar expressado no contexto de realização da conduta. Esse é o próximo critério, passo à sua apreciação.

2.3.1.4 Contexto de realização da conduta

O contexto de realização da conduta deve ser compreendido como um indicador potencializador do perigo criado pelo agente. Não interessa, aqui, circunstâncias que não estejam ligadas ao perigo como, por exemplo, se o contexto era de assalto à mão armada ou uma simples brincadeira entre amigos.

Creio que algumas concretizações expressam com fidelidade a ideia do contexto de realização da conduta. Imagine-se que o indivíduo *X*, em razão de desavenças anteriores, resolve *dar uma lição* em seu desafeto *Y*. Considera que a melhor forma de fazê-lo é destruindo o único patrimônio de *Y*, a sua casa. Decidido a levar adiante o incêndio, *X* imagina que o melhor momento para fazê-lo é na calada da noite, afinal, é mais difícil que alguém o veja. *X* não tem razão alguma para crer que *Y* não esteja em casa e, ademais, sabe que ele tem o hábito de dormir cedo. Resoluto, à meia-noite *X* vai até a casa de *Y* e realiza seu plano. Em razão do incêndio, *Y* morre asfixiado pela fumaça.

Perceba-se que o contexto de realização da conduta, à noite, potencializa a realização do perigo criado por *X*. E isso não se altera, mesmo que o cenário de realização seja levemente modificado: por exemplo, arrependido, *X* chamava por socorro, havia ligado e enviado uma mensagem instantânea de texto para *Y*; mesmo nesses casos, em razão do contexto, a possibilidade de evitação do perigo estava reduzida. Some-se a isso o fato que a vítima tinha pequena possibilidade de ativação de algum mecanismo de autossalvação.

Naturalmente essa análise é realizada no caso concreto e, por isso mesmo, nem toda conduta realizada à noite significa potencialização do risco, senão, ao revés, muitas vezes são realizadas à noite justamente para reduzir o perigo de que alguém seja ferido ou porque não há perigo real *ex ante*. Imagine-se, por exemplo, as seguintes situações:

Situação 13

O indivíduo que bebe algumas cervejas e, a contragosto dos amigos, por volta das 3 da madrugada, resolve voltar para casa dirigindo seu potente automóvel. No caminho para casa, decide imprimir ao seu automóvel velocidade excessivamente superior à permitida. O automóvel por ele dirigido por se choca com outro que vinha em sentido contrário e mata o condutor do outro veículo.

Como ponto de contraste, deixo mais uma situação:

Situação 14

Considere-se que o indivíduo *Z*, por volta das 18:30 horas, hora do *rush* na cidade *C*, conduza seu veículo totalmente embriagado, imprima a seu automóvel velocidade excessiva e invada a contramão de direção colidindo com o veículo *V*, matando dois membros família *F*.

Não parece haver qualquer dúvida que as situações retratam perigos com intensidades completamente distintas. Na situação 13, o contexto de realização milita a favor da negação do dolo, uma vez que a conduta foi realizada no horário em que não há perigo real *ex ante*, isto é, quase não há outros automóveis ou pedestres. Essa situação, portanto, quando comparada com o mesmo tipo de conduta realizada durante o dia, com a situação 14, implica exponencial redução do real perigo para a vida. Naturalmente que, aqui, o contexto de realização da conduta poderia seguir variando seja para afirmar ou negar a dolosidade. Bastaria considerar, por exemplo, a distância percorrida pelo agente com excesso de velocidade até o ponto de colisão (*i*) ou, ainda, a quantidade de cruzamentos ultrapassados com o sinal vermelho (*ii*). E se isso parece pouco questionável, a consequência dessa conclusão não pode ser deixada de lado, a saber: as situações não estão sempre em branco e preto como faz crer parcela da literatura científica. De modo bem evidente: o conhecimento do condutor de que está dirigindo sob o efeito de substância alcoólica e/ou em excesso de velocidade, *por si só*, não é suficiente para afirmar existência do dolo de matar, o que não afasta a possibilidade de imputação pelo delito previsto no art. 302, do CTB.[810]

Também aqui, o argumento segundo o qual uma concepção cognitiva de dolo implica, sempre, a ampliação da zona do dolo, mostra o quão de mito ele tem (cf. *abaixo*, item 5.2). Grande parte da jurisprudência e também da doutrina não hesitaria em afirmar o dolo (eventual) de matar nas hipóteses de condução

810. Para esses casos, como já ressaltado, há o art. 302, do CTB: "Praticar homicídio culposo na direção de veículo automotor: Penas – detenção, de dois a quatro anos, e suspensão ou proibição de se obter a permissão ou a habilitação para dirigir veículo automotor". Cf. nota de rodapé n. 791.

sob efeito de álcool.[811-812] Mas eu gostaria de me deter um pouco mais em uma hipótese que também é considerada relevante para fronteira entre o dolo e a culpa: o *racha.*[813]

Em fevereiro de 2017 o tribunal de Berlim julgou um importante caso de condução de veículo automotor com excesso de velocidade.[814] Hipótese já denominada pela doutrina como uma *nova edição do Caso Lacmann.*[815] Tanto nele, como no já conhecido caso *Lacmann*, dois jovens – apesar da representação do risco – fazem uma aposta. Na versão moderna, os jovens disputam uma corrida pelas ruas da cidade para ver quem é o mais veloz. Eis, resumido no essencial, o fato julgado: dois jovens – dirigindo automóveis potentes[816] – apostam para saber quem chegará primeiro em um determinado local. Ambos, por volta da 1 da manhã, dirigiam por uma movimentada avenida de Berlim com velocidade (extremamente) excessiva (com o perdão do pleonasmo) – alcançando uma velocidade de até 170 km/h – quando, em um cruzamento, avançando um sinal vermelho, o automóvel conduzido por um deles atinge violentamente um outro veículo dirigido por Z, que cruzava a avenida com o sinal verde. Com o impacto, Z sofre diversas lesões graves que levam à sua morte ainda no local.[817] Da análise da sentença, destaco os seguintes dados: os *corredores amadores* percorreram aproximadamente 3,4 Km até o ponto de colisão (*i*); no total ultrapassaram 20 cruzamentos (ou bifurcações) (*ii*), 13 dos quais, no momento do ato, estavam com sinalização semafórica (*iii*); respeitando todas as regras de trânsito, seriam

811. Na jurisprudência, *STJ*: HC 356204-SP (2016/0125512-7), rel. Min. Maria Thereza de Assis Moura, p. 6; HC 301.295-SP, rel. Min. Sebastião Reis Junior, p. 5; REsp 1.224.263-RJ (2010/0196996-4), rel. Min. Jorge Mussi, p. 7; HC 118.071-MT, rel. Min. Laurita Vaz, p. 6; REsp 912060-DF, rel. Min. Arnaldo Esteves Lima. Cf. nota de rodapé 790.

812. Não bastasse a tendência em imputar ao condutor embriagado o dolo de matar, há também tendência na jurisprudência a imputar o dolo de matar àquele que empresta o carro para o condutor embriagado. Já decidiu o STJ: «É conhecida a tendência jurisprudencial no sentido de imputar o crime de homicídio àquele que conduz *ou, como no caso, permite que outro conduza*, seu veículo automotor em estado de completa embriaguez, pois, embora não queira a morte da vítima (dolo direto), ao menos assumiu o risco de produzi-la (dolo eventual), motivo pelo qual deve ser submetido ao juiz natural dos crimes contra a vida, ou seja, o Tribunal do Júri (...)as circunstâncias descritas na inicial acusatória podem caracterizar o dolo eventual, já que o agente teria assumido o risco de produzir o resultado morte, ainda que sem intenção de provocar o dano, *mas com ele consentindo,* ao ceder a direção de veículo automotor à pessoa extremamente alcoolizada". HC 196.292-PE, rel. Ministra Laurita Vaz, p. 8 (grifo no julgado; sem itálico no original).

813. Na jurisprudência brasileira, *STF*, cf. HC 101.698-RJ, rel. Min. Luiz Fux.

814. Para uma análise detalhada desse caso, cf. Jahn, Matthias. *Strafrecht: Folgenhaftes illegales Autorennen als Mord – Kurfürstendamm. In*: JuS, 2017, p. 700 e ss; Kubiciel, Michael; Hoven, Elisa. *Die Strafbarkeit illegaler Straßenrennen mit Todesfolge. In*: NStZ, 2017, p. 439 e ss; Puppe, Ingeborg. *LG Berlin, Urt. v. 27.2.2017 – 535 Ks 8/17 (Mordurteile gegen Berliner Raser). In*: ZIS, 2017, n. 7-8, p. 439-444; Walter, Tonio. *Der vermeintliche Tötungsvorsatz von "Rasern". In*: NJW, 2017, p. 1350 e ss.

815. Puppe, Ingeborg. *LG Berlin... Op. cit.*, p. 441.

816. Um Mercedes-Benz AMG CLA 45 e um Audi S6 TDI 3.0 Quattro.

817. Para maior detalhamento das circunstâncias fáticas conferir a decisão publicada, "Tötungsvorsatz bei illegalem Autorennen (Berliner "Raser-Fall")". *In*: NStZ, 2017, p. 471-478.

necessários no mínimo 8 minutos para percorrer aquela distância[818] (*iv*); um perito em acidentes afirmou em juízo que em mais de 12 anos de trabalho somente em ocorridos em rodovias havia visto tamanha destruição (*v*); com o impacto o Jeep Wrangler conduzido pela vítima foi arremessado pelos ares com uma velocidade aproximada de 60 km/h, parando a uma distância de cerca de 70m do ponto de colisão.[819]

O tribunal de Berlim defrontou-se com a questão sobre se esse cenário configuraria uma hipótese de dolo de matar? Antes de responder a esta indagação, algumas racionalizações são importantes: *primeiro*, a ocorrência do resultado é incompatível com o objetivo dos condutores: ganhar a corrida; *segundo*, e como consequência do que acabo de afirmar, tivessem representado que alguma coisa sairia mal, não teriam iniciado o *racha*, afinal, ninguém entra em uma corrida para perder (seja a aposta, seja a vida, seja o precioso automóvel); *terceiro*, os condutores não tinham motivos para realizar tipo penal de homicídio;[820] *quarto*, a perigosidade do comportamento expressada pelo contexto de realização da conduta, isto é, *racha* em uma movimentada avenida da cidade. A esta altura o meu leitor já não se perguntará sobre a importância de considerações volitivas para responder àquela pergunta. Indagar sobre se, por exemplo, os motoristas tiveram a assunção aprovadora em relação ao resultado ou foram indiferentes em relação ao resultado morte (percebam que estou sendo pretencioso por acreditar tê-lo convencido da correção das teorias cognitivas), torna-se desnecessário para resolver a imputação. A verdadeira questão que se põe é saber se esse perigo, por si só, tem *qualidade dolosa*.

Considerada à luz dos padrões do homem sensato, a irracionalidade gritante (*krasse Unvernünftigkeit*)[821] com que os condutores agiram, expressada no grande, manifesto e incontrolável perigo por eles criado, autoriza concluir que a ação somente poderia ser perpetrada por alguém que estivesse disposto a realizar o tipo penal de homicídio; alguém que, para usar a nomenclatura aqui sugerida, estabeleceu um compromisso cognitivo com o risco de morte. O que para mim parece interessante registrar adicionalmente é que, nesse caso, o excesso de velocidade não somente reduz a dominabilidade dos condutores a um nível tal que torna praticamente impossível argumentar que eles tinham qualquer controle sobre o que estavam realizando, senão também que reduz a possibilidade de a vítima

818. LG Berlin Urt. v. 27.2.2017 – (535 Ks) 251 Js 52/16 (8/16), BeckRS 2017, 102417, Rn. 89. O leitor também encontrará esse detalhamento em Puppe, Ingeborg. *LG Berlin... Op. cit.*, p. 440.

819. "Tötungsvorsatz bei illegalem Autorennen (Berliner "Raser-Fall")". *In*: NStZ, 2017, p. 472

820. Aqui o leitor poderá perceber, outra vez, porque registrei que o critério da ausência de motivos, como um que milita a favor da negação do dolo, pode ser problemático em casos concretos. Cf. *acima*, parte II, item 2.2.2.

821. A expressão é de Puppe, Ingeborg. *LG Berlin... Op. cit.*, p. 442.

ativar qualquer mecanismo de autoproteção.[822] Isso significa, para ser econômico nas palavras e não ser repetitivo nos argumentos, que o tribunal de Berlim tem razão quando considera ter havido o dolo (eventual) de matar.[823]

Nos mencionados casos de ultrapassagem em local proibido, o indicador que ora proponho também é um promissor ponto de valoração da conduta. Simplificarei um caso aqui anteriormente relatado e adicionarei uma variável:

> O motorista *M*, atrasado para um compromisso, dirigindo em uma rodovia estadual, resolve imprimir maior velocidade ao seu veículo. Ele está em uma rodovia alternativa. Então, pensa: "por esta via provavelmente não é permitido dirigir tão rápido". Mais uma vez, em seus pensamentos, ele se encontra com as lamentações pelo atraso indesejado. E agora pensa: "a hora do *rush* já passou, neste momento todas as pessoas estão em casa para o jantar, eu tenho bons faróis e consigo manter meu carro do lado da mão de direção. Serei cuidadoso, nada acontecerá". Então, *M* "enfia o pé na tábua". Eis que perde o controle do automóvel, o qual é jogado para o outro lado da pista. *M* choca seu veículo contra outro que vinha em sentido contrário. O condutor do outro veículo é ferido mortalmente.
>
> *Variável*
>
> O motorista *M*, atrasado para um compromisso, dirigindo em uma rodovia estadual, resolve imprimir maior velocidade ao seu veículo. Ele está em uma rodovia estadual, durante horário de intensa circulação de veículos e no meio de uma tempestade. Então, pensa: "por esta via provavelmente não é permitido dirigir tão rápido". Mais uma vez, em seus pensamentos, ele se encontra com as lamentações pelo atraso indesejado. E agora pensa: "mesmo com esta chuva, não posso me atrasar. Não consigo ter uma boa visão à frente, mas creio que nada acontecerá". Então, *M* "enfia o pé na tábua". Eis que perde o controle do automóvel, o qual é jogado para o outro lado da pista. *M* choca seu veículo contra outro que vinha em sentido contrário. O condutor do outro veículo é ferido mortalmente.

O que diferencia as duas situações é o contexto de realização da conduta e, necessariamente, o impacto que isso tem sobre a possibilidade de dominabilidade. Realizar ultrapassagem proibida em uma rodovia alternativa fora da hora do *rush* não é o mesmo que realizar ultrapassagem proibida em uma rodovia estadual em um dia tempestuoso. A segunda situação aumenta exponencialmente a realização do perigo e, também nesse caso, milita a favor de imputação a título de dolo.

822. O tribunal de Berlim fez consignar que se os condutores tivessem respeito a velocidade máxima permitida no local, 50 km/h, o choque teria sido evitável. "Tötungsvorsatz bei illegalem Autorennen (Berliner "Raser-Fall")". *In*: NStZ, 2017, p. 472.

823. O tribunal julgou o caso, contudo, como homicídio qualificado, condenação que para alguns autores foi severa, cf. Puppe, Ingeborg. *LG Berlin... Op. cit.*, p. 442. E por quê? O leitor talvez não mais se recorde (cf. *acima*, parte II, item 1), por isso faço questão de relembrá-lo aqui, e logo adiante, que o homicídio qualificado (§ 211 do StGB) admite a aplicação da pena de prisão perpétua revisável. Cf. notas de rodapé n. 873.

Para seguir argumentando com casos relacionados à circulação de automóveis. É de se considerar, por exemplo, a hipótese hoje tão comum que envolve motociclistas ou ciclistas, por um lado, e, por outro, condutores de automóveis. A adequada valoração do nível de responsabilidade deve avaliar a intensidade do perigo criado pelo autor sopesando-se o complexo de circunstâncias. Desse modo, as circunstâncias objetivas relacionadas ao fato devem ser consideradas para fins de imputação e, nesse sentido, as condições de *visibilidade* (escuro, chuvoso etc.), a *distância entre o veículo e a vítima* (tempo de reação); a possibilidade de reação (pessoas com dificuldades de locomoção, atingidas por trás etc.); as características do veículo, se caminhão ou automóvel; condições geográficas (rua larga, rua estreita, praça, avenida etc.) e a própria *velocidade* são essenciais para determinar o nível de imputação.

Creio que os seguintes exemplos podem melhor esclarecer a hipótese: *i.* o indivíduo *A* dirige seu carro, em alta velocidade, acima de 80 km/h,[824] em direção a um grupo de pessoas que estava sentado sobre a calçada; *ii.* o indivíduo *B* dirige seu automóvel, com baixa velocidade, em direção a um grupo de pessoas que estava em pé. As situações são semelhantes e, por isso mesmo, diferentes. Na primeira hipótese não há tempo/possibilidade de reação suficiente para as vítimas; na segunda, dois fatores indicam pequena possibilidade de realização do tipo, quais sejam: a baixa velocidade potencializa o tempo de reação e o fato de as vítimas estarem em pé permite a implementação dos mecanismos de autoproteção. Nessa segunda hipótese, portanto, o complexo de circunstâncias valorado à luz do estado de vulnerabilidade da vítima não permite afirmar o dolo de matar e abre espaço, contudo, para a imputação a título de lesão corporal.

Contudo, se pequenas variáveis são adicionadas às hipóteses anteriores, a situação não é a mesma. Considere o seguinte: as vítimas, dentre as quais havia uma cadeirante e outra de muletas, estão voltadas ao mesmo sentido de direção do automóvel e, portanto, não podem vê-lo (= são atingidas por trás); o condutor estava a uma velocidade de 50 km/h.[825] Nessa variação, se consideramos como contraponto a hipótese *ii*, estaria justificada a imputação dolosa, afinal, o condutor retira qualquer capacidade de a vítima ativar seu instinto de autoproteção e, com isso, maximiza a realização do perigo criado; com outras palavras, o complexo de circunstâncias que envolve a realização da conduta permite identificar o vínculo relacional entre a conduta e a consequência. Nem mesmo o agente poderia oferecer uma justificação lógica de que o seu objetivo era apenas dar um susto nas vítimas ou causar-lhes lesões, afinal, elas foram atingidas de *surpresa*.

824. BGH - 4 StR 109/05, NStZ 2005, 372.

825. Julgando o caso que tratava de indivíduo que furou a barreira da polícia, o BGH apontou um dado relevante para casos que envolvem atropelamentos. Conforme consta na decisão, lesões fatais somente são esperadas quando o choque é causado por veículo que esteja a uma velocidade superior a 40 km/h. Cf. BGH - 4 StR 364/13, NStZ-RR 2014, 372.

Isso demonstra que, em casos de atropelamento, a velocidade é um elemento determinante para a imputação a título de dolo, especialmente quando aliada a circunstâncias que não *militam* contra o dolo.[826] Em contrapartida, o outro lado da moeda demonstra que a eliminação do dolo somente pode ser seriamente discutida em hipóteses de baixa velocidade e em veículos de pequeno porte, e, ainda assim, se estiverem associadas a circunstâncias objetivas que indicam a possibilidade de ativação do instinto de autoproteção da vítima, de modo que, como visto, caso a vítima seja cadeirante ou tenha sérias dificuldades de locomoção, praticamente seja eliminada a possibilidade de exclusão do dolo.[827] Do contrário, permanecerá latente a possibilidade de imputação dolosa, eis que não é possível permitir ao agente qualquer especulação sobre a positiva capacidade de reação da vítima e, consequentemente, a não realização do perigo representado se o contexto de realização do delito vai de encontro ao grau de vulnerabilidade da vítima.

Disso é possível chegar à seguinte racionalização da imputação subjetiva em relação a atropelamentos: *i.* Veículo em alta velocidade, ou de grande porte, um caminhão, por exemplo, e vítima com elevado grau de vulnerabilidade, imputação a título de dolo sem maiores considerações; *ii.* Veículo em alta velocidade, ou de grande porte, imputação a *prima facie* a título de dolo, salvo se presente algum contraindicador do comportamento doloso; *iii.* Veículo de pequeno porte, com baixa velocidade e vítima em estado de elevado grau de vulnerabilidade, dolo *prima facie positivo*, salvo se presente algum critério de eliminação do comportamento doloso; *iv.* Veículo de pequeno porte, com baixa velocidade e grau de vulnerabilidade reduzido da vítima, dolo de matar *prima facie negativo*.

Esses mesmos parâmetros podem ser utilizados para os casos dos indivíduos fugitivos, os quais investem contra uma barreira policial. Em razão do excesso de velocidade que o indivíduo imprime para a realização da fuga, não parece coerente a afirmação de que ele contava com que o policial saltasse da frente do veículo no último momento. Ainda que seja instintiva a ativação do sentimento de autoproteção, o excesso de velocidade é compatível com o fato de que o sujeito abandonou a realização do tipo à própria sorte, isto é, de que deixou ao acaso a realização do perigo.[828-829]

É de se imaginar, ainda, a situação do sequestrador que coloca a vítima sequestrada em um local muito apertado e com insuficiente ventilação, sem fornecer qualquer alimentação. O contexto de realização da conduta, outra vez, é

826. BGH – 4 StR 271/99, NZV 2000, 88 (89).

827. Admitindo-se eliminação do dolo nos casos de pequena velocidade, sem a exigência do elemento adicional que proponho SCHNEIDER, Hartmut. § 212... *Op. cit.*, Rn. 17.

828. Conferir as objeções que levantei em relação ao critério sugerido por ROXIN (cf. *acima*, parte II, item 2.2.2).

829. Na jurisprudência alemã BGHSt, 15, 291; BGH NStZ-RR 1996, 97.

um fator potencializador do perigo de morte. E, também nesse caso, milita a favor de imputação a título de dolo.

No mesmo sentido, também integram o conjunto de circunstâncias que militam a favor do dolo, por exemplo: abandonar a vítima em local distante, o qual dificulta eventual socorro, realizar a conduta quando não há alguém próximo que possa impedir o comportamento (isso se dá, em regra, em agressões contra crianças ou idosos). Esses contextos potencializam o perigo e mesmo que estejamos diante de um dolo *prima facie* negativo, o caso concreto poderá ser determinante para a imputação definitiva a título de dolo; e o dolo *prima facie* positivo será confirmado. Para concretizar a situação, imagine-se: dois indivíduos resolvem assaltar a vítima *X*; durante o assalto agiram com tal violência sobre o corpo da vítima, que essa sofreu fratura nas costelas, fraturas no esterno, bem como contusão pulmonar. Os autores colocaram a vítima inconsciente e severamente ferida na parte traseira do seu automóvel, levaram-na para um bosque, e deixaram-na ali. A vítima foi encontrada morta dias depois.

Imaginando que a perícia constatasse a alta intensidade do perigo, estaríamos diante de dolo *prima facie* positivo de matar. Como dito, esse dolo é confirmado pelo complexo de realização da conduta, eis que os acusados abandonaram a vítima inconsciente em local distante, com reduzida possibilidade de socorro. Nesse caso, não há razões para duvidar racionalmente que o resultado morte ocorreria ou poderia ocorrer; o contexto de realização confirma o vínculo relacional entre a conduta e o resultado mote.

Para seguir concretizando, é possível recorrer, ainda, ao caso apresentado por LÖFFLER: imagine-se o caso dos mendigos M_1 e M_2 que mutilavam crianças para inspirar a compaixão das pessoas e, com isso, angariar mais esmolas. Acontece que em razão dos ferimentos provocados pela mutilação, as crianças C_1, C_2 e C_3 morreram. Também aqui temos a realização da conduta em um contexto que potencializa o risco, afinal, as condições indicam conduta realizada clandestinamente, fora de hospital e, naturalmente, sem nenhum controle de risco. Esse contexto de realização também milita a favor da imputação pelo dolo de matar.

Uma vez apontados os critérios para inferência, presumo interessante ressaltar aquelas circunstâncias que não podem funcionar como critério para a determinação do nível da imputação: antecedentes, personalidade, comportamento anterior e posterior ao fato. Boa parte desses indicadores é mencionada pela jurisprudência alemã, especialmente nos casos de homicídio. Afirmar secamente que esses critérios não são relevantes para a imputação não ajuda muito, pois seria preciso indicar as razões pelas quais faço essa afirmação. Não ficarei devendo essa fundamentação. Como eles são eventualmente manejados pela jurisprudência, as razões pelas quais esses devem ser destacados da imputação subjetiva serão indicadas quando da análise da pragmática do dolo (*abaixo*, parte V).

Estabelecidas as bases para a operacionalização da concepção conceitual sugerida, parece-me que o próximo passo será indicar, apenas brevemente, qual a repercussão processual para o caso de ser adotada a concepção aqui defendida. Há quem considere, inclusive, e com alta dose de exagero, que o problema central do dolo é um problema processual.[830] Naturalmente tal afirmação não merece concordância, porquanto a concepção processual não pode determinar a questão material. Muito embora, como dito, uma boa concepção material deva ser útil ao processo penal, afinal, ele sempre será dependerá da resposta que será dada a uma questão material: *o que deve ser provado*? Essa resposta será dada logo após uma pequena síntese da tese do dolo como inferência.

3. Síntese da teoria inferencialista do dolo

Sendo essas as considerações sobre a teoria inferencialista do dolo, proponho a seguinte síntese de compreensão da teoria: o dolo é o compromisso cognitivo do autor com a realização do perigo representado (*i*). Esse compromisso cognitivo estará preponderantemente presente quando o autor utilizar um método que aos olhos do homem racional somente seria utilizado por aquele que queria realizar o tipo representado (*ii*). O elemento mais importante para identificação do compromisso cognitivo do autor é a intensidade objetiva do perigo por ele criado aliado ao grau de vulnerabilidade concreto da vítima (*iii*). Nos casos em que o perigo seja de alta intensidade e a vítima esteja em elevado grau de vulnerabilidade deve ser imputada a conduta dolosa sem maiores considerações; a exclusão da responsabilidade penal por erro de tipo é inviável (cf. acima, *excurso*, item 2.3.1) (*iv*). Nos perigos com alta intensidade e vítima com médio ou baixo grau de vulnerabilidade e também nos perigos com média intensidade e vítimas com alto ou médio grau de vulnerabilidade, o dolo é *prima facie positivo*, salvo se presentes contraindicadores; a exclusão da responsabilidade penal por erro de tipo é possível, mas excepcional (*v*). Perigo de baixa intensidade, mas vítima em alto grau de vulnerabilidade, o dolo também é *prima facie positivo*, mas é possível exclusão da responsabilidade penal por erro de tipo; finalmente, vítima em baixo nível de vulnerabilidade e perigo de média ou baixa intensidade, o dolo é *prima facie negativo*, a imputação dependerá da avaliação do complexo de dados.

Nas hipóteses expressadas pelas unidades 8, 6, 4 e 2 (cf. acima, *excurso*, item 2.3.1) a imputação, ou não, a título de dolo, sempre dependerá da análise do complexo de dados indicados: marca dominante da conduta e contexto de realização da conduta. Um critério não implica a exclusão do outro, de modo que o reconhecimento de um, não anula a possibilidade de que esteja presente em outro indicador.

830. Prittwitz, Cornelius. *Strafrecht... Op. cit.*, p. 359.

4. Repercussão processual

Não tenho pretensão de realizar investigação sobre a prova do dolo no processo penal,[831-832] mas uma teoria que tem compromisso com as premissas e critérios que sugere deve, minimamente, indicar quais são as suas repercussões processuais gerais da concepção material sugerida, especialmente naquela quadra, prova do dolo, que é descrita como um tendão de Aquiles do *direito probatório.*[833]

Creio que a consequência processual mais óbvia diz respeito à dispensabilidade de prova do elemento subjetivo volitivo. Uma vez que o querer não mais integra a concepção de dolo, a prova desse elemento é dispensável para fins de determinação do nível da responsabilidade. Então, a questão que surge é: o que deverá ser processualmente provado? Sem sombra de dúvida, o elemento cognitivo, precisamente o fato de que o agente representou o perigo criado ou incrementado. A natureza e a intensidade do perigo representado devem ser determinadas levando-se em consideração os parâmetros acima indicados.

Como deixei evidente, o complexo de dados levados em consideração para determinar o nível de responsabilidade pode ser comprovado independentemente da participação do acusado ou de testemunhas. Razão pela qual as suas declarações, quando muito, têm um valor secundário. Em princípio essa afirmação pode causar alguma espécie, mas creio que esta é a principal vantagem da teoria aqui apresentada, qual seja: evitar que o nível de imputação seja guiado pelas representações psíquicas posteriores ao fato. É perfeitamente possível, por exemplo, que as declarações sejam mal compreendidas, que o acusado seja mal interpretado, que as declarações não sejam adequadamente colhidas, que o acusado esteja sentimentalmente guiado pela culpa, pressão, ódio (o mesmo com as testemunhas); que as declarações sejam motivadas pela *vontade* de evitação da sua própria condenação ou de terceiros.[834] Como alertado por outros autores, inquirições malconduzidas

831. Sobre o tema cf., entre outros, COSTA, Pedro Jorge. *Dolo... Op. cit.*, p. 153 e ss; PAREDES CASTAÑÓN, José Manuel. *Problemas... Op. cit.*, p. 67 e ss; RAGUÉS I VALLÈS, Ramon. *El dolo... Op. cit.*, p. 189 e ss.

832. WAIDER aponta que o problema da prova do dolo nasce da derrogação da tortura, pois o suspeito não poderia ser mais torturado para que se chegasse a uma confissão. Em outras palavras, isso significou a necessidade de criação de regras determinadas para a prova do comportamento doloso. Cf. WAIDER, Heribert. *Die Bedeutung... Op. cit.*, p. 306. Assim, por exemplo, no Allgemeines Landrecht für die Preußischen Staaten (1794), Zweiter Teil, §§ 26 e 27 "Vorsatz. §. 26. Wer absichtlich etwas thut oder unterläßt, wodurch jemand gegen die Vorschrift eines Strafgesetzes beleidigt wird, der begeht ein vorsätzliches Verbrechen. §. 27. Ist die Handlung so beschaffen, daß der gesetzwidrige Erfolg, nach der allgemein oder dem Handelnden besonders bekannten natürlichen Ordnung der Dinge, nothwendig daraus entstehen mußte: so wird vermuthet, daß das Verbrechen vorsätzlich sey unternommen worden».

833. GEYER, August. *Der Beweis im Strafprozeß. In*: HOLTZENDORFF, Franz von (Hrsg.). Handbuch des deutschen Strafprozessrechts in Einzelbeiträgen. Berlin: 1879, B. 1, p. 191.

834. Cf. RAGUÉS I VALLÈS, Ramon. *El dolo... Op. cit.*, p. 234; COSTA, Pedro Jorge. *Dolo... Op. cit.*, p. 176.

contribuem para a má compreensão dos fatos.[835] Mas não é somente isso.

A reconstrução de sentimentos em situações críticas é duplamente duvidosa: *primeiro* porque não é possível ter certeza de que eles realmente existiram; *segundo*, porque se existiram, não é possível isolar a concretização do querer de modo confiável (cf. *acima*, parte II, item 4.2). Em poucas palavras: qualquer juízo processual de valoração da conduta com base nos sentimentos do autor será mera especulação, pois o dolo está na valoração do comportamento humano e não no indivíduo.

Sendo assim, e em razão da dessubjetivação volitiva, parece-me que a teoria da inferencialidade ganha não somente em rendimento dogmático, como também em segurança processual.

5. Objeções à concepção cognitiva

O modelo de dolo intelectual também pode apresentar alguns pontos duvidosos. Entre outros adiante enfrentados, argumenta-se que é incapaz de diferençar o dolo da culpa consciente porque o autor culposo também realiza um risco não permitido.[836] Essa objeção já está claramente refutada, eis que o dolo demanda um *nível* e uma *qualidade* de representação do perigo não existentes na culpa.[837] Contudo, ainda há outras oposições possíveis, razão pela qual é recomendável, de antemão, identificá-las e contra-argumentar ou com elas dialogar. O objetivo desta seção é detectar e antecipar algumas daquelas que podem ser direcionadas à concepção cognitiva – algumas vezes mais, outras, menos evidentes – e demonstrar que elas não são suficientes para invalidar a concepção do dolo como inferência aqui defendida.

5.1 Incompatibilidade com a legislação?

A primeira objeção que se poderia levantar contra a concepção meramente cognitiva, e também a mais previsível, seria a incompatibilidade do dolo meramente cognitivo com a legislação pátria.[838] Deveras, como adverte a doutrina, o legislador com sua distinção psicologista, coloca tanto o dogmático quando o julgador em uma situação complicada diante de casos-limite.[839] Mas a esta altura o leitor mais desconfiado já poderia levantar a seguinte dúvida: teria o legislador, incontestavelmente, feito a distinção entre o dolo e a culpa sob uma base psicologicista? Antes de retomar uma argumentação já ventilada no decorrer do trabalho

835. Kargl, Walter. *Der strafrechtliche... Op. cit.*, p. 17 e ss.

836. Cf. Roxin, Claus. *Zur Normativierung... Op. cit.*, p. 253; Verrel, Torsten. *(Noch kein)...Op. cit*, p. 311.

837. Cf. Puppe, Ingeborg. § 15...*Op. cit.*, Rn. 84.

838. Este tipo de argumento é levantado, por exemplo, por Tavares, Juarez. *Teoria... Op. cit.*, p. 479; Tavares, Juarez. *Teoria dos crimes omissivos... Op. cit.*, p. 394.

839. Cf. Feijóo Sánchez, Bernardo. *El dolo... Op. cit.*, p. 119.

(*acima*, parte I, item 4.1), parece-me interessante esclarecer um ponto referente o conteúdo do art. 18, I, do CP. Contudo, antes de passar a ele, seria pertinente registrar algo que o leitor, a esta altura, já deve ter notado: a discussão sobre a fronteira entre o dolo eventual e a culpa consciente só se mostra séria e problemática nos crimes contra a vida. Nos demais casos, seja pela imposição da estrutura típica do crime seja pela consequência jurídica, doutrina e jurisprudência estão dispostos a afirmar o dolo eventual sem maior esforço argumentativo. Pois bem, advertência feita, retomo o ponto elegido como inicial.

Como apontado acima, a doutrina nacional afirma que o mencionado dispositivo traz o conceito de dolo para o direito penal, razão pela qual estaríamos obrigados a admitir que o dolo pressupõe uma atitude mental volitiva do agente. Mas isso está equivocado, e está pela simples razão de que o mencionado dispositivo não conceitua o dolo. Ele apenas estabelece que a ausência de querer ou assunção de risco impede a imputação a título de dolo. Contudo, como é possível derivar dos argumentos até aqui levantados, o legislador deixa em aberto a questão sobre o que significa exatamente essas expressões. É necessário, portanto, concretizar a determinação legal. E de quem é a missão de esclarecer esses significados? Sem dúvida, cabe à doutrina (é seu dever, melhor dito) formular e sugerir as condições por meio das quais será possível inferir se há, ou não, uma conduta dolosa. E isso deve ser feito, como enfatizado, em sintonia com as finalidades do direito penal (*acima*, parte III, item 2.2 e ss). Em uma sentença, o que é ou não é querer ou a assunção de risco não é algo que seja possível inferir diretamente da lei penal, senão de uma teoria do dolo.

Dito isso, é possível afirmar, com segurança, que não há qualquer incompatibilidade entre a concepção cognitiva e o Código Penal brasileiro. Se os argumentos levantados contra a concepção volitiva do dolo são retomados, especialmente aqueles de corte semântico (*acima*, parte I, item 4.1), será possível concluir que tanto a jurisprudência quanto a doutrina brasileiras conhecem a figura do dolo sem vontade:[840] a recorrente menção à assunção do risco é apenas uma fórmula fazia.

Como ressaltado naquela oportunidade, o dolo em sentido normativo é resultado da atribuição ao indivíduo de determinado estado mental a partir da valoração das circunstâncias que envolvem o caso concreto. Se consideramos o caso *Lacmann*: dois jovens brincam em uma tenda de tiro ao alvo e um deles desafia o outro a acertar uma bola de vidro que se encontra na mão de uma jovem que trabalha na tenda. A jovem, contudo, não pode sofrer ferimento algum. O ganhador da aposta ficará com parcela do patrimônio do perdedor. Ambos, abastados, têm algo a perder. O jovem desafiado atira e acerta a garota. É evidente que do ponto de vista psicológico o jovem não queria acertar a garota, uma vez que isso implicaria em uma insuperável contradição lógica: *apostar para perder a aposta*.

840. Cf. Greco, Luís. *Dolo... Op. cit.*, p. 887-888.

Contudo, como assevera Luís Greco, ninguém "hesitará em afirmar o dolo, e se essa conclusão é correta, isso significa que tanto o código quanto a doutrina dominante conhecem casos de dolo sem vontade em sentido psicológico".[841]

A versão moderna do caso *Lacmann* – e creio que o leitor ainda se recordará da hipótese (*acima*, item 2.3.1.4) – pode ser bem expressada com o caso do racha. Com efeito, como registrado, quem se lança em uma disputa automobilística ilegal *quer*, em sentido psicológico, tudo, menos perder (seja a própria vida, a vida do passageiro, o automóvel, por exemplo). E, nessas hipóteses, mesmo com a realização indesejada do tipo, os tribunais reconhecem o dolo (eventual). O que é preciso chamar à ordem, é que, nesses casos, pouco importa a alegoria linguística utilizada pelo julgador para caracterizar o dolo, o que ele está fazendo, a rigor, é aplicar um conceito normativo de dolo ou um dolo sem vontade (psicológica), mesmo que não o diga expressamente. Para ficar com um exemplo, destaco este pequeno trecho: "diante da conclusão externada nas instâncias originárias no sentido de que o paciente participava de 'pega' ou 'racha', empregando alta velocidade, momento em que veio a colher a vítima em motocicleta, forçoso é reconhecer-se a presença do elemento volitivo, vale dizer, do dolo eventual no caso concreto".[842] Mas o que há de problemático nesse tipo de fundamentação é que para atribuir o dolo recorre-se a um dado que *ex ante* está indisponível para o autor: o resultado. E isso, para além de desnecessário, é dogmaticamente inadequado.[843]

Avaliando que exista um outro leitor insatisfeito com as minhas justificativas, seria de se indagar: há no Código Penal dispositivos a partir dos quais uma concepção cognitiva pode ser derivada? A resposta é sim. Considerando-se a parte especial do Código Penal brasileiro é possível encontrar uma série de dispositivos em sintonia direta com a concepção meramente cognitiva de dolo. Em primeiro momento considerarei os dispositivos de parte geral para, posteriormente, indicar alguns crimes em espécie.

Considerando-se que o Código Penal submete a punição da tentativa à possibilidade de lesão do bem jurídico (art. 17, do CP), isso termina por remeter parte do problema da imputação ao tipo objetivo, e, nesse sentido, não está incompatível com qualquer das teorias de corte cognitivo.

Também é possível recordar o erro de tipo invencível. Também ali não há dolo quando o indivíduo tem falsa representação da realidade; e o que é pior,

841. Greco, Luís. *Dolo... Op. cit.*, p. 888; cf. Greco, Luís. *Algumas... Op. cit.*, p. XVII e ss. No Brasil, reconhecendo que o querer não é psicológico, mas sim normativo Busato, Paulo César. *Direito Penal... Op. cit.*, p. 415; Busato, Paulo César. *Direito Penal: parte especial... Op. cit.*, p. 47.

842. Cf. HC 101698-RJ, rel. Min. Luiz Fux, p. 29. Anteriores, cf. HC 91159-MG, rel. Min. Ellen Gracie; HC 71800/RS, Rel. Min. Celso de Mello.

843. Não é necessário repetir a fundamentação, cf. *acima*, parte III, especialmente itens 2.2, 2.3 e 3.2.1 e parte IV.

mesmo o agente querendo, no sentido defendido pelos volitivistas, realizar a conduta, a ele só poderá ser atribuída uma realização culposa. Isto é, uma conduta somente se torna verdadeiramente dolosa quando o indivíduo abarcou o conhecimento necessário para que pudesse assumir uma posição de responsabilidade em relação ao resultado.

A doutrina também tem total razão ao insistir no fato de que a aplicação das teorias volitivas só é imaginável nos delitos de resultado.[844] Nos demais, uma teoria cognitiva não só é suficiente como também consegue entregar uma satisfatória fundamentação para a imposição da responsabilidade penal. Com efeito, seria uma impropriedade dizer que *X*, dono de uma loja de carros, agiu dolosamente porque teve a intenção de comprar um carro. Assim que a imputação a título de dolo pressupõe coisa diversa de um *querer* em sentido meramente psicológico: pressupõe relação normativa entre o risco de realização do tipo penal correspondente. Apenas esse vínculo normativo será capaz de converter a conduta em conduta penalmente relevante. Se adicionamos ao exemplo anterior que o automóvel comprado era produto de roubo e que *X* conhecia esse dado, aquela impropriedade não persistirá e estará demonstrada a irrelevância da intenção do agente.

Com isso, quero insistir que uma concepção cognitiva é muito mais coerente, por exemplo, com os delitos de mera conduta. Dito de outro modo, tais crimes mostram o quanto o elemento volitivo é dispensável. Se imaginamos, por exemplo, o crime de porte ilegal de arma de fogo. O tipo penal independe de qualquer posição volitiva (em sentido psicológico) do agente, basta que esse tenha consciência de que porta arma de fogo de uso permitido ou proibido;[845] o mesmo em relação ao delito de gestão temerária. Mais ainda: se pensamos em delitos como receptação, tráfico de drogas ou estupro de vulnerável também fica bem evidente a irrelevância do elemento volitivo para a imputação a título de dolo: se o sujeito atuou conhecendo que os bens que adquiriu eram roubados, que transportava drogas ou que tinha relação com uma menor de 14 anos (cf. *abaixo*, item 5.5), quem negará uma imputação dolosa?[846] Nesses casos o dolo se aperfeiçoa com a simples consciência dos elementos do tipo objetivo. Com isso, insistimos em nossa tomada de postura; o dolo é um conceito cuja determinação depende das normas penais (= deve ser considerado no marco de uma representação do risco de lesão ao bem jurídico a que corresponde um tipo penal) e, apenas, do elemento cognitivo.

844. Gimbernat Ordeig, Enrique. *Estudios... Op. cit.*, p. 243, nota de rodapé n. 8; Ross, Alf. Über... *Op. cit.*, p. 83; Schmidhäuser, *Vorsatzbegriff... Op. cit.*, p. 13 e ss.

845. Se esse tipo de incriminação é ou não materialmente justificável, não é questão que deve ser tratada nos limites dessa investigação.

846. No mesmo sentido, cf. Ragués i Vallès, Ramon. *El dolo... Op. cit.*, p. 119.

Dito isso, é possível concluir que não somente a doutrina e jurisprudência admitem o dolo sem vontade, senão também, e principalmente, que ele é compatível com o próprio conjunto normativo penal. Isso significa que é retórica a rasa afirmação de que o dolo cognitivo é incompatível com a legislação brasileira ou que ela não é admitida pela doutrina ou jurisprudência. Quem o fizer, *nega aquilo que é, e afirma aquilo que não é*. A rigor, portanto, uma crítica séria não questionaria questões de compatibilidade, senão se é possível extrair da legislação aquilo que ela pode dizer com algum sentido.[847] Se isso não for suficiente para justificar e convencer o leitor sobre a compatibilidade de um dolo meramente cognitivo, permito-me, ao menos, deixar uma pergunta: *para que servem as teorias se as leis tudo resolvem?*[848]

5.2 Ampliação do âmbito da imputação dolosa?

Uma objeção que provavelmente pode ser levantada, diz respeito ao fato de uma concepção de dolo que abre mão do elemento volitivo ampliaria a zona do dolo. Como anteriormente dito (*acima*, parte II, item 3.3), considero essa objeção frágil e retórica.[849] Não seria incoerente contra-argumentar, inclusive, que ela não pode ser cientificamente levantada, afinal, sendo tão duvidosos os limites entre o dolo e a culpa, não há qualquer barema seguro para afirmar se, de fato, há ou não ampliação do alcance punitivo, caso seja adotada uma teoria de corte eminentemente cognitivo. O que está em jogo com a proposta de dolo cognitivo não é a ampliação da zona do dolo ou da culpa, mas sim a criação de um conceito que permita situar as condutas dolosas no seu devido lugar. Valendo-me de uma metáfora repetida no presente texto, o meu objetivo é evitar que *cachorro seja chamado de gato*.

Todo modo, e para seguir contra-argumentando, é possível afirmar, com segurança, que a teoria da inferencialidade do dolo gera considerável redução do âmbito do crime doloso em todas aquelas hipóteses que não representam ataque direto à vida ou à integridade corporal da vítima. Se aceitarmos os conceitos tradicionais, isto é, o assumir o risco de provocar o resultado, o levar a sério o risco de produção do resultado, o consentimento do autor etc., mesmo nas hipóteses de ataque indireto à vida, por exemplo, ainda ficaria em aberto a questão sobre se o autor assumiu, ou não, o risco de produzir o resultado. Se considerarmos a teoria da inferencialidade, por outro lado, essa indagação não fará qualquer sentido, eis que entre a consequência e a conduta não será possível estabelecer vínculo relacional com qualidade suficiente para a imputação a título de dolo.

Uma crítica coerente, por sua vez, poderia ser levantada no que diz respeito à racionalidade do novo conceito; dito de outro modo, seria indagar se a impu-

847. Cf. Frisch, Wolfgang. *Vorsatz... Op. cit.*, p. 64.
848. Greco, Luís. *Algumas... Op. cit.*, p. XVI.
849. Levanta esta crítica, por exemplo, Díaz Pita, Maria del Mar. *El dolo... Op. cit.*, p. 351.

tação a título de dolo está mantida dentro de limites razoáveis.[850] Creio que os critérios apresentados, assim como as soluções oferecidas aos casos apresentados (*mais adiante*) poderão fornecer a comprovação inequívoca de que uma teoria de corte cognitivo não somente é capaz de manter o juízo de imputação dentro de limites razoáveis, como também é capaz de oferecer respostas mais convincentes nos casos duvidosos, assim que ganharemos não apenas em rendimento como também em segurança jurídica.

Admitindo-se, contudo, a crítica de alargamento do território do dolo, o crítico estaria obrigado a demonstrar que, em um mesmo caso, uma concepção cognitiva *sempre* implicará atribuição a título de dolo e uma concepção volitiva *sempre* implicará atribuição a título de culpa. Não será necessário resolver casos idênticos para comprovar que essa crítica é tão injusta quanto cientificamente falsa. Díaz Pita, a qual censura as teorias cognitivas por ampliarem demasiadamente a zona do dolo, reconhece expressamente que sua concepção volitiva também implica solução dolosa para casos tradicionalmente imputados a título de culpa:

> "(...) hemos tenido ocasión de comprobar un fenómeno a primera vista paradójico: si por una parte, se produce una delimitación más clara de dos ámbitos doloso e imprudente, por otra comprobamos cómo muchos de los casos que, con la ayuda de teorías tradicionales, aparecen calificados como imprudentes, resultan dolosos en base a la redefinición que aquí se propone. En otras palabras, delimitación conceptual frente a ampliación práctica del ámbito del dolo."[851]

Portanto, como ressaltado, não creio que essa se possa considerar uma crítica forte, afinal, em maior ou menor medida, qualquer concepção que se adote implicará alteração do nível da imputação. Como a zona de fronteira entre o dolo e culpa é desconhecida, parece-me uma contradição lógica afirmar, em um mesmo contexto, que essa ou aquela zona será ampliada. Assim que uma *crítica forte* estará inevitavelmente atrelada à racionalidade da imputação subjetiva e à consistência (ou não) que a teoria apresenta para casos problemáticos. Todas as objeções que estiverem fora dessa zona de crítica não podem ser cientificamente aceitas.

5.3 Incompatibilidade com os tipos penais que possuem elementos subjetivos?

Outro possível contra-argumento em desfavor do dolo cognitivo pode fazer referência aos delitos que possuem elemento subjetivo especial.[852] Com efeito

850. Como bem alerta Feijóo Sánchez, Bernardo. *El dolo... Op. cit.*, p. 82.

851. Díaz Pita, Maria del Mar. *El dolo... Op. cit.*, p. 350.

852. Explicando o significado destes elementos à luz da legislação espanhola e argumentando, inclusive, que diante da ausência de coerência do legislador ao fazer uso das expressões que indicam elementos subjetivos, "debe llevar a sostener que el mantenimiento del adverbio 'intencionadamente' en

o legislador eventualmente prevê nos tipos penais elementos subjetivos que extrapolam o dolo tradicionalmente considerado. Algumas vezes o seu objetivo é especializante, isto é, evitar que comportamentos que expressem distintos graus de reprovabilidade possam ser ajustados à mesma figura típica: é o que se dá, por exemplo, com os casos de sequestro (art. 148 do CP) e extorsão mediante sequestro (art. 158 do CP).[853] Noutras o objetivo é, apenas, abreviar a extensão do tipo como, por exemplo, no crime de furto (art. 155 do CP) ou no crime de falsidade ideológica (art. 299 do CP).[854] Nesses casos, a ausência do ânimo especial implicará na ausência relevância jurídico-penal da conduta.

Aqui também não há qualquer problema com uma concepção cognitiva, eis que, como assentado, a realidade do direito não é uma realidade psicológica, senão uma realidade valorada. Isso significa que o jurista apenas deve selecionar os critérios com os quais deve manejar para o juízo de atribuição do significado semântico e associar a eles um juízo valorativo. Naturalmente, tudo isso é muito diferente de iniciar uma cruzada em busca de uma teoria psicológica para explicar supostos dados mentais volitivos do autor a partir dos quais se atribuirá responsabilidade.

Não é tarefa desses conceitos jurídicos expressar realidades psicológicas volitivas, senão funcionar como conceitos a partir dos quais será possível realizar para o juízo de valoração. Quem nega isso, ignora a natureza valorativa do direito penal.

Sendo assim, esse contra-argumento também não é forte, afinal, a objeção só assumirá, aparentemente, algum relevo quando nos depararmos com crimes nos quais elementos subjetivos poderiam refletir na própria tipicidade. Mas, mesmo nesse caso, também não há qualquer incompatibilidade com uma concepção meramente cognitiva, afinal, esses dados extraordinários podem ser normativamente atribuídos ao autor desde que observado o complexo de dados que envolve a realização da conduta,[855] isto é, podem ser compreendidos independentemente da necessidade de um elemento volitivo do dolo no sentido psicológico.

ciertos preceptos del Código no es más que un vestigio del antiguo modelo de imputación subjetiva". Ragués i Vallès, Ramon. *El dolo... Op. cit.*, p. 176.

853. "Art. 148. Privar alguém de sua liberdade, mediante sequestro ou cárcere privado: Pena – reclusão, de um a três anos; (...) Art. 159. Sequestrar pessoa *com o fim* de obter, para si ou para outrem, qualquer vantagem, como condição ou preço do resgate: Pena – reclusão, de oito a quinze anos."

854. "Art. 299. Omitir, em documento público ou particular, declaração que dele devia constar, ou nele inserir ou fazer inserir declaração falsa ou diversa da que devia ser escrita, *com o fim* de prejudicar direito, criar obrigação ou alterar a verdade sobre fato juridicamente relevante:

Pena – reclusão, de um a cinco anos, e multa, se o documento é público, e reclusão de um a três anos, e multa, se o documento é particular."

855. Convém relembrar que mesmo as concepções volitivas já adquirem toques normativos. Cf. Roxin, Claus; Greco, Luís. *Strafrecht... Op. cit.*, § 12, Rn. 30. Cfr. Puppe, Ingeborg. § 15... *Op. cit.*, Rn. 24; Puppe, Ingeborg. *Strafrecht... Op. cit.*, p. 112, Rn. 2.

5.4 Incompatibilidade com os delitos de perigo?

Uma objeção *forte,* possível de ser levantada contra uma concepção cognitiva, é a de que a concepção meramente cognitiva de dolo conduz à impossibilidade de diferenciação entre os tipos de perigo concreto, por um lado, e os tipos de perigo de lesão, por outro, supondo-se que todos os tipos de perigo caracterizariam tentativas de lesão.[856]

Mas essa força da crítica é apenas aparente. Como bem ressaltou PUPPE, ela não é de nenhum modo aplicável à teoria cognitiva do dolo fundada no perigo. E a razão é bastante simples: "o perigo concreto, no sentido dos delitos de perigo concreto, começa a existir num momento bem anterior ao doloso".[857] Assim, por exemplo, está bastante clara a diferença entre o crime de perigo para a vida ou a saúde de outrem e a tentativa de homicídio. Aquele se consuma em um momento muito anterior e pela ausência de ataque direto à vida ou integridade física de uma pessoa. Por exemplo: imagine-se o proprietário da empresa *X*, que mantém a produção de isoladores elétricos em condições insatisfatórias de equipamentos de proteção e expõe a vida e a integridade dos seus trabalhadores a perigo como, por exemplo, o perigo de choques elétricos. Nesse caso, ninguém duvidará que seria uma hipótese de exposição a perigo, nos termos do descritos no art. 132 do CP. É possível considerar, ainda, outra hipótese: imagine-se a mãe que deixa o filho com menos de 3 anos de idade sozinho em casa para ir a uma festa *rave*, retornando apenas no dia seguinte. Nesse caso, também não seria de se cogitar outra imputação, senão o crime de abandono de incapaz (art. 133 do CP). Ou ainda: quem provoca incêndio em estabelecimento comercial situado em região que permite a expansão do incêndio, que não ocorre em razão da intervenção do corpo de bombeiros, comete o crime de incêndio (art. 250 do CP).

Outra questão que poderia ser aqui levantada é: como diferençar as hipóteses nas quais o autor representa que sua conduta é apenas apta a criar um perigo daqueles casos em que representou que estava realizando uma conduta apta a provocar uma lesão?[858] Essa indagação, como ressaltou PUPPE, não apresenta

856. Cf. FISCHER, Thomas. § *15... Op. cit.*, Rn 9 a; KÖHLER, Michael. *Die bewusste... Op. cit.*, p. 288; KÜPPER, Georg. *Zum Verhältnis... Op. cit.*, p. 774; ROXIN, Claus. *Zur Normativierung... Op. cit.*, p. 252 e ss; ROXIN, Claus; GRECO, Luís. *Strafrecht... Op. cit.*, § 12, Rn. 52; SCHÜNEMANN, Bernd. *Vom philologischen... Op. cit.*, p. 370. Reconhecendo a dificuldade de distinção sem o elemento volitivo FRISCH, Wolfgang. *Vorsatz... Op. cit.*, p. 290-291.

857. "Er gilt jedenfalls nicht für die Lehre v. der Vorsatzgefahr, denn die konkrete Gefahr iS der konkreten Gefährdungsdelikte beginnt auf einem sehr viel niedrigeren Niveau als die Vorsatzgefahr" PUPPE, Ingeborg. § 15... *Op. cit.*, Rn. 86. Também cf. PUPPE, Ingeborg. *Der Vorstellungsinhalt... Op. cit.*, p. 34; OTTO, Harro. *Dolus eventualis und Schaden bei der Untreue, § 266 StGB. In*: PAEFFGEN, Hans-Ullrich; BÖSE, Martin; KINDHÄUSER, Urs; STÜBINGER, Stephan; VERREL, Torsten, ZACZYK, Rainer. Strafrechtswissenschaft als Analyse und Konstruktion. Festschrift für Ingeborg Puppe zum 70. Geburtstag. Berlin, Duncker & Humblot, 2011, p. 1258-1259.

858. Com esta indagação RAGUÉS I VALLÈS, Ramon. *El dolo... Op. cit.*, p. 174-175.

qualquer dificuldade pois, quem está autorizado a julgar a qualidade do perigo representado é o magistrado e não o indivíduo.[859]

Como se vê, as exigências para o aperfeiçoamento do perigo no sentido exigido pelos delitos de perigo concreto são bem inferiores às exigências de um perigo doloso. Não por outra razão, ou seja, pela exigência muito inferior às necessárias para a configuração do perigo doloso, trata-se de um delito de natureza residual.[860] Noutros termos: a teoria aqui defendida também é capaz de diferençar os crimes de dano dos crimes de perigo.

5.5 Circunstâncias já existentes no momento da conduta?

Outra objeção *forte* diz respeito ao fato de que alguns tipos penais contêm circunstâncias prévias, dadas pelo legislador, as quais, portanto, pertencem ao tipo objetivo e, por isso mesmo, são o objeto de referência do dolo. Essa objeção, contudo, não é suficiente para afastar a compreensão cognitiva do dolo como representação com a realização do perigo. Para demonstrar isso, vou rememorar uma hipótese aqui citada: *A* encontra-se com a moça *M* em um bar. Em ambiente à meia luz, e após alguns drinques, desenrola-se demorada conversa que adquire tons mais íntimos; nesse intervalo, *A* percebe a privilegiada constituição corporal de *M* e, diante do seu comportamento absolutamente relaxado, sente-se encorajado a dar o próximo passo. *A* convida *M* para, confortavelmente, terminarem a conversa em seu apartamento; ao final, tudo sai como *A* havia representado: eles têm relação sexual. Acontece que *M* tinha apenas 13 anos de idade.

Esse exemplo mostra, claramente, que o conhecimento das circunstâncias prévias à conduta como, por exemplo, a idade da vítima, somente está efetivamente disponível para um pequeno grupo de pessoas. Contudo, a categoria das normas de sanção não tem como destinatário pessoas específicas, senão toda a coletividade. E um argumento que só aplicável apenas a um núcleo diminuto de pessoas é insuficiente para objetar uma teoria.

Caso o leitor ainda não esteja satisfeito, é possível agregar a seguinte observação. Como esse dado (a idade) não está previamente disponível, nesse caso, a conduta somente pode ser orientada por parâmetro a ele imediatamente vinculado, qual seja: o perigo de que o dado prévio efetivamente esteja presente. Se aplicamos essa racionalização ao caso do estupro de vulnerável, isso ficará bem claro: no caso concreto o agente não conhece a idade, mas sua representação pode ser valorada considerando a real possibilidade (isto é, o perigo) de que aquele dado efetivamente exista. E se isso parece pouco questionável, parece bastante

859. Cf. Jakobs, Günther. *Altes... Op. cit.*, p. 289.

860. Exposição de Motivos da parte especial do Código Penal brasileiro, item 46 "Trata-se de um crime de caráter eminentemente subsidiário. Não o informa o *animus necandi* ou o *animus laedendi*, mas apenas a consciência e vontade de expor a vítima a grave perigo. O *perigo concreto*, que constitui o seu elemento objetivo...".

significativo que também em relação a circunstâncias anteriormente existentes, há espaço para o bom funcionamento do conceito de dolo que elege o perigo como objeto.[861] Também nesse caso, como antecipado (item 5.1), uma teoria meramente cognitiva de dolo mostra a sua correção científica: é possível ter uma relação sexual com uma menina representando que ela tenha apenas quatorze anos, mas nunca com a *intenção* de que ela tenha apenas quatorze anos.[862]

6. Sobre a relação entre o dolo e a culpa

Com efeito, a distinção que se estabelece entre o dolo e a culpa está calcada na graduabilidade. Ambos representam violação ao dever de cuidado; em ambos os casos se trata de conduta perigosa. Acontece que no dolo essa violação, em razão do nível e da intensidade da representação, é tão intensa que é dispensável derivá-la de uma fonte secundária, ao passo que na culpa a violação não é direta, de modo que somente é possível enxergá-la recorrendo-se a uma fonte indireta.[863]

Essa diferença de gradação entre o dolo e a culpa está marcada pelo nível de dominabilidade que o autor pode ter sobre a sua conduta, isto é, no comportamento doloso o agente conhece todos os elementos necessários de maneira a poder dominar o seu próprio comportamento e ativar os mecanismos de evitação da lesão ao bem jurídico, ao passo que o crime culposo consubstancia uma espécie de delito na qual não existe a mesma intensidade de domínio porque o indivíduo não tem consciência de que seu comportamento cria o perigo de realização do tipo penal. E, por isso, a doutrina tem razão ao apontar que o indivíduo que age dolosamente também preenche todos os requisitos dos delitos culposos aos quais se somam outros; não há, portanto, elementos específicos para o dolo ou para a culpa. A diferença é, apenas, gradual lógica.[864] Considerando-se o exposto, essa diferença gradual pode ser identificada pela seguinte proposição: *quanto mais intenso for o conhecimento do perigo, maior é sua dominabilidade*.

861. Cf. FRISCH, Wolfgang. *Vorsatz... Op. cit.*, p. 355 e ss (p. 381 e ss).

862. Cf. ROSS, Alf. Über... *Op. cit.*, p. 83.

863. Implicitamente isso significa que todo crime doloso conteria um crime culposo em sua estrutura e, portanto, a forma básica de comportamento típico seria a culpa ao passo que o dolo seria apenas, como anunciou HELLMUTH MAYER, um caso especial de culpa. Cf. ROSTALSKI, Frauke. *Normentheorie und Fahrlässigkeit – Zur Fahrlässigkeit als Grundform des Verhaltensnormverstoßes. In*: GA, 2016, p. 73 e ss. Contra, entre outros, KÜHL, Kristian. *Strafrecht... Op. cit.*, p. 2, Rn. 4.

864. Cf. HERZBERG, Rolf D. *Das vollendete vorsatzliche Begehungsdelikt als qualifiziertes Versuchs-, Fahrlassigkeits- und Unterlassungsdelikt. In*: JuS, 1996, p. 377 e ss (há uma versão em espanhol publicada pela RBCCrim, HERZBERG, Rolf D. *El delito comisivo doloso consumado como un delito cualificado respecto del delito omisivo, imprudente y en tentativa. In*: RBCCrim, 2005, vol. 52, p. 177 e ss); PUPPE, Ingeborg. *Strafrecht... Op. cit.*, p. 89, Rn. 2. Não por outra razão a estrutura fundamental da imputação objetiva é a mesma para ambos os delitos FRISCH, Wolgang. *Vorsatz... Op. cit.*, p. 101; WOLTER, Jürgen. *Objektive und personale Zurechnung von Verhalten, Gefahr und Verletzung in einem funktionalen Straftatsystem.* Berlin: Duncker & Humblot, 1981, p. 34.

7. Síntese

Como não é difícil perceber, ao revés, deixei expressamente registrado, a tese aqui sugerida está em sintonia com a proposta de Puppe. As razões para isso, creio, estão diluídas no decorrer do trabalho e o rendimento prático ainda será demonstrado, seja aplicando-se o critério por mim sugerido nos casos julgados pelo BGH, seja solucionando-se os casos inicialmente propostos. Dito isto, parece-me possível considerar algumas conclusões preliminares:

1. O dolo pode ser adequadamente fundamentado com base no elemento cognitivo e a razão para isso reside no fato de que a representação do perigo permite ao autor exercer o controle sobre o próprio corpo e que, portanto, domine o que está sendo ou será realizado;

2. Desse modo, as marcas da dominabilidade da conduta, a decisão pelo incremento do risco e os objetivos de prevenção da pena são justificáveis independentemente do sentimento do autor em relação à realização do tipo;

3. Logo, a diferença entre o dolo e a culpa corresponde essencialmente à diferença entre representação e não representação. Em poucas palavras, dolo é representação e culpa é a ausência de representação. Essa é a única forma de justificar satisfatoriamente a ampla diferença de pena que há entre os comportamentos dolosos e os comportamentos culposos;

4. Para evitar que todo o conteúdo do conhecimento seja remetido ao campo do dolo, a reprogramação da categoria deve realizar-se, necessariamente, pela identificação da qualidade do perigo criado pelo agente. O perigo é, portanto, a marca de Caim do elemento cognitivo do dolo;

5. A qualidade do risco doloso é identificada recorrendo-se à inferencialidade capaz de expressar o compromisso cognitivo do autor com a realização do perigo representado;

6. Como esclarecido, a essência da imputação com base no dolo como inferência não está assentada em uma conta numérica do perigo criado, mas sim em uma propriedade derivada a partir de um complexo de circunstâncias. Somente após a análise dessa informação empírica será possível atribuir ao perigo a etiqueta de perigo com qualidade dolosa;

7. Em largas linhas, é possível afirmar que um perigo *sui generis* é suficiente, sem maiores considerações, para a imputação dolosa; as demais espécies de perigo necessitam passar pelo cruzamento com os demais critérios seja para confirmar o dolo seja para afastá-lo.

Todas essas conclusões correspondem sinteticamente aos três pilares da tese: *primeiro*, o dolo é a representação do perigo juridicamente desaprovado de realização de um tipo penal; *segundo*, a substância dessa representação é determinada recorrendo-se à natureza mesma do perigo e à sua intensidade; *terceiro*, a partir da valoração de uma série de critérios objetivos será possível atribuir ao indivíduo a realização dolosa.

Estabelecido todo o arcabouço teórico no âmbito da teoria do dolo, é preciso verificar como essa se comporta na prática. Para realizar esse teste, nada melhor que considerar uma série de casos julgados pela jurisprudência alemã. O leitor provavelmente está se perguntando por que o parâmetro estrangeiro foi elegido para o teste e controle da teoria. A razão para que eu o tenha elegido, e não o brasileiro, é dupla: uma teórica e outra prática.

Do ponto de vista teórico, o BGH, nos últimos trinta anos, desenvolveu curiosa teoria para os crimes praticados em estado de intensa excitação psíquica, a denominada *Hemmschwellentheorie*. E até onde tenho conhecimento, não há qualquer referência sobre a teoria em língua portuguesa.

Do ponto de vista prático, a análise também está duplamente justificada: pela sistematização das decisões do tribunal e pela relevância desta análise para a ciência brasileira. Quanto ao primeiro, a sistematização da jurisprudência do BGH permite a análise do dolo em grupos de casos bem definidos, circunstância que facilita a compreensão de aplicação dos critérios de diferenciação entre o dolo e a culpa; do ponto de vista da pesquisa, até onde tenho conhecimento, essa análise da jurisprudência do BGH não foi realizada nem em português nem em espanhol.

Naturalmente, e é preciso ressaltar esse ponto, a primeira crítica que poderia ser lançada, diz respeito ao fato da ausência de tratamento detalhado da jurisprudência brasileira. Tal crítica não seria justa e não o é também por duas razões: *primeiro*, durante todo o decorrer do trabalho preocupei-me em apontar, sempre que pertinente, como a jurisprudência brasileira se comporta com cada uma das teorias; o que nem sempre foi feito com a jurisprudência alemã. *Segundo*, em linhas gerais, a jurisprudência brasileira está em perfeita sintonia com a postura doutrinária, razão pela qual a menção aprofundada à jurisprudência seria, apenas, mera repetição das posturas teóricas trabalhadas.[865] Assim que, em relação à jurisprudência do BGH, preocupei-me em centrar a análise detalhada nos casos submetidos à aplicação da mencionada Hemmschwellen*theorie*. Isso significa que a ausência de tratamento específico das decisões brasileiras não tem qualquer outro fundamento a não ser o metodológico. Sem mais, passo à pragmática do dolo.

865. O leitor encontrará uma exposição geral no excurso da parte V.

PARTE V

A PRAGMÁTICA DO DOLO NA JURISPRUDÊNCIA

1. Considerações preliminares

Os porquês do tratamento específico da pragmática do dolo na jurisprudência do BGH foram enunciados na seção anterior. É possível revisitá-los: examinarei o interessante *método* pelo qual a jurisprudência alemã resolve os casos relacionados com o homicídio, não somente pela relevância teórica que é possível extrair dessa análise, senão também, e principalmente, para avaliar como a prática aplica os conceitos que a ciência enuncia.[866] Contudo, recorrer somente a esses argumentos ainda seria insuficiente para anular a possibilidade de análise da jurisprudência brasileira, como justificar essa ausência? Adotarei o seguinte método: se na seção anterior apresentei os porquês da análise da jurisprudência do BGH, a pergunta que se põe agora, é: por que *não* examinar *detalhadamente* a jurisprudência brasileira em casos de homicídio? A razão é derivada da ordem processual: em regra, os tribunais superiores compreendem que a decisão sobre a imputação a título de dolo (eventual) ou culpa (consciente) pertence ao conselho de sentença e, como tal, o juiz, sob pena de invasão de competência, não aprofunda a discussão jurídica. Isso quer dizer que, tanto a doutrina quanto a jurisprudência compartilham o entendimento segundo o qual a sentença de pronúncia (art. 413 do Código de Processo Penal) encerra mero juízo de admissibilidade da acusação, em que se exige apenas o convencimento da prova material do crime e da presença de indícios de autoria.[867] Consequência: a discussão da delimitação da imputação fica

866. Cf. nota de rodapé n. 763.

867. Sobre a sentença de pronúncia, na doutrina brasileira, cf. OLIVEIRA, Eugenio Pacelli de. *Curso de processo penal*. 17. ed. São Paulo: Atlas, 2013, p. 731 e ss. Na jurisprudência *STF*: RHC 116950-ES, rel. Min. Rosa Weber, p. 5-6; HC 101698-RJ, rel. Min. Luiz Fux, p. 9 citando os seguintes precedentes (HC 94274-SP, rel. Min. Carlos Britto, 1ª Turma, *DJ* de 04.02.2010; AgIn 458072-ED-CE, rel. Min. Joaquim Barbosa, 2ª Turma, *DJ* de 15.10.2009; RE 521813-PB, rel. Min. Joaquim Barbosa, 2ª Turma, *DJ* de 19.03.2009); *STJ*: AgRg no REsp 1588984-GO (2016/0076057-2), rel. Min. Antonio Saldanha Palheiro Filho, p. 3; HC 353473-MG (2016/0095235-9), rel. Min. Nefi Cordeiro, p. 3 e ss; HC 321354/

bastante limitada[868] e, quando chega às cortes superiores, na maioria dos casos, o é em sede de *habeas corpus*. E aqui, a segunda consequência: como o remédio constitucional não admite dilatado juízo de cognição, o STF e o STJ, por força da natureza do instituto constitucional, não estão autorizados a debater o tema com maior profundidade e extensão.[869] Por limitação processual, não há material conceitual suficiente para dialogar com a jurisprudência brasileira.

Justificado o porquê da análise jurisprudencial alemã, ainda resta um esclarecimento: a apreciação está limitada a determinados grupos de casos, afinal, no âmbito dessa investigação, não caberia a análise do dolo em todos os tipos penais. Para otimizar essa limitação, a constelação de casos selecionada para análise deve corresponder àquela de maior relevância para a teoria do dolo e, nesse caso, sem medo de falsas deduções, é possível afirmar que a dogmática do dolo é inequivocamente dependente dos crimes contra a vida, mais especificamente do crime de homicídio.[870] Mas, por melhor que seja, uma justificativa estatística pode ser considerada insuficiente para fundamentar a elaboração de uma seção dedicada à prática. Será preciso uma razão teórica. Nesse caso, também há uma razão teórica, qual seja: há uma controvérsia entre a literatura científica e o BGH nas hipóteses que envolvem a prática de crime contra a vida em contexto de perturbação emocional de alta intensidade.

O objetivo deste capítulo, contudo, não se resume à exposição do cenário prático e teórico alemão, senão também, e principalmente, servirá como substrato prático para testar a teoria por mim desenvolvida. Meu objetivo, portanto, é duplo: por um lado, demonstrar o rendimento prático da(s) teoria(s) seguida(s) pelo BGH para o julgamento dos crimes contra a vida (*i*); por outro, e simultaneamente, submeter a teoria da inferencialidade do dolo a um primeiro teste de aplicação (*ii*).

Para alcançar esses objetivos, pareceu-me importante adotar como metodologia uma análise que partisse do *geral para o específico*, de modo que proponho o seguinte percurso analítico: primeiro, apresentarei a doutrina geral do BGH no que diz respeito aos crimes contra a vida, especialmente em relação ao homicídio

SC (2015/0086818-9), rel. Min. Feliz Fischer, p. 7; AgRg no REsp 1525082-SP (2015/0080328-5), rel. Min. Reynaldo Soares da Fonseca, p. 2 e ss; HC 308047-SP (2014/0280984-0), rel. Min. Nefi Corderiro, p. 3. REsp 1327087-DF (2012/0117018-0), rel. Min. Og Fernandes, p. 14.

868. Alertando para o problema REsp 1327087-DF (2012/0117018-0), rel. Min. Og Fernandes, p. 14 e ss.

869. No *STF*: HC 132036-SE, rel. Min. Carmen Lúcia, p. 3; HC 131884-SC, rel. Min. Teori Zvascki, p. 5, citando os precedentes (RHC 120.417, rel. Min. Ricardo Lewandowski, 2ª Turma, *DJe* 06.03.2014; HC 129.989, rel. Min. Gilmar Mendes, 2ª Turma, *DJe* 02.12.2015; e HC 111.658, rel. Min. Cármen Lúcia, 2ª Turma, *DJe* 17.09.2013).

870. Não por outra razão, acerta a doutrina ao alertar que a investigação limitada aos casos de homicídio está metodologicamente justificada porquanto correspondem a 95% dos problemáticos casos de delimitação ente dolo e culpa. Cf. Díaz Pita, Maria del Mar. *El dolo... Op. cit.*, p. 329. Contra uma doutrina especial do dolo de matar, cf. Fahl, Christian. *Das Ende der Hemmschwellentheorie – Ein Nachruf. In*: JuS, 2013, p. 499 e ss.

(abaixo, item 2.2); com a discussão já animada com esses elementos básicos, abordarei o que há de específico, ou seja, a chamada Hemmschwellen*theorie*[871] (abaixo, item 2.3); finalmente, com o geral e o específico conhecidos, examinarei as constelações de casos (abaixo, 2.4). Passo, então, à exposição da doutrina fundamental do dolo na jurisprudência do BGH.

2. O dolo na jurisprudência do BGH: em especial sobre o crime de homicídio

2.1 Ponto de partida da discussão no âmbito do homicídio: visão geral da (nova) jurisprudência

Da análise do material jurisprudencial do BGH referente ao crime de homicídio, é possível reconhecer que a questão central da argumentação desenvolvida no tribunal diz respeito à sistematização e ao julgamento de quais ações violentas representam, para a vida da vítima, perigo apto a justificar a imputação pelo crime de homicídio. Essa sistematização mostra-se problemática porquanto o § 212 do StGB permite a imposição da pena de prisão perpétua nos casos de homicídio qualificado.[872-873] E, evidentemente, essa disparidade de consequência jurídica reflete-se na necessidade de uma pragmática cautelosa, isto é, no problema de estabelecer quais os critérios que determinam a fronteira entre um comportamento que expressa dolo (eventual), o qual permitirá a imposição de prisão perpétua, e um comportamento que expressa culpa (consciente).[874]

871. Na seção denominada "crítica e balanço" (*abaixo*, item 2.5) estão as razões pelas quais destaquei o termo "*theorie*".

872. No Código Penal alemão, o homicídio simples e o homicídio qualificado estão tratados em dispositivos diferentes, aquele no § 212, este no § 211. Para a jurisprudência, essa diferente localização topográfica, isto é, a posição antecedente do homicídio qualificado em relação ao simples, não significa haver entre os delitos relação de qualidade, senão que ambos devem ser interpretados de modo independente ((Cf. BGHSt 1, 368 (370 e ss); BGHSt 50, 1 (5)). Para a doutrina majoritária, contudo, o § 212, homicídio simples, representa a forma básica do delito, ao passo que o § 211 deve ser compreendido como qualificação. Não por outra razão, metodologicamente, alguns autores, como é o caso do Rengier, analisam primeiro o § 212 para somente então abordar o § 211. (cf. Eser, Albin; Sternberg-Lieben, Detlev. § 212. In: Schönke, Adolf; Schröder, Horst. *Strafgesetzbuch Kommentar.* 29. Aufl. München: Beck, 2014, Rn. 1; Rengier, Rudolf. *Strafrecht. Besonderer Teil.* 17 Aufl. München: Beck, 2016, Bd. II, p. 14, Rn. 1). Para uma análise do delito que corresponde ao nosso homicídio simples cf. Köhne, Michael. *Totschlag in einem besonders schweren Fall. In*: Jura, 2011, p. 741 e ss; Kühl, Kristian. *"Wer einen Menschen tötet" – Der objektive Tatbestand des Totschlags gemäß § 212 StGB. In*: JA, 2009, p. 321 e ss; Momsen, Carsten. *Der besonders schwere Fall des Totschlags (§ 212 II) – zwischen Mord und Totschlag? In*: NStZ, 1998, p. 487 e ss.

873. Como já advertido (nota de rodapé n. 205) também é possível aplicar a pena de prisão perpétua revisável em casos de homicídio simples que expressem especial gravidade (§ 212, Abs. 2). Na prática, contudo, a pena é aplicável, quase que unicamente, aos casos de homicídio qualificado.

874. Cf. Schneider, Hartmut. § 212... *Op. cit.* Rn. 6.

Um último alerta deve ser feito: quando o BGH julga o nível da imputação subjetiva, se dolosa ou culposa, *a rigor*, ele não está decidindo verdadeiramente o que é, ou o que não é dolo, mas apenas afirmando que à luz dos argumentos lançados pela instância inferior é possível esta ou aquela imputação, nada além disso.

Alerta feito, necessário registrar o ponto de partida da análise, a pergunta que moverá esta seção é: qual é a definição geral de dolo adotada pelo tribunal e, consequentemente, como é determinada a fronteira *geral* entre as duas modalidades intermediárias de imputação subjetiva?

2.2 Fundamentos gerais do dolo

Em linhas gerais, a jurisprudência alemã continua a considerar o dolo uma categoria integrada pelos elementos intelectual e volitivo do dolo.[875] Mais ainda, como vaticina a doutrina: enquanto a literatura científica mostra cada vez mais oposição no que se refere ao elemento volitivo, a jurisprudência, em contrapartida, mostra tendência contrária: "por ausência de 'querer', o dolo é afastado mesmo quando o sujeito era consciente da considerável periculosidade da sua conduta e tenha abandonado as coisas à sua própria sorte".[876] E a expressão mais evidente dessa tendência é a superexigência do elemento volitivo nos casos da Hemmschwellen*theorie* (abaixo, item 2.3). Por ora, cuidarei do esquema fundamental utilizado pelo tribunal para diferençar o dolo eventual da culpa consciente.

Tanto na hipótese de dolo eventual quanto na de culpa consciente, o BGH exige que o autor tenha representado a realização do tipo como possível e *não (muito)* remota. Então, como estabelecer a distinção entre ambas as modalidades intermediárias de imputação subjetiva? Essas se diferenciam entre si pelo fato de que no dolo eventual o BGH exige a presença adicional da dimensão volitiva. No âmbito do dolo, essa dimensão é traduzida por meio de duas fórmulas: *primeira*, verificar se a partir da representação o agente consentiu com a realização do tipo, seja essa, a seu ver, boa ou ruim ("*den Erfolg im Rechtsinne billigen*); *segunda*, verificar se o agente teve postura de assunção aprovadora (*billigende Inkaufnahme*[877]) em relação à realização do tipo.[878]

875. BGH – 1 StR 262/88; BGHSt 36, 1 (3–11); BGH – 4 StR 81/94; BGH – 1 StR 137/01, NStZ 2001, 475 (476); BGH – 4 StR 558/11, NStZ 2012, 384; Neumann, Ulfrid. § 212... *Op. cit.*, Rn. 7; Puppe, Ingeborg. *Anmerkung zu einem Urteil des BGH vom 22.03.2012 (4 StR 558/11; NJW 2012, 1524) – Zur Frage der Anwendung der Hemmschwellentheorie bei Tötungsdelikten. In*: JR, 2012, p. 477 e ss; Walter, Tonio. *Der vermeintliche... Op. cit.*, p. 1350.

876. "(...)Der Vorsatz wird wegen fehlenden ‚Wollens' auch dann abgelehnt, wenn der Täter die erhebliche Gefährlichkeit seines Verhaltens erkannt und den Dingen ihren Lauf gelassen hatte". Roxin, Claus; Greco, Luís. *Strafrecht... Op. cit.*, § 12, Rn. 79.

877. Sobre a tradução cf. nota de rodapé n. 215. Cf. Neumann, Ulfrid. § 212... *Op. cit.*, Rn. 7.

878. Para análise sobre o desenvolvimento da jurisprudência cf. Roxin, Claus; Greco, Luís. *Strafrecht... Op. cit.*, § 12, Rn. 75-88w.

Avaliando-se ambos os elementos, é permitido afirmar que para o BGH o dolo eventual de matar pressupõe: que o agente represente a ocorrência do resultado morte como possível consequência de sua ação (elemento cognitivo) e que tenha assunção aprovadora em relação a esse (elemento volitivo).[879] Por outro lado, há a culpa consciente quando o agente *crê seriamente* (e não apenas vagamente) na não realização do tipo penal, isto é, não entrega à casualidade a realização, ou não, do tipo penal.[880] Some-se a isso o fato de que o BGH acrescenta uma exigência procedimental, a saber: a afirmação ou a negação do dolo somente poderá ser exitosa caso a sentença tenha levado em consideração todas as circunstâncias objetivas e subjetivas que envolveram a realização da conduta.[881]

A aproximação teórica, nesse ponto, entre a teoria do BGH e as teorias que correspondem à posição da maioria da literatura alemã,[882] é bastante evidente. Quanto ao *elemento volitivo*: ao concordar com o resultado em determinado momento da execução, o autor se apropria do risco que fora levado a sério (*erstgenohmen)* ou toma decisão por uma possível lesão do bem jurídico (*Entscheidung für die mögliche Rechtsgutsverletzung*).[883] Quanto ao *elemento cognitivo*: também se aproxima das teorias cognitivas da possibilidade ou da probabilidade, afinal, adicionalmente, exige que o agente não tenha deixado o resultado nas mãos da casualidade ou com ele estabelecido uma relação cognitiva de confiança vaga e, ainda, que tenha podido reconhecer a possibilidade de que sua conduta pudesse produzir o resultado. Levando-se em consideração ambos os fatores, não é equivocado afirmar que o BGH – em sua teoria geral do dolo – não destoa substancialmente das teorias volitivas e cognitivas antes apresentadas. Em outros termos: a literatura majoritária e a jurisprudência defendem basicamente a mesma coisa; ambas têm o mesmo ponto de chegada, embora percorram caminhos argumentativos (aparentemente) distintos para alcançá-lo.

879. BGHSt 18, 246 (248); BGH – 2 StR 368/67, StV, 283 (284 e ss); BGH – 5 StR 300/92, StV 1992, 575; BGH – 4 StR 477/00, StV 2001, 572; BGH – 2 StR 52/03, NStZ 2003, 603; BGH – 1 StR 191/09, NStZ 2009, 629 (630); BGH – 3 StR 364/10, NStZ 2011, 338 (339); BGH – 4 StR 608/11, NStZ 2012, 443 (444); BGH – 4 StR 502/10, NStZ 2011, 699 (701); BGH – 4 StR 608/11, NStZ 2012, 443 (444); BGH – 3 StR 45/13, NStZ-RR 2013, 242 (243); BGH – 1 StR 248/16, NStZ 2017, 25.

880. BGHSt 7, 363 (369); BGHSt 36, 1 (9); BGH – 2 StR 177/99, NStZ 1999, 507 (508); BGH – StV 2004, 75; BGH, NStZ-RR 2005, 304; BGH– 2 StR 531/10, NStZ 2011, 210 (211); BGH – 5 StR 498/15, NStZ-RR 2016, 204.

881. BGH – 4 StR 84/15, BeckRS 2016, 02169; BGH – 4 StR 364/13, NStZ-RR 2014, 371 (372); BGH – 3 StR 45/13, NStZ-RR 2013, 242; BGH – 4 StR 608/11, NStZ 2012, 443 (444); BGH – 4 StR 502/10, NStZ 2011, 699.

882. Cf. nota de rodapé n. 280.

883. Cf. Roxin, Claus; Greco, Luís. *Strafrecht... Op. cit.*, § 12, Rn. 88d. Também cf. Frisch, Wolfgang. *Gegenwartsprobleme... Op. cit.*, p. 539; Hassemer, Winfried. *Kennzeichen... Op. cit.*, p. 300-303; Rissing-van Saan, Ruth. *Der bedingte Tötungsvorsatz und die Hemmschwellentheorie des Bundesgerichtshofs. In*: FS – Klaus Geppert. Berlin: Walter de Gruyter, 2011, p. 501, Fn. 13; Schneider, Hartmut. § 212... *Op. cit.*, Rn. 8.

Antes de examinar a teoria que promove a assimetria do BGH com a literatura científica, parece-me apropriado, ainda que de forma breve, reforçar e ampliar a compreensão sobre a posição fundamental do BGH em relação a cada uma das dimensões psicológicas do dolo. Isso é pertinente porquanto servirá como ponto de interlocução com o item que tratarei logo adiante (*abaixo*, item 2.3).

No que diz respeito à *dimensão cognitiva*, a jurisprudência, regra geral, não encontra maiores dificuldades para o seu ajuste. Para a afirmação da dimensão cognitiva do dolo eventual de matar é, em regra, suficiente que o autor – ou qualquer pessoa que tenha disponível para si os conhecimentos do autor no caso concreto – (re)conheça a (não remota) possibilidade de que a sua conduta terá como consequência a morte da vítima.

Por outro lado, não é suficiente que o autor tenha podido conhecer a realização do tipo ou que essa (= a realização do tipo) poderia ser por ele reconhecida; essas hipóteses seriam suficientes para afirmar, *apenas*, a culpa inconsciente. Dito de outro modo, alinhado com o posicionamento da literatura, a representação da possibilidade de realização do tipo também precisa ser atual e estar presente no momento de realização da ação, de modo que a não representação da possibilidade de realização do tipo afasta a possibilidade de imputação a título de dolo eventual. Bem, mas como o BGH chega à conclusão de que o autor conhecia a possibilidade de realização do tipo? Para o tribunal – e isso é válido tanto para o elemento cognitivo quanto para o volitivo[884] – o perigo objetivo da conduta é o *ponto arquimédico* do dolo;[885] esse é o *indicador fundamental* de que, nas circunstâncias em que a ação se desenvolveu, o autor conhecia que sua ação possivelmente produziria a morte da vítima e, ademais, agiu com assunção aprovadora desse resultado.[886] Assim, por uma interpretação às avessas, é possível concluir que um perigo de pequena intensidade exige maior esforço argumentativo para a atribuição do dolo.[887] Uma hipótese ajudará a esclarecer as exigências do BGH em relação à cognição: considere-se que o indivíduo *A* tem um desentendimento

884. Considera o tribunal que se o autor tiver praticado uma ação especialmente violenta, é possível concluir que ele não somente tinha conhecimento do perigo para a vida (elemento cognitivo), como também teve assunção aprovadora em relação a esse. Cf. BGH – 2 StR 483/14, NStZ 2016, 25 (26); BGH – 4 StR 364/13, NStZ-RR 2014, 371 (372). Cfr. BGH – 5 StR 360/11, NStZ 2012, 207, (208).

885. Expressão de Schneider, Hartmut. *Anmerkung zu dem Urteil des BGH vom 28.06.205 – 3 StR 195/05. In*: NStZ, 2005, p. 629.

886. BGHSt 57, 183 (186); BGH – 4 StR, 295/82, StV 1982, 509; BGH – 4 StR 624/95, StV 1997, 7; BGH – 5 StR 498/15, NStZ-RR 2016, 204 BGH – 4 StR 442/14, NStZ-RR 2015, 172; BGH – 4 StR 364/13, NStZ-RR 2014, 371 (372); BGH – 3 StR 45/13, NStZ-RR 2013, 242 (243); BGH – 4 StR 608/11, NStZ 2012, 443 (444). Na doutrina, Schneider, Hartmut. § 212... *Op. cit.*, Rn. 6. Embora o BGH mencione expressamente duas intensidades de perigo, Roxin e Greco identificam um terceiro grau, a saber: um perigo mais que "apenas" extremamente grave, um perigo que poderíamos denominar de perigo *tertium genus*, isto é, aquele tão extremo que seria incompatível com a exclusão do lado volitivo, Roxin, Claus; Greco, Luís. *Strafrecht... Op. cit.*, § 12, Rn. 88u.

887. Nesse sentido, não é possível deixar de reconhecer que o BGH se aproxima da teoria do dolo como decisão contra o bem jurídico, afinal, aquele que se decide contra o bem jurídico normalmente

com o indivíduo *B*. Para realizar o acerto de contas decorrente da desavença, vai até o local de trabalho de *B*, que é mestre de obras. Ao chegar lá, apanha um bastão de alumínio que estava no canteiro de obras e, de inopino, desfere golpes na cabeça de *B*. Pelos conhecimentos e experiências disponíveis a qualquer um, ante a periculosidade objetiva do comportamento, é perfeitamente crível que *A* representou a possibilidade do resultado morte.[888] A princípio, frise-se, o elevado grau de perigo que a conduta do autor transporta para a vida da vítima autoriza a reconhecer o aperfeiçoamento da dimensão cognitiva; o elevado perigo, portanto, contém uma carga com polaridade positiva para o dolo.[889]

Salvo hipóteses de intensa afetação psíquica, o tribunal também considera irrelevante a objeção segundo a qual o autor poderia não ter refletido sobre o perigo criado. Também aqui, o BGH aproxima-se da literatura científica, tanto brasileira quanto alemã, e argumenta que o *refletir sobre* não é necessariamente componente da dimensão cognitiva do dolo. Isso significa ser suficiente para a aprovação do elemento cognitivo do dolo eventual de matar se o autor representou a possibilidade não muito remota de ocorrência do resultado como qualquer um que no caso tivesse presente os conhecimentos disponíveis ao autor.[890] Mais ainda: para o BGH, a capacidade que o autor tem de, no momento de realização da conduta, reconhecer que uma pessoa não pode ser morta ou lesionada é decisiva para o aperfeiçoamento do elemento cognitivo.[891]

Em modo de síntese, no que se refere à dimensão cognitiva, a jurisprudência do BGH autoriza a concluir que o aperfeiçoamento da dimensão cognitiva do indivíduo está fundamentalmente[892] conectada com a intensidade do grau objetivo de perigo que a conduta transporta para a vida da vítima: quanto mais intenso o perigo menor é a dúvida sobre a possibilidade de o agente o ter reconhecido.[893]

maneja um método que seja relativamente exitoso, isto é, não apenas pouco perigoso. Expressamente Roxin, Claus; Greco, Luís. *Strafrecht... Op. cit.*, § 12, Rn. 88d-88e.

888. Cf. Eser, Albin; Sternberg-Lieben, Detlev. § 212... *Op. cit.*, Rn. 5; Schneider, Hartmut. § 212 *Op. cit.*, Rn. 9.

889. Cf. Roxin, Claus; Greco, Luís. *Strafrecht... Op. cit.*, § 12, Rn. 88e. Sobre as circunstâncias contraindicadoras do dolo (*abaixo*, item 2.3).

890. BGH – 5 StR 134/04, NStZ 2005, 90 (91); BGH – 5 StR 352/04, NStZ 2006, 98 (99); BGH – 1 StR 410/05, NStZ 2006, 444. Na doutrina, cf. Schneider, Hartmut. § 212... *Op. cit.*, Rn. 9; Trück, Thomas. *Die Problematik... Op. cit.*, p. 235 Na própria jurisprudência do BGH há decisões contra este entendimento, cf. BGH – 4 StR 348/94, NStZ 1994, 585; BGH – 4 StR 526/02, NStZ 2003, 369 (370).

891. Cf. BGH – 3 StR 398/11, NStZ 2012, 384. Cf. nota de rodapé n. 889.

892. Fundamental não significa decisivo. O BGH faz questão de alertar para o fato de que o magistrado não está limitado a atribuir ao grau de perigo objetivo a decisiva importância para determinar se há ou não o dolo. Cf. BGH – 3 StR 45/13, NStZ-RR 2013, 242 (243).

893. BGH – 5 StR 134/04, NStZ 2005, 90 (91); BGH – 5 StR 352/04, NStZ 2006, 98 (99); BGH – 1 StR 410/05, NStZ 2006, p. 444; BGH – 4 StR 185/05, NStZ-RR, 2006, 11; BGH – 2 StR 340/06, NStZ, 2007, 45; BGH – 4 StR 489/06, NStZ, 2007, 331; BGH – 1 StR 191/09, NStZ, 2009, 629; BGH – 3 StR 533/09, NStZ-RR, 2010, 144; BGH – 3 StR 351/11, NStZ, 2012, 151.

Uma vez examinadas as exigências feitas em relação ao elemento cognitivo, passo ao segundo elemento, o volitivo (a vontade de matar).

No que diz respeito à *dimensão volitiva*, o BGH, desde 1955, contraria a posição da jurisprudência dominante até a primeira metade do século XX (= vontade como sinônimo de representação positiva do autor em relação ao resultado)[894] e utiliza o conceito de aprovação em sentido jurídico, isto é, para o dolo eventual é desnecessário o autor ter representado positivamente o resultado (= querido); na *maioria das vezes* também age dolosamente aquele que *representa* o resultado negativamente (= indesejado),[895] mas essa representação não é capaz de afastá-lo da sua meta de realização. Isso significa que também é aprovada a morte indesejada pelo agente, cuja representação não foi suficiente para afastá-lo do seu objetivo.[896] Eventualmente, alerta a doutrina, o BGH substitui ou complementa essa fórmula da aprovação e, portanto, também afirma o dolo eventual naquelas hipóteses em que o agente, no momento de realização da conduta, está de acordo com a ocorrência do resultado.[897]

Para afirmar o polo negativo da postura aprovadora do resultado, isto é, negar o dolo eventual e apontar para a imputação culposa, o BGH também recorre ao substantivo confiança (*Vertrauen*). Haverá a imputação a título de culpa, conforme argumentação desenvolvida pelas turmas do tribunal, quando o autor não está de acordo com o resultado e *confia seriamente* que esse não ocorrerá;[898] por outro lado, a *confiança meramente vaga* de que o resultado não terá lugar não é suficiente para afirmar a culpa.[899]

894. Cf. Parte II, item 2.1.1.

895. Eventualmente o BGH considera que o resultado indesejado também é contraindício da existência de vontade dolosa cf. BGH 3 – StR 98/85, NStZ, 1985, 516.

896. BGHSt 7, 363 (369); BGH – 2 StR 177/99, NStZ 1999, 507 (508); BGH – 2 StR 531/10, NStZ 2011, 210 (211).

897. Schneider, Hartmut. § 212... *Op. cit.*, Rn. 7; Fischer, Thomas. § 15... *Op. cit.*, Rn. 9b. Na jurisprudência cf. BGHSt 7, 363 (369 e ss); BGHSt 36, 1 (9); BGH – 1 StR 137/01, NStZ 2001, 475 (476); BGH – 2 StR 52/03, NStZ 2003, 603; BGH – 3 StR 142/08, NStZ 2009, 91; BGH – 1 StR 191/09, NStZ 2009, 629 (630).

898. Criticando o fato de que apesar do termo (*Vertrauen*) desempenhar papel fundamental na jurisprudência do BGH, o tribunal não realiza esforço algum de precisão. Schneider, Hartmut. § 212... *Op. cit.*, Rn. 11; Fischer, Thomas. § 15... *Op. cit.*, Rn 9 e Rn. 13. Considerando infeliz a utilização da expressão, Walter, Tonio. *Der vermeintliche... Op. cit.*, p. 1351.

899. BGHSt 7, 363 (370); BGH – 4 StR 293, 83, NStZ 1984, 19; BGH – 4 StR 633/86, BGHR StGB § 15 Vorsatz, bedingter 2; BGH – 1 StR 104/88, BGHR StGB § 212 Abs. 1 Vorsatz, bedingter 11; BGH – 1 StR 262/88, BGHSt 36, 1 (9 e ss); BGH – 1 StR 137/01, NStZ 2001, 475 (476); BGH – 2 StR 52/03, NStZ 2003, 603; BGH – 5 StR 352/04, NStZ 2006, 98 (99); BGH – 3 StR 259/05, NStZ-RR 2006, 8 (9); BGH – 2 StR 340/06, NStZ-RR 2007, 45 e ss.; BGH NStZ-RR 2007, 307; BGH – 3 StR 221/07, NStZ 2007, 700 (701); BGH – 3 StR 142/08, NStZ 2009, 91; BGH – 5 StR 88/09, NStZ 2009, 503; BGH, NStZ 2010, 571; BGH, NStZ 2011, 338, (339). Na doutrina cf. Neumann, Ulfrid. § 212... *Op. cit.*, Rn. 7; Schneider, Hartmut. § 212... *Op. cit.*, Rn. 10; Vogel, Joachim. § 15... *Op. cit.*, Rn. 103-105.

Como antecipado, em linhas gerais, o BGH não difere em substância da literatura majoritária e defende que a dimensão volitiva funciona como elemento de fronteira entre o dolo eventual e a culpa consciente.

Em modo de síntese, é possível sugerir a seguinte estruturação do entendimento do tribunal: a afirmação do dolo (eventual) depende da resposta que se dê à pergunta sobre se o autor representou como possível a ocorrência do resultado (= dimensão cognitiva) (*i*); e se teve postura de assunção aprovadora em relação a esse ou se com ele estava de acordo (= dimensão volitiva) (*ii*); para a afirmação tanto de um quanto do outro elemento é fundamental (e não decisivo) a gravidade objetiva da conduta (*iii*); finalmente, o magistrado deve sopesar todas as circunstâncias objetivas e subjetivas que envolvem a realização do tipo (*iv*).

Uma vez estabelecida a estrutura fundamental do dolo na jurisprudência do tribunal e, consequentemente, indicadas as bases essenciais das quais o BGH se serve para diferençar o dolo da culpa, cumpre passar à análise do que há de específico na jurisprudência do tribunal, a Hemmschwellen*theorie*.

*2.3 A Hemmschwellen*theorie *(ou teoria do obstáculo psíquico) como teoria especial do dolo?*

Caso a análise da jurisprudência do BGH fosse encerrada no item anterior, não seria equivocado afirmar, como de fato não é, haver alguma sintonia entre o tribunal e a literatura majoritária. Agora, a pergunta que move a presente seção é: aquele esquema fundamental de fronteira entre o dolo eventual e a culpa consciente pode ser, em alguma hipótese, alterado? Na jurisprudência do BGH é possível falar em uma *teoria geral* e em uma *teoria especial* do dolo? A resposta é sim. No âmbito do crime de homicídio doloso[900] realizado em algumas circunstâncias, o BGH se afasta completamente de qualquer das teorias estudadas, inclusive dos próprios fundamentos dos quais ele mesmo parte para determinar a fronteira entre o dolo e a culpa. A Hemmschwellen*theorie*, portanto, e a rigor, não tem somente uma relação que se especializa em relação à teoria geral do dolo defendida pelo tribunal, senão de independência e, nesse capítulo da teoria do dolo, o principal ponto afetado é a inversão da mencionada relação diretamente proporcional entre intensidade do perigo e evidência do dolo.

Como deixei registrado, o BGH elege o extremo perigo da conduta como critério preponderante para estabelecer a fronteira entre o dolo eventual e a culpa

900. Para análise da jurisprudência do BGH do início da década de oitenta do século passado, no crime de homicídio, cf. ESER, Albin. *Die Tötungsdelikte in der Rechtsprechung seit BGH – GSSt 1/81 bis Ende Juni 1983*. *In*: NStZ, 1983, p. 433-441 (1 Teil); NStZ, 1984, p. 49-58 (2 Teil); para a década de noventa, cf. ALVATER, Gerhard. *Rechtsprechung des BGH zu den Tötungsdelikten*. *In*: NStZ, 1998, p. 342-347. Para jurisprudência mais recente, entre outros, ROXIN, Claus; GRECO, Luís. *Strafrecht... Op. cit.*, § 12, Rn. 75-88w; STEINBERG, Georg; STAM, Fabian. *Der Tötungsvorsatz in der Revision des BGH*. *In*: NStZ, 2011, p. 177 e ss.

consciente.[901] Alinhado com a doutrina majoritária, também mantém a dupla programação psicológica do dolo, isto é, a cognição e a vontade. Acontece que, se no contexto fático de realização do tipo penal estiverem presentes circunstâncias excepcionais, as quais serão expostas abaixo, o BGH entende que essas serão capazes de enfraquecer ora a dimensão cognitiva, ora a dimensão volitiva do indivíduo. O que significa dizer que nos crimes de homicídio sempre há a possibilidade de que o autor não tenha reconhecido o perigo para a vida da vítima ou definitivamente confiado que esse não ocorreria.[902] E de onde o BGH deriva essa excepcionalidade? Da própria excepcionalidade do crime de homicídio. Em maior ou menor medida, o tribunal argumenta sobre a seguinte base axiológica: *a ação homicida contraria a natureza humana e, portanto, representa uma excepcionalidade*. De modo que para o dolo de matar, existiria uma (hipotética) barreira inibitória muito superior àquela que há para os delitos de perigo.[903]

Desse axioma o tribunal deriva a mesma exigência para a imputação a título de dolo. Isso significa que algumas circunstâncias fáticas seriam suficientemente fortes para provocar uma alteração naquele padrão comportamental natural e, com isso, produzir no indivíduo um *defeito* em ambas as dimensões psicológicas do agente; e justamente esse defeito impede o autor de reconhecer a potencialidade letal do seu comportamento, mesmo diante de uma situação que expresse elevado perigo para a vida da vítima. A melhor forma de esclarecer a consequência da aplicação do axioma é recorrendo a um exemplo: imagine-se um pai que sempre tivesse sido cuidadoso e amoroso com o filho recém-nascido, mas que, em um arroubo de raiva causado pelo choro incessante e ressoante da criança, perde o controle e chuta a sua cabeça como se essa fosse uma bola de futebol.[904] Creio que a solução sugerida pelo BGH causará algum desconforto: para o tribunal, um caso como esse permite a exclusão do dolo de matar. Para desfazer o desconforto, o BGH, assentado naquele axioma, argumenta que *quanto mais próxima a relação entre autor e vítima mais intenso se volta o escrúpulo humano*. E, portanto, exigências mais severas precisam ser feitas para que seja possível afirmar o dolo eventual de matar.

Na visão do tribunal, essa circunstância, e outras adiante apresentadas, podem eventualmente impedir a superação de uma *elevadíssima* e *natural* barreira intelectual à realização do crime de homicídio e conduzir a uma imputação culposa.

901. Para referências cf. nota de rodapé n. 886.

902. BGH – 3 StR 364/10, NStZ 2011, 338 (339); BGH – 4 StR 260/10, NStZ 2010, 571; BGH – 2 StR 166/01, NStZ-RR 2001, 369.

903. BGH – 3 StR 259/05, NStZ-RR 2006, 9 (10); BGH – 3 StR 233/07, 2007, 307; BGH – 4 StR 424/09, NStZ 2010, 571 (572); BGH – 3 StR 533/09, NStZ-RR 2010, 144 (145); BGH – 3 StR 140/12, NStZ-RR 2013, 75 (77); BGH – 2 StR 54/14, NStZ 2015, 516 (517). Para mais referências, inclusive anteriores às citadas, cf. Roxin, Claus; Greco, Luís. *Strafrecht... Op. cit.*, § 12, Rn. 79, Fn. 180.

904. Cf. nota de rodapé n. 909.

O conjunto de fatores capazes de impedir o aperfeiçoamento das dimensões psicológicas do dolo forma a teoria que se convencionou designar[905] *teoria do obstáculo psíquico* ou *Hemmschwellentheorie.*[906]

Como é possível deduzir do exemplo apresentado, para o BGH, a decisão sobre a imputação a título de dolo ou a título de culpa no âmbito dos crimes contra a vida, além da tradicional configuração do elemento cognitivo e do elemento volitivo, depende da demonstração de que o autor superou a (hipotética e) elevadíssima barreira motivacional para a realização do tipo. E, em regra, essa barreira intelectual somente é hipoteticamente superada se a realização do tipo não estiver vinculada a contextos fáticos capazes de conduzir o agente à equivocada valoração sobre a possibilidade ou não de realização do tipo penal. Isso faz com que, em determinados casos, mesmo que o principal indicador da dolosidade manejado pelo tribunal esteja evidente – o elevado perigo que o comportamento do autor causa para a vida da vítima (= chutes e pisões na cabeça de uma criança) – isso, por si só, não é suficiente para fundamentar a imputação dolosa de homicídio.

Com o pouco que foi apresentado, é possível estruturar o método do qual o BGH se serve para a imputação a título de dolo nas hipóteses que se ajustam ao âmbito da Hemmschwellen*theorie*: para a prova do *elemento cognitivo*, deve-se constatar que o agente pôde representar o risco que sua conduta causava para a vida da vítima (*i*); para comprovação do *elemento volitivo*, o magistrado deve indicar todos *os indícios* de que houve a assunção aprovadora do resultado (*ii*); para afirmar a presença de ambos os elementos, será imprescindível que o magistrado sopese conjuntamente todas as circunstâncias objetivas e subjetivas do fato (*iii*); em especial, é necessário que esse se controverta com possíveis contraindicadores do dolo de matar, isto é, circunstâncias que podem servir como obstáculo ao reconhecimento da intensidade do perigo para a vida da vítima ou, apesar de

905. Atribuindo à literatura científica a responsabilidade pela terminologia Lederer, Jenny. *Hemmschwellen im Strafrecht: Eine übergreifende Untersuchung der Hemmschwellen bei Sexualdelikten und Totschlag*. Berlin: Duncker & Humblot, 2011, p. 136-137; Vogel, Joachim. § 15... *Op. cit.*, Rn. 111.

906. Não pretendo fazer qualquer análise histórica sobre o tema, mas convém remarcar que os argumentos da Hemmschwellen*theorie* foram introduzidos na segunda metade do século passado. A teoria foi tematizada pela primeira vez em 1975, precisamente no julgamento que tratou do nível de imputação de um indivíduo que havia *furado* uma barreira policial (BGHSt 26, 176). Todavia, alguns autores apontam que a argumentação somente começou no ano 1982, precisamente com o julgamento de número BGH – 4 StR, 295/82, StV 82, 509, seguida da decisão BGH – 4 StR 51/83, NStZ 1983, 407. Cf. Fischer, Thomas. § 212... *Op. cit.*, Rn. 13; Streng, Franz. *Hemmschwellentheorie... Op. cit.*, p. 52. Para uma visão geral sobre a teoria, entre outros adiante relacionados, cf. Lederer, Jenny. *Hemmschwellen... Op. cit.*, p. 135 e ss; Mühlbauer, Stefan. *Die Rechtsprechung des Bundesgerichtshofs zur Tötungshemmschwelle.* Berlin: LIT, 1999; Schneider, Hartmut. § 212... *Op. cit.*, Rn. 13; Streng, Franz. *Hemmschwellentheorie... Op. cit.*, p. 47-57; Vogel, Joachim. § 15... *Op. cit.*, Rn. 111; Neumann, Ulfrid. § 212... *Op. cit.*, Rn. 18-20.

reconhecido o perigo, sirvam como obstáculo à assunção aprovadora do resultado (*iv*).[907]

Os três primeiros passos do percurso *metodológico* estão esclarecidos, todavia, permanece em aberto a determinação do último passo, a saber: quais são (ou seriam) os contraindicadores dos quais se serve o BGH para ajustar o nível de imputação (*iv*)? Não há como estabelecer um rol fixo desses contraindicadores do dolo, até porque o próprio BGH não o faz.[908] Todo modo, há um grupo de circunstâncias com as quais o BGH se controverteu e que formam, por assim dizer, o núcleo dos contraindicadores do dolo, quais sejam: método utilizado para a agressão (*i*); a inexistência de motivo para a execução do crime (*ii*); o comportamento do autor anterior e posterior ao fato (*iii*); o elevado índice de teor alcoólico (*iv*); a influência de drogas (*v*); a personalidade do agente (*vi*) e, inclusive, o seu estado psíquico no momento do ato (raiva, ira, paixão)[909] (*vii*).[910]

Assim, considerando-se todos os passos metodológicos indicados, não fica difícil perceber que para o BGH o dolo dos crimes contra a vida deve ser resultado de *valoração global* entre indicadores e contraindicadores. Se todos esses indicadores, juntos e após sopesamento, apontarem para possível redução da capacidade de representação do agente, será possível afirmar que – no caso concreto – ele não reconheceu o elevado risco de vida que seu comportamento causou para a vítima

907. BGH – 4 StR 558/11, BGHSt 57, 183, 186 Rn. 26; BGH – 4 StR 442/14, NStZ-RR 2015, 172.

908. É verdade que o BGH apontou quais as circunstâncias as quais, em especial, devem exercer influência no momento de valoração do comportamento, são elas: o objetivo e o motivo da ação, a forma de execução, a periculosidade objetiva da conduta e constituição psíquica do autor. Cf. BGH – 1 StR 137/01, NStZ, 2001, 475.

909. Em regra, o estado de arrebatamento passional (em alemão, *Affekttat*) é tema tratado no âmbito da culpabilidade. Contudo, nesses casos, dada à extrema perda de sensatez, o BGH entende que a própria imputação subjetiva está atingida. Tanto nos casos de paixão quanto nos de excesso de álcool, ainda permanece incerta a questão sobre qual dimensão do dolo é afetada. O próprio BGH oscila: por um lado, em algumas decisões considera que o elemento volitivo está prejudicado (BGH v. 11. 6. 1987 – 4 StR 261/87; BGH v. 7. 7. 1992 – 5 StR 300/92, BGHR StGB § 212 Abs. 1 Vorsatz, bedingter 9, 33); por outro, há decisões em que considera que o elemento cognitivo é o afetado (BGH v. 26. 10. 1990 – 2 StR 396/90; BGH v. 24. 3. 1993 – 3 StR 485/92; BGH v. 28. 4. 1994 – 4 StR 81/94, BGHR StGB § 212 Abs. 1 Vorsatz, bedingter 23, 36, 38). Parcela da doutrina alinha-se com a segunda posição, isto é, nesses casos de arrebatamento passional o lado cognitivo deve ser colocado em xeque, cf. Schneider, Hartmut. § 212... *Op. cit.*, Rn. 62; Streng, Franz. *Hemmschwellentheorie... Op. cit.*, p. 54; Trück, Thomas. *Die Problematik... Op. cit.*, p. 237, p. 240; Verrel, Torsten. *(Noch kein) Ende der Hemmschwellentheorie? In*: NStZ, 2004, p. 311; Rissing-van Saan, Ruth. *Der bedingte... Op. cit.*, p. 515.

910. BGH – 4 StR 526/02, NStZ 2003, 369 (370); BGH – 3 StR 324/05, NStZ 2006, 169 (170); BGH – 2 StR 198/06, NStZ-RR 2007, 43 (44); BGH – 4 StR 489/06, NStZ-RR 2007, 141 (142); BGH – 3 StR 142/08, NStZ 2009, 91; BGH – 5 StR 88/09, NStZ 2009, 503; BGH – 1 StR 191/09, NStZ 2009, 629 (630); BGH – 2 StR 179/10, NStZ-RR 2011, 42; BGH – 4 StR 608/11, NStZ 2012, 443. Na doutrina, cf. Eser, Albin; Sternberg-Lieben, Detlev. § 212... *Op. cit.*, Rn. 5b; Fischer, Thomas. § 212... *Op. cit.*, Rn. 7; Momsen, Carsten. § 212... *Op. cit.*, Rn. 8-10; Neumann, Ulfrid. § 212... *Op. cit.*, Rn. 13; Schneider, Hartmut. § 212... *Op. cit.*, Rn. 9; Sinn, Arndt. *§ 212. In:* Wolter, Jürgen. (Hrsg). Systematischer Kommentar zum Strafgesetzbuch. 9. Aufl. München: Carl Heymanns, 2016, Rn. 32; Sternberg-Lieben, Detlev; Schuster, Frank. § 15...Opit., Rn. 87; Trück, Thomas. *Die Problematik... Op. cit.*, p. 233.

ou, então, que ele confiava seriamente que o resultado morte não ocorreria.[911] Desse modo, é possível reduzir a *lógica da* Hemmschwellen*theorie* à seguinte regra de julgamento: se o produto da ponderação global indicar a possibilidade de enfraquecimento da dimensão cognitiva do agente ou do componente volitivo, a imputação subjetiva dolosa estará obstaculizada. E aqui cabe um pequeno parêntese: embora o BGH exija demonstração probatória individualizada para ambos os elementos,[912] é possível reconhecer nos argumentos ventilados pelo tribunal – ao menos nas hipóteses de intensa perturbação psíquica – a vinculação entre ambos os elementos do dolo, que funciona como uma espécie de *defeito por conexão*, ou seja, o defeito cognitivo impacta sobre o elemento volitivo e impede a perfeita formação da vontade do indivíduo.

Como ressaltado, a elevadíssima barreira psicológica é um desdobramento da premissa segundo a qual um indivíduo instintivamente recuará quando estiver em jogo a vida de outra pessoa (= natural coibição psíquica à ação de matar); e, se essa *instintiva reação* não tiver lugar, é sinal que o indivíduo está sob efeito de uma profunda turbação psíquica, razão pela qual não se justificará a imposição do maior nível de reproche à conduta.

Racionalizando aquilo que foi exposto até aqui: se na teoria geral do dolo o grau objetivo do perigo é o ponto arquimédico do dolo (repito: apenas a sua presença não autoriza automaticamente uma imputação dolosa!), na Hemmschwellen*theorie* o estado psíquico do autor passa a ser o ponto arquimédico. Também ficará patente outro detalhe da teoria do obstáculo psíquico: os casos mencionados e julgados pelo BGH cuidam de comportamentos que envolvem *descarga de energia*, isto é, apenas nos comportamentos comissivos. Nos comportamentos omissivos, considera o tribunal, não há propriamente aquele momento de excitação psicológica, tão característico das condutas comissivas; normalmente nas condutas que envolvem crimes omissivos não há espaço para aqueles contraindicadores e, portanto, não há qualquer obstáculo psicológico a ser superado. Em outras palavras, a lógica da Hemmschwellen*theorie* somente é aplicável às condutas comissivas [913-914]

911. Para análise da Hemmschwellen*theorie* apenas sob a valoração do prisma volitivo, BGH – 3 StR 226/07, NStZ 2008, 93; BGH – 4 StR 502/10, NStZ 2011, 699 (702); BGHSt 57, 183 (188), Rn. 29; BGH – 5 StR 435/14, NStZ 2015, 216; BGH – 4 StR 84/15, NStZ-RR 2016, 79 (80); na doutirna Mössner, Oliver. *Die Überprüfung des bedingten Tötungsvorsatzes in der Revision: Eine Untersuchung der aktuellen Rechtsprechung des BGH, zugleich zur Frage der Abgrenzung zum unzulässigen Eingriff in die tatrichterliche Beweiswürdigung*. Aachen: Shaker, 2011, p. 125 e ss.

912. BGH – 4 StR 558/11; BGH – 4 StR 163/14, NJW 2014, 3382.

913. BGH – 4 StR 451/91, NJW 1992, 583 (584). Cf. Fischer, Thomas. § 212... *Op. cit.*, Rn. 14; Safferling, Christoph. § 212. *In:* Matt, Holger; Renzikowski, Joachim. Strafgesetzbuch. Kommentar. München: Vahlen, 2013, Rn. 63; Roxin, Claus; Greco, Luís. *Strafrecht... Op. cit.*, § 12, Rn. 79.

914. A doutrina identifica aparente possibilidade alteração de orientação, uma vez que o argumento da *Hemmschwellen* apareceu em hipóteses de homicídio por omissão. Cf. Roxin, Claus; Greco, Luís. *Strafrecht... Op. cit.*, § 12, Rn. 79, Fn. 182.

De modo esquemático,[915] e mais detalhado, essa racionalização pode ser assim representada:

<table>
<tr><th>Dolo eventual</th><th>Culpa consciente</th></tr>
<tr><td colspan="2">Em ambas as modalidades de imputação, o indivíduo precisa representar a possibilidade de realização do tipo (= ocorrência do resultado).</td></tr>
<tr><td>... leva a sério o risco de realização do tipo...

...ou assume postura de assunção aprovadora em relação à possibilidade de realização do tipo...</td><td>...crê seriamente na não realização do tipo penal...

...não está de acordo com a realização do tipo representada...</td></tr>
<tr><td>Indício que, em regra, afirma o dolo eventual: alta intensidade do perigo criado[916]...

Indícios que podem atestar que o perigo foi adequadamente representado-querido: grau objetivo de periculosidade da conduta (a); comportamento antes e depois do fato (b); conhecimentos especiais do agente sobre a ação (c); depoimento do acusado (d)...</td><td>Indícios que podem atestar um defeito cognitivo-volitivo: situações de obstáculo psíquico: alta taxa de embriaguez, profunda perturbação emocional (a);[917] espontaneidade do ato (b); comportamento antes e depois do fato (c); ausência de motivo aparente (d); adaptação à situação de risco (e); personalidade do indivíduo (f); depoimento do acusado (g)...</td></tr>
<tr><td>Dimensão volitiva não prejudicada...</td><td>Dimensão cognitiva prejudicada; ou

Dimensão volitiva prejudicada pelo defeito cognitivo (= defeito por conexão)...</td></tr>
<tr><td colspan="2">Nível da imputação nas hipóteses de homicídio (comissivo) deve corresponder à valoração global de todas as circunstâncias; isto é, o magistrado deve controverter-se com todas as circunstâncias objetivas e subjetivas que envolvem a realização do tipo pelo autor, em particular, a periculosidade objetiva da conduta, o método de ataque do autor, a sua constituição psíquica no momento da realização da conduta e, finalmente, suas motivações.[918]

Observação. Excepcionalmente o BGH admitiu a aplicação da Hemmschwellentheorie em homicídio por omissão.

Considerando as observações acima, e realizando um esforço de racionalização, o quadro geral do dolo no BGH pode ser assim sintetizado: para agir com dolo eventual o agente precisa representar o resultado como possível. Em regra, quem realiza uma ação extremamente perigosa para o bem jurídico age com dolo eventual, mesmo que esse resultado seja extremamente indesejado ou quando o indivíduo apenas confie vagamente que tudo sairá bem. Em contrapartida, agirá com culpa consciente aquele que mesmo diante da possível realização do tipo crê sinceramente que nada ocorrerá.</td></tr>
</table>

915. Uma tentativa de estruturação já em Jahn, Matthias. *Anmerkung zu dem Urteil des BGH vom 23. 6. 2009 – 1 StR 191/09. In*: JuS, 2009, p. 957. Recentemente, Jahn, Matthias. *Strafrecht... Op. cit.*, p. 702.

916. Cf. nota de rodapé n. 973.

917. Cf. nota de rodapé n. 890.

918. Cf. BGH 4 StR 387/15.

Uma vez elaborado um pequeno desenho da teoria do dolo no BGH, cumpre verificar qual é a sua repercussão nas constelações de casos nas quais há perigo para a vida da vítima; averiguar se aquela hiperexigência do elemento volitivo nas hipóteses de extrema intensidade do perigo conduz a soluções coerentes e satisfatórias. Isso permitirá, agora, que eu possa desenvolver o meu segundo objetivo: apresentar as soluções que a teoria do dolo como inferência propõe para cada uma dessas constelações de casos.

2.4 Constelações de casos

A literatura científica estabelece uma estrutura bem detalhada, mas pouco sistemática, das constelações de casos julgados pelo BGH.[919] Em geral, ela trata dos casos que de algum modo foram, ou ainda são, importantes para forjar aquela compressão geral dolo, bem assim da própria teoria do obstáculo psíquico. A dificuldade com a qual me deparei foi, justamente, a ausência de um claro sistema de catalogação. A princípio, considerei que seria produtivo estabelecer um parâmetro *racional* de catalogação guiado pela intensidade do perigo criado pelo agente, como sugerem, por exemplo, Roxin e Luís Greco.[920] Logo abandonei essa ideia, e duas foram as razões: primeiro, essa metodologia prejudicaria uma análise mais clara e individualizada da jurisprudência do tribunal, justamente o oposto do meu objetivo; segundo, ela não permitiria forjar com clareza um sistema classificatório, eis que a Hemmschwellen*theorie* altera o padrão geral de relevância do perigo adotado pelo BGH. Sendo assim, optei por indicar constelações de casos que refletissem, em maior ou menor medida, o catálogo de critérios que utilizei para a minha teoria com o objetivo de fornecer ao leitor parâmetros que pudessem funcionar como ponto de contraste.[921] Elaborada essa ponderação, parece-me pertinente apresentá-los da seguinte maneira: ataques a alguma região vital do corpo; grau de vulnerabilidade da vítima; meios utilizados para a realização da conduta e, em tratamento isolado, apresentar os casos envolvendo a transmissão do vírus HIV. Passo ao primeiro grupo.

2.4.1 Agressão em regiões vitais: em especial pescoço e cabeça

O primeiro grupo de casos está relacionado com os ataques realizados em regiões vitais como o pescoço, o coração e a cabeça. Nesse ponto, um caso semelhante ao do cinto de couro oferece não somente uma boa oportunidade para começar a analisar como o BGH, atualmente, interpreta esses ataques, mas

919. Para uma casuística detalhada Artkämper, Heiko; Dannhorn, Reinhold. *Argumentation... Op. cit., p.* 246 e ss; Fischer, Thomas. § 212... *Op. cit.*, Rn. 9; Neumann, Ulfrid. § 212... *Op. cit.*, Rn. 15; Safferling, Christoph. § 212... *Op. cit.*, Rn. 65-74; Schneider, Hartmut. § 212... *Op. cit.*, Rn. 15-51.

920. Roxin, Claus; Greco, Luís. *Strafrecht... Op. cit.*, § 12, Rn. 88c e ss.

921. Os resultados da aplicação da teoria inferencialista do dolo estão antecedidos do substantivo "*solução*" em itálico.

também permite um concreto e propício ponto de contraste entre os argumentos hoje manejados e aqueles utilizados pelo tribunal em 1955.[922]

Apesar de o estrangulamento, a princípio, ser suficiente para conduzir a perigo para a vida da vítima,[923] em razão, por exemplo, da interrupção do fluxo sanguíneo na artéria do pescoço ou lesões no aparelho laríngeo, a jurisprudência do BGH, de modo geral, está orientada no sentido de que, a princípio, os estrangulamentos, sozinhos, não são suficientes para justificar a imputação a título de dolo eventual de matar.[924] Mais que a utilização do método, o BGH exige a averiguação mais detalhada da imagem mental que o agente tinha (ou pôde ter) em relação à intensidade do perigo que a sua conduta implicava para a vida da vítima. Para o tribunal, o julgamento sobre essa imagem mental depende de dois fatores objetivos fundamentais, quais sejam: a *duração* e a *intensidade* do estrangulamento. Esses, juntos, é que desempenham um papel central para a determinação do nível de imputação a ser atribuído ao agente.[925] Para assinalar a diferença, apresento duas situações:

> *Situação 15*
>
> *A* e *B*, para efetuarem o roubo, estrangulam *C* por pequeno espaço de tempo, apenas por alguns segundos.
>
> *Situação 16*
>
> *A* e *B*, para efetuarem o roubo, estrangulam *C* por um período de três minutos.

Bem, o que há de semelhante: em ambos os casos os autores utilizam o mesmo método de realização do crime, o estrangulamento. Contudo, como o BGH deixa claro, apenas a valoração do método utilizado não será suficiente para a decisão sobre o nível de imputação. Daí se destacar a diferença substancial entre as duas situações: a duração do estrangulamento. Na situação 15, o insignificante lapso temporal da ação não é apto para conduzir perigo à vida da vítima;[926] na situação 16, sim, pois os três minutos de duração do estrangulamento são suficientes para causar a interrupção do movimento respiratório e essa, por sua vez, (poderá) conduzir(á) à morte.[927] É preciso registrar, contudo, que para o BGH esse estrangulamento não precisa necessariamente chegar à concreta exposição

922. Cf. *acima*, parte II, item 2.1.1,

923. Cf. BGH, GA 1961, 241; BGH – 2 StR 73/02, NJW 2002, 3264 (3265).

924. BGH – 4 StR 403/04, NStZ-RR 2005, 44; BGH – 5 StR 300/92, StV 1992, 575; BGH – 1 StR 54/97, NStZ- RR 1997, 199. Na doutrina, cf. Schneider, Hartmut. § 212... *Op. cit.*, Rn. 31.

925. BGH – 5 StR 300/92, StV 1992, 575; BGH – 2 StR 73/02, NJW 2002, 3264 (3265); BGH – 4 StR 403/04, NStZ-RR 2005, 44; Schneider, Hartmut. § 212... *Op. cit.*, Rn. 31.

926. BGH – 5 StR 300/92, StV 1992, 575.

927. Cf. BGH – 5 StR 458/03, NStZ 2004, 330 (331); BGH – 5 StR 134/04, NStZ 2005, 90 (91). No julgado BGH – 1 StR 272/83, mesmo o estrangulamento tendo durado três minutos, o BGH não considerou suficiente para afirmar o dolo de matar.

da vida da vítima a perigo, basta que seja adequado para fazê-lo.[928] E como é possível determinar essa adequação? O BGH não admite objeções globais à adequação do estrangulamento, a exemplo de "*o tempo não foi suficiente*"; para o tribunal, determinante é a constatação pericial sobre se esse (o estrangulamento) era adequado, ou não, para pôr a vida da vítima em perigo.[929] Mas não é somente isso. Se, por um lado, o BGH deixa claro que o método por si só não afirma o dolo, por outro, também faz questão de ressaltar que o autoevidente ataque contra o corpo da vítima, *em regra*, também dificulta – na perspectiva adotada pelo tribunal – o reconhecimento de contrafatores que possam afastar o dolo eventual de matar. Especialmente aqueles contrafatores que se manifestam no âmbito da Hemmschwellen*theorie*, como, por exemplo, o fato de que o estado de embriaguez do autor poderia haver perturbado a sua capacidade de compreensão das circunstâncias fáticas. O tribunal julgou o seguinte caso:

> "O acusado *A* conheceu a vítima *V* em uma festa de carnaval. Bastante embalado pelo seu estado de alcoolêmico, afirmou para outras pessoas que também participavam da festa que queria ter relações sexuais com *V*. Por volta das 2 da manhã, *V* pediu a *A* para que a acompanhasse até o seu apartamento, localizado ao lado do local da festa. Ao chegar lá, *A* empurrou *V* para dentro do apartamento, momento em que essa exigiu que *A* se retirasse. O acusado jogou *V* no chão e sentou-se sobre ela, causando, como consequência, uma fratura na costela. *V*, então, defendeu-se e começou a gritar por socorro. *A* tapou a sua boca e disse: '*Fique quietinha. Se você não ficar calada eu te mato*'. Quando a vítima, outra vez, tentou se livrar do ataque, *A*, com força extrema, e com as duas mãos, estrangulou-a. *V* ficou inconsciente e imóvel no chão. Ato seguido, o acusado descobriu a genitália de *V* para com ela ter relação sexual, mas não seguiu adiante. Finalmente, jogou água sobre *V* e a envolveu em um cobertor.[930] Antes de sair do local, *A* ainda subtraiu a carteira da vítima. *V* acordou no dia seguinte, por volta das 7h30min."

Neste caso, o BGH manteve a condenação pelo tipo de tentativa de homicídio qualificado. Para o tribunal, apesar do estado de embriaguez, o acusado tinha conhecimento de que sua conduta causava perigo à vida da vítima. E por

928. BGH – 4 StR 403/04, NStZ-RR 2005, 44. Cfr. BGH – 2 StR 73/02, NJW 2002, 3264 (3265).

929. BGH v. 10. 12. 1987 – 4 StR 539/87, BGHR StGB § 212 Abs. 1 Vorsatz, bedingter 10; BGH – 4 StR 185/05, NStZ-RR, 2006, 11. Recentemente, BGH – 08.12.2016 – 1 StR 344/16, em um caso cujo estrangulamento durou aproximadamente 10 segundos, o BGH, seguindo a instância inferior, negou o dolo de matar, mas condenou o acusado por lesão corporal grave (conduta que causa perigo para a vida), § 224, Abs 1, Nr. 5 Cf. Schneider, Hartmut. § 212... *Op. cit.*, Rn. 31.

930. BGH – 5 StR 134/04, NStZ 2005, 90 (91) (especificamente Rn. 3). Também cf. BGH – 5 StR 458/03, NStZ 2004, 330 (331). Encampando a decisão do BGH, Schneider, Hartmut. § 212... *Op. cit.*, Rn. 32. Contudo, mesmo nesses casos de estrangulamento, decisões mais recentes do BGH admitem que o considerável nível alcoólico do autor, combinado com a observância de outros elementos objetivos, podem atestar alteração da capacidade cognitiva do autor e, com isso, afastar o seu dolo de matar (Cf. por exemplo, BGH 3 StR 351/11, NStZ 2012, 151).

quê? O tribunal argumentou que as circunstâncias assim indicam, afinal, depois do estrangulamento, ele se aproveitou da situação e subtraiu a carteira da vítima.

Sem considerar o acerto, ou desacerto, do julgado, causa estranheza e demonstra a inconsistência do tribunal o fato de que em outros casos, aqueles dois fatores que funcionam como indicadores fundamentais da dolosidade, isto é, que determinam em último caso o grau objetivo do perigo, não foram suficientes para a imputação a título de dolo eventual de matar. Com efeito, em outra oportunidade, o BGH negou o dolo eventual de matar na hipótese em que um falso passageiro de táxi, por trás, utilizando o cordão do casaco, enforcou uma taxista com o objetivo de deixá-la inconsciente para, depois, realizar o roubo.[931] Aqui, o BGH utilizou os argumentos da teoria do obstáculo psíquico e consignou que a instância inferior não fez uma valoração global dos fatos porque precisaria ter avaliado se a condição alcoólica do acusado impediria a representação da periculosidade da conduta e que o autor desejava, apenas, deixar a vítima inconsciente para poder efetuar o roubo.[932]

A argumentação dogmaticamente adequada não passa, por assim dizer, por este tipo de argumentação, especialmente pela consideração sobre o comportamento do autor posteriormente à realização da conduta, mas sim pela consideração das circunstâncias, precisamente o contexto de realização da conduta. É a relação de circunstâncias que permite inferir se há incompatibilidade do compromisso cognitivo do autor com a realização do perigo de morte. Para oferecer um ponto de contraste, imagine-se a hipótese do sujeito *X*, que segue sufocando a vítima e, depois, ainda utiliza um cordão para prosseguir com o estrangulamento.[933] O conteúdo dessa informação é incompatível com o conteúdo "eu só queria deixá-la desacordada", pois o contexto de realização indica que a vítima estava em elevado grau de vulnerabilidade e o prosseguir com a conduta não pode ser racionalmente interpretado como algo diferente de um compromisso cognitivo com a realização do perigo de matar. E, nesse caso, seria possível discutir uma imputação a título de dolo.

No caso julgado pelo BGH, da festa de carnaval, contudo, não há esse tipo de informação e, embora o agente tenha utilizado um método adequado que *poderia* causar a morte, a imputação mais adequada é a lesão corporal que causa perigo para a vida da vítima (art. 129, § 1.º, II, do CP).[934] E a razão essencial é o contexto

931. BGH – 2 StR 615/83, StV 1984, 187.

932. Contra a decisão, alegando que o BGH supervalorou a questão da possibilidade da dosagem do estrangulamento, cf. Schneider, Hartmut. § 212... *Op. cit.*, Rn. 32.

933. Cf. BGH – 1 StR 54/97, NStZ-RR 1997, 199.

934. Naturalmente outras questões poderiam ser consideradas como, por exemplo, se houve tentativa de estupro; se há concurso de crimes. Mas isso demandaria análise de temas que não dizem respeito diretamente ao objeto da tese, razão pela qual apenas isolei o dado relevante para a tese: a suposta existência de dolo de matar. Sobre concurso de crimes, no *Brasil*, cf. Béze, Patrícia Mothé Glioche. *Novas Tendências do Concurso Formal e Crime Continuado*. Rio de Janeiro: Renovar, 2014.

de realização da conduta não permitir uma relação inferencial com o perigo de morte, ao revés, trata-se de um contexto que evolve a realização do crime de estupro: e os perigos de morte e o estupro estão em relação de contradição de conteúdos.[935] Naturalmente a indicação da *duração* e da *intensidade* do estrangulamento poderiam alterar a imputação, mas o parâmetro permanece o mesmo: o perigo.

Para seguir em casos de asfixia e sublinhar a importância do conteúdo pragmático, vale examinar a seguinte situação:

> "A acusada *A*, com histórico familiar de abuso sexual, recentemente passava por problemas com álcool e finanças e resolve pedir ajuda financeira a uma senhora de 88 anos, *B*. Ao chegar à casa da vizinha, desenvolve-se longa conversa amistosa e, pouco depois, *A* desiste do seu plano e deseja voltar para casa. *B*, entretanto, convida *A* para irem à cozinha tomar mais um café. Em decorrência da demência que a acometia, cujos sintomas e consequências *A* desconhecia, *B* inopinadamente dá um salto da cadeira, começa a gritar e a xingar *A*. Como as tentativas para acalmar *B* foram em vão, *A* temeu que os gritos chamassem a atenção dos vizinhos, razão pela qual, com o objetivo de interromper a gritaria, segura *B* pela frente e coloca a mão sobre a sua boca. *B* tenta defender-se e entram em luta corporal. Nesse momento, ambas caem. Em um arroubo de emoção que se seguiu, *A* sentou-se sobre as costas da vítima e, sem dolo de matar, mas ao mesmo tempo ciente da periculosidade de sua conduta, tapou o seu nariz e a sua boca por 20 segundos, como forma de conseguir fazer com que ela se acalmasse. Quando *A* se deu conta, a vítima não mais respirava, *B* havia morrido. Para esconder o ato, *A* simulou tratar-se de um roubo, amarrou pés e mãos da vítima e tapou a sua boca. *B* morreu como consequência da asfixia, embora não tenha sido comprovado o momento da morte."[936]
>
> Posteriormente, A tentou o suicídio.

Como não foi possível determinar se a morte foi causada pelo primeiro comportamento (tapar a boca) ou pelo comportamento posterior (amarrar a vítima e tapar a sua boca), e como a acusada bascou-se no fato de que a primeira ação não causaria a morte da vítima, queria apenas acalmá-la, a instância inferior considerou que estaria eliminada a possibilidade de imputação pelo homicídio simples, lesão corporal com resultado morte e, igualmente, homicídio culposo, razão pela qual, em razão do *in dubio pro reo*, condenou *A* pela lesão corporal que, no CP,

935. A frase do agente "*Fique quietinha. Se você não ficar calada eu te mato*", não tem relevância para a valoração do perigo. Que fique bem claro que a determinação da responsabilidade não está nas mãos do indivíduo, mas sim do jurista. E para demonstrar o quão é importante seguir essa máxima, basta manter o contexto e variar a frase. Imagine-se que o agente tenha afirmado " *Fique quietinha. Vai ser rápido...* ". Se considerarmos a primeira frase para afirmação do dolo, por que não poderíamos considerar a segunda para a sua negação? A imputação subjetiva, portanto, precisa livrar-se desse parâmetro de valoração de conduta.

936. BGH – 4 StR 442/14, NStZ-RR 2015, 172.

corresponde ao crime de lesão corporal de natureza grave (meio que resulte perigo de vida, § 224, Abs 1, N 5).[937] O BGH *cassou*[938] a decisão e determinou a revaloração jurídica dos fatos. Entre outras coisas, o tribunal argumentou que deveria ter sido valorado pela instância inferior o fato de que a autora estava consciente de que sua conduta era apta a pôr em risco a vida da vítima.[939]

O BGH tem parcial razão. Nesse caso, realmente, deve ser valorada a periculosidade objetiva do comportamento, mas não somente essa. Como registrei, alguns riscos são potencializados pelo grau de vulnerabilidade da vítima e, portanto, esse dado adicional também precisa ser considerado para fins de determinação do nível de imputação subjetiva (*acima*, parte IV, item 2.3.2): no caso concreto a vítima tinha 88 anos de idade. Esse dado, aliado à periculosidade objetiva da conduta, potencializam o risco de morte para a vítima. Ademais, convém ressaltar que o comportamento posterior ao fato, isto é, o fato de *A* haver tentado o suicídio, não deve ter peso para determinar o nível da imputação, afinal, não está relacionado com o perigo criado. *Solução sugerida*: com os dados indicados pela decisão, não há como negar a imputação a título de homicídio doloso.

Ainda no cenário do ataque a regiões vitais, gostaria de tratar especificamente dos pisões ou dos chutes contra a cabeça. As hipóteses de homicídios "*a pisões*" também são analisadas dentro do cenário da doutrina e da jurisprudência alemãs.[940] Essas hipóteses estão fenomenologicamente destacadas pela dinâmica da ação, isto é, o indivíduo leva a vítima violentamente para o chão e pisa massiva e agressivamente sobre sua cabeça ou sobre partes superiores do corpo.[941]

Normalmente chutes fortes na cabeça expressam hipóteses de inquestionável ameaça à vida e isso, em regra, independentemente da *espécie* do calçado do autor dos chutes. A depender da zona dos chutes, como aponta a doutrina, viver ou morrer é apenas uma questão de sorte.[942] Mas, aqui é necessário realizar algumas precisões.

937. "§ 224 Lesão corporal grave (1) Quem causar uma lesão corporal (...). 5. utilizando um meio que coloca a vida da vítima com perigo" (§ 224 Gefährliche Körperverletzung (1) Wer die Körperverletzung (...) 5.mittels einer das Leben gefährdenden Behandlung).

938. O substantitvo utilizado pelo BGH foi "*Aufhebung*". Substancialmente, ele é um meio de impugnação para o controle do direito, isto é, o julgamento anterior é cassado e o processo é remetido à instância inferior para que se realize um juízo de valoração jurídica completamente novo ou limitado a determinado ponto. A tradução não pode ser anulação, uma vez que, na prática, a sentença não é considerada nula, mas apenas submetida a um controle sobre a "questão jurídica", devolvendo-a à instância inferior para realize aquele novo juízo. Para aqueles casos de anulação, a expressão utilizada é "*Annullierung*".

939. BGH – 4 StR 442/14, NStZ-RR 2015, 172 (173).

940. Altvater, Gerhard. *Rechtsprechungsübersicht Tötungsdelikte. In*: NStZ, 2006, p. 87; Heinke, Daniel H. *Das Deliktphänomen... Op. cit.*, p. 124; BGH – 5 StR 360/11, NStZ 2012, 207.

941. Schneider, Hartmut. § 212... *Op. cit.*, Rn. 33.

942. Schneider, Hartmut. § 212... *Op. cit.*, Rn. 33. Para questões relacionadas ao direito médico ou questões criminológicas cf. Heinke, Daniel H. *Das Deliktphänomen... Op. cit.*, p. 119-121.

Naturalmente o fato de o agente desferir grande quantidade de chutes na cabeça milita em favor do dolo de matar. E também é evidente que, à medida que são adicionadas circunstâncias de potencialização do perigo, a negação do dolo de matar torna-se menos plausível. Assim, por exemplo, imagine-se um indivíduo que usa um calçado com bico de metal e desfere, durante alguns minutos, vários e fortes chutes na cabeça de uma vítima desamparada. As circunstâncias de inferencialidade não permitem concluir, racionalmente, pela exclusão do dolo: a potencialidade do perigo criado, aliada à quantidade e intensidade dos chutes, duração da agressão e grau de vulnerabilidade concreto da vítima não autorizam que esse comportamento seja racionalmente interpretado como outra coisa senão o dolo de matar. Isso se dá, a princípio, mesmo naqueles casos em que os agressores estão alcoolizados ou emocionalmente excitados, porquanto essa situação, considerando-se as regras gerais de experiência, não deixa escapar à reflexão do autor o alto grau de vulnerabilidade no qual a vítima se encontra.[943] Nesse ponto, gostaria de mencionar recente decisão do BGH.

Embora não tenha julgado definitivamente o mérito, o BGH defrontou-se com a seguinte situação:[944]

> "*A* e *B*, o último alcoólatra, conviviam no mesmo apartamento. A princípio, essa convivência era harmoniosa. *B* não pagava aluguel, apenas participava das tarefas de limpeza do apartamento. No quarto de *A*, no qual não havia ventilação, para desgosto do companheiro de apartamento, *B* fumava e bebia. Certo dia, *A* foi avisado que receberia a visita de sua mãe na noite de Natal, razão pela qual pediu a *B* que o ajudasse com a limpeza do apartamento. Ao retornar do trabalho, no dia 23, percebeu que esse nada tinha feito. Irritado com a situação, bebeu duas ou três cervejas e, ao final, dirigiu-se a uma lanchonete – a aproximadamente 800 metros da casa – para ali comer alguma coisa. A caminho da lanchonete, *A* quebrou a sua patinete; frustrado, bebeu mais algumas cervejas. Horas depois, ainda não completamente alcoolizado, "mas um pouco alto", voltou para casa. Ao chegar lá, percebeu que *B* estava bêbado e também havia urinado nas calças, além de, uma vez mais, ter visto televisão e fumado em seu quarto. Logo percebeu também que *B* sequer havia começado a arrumação do apartamento. Após dar uma bronca em *B*, que se defendeu dizendo que as coisas não estavam indo bem com ele, ambos tomaram mais algumas cervejas. Vale ressaltar que *A* também havia escondido uma garrafa de bebida de *B*, quem, todavia, a havia encontrado. Irritado, *A* bebeu alguns goles e depois jogou o resto fora.
>
> *A* exigiu, então, que *B* saísse do quarto. Pouco tempo depois, alcoolizado, *B* retornou ao quarto de *A* e caiu sobre a cama. Na queda, atingiu diretamente o rosto de *A* e, como consequência, quebrou seu dente incisivo. Assustado e furioso, *A* jogou *B* para fora da cama, o qual, ainda no solo, vomitou. Com

943. BGH – 5 StR 360/11, NStZ 2012, 207 (208); BGH – 3 StR 216/02, NStZ 2004, 51; BGH – 5 StR 290/04, NStZ 2005, 384 (386).

944. BGH – 2 StR 483/14, NStZ 2016, 25.

> muito esforço, *B* conseguiu se levantar e, uma vez mais, desabou sobre a cama, o que fez *A* descarregar toda a sua raiva e frustração. Desprovido de freios psíquicos em razão do álcool, *A* desferiu vários socos contra o rosto e a cabeça de *B*. Depois, também com muita força, *A* empurrou *B* da cadeira na qual o havia colocado minutos antes. Com *B* ao solo, *A*, por no mínimo seis vezes, e ainda usando o sapato de trabalho que tinha o bico de metal, desfere chutes contra a cabeça, o pescoço e partes superiores do corpo de *B*. *A* também socou furiosamente, e por diversas vezes, a cabeça de *B* contra o solo. Horas depois, como consequência dos diversos ferimentos, *B* vai a óbito."

O tribunal remeteu o processo para a jurisdição inferior (que havia julgado o caso como homicídio com dolo eventual sob o fundamento de que age com dolo eventual aquele que *representou como possível* a ocorrência do resultado e com ele *concordou*). Como o caso concreto se situa no âmbito da intensa *perturbação psíquica* e *consumo de álcool*, vale a premissa: a despeito da periculosidade objetiva da ação, o reconhecimento ou não do dolo eventual somente pode existir quando o juiz inferior houver se controvertido com todas as circunstâncias objetivas e subjetivas, o que não ocorreu no caso concreto. Com essa decisão, o BGH, mais uma vez, deixa evidente que uma situação de intensa excitação emocional é capaz de, à luz das circunstâncias fáticas que envolvem a dinâmica da conduta, afastar a imputação a título de dolo eventual. Destaco do caso o trecho: "Assustado e furioso, *A* jogou *B* para fora da cama, o qual, ainda no solo, vomitou. Com muito esforço, *B* conseguiu se levantar e, uma vez mais, desabou sobre a cama, o que fez *A* descarregar toda a sua raiva e frustração".

Também aqui, o tribunal ignora a questão fundamental: a intensidade do perigo conhecido pelo autor. Como ressaltado, o ponto necessário para a valoração está na qualidade do perigo e, portanto, os estados de afetação psíquica não interessam para imputação subjetiva, quando muito podem ter relevância no âmbito da culpabilidade. Para demonstrar que o ponto verdadeiramente relevante é o perigo objetivo, basta isolar os dados objetivos da agressão e, racionalmente, valorar o caso: *A* desferiu vários socos contra o rosto e a cabeça de *B*; *A* empurrou *B* da cadeira na qual o havia colocado minutos antes; com *B* ao solo, *A*, por no mínimo seis vezes, e ainda usando o sapato de trabalho que tinha o bico de metal, desfere chutes contra a cabeça, o pescoço e partes superiores do corpo de *B*; *A* também socou furiosamente, e por diversas vezes, a cabeça de *B* contra o solo. Pergunta-se: qual o compromisso cognitivo do agente? Lesão corporal? Parece-me que a resposta negativa se impõe: a potencialidade lesiva da agressão e a impossibilidade de defesa da vítima não indicam outra coisa a não ser um compromisso cognitivo com a realização do perigo homicídio. *Solução sugerida*: imputação a título de dolo.

Mesmo nesses casos de agressões na região da cabeça, a ausência de clareza e previsibilidade nas decisões do BGH é surpreendente. Considere-se a premissa do BGH para a valoração do dolo, que a essa altura está bastante clara: a alta intensidade do perigo é forte elemento que milita a favor do dolo. Agora, convém mencionar a seguinte hipótese: o agressor, sob influência de intensa descarga de raiva, desfere 23 (vinte e três) golpes de martelo na cabeça, pescoço e nuca da vítima.[945] Seria possível pôr em xeque a intensidade do perigo para a vida da vítima? Antes de responder a essa indagação, e conservando a premissa para a próxima hipótese: o indivíduo *X*, servindo-se de um tubo de aço, dá vários golpes contra a cabeça e nuca da vítima, *V*, completamente indefesa.[946] Considerem-se, então, as duas hipóteses em perspectiva de valoração e, agora, retome-se a indagação: em ambos os casos, seria possível pôr em xeque a intensidade do perigo para a vida da vítima? Surpreendentemente, a resposta do BGH para cada uma delas não é a mesma: no caso do tubo de aço, o tribunal não interpôs qualquer objeção à imputação a título de dolo eventual; naquele, 23 marteladas, a imputação dolosa não teve êxito.

Também nesses casos, a argumentação manejada pelo BGH não convence. A especial gravidade desses dois últimos casos relatados impede que seja reconhecida qualquer circunstância de negação do dolo. Como alertado acima, há alguns perigos cuja intensidade promove imediato vínculo relacional entre a conduta e o tipo penal; o leitor deve se lembrar: são os perigos *sui generis*. Sendo assim, nesses casos, a *solução sugerida* seria: com este nível de perigo há que se afirmar o dolo de matar sem maiores considerações.

Analisada a jurisprudência do BGH nos casos até aqui examinados, é de se perguntar: como a teoria inferencialista do dolo resolveria esses problemas? Para certas questões, já ofereci respostas pontuais, mas me parece interessante deixar, também aqui, um parâmetro geral de orientação: nessa primeira constelação de casos, em não havendo defeito cognitivo, é possível partir da regra geral segundo a qual o dolo está *prima facie confirmado*. E isso é uma consequência da ideia de reitora do perigo por mim adotada: *o agente representou um perigo de cuja realização não havia por que duvidar*. Sendo assim, quem realiza ataques em regiões vitais, *a princípio*, faz uso de método adequado para matar, isto é, está cognitivamente comprometido com a realização do perigo representado. Por exemplo: fortes e duradouros chutes na cabeça, disparo em direção às regiões vitais, marteladas na cabeça, enforcamento intenso e duradouro, são métodos adequados à realização do perigo de morte. Esses indicadores podem ser eventualmente reforçados quando o complexo de circunstâncias indicar o maior nível de vulnerabilidade da vítima, a exemplo dos ataques a uma vítima que já esteja indefesa; esteja inconsciente; uma criança; um idoso etc. E se é assim, a primeira consequência será a observação da regra processual antes indicada, a saber: o que deve ser preponderantemente enfrentado pelo magistrado são os contrain-

945. BGH – 3 StR 171/88, BeckRS 1988, 31105618.

946. BGH – 1 StR 69/88, NStZ 1988, 360. Cf. BGH – 2 StR 340/06, NStZ 2007, 150. Cf. também BGH v – 4 StR 83/11, NStZ 2011, 454.

dicadores de dolosidade. Em não havendo qualquer contrafator, o dolo pode ser afirmado sem maiores considerações.

Por outro lado, e para servir de contraste, imaginem-se duas situações: o disparo em direção a qualquer região não vital, a exemplo de pés, nádegas, coxa, a princípio, impede a imputação a título de homicídio (*i*); aquele que dá uma paulada no tronco de uma pessoa, a princípio, também não utiliza um método adequado para realizar o crime de homicídio (*ii*). Contudo, em relação à situação *ii*, o nível definitivo de imputação poderá variar no caso concreto, afinal, a intensidade do perigo dependerá, não raramente, da quantidade de golpes, duração da agressão do peso do pedaço de pau e, eventualmente, do grau de vulnerabilidade concreto da vítima. Essas circunstâncias juntas poderão, sim, constituir um método adequado para a realização do crime de homicídio. Neste segundo grupo de casos, a imputação a título de dolo só poderá ser corretamente realizada se esse complexo de fatores for avaliado.

2.4.2 Vulnerabilidade da vítima: em especial sobre as crianças

Se até aqui a teoria do obstáculo psíquico, desenvolvida pelo BGH, pode ter causado alguma espécie, isso ficará ainda mais evidente naquelas circunstâncias em que há elevadíssimo risco de vida e a vítima não pode oferecer resistência alguma. É o que ocorre, por exemplo, nos casos de agressão a crianças. Nesses casos, como adverte a doutrina, chega-se (ou ao menos dever-se-ia chegar) rapidamente à conclusão de *dolo prima facie positivo.*[947] Mas essa rápida conclusão pode não ser tão evidente quanto parece.

Não raramente o BGH é chamado a controverter-se com questão sobre se castigos imoderados impostos a criança, especialmente quando ainda estão nos primeiros anos de vida, já configuram, ou não, (tentativa de) homicídio.[948] Essa questão adquire especial relevância naqueles casos nos quais os próprios pais ou os conviventes são os responsáveis pela agressão.[949] É justamente nesse grupo de casos dos *agressores amigos* que o BGH recorre, com frequência, à *Hemmschwellentheorie*,[950] razão pela qual, não raras vezes, o tribunal tem requerido excessiva exigência da demonstração do elemento volitivo para ser possível discutir a imputação dolosa.[951]

947. Roxin, Claus; Greco, Luís. *Strafrecht... Op. cit.*, § 12, Rn. 88h.

948. BGH – 4 StR 258/86, BGHR StGB § 212 Abs. 1; BGH – 4 StR 261/87, BGHR StGB § 212 Abs. 1; BGH – 3 StR 449/87, NStZ 1988, 175; BGH – 1 StR 186/88, BGHR StGB § 212; BGH – 4 StR 365/92, StV 1992, 574; BGH – 2 StR 166/01, NStZ-RR 2001, 369; BGH – 1 StR 410/05, NStZ 2006, 444.

949. BGH – 3 StR 159/03, NStZ 2004, 201; BGH – 2 StR 133/07, NStZ-RR 2007, 267 (268); BGH – 1 StR 59/08, NStZ 2009, 264; BGH – 3 StR 569/97, BGHR StGB § 212 Abs. 1; BGH – 5 StR 320/06, NStZ 2007, 402 (403); BGH – 5 StR 92/07, NStZ-RR 2007, 304 (305).

950. Além dos casos citados, cf. também BGH – 4 StR 365/92, StV 1992, 574.

951. Cf. Schneider, Hartmut. § 212... *Op. cit.*, Rn. 35.

Nesse ponto, gostaria de ressaltar dois grupos de casos: no *primeiro*, o agente agride agressivamente a criança (chutes e pontapés); no *segundo*, os agentes *chacoalham* a criança. Examino, então, o primeiro grupo a partir do seguinte caso:

> "*A*, extremamente irritado com o fato de que *B*, sua companheira, havia saído para ajudar uma família amiga, fica sozinho com o filho com três meses de idade, *F*. Em razão do elevado estado febril de que padecia a criança, *B* havia deixado uma mamadeira preparada. Por diversas vezes, infrutiferamente, *A* tentou acalmar o ininterrupto choro de *F*. Irritado com o choro incessante, *A* arremessou a criança em direção ao sofá que estava próximo; em razão do impacto, *F* aumentou a intensidade do choro, momento em que *A* desferiu-lhe, no mínimo, dois chutes extremamente violentos; por meio de um terceiro, à maneira de jogador de futebol, *A* provocou a fratura das costelas (de número 4 a 9) de *F*. Não satisfeito, também com extrema violência, desferiu outro chute direto na cabeça da criança. Em razão desse chute, o crânio de *F*, ainda macio na região temporal, foi pressionado junto ao pé do sofá; e, também devido à intensidade do chute, *F* teve o cérebro *chacoalhado*. Não havia indícios de lesões externas em *F*. Então, *A* tomou o filho nos braços e o colocou ao seu lado. Horas depois, em razão do silêncio da criança, *A* levou *F* ao hospital, mas a criança não resistiu aos ferimentos. A causa da morte foi o grave traumatismo crânio-encefálico."[952]

Em regra, nesses casos, os juízes de primeira instância inclinam-se pela imputação a título de dolo eventual de matar, sob o seguinte argumento central: é possível derivar a assunção interna do agente em relação à ocorrência do resultado (*dimensão volitiva*) em razão de o autor conhecer o elevado risco de vida para a criança (*dimensão cognitiva*). Em contrapartida, nesses casos, o BGH reconhece um *defeito* do elemento volitivo com reflexos sobre o elemento cognitivo, pois, apesar de o agente representar como possível a ocorrência da morte da criança, esse não leva a sério a possibilidade de isso ocorrer e nem poderia, sequer vagamente, confiar na sua ocorrência, do contrário não teria agido, ou seja, o dolo eventual de matar, nesse caso, é negado. Com poucas palavras, o argumento deriva daquela relação escrupulosa entre autor e vítima: quanto mais próximo o relacionamento entre ambos, mais intenso se volta o respeito à vida.

O BGH apoiou (e apoia) seus argumentos na existência de um (questionável) estado de excitação psíquica que impede o aperfeiçoamento de um dos elementos do dolo.[953] A existência do (hipotético) obstáculo psíquico derivaria da própria personalidade do agente e da sua relação com a criança, argumenta o tribunal, de modo que o comportamento anterior do autor, especialmente a sua afinidade com a vítima, a ausência de agressões anteriores, deve ter peso significativo para afastar o dolo, especialmente nos casos de ações espontâneas, irrefletidas e em

952. BGH – 4 StR 258/86, NStZ 1986, 549.
953. Cf. nota de rodapé n. 909.

contexto de excitação psíquica (emoção ou paixão).[954] Daí concluir o BGH que, nesses casos, deve-se exigir muito mais que a *simples* demonstração da existência de elevado perigo para a vida da vítima para que se possa falar em imputação a título de dolo (eventual)[955] de matar.

Essa hipótese retrata, contudo, aquilo que aqui denominei de perigo *sui generis*, isto é, diante do alto grau de vulnerabilidade da vítima e a alta potencialidade do comportamento, não há como negar um compromisso cognitivo com a realização do perigo. *Solução sugerida*: imputação a título de dolo de matar, sem maiores considerações.

O segundo subgrupo de casos, também enfrentado pelo BGH, diz respeito às hipóteses nas quais os agentes chacoalham as crianças. Em casos de choro contínuo de criança, alguns pais jovens e sobrecarregados deixam-se levar pelo descontrole e raiva e terminam por agredir os seus próprios filhos; também babás se envolvem em situações como essas.

Em linhas gerais, essa forma de comportamento está relacionada com a tentativa de imposição de castigo decorrente de uma sobrecarga de estresse. Se observarmos o cenário global, geralmente, os agressores não têm comportamento agressivo ou histórico algum de agressão.[956] Para o BGH, essa descrição aparentemente contraditória com o comportamento anterior ao fato é suficiente para afirmar a ausência de harmonia entre o fato e a intensidade necessária para aperfeiçoar o elemento volitivo do dolo. Isso significa que o caso concreto também precisa ser analisado à luz da Hemmschwellen*theorie* e, se for o caso, também será de afastar o dolo de matar em favor da imputação a título de lesão corporal.

Nesse segundo subgrupo de casos, ao contrário da situação anterior, é necessária a comprovação de que o *sacudir da criança* gerou elevado perigo para a sua vida, mas isso não decorre do estado psíquico do agente, senão da comprovação da qualidade do perigo por esse criado.[957] Sabe-se, em regra e sem maiores

954. Cf. também BGH – 5 StR 320/06, NStZ 2007, 402-403; BGH – 5 StR 92/07, NStZ-RR 2007, 304 (306).

955. Em um caso semelhante, julgado uma década depois, o BGH apreciou a seguinte situação: o alcoólatra (e antigo lutador de boxe) padrasto de uma criança de três anos de idade, irritado com o fato de ela não querer alimentar-se, coloca-a de castigo por uma hora e meia; posteriormente levanta a criança pela gola da camisa soltando-a em direção ao solo. Simultaneamente segura e bate a lateral da cabeça da criança no chão. Com a criança imóvel no solo, desfere vários golpes no seu rosto, arremessando a cabeça da criança para um lado e para o outro. Em razão desses golpes, ela desmaia imediatamente. Posteriormente, levantando-a do chão, ele ainda esbraveja com a criança. Pouco tempo depois, ele e a companheira levam a criança ao hospital. A criança, contudo, morre alguns dias depois em consequência dos ferimentos. Também nesse caso, fundamentado na Hemmschwellen*theorie*, o BGH afastou o dolo de matar e condenou o agressor pelo crime de lesão corporal com resultado morte. Cf. BGH – 4 StR 326/96, StV 1996, 7-8.

956. BGH – 1 StR 59/08, NStZ 2009, 264 (265); cf. também BGH – 2 StR 133/07, NStZ-RR 2007, 267; BGH – 3 StR 159/03, NStZ 2004, 201.

957. BGH – 2 StR 133/07, NStZ-RR 2007, 267-268.

dificuldades, que as ininterruptas e bruscas sacudidas em crianças – especialmente quando ainda não há musculatura suficiente para minimizar o movimento pendular decorrente do vaivém – podem provocar gravíssimas lesões cerebrais ou na coluna cervical, razão pela qual não há (ou ao menos não deveria haver) maiores dificuldades, nesses casos, para se afirmar a existência de dolo de matar. Isso significa que nos casos de especial gravidade, os contraindícios da dolosidade do comportamento, como as atitudes posteriores ao fato (tentativa de salvamento, levar ao hospital), muito raramente serão capazes de afastar a possibilidade de imputação dolosa.[958] O que poderá militar contra o dolo, isso sim, é o fato de o agente, por exemplo, ter realizado a conduta na frente de outras pessoas, isto é, se no momento havia alguém que poderia intervir no comportamento ou não; ou a marca dominante da conduta, isto é, se após as súplicas dos presentes para que parasse com a agressão, o indivíduo tivesse parado. E isso é relevante porque, como dito, a vítima está em alto grau de vulnerabilidade e a conduta realizada em um contexto que potencializa esse grau naturalmente milita a favar do dolo, devendo esse deve ser o dado primordial para afastar ou negar o dolo de matar.

A análise dos dois grupos de casos demonstra, claramente, que a diferença de imputação deve ser localizada na intensidade do perigo criado. Quem cria um perigo, ainda que de baixa intensidade (cf. *acima*, item parte IV, *excurso*) para uma vítima completamente indefesa, a princípio não pode afirmar que não firmou um compromisso cognitivo com a realização do perigo, que não deixou a vítima entregue à própria sorte. Nessa linha, para o melhor ajuste do nível de responsabilidade, ainda pode (e deve) ser valorado o contexto de realização da conduta, isto é, se o local era afastado de forma a impedir socorro imediato, a exemplo de uma fazenda, casa de campo; se a vítima estava sozinha com o agressor; se o agressor abandonou a vítima em local ermo (acima, parte IV, item 2.3.4). Todas essas circunstâncias militam a favor de imputação a título de dolo de matar e, aliadas às demais circunstâncias de potencialidade do perigo e grau de vulnerabilidade concreto da vítima, impedem a imputação a título de culpa.

2.4.3 Métodos de realização da conduta

2.4.3.1 Atropelamentos: em especial sobre os casos das barreiras policiais

Em geral, a jurisprudência alinha-se no sentido de que as hipóteses nas quais o indivíduo conduz o seu automóvel em direção a uma pessoa (ou grupo de pessoas), em razão da alta intensidade do risco, podem fundamentar a imputação a título de dolo eventual. Contudo, o BGH também leva em consideração o fato de que o agente pode ter especulado sobre determinada possibilidade de comportamento da(s) vítima(s), ou seja, o instintivo comportamento de autoproteção

958. Cfr. BGH – 3 StR 159/03, NStZ 2004, 201; BGH v. 3. 6. 2008 – 1 StR 59/08, NStZ 2009, 264 (265); Schneider, Hartmut. § 212... *Op. cit.*, Rn. 40.

dessas, como, por exemplo, sair do caminho do automóvel,[959] circunstância que, eventualmente, pode alterar o nível da imputação.

O BGH também reconhece alguns fatores objetivos, os quais desempenham fundamental importância para a afirmação ou negação do dolo eventual. Assim, por exemplo, considera-se que a *velocidade* e as *condições de visibilidade* devem ser sopesadas quando da determinação da responsabilidade.[960] O tribunal controverteu-se com a seguinte hipótese: o indivíduo conduzia seu automóvel com alguma velocidade (na hipótese, 20 km/h) em direção a um grupo de pessoas, "*para motivá-las a correr umas contra as outras*". Na oportunidade, o BGH ponderou que os indivíduos que se situavam bem à frente do automóvel não teriam tempo de reação, contudo, em relação àqueles que estavam mais distantes, seria possível que tivessem adotado um adequado comportamento de autoproteção em relação ao ataque, razão pela qual, em relação a esses, afastou a existência de dolo de matar, imputando ao agente o delito de lesão corporal.[961]

A temática do atropelamento não é incomum na jurisprudência do tribunal. E, por isso mesmo, permito-me insistir com mais algumas descrições. O BGH julgou o seguinte caso:

> "O indivíduo *A* foi com o seu carro de passeio até um restaurante; ao chegar lá, parou o seu veículo entre o restaurante e outra casa. Quando as vítimas V_1 e V_2, do outro lado rua, passaram por ele, *A*, furioso em razão de incidentes passados, conduziu o veículo sob a via a toda velocidade para cima de V_1 e V_2. Enquanto V_1 ainda pôde saltar, o para-lama esquerdo do carro atingiu V_2 na perna esquerda, esse foi arremessado ao chão e ficou levemente ferido."[962]

Nesse caso, a instância inferior julgou que *A* agira com dolo eventual argumentando, basicamente, que quem se serve desse método, isto é, utiliza o carro para atropelar intencionalmente pessoas, simultaneamente, tem atitude de assunção aprovadora em relação à morte. O BGH, por sua vez, afastou o dolo de matar em relação à vítima V_2. Nesse caso, um dos primeiros em que mencionou a teoria da *Hemmschwelle*,[963] o BGH insistiu na proposição derivada da premissa da teoria, ou seja, que diante de um homicídio, o autor pode ter representado a possibilidade de ocorrência do resultado e acreditado sinceramente – e não apenas vagamente – em que ele não ocorreria, razão pela qual, em relação ao resultado morte, há uma ação culposa consciente e não dolosa. E isso seria especialmente

959. Aqui o tribunal também se aproxima de uma das sugestões de normatização da vontade sugeridas por Roxin. Cf. *acima*, parte II, item 2.2.1.

960. BGH – 4 StR 127/03, NStZ-RR 2004, 108 (109). Cf. Safferling, Christoph. § 212... *Op. cit.*, Rn. 69; Schneider, Hartmut. § 212... *Op. cit.*, Rn. 17-18.

961. BGH– 4 StR 356/89, NVZ 1989, 400. Cf. também BGH – 4 StR 51/83, NStZ 1983, 407.

962. Cfr. BGH – 4 StR 51/83, NStZ 1983, 407.

963. Cf. nota de rodapé n. 906.

válido nas hipóteses nas quais não há um razoável motivo para praticar uma conduta tão grave.

À luz da teoria da inferencialidade, esse tipo de consideração especulativa sobre a postura psíquica do agente é absolutamente desnecessária. Sem ela (a postura volitiva psíquica), a solução do caso se mostra muito mais previsível e segura. O primeiro item a ser considerado seria a velocidade do automóvel; imaginando-se que o carro estava estacionado, e a própria consequência do choque com a perna de V_2, é de se supor que o automóvel estava em baixa velocidade (*i*); pelo complexo de circunstâncias, as vítimas tiveram tempo de reação, tanto que uma pulou (*ii*). Portanto, estamos diante de um risco de baixa intensidade e sem circunstâncias que indiquem um compromisso cognitivo do agente com o homicídio. *Solução sugerida*: o dolo de matar deve ser negado, imputando-se ao agente apenas uma lesão corporal de natureza leve, uma vez que essa é a única relação vinculacional que se deriva da conduta do agente.

Dentro dessa mesma linha fenomenológica, a jurisprudência do BGH referente aos casos de barreiras policiais tem especial relevância para a dogmática do dolo eventual.[964] O primeiro deles, e talvez o mais importante do ponto de vista histórico,[965] foi o caso julgado no início da década de oitenta do século passado: um indivíduo, a cerca de 100m de distância de uma barreira policial, e apesar de reconhecer que deveria parar, acelerou e avançou em direção à barreira policial com a velocidade constante de 70 km/h com o intuito de forçar a passagem. Apenas quando estava a 20m de distância da barreira policial e não podia mais parar, ainda que quisesse, o policial que integrava a barreira pulou e se salvou a tempo.[966]

Na oportunidade, o tribunal inferior condenou o acusado por dolo eventual de matar, eis que àquela velocidade, diante da impossibilidade de frear a tempo e das manobras evasivas, ele contou com a possibilidade de que o policial não tivesse tempo hábil para poder sair do caminho do veículo e, portanto, consciente disso, teve assunção aprovadora do perigo (dolo eventual de matar). O BGH, por sua vez, e inicialmente, reafirmou a sua argumentação básica do dolo, qual seja: de que a extraordinária periculosidade da conduta é indicativo de que o agente conhecia a possibilidade de que essa poderia levar a vítima à morte e, portanto, o agente também assumiu esse risco de produção do resultado. Acontece que para o tribunal esse caso relatado não se ajusta a essa descrição. O argumento foi o seguinte: *as regras de experiência demonstram que os policiais, em situações de*

964. BGH – 4 StR, 295/82, StV 82, 509; BGH v. 12. 5. 1992 – 4 StR 181/92, NStZ 1992, 370; BGH v. 21. 11. 1995 – 4 StR 628/95, NStZ-RR 1996, 97 e ss. Na doutrina, cf. SCHNEIDER, Hartmut. § 212... *Op. cit.*, Rn. 15-16; MÜHLBAUER, Stefan. *Die Rechtsprechung... Op. cit*, p. 83-91; ROXIN, Claus; GRECO, Luís. *Strafrecht... Op. cit.*, § 12, Rn. 41.

965. Pelo que sugere parcela da doutrina, nele estão os primeiros argumentos da Hemmschwellen-*theorie*. Cf. nota de rodapé n. 906.

966. BGH – 4 StR, 295/82, StV 82, 509.

risco, estão treinados para livrarem-se, sozinhos, do perigo e, portanto, o autor contou com essa reação dos policiais. Mais ainda: mesmo que o autor tivesse querido impedir a sua prisão, e é bem verdade que esse propósito cria um risco para os policiais, esse risco não é o de morte.[967] Sob esses fundamentos, o BGH determinou a cassação[968] da decisão e um novo julgamento.

Essa decisão não pode ser admitida, ao menos não sob a forma como os argumentos foram manejados.

O BGH, nesse caso, como adiantado, argumenta com base no *topos* da Hemmschwelle*theorie*; como entre essa e a teoria fundamental do dolo utilizada pelo tribunal não há simples relação de especialidade, mas sim de independência, o tribunal ignora o fato de que a manutenção constante da velocidade em direção à barreira policial é um dado inequívoco de que o agente, no mínimo, decidiu-se contra o bem jurídico vida e, portanto, e ao contrário do quanto afirmado na decisão, há, sim, o dolo eventual de matar. Mas é possível adicionar outros contra-argumentos à decisão de exclusão do dolo.

Como antecipado (acima, parte IV), o dado relevante para o dolo não é propriamente o fato de que o agente conte com a possibilidade de que o policial exerça a sua capacidade de autossalvação, mas, sim, se nas circunstâncias em que a ação se desenvolveu o policial poderia efetivamente pôr em marcha essa capacidade. Do contrário, como registrei, estaríamos transferindo parcela da responsabilidade da imputação para a vítima: e se o policial não pudesse pular pelo fato de ter se enroscado em com algum objeto? E se os policiais não estivessem adaptados àquela situação de risco e não soubessem exatamente como reagir? O que interessa, para a valoração da conduta, como dito, é a intensidade do perigo associado ao nível concreto de vulnerabilidade da vítima e não a simples presunção dessa vulnerabilidade à luz das sua qualidade profissional. Desse modo, por exemplo, a qualidade pessoal, isto é, ser policial, tem pouca ou nenhuma relevância quando o agente não empreende uma manobra evasiva possível como, por exemplo passar para o outro lado da pista, e opta por furar a barreira policial. *Solução sugerida*: nesse caso, há que se imputar uma tentativa de homicídio.

Recorrendo a uma situação semelhante, a solução sugerida para o problema anterior deixa transparecer a sua coerência. Considere-se, agora, o seguinte contexto fático:

> "*A*, em fuga, com uma velocidade de aproximadamente 70 km/h, percebe a barreira policial e efetua manobras de evitação da barreira (*i*);
>
> *A*, em fuga, com uma velocidade de aproximadamente 70 km/h, percebe a barreira policial e desacelera lenta e constantemente o automóvel; já próximo

967. De acordo com a argumentação do BGH, Schneider, Hartmut. § 212... *Op. cit.*, Rn. 16.
968. Cf. nota de rodapé n. 938.

à barreira, acelera o veículo e, com isso, ilude os policiais que se aproximavam do veículo para realizar a abordagem (= marca dominante da conduta)."[969] (*ii*)

Nesses casos, parece-me induvidoso que o eventual resultado morte não pode ser atribuído ao agente a título de dolo, mas apenas a título de culpa. Não há, pela descrição dos fatos, qualquer dado que indique a relação de compromisso cognitivo entre o agente e a realização do perigo de morte, senão todo o contrário: manobras evasivas, no primeiro caso; desaceleração lenta e constante, no segundo caso. *Solução sugerida*: uma imputação a título de homicídio culposo.

Antes de passar à próxima constelação de casos, cumpre relatar outro caso, também envolvendo barreira policial, no qual a argumentação do BGH parece-me substancialmente correta e alinhada à tese aqui defendida:

> "Apesar de não possuir permissão para dirigir, o indivíduo *A* circulava em via pública com o seu veículo '*Mercedes Wagon*'.[970] Além disso, em razão do seu estado alcoólico, *A* não estava em condições de dirigir, do que, no mínimo, poderia ter se dado conta ou precisaria tê-lo feito. Quando ele seria submetido ao controle em uma *blitz* policial, ignorou o sinal de advertência 'Pare, Polícia' e fugiu. Durante o processo de fuga pela região da cidade, cometeu mais infrações de trânsito e, por causa do estado alcoólico, invadiu por diversas vezes as marcações de trânsito (ex: faixa exclusiva de ônibus, de pedestres ou de bicicleta). Quando precisou parar em um cruzamento, porque *Z* estava com o carro atravessado no caminho, os policiais que o perseguiam conseguiram alcançá-lo, parando a viatura logo atrás do seu veículo. A policial *P* desceu da viatura, bateu na janela do passageiro e exigiu que *A* abrisse a porta do passageiro para ela comprovar os seus dados pessoais e realizar o teste de alcoolemia. *A* não apenas não deu a mínima como também, e especialmente, manobrou 'para frente e para trás'. A policial precisou dar vários passos para trás para não ser imprensada entre o veículo de *A* e outro que estava estacionado no local. *A* continuou a realizar as manobras para frente e para trás, com as quais passou em cima do pé de *P* e chocou-se contra a viatura. A policial pôs-se à frente do veículo de *A* e, a uma distância de dois metros, exigiu que ele parasse com as manobras. Mais uma vez *A* ignorou a ordem de parada e arrancou a todo gás por uma passagem de aproximadamente 1,6 m entre a calçada e o carro da testemunha *Z*. A policial conseguiu dar um salto que a colocou em local seguro, contudo, foi atingida no joelho esquerdo pelo para-choque dianteiro direito da Mercedes de *A*, causando escoriações e dores no joelho atingido."[971]

969. Cfr. BGHSt 15, 291.

970. No original foi utilizado o termo "öffentliche Straßen". Segundo o Código de Rede Viária, "Vias públicas, na acepção da presente lei, são ruas, caminhos e logradouros, destinadas à circulação pública" ((1) Öffentliche Straßen im Sinne dieses Gesetzes sind Straßen, Wege und Plätze, die dem öffentlichen Verkehr gewidmet sind", Straßengesetz, § 2, Abs. 1)).

971. BGH – 4 StR 364/13, NStZ-RR 2014, 371 (372).

A decisão que o BGH tomou nesse caso vai ao encontro (substancial) da tese que apresentei. Para afastar o dolo de matar na modalidade tentada, o tribunal considerou o que realmente é relevante para a imputação: argumentou-se que, em razão da baixa velocidade do veículo (16 km/h), a vítima, policial, teve tempo hábil para afastar-se pelo menos um metro do veículo em fuga e, com isso, salvar--se do perigo; em decorrência disso, não haveria como afirmar que o acusado poderia ter contado com a lesão grave ou morte da policial.[972]

A argumentação do BGH, especialmente no último caso, está substancialmente correta. O que realmente interessa para o juízo de imputação é a periculosidade objetiva da conduta aliada ao contexto de realização. *Solução sugerida*: o caso apresentado, o grau de vulnerabilidade concreto era baixíssimo, tanto assim que a vítima se salvou sem qualquer lesão significativa. Ademais, a análise das demais circunstâncias não permitem indicar um vínculo relacional entre o dolo de matar e o grau de racionalidade, razão pela qual há, apenas, a imputação a título de lesão corporal de natureza leve.

2.4.3.2 Agressão com armas de fogo ou outros instrumentos perigosos

Como anteriormente indicado, para o BGH as ações violentas com elevado risco de vida para a vítima desempenham papel central (= indício fundamental) para afirmar a existência de conduta dolosa,[973] donde é possível concluir que, a princípio, agressões com armas ou outros instrumentos perigosos naturalmente conduzem à imputação a título de dolo eventual.[974] Apesar disso, a análise de jurisprudência atesta que mesmo esse fundamental indicador nem sempre é suficientemente forte para determinar, sozinho, a existência de dolo (eventual). Se a advertência realizada linhas atrás[975] não estiver em primeiro plano, a crise de identidade do BGH certamente gerará alguma confusão.[976] Dito isso, passo à análise de alguns casos.

A primeira hipótese a ser considerada é aquela que aparentemente apresenta menos dificuldades para o juízo de valoração no sentido da existência de crime doloso, qual seja: o disparo de arma de fogo em direção a uma pessoa. Embora não exista uma sistematização perfeita e acabada no âmbito da jurisprudência alemã, essa se inclina no sentido de considerar dolo eventual toda forma de disparo de fogo com arma (pesada) em direção a uma pessoa, isso porque, pelas regras de experiência, disparos de arma de fogo, em muitos casos, conduzem

972. Cf. nota de rodapé n. 825.

973. Cf. noda de rodapé n. 886.

974. Além das outras referências, também cf. BGH – 3 StR 485/92; BGH – 4 StR 520/00 NStZ-RR 2001, 296 (297); BGH – 4 StR 424/09, NStZ 2010, 571 (572). Cf. SAFFERLING, Christoph. § 212... *Op. cit.*, Rn. 66; SCHNEIDER, Hartmut. § 212... *Op. cit.*, Rn. 21.

975. Entre a teoria da *Hemmschwelle* e os fundamentos do dolo no BGH há relação de independência.

976. Justamente por isso a doutrina reclama da ausência de clareza da jurisprudência na determinação de quando haverá, ou não, o dolo eventual, cf. SCHNEIDER, Hartmut. § 212... *Op. cit.*, Rn. 28.

à morte da vítima.[977] Portanto, nesse primeiro ponto, o BGH recorre à sua tese geral do dolo: as agressões efetuadas com arma de fogo *são um forte indício* da existência de conduta dolosa de matar, afinal, concretizam uma forma de ação que normalmente causa elevado perigo para a vítima.

Se o disparo de arma de fogo é forte indício da dolosidade do comportamento, é possível concluir que a sua existência nem sempre será sinônimo de dolo de matar. E se é assim, surge imediatamente a seguinte questão: quais outros fatores circunstanciais são imprescindíveis para indicar ou afastar o dolo de matar nas hipóteses de disparo de arma de fogo? O BGH cataloga uma série de indicadores que podem ser levados em consideração no momento de determinar o nível da imputação. São mencionadas como circunstâncias altamente significativas para a valoração da conduta, entre outros fatores, a distância do atirador em relação ao alvo (*i*); a fluência dos movimentos daqueles que eventualmente compartilham a realização do fato (*ii*) o nível de visibilidade do indivíduo que efetua o disparo (*iii*); a direção do disparo (*iv*);[978] a habilidade do autor no manuseio da arma (*v*); seu estado de excitação (*vi*) ou ânimo no momento do disparo (*vii*).[979]

Para melhor compreender a articulação desses indícios, talvez seja adequado recorrer a uma hipótese: *A*, por volta das 9 horas da manhã, encontra-se casualmente com *B*, um antigo desafeto. Ambos distam apenas 2 (dois) metros um do outro. Com visibilidade perfeita e em estado de excitação aparentemente normal, *A* saca de inopino a arma de fogo e efetua um disparo em direção à cabeça de *B*, o qual morre imediatamente. Nesse caso hipotético, há uma série de fatores que indica a existência de conduta dolosa: o agente efetuou o disparo de arma de fogo a curta distância do alvo (*i*); visibilidade perfeita para realização da conduta (*ii*); retira a arma de fogo do coldre (*iii*); disparo em região letal (*iv*). Em razão dessa multiplicidade de indícios, parece pouco imaginável, bem como absolutamente supérfluo, que qualquer contrafator tenha peso suficiente para afastar a imputação dolosa (por exemplo, a alegação de que *A só queria* dar um susto na vítima *B*).

Contudo, imaginemos uma pequena variação na hipótese mencionada: *A*, por volta das 9 horas da manhã, encontra-se casualmente com *B*, um antigo desafeto. Ambos distam apenas 2 (dois) metros um do outro. Com visibilidade perfeita e em estado de excitação aparentemente normal, *A* saca de inopino a arma de fogo e efetua um disparo em direção às pernas de *B*, o qual sofre lesão de natureza grave. Nesse caso, a relação entre a conduta e o perigo criado não é semelhante à anterior, ou seja, a afirmação do dolo de matar é *prima facie* impossível: embora todas as circunstâncias permitissem que o atirador efetuasse o disparo em região

977. BGH – 5 StR 623/95, NStZ-RR 1996, 323; BGH – 4 StR 520/00, NStZ-RR 2001, 296 (297); BGH – 1 StR 233/04, NStZ 2005, 92. Cf. Safferling, Christoph. § 212... *Op. cit.*, Rn. 66; Schneider, Hartmut. § 212... *Op. cit.*, Rn. 22.

978. BGH – 5 StR 318/95. Cf. Schneider, Hartmut. § 212... *Op. cit.*, Rn. 22.

979. BGH – 2 StR 2/04; Schneider, Hartmut. § 212... *Op. cit.*, Rn. 22.

letal, o que confirmaria o dolo de matar, os fatores indicam que o agente controlou a direção do disparo, realizando-o em região não letal (*i*); e, além disso, a direção do disparo indica, no mínimo, considerável redução do risco para a vida da vítima (*ii*). Tais circunstâncias, *per se*, afastam o dolo de matar, permanecendo em aberto a possibilidade de imputação dolosa de lesão corporal.

Para seguir ilustrando, sirvo-me de mais um exemplo: *A* resolve cobrar o dinheiro que havia emprestado a um antigo amigo *B*. Contudo, *B* não efetua o pagamento e ainda diz a *A*, em tom sarcástico, "devo e não nego, pago quando puder". *A* tenta, por diversas vezes, receber a quantia, mas as tentativas são em vão. Irritado com a postura de *B*, *A* diz para outros amigos: "*eu vou dar uma lição naquele caloteiro*". Certo dia, caminhando desavisadamente pela Rua *X*, *A* percebe que seu "amigo" caminha tranquilamente logo à sua frente, dele se aproxima e efetua dois disparos em direção às nádegas, os quais causam lesões consideráveis. Aqui, uma vez mais, segundo a jurisprudência do BGH, estaríamos diante de um difícil caso de dolo de matar, pois, todos os fatores indicam o contrário: boa visibilidade (*i*); tiro a curta distância (*ii*); vítima estava de costas para o agente (*iii*); efetua o disparo em região não letal (nas nádegas) (*iv*). Ademais, como o agente afirmou que "*daria uma lição*" em *B*, parece lógico que estava em sua representação o fato de que a vítima deveria sobreviver (= comportamento anterior ao fato)[980] (*v*). A afirmação do dolo de matar, nesse caso, estaria subordinada à demonstração de outros indicadores de dolosidade.

Fenomenologicamente esses casos relatados expressam situações nas quais, apesar da potência da arma de fogo utilizada, o agente detém controle sobre a direção do projétil disparado. Mas nem sempre é assim. Há situações nas quais os disparos não são efetuados diretamente contra uma pessoa, senão a esmo ou em direção a alvos fixos aptos a rebotear o projétil. Nessa linha, o BGH apreciou a seguinte hipótese:

> "Por volta da 1h e 30 min, o indivíduo *X*, contrariado por ter sido barrado em um restaurante, saca sua pistola automática e, da rua, dispara 9 (nove) vezes contra a porta de entrada do estabelecimento, a qual estava fechada. Ele sabia que ainda havia pessoas no local, seja porque as luzes ainda estavam acesas, seja porque esteve outras vezes no local nesse horário. No local, a aproximadamente 1m atrás da porta, havia uma parede de proteção e à sua esquerda havia um alvo. No momento do disparo havia dois clientes do lado esquerdo da parede de proteção. Os tiros foram disparados em direção inclinada, para baixo e em direção à parte esquerda da porta. Cinco disparos atravessaram a porta de entrada e atingiram a parede de proteção; um dos clientes foi atingido nos pés e o outro na bochecha por uma lasca de madeira ou estilhaço do disparo. Ambos sofreram lesões leves."[981]

980. Cf. BGH – 4 StR 624/95, StV 1997, p. 7.
981. BGH – 2 StR 331/03, NStZ-RR 2004, 140.

A princípio, parece induvidoso que tal comportamento representa inquestionável risco para a vida das pessoas que se encontravam próximas à região do disparo, porquanto o autor não tem qualquer influência sobre o movimento das pessoas e, portanto, não pode assegurar que elas se manterão fora do campo do alcance do tiro. Não por outra razão, o tribunal inferior julgou existir dolo eventual de matar: o acusado tinha consciência de que poderia haver pessoas atrás da porta de entrada e que o alvo estava do lado esquerdo da porta; nessas circunstâncias, ele não poderia confiar que as pessoas não poderiam ser mortalmente feridas.

O BGH, por sua vez, considerou que, embora seja de se impor a imputação a título de dolo eventual quando o autor se serve de um meio extremamente perigoso, como é o caso da arma automática, em especial com ataques incontroláveis, no caso narrado somente o perigo objetivo da conduta não permite concluir pelo dolo eventual de matar. O tribunal destacou uma série de circunstâncias, além da gravidade objetiva da periculosidade da conduta, as quais deveriam ter sido consideradas para afirmar o dolo eventual de matar, por exemplo: a direção do tiro (para baixo); não ter se discutido que, em razão da distância de aproximadamente um metro entre a parede e a porta de entrada, um tiro fatal somente seria possível se uma pessoa estivesse no estreito corredor entre a porta de entrada e a parede. E essas circunstâncias – especialmente em razão do grau de alcoolismo de *X* e da sua comprometida capacidade de condução da conduta – não sugerem dolo eventual de matar.

Parcela da literatura concorda com a posição do BGH e agrega, ainda, outro argumento em favor da exclusão do dolo eventual de matar nos casos do tiro em ricochete, a saber: em comparação com tiro cujo alvo é uma pessoa, representa fundamentalmente menor risco para a vida.[982]

Salvo o argumento atrelado ao estado etílico do agente, a argumentação do BGH é coerente neste caso. A intensidade da periculosidade objetiva serve, no máximo, salvo nos casos de extrema gravidade,[983] para firmar o dolo *prima facie* positivo. E, nesse caso, a imputação a título de dolo exigiria mais esforço argumentativo do magistrado. Isso significa que as diversas circunstâncias que envolvem a realização da conduta também devem ser sopesadas para que se possa afirmar ou o dolo de matar ou o dolo de lesão corporal. Se considerarmos uma vez mais o exemplo do restaurante, é possível derivar algumas circunstâncias que devem ser levadas em consideração pelo julgador no momento de determinar a responsabilidade penal, por exemplo: a direção do disparo (*i*) a dimensão do espaço no qual o disparo foi efetuado (*ii*), a quantidade de pessoas presentes (*iii*), a iluminação (*iv*) e, inclusive, a quantidade de disparos efetuados (*v*). *Solução sugerida*: como o disparo não foi direcionado contra as pessoas, mas sim para

982. Schneider, Hartmut. § 212... *Op. cit.*, Rn. 23.
983. Cf. *acima*, parte IV, excurso, item 2.

outras direções, as quais reduzem o risco de atingir diretamente os presentes, há, no caso, uma lesão corporal culposa.

Dito isso, é possível deixar a premissa de que, em regra, quem dispara para o chão não se utiliza de um método adequado para realizar o homicídio e, portanto, não realiza qualquer conduta homicida.[984]

Outro grupo de casos com os quais o tribunal frequentemente é confrontado é o da agressão realizada com faca.[985] Fenomenologicamente as agressões que aparecem com maior constância são aquelas cujos golpes são aplicados na região do tronco, barriga ou costelas;[986] eventualmente há ataques realizados contra o pescoço.[987] A princípio – e considerando-se as regras de experiências – é possível considerar que uma pequena quantidade de golpes pesa em favor da ausência do dolo de matar. Naturalmente essa premissa será praticamente inviável nas hipóteses de golpes certeiros na zona do coração, da cabeça ou do pescoço.[988-989] Pouco coerente é o modo como o BGH enfrenta esse tipo de situação. Senão vejamos.

Comportamentos dessa natureza representam elevado perigo para a vida da vítima, razão pela qual o BGH inclina-se para a imputação do homicídio a título de dolo eventual. Novamente, aqui, a dinâmica dos acontecimentos é de especial relevância para determinar o nível de imputação. E isso merece uma nota especial porquanto esses casos estão ordinariamente vinculados com situações que denunciam momentos de explosão psíquica do agente. Se é assim, não é difícil intuir que o BGH recorre aos argumentos da Hemmschwellen*theorie* para excluir o dolo, mesmo nos casos em que há golpes diretos nas regiões vitais.[990] Não é incomum o BGH ajustar, nesse âmbito de argumentação, por exemplo, as ações espontâneas, nas quais, em regra, o agente, levado por um ataque de *raiva*, realiza a conduta impensadamente.[991] Mas também considerou anteriormente que a ausência de um motivo compreensível para a realização de um fato tão grave,

984. Em relação aos ataques em regiões vitais, cf. acima 2.4.1.

985. Cf. Schneider, Hartmut. § 212... *Op. cit.*, Rn. 24.

986. BGH – 4 StR 526/02, NStZ 2003, 369 (370); BGH – 2 StR 52/03, NStZ 2003, 603; BGH – 5 StR 352/04, NStZ 2006, 98 (99); BGH – 3 StR 324/05, NStZ 2006, 169 (170); BGH – 4 StR 337/05, NStZ-RR 2006, 101 (102); BGH – 2 StR 198/06, NStZ-RR 2007, 43 (44); BGH – 1 StR 307/06, NStZ-RR 2007, 86 (87); BGH – 4 StR 489/06, NStZ-RR 2007, 141 (142); BGH – 4 StR 606/06, NStZ-RR 2007, 199; BGH – 5 StR 377/08, NStZ-RR 2008, 370 (371): BGH – 4 StR 424/09, NStZ 2010, 571 (572); Schneider, Hartmut. § 212... *Op. cit.*, Rn. 24.

987. BGH – 4 StR 185/05, NStZ-RR 2006, 11 (12); BGH – 4 StR 337/05, NStZ-RR 2006, 101 (102); BGH – 5 StR 377/08, NSt Z-RR 2008, 370. Schneider, Hartmut. § 212... *Op. cit.*, Rn. 24.

988. BGH – 4 StR 172/00, NStZ-RR 2000, 327; BGH – 5 StR 360/11, NStZ 2012, 207 (208 e ss). BGH – 1 StR 408/01, NStZ 2002, 541; BGH – 5 StR 352/04, NStZ 2006, 98 (99); BGH – 1 StR 307/06, NStZ-RR 2007, 86 (87).

989. Para mais detalhes, cf. *abaixo*, item 2.4.4.

990. BGH – 2 StR 198/06, NStZ-RR 2007, 43 (44). Diversos golpes contra a cabeça BGH – 5 StR 290/04, NStZ 2005, 384 (386).

991. BGH – 4 StR 424/09, NStZ 2010, 571 (572); BGH – 1 StR 1919/09, NStZ 2009, 629 (630); BGH – 2 StR 52/03, NStZ 2003, 603 (604). Para as incoerências em relação à relevância ou não dos

como o homicídio, é circunstância que vai de encontro à afirmação de que houve dolo de matar.[992] Também aqui, o BGH exige que o magistrado se controverta com todas as circunstâncias (objetivas e subjetivas; indícios e contraindícios) do fato, isto é, que ele realize a *valoração global do fato*.

Considerando todo o cenário até aqui apresentado, seria possível apresentar a seguinte racionalização. Analisando-se o primeiro grupo de casos, isto é, disparo com arma de fogo, é possível mencionar alguns contrafatores com maior peso valorativo: *direção do disparo*; *condições de visibilidade*, *distância do alvo; modificação do objetivo.*[993] Dito de outro modo: em regra o disparo de arma de fogo efetuado contra uma pessoa é *forte indicativo* da dolosidade do comportamento, sobretudo, se a arma apresentava elevado potencial lesivo; contudo, presentes contraindicadores, o elevado grau objetivo do perigo não será suficiente, *por si só*, para a imputação dolosa de homicídio.

Em relação aos crimes cometidos com facas, em regra, será preciso apreciar as circunstâncias que envolvem o caso concreto. Em regiões não letais, será necessário avaliar o complexo de circunstâncias que permitem identificar ou não a inferencialidade dolosa. E, nesse caso, a quantidade das facadas, a profundidade e a própria espécie de faca são circunstâncias que precisam ser levadas em consideração. Por outro lado, as regiões letais, como o coração, indicam o dolo de matar e, nesse caso, pouco importa a quantidade de facadas ou, ainda, o quão profunda foi a sua penetração;[994] quem dá um golpe a faca no coração realiza um comportamento que expressa, sem dúvida, um compromisso cognitivo do agente com a realização do tipo de homicídio.

O leitor talvez esteja se perguntando porque os possíveis estados de afetação como, por exemplo, a raiva ou a ação impulsiva, consideradas pelo BGH como eventualmente capazes de negar o dolo, não convencem quanto à sua correção. Ainda que aceitássemos esse tipo de argumento, apenas para contra-argumentar, as eventuais circunstâncias mencionadas pelo BGH, como a raiva, por exemplo, não são capazes de impedir que o autor reconheça o perigo da sua conduta. Como afirma a doutrina, as ações impulsivas ou derivadas de raiva, não são capazes de afetar a compreensão do autor sobre a periculosidade objetiva do perigo criado, especialmente quando esses riscos são evidentes.[995] Assim, por exemplo, consi-

motivos no que diz respeito à exclusão do dolo cf. ROXIN, Claus; GRECO, Luís. *Strafrecht... Op. cit.*, § 12, Rn. 88n.

992. Cf. BGH – 1 StR 170/87; BGH – 3 StR 332/90, BGHR StGB § 212 Abs. 1 Vorsatz, bedingter 8, 24. Ressaltarei esta incoerência logo adiante (cf. *abaixo*, item 2.5).

993. Abordando, e concordando, nesse ponto, com as decisões do BGH, cf. SCHNEIDER, Harmut. *Zur Annahme von Tötungsvorsatz bei Abgabe von Schüssen auf Menschen. In:* FS – Hans Dahs. Köln: Otto Schmidt, 2005, p. 193-204.

994. Defende que essa circunstância desempenha um papel, embora de pequeno peso, cf. SCHNEIDER, Hartmut. § 212... *Op. cit.*, Rn. 25.

995. Cf. BGH – 2 StR 125/02, NStZ-RR 2003, 8 (9). SCHNEIDER, Hartmut. § 212... *Op. cit.*, Rn. 27.

deremos que *A* visualiza seu inimigo, *B*, e, acometido de um momento de fúria em razão de altercações anteriores, realiza um golpe com um paralelepípedo. A afirmação, ou negação do dolo de matar, não está no estado psíquico do agente, mas sim no instrumento utilizado para agressão e local do ataque. Para saber identificar um vínculo relacional entre a conduta e a consequência, interessa saber se *A* lançou o paralelepípedo contra a cabeça da vítima, com que intensidade ele foi arremessado; a distância entre o agente e a vítima; o tamanho e o peso; as condições de visibilidade no momento da realização do comportamento (se dia ou noite) etc.[996] Isso, sim, deve ser considerado para atribuir, ou não, o dolo. No máximo, uma afetação psíquica poderia ser considerada para fins de determinação da culpabilidade do agente, mas não para a imputação subjetiva.

Considerando todo o exposto, seria possível realizar uma valoração parcial da jurisprudência do BGH no tocante à agressão com arma de fogo ou outros instrumentos perigosos. A princípio, é possível dizer que parcela dos argumentos levantados pelo tribunal está na direção certa, quais sejam: a avaliação das circunstâncias objetivas que interferem na dimensão da periculosidade da conduta. Contudo, não é possível concordar com os argumentos segundo os quais estados de afetação psíquica interferem no processo de atribuição de responsabilidades e, portanto, podem impedir a imputação a título de dolo. Imagine-se o indivíduo que, levado pela raiva, desfere uma facada no pescoço da vítima ou dispara em direção ao seu rosto. A argumentação de que isso afeta a possibilidade de compreensão do indivíduo e, consequentemente, impede que ele reconheça a periculosidade objetiva da sua conduta não é, sob qualquer perspectiva, convincente. E duas são as razões: primeiro, a direção para a qual o indivíduo dirigiu o ataque: regiões vitais; segundo, a instrumento utilizado para a agressão: faca e arma de fogo.[997]

996. Caso no qual o instrumento do ataque foi uma tampa de esgoto LG Rostock – I KLs 19/96, NStZ, 1997, 391. Cf. também BGH – 1 StR 104/88, BGHR StGB § 212 Abs. 1 Vorsatz, bedingter 11; BGH – 4 StR 172/00, NStZ-RR 2000, 327.

997. O BGH julgou um caso interessante: *A* e *V*, o último posteriormente vítima, foram convidados para uma ceia de natal no na casa da testemunha *T*. Na festa, *A* e *V* ingeriram grande quantidade de álcool (vodca e cerveja). *A*, *V* e um terceiro, que também estava convidado para a festa, todos desacompanhados de namoradas, resolvem passar o tempo "*brincando*" de luta livre. Não raras vezes os demais convidados se aperceberam da agressividade verbal de *A* e precisaram acalmá-lo. Por volta das 2h30min, *A* e *V*, extremamente alcoolizados, lutavam no solo da sala de vistas. Outro convidado, resolve separá-los. Contudo, a brincadeira segue e em determinado momento *V* arremessa *A* sobre uma mesa de vidro. Ao cair sobre a mesa, o vidro da mesa se estilhaça. *A* interpreta o empurrão como algo humilhante e, por isso, resolve se vingar. Levanta-se rapidamente e pega um caco de vidro que estava sob o solo; colérico, enfia o caco de vidro no pescoço de *S*. Em razão do excesso de álcool, a dominabilidade de *A* sobre o seu corpo estava comprometida. O golpe rompe as veias e artérias; o sangue jorra como uma fonte. *S* cai imediatamente e, como consequência dos ferimentos, morre nos 5 minutos seguintes. A instância inferior considerou o comportamento posterior de *A* decisivo para negar o dolo (ele tentou estancar o sangue com as mãos, chamou o resgate, aguardou a sua chegada do lado de fora do apartamento levando, apenas, meia e cueca – era um 25 de dezembro – finalmente, quando soube que a *S* havia morrido, e após pedir autorização da polícia, despediu-se da vítima). O BGH confirmou a impossibilidade de imputação a título de dolo eventual; a argumentação é confusa e embora a turma tenha reconhecido que o comportamento

2.4.3.3 *Arremesso de pedras em rodovias*

Na Alemanha, o arremesso de pedras em rodovias a partir de viadutos também é considerado relevante, a ponto de ser elencado dentro da constelação de casos com o qual o BGH se controverteu.[998] A jurisprudência, contudo, considera que essas não são hipóteses de solução complexa.

A jurisprudência do BGH considerou dolo eventual de matar o arremesso de pedras, com peso que variava entre 20kg e 58kg, em dias diferentes, em veículos que transitam por rodovias de alta velocidade (a velocidade dos veículos variava ente 130 km/h e 160 km/h).[999] Em regra, considera-se que o arremesso da pedra pode provocar risco extremamente elevado em razão do susto causado e, consequentemente, perigosa reação em cadeia (por ex., engavetamento) na rodovia. Isso torna bastante óbvio que o agente reconheça a existência de elevado risco para a vida dos ocupantes do automóvel, bem assim para os demais condutores. Para esse tipo de método, o BGH não exige outros elementos para que se possa concluir por imputação a título de dolo eventual.

Também aqui o BGH alinha-se em essência com a teoria inferencialista do dolo. O juízo de imputação, doloso ou culposo, dependerá sempre de uma valoração das circunstâncias que estão relacionadas com o perigo (contexto de realização da conduta). Desse modo, o peso da pedra, a direção do arremesso, a quantidade de pedras arremessadas, o horário, a velocidade do carro, o modelo de automóvel contra o qual a pedra foi arremessada (se ônibus ou carro pequeno; se tinha, ou não, teto solar, por exemplo), o local do carro contra o qual foi arremessada (vidro, teto, capô) são dados que precisam ser levados em consideração para um eventual juízo de imputação. Por exemplo, imagine-se a hipótese do indivíduo que, por volta das 18 horas, desde um viaduto, arremessa uma pedra de 20kg em direção a um ônibus de transporte público, atingindo um dos passageiros, o qual vem a óbito. Nesse caso, não há como negar um vínculo relacional entre a conduta e a consequência: o nível de periculosidade do comportamento; o peso da pedra; o transporte público e o horário estabelecem uma relação clara de inferencialidade entre o complexo de circunstâncias e o tipo de homicídio.

posterior não importa para a imputação, ela não ofereceu nenhum argumento que justificasse a negação do dolo de matar BGH – 1 StR 191/09, NStZ 2009, 629.

998. Assim Safferling, Christoph. § 212... *Op. cit.*, Rn. 71; Schneider, Hartmut. § 212... *Op. cit.*, Rn. 19.

999. BGH – 4 StR 450/09, NStZ-RR 2010, 373; BGH – 4 StR 133/82, VRS 63, 119; BGH – 4 StR 118/97, NStZ-RR 1997, 294. Cf. Fischer, Thomas. § 211... *Op. cit.*, Rn. 11a; Safferling, Christoph. § 212... *Op. cit.*, Rn. 71; Schneider, Hartmut. § 212... *Op. cit.*, Rn. 19. Cfr. Danwitz, Klaus-Stphan von. *Die Tötung eines Menschen mit gemeingefährlichen Mitteln. In*: Jura, 1997, p. 569 e ss; Mitsch, Wolfgang. *Grundfälle zu den Tötungsdelikten. In*: JuS, 1996, p. 213 e ss.

2.4.4 Casos de AIDS

Não é recente a imprecisão jurisprudencial nos casos que envolvem a transmissão do vírus-HIV.[1000] Se antigamente a discussão mostrava-se menos problemática, hoje, com o avanço da medicina e consequentemente com a drástica redução da possibilidade de risco para a vida da vítima, os casos que envolvem a transmissão do vírus apresentam muito mais dificuldades de ajuste de imputação subjetiva.

Para examinar a hipótese analisada pelo tribunal, sugiro o seguinte diagnóstico fenomenológico: por um lado, os casos nos quais o ponto relevante é a utilização de algum meio de evitação da contaminação; por outro, as hipóteses nas quais o indivíduo com HIV positivo cientifica o parceiro, ou não, da sua condição de portador. Se combinarmos os dois grandes grupos teremos, então, três relevantes possibilidades de manifestação fenomenológica do comportamento: relação sexual sem proteção e com parceiro não cientificado (*i*); relação sexual com proteção e com parceiro não cientificado (*ii*); relação sexual, com ou sem preservativo, com parceiro cientificado (*iii*). Essa multiplicidade fenomenológica deixa evidente que a maioria dos casos que envolve a transmissão do vírus-HIV esconde severos problemas dogmáticos, quais sejam: *i*) problemas de imputação objetiva: risco permitido; autocolocação em risco; danos tardios; *ii*) problemas de imputação subjetiva: especialmente a fronteira entre o dolo e a culpa; *iii*) problemas de consentimento. Algumas dessas hipóteses, nomeadamente itens *i* e *iii*, extrapolam o objeto do trabalho, razão pela qual centrar-me-ei apenas nas dificuldades que o caso apresenta para a determinação da imputação subjetiva.[1001]

1000. No Brasil, os tribunais superiores foram confrontados com a questão referente à transmissão do vírus. Contudo, nas respectivas oportunidades, a discussão ficou essencialmente limitada à imputação objetiva, precisamente à discussão sobre se a relação sexual de um indivíduo soropositivo com parceiro que ignorava a sua condição sorológica realiza o tipo de homicídio de perigo de contágio de moléstia grave ou de lesão corporal grave. O *STF* enfrentou a questão no HC n. 98712/SP. Na oportunidade, o voto condutor afastou a possibilidade de que a transmissão do vírus configurasse um crime doloso contra a vida e, por maioria, entendeu tratar-se de perigo de contágio de moléstia grave (art. 131, do CP) HC 98712-SP, rel. Min. Marco Aurélio, p. 5; o Min. Ayres Brito, em voto separado, defendeu que a transmissão do vírus HIV realiza o tipo penal de lesão corporal de natureza grave. O *STJ*, por sua vez, enfrentou a matéria sobre a capitulação jurídica quando do exame do HC 160.982-DF. Na ocasião, a orientação firmou-se no sentido de que a capitulação adequada seria de lesões corporais de natureza grave (ou gravíssima) (129, § 2.º, II, do CP); HC 160982-DF (2010/0016927-3), rel. Min. Laurita Vaz, p. 5. Em 2016, no HC 58.563-RJ, o tribunal não discutiu a questão do ajuste típico.

1001. Sobre essas e outras questões, cf. Bruns, Manfred. *Nochmals... Op. cit.*, p. 2281-2282; Frisch, Wolfgang. *Riskanter... Op. cit.*, p. 362-370; Frisch, Wolfgang. *Gegenwartsprobleme... Op. cit.*, p. 532-566; Geppert, Klaus. *Strafbares... Op. cit.*, p. 668-672; Herzberg, Rolf Dietrich. *Die Strafdrohung... Op. cit.*, p. 1461 e ss; Herzberg, Rolf Dietrich. *Zur Strafbarkeit... Op. cit.*, p. 2283; Herzberg, Rolf Dietrich. *Aids: Herausforderung und Prüfstein des Strafrechs – zugleich eine Besprechung des BGH-Urteils vom 4. November 1988 – 1 StR 262/88. In*: JZ, 1989, p. 470 e ss; Knauer, Christoph. *AIDS... Op. cit.*, p. 428 e ss; Kreuzer, Arthur. *Aids... Op. cit.*, p. 786 e ss; Meier, Bernd-Dieter. *Strafrechtliche Aspekte der Aides-Üvertragung. In*: GA, 1989, p. 207-230; Prittwitz, Cornelius. *Das AIDS-Urteil*

Passo, então, à análise de cada uma dessas hipóteses; a primeira dela ajusta-se ao caso julgado pelo BGH.

2.4.4.1 Sexo sem proteção e com parceiro não cientificado

No final da década de oitenta do século passado, o BGH foi confrontado com maior número de casos envolvendo a transmissão do vírus-HIV.[1002] Naquele momento, o estado das relações de vida estava marcado pelo fato de que as pessoas informadas da sua condição pessoal de portadoras do vírus mantinham o seu comportamento sexual inalterado e, com isso, expunham os seus parceiros, muitas vezes em estado de total ignorância sobre a condição de HIV positivo do outro, ao perigo de contágio.[1003] Nessa conjuntura, o caso com o qual o BGH se defrontou foi o seguinte: um sujeito, cidadão norte-americano residente na Alemanha, foi comunicado pelo seu médico que era soropositivo e que, em razão da possibilidade de contágio da enfermidade, dali para frente, durante toda a sua vida, deveria utilizar preservativos toda vez que mantivesse relação sexual. Contudo, entre agosto de 1986 e janeiro de 1987, sem informar aos parceiros do seu estado sorológico, e ignorando as advertências do seu médico, manteve relações sexuais com outros dois homens. O contágio, contudo, não foi demonstrado.

A instância inferior considerou que o acusado estava consciente da sua condição sorológica e, portanto, era consciente de que sua conduta era suficiente para transmitir o vírus para os seus parceiros, razão pela qual ele teve a assunção aprovadora em relação à contaminação e no perigo que sua conduta poderia conduzir para o parceiro: "para satisfazer o seu instinto sexual, ele assumiu o perigo de contaminá-lo e que isso poderia acarretar em perigo de morte".[1004]

Na mesma linha da instância inferior, e desconsiderando o fato de que o risco de contaminação era mínimo,[1005] o BGH imputou ao acusado tentativa de lesões graves na modalidade de dolo eventual (§ 224, 1, Abs. 5).[1006] Quais foram os argumentos utilizados pelo BGH? Em sua decisão, o tribunal deixou entabulado que age com dolo de lesão corporal aquele que tem contatos sexuais ocasionais e

des Bundesgerichtshofs. *In*: StV, 1989, p. 123-128; PUPPE, Ingebrg. *Strafrecht... Op. cit.*, p. 118-120, Rn. 14-22, RENGIER, Rudolf. *AIDS Op. cit.*, p. 225-232; SCHLEHOFER, Horst. *Risikovorsatz... Op. cit.*, p. 2017-2026; SCHÜNEMANN, Bernd; PFEIFFER, Gerg (Hrsg.). *Die Rechtsprobleme von Aids*. Baden-Baden: Nomos, 1988.

1002. SCHNEIDER, Hartmut. § 212... *Op. cit.*, Rn. 48. Cf. BGH – 1 StR 262/88, BGHSt 36, 1-17; BGH – 4 StR 318/89; BGHSt 36, 262-269.

1003. SCHNEIDER, Hartmut. § 212... *Op. cit.*, Rn. 48.

1004. "(...) um seinen Sexualbetrieb zu befriedigen, billigend in Kauf (nahm), daß dieser erkranken und in die Gefahr des Todes kommen könnte" BGHSt 36, 1 (2). Essa descrição diz repeito às relações havidas em dezembro de 1986 e janeiro de 1987.

1005. O próprio BGH reconheceu isso.

1006. "§ 224 Lesão corporal grave (1) Quem causar uma lesão corporal (...). 5. utilizando um meio que coloca a vida da vítima em perigo" (§ 224 Gefährliche Körperverletzung (1) Wer die Körperverletzung (...) 5. mittels einer das Leben gefährdenden Behandlung).

desprotegidos, sempre e quando o agente não possa controlar o perigo inevitável (*unabgeschirmt*[1007]); à luz do desenho fático derivado no quadro concreto, não havia indícios concretos de que o acusado poderia minimizar o risco de infecção.[1008] À pequena possibilidade de transmissão do vírus, o BGH não atribuiu peso suficiente para eliminar o dolo; o argumento utilizado foi o de que qualquer contato sexual sem proteção, independentemente do *risco mínimo* de transmissão, pode ter como consequência a transmissão do vírus e, por essa razão, implicar risco integral de contaminação.[1009]

Em síntese, o BGH adotou a seguinte linha de argumentação: *primeiro*, a conduta não realiza o tipo objetivo do homicídio, mas sim de lesão corporal de natureza grave (especificamente pela utilização de meio que causa perigo à vida da vítima). *Segundo*, no tocante à imputação subjetiva, o BGH reconheceu a inexistência de assunção aprovadora do agente em relação à morte da vítima; ao lado de considerações relacionadas com o *topos* da teoria do obstáculo psíquico (Hemmschwellen*theorie*), bem assim amparado na tradicional fórmula da teoria do consentimento: negação do dolo em razão da não assunção aprovadora do risco.[1010] O BHG ponderou que o autor poderia ter confiado seriamente no não desenvolvimento fatal da enfermidade no parceiro, porquanto, em razão do entretempo decorrente do longo período de encubação do vírus, a cura poderia ser encontrada.[1011] Como não foi possível comprovar a transmissão, o tribunal condenou o indivíduo pela tentativa de lesão corporal de natureza grave.[1012]

A decisão (de conveniência) do BGH, talvez justificada pelo período em que foi prolatada, momento no qual a doença começou a ter maior notoriedade, não convence. Se consideramos os próprios argumentos mencionados pelo BGH, é possível identificar uma evidente incoerência. *Primeiro*, e *evidente sinal*, o BGH recorreu à teoria do consentimento de primeira geração (*acima*, parte II, item 2.1.1), porquanto, no fundo, o argumento que permeia a decisão é que o norte-americano não desejava transmitir a doença; ignora o BGH sua própria teoria, segundo a qual o resultado ser ou não indesejado não é suficiente para afastar o dolo. E, aqui, aparece a *segunda* incongruência: como o perigo de lesão é

1007. Sobre a tradução, conferir nota de rodapé n. 689.

1008. Sobre os patamares de probabilidade de infecção, cf. nota de rodapé n. 309.

1009. BGHSt 36, 1 (7).

1010. BGHSt, 36, 1 (10).

1011. Cf. BGHSt 36, 1 (15); de acordo com a decisão do BGH, na doutrina, cf. Meier, Bernd-Dieter. *Strafrechtliche... Op. cit.*, p. 211-215; Fischer, Thomas. § 224... *Op. cit.*, Rn. 13; contra, questionando, inclusive, a justeza dos argumentos ventilados pelo BGH para fundamentar a existência do dolo de lesão corporal, Schneider, Hartmut. § 212... *Op. cit.*, Rn. 50. Cf. também Neumann, Ulfrid. § 212... *Op. cit.*, Rn. 17, que qualifica como argumento "*forçado*" e pouco convincente; ou uma argumentação consideravelmente duvidosa, Lilie, Hans. *Vor § 223. In:* Leipziger Kommentar zum Strafgesetzbuch. 11. Aufl. Berlin: de Gruyter, 2005, B. 6, Rn. 14.

1012. Para um caso mais recente, também considerado hipótese de lesão corporal grave, cf. BGH, JuS 2007, 772 (773).

mínimo, é perfeitamente possível que o indivíduo contaminado tenha acreditado, sinceramente, que a transmissão não ocorreria e, portanto, sequer a imputação de tentativa de dolo eventual poderia coerentemente ser fundamentada[1013] (cf. *acima*, item 2.2).

Para invalidar o argumento de que o agente poderia ter confiado que a cura fosse encontrada, a doutrina faz uma valoração paralela interessante: imagine-se que um indivíduo injeta na vítima um veneno mortal qualquer que, aos poucos, vai produzindo efeito.[1014] Nesse caso, o autor igualmente poderia servir-se da justificativa de que a cura também poderia ser encontrada para o veneno mortal e, por coerência, a ele não poderia ser imputada a tentativa de matar, tampouco a tentativa de lesão corporal. Em outros termos: essa *aposta no tempo* não pode justificar a confiança em um desenrolar causal sem danos.[1015]

Diante da inconsistência dos argumentos ventilados pelo BGH, parece-me necessário realizar uma tentativa de racionalização de imputação nos casos de transmissão do vírus-HIV; mas antes disso, examinarei a segunda hipótese fenomenológica (cf. *abaixo*, item 2.4.4.3).

2.4.4.2 Sexo com proteção e com parceiro não cientificado

Embora a jurisprudência não tenha se manifestado expressamente sobre a hipótese, é possível tirar algumas consequências e conclusões a partir da mencionada decisão. A princípio, o fato de o parceiro estar ou não cientificado não desempenha papel algum relevante para a formulação do juízo de imputação, eis que a utilização do preservativo indica que o agente adotou medidas para minimizar o risco de infecção; consequentemente, em comparação com o item anterior, o risco é ainda menor, razão pela qual a exclusão do dolo de lesão corporal estaria justificada.[1016]

2.4.4.3 Relação sexual com parceiro cientificado

Em uma relação sexual com o parceiro cientificado, a princípio, não terá relevância valorativa o fato de a relação ter ocorrido com ou sem proteção. Isso porque, uma vez que o parceiro é esclarecido sobre a possibilidade de transmissão do vírus e, ainda assim tem a relação sexual, ele assume para si o risco, isto é, autocoloca-se em risco, razão pela qual não há por que o Estado emitir qualquer juízo valorativo negativo sobre a conduta do parceiro portador do vírus (voltarei a

1013. Para outros argumentos cf. Schneider, Hartmut. § 212... *Op. cit.*, Rn. 50-51.

1014. Lilie, Hans. *Vor § 223... Op. cit.*, Rn. 14.

1015. Schneider, Hartmut. § 212... *Op. cit.*, Rn. 51. Cf. Frisch, Wolfgang. *Riskanter...Op. cit.*, p. 367; Herzberg, Rolf Dietrich. *Aids: ... Op. cit.*, p. 478; Rissing-van Saan, Ruth. *Der bedingte... Op. cit.*, p. 509.

1016. Cf. Sinn, Arndt. § 212... *Op. cit.*, Rn. 38; Knauer, Christoph. *AIDS... Op. cit.*, p. 439 e ss.

essa questão logo adiante). Assim que uma possível contaminação decorre apenas da própria liberdade decisória do parceiro não contaminado (= não está nas mãos da pessoa contaminada).

A abordagem dessas três hipóteses indica claramente que o centro da problemática a envolver a possibilidade de transmissão do vírus-HIV não se centra na vontade ou não de transmiti-lo a outra pessoa; confiar que a transmissão não ocorrerá ou representar a possibilidade e com ela concordar; mas, sim, centra-se na intensidade do risco criado para o parceiro. Se se conectam os casos de transmissão de vírus com a ideia de risco, é possível contornar aqueles problemas anteriormente mencionados. Justamente por essa razão, creio interessante deixar uma proposta de soluções possíveis.

Para compreender o que será sugerido, é imprescindível retomar alguns argumentos: quando da análise da *ratio* de pena para crime doloso ficou evidente que o ponto arquimédico está na dominabilidade que o autor tem sobre o seu corpo e, com isso, sobre a ativação ou não do risco (*i*); quando apontei o catálogo de critérios para o juízo de inferencialidade, também argumentei que o grau de vulnerabilidade da vítima milita a favor da imputação dolosa (*ii*). E se agora juntamos esses dois argumentos, poderíamos indagar: como eles impactam nos casos de transmissão do vírus-HIV? Simples, a vítima, em regra, e ao contrário dos casos nos quais o perigo está apenas nas mãos do agente, também tem o controle sobre o seu próprio corpo e, portanto, também tem o controle sobre perigo da transmissão. Se isso parece bastante evidente e pouco questionável, ela pode, por si mesma, ativar os seus mecanismos de autoproteção. Mais ainda: nesses casos, diferentemente de outros aqui examinados (acima, parte IV, item 3.2.2), a vítima – ao lado do indivíduo contaminado – tem o domínio integral sobre a ativação, ou não, do perigo de contaminação. Isso quer dizer que o problema da transmissão do vírus, na grande maioria dos casos, pode ser resolvido recorrendo-se a parâmetros de valoração do desvalor da ação sugeridos pela imputação objetiva, precisamente a autocolocação em perigo. Noutros termos: a rigor, a maioria dos problemas da transmissão do vírus-HIV pode ser resolvido no âmbito da imputação objetiva, precisamente no momento de considerações sobre a desaprovação do risco criado pelo autor.[1017]

1017. Não seria apropriado, aqui, apresentar uma fundamentação para a possível exclusão, ou não, da responsabilidade do autor que transmite o vírus. As fundamentações apresentadas pela doutrina são as mais diversas, notadamente aquela vinculada ao que se convencionou chamar de princípio da autorresponsabilidade. Sobre o tema, entre outros, cf. na *Alemanha*: Dölling, Dieter. *Zur Strafbarkeit wegen fahrlässiger Tötung bei einverständlicher Fremdgefährdung. In*: FS – Klaus Geppert. Berlin: de Gruyter, p. 53 e ss; Fiedler, Ralf Peter. *Zur Strafbarkeit der einverständlichen Fremdgefährdung –unter besonderer Berücksichtigung des viktimologischen Prinzips*. Frankfurt: Peter Lang, 1989; Grünewald, Anette. *Selbstgefährdung und einverständliche Fremdgefährdung. In*: GA, 2012, p. 364 e ss; Helgerth, Roland. *AIDS – Einwilligung in infektiösen Geschlechtsverkehr. In*: NStZ, 1988, p. 261 e ss; Jetzer, Laura. *Einverständliche Fremdgefährdung im Strafrecht zugleich ein Beitrag zur Mitwirkung an Selbstgefährdung*. Baden-Baden: Nomos, 2015; Matthes-Wegfrass, Ines. *Der Konflikt zwischen Eigenve-*

Feitas essas considerações, é possível sugerir o seguinte: se o indivíduo contaminado esclarece ao parceiro a sua condição sorológica, a análise não passa do juízo de imputação objetiva (*i*). Nas hipóteses em que a vítima não sabe o suficiente para ativar a sua autorresponsabilidade, é de se considerar: a baixíssima probabilidade de contaminação pelo vírus-HIV significa que o indivíduo não utilizou um método adequado para o crime de lesão corporal, menos ainda para matar, e, portanto, *em regra*, não é possível a imputação a título de dolo (*ii*); é possível uma imputação de lesão corporal culposa quando o parceiro não estiver cientificado da condição sorológica e o sexo for desprotegido (*iii*); finalmente, é possível a imputação dolosa pelo crime de lesão corporal de natureza grave (art. 129, § 1.º, II, do CP) quando o indivíduo contaminado tenha mentido sobre a sua condição sorológica e tenha tido uma quantidade de relações que aumenta o perigo de transmissão (*iv*).

Tudo o que foi dito, entretanto, não invalida a discussão sobre a legitimidade de criação de tipo penal autônomo, de perigo abstrato, para alcançar a conduta daquele que tem relações sexuais desprotegidas e com parceiro não esclarecido da sua condição sorológica.[1018]

2.5 Crítica e balanço

A posição assumida pelo BGH demonstra não haver um método para a elaboração do catálogo de critérios que podem influenciar, ou não, a existência de comportamento doloso (eventual) ou culposo,[1019] daí que a utilidade prática do

rantwortung und Mitverantwortung im Strafrecht eine kritische Untersuchung der gegenwärtigen Rechtsprechungspraxis zum Problembereich der Selbsttötung und Selbstgefährdung. Berlin: Duncker & Humblot, p. 89 e ss; MURMANN, Uwe. *Die Selbstverantwortung...Op cit., passim* (especialmente, p. 397); RENZIKOWSKI, Joachim. *Eigenverantwortliche Selbstgefährdung, einverständliche Fremdgefährdung und ihre Grenzen. In:* HRRS, Ausgabe 8-9, 2009, p. 347 e ss; SCHUMANN, Heribert. *Strafrechtliches Handlungsunrecht und das Prinzip der Selbstverantwortung*. Tübingen: Mohr, 1986; STRATENWERTH, Gunter. *Arbeitsteilung und ärztliche Sorgfaltsplicht. In*: FS – Eberhard Schmidt. Göttingen: Vandenhoeck & Ruprecht, 1961, p. 383 e ss; ZACZYK, Reiner. *Strafrechtliches Unrecht und die Selbstverantwortung des Verletzens*. Heidelberg: Müller, 2003, p. 18 e ss. Na literatura em língua *espanhola*: CANCIO MELIÁ, Manuel. *Conducta...Op. cti.*, p. 277 e ss; CANCIO MELIÁ, Manuel. *Líneas básicas de la Teoría de la Imputación Objetiva*. Mendoza: Cuyo, 2004, p. 88; GIMBERNAT ORDEIG, Enrique. *Imputación objetiva, participación en un autopuesta en peligro y heteropuesta en peligro consentida. In*: Revista de derecho penal y criminología, 2004, n. extra 2, p. 75 e ss; LUZÓN PEÑA, Diego Manuel. *Principio de alteridad o de identidad vs. principio de autorresponsabilidad: participación en autopuesta en peligro, heteropuesta en peligro consentida y equivalencia, el criterio del control del riesgo. In*: Revista Nuevo Fuero Penal, vol. 6, n. 74, 2010, p. 58 e ss; ROSO CAÑADILLAS, Raquel. *Autoría mediata, imputación objetiva y autopuestas en peligro. In*: Derecho Penal y Criminología, vol. 25, n. 75, 2004, p. 245 e ss. Entre nós: GRECO, Luís. *Um panorama... Op. cit.*, p. 70 e ss.

1018. Cf. BRUNS, Manfred. *Ein Rückschlag für die AIDS-Prävention. In*: MDR, 1989, p. 199-201; ROXIN, Claus; GRECO, Luís. *Strafrecht... Op. cit.*, § 12, Rn. 85; DIAS, Jorge de Figueiredo. *Direito Penal... Op. cit.*, p. 374, nota de rodapé n. 65.

1019. Desde 1989, BRAMMSEN lamentava a ausência de critério da jurisprudência alemã para determinar o dolo eventual e pontuava que o BGH ora se refere à probabilidade de ocorrência do

"método" adotado pelo BGH é, no mínimo, questionável. Nesse ponto eu gostaria de centrar minhas críticas especialmente em relação à Hemmschwellen*theorie*, não somente em razão do decisivo papel que a teoria teve nos últimos trinta anos nas decisões do BGH[1020] como também pela sua arbitrária construção.[1021] O leitor talvez esteja se perguntando por que não refutei, aqui, a doutrina geral do dolo no BGH. A resposta é simples: se aqui omito essas críticas é porque não quero ser repetitivo. Como o BGH, em maior ou menor medida, alinha-se à concepção volitiva, isso significa que as razões da incorreção da sua doutrina geral foram apontadas na parte II. Pelo que posso passar diretamente ao que há de especial em sua teoria do dolo.

Como visto, na maioria dos casos analisados pelo BGH, notadamente naqueles nos quais o(a) acusado(a), sob influência do álcool ou violenta emoção, realiza uma conduta com efetivo perigo para a integridade corporal ou para a vida da vítima, o tribunal sempre levanta a questão sobre se a instância inferior controverteu-se com todos os indícios que poderiam *militar* contra ou a favor da

resultado, ora ao especial perigo da conduta, ora ao interesse no fato, ora à personalidade do autor e outra tanta quantidade de indícios. Cf. Brammsen, Joerg. *Inhalt... Op. cit.*, p. 77-78. Tal crítica parece-me coerente e atualmente é realçada por Puppe, que acusa o BGH de servir-se de um catálogo aberto e indefinido de critérios para determinar o dolo eventual. Puppe, Ingeborg. *Strafrecht... Op. cit.*, p. 115-116, Rn. 8-10. Igualmente observando a ausência de uniformidade nas decisões do BGH, Joecks, Wolfgang. § 16... *Op. cit.*, Rn. 52 e ss.

1020. Puppe, Ingeborg. *Tötungsvorsatz... Op. cit.,* p. 183. Nesse artigo, a autora defende que com o julgamento da 4 StR 558/11 (22.03.2012), o BGH finalmente despediu-se da Hemmschwellen*theorie* (Cf. a decisão em BGHSt 57, 183). Todo modo permanece controvertida a questão sobre se o BGH, verdadeiramente, abandonou ou não a teoria do obstáculo psíquico. Além de Puppe, também afirmam o abandono substancial à teoria Heintschel-Heinegg, Bernd von. *Anmerkung zu dem Urteil des BGH vom 22.03.2012 – 4 StR 558/11. In*: JA, 2012, p. 632 e ss; Jahn, Matthias. *Anmerkung zu dem Urteil des BGH vom 22.03.2012 – 4 StR 558/11. In*: JuS, 2012, p. 757 e ss; Leitmeier, Lorenz. *Bedingter Vorsatz bei Tötungsdelikten – Hemmschwellentheorie ohne Erklärungswert. In:* NJW, 2012, p. 2851; Roxin, Claus; Greco, Luís. *Strafrecht... Op. cit.*, § 12, Rn. 79b; Sinn, Arndt; Bohnhorst; Torsten. *Zur "Hemmschwellentheorie" bei Tötungsdelikten. In*: StV, 2012, p. 661 e ss; Streng, Franz. *Hemmschwellentheorie... Op. cit.,* p. 53; p. 57. Contudo, consideram que a decisão não alterou a posição do BGH Fahl, Christian. *Das Ende... Op. cit.,* p. 499 e ss; Fischer, Thomas. *Bewerten, Beweisen, Verurteilen. Antwort auf Puppes Polemik über die „Methoden der Rechtsfindung des BGH" (ZIS 2014, 66). In*: ZIS, 2014, n. 3, p. 98.

1021. Críticos: Geppert, Klaus. *Zur Abgrenzung... Op. cit.,* p. 59 e ss; Jahn, Matthias. *Anmerkung zu dem Urteil de BGH vom 23. 6. 2009 – 1 StR 191/09. In*: JuS, 2009, p. 956 e ss; Lederer, Jenny. *Hemmschwellen... Op. cit.,* p. 135 e ss; Puppe, Ingeborg. *Strafrecht... Op. cit.*, p. 206 e ss, Rn. 1 e ss; Puppe, Ingeborg. *Die Logik der Hemmschwellentheorie des BGH – Zugleich eine Besprechung NStZ von BGH, Urteil vom 7. 11. 1991 – 4 StR 451/91 (LG Passau). In*: NStZ, 1992, p. 576-577; Puppe, Ingeborg. *Beweisen... Op. cit.,* p. 66 e ss; Rengier, Rudolf. *Strafrecht. Besonderer Teil... Op. cit.,* p. 11, Rn.13; Rissing-van Saan, Ruth. *Der bedingte... Op. cit.,* p. 497 e ss; Roxin, Claus; Greco, Luís. *Strafrecht... Op. cit.,* § 12, Rn. 81; Schneider, Hartmut. § 212... *Op. cit.*, Rn. 53 e ss; Schumann, Heribert. *Zur Wiederbelebung... Op. cit.*, p. 429; Sessar, Klaus. *Anmerkung zu dem Urteil des BGH vom 30.04.1986 – 2 StR 755/85. In*: StV, 1988, p. 94; Sinn, Arndt; Bohnhorst; Torsten. *Zur "Hemmschwellentheorie"... Op. cit.,* p. 661 e s; Trück, Thomas. *Die Problematik... Op. cit.,* p. 233 e ss; Verrel, Torsten. *(Noch kein)... Op. cit.,* p. 309 e ss. Thomas Fischer, presidente da 2ª Turma do BGH, é um intransigente defensor da teoria. cf. Fischer, Thomas. *Bewerten... Op. cit.,* p. 97 e ss.

existência de possível dolo eventual de lesionar ou de matar. Antes de passar à crítica, talvez seja interessante rememorar que, na análise do dolo, o BGH argumenta:

> *1.* O *elemento cognitivo* é expressado na representação da possível realização do tipo;
>
> *2.* O *elemento volitivo* é expressado na periculosidade objetiva da conduta; perigos extremos assinalam positivamente para a imputação a título de dolo;
>
> *3. Elementos adicionais* podem alterar o ponto arquimédico do dolo, isto é, apesar do elevado perigo para o bem jurídico, no caso concreto, é possível que sejam valoradas questões relacionadas com o estado emocional do autor, tais como grande perturbação psíquica, situação que indica que o acusado estava como os nervos à flor da pele, elevado estado etílico ou de drogadicção, relação de proximidade entre autor e vítima e, dessa ponderação, excluir a imputação dolosa;
>
> *4.* Todas essas circunstâncias devem ser obrigatoriamente observadas em conjunto e controvertidas pela instância inferior.
>
> *5.* Donde se conclui que, para o BGH,[1022] no marco da *Hemmschwelle, o conhecimento por parte do autor de que sua ação causa elevado risco para a vida da vítima é apenas um entre diversos fatores que influenciam na valoração da conduta.*

A princípio, embora ao "método" do BGH seja agregado o substantivo "teoria", não estamos diante, propriamente, de uma teoria, senão de um feixe de circunstâncias aleatoriamente expostas como argumentos para pôr em xeque a existência de uma figura dolosa.[1023] E considerando-se não se poder denominar teoria qualquer argumentação que não tenha base científica, há quem prefira denominá-la *Hemmschwellenargument.*[1024] Aliás, na própria compreensão do tribunal, a *Hemmschwellentheorie* se esgota no § 260 do código de processo penal alemão.[1025] Não por outra razão, Roxin e Greco designam a *Hemmschwellentheorie* como uma obviedade processual ("*prozessuale Selbstverständlichkeit*"); uma fórmula sem conteúdo substancial que, por isso mesmo, deveria ser abandonada.[1026] Todo modo, interessa comprovar porque os argumentos lançados pelo BGH carecem de validade científica. Para realizar essa comprovação, parece-me relevante, de início, concentrar as minhas objeções nos pontos fundamentais da teoria, quais sejam: no *"método"* utilizado (*i*); nos estados de excitação psíquica como circunstâncias que excluem o dolo (*ii*); na menção à personalidade do

1022. Vale registrar que sequer no BGH há posição uniforme sobre os critérios e sua aplicação. Ressaltando a divergência de tendências entre duas turmas do tribunal, Rönnau, Thomas; Becker, Christian. *Vorsatzvermeidung... Op. cit.*, p. 572.

1023. Agora o leitor pode entender porque deixei o termo "(...) *theorie*" em itálico.

1024. Assim Lederer, Jenny. *Hemmschwellen... Op. cit.*, p. 139.

1025. Baumann, Jürgen; Weber, Ulrich; Mitsch, Wolfgang. *Strafrecht... Op. cit.*, p. 258, Rn. 30.

1026. Cf. BGHSt 57, 183 (192). Roxin, Claus; Greco, Luís. *Strafrecht... Op. cit.*, § 12, Rn. 79a-79b.

acusado como elemento da imputação subjetiva (*iii*) e, finalmente, na valoração, também para fins de imputação, do comportamento do autor anterior ou posterior à realização do tipo penal (*iv*). Ultrapassados esses pontos, ainda será possível apontar algumas objeções adicionais.

Do ponto de vista de análise do método utilizado para as decisões sobre o nível de imputação subjetiva, o primeiro problema é *a insegurança jurídica*. Com efeito, o BGH não estabelece um catálogo de indicadores com o correspondente peso de cada um deles. O tribunal (apenas) exige que todos os indicadores que *vão de encontro* ou *vão ao encontro* de conduta dolosa sejam devidamente sopesados pelo magistrado. Isso significa que o magistrado, de antemão, não sabe quais indicadores ele deve sopesar para a afirmação ou negação do dolo: a sua tarefa, em um juízo de valoração global, é avaliar, *sem qualquer parâmetro*, o significado e o peso dos indícios que se podem *imputar* ou *não* ao autor.[1027]

Some-se a isso, e aqui o problema se agrava, o fato de que o BGH também pacificou o entendimento de que todas as circunstâncias relevantes do caso concreto devem ser levadas em consideração (= expressamente controvertidas), sob pena de *cassação* da decisão.[1028] A combinação desses dois fatores abre espaço, como bem adverte a doutrina, para a massiva interferência do BGH nas decisões de primeira instância que tratam de dolo de matar[1029] e, consequentemente, gera profunda *insegurança*, afinal, em razão da ausência do catálogo fechado, aliado a um pouco de fantasia, sempre será possível converter alguma circunstância em um indício relevante. Ao fim e ao cabo, essa desorientação dos critérios abre espaço para decisões de conveniência, afinal, sempre permanecerá plausível a afirmação de que o magistrado não se controverteu com uma circunstância que, aos olhos do BGH, naquele caso concreto, mereceria haver sido valorada[1030]

Outro problema que deriva da ausência de método é a crise de identidade dos indicadores manejados e isso permite que eles sejam *aleatória e despudoradamente manipulados*. Em recentes julgados, por exemplo, o BGH entendeu que a indiferença do autor frente à possibilidade de morte da vítima é suficiente para afirmar o dolo eventual de matar;[1031] em outros tantos casos, o BGH argumenta contra o dolo eventual o fato de não haver qualquer reconhecível motivo para afirmar que o autor agiu com dolo de matar;[1032] não é preciso muito esforço

1027. Cf. BGH – 3 StR 158/12, NStZ-RR 2013, 89 (90); BGH – 3 StR 140/12, NStZ-RR 2013, 75 (77); BGH – 3 StR 45/13, NStZ 2013, 581 (583).

1028. BGH – 4 StR 163/14, NJW 2014, 3382 (3383); BGH – 2 StR 148/13, NStZ 2014, 35; BGH – 3 StR 158/12, NStZ-RR 2013, 89 (90); BGH 16.11.2014 – 2 StR 54/14, NStZ 2015, 516 (517).

1029. Puppe, Ingeborg. *Neue... Op. cit.*, p. 575.

1030. Cf. Puppe, Ingeborg. *Die Logik... Op. cit.*, p. 577.

1031. BGH – 4 StR 72/15, NStZ 2016, 211; BGH – 5 StR 498/15, NStZ-RR 2016, 204.

1032. BGH – 4 StR 348/94, NStZ 1994, 585; BGH – 4 StR 422/02, NStZ 2003, 431; BGH– 3 StR 216/02, NStZ 2004, 51; BGH – 4 StR 385/03, NStZ 2004, 329 (330); BGH – 3 StR 195/05, NStZ 2005, 629; BGH – 3 StR 364/10, NStZ 2011, 338 (339); BGH – 5 StR 514/11, NStZ 2013, 159 (160); BGH – 2

argumentativo para demonstrar que ser indiferente é o mesmo que não reconhecer motivo algum para o dolo de matar; aliás, somente pode ser indiferente aquele que não tem qualquer motivação reconhecível para a realização do tipo. Às vezes, o estado de alteração psíquica compromete o elemento cognitivo; noutras, afeta o elemento volitivo e recentemente o tribunal afirmou que não compromete nenhum dos elementos do dolo;[1033] algumas vezes, a ausência de motivo compreensível afasta o dolo, outras vezes[1034] não, e assim por diante.

Não bastasse a desorientação causada pela ambivalência dos critérios, essa ainda é agravada porque o BGH, simultaneamente, recorre à fórmula da valoração global dos fatos para contornar o ponto objetivo arquimédico do dolo por ele mesmo elegido, qual seja: a periculosidade objetiva da conduta[1035] (*i*).

No que diz respeito à substância da "teoria", é possível perceber que o tribunal alemão também pretende traçar uma *teoria da personalidade do acusado* e não uma teoria da imputação. Sugere averiguar as relações pessoais entre o autor e a vítima e, não raras vezes, especialmente nos casos de agressões a crianças, parte do pressuposto de que o crime se deu em um cenário de *imaculada família*[1036] e que, portanto, o fato muito provavelmente está mais próximo da tragédia do que do direito penal. Essa espécie de imputação subjetiva, guiada pela personalidade do autor, caminha de mãos dadas com o perigoso direito penal do autor e consequentemente ignora aquilo que realmente interessa para o direito penal: *o fato*. Com isso não quero dizer que essas circunstâncias não mereçam, em algum momento da análise analítica do delito, alguma consideração. O que me parece inconcebível, ao menos se acreditamos na ideia de um direito penal da conduta, é que essa personalidade do acusado possa influenciar no nível de imputação subjetiva. E não é difícil demonstrar o quanto isso é perigoso: quando o direito penal passa a admitir que a personalidade do acusado pode alterar o nível de imputação subjetiva, precisa simultaneamente admitir que a personalidade do agente tanto pode alterar para suavizar a imputação quanto para agravá-la. Em alguns casos, aqueles aqui já examinados, a personalidade funcionará como causas de exclusão; mas, em outros, também poderá, teoricamente, funcionar para

StR 148/13, NStZ 2014, 35; BGH - 4 StR 526/02, StV 2004, 76; BGH - 3 StR 233/07, NStZ-RR 2007, 307.

1033. Para mais casos de incongruência ROXIN, Claus; GRECO, Luís. *Strafrecht... Op. cit.*, §12, Rn. 88m e ss; PUPPE, Ingeborg. *Strafrecht... Op. cit.*, p. 115-116, Rn. 9-10. Cf. também VERREL, Torsten. *(Noch kein)... Op. cit.*, p. 310 e ss.

1034. Cf. ROXIN, Claus; GRECO, Luís. *Strafrecht... Op. cit.*, § 12, Rn. 88n.

1035. Cf. PUPPE, Ingeborg. *Begriffskonzeptionen des dolus eventualis. In*: GA, 2006, p. 65 (há tradução para o português realizada por LUÍS GRECO, cf. PUPPE, Ingeborg. *Dolo eventual e culpa consciente*; trad. Luís Greco. *In*: Revista Brasileira de Ciências Criminais. São Paulo: RT, 2006, vol. 58, p. 114 e ss); FREUND, Georg. *Anmerkung zu BGH... Op. cit.*, p. 116 e ss; FRISCH, Wolfgang. *Gegenwartsprobleme... Op. cit.*, p. 550; NEUMANN, Ulfried. § 212... *Op. cit.*, Rn. 18-20; STEINBERG, Georg; STAM, Fabian. *Der Tötungsvorsatz in der Revision des BGH. In*: NStZ, 2011, p. 177.

1036. Utiliza a expressão SCHNEIDER, Hartmut. § 212... *Op. cit.*, Rn. 38.

imputar o dolo. Imagine-se, por exemplo, a conclusão de que a imputação deve ser dolosa porque o agente tem uma personalidade voltada para o crime; uma personalidade perigosa; ou um comportamento agressivo em outras situações semelhantes. Se se quer argumentar com base na Hemmschwellen*theorie*, e levar em consideração a personalidade do acusado, essas suas consequências também precisam ser assumidas em toda a sua generalidade: tanto para excluir como para afirmar o dolo (*ii*).

Parece igualmente pouco recomendável, ao menos do ponto de vista dogmático, a menção à intensidade do estado emocional como elemento que pode alterar o nível de imputação subjetiva, inclusive excluir dolo. Naturalmente a excitação psíquica provocada por um estado emocional, ou qualquer outro elemento volitivo, pode ser considerada dentro do espaço da teoria do delito, mas, apenas, quando da análise da intensidade de *reproche* que deve ser atribuída ao agente, o que se faz na dimensão da culpabilidade e não no âmbito da imputação subjetiva. Do contrário, teríamos que estar dispostos a introduzir, no âmbito do injusto, elementos que pertencem a outros âmbitos do sistema de delito.[1037]

Mesmo se considerarmos a influência de um estado de excitação na imputação subjetiva, isso, a rigor, em nada alteraria o fato de que o autor agiu com dolo. Ora, se para o BGH a aprovação do resultado deve ser entendida em sentido jurídico, isto é, admite-se o dolo ainda que o resultado seja indesejado, não faz qualquer sentido em casos de extrema violência (a exemplo dos mencionados casos de golpes de lutador de caratê na cabeça de criança com 15 meses de idade; chutes ao estilo jogador de futebol na cabeça de criança com 3 meses de idade ou pisões na cabeça com extrema violência), ponderar se o autor considerou ou não a possibilidade de ocorrência do resultado para a imputação,[1038] pois, o compromisso cognitivo do autor com a realização do perigo ajusta-se perfeitamente ao conceito de aprovação em sentido jurídico que o próprio BGH desenvolveu. Isso significa que a construção teórica do BGH para os crimes de homicídio, especialmente aqueles com elevado nível de violência, é incompatível com a sua própria jurisprudência geral sobre o dolo (*iii*).

Ainda é possível seguir com as objeções.

O BGH também argumenta que podem influenciar o âmbito da imputação determinados comportamentos posteriores ao fato como, por exemplo, levar a vítima ao hospital, chorar compulsivamente, colaborar com o esclarecimento do fato.[1039] Com tal argumento, o tribunal ignora a elementar exigência de precisão

1037. Cfr. Nau, Heinz. *Die Bewusstseinsform bei normalpsychologischen Affekttaten: Ein Vorsatzproblem?* Frankfurt: Lang, 2001. A favor da relevância dos elementos emotivos para fins de dosagem de pena, Feijóo Sánchez, Bernardo. *El dolo... Op. cit.*, p. 42.

1038. A critica é justa porquanto o estado de afetação psíquica pode afetar tanto o elemento cognitivo quanto o elemento volitivo. Cf. nota de rodapé n. 909.

1039. BGH – 3 StR 398/11, NStZ 2012, 384; BGH – 4 StR 608/11, NStZ 2012, 443.

da valoração do comportamento: a *dimensão temporal* do dolo. A imagem mental a ser valorada para fins de imputação deve ser aquela *congelada* no momento de realização do tipo. Os comportamentos posteriores não podem ingressar na esfera de valoração porque, fosse assim, estaríamos admitindo, ao menos indiretamente, o *dolus subsequens*: a delimitação temporal para fins de responsabilidade se dá no momento no qual o agente põe em marcha o processo de causação do resultado, ainda que depois, eventualmente, abandone o curso causal à sua própria sorte; não acredite no resultado; ou, inclusive, o que parece ser o caso nos exemplos mencionados, esteja *arrependido*. Esse é o preço que deve ser cobrado se se quiser ser coerente com a exigência da dimensão temporal do dolo. Naturalmente, o comportamento posterior pode ser considerado para fins de determinação do *reproche* e, eventualmente, funcionar na dosagem da pena, nada além disso. Noutros termos: ele não servirá para confirmar o dolo, tampouco para negá-lo (*iv*).

Mas não é somente isso. Por outro lado, e embora parcela da doutrina reconheça possível movimentação na jurisprudência,[1040] é verdade que os contraindicadores da dolosidade do comportamento são majoritariamente inaplicáveis às hipóteses de crimes omissivos. A descarga de fúria da personalidade ou o comportamento posterior ao fato, sempre mencionados, não desempenham papel algum decisivo para solucionar delitos de natureza omissiva, no caso, homicídio, uma vez que nesses não há *descarga de energia criminosa.*[1041] Os estados de alteração psíquica aos quais o BGH se refere somente se apresentam em crimes comissivos, e, ainda assim, apenas naqueles nos quais há a presença de ações com extremo grau de violência e sem motivo aparente. Se se observa com atenção essa consequência, isso significa que, ao fim e ao cabo, os autores que realizam as ações com alto grau de agressividade podem receber tratamento punitivo privilegiado se comparado com os autores omissos.[1042]

A rigor, é preciso insistir nisso; a teoria criada pelo BGH pode conduzir a soluções problemáticas mesmo nos casos das comissões. Refiro-me àquelas que expressam situações nas quais – pela racionalidade cotidiana – não estamos tão propensos a reconhecer o nível inferior de responsabilidade penal. Imagine-se, por exemplo, a hipótese de um jovem que dirige a sua Ferrari pelas ruas da cidade imprimindo a essa velocidade excessiva porque, no seu estado de excitação psíquica, crê ser imortal.[1043] Na hipótese de um atropelamento fatal, e considerando que a excitação provocada pela adrenalina pode ser semelhante àquela

1040. Cf. nota de rodapé n. 914.

1041. Expressão em Neumann, Ulfried. § 212... *Op. cit.*, Rn. 20. Cf. Trück, Thomas. *Die Problematik... Op. cit.*, p. 234

1042. Cf. Puppe, Ingeborg. *Die Logik... Op. cit.*, p. 577; Schwarz, Andreas. *Anmerkung... Op. cit.*, p. 31; Trück, Thomas. *Die Problematik... Op. cit.*, p. 235.

1043. Cf. Walter, Tonio. *Der vermeintliche... Op. cit.*, p. 1351.

causada pelo álcool ou droga[1044] (lembre-se: o BGH aplica a teoria do obstáculo psíquico nesses dois casos), estaríamos dispostos a reconhecer uma imputação culposa? Se a resposta for em sentido negativo, o BGH – e o meu leitor que responder positivamente à indagação – precisaria fundamentar por que a teoria do obstáculo psíquico, como barreira ao reconhecimento do dolo, deve ser levada em consideração em apenas alguns grupos de casos e em outros não. Não creio que essa objeção seja superável.[1045]

Em um balanço geral, pode-se dizer que a postura do BGH tem problemas de fundamentação e de precisão, não indica em que se baseia para eleger os indicadores responsáveis pelo ajuste da responsabilidade penal nem como manejá-los, tampouco aponta qual o peso que cada um deles deve representar para a atribuição ou não de dolo. Como não há nem fundamentação, nem precisão, pode-se dizer que as decisões do tribunal estão nas mãos da casualidade.[1046] Por que a agressão com uma peixeira na região da barriga mereceria a reprimenda dolosa ao passo que uma pedrada na cabeça não (ou vice-versa)? O método de catálogo aberto do qual se serve o BGH é incapaz de solucionar clara e induvidosamente essa ou qualquer outra pergunta relacionada com a calibração da responsabilidade penal.

Em poucas palavras, o que interessa para determinar o nível de imputação subjetiva é o domínio do autor sobre o próprio corpo e isso não tem relação com a alteração do seu estado psíquico. Naturalmente a perturbação psíquica poderá, eventualmente, ter relevância indireta sobre o dolo, mas isso deverá ser objeto de investigação no âmbito da teoria do erro ou eventualmente na culpabilidade. Donde é possível concluir: a teoria do obstáculo psíquico é fórmula sem conteúdo substancial e, por isso mesmo, deveria ser abandonada.[1047]

Todo modo, é preciso ressaltar que o BGH, ao considerar, em diversas decisões, a periculosidade objetiva da conduta como um elemento fundamental para o dolo, aponta para a direção correta, embora utilize a rota inadequada. Acerta

1044. Kranich, Udo; Kulka, Kristin; Reschke, Konrad. *Verkehrspsychologie im automobilen Straßenverkehr: Eine Einführung in Übersichten*. Hamburg: Kovač, 2008, p. 77.

1045. Mas esta não é a única. O leitor deve se lembrar que nesta seção estou objetando à *Hemmschwelle* e não à teoria voltiva do consentimento (isso foi feito na parte II, item 2.1.1). Contudo, parece-me que aqui temos outra boa oportunidade para desafiar os volitivistas. A argumentação básica (a favor do dolo) levantada nos casos de excesso de velocidade é a de que o autor que conduz velozmente assume o risco de produzir o resultado (= com ele consente). Olvidam os adeptos da teoria do consentimento, entretanto, que, nesses casos, assumir/consentir o risco de produzir a morte de um terceiro implica simultaneamente assumir/consentir com o risco causar a própria morte. E se isso parece pouco questionável, parece-me que um argumento a favor da culpa poderia ser assim formulado: quem visualiza a possibilidade de que a morte de um terceiro pode implicar a sua própria não pode consentir com a morte daquele. Esta questão não é original tampouco unicamente levantada por mim, senão também por Luís Greco e Tonio Walter, por exemplo.

1046. Cético quanto à eventual possibilidade de êxito dos critérios Verrel, Torsten. *(Noch kein)... Op. cit.*, p. 309.

1047. Cf. nota de rodapé n. 1026.

quando exige que o dolo seja atribuído a partir de todas as circunstâncias objetivas que se relacionam com o fato, mas erra ao contaminar essa avaliação com as circunstâncias de cunho subjetivo as quais, a rigor, deveriam ser sistematicamente tratadas no âmbito da culpabilidade.

2.6 Sinalização de um novo caminho da jurisprudência do BGH?

Recentemente PUPPE ocupou-se de dois recentes julgados do BGH[1048] em artigo no qual averigua se esses julgados indicam mudança de curso da teoria do dolo, no âmbito do BGH, nos casos em que a conduta é realizada com extrema violência para a vida da vítima. Creio que também seria interessante repercutir essas recentes decisões no âmbito da tese, notadamente com o objetivo de demonstrar como o BGH, historicamente vinculado a teorias volitivas, também começa a manejar argumentos não volitivos para viabilizar a imputação dolosa.

Antes da descrição e análise, é relevante deixar de passagem que, nos casos examinados, os tribunais inferiores negaram a existência do dolo eventual de matar, mas o BGH cassou as decisões para declarar a existência de dolo eventual de homicídio. Na descrição, segui a ordem cronológica. O quadro fático da primeira hipótese é o seguinte:

> "*Situação 17.* Os autores atacaram a vítima em um estacionamento, pegaram o seu dinheiro, o cartão do banco e arrancaram à força uma senha. Outra senha, de que eles também queriam saber, a vítima precisou procurar em seu *laptop*. Quando apareceu na tela um envelope, os autores acreditaram que a vítima havia tentado enviar uma mensagem de socorro. Os autores, juntos, agiram com tal violência sobre a cabeça e corpo da vítima, que essa sofreu trauma craniano, um massivo edema cerebral, fratura nas costelas, fraturas no esterno, bem como contusão pulmonar. Os autores colocaram a vítima inconsciente e severamente ferida na parte traseira do seu furgão, levaram-na para um bosque, a cerca de 200 metros mata adentro, e deixaram-na ali. A vítima foi encontrada morta seis dias depois."[1049]

> O julgamento em primeira instância negou o dolo sob o seguinte fundamento:

> "*a1.* O juiz de primeira instância, por um lado, afirmou o elemento cognitivo dos agentes, mas, por outro, negou o elemento volitivo porque os acusados teriam '*querido*' que a vítima sobrevivesse. Contra a existência da dimensão volitiva, o julgamento em primeira instância considerou o fato de que os acusados deixaram a vítima a apenas 1 km de distância dos limites da cidade, dentro do automóvel com o motor e o aquecedor ligados.

1048. PUPPE, Ingeborg. *Neue... Op. cit.*, p. 575-578.
1049. BGH – 4 StR 72/15, NStZ 2016, 211.

a2. Disso se infere que os acusados aumentaram a probabilidade de que alguém pudesse notar o automóvel."

A quarta turma do BGH reformou a decisão, com os seguintes fundamentos:

"*f1*. Uma ação com dolo eventual requer que o autor tenha representado a produção do resultado como possível e com ele consinta ou, no mínimo, tenha assunção aprovadora em relação à realização do tipo. É suficiente para a causação dolosa que o autor aceite a concreta ocorrência do resultado e internamente esteja de acordo com esse (...);

f2. Os acusados entregaram a sobrevivência da vítima à casualidade; para eles era indiferente a sobrevivência ou não da vítima."

O outro quadro fático com o qual o BGH se controverteu diz respeito a um roubo praticado contra uma idosa de 84 anos. O quadro é o seguinte:

"*Situação 18*. O agente *A* há longo tempo espionava o apartamento e o estilo de vida da vítima *B* e conhecia o fato de que *B* tinha, em um cofre, grande quantidade de dinheiro em espécie e joias. Ademais, *A* também sabia que *B* era frágil corporalmente e que somente podia mover-se com ajuda de um andador. Segundo os planos, *A* e outros acusados tocariam a campainha e, sob algum pretexto, deveriam entrar no apartamento. Ao mesmo tempo, *A* deveria abrir a porta da varanda para que os demais comparsas pudessem entrar. Caso *B* não abrisse a porta do apartamento, *A* deveria dominá-la e impedir o chamamento de socorro. *A* esclareceu os seus planos a um terceiro, *C*, e o convidou para participar do assalto. *C* não somente recusou como advertiu sobre a possibilidade de que o crime «saísse mal», pois a vítima, por exemplo, em razão da idade, poderia sofrer um infarto. Contudo, *A* crê que tudo sairá bem e leva adiante o plano. Tudo segue como planejado; *A* entra no apartamento e, por trás, com objetivo de impedir que *B* chame socorro, dá uma *chave de pescoço* na vítima. A vítima tenta se livrar da chave de pescoço e ainda consegue, ao menos duas vezes, chamar por socorro. *A* (e cúmplices) obrigam a vítima a mostrar o local em que estão as joias e o dinheiro e também a entregar o cartão e a senha da conta bancária. Após tudo correr como planejado, *A* amordaça a vítima com um pano. A pressão do nó foi tamanha que com a entrada do pano na boca da vítima a língua foi pressionada para trás e tapou totalmente o fluxo de ar; 15 segundos após o amordaçamento a vítima ficou inconsciente. Além disso, *A* dá um nó com um pano no pescoço de *B* e, por fim, cobre o rosto da vítima com um capuz. A vítima vem a óbito em um intervalo de 3 minutos."[1050]

A instância inferior negou o dolo eventual de matar sob os seguintes fundamentos:

"*a1*. Com o amordaçamento os acusados não tinham o propósito de matar a vítima. Possivelmente, especialmente em razão da elevada idade da vítima

1050. BGH – 5 StR 498/15, NStZ-RR 2016, 204. (Por ser tema de concurso de pessoas, não fiz a tradução dos trechos referentes às condutas dos cúmplices de A).

e do seu estado de saúde, eles representaram que a conduta poderia conduzir à sua morte, mas não ficou comprovado se os acusados assumiram assunção aprovadora do resultado ou, no mínimo, se estava de acordo com ele.

a2. Para o acusado, tratava-se, sobretudo, de silenciar a vítima por meio do amordaçamento;

a3. Consoante representação comum, em geral, mesmo um agressivo amordaçamento não é visto como causa óbvia ou tipicamente causa de morte;

a4. A violência do amordaçamento não era completamente conhecida pelos agentes;

a5. Finalmente, o fato de terem coberto o rosto da vítima com um capuz indica que eles tinham a expectativa de que ela sobrevivesse."

A quinta turma do BGH reformou a decisão, confirmando o dolo eventual de matar, sob os seguintes fundamentos:

"*f1*. Uma ação com dolo eventual requer que o autor tenha representado a produção do resultado como possível e com esse consinta ou, no mínimo, tenha assunção aprovadora em relação à realização tipo. É suficiente para a causação dolosa que o autor aceite a concreta ocorrência do resultado e internamente esteja de acordo com esse (...);

f2. Com sinais externos de perigosas ações violentas é de se supor que o autor contou com a possibilidade de que sua conduta poderia levar à morte da vítima. Uma vez que ele, não obstante, prosseguiu com a sua ação, tal resultado é assumido;

f3. Um elevado e manifesto risco para a vida, causada por ações violentas, representam, para ambos os elementos do dolo, sinais comprobatórios fundamentais para afirmar o dolo eventual;

f4. Apesar de o agente conhecer todas as circunstâncias que fazem da ação perigosa para a vida da vítima, em algumas circunstâncias poderá faltar tanto o elemento cognitivo como o elemento volitivo do dolo. Isso se dá nos casos de intensa perturbação psíquica, causada pela influência da paixão ou do álcool, os quais fazem com que o agente não esteja consciente (falta o elemento cognitivo) ou apesar de ele reconhecer o perigo objetivo da sua ação para a vida da vítima crê sinceramente na não ocorrência do resultado (falta o elemento volitivo).

f5. Contudo, o que o tribunal não comprovou, apesar de *A* não levar a sério o risco objetivo da conduta para a vítima (= amordaçamento), é se ele também acreditava sinceramente na não ocorrência da sua morte."

Como é possível destacar de ambas as argumentações manejadas pelo tribunal, o ponto central para a decisão do nível da imputação não está em uma possível atitude psíquica do acusado em relação ao resultado, mas sim na intensidade do risco criado para a vida da vítima, no fato de terem abandonado a vida das vítimas à casualidade. E, nesse sentido, é interessante o fato de que em ambos os casos o BGH recorre à ideia de que a indiferença do agente em relação à vida da vítima também é suficiente para o dolo eventual. Se recordarmos a análise da jurisprudência do BGH, não é difícil chamar à memória o fato de que em várias decisões o BGH argumentou que a ausência de motivo compreensível para a realização do tipo é uma circunstância que milita em favor da exclusão do dolo.[1051] Nessas duas últimas, por sua vez, o BGH considera a indiferença suficiente para o dolo (eventual).

Dois elementos da decisão são dignos de nota, a saber: a indiferença e a intensidade do perigo. Deixo algumas impressões sobre cada um deles à luz desses dois casos expostos.

Primeiro ponto relevante é o fato de que, no contexto examinado, o conceito de indiferença assume uma chave de compreensão normativo-atributiva, afinal, diante da alta probabilidade de ocorrência do resultado, o BGH dispensou a demonstração do estado psíquico dos autores em relação ao resultado. Em outros termos: para o BGH, as circunstâncias demonstraram que os autores foram indiferentes à materialização do resultado e isso é suficiente para atribuir a imputação dolosa. Com outras palavras, para o BGH a indiferença tem um conteúdo unicamente normativo.

Também merece menção a alteração de marco do ponto arquimédico do dolo a intensidade do perigo. Como analisado, a extrema periculosidade objetiva da conduta, na análise do BGH, era um elemento fundamental, mas não decisivo (*acima*, item 2.2). Contudo, nesses dois últimos julgados analisados, a intensidade do perigo deixa de ser *apenas* indício fundamental e assume o papel de *elemento decisivo*. Em poucas palavras: para o dolo é suficiente o fato de que o autor seja consciente de que sua ação *causa um perigo manifesto* para a vida vítima.[1052]

Ao fim e ao cabo, e sem receio de falsas deduções, é possível dizer que o BGH, ao menos nessas decisões, também adota um conceito de dolo sem vontade, embora isso não esteja declarado expressamente. Ao afirmar que a existência de um extremo e manifesto perigo para a vida da vítima é suficiente para imputar ao autor a conduta a título de dolo (eventual), o tribunal quer indicar que são conceitos normativos os de assunção aprovadora, indiferença, estar de acordo. Para deixar as coisas em seus devidos lugares: *quer queira, quer não*, o BGH já tolera a imputação do dolo sem vontade (em sentido psicológico).

1051. Roxin, Claus; Greco, Luís. *Strafrecht... Op. cit.*, § 12, Rn. 88n, Fn. 290-295; Puppe, Ingeborg. *Neue... Op. cit.*, p. 577 e p. 578, Fn. 11. Cf. nota de rodapé n. 991.

1052. Cf. Puppe, Ingeborg. *Neue... Op. cit.*, p. 577.

Excurso. O dolo na jurisprudência do STF e do STJ

i. O ponto de partida da discussão no âmbito dos tribunais superiores

O nosso sistema processual dificulta aos tribunais superiores efetuarem uma análise aprofundada sobre a imputação a título de dolo ou a título de culpa. Essa afirmação pode causar alguma espécie ao leitor, mas tem toda razão de ser. Os crimes que suscitam as maiores discussões sobre a fronteira entre o dolo e a culpa são os crimes contra a vida[1053] e, nesse caso, por exigência constitucional, a competência para processá-los e julgá-los é do tribunal do júri (art. 5.º, XXXVIII, *d*, CF). Isso faz com que os tribunais superiores, quando confrontados com o problema da fronteira interna entre as modalidades de imputação subjetiva, argumentem, singelamente, que essa análise é de competência do conselho de sentença e não do magistrado (ou dos tribunais).[1054] A rigor, a discussão fica adstrita à indagação sobre se o magistrado, no caso concreto, usurpou, ou não, a competência do tribunal do júri.[1055-1056] Considerando esse estado da arte, não fica difícil intuir que isso compromete não somente o próprio desenvolvimento de teoria do dolo

1053. Não por outro motivo, tem razão Joecks quando afirma que o problema da fronteira entre o dolo e a culpa consciente, na maioria das vezes, é problema somente em alguns tipos penais. Joecks, Wolfgang. § 16... *Op. cit.*, Rn. 66.

1054. No *STF*: HC 131884-SC, rel. Min. Teori Zavascki, p. 8 (voto do relator); HC 132036-SE, rel. Min. Cármen Lúcia, p. 5-6 (voto do relator); HC 127774-MS, rel. Min. Teori Zavascki, p. 8 (voto do relator); HC 112242-DF, rel. Min. Ricardo Lewandowski, p. 3-4 (voto do relator); HC 92.304-SP, rel. Min. Ellen Gracie, p. 13; HC 91.159-MG, rel. Min. Ellen Gracie, p. 11-12 (voto do relator); RHC 116950-ES, rel. Min. Rosa Weber, p. 6 (voto do relator); HC 115352, rel. Min. Ricardo Lewandowski, p. 5 (voto do relator). Cf. também: HC 94730, rel. Min. Teori Zavascki; RHC 112583, rel. Min. Luiz Fux; HC 112254, rel. Min. Ricardo Lewandowski; HC 115831-MA, rel. Min. Rosa Weber; RHC 117.694-SP, rel. Min. Cármen Lúcia; HC 94.226-SP, rel. Min. Ayres Britto; RHC 120.417, rel. Min. Ricardo Lewandowski; HC 129.989, rel. Min. Gilmar Mendes; HC 111.658, rel. Min. Cármen Lúcia. No *STJ*: AgRg no AREsp 965572-RS (2016/0210743-0), rel. Min. Jorge Mussi; AgRg no REsp 1610298-GO (2016/0169193-2), rel. Min. Felix Fischer; HC 303872-SP (2014/0230430-5), rel. Min. Rogerio Schietti Cruz; AgRg no REsp 1.588.984-GO (2016/0076057-2), rel. Min. Antônio Saldanha Palheiro, p. 3-4; HC 353.473-MG (2016/0095235-9), rel. Min. Nefi Cordeiro, p. 2-3; HC 308.047-SP (2014/0280984-0), rel. Min. Nefi Cordeiro, p. 3-4; AgRg no REsp 1.317.844-CE (2012/0078508-0), rel. Min. Jorge Mussi, p. 5-6; HC 199.100-SP (2011/0046083-0), rel. Min. Jorge Mussi, p. 8-10; EDcl no HC 94.916-SP (2007/0273960-4), rel. Min. Jorge Mussi p. 4; HC 94.916-SP (2007/0273960-4), rel. Min. Jorge Mussi, p. 6-7; REsp 225.438-CE (1999/0069598-4), rel. Min. José Arnaldo da Fonseca, p. 6 (voto do relator).

1055. Censurando essa postura: *STF*: HC 121654-MG, rel. Min. Marco Aurélio, p. 3 (voto do relator).

1056. A rigor, essa sistemática se repete, em regra, nos demais crimes. Copiosamente, a alegação de atipicidade da conduta por ausência de dolo chega aos tribunais superiores via *habeas corpus*. E, outra vez, repete-se a argumentação de que pela via do remédio constitucional é impossível discutir questões relacionadas com a imputação. No *STF*: ARE 805445 AgR-RS, rel. Min. Luiz Fux, p. 2; HC 122537-RJ, rel. Min. Teori Zavascki, p. 3; HC 103305-SP, rel. Min. Dias Toffoli, p. 7; RHC 103354-DF, rel. Min. Luiz Fux, p. 1-2; HC 87440-GO, rel. Min. Carlos Britto, p. 4. No *STJ*: HC 208122-SP (2011/0123173-9), rel. Min. Rogerio Schietti Cruz; HC 380956-SP (2016/0317883-9), rel, Min. Felix Fischer; AgRg no AREsp 1068138-RS (2017/0053595-2), rel. Min. Maria Thereza de Assis Moura; AgRg no AREsp 1009274-MG (2016/0288729-2), rel. Min. Felix Fischer; AgRg no AREsp 642064-SP (2015/0006078-8),

no âmbito do STF e do STJ como também, e principalmente, a própria análise do que se é debatido. Ao fim e ao cabo, portanto, não é possível falar em uma teoria da distinção entre o dolo e a culpa própria daqueles tribunais.

Sendo assim, limitado pela ausência de argumentos no que diz respeito à matéria aqui investigada, apresentarei, apenas, e brevemente, algumas notas sobre os fundamentos gerais do dolo.

ii. Fundamentos gerais do dolo

A jurisprudência brasileira repete, à exaustão, a posição da literatura científica majoritária: a distinção entre o dolo eventual e a culpa consciente decorre de uma determinada postura volitiva do agente. *O querer continua sendo o critério para realizar o juízo de valoração da conduta* e, com isso, estabelecer a fronteira entre o dolo eventual e a culpa consciente. Com pequenas variações de formulação, que em absoluto comprometem o duplo conteúdo psicológico atribuído ao dolo, repete-se o argumento segundo o qual "a diferenciação entre a culpa consciente e o dolo eventual, (...), encontra-se no *animus*" , isto é, "A distinção entre os institutos da culpa consciente e do dolo eventual encontra-se na vontade do agente, no querer volitivo determinado na ação".[1057]

Como analisado na parte II, várias são as teorias que tentam concretizar o que é esse *querer*. Teriam os tribunais superiores adotado uma posição uniforme em relação a alguma das teorias lá examinadas? Antes de responder a essa pergunta eu proponho que a examinemos a partir de duas perspectivas: o que há e o que não há nas decisões dos tribunais.

Primeiro (o que há!), é possível identificar que embora exista uma clara preferência em relação à teoria do consentimento, também é possível encontrar menção a outras teorias de disposição de ânimo. Na maioria dos julgados, o elemento volitivo é concretizado com recurso à teoria majoritária em território nacional, isto é, a teoria do consentimento, consoante a qual o dolo exige que o consentimento ou a assunção do agente em causar o resultado;[1058] noutras oportunidades, a argumentação alinha-se à teoria da indiferença: é necessário que

rel. Min. Ericson Maranho; HC 207373-SP (2011/0115518-3), rel. Min. Laurita Vaz; HC 106033-BA (2008/0099973-0), rel. Min. Jane Silva.

1057. *STF*: HC 121654-MG, rel. Min. Marco Aurélio, p. 2-3 (voto do relator); HC 131884-SC, rel. Min. Teori Zavascki, p. 4 (voto do relator); HC 127774-MS, rel. Min. Teori Zavascki, p. 5-6 (voto do relator); HC 132036-SE, rel. Min. Cármen Lúcia, p. 3 (voto do relator); HC 101698-RJ, rel. Min. Luiz Fux, p. 23-24 (voto do relator); HC 91.159-MG, rel. Min. Ellen Gracie, p. 12. No *STJ*: HC 39.627-RJ (2013/0235844-9), rel. Min. Rogerio Schietti Cruz, p. 8; AgRg no REsp 1.043.279-PR (2008/0066044-4), rel. Min. Jane Silva, p. 8-9.

1058. No *STF*: HC 91.159-MG, rel. Min. Ellen Gracie, p. 12; HC 92.304-SP, rel. Min. Ellen Gracie, p. 11 (item 4); REX 80.425-MT, rel. Min. Leitão de Abreu, p. 9 (voto do relator). No *STJ*: REsp 1556874-RJ (2015/0225632-9), rel. Min. Jorge Mussi; REsp 705.416-SC (2004/0155660-5), rel. Paulo Medina, p. 15; REsp 225.438-CE (1999/0069598-4), Min. Jorge Scartezzini, p. 2 (voto-vista).

se demonstre a total indiferença quanto à possível consequência;[1059] em outros, contudo, não é possível ajustar com precisão a concretização do elemento volitivo. Em um mesmo julgado ora é exigido do agente "*importar-se*", ou não, com o resultado (*i*); ora *assunção* do resultado danoso por parte do agente (*ii*); ora a aparente *indiferença* para com o resultado lesivo ou ora o *pouco importa*[1060] *(iii)*. Além de não ficar nem um pouco claro o que vem a ser cada uma dessas expressões no caso concreto, ignora-se o fato de que essas concretizações não expressam a mesma coisa.[1061]

Mas o que não há nas decisões? Nelas não há clara precisão do que se entende por assunção do risco. Ressalvadas algumas tímidas tentativas de concretização dos substitutivos conceituais do querer, quase sempre associadas à ideia de assunção do risco como sinal de indiferença em relação ao bem jurídico,[1062] é bastante comum encontrar somente a referência de que a configuração do dolo consiste na vontade livre e consciente de expor o perigo com o conhecimento de que sua conduta poderá acarretar o resultado. Em uma sentença: "*O dolo, embora eventual, é sempre dolo, ou seja, há o fato volitivo*".[1063] Mas, é de se perguntar, o que significa exatamente essa assunção do risco? Se assumir o risco é correr o risco de uma possível lesão ao bem jurídico, a questão se torna problemática quando o caso a ser valorado envolver pessoas que estão acostumadas a situações de risco. Para demonstrar o quanto isso pode ser problemático, basta imaginar a hipótese

1059. *STF*: HC 121654-MG, rel. Min. Marco Aurélio, p. 3 (voto do relator). No *STJ:* HC 360617-RR (2016/0166826-2), rel. Min. Jorge Mussi; AgRg no REsp 1041830-MG, rel. Min. Nefi Cordeiro; HC 58.826-RS, rel. Min. Maria Thereza de Assis Moura; REsp 1.327.087-DF (2012/0117018-0), rel. Min. Og Fernandes, p. 16; AgRg no REsp 1.043.279-PR (2008/0066044-4), rel. Min. Jane Silva, p. 10.

1060. Não é incomum encontrar uma mescla de todos essas concretizações. Mencionando as três hipóteses, no *STF*: HC 131884-SC, rel. Min. Teori Zavascki, p. 4-5 (voto do relator); no *STJ*, mencionando as duas primeiras, REsp. 1.327.087-DF (2012/0117018-0), rel. Min. Og Fernandes, p. 16-17 "Conforme ressaltou a instância de origem, para que exista o dolo eventual não basta a previsibilidade do resultado da conduta, sendo imprescindível que o agente seja indiferente a esse resultado, aceitando-o voluntária e conscientemente..."; REsp 705.416-SC (2004/0155660-5), rel. Paulo Medina, p. 12 e ss "no dolo eventual o resultado é tolerado, indiferente, há assentimento, aquiescência do agente".

1061. Acima, parte II, item 2.

1062. Para ficar com dois exemplos de esforços de concretização no *STJ*, vale mencionar: "É que, como visto, quando atua com dolo direto, o agente direciona a sua conduta com a intenção sincera de obter o resultado lesivo ao bem jurídico visado, tendo conhecimento e vontade de realização do tipo penal. O dolo eventual, por sua vez, caracteriza-se quando o agente, embora não atue de forma direcionada à obtenção da ofensa ao bem jurídico tutelado pela norma, assume, com a sua conduta, o risco de produzi-la. *Em casos tais, o agente tem consciência de que a sua forma de agir tem potencial para atingir o objeto de tutela de uma norma penal e provocar o resultado lesivo, o qual, embora não seja buscado, lhe é indiferente, tolerado.* HC 360617-RR (2016/0166826-2), rel. Min. Jorge Mussi, p. 8 (grifei); no mesmo sentido HC 315290-MT (2015/0020247-9), rel., Min. Jorge Mussi. E, o segundo: "Segundo entendimento da 6ª Turma do Superior Tribunal de Justiça, uma vez que os crimes de trânsito são, em regra, culposos, impõe-se a indicação de elementos concretos que evidenciem o oposto, *devendo-se demonstrar que o agente tenha assumido o risco do dano, com flagrante indiferença quanto ao resultado*". AgRg no REsp 1041830-MG, rel. Min. Nefi Cordeiro, p. 2 (grifei).

1063. *STF*: HC 114223-SP, rel. Min. Teori Zavascki, p. 3.

de um sujeito habituado a realizar o disparo com armas de fogo em situações de risco (por exemplo, policiais) ou, ainda, um indivíduo que sempre dirigiu bêbado e nunca causou acidente algum. Nesses casos, ante a ausência de precisão do que significa a assunção do risco, sempre seria possível argumentar que nenhum deles assumiu o risco de produzir o resultado, e isso será absolutamente crível porque, em verdade, eles sempre estiveram em situações de risco e nunca houve nada de mal. E isso nos conduz a um outro problema.

Para além da ausência de concretização do substitutivo do querer (= a assunção do risco) os tribunais também não apontam indicadores para a intensidade do perigo criado. E esse é um problema diferente e posterior ao anterior. Utilizarei dois exemplos para ilustrá-lo e, a seguir, empregarei como parâmetro de concretização o conceito de dolo como indiferença:

> "Dois jovens brincam em uma tenda de tiro ao alvo e um deles repta o outro a acertar a bola de vidro que se encontra na mão de uma jovem que trabalha na tenda. A jovem, contudo, não pode sofrer ferimento algum. Antes de efetuar o disparo, o jovem desafiado, *X*, medita: a princípio considera que muito provavelmente a garota será atingida e se isso acontecer, paciência. O jovem atira e a garota é gravemente ferida.
>
> *Variável*
>
> Dois jovens brincam em uma tenda de tiro ao alvo e um deles repta o outro a acertar a bola de vidro que se encontra na mão de uma jovem que trabalha na tenda. A jovem, contudo, não pode sofrer ferimento algum. Antes de efetuar o disparo, o jovem desafiado, *Y*, medita: a princípio considera que muito provavelmente a garota será atingida e se isso acontecer, paciência. O jovem atira e acerta a bola de vidro. A garota sai ilesa.

Considerando-se ambas as hipóteses, é possível afirmar que os indivíduos *X* e *Y* eram indiferentes em relação ao resultado? A resposta é sim. Mas se assunção de risco é sinônimo de indiferença, a pergunta que se põe é: os tribunais estariam dispostos a condenar o jovem *Y* por tentativa de homicídio? E para aqueles que não admitem a tentativa em dolo eventual, estariam dispostos a absolver *Y*?[1064] Isso demonstra que um critério como o da indiferença, que ignore a intensidade do perigo criado para o bem jurídico, sempre permitirá soluções imprecisas e duvidosas.[1065]

1064. Cf. nota de rodapé n. 176. O *STJ* tem posição firme no sentido de compatibilidade entre os institutos, cf. AgRg no REsp 1176324-RS (2010/0007845-4), rel. Min. Reynaldo Sorares da Fonseca, p. 5-7 (e todos os precedentes lá citados). No *STF* não foi possível identificar uma posição a respeito. Na oportunidade em que se manifestou sobre o tema, no HC 114223, de relatoria do Min. Teori Zavascki, ficou registrada somente a divergência doutrinária e a firme posição do STJ. Cf. *STF*: HC 114223-SP, rel. Min. Teori Zavascki, p. 5-6.

1065. O leitor já conhece as objeções que podem ser dirigidas à concepção do dolo como indiferença (*acima*, parte II, item 2.1.3.2)

A rigor, se se quiser insistir no dolo como vontade, a jurisprudência precisa(ria) tomar posição sobre dois pontos distintos: *primeiro*, explicar o que se entende por assunção do risco; *depois*, identificar que nível de intensidade do risco precisa ser reconhecido pelo agente para que se possa falar em dolo. Enquanto isso não é feito, e para seguir rigorosa e cientificamente a jurisprudência dos tribunais, temos que admitir que a representação de qualquer risco já implique imputação a título de dolo eventual ou, no mínimo, uma tentativa. Resultado: a pretexto de limitação do âmbito do dolo recorrendo-se à vontade, os tribunais terminam por expandi-la. Bem se vê que ainda há muito o que concretizar. Por enquanto, a fórmula do dolo como assunção do risco, tal como aplicada pelos tribunais, expressa um perigoso deserto conceitual.

SOLUÇÃO DOS CASOS PROPOSTOS

Uma vez percorridas todas as posições da literatura científica existente sobre o dolo, bem como identificado o caminho jurisprudencial, é chegada a hora de verificar se os critérios por mim apresentados conseguem alcançar melhor rendimento. O que se entende por melhor rendimento? O critério apresentado deve ser capaz de apresentar soluções mais convincentes em casos mais problemáticos. O meu objetivo, ao contrário do quanto se possa imaginar, não é apontar neste último ponto quaisquer erros das teorias analisadas, mas apenas evidenciar que o critério proposto é capaz de produzir soluções mais convincentes e seguras que aqueloutros até então sugeridos.

Caso 1. O indivíduo *I* e a sua mulher, a vítima *V*, casaram durante o último verão e deixavam transparecer "muito amor". *I*, contudo, estava desconfiado de que a vítima *V* tinha um relacionamento com outro. No dia *D*, quando *V* estava no chuveiro, o marido entrou e a agrediu, nas costas, com a parte metálica de um martelo de pedreiro, atingindo-a também na cabeça, por no mínimo 10 vezes. Com a vítima no chão, e diante do terrível cenário, *I*, que era médico, desespera-se e imediatamente começa a prestar os primeiros socorros à vítima; também chama a polícia e o socorro. Durante toda a tentativa de reanimação da vítima, *I* permanece desolado e, já sob detenção, diz para os presentes: "Eu não quis fazer isso; perdi a cabeça; fiquei cego de ciúmes". A mulher morreu em razão dos graves ferimentos.

Situação de perigo. De saída, é preciso deixar claro que o comportamento posterior ao fato não tem qualquer interferência no processo de imputação subjetiva. O que interessa é, apenas, a averiguação do reconhecimento do perigo.

O caso expressa uma hipótese de perigo *sui generis*. Aqui, é possível afirmar o dolo de matar sem maiores considerações. Afinal, quem desfere 10 marteladas na cabeça de uma pessoa estabelece compromisso cognitivo com o perigo de morte. Vale ressaltar que a intensidade *sui generis* do perigo torna dispensável qualquer averiguação sobre o grau de vulnerabilidade da vítima.

Solução: homicídio doloso.

Caso 2. Os jovens *A*, *B* e *C*, passeando de carro pela cidade *X*, à noite, por volta das 3h da madrugada, resolveram fazer, segundo eles, uma "brincadeira": pôr fogo em um suposto morador de rua, *R*, o qual dormia no banco de um ponto de ônibus. Foram a um posto de gasolina e compraram dois litros de álcool, colocando-os em dois vasilhames de plástico. Duas horas depois, por volta das 5h, dirigiram-se ao local onde a vítima se encontrava. Esconderam o automóvel. Atravessaram a rua e derramaram o líquido em *R*, que dormia. Riscaram fósforos e o incendiaram, produzindo-lhe a morte.[1066]

Situação de perigo. Esta situação de perigo é a mais próxima ao perigo *sui generis*. Para a averiguação do nível de imputação, nesse caso, é possível considerar o grau de periculosidade objetiva da conduta. A princípio, trata-se de uma conduta com alto grau objetivo de periculosidade, eis que, a descrição do caso indica que o líquido não foi derramado "*apenas*" em uma região específica do corpo, senão em todo o corpo de *R*. Há mais.

Os jovens também realizaram a conduta cuja marca dominante antes sinalizada para o estabelecimento de um vínculo relacional com o perigo de morte, eis que atearam fogo no corpo da vítima enquanto ela dormia, circunstância que potencializa o seu grau de vulnerabilidade concreto, eis que não poderia ativar qualquer mecanismo de autossalvação.

Finalmente, há o último elemento: o contexto de realização da conduta. Nesse caso, os jovens realizaram a conduta às três da madrugada, circunstância que, nessa espécie de crime, não implica a redução do risco, mas sim a sua potencialização, eis que as chances de socorro ou de que alguém veja a ação são diminutas.

Solução: homicídio doloso (art. 121, § 2.º, III, do CP).

Caso 3. Dois jovens brincam em uma tenda de tiro ao alvo e um deles repta o outro a acertar a bola de vidro que se encontra na mão de uma jovem que trabalha na tenda. A jovem, contudo, não pode sofrer ferimento algum. O ganhador da aposta ficará com parcela do patrimônio do perdedor. Ambos, abastados, têm algo a perder. Antes de efetuar o disparo, o jovem desafiado medita: a princípio considera que muito provavelmente a garota será atingida, mas se isso acontecer, ele pensa, "sairei correndo"; contudo, reflete um pouco mais e chega à seguinte conclusão: "no final das contas, tudo sairá bem, eu acertarei a bola de vidro e a

1066. Cf. Jesus, Damásio E de. *Ensaio sobre o dolo eventual, a culpa consciente e o preterdolo (O caso da morte do indígena Pataxó – Hã-Hã-Hãe Galdino de Jesus)*. *In*: RT, 1998, n. 747, p. 516.

aposta terá sido uma marmelada". O jovem atira e a dupla polaridade indesejada sobrevém: a garota é gravemente ferida e ele perde parcela do seu patrimônio;[1067]

Situação de perigo. Pela descrição fica visível haver uma situação que indica alto grau de periculosidade objetiva da conduta, eis que se trata de disparo de arma de fogo em direção a uma pessoa. A princípio, portanto, um dolo *prima facie* positivo. Fica aberta a questão sobre se estaríamos diante de dolo de matar ou não. Para a teoria inferencialista será necessário passar para o próximo passo: a marca dominante da conduta.

Pela hipótese narrada, o disparo não teve como direção ajustada pelo autor uma região letal, senão a mão da garota. Isso faz presumir que a bola estava em uma região não letal do corpo, isto é, o disparo foi realizado para baixo. Isso significa que entre a conduta e a consequência não é possível estabelecer um vínculo relacional com o tipo de homicídio; e a marca dominante não indica um compromisso cognitivo com o resultado morte.

Solução: lesão corporal de natureza grave (art. 129, § 1.º, II, do CP).

Observação: outros dados relacionados com o perigo reconhecido pelo autor poderiam ser considerados para o melhor ajuste da imputação, mas nenhum desses elementos há na questão: a potencialidade da arma utilizada, a habilidade do autor com o manuseio da arma, a visibilidade e a distância entre a vítima e o autor.

Caso 4. *A*, mãe de uma criança, *B*, de dezenove meses, por ela submetida a constantes maus-tratos (também por praticar maus-tratos, *A* anteriormente fora privada da guarda de outra filha). Certo dia, ao alimentar *B*, *A* o fez com extrema violência, e, ao apertar a colher sobre a língua do bebê causou-lhe uma lesão com 0,5 cm de profundidade. Como havia perdido a guarda da outra filha, *A* preferiu não ir ao médico. Em razão da gravidade da ferida, a criança sentia dores horríveis e, sempre que alimentada, tinha crise hemorrágica. Em outra ocasião, cinco dias após o dia da lesão, *A* novamente tentou alimentar a filha, a qual – em razão dos vômitos de comida e sangue – recusava-se a aceitar o alimento. A mãe, ignorando os sinais de recusa, segurou a criança e, com violência, empurrou-lhe a colher para dentro da boca. *B* começou a ter espasmos e parou de respirar. *A*, em vão, tentou realizar manobras de reanimação. Diante do insucesso, imediatamente levou a filha a um pronto-socorro. Ao chegar lá, fora constatado que a criança sofrera

1067. Hipótese levantada por Lacmann como objeção às chamadas fórmulas de Frank (sobre as fórmulas cf., *abaixo*, parte II, item 2.1.1). Cf. nota de rodapé n. 9.

parada respiratória irreversível devido à asfixia causada pela aspiração de sangue. A necropsia também revelou que a criança tinha sinais de golpes na cabeça.[1068]

Situação de perigo. A descrição não permite identificar um vínculo de compromisso cognitivo do agente com o resultado morte. Com efeito, embora a vítima esteja em elevado grau de vulnerabilidade, a ação não é de alto potencial ofensivo, assim que seria necessário recorrer a outros indicadores de dolosidade. No caso concreto, a marca dominante da conduta não permite identificar o compromisso cognitivo com a morte, mas, apenas, com a lesão corporal. Em razão da conduta temerária da mãe, essa não reconhece o perigo do resultado morte, razão pela qual a imputação não pode ser outra senão a de lesão corporal com o resultado morte culposo (art. 129, § 3.º, do CP).

Caso 5. *A*, acompanhado do colega de trabalho *B*, bebe duas taças de vinho no restaurante "*Se beber não dirija*". No caminho para casa, de madrugada, resolve imprimir a seu potente carro velocidade superior a 100 km/h em uma via na qual a velocidade máxima era 50 km/h. A rua estava vazia. Contudo, *A* perde o controle do automóvel, o qual se choca frontalmente com o automóvel dirigido por *Y*. A colisão tem efeitos fatais para *Y*. O condutor *A* sai ileso.

Situação de perigo. Embora o agente estivesse dirigindo embriagado, isso, por si só, não tem peso suficiente para a imputação dolosa. Será necessário valorar a conduta considerando o catálogo para a elaboração do juízo de inferência. No que diz respeito à periculosidade objetiva da conduta, essa não é elevada, eis que a conduta foi realizada durante a madrugada e com rua vazia, razão pela qual há considerável redução de qualquer perigo, sobretudo o de morte.

Isso significa que entre a realização da conduta e o perigo de morte não é possível estabelecer um vínculo relacional e, portanto, não é possível inferir que entre o agente e o perigo de morte foi estabelecido compromisso cognitivo.

Solução: imputação pelo crime de homicídio culposo na direção de veículo automotor (art. 302, do CTB).

Variável. O condutor *A* dirigia em zigue-zagues, sob efeito de álcool; em razão do estado de embriaguez, deixou de reduzir a velocidade ao passar por um

1068. STS de 24 de novembro de 1995 (RJ 8214) (em razão dos problemas relacionados com concurso de pessoas, que não é objeto da tese, simplifiquei o caso, omiti a presença e a conduta da avó da criança no dia dos fatos). No julgamento, o ministro Martinez-Pereda Rodríguez, fundado em uma teoria do perigo, julgou pelo homicídio com dolo eventual. Contudo, por considerar necessária a presença do elemento volitivo do dolo, a maioria dos ministros entendeu que houve crime de maus-tratos em concurso com um homicídio culposo.

"quebra-molas" e perdeu o controle da direção do veículo, desviando-o para a pista contrária e chocando-o contra um bar. No bar, o qual costumava frequentar, sempre àquele horário, encontravam-se sentadas, de costas para a pista, duas vítimas fatais, V_1 e V_2. O atropelamento ocorreu por volta das 17h45min do dia *D*.

Situação de perigo da variável. A situação de perigo é bastante distinta da situação original. Nesse caso, o condutor estava conduzindo embriagado durante o dia e no horário do *rush*. Ademais, o agente frequentava o bar e, portanto, tinha plena consciência de que, naquele horário, havia pessoas no local. Este contexto de realização da conduta não indica outra coisa senão o compromisso cognitivo do agente com o perigo de morte.

Solução: homicídio doloso (art. 121 do CP).

Problema-condutor. *A* e *B* resolvem subtrair objetos de valor da casa do indivíduo *C*, o qual mantinha um relacionamento homossexual secreto com o primeiro. Em razão da clandestinidade da opção sexual de *C*, *A* crê que ele não procurará a polícia para relatar o fato, razão pela qual a subtração não será arriscada. Em primeiro momento de idealização do plano, *A* e *B* consideram utilizar um cinto para estrangular *C*. Contudo, ao perceberem a possibilidade de *C* morrer estrangulado, sopesam e chegam à conclusão de que esse método é muito arriscado. Decidem, então, utilizar um saco de areia para golpear a cabeça da vítima enquanto ela dorme. E assim o fazem, mas, ao golpeá-la, a única coisa que conseguiram foi acordá-la. Na luta que se seguiu, *A* tira o cinto que levara e pressiona contra o pescoço de *C* até que esse desfaleça. Ambos finalizam a execução da subtração; posteriormente, tentam reanimar *C*, mas não obtêm êxito, a vítima havia falecido.

Situação de perigo. A tentativa de reanimação após a realização da conduta não deve ser levada em consideração para a valoração do nível da imputação, mas sim a situação de perigo criada durante o desenrolar dos acontecimentos. Primeiro, a região da agressão, o pescoço, traduz circunstância que milita a favor do reconhecimento de um método apto a causar a morte de alguém, eis que é uma região vital. Os agentes, ademais, utilizaram de um instrumento para a realização do enforcamento, circunstância que dificulta o controle e tentativa da dosagem da pressão; aqui a marca dominante da conduta é de extrema relevância, eis que os agentes estavam em dois e a havia sido despertada com um golpe na cabeça, circunstância capaz de deixá-la atordoada. Em vez de dominá-la, optaram pela utilização de um método que potencializa o perigo para a vida da vítima. Portanto, não é possível negar que estabeleceram um compromisso cognitivo com o resultado morte.

Solução: homicídio doloso (art. 121, § 2.º, do CP).

Observação: outros dados seriam relevantes para a valoração do comportamento dos agentes: idade da vítima e, especialmente, tempo de duração do enforcamento. Caso a perícia constatasse o diminuto tempo de enforcamento, seria possível a imputação a título de culpa em relação ao resultado morte.

CONCLUSÃO

Considerando-se a análise até aqui traçada, é possível reafirmar algumas conclusões estabelecidas nas seções anteriores e, de outro lado, afirmar alguns pontos de vista que derivam necessariamente do próprio caminho e do método utilizado para a argumentação, mas também reafirmar ou refutar alguns pontos de propostas teóricas desenhadas por outros autores. Antes de indicar os específicos pontos conclusivos que derivam desta seção, eu gostaria de registrar a importância da relação dialógica da tese da plausibilidade do perigo doloso com os pontos de vista e insinuações teóricas levantadas pelas teorias aqui refutadas ou parcialmente incorporadas. E, nesse ponto, parece-me importante ressaltar as questões teóricas desarmônicas.[1069]

A construção de uma proposta teórica consciente pressupõe não somente a elaboração de um percurso construtivo, mas também um constante diálogo com as teorias que serviram de base para a formação da própria proposta. Com isso, quero dizer que os pontos de dissenso que levantei contra as teorias anteriores não foram importantes apenas para destacar a sua inconsistência de fundamentação ou de precisão, senão também, e principalmente, funcionaram como barema para a elaboração da tese da plausibilidade do perigo doloso. Isso permitiu que o processo de elaboração deste trabalho monográfico se ocupasse das debilidades de fundamentação e de precisão das teorias do dolo até então apresentadas e, ao mesmo tempo, dedicasse maior esforço na elaboração de uma concepção teórica capaz de dar organicidade[1070] às duas dimensões elegidas para a realização da análise das concepções do dolo: a fundamentação e a precisão.

Isso se viu refletido no desenvolvimento de uma concepção coerente com os dois níveis eleitos: uma fundamentação do dolo assentada na *ratio*[1071] do tratamento punitivo e a partir da qual fosse possível derivar critérios de precisão do comportamento doloso. Esse reflexo permitiu a preparação e concepção de novos níveis de tratamento da imputação subjetiva, níveis com os quais foi possível alcançar a melhor delimitação do conceito de dolo e, consequentemente, a fron-

1069. Os pontos de harmonia foram devidamente levantados na parte IV, item 8.

1070. Cf. nota de rodapé n. 752.

1071. Cf. nota de rodapé n. 511.

teira evidente com a imputação a título de culpa. Também foi possível chegar ao melhor ponto de racionalização do processo de atribuição de responsabilidade, bem assim conduzir a resultados práticos mais consistentes, coerentes e previsíveis nos casos mais duvidosos.

Dito isso, minhas principais conclusões são as seguintes:

1. O conceito de dolo como *conhecer* e *querer* expressa uma proposta conceitual *platônica*. Em verdade, trata-se de uma proposição meramente declarativa; ambígua; circular; vinculada a crenças ingênuas e que ignora a prática da imputação subjetiva.

2. A imputação a título de dolo não tem relação com a postura volitiva psíquica do indivíduo, pois dolo não é vontade, dolo é representação. A essencial diferença entre o dolo e a culpa, portanto, equivale fundamentalmente à distinção entre o conhecimento e o desconhecimento do perigo com qualidade dolosa.

3. Como a base da concepção de dolo está desenvolvida à luz da postura cognitiva do agente e a culpa, por sua vez, deve ser desenvolvida à luz da ausência dessa postura cognitiva, somente há uma modalidade de dolo e somente há a culpa inconsciente. Isso significa não ser necessário adicionar qualquer adjetivação ao substantivo, a exemplo de dolo direto de primeiro grau; dolo direto de segundo grau; dolo eventual, dolo básico etc. Há somente uma modalidade de imputação subjetiva consciente: o dolo;

4. Essa única modalidade, por sua vez, não se aperfeiçoa no mundo psíquico do indivíduo. Como conceito jurídico que é, somente possui alguma relevância se for relevante para o direito penal. E a decisão sobre o que é ou não é relevante para o direito penal não está nas mãos do indivíduo, senão nas mãos do próprio direito penal; não se trata, portanto, de presunção do dolo, mas de determinar quem deve ser o competente para decidir sobre a relevância jurídico-penal de um perigo.

5. Desde um ponto de partida de consideração da *ratio* do tratamento punitivo que o legislador dispensa ao dolo e à culpa é possível identificar o que é, ou não, relevante para o direito penal. Essencialmente, a relevância jurídica reside no fato de que a convivência em sociedade pressupõe a observância de determinados deveres de condução sobre o próprio corpo como meio para a preservação da paz social e convivência pacífica. De modo que a nota diferenciadora para a diferença da imputação a título de dolo ou a título de culpa reside, ao fim e ao cabo, no fato de que cada um de nós é senhor do próprio corpo e, portanto, também somos responsáveis pelo nosso comportamento e pelas consequências que dele decorrem

6. O dolo, portanto, é um conceito jurídico que deve ser ajustado à moldura normativa a partir dessa premissa de *ratio* punitiva. Isso significa que não é a conduta humana que se subsume ao molde normativo pelo indivíduo, ela é subsumida. Dito de outro modo: o dolo é o resultado da valoração de um complexo fático que deve ser levado a cabo pelo terceiro racional (= o magistrado).

7. Do ponto de vista teórico, a imputação dolosa submete-se à verificação do grau de racionalidade da imputação. Dito grau de racionalidade é identificado pela existência da plausibilidade do perigo doloso.

8. Como parâmetro de controle, a plausibilidade do perigo doloso somente poderá ser afirmada quando a criação do perigo for de determinada qualidade e intensidade. Esses parâmetros, contudo, não são interpretados a partir de cota numérica ou estatística, senão a partir de um referencial lógico derivado de um complexo de dados empíricos (= inferencialidade do perigo doloso).

9. Finalmente destaco que, além das repercussões teóricas anteriormente levantadas, a teoria de inferencialidade do dolo tem indisfarçável repercussão prática: ela permite que as decisões judiciais referentes à imputação subjetiva sejam mais precisas, claras e seguras. Em outros termos: a tese conduz à racionalização do exercício do poder punitivo.

BIBLIOGRAFIA

ALCHOURRÓN, Carlos E; BULYGIN, Eugênio. *Introducción a la metodología de las ciencias jurídicas y sociales*. Buenos Aires: Astrea, 1974.

ALTVATER, Gerhard. *Rechtsprechung des BGH zu den "Tötungsdelikten"*. *In*: NStZ, 2002, p. 20-27.

______. *Rechtsprechungsübersicht Tötungsdelikte*. *In*: NStZ, 2006, p. 86-93.

______. *Rechtsprechung des BGH zu den Tötungsdelikten*. *In*: NStZ, 1998, p. 342-347.

AMBROSIUS. Jürgen. *Untersuchungen zur Vorsatzabgrenzung*. Luchterhand: Berlin, 1966.

ANTOLISEI, Francesco. *Manuale di Diritto Penale. Parte Generale*. 16. ed. Milano: Dott A. Giuffrè, 2003.

ARTKÄMPER, Heiko; DANNHORN, Reinhold. *Argumentation zur Feststellung oder Ablehnung eines bedingten NStZ Tötungsvorsatzes – mit Anm. zum Urteil des BGH vom 16.5.2013 – 3 StR 45/13*. *In*: NStZ, 2015, p. 241-250.

BAR, Carl Ludwig v. *Gesetz und Schuld im Strafrecht*. Berlin: J. Guttentag, B. II, 1906.

BAUMANN, Jürgen; WEBER, Ulrich; MITSCH, Wolfgang. *Strafrecht. Allgemeiner Teil*. 11. Aufl. Bielefeld: Ernst und Werner Giesking, 2003.

BEHRENDT, Hans-Joachim. *Die Rechtsbeugung*. *In*: JuS, 1989, p. 945-952.

BEKKER, Ernst Immanuel. *Theorie des heutigen deutschen Strafrechts*. Leipzig: Hirzel, 1859.

BENDER, Rolf. *Das "Sandhaufentheorem". Ein Beitrag zur Regelungstechnik in der Gesetzgebungslehre. In:* RÖDIG, Jürgen; KLUG, Ulrich. *Gesetzgebungstheorie, juristische Logik, Zivil- und Prozessrecht: Gedächtnisschrift für Jürgen Rödig*. Berlin: Springer, 1978, p. 34-42.

BÉZE, Patrícia Mothé Glioche. *Novas Tendências do Concurso Formal e Crime Continuado*. Rio de Janeiro: Renovar, 2014.

______. *Reflexões sobre o crime de embriaguez ao volante*. *In*: BÉZE, Patrícia Mothé Glioche (Org.). *Direito Penal*. Rio de Janeiro: Freitas Bastos Editora, 2015, vol. 1, p. 83-91.

BINDING, Karl. *Die Normen und Ihre Übertretung. Eine Untersuchung über die rechtmässige Handlung und die Arten des Delikts*. Aalen: Scientia Verlag, 1965, B. 2.

______. *Die Normen und Ihre Übertretung. Eine Untersuchung über die rechtmässige Handlung und die Arten des Delikts*. Aalen: Scientia Verlag, 1965, B. 4.

______. *Grundriss des Deutschen Strafrechts. Allgemeiner Teil*. 8. Aufl. Leipzig: Verlag von Felix Meiner, 1913.

BIRNBACHER, Dieter. *Analytische Einführung in die Ethik*. 2. Aufl. Berlin: de Gruyter, 2007.

BITENCOURT, Cezar Roberto. *Tratado de direito penal: parte geral*. 17. ed. São Paulo: Saraiva, 2012.

______. *Tratado de direito penal: parte especial*. 8. ed. São Paulo: Saraiva, 2012, vol. 3.

BLACK, Max. *Inducción y probabilidad*. Madrid: Cátedra, 1979.

BLEI, Hermann. *Strafrecht. Allgemeiner Teil*. 18. Aufl. München: Beck, 1983.

BLOY, René. *Die Beteiligungsform als Zurechnungstypus im Strafrecht*. Berlin: Duncker & Humblot, 1985.

______. *Funktion und Elemente des subjektiven Tatbestandes im Deliktsaufbau*. *In*: JuS, 1989, L. 1-4.

BOCKELMANN, Paul; VOLK, Klaus. *Strafrecht. Allgemeiner Teil*. 4. Aufl. München: Beck, 1987.

BOTTKE, Wilfried. *Strafrechtliche Probleme von AIDS und der AIDS-Bekämpfung*. *In*: SCHÜNEMANN, Bernd; PFEIFFER, Gerg (Hrsg.). Die Rechtsprobleme von Aids. Baden-Baden: Nomos, 1988, p. 171-247.

BRAMMSEN, Joerg. *Inhalt und Elemente des Eventualvorsatzes – Neue Wege in der Vorsatzdogmatik? In:* JZ, 1989, p. 71-82.

BRANDÃO, Cláudio. *Teoria jurídica do crime*. 2. ed. Rio de Janeiro: Forense, 2003.

BRUNO, Aníbal. *Direito Penal: parte especial*. 2. ed. Rio de Janeiro: Forense, 1972, t. IV.

______. *Direito Penal: parte geral*. 3. ed. Rio de Janeiro: Forense, 1967, t. II.

BRUNS, Manfred. *Ein Rückschlag für die AIDS-Prävention*. *In*: MDR, 1989, p. 199-201.

______. *Nochmals: Aids und Strafrecht. In:* NJW, 1987, p. 2281-2282.

BUNG, Jochen. *Wissen und Wollen im Strafrecht. Zur Theorie und Dogmatik des subjektiven Tatbestands*. Frankfurt: Vittorio Klostermann, 2009.

BUSATO, Paulo César. *Direito Penal: parte especial*. São Paulo: Atlas, 2014, vol 1.

______. *Direito Penal: parte geral*. São Paulo: Atlas, 2013.

______. *Dolo e significado. In*: Busato, Paulo César. Modernas tendências sobre o dolo em direito penal. Rio de Janeiro: Lumen Juris, 2008, p. 93-131.

Calker, Fritz van. *Strafrecht.* München, Berlin, Leipzig: Schweitzer, 1933.

Cancio Meliá, Manuel. *Conducta de la Víctima e Imputación Objetiva en Derecho Penal.* 2. ed. Barcelona: Bosch, 2001.

Canestrari, Stefano. *Die Struktur des dolus eventualis. Die Unterscheidung zwischen bedingtem Vorsatz und bewusster Fahrlässigkeit und die neuen Risikophänomenologien. In*: GA, 2004, p. 219-227.

Capez, Fernando. *Curso de direito penal.* 15. ed. São Paulo: Saraiva, 2011, vol. 1.

Carnap, Rudolf. *Induktive Logik und Wahrscheinlichkeit.* Wien: Springer, 1959.

Carvalho, Américo Taipa de. *Direito penal: parte geral.* Porto: Publicações Universidade Católica, 2004.

Cerezo Mir, José. *Derecho penal: parte general.* São Paulo: RT; Lima: Ara Editores, 2007.

Copi, Irving Marmer. *Introdução à lógica*; trad. Álvaro Cabral. 2. ed. São Paulo: Mestre Jou, 1978.

Corcoy Bidasolo, Mirentxu. *El delito imprudente. Criterios de imputación del resultado.* 2. ed. Montevideo-Buenos Aires: BdeF, 2005.

Córdoba Roda, Juan; Rodríguez Mourullo, Gonzalo. *Comentarios al codigo penal.* Barcelona: Ariel, 1972, t. I (Artículos 1-22).

Correia, Eduardo. *Direito Criminal.* Coimbra: Editora Coimbra, 1963.

Costa e Silva, Antonio José da. *Codigo Penal dos Estados Unidos do Brasil commentado.* São Paulo: Companhia Editora Nacional, 1930, vol 1.

Costa Junior, Paulo José da. *Direito penal objetivo: breves comentários ao código.* Rio de Janeiro: Forense Universitária, 1989.

Costa, José de Faria. *Tentativa e dolo eventual (ou da relevância da negação em direito penal). In:* Estudos em Homenagem ao Prof. Doutor Eduardo Correia. Coimbra: Almedina, 1996 (separata).

Cuello Contreras, Joaqui. *Acción, capacidad de acción y dolo eventual. In*: ADP, 1983, fasc. I, p. 77-99.

Danwitz, Klaus-Stphan von. *Die Tötung eines Menschen mit gemeingefährlichen Mitteln. In*: Jura, 1997, p. 569-575.

Demuro, Gian Paolo. *Il dolo. Svolgimento storico del concetto.* Milano: Giuffrè, 2007, vol. I.

______. *Prolegomeni storici allo studio del dolo. In*: RIDPP, 2006, vol. 49, n. 4, p. 1410-1461.

Detel, Wolfgang. *Grundkurs Philosophie: Philosophie des Sozialen.* Stuttgart: Reclam, 2013, B. 5.

DIAS, Jorge de Figueiredo. *Schuld und Persönlichkeit. Für eine rechtsethische Erneuerung des Schuldbegriffs im Strafrecht. In*: ZStW, 1983, n. 95, p. 220-255.

DÍAZ Y GARCÍA CONLLEDO, Miguel. *El error sobre elementos normativos del tipo penal*. Madrid: La Ley, 2008.

DÍAZ PITA, Maria del Mar. *El dolo eventual*. Valencia: Tirant lo Blanch, 1994.

DÍEZ, José A.; MOULINES, Carles Ulises. *Fundamentos de filosofía de la ciencia*. Barcelona: Ariel, 1999.

DONATSCH, Andreas [Hrsg]. *Schweizerisches Strafgesetzbuch und weitere einschlägige Erlasse mit Kommentar zu StGB, JStg, den Strafbestimmungen des SVG, BetmG und AuG*. 19. Aufl. Zürich: Orell Füssli, 2013.

DOPSLAFF, Ulrich. *Plädoyer für einen Verzicht auf die Unterscheidung in deskriptive und normative Tatbestandsmerkmale. In:* GA, 1987, p. 1-26.

DOTTI, René Ariel. *Curso de direito penal: parte geral*. 2. ed. Rio de Janeiro: Forense, 2005.

DUTTGE, Gunar. § 15. In: JOECKS, Wolfgang; MIEBACH, Klaus. Münchener Kommentar zum Strafgesetzbuch. 3. Aufl. München: Beck, 2017, B 1.

EBERT, Udo. *Zum Bedeutungswandel der Billigung begangener Straftaten. In:* SEEBODE, Manfred. *Festschrift für Günter Spendel zum 70. Geburtstag am 11. Juli 1992*. Berlin: de Gruyter, 1992, p. 115-140.

ENGISCH, Karl. *La teoria de la libertad de la voluntad en la actual doctrina filosófica del derecho penal*; trad. José Luiz Guzmán Dalbora. Buenos Aires: BdeF, 2006.

______. *Untersuchungen über Vorsatz und Fahrlässigkeit im Strafrecht*. Aalen: Scientia, 1964 (reimpressão da edição de 1930).

ESER, Albin; BURKHARDT, Björn. *Strafrecht. Schwerpunkt Allgemeine Verbrechenselemente*. 4. Aufl. München: Beck, 1992, B. I.

ESER, Albin; STERNBERG-LIEBEN, Detlev. § 212. In: SCHÖNKE, Adolf; SCHRÖDER, Horst. Strafgesetzbuch Kommentar. 29. Aufl. München: Beck, 2014.

______. *Die Tötungsdelikte in der Rechtsprechung seit BGH – GSSt 1/81 bis Ende Juni 1983. In*: NStZ, 1983, p. 433-441 (1 Teil); 1984, p. 49-58 (2 Teil).

ESSLER, Wilhelm K. *Induktive Logik. Grundlagen und Voraussetzungen*. Freiburg; München: Alber, 1970.

ESTELLITA, Heloisa. *Responsabilidade penal dos dirigentes de empresas por omissão*. São Paulo: Marcial Pons, 2017 (no prelo).

EULE-WECHSLER, Catharina. *Vorsatz und Fahrlässigkeit bei minimal unerlaubten Risiken*. München, 1996 (Dissertation).

EUSEBI, Luciano. *La prevenzione dell'evento non voluto. Elementi per una rivisitazione dogmatica dell'illecito colposo e del dolo eventuale. In:* BERTOLINO, Marta, EUSEBI, Luciano, FORTI, Gabrio (eds.). Studi in onore di Mario Romano. Milano: Jovene Editore, 2011, T. II, p. 963-1004.

Exner, Franz. *Das Wesen der Fahrlässigkeit. Eine strafrechtliche Untersuchung*. Deuticke: Leipzig und Wien, 1910.

Fahl, Christian. *Das Ende der Hemmschwellentheorie – Ein Nachruf. In*: JuS, 2013, p. 499-502.

Feijóo Sánchez, Bernardo. *El dolo eventual*. Bogotá: Universidad Externado de Colombia, 2002.

______. *La teoría de la ignorancia deliberada en Derecho penal: una peligrosa doctrina jurisprudencia. In*: InDret, 3/2015.

Findaca, Giovanni; Musco, Enzo. *Diritto Penale. Parte Generale*. 4. ed. Bologna: Zanichelli, 2006.

Fischer, Thomas. *Bewerten, Beweisen, Verurteilen. Antwort auf Puppes Polemik über die "Methoden der Rechtsfindung des BGH" (ZIS 2014, 66). In*: ZIS, 2014, n. 3, p. 97-101.

______. *Strafgesetzbuch mit Nebengesetzen*. 62. Aufl. München: Verlag, 2015.

Foregger, Egmont. *Strafgesetzbuch. StGB samt ausgewählten Nebengesetzen: Kurzkommentar*. 12. Aufl. Wien: Mnaz'sche Verlags- und Universitätsbuchhandlung, 2016.

Fragoso, Heleno. *Lições de direito penal: parte geral*. 5. ed. Rio de Janeiro: Forense, 1983.

______. *Lic□ões de Direito Penal. Parte Especial*. 11. ed. Rio Janeiro: Forense, 1995.

Frank, Reinhard. *Das Strafgesetzbuch für das Deutsch Reich*. 18. Aufl. Tübingen: Mohr, 1931.

______. *Vorstellung und Wille in der modernen Doluslehre. In:* ZStW, 1890, n. 10, p. 169-228.

Freund, Georg. *Vorbemerkungen zu den § 13. In*: Joecks, Wolfgang; Miebach, Klaus. Münchener Kommentar zum Strafgesetzbuch. 3. Aufl. München: Beck, 2017, B 1.

______. *Anmerkung zu BGH, Beschluß vom 20.11.1986 – 4 StR 633/86*. In: JR, 1988, p. 115-118.

______. *Strafrecht. Allgemeiner Teil. Personale Straftatlehre*. 2. Aufl. Berlin: Springer, 2009.

Frisch, Peter. *Das Fahrlässigkeitsdelikt und das Verhalten des Verletzten*. Berlin: Duncker & Humblot, 1973.

Frisch, Wolfgang. *Gegenwartsprobleme des Vorsatzbegriffs und der Vorsatzfeststellung am Beispiel der AIDS-Diskussion. In*: Meyer, Karlheinz; Geppert, Klaus; Dehnicke, Diether. Gedächtnisschrift für Karlheinz Meyer. Berlin; New York: W. de Gruyter, 1990, p. 533-566.

______. *Offene Fragen des dolus eventualis*. In: NStZ, 1991, p. 23-27.

______. *Riskanter Geschlechtsverkehr eines HIV-Infizierten als Straftat? – BGHSt 36, 1. In:* JuS 1990, p. 362-370.

______. *Vorsatz und Risiko.* Colonia, Berlin, Bonn, München: Heymann, 1983.

FRISTER, Helmut. *Strafrecht. Allgemeiner Teil.* 7. Aufl. München: Beck, 2015.

FUCHS, Helmut. *Strafrecht. Allgemeiner Teil. Grundlagen und Lehre von ser Straftat.* 8 Aufl. Wien: Österreich, 2012, B. I.

GAEDE, Karsten. § 15. In: MATT, Holger; RENZIKOWSKI, Joachim. Strafgesetzbuch. Kommentar. München: Vahlen, 2013.

______. *Auf dem Weg zum potentiellen Vorsatz? Problematik und Berechtigung der zunehmenden Tendenzen zur normativen Relativierung des Vorsatzerfordernisses. In*: ZStW, n. 121, 2009, p. 239-280.

______. *Mord ohne Leiche? – Koinzidenz, unmittelb. Ansetzen zum Versuch u.d. Ausschaltung der Verteidigungsmöglichkeiten des Opfers – BGH, NJW 2002, 1057. In*: JuS, 2002, p. 1058-1062.

GALLAS, Wilhelm. *Der dogmatische Teil des Alternativ-Entwurfs. In*: ZStW, 1968, n. 80, p. 1-33.

______. *Zum gegenwärtigen Stand der Lehre vom Verbrechen. In*: ZStW, 1955, n. 67, p. 1-47.

______. *Zur Struktur des strafrechtlichen Unrechtsbegriffs. In*: BOCKELMANN, Paul; KAUFMANN, Arthur. *Festschrift für Paul Bockelmann zum 70. Geburtstag am 7. Dezember 1978.* München: Beck, 1979, p. 155-179.

GARCIA, Basileu. *Instituições de direito penal.* 4. ed. São Paulo: Max Limonad, 1972, vol. I, t. I.

GELARDI, Michele. *Il dolo specifico.* Milão: CEDAM, 1996.

GEPPERT, Klaus. *Strafbares Verhalten durch – möglich – Aids-Übertragung? In*: Jura, 1987, p. 668-672.

______. *Zur Abgrenzung von bedingtem Vorsatz und bewußter Fahrlässigkeit. In*: Jura, 1986, p. 610-613.

______. *Zur Abgrenzung von Vorsatz und Fahrlässigkeit, insbesondere bei Tötungsdelikten. In:* Jura, 2002, p. 55-59.

GERMANN, O. A. *Vorsatzprobleme: dargestellt aufgrund kritischer Analyse der neueren Judikatur des Schweizerischen Bundesgerichts. In*: SchwZStr, 1961, n. 77, p. 345-415.

GESSLER, Theodor von. *Ueber den Begriff und die Arten des Dolus.* Tübingen: Laupp, 1860.

GIMBERNAD ORDEIG, Enrique. *Estudios de derecho penal.* 3. ed. Madrid: tecnos, 1990.

______. *Algunos aspectos de la reciente doctrina jurisprudencial sobre los delitos contra la vida (dolo eventual, relación parricidio-asesinato). In*: ADP, 1990, fasc. II, p. 421-441.

______. *La causalidad en derecho penal*. *In*: ADP, 1962, fasc. III, p. 543-580.

González Cussac, José Luis. *Dolus in re ipsa*. *In*: Cuerda Arnau, M. L. (dir). Constitución, Derechos Fundamentales y Sistema Penal (Semblanzas y estudios con motivo del setenta aniversario del profesor Tomás Salvador Vives Antón). Valencia: Tirant lo Blanch, 2009, T. I, p. 817-838.

Gómez Royo, Enrique. *Reflexiones sobre el dolo en Roma y Grecia*. *In*: Cuerda Arnau, M. L. (dir). Constitución, Derechos Fundamentales y Sistema Penal (Semblanzas y estudios con motivo del setenta aniversario del profesor Tomás Salvador Vives Antón). Valencia: Tirant lo Blanch, 2009, T. I, p. 791-816.

Greco, Luís; Roxin, Claus. *Strafrecht. Allgemeiner Teil*. 5a. Aufl. München: Beck, 2017, B. I (no prelo).

______. *Algumas observações introdutórias à "Distinção entre dolo e culpa"*. *In*: Puppe, Ingeborg. *A distinção entre dolo e culpa*; tradução, introdução e notas de Luís Greco. Barueri: Manole, 2005, p. I-XIX.

______. *Lebendiges und Totes in Feuerbachs Straftheorie: ein Beitrag zur gegenwärtigen strafrechtlichen Grundlagendiskussion*. Berlin: Duncker & Humblot, 2009.

______. *Neue Wege der Vorsatzdogmatik – Eine Auseinandersetzung mit drei neuen Monographien zum Vorsatzbegriff*. *In:* ZIS, Ausgabe 13/2009, p. 813-821.

______. *Rechtsgüterschutz und Tierquälerei*. *In*: Böse, Martin; Sternberg-Lieben, Detlev (Hrsg.). Grundlagen des Straf- und Strafverfahrensrechts Festschrift für Knut Amelung zum 70. Geburtstag. Berlin: Duncker & Humblot, 2009, p. 3-16.

______. *Strafprozesstheorie und materielle Rechtskraft. Grundlagen und Dogmatik des Tatbegriffs, des Strafklageverbrauchs und der Wiederaufnahme im Strafverfahrensrecht*. Berlin: Duncker & Humblot, 2015.

Greco, Luís. *Was ist Folter? In*: Hefendehl, Roland; Hörnle, Tatjana; Greco, Luís. *Streitbare strafrechtswissenschaft festschrift für Bernd Schünemann zum 70. Geburtstag am 1. November 2014*. Berlin: de Gruyter, 2014, p. 69-82 (o artigo foi traduzido por mim e será publicado em breve sob o seguinte título Greco, Luís. *O que é tortura?*).

Greco, Rogério. *Código penal comentado*. 5. ed. Niterói: Rio de Janeiro, 2011.

Grobe, Hannes. *Die allgemeine Vorsatzvermutung bei Feuerbach*. *In*: ZStW, 1966, n. 78, p. 58-66.

Grosso, Carlo Federico; Pelissero, Marco; Patrini, Danide; Pisa, Paolo. *Manuale di Diritto Penale. Parte Generale*. Milano: Dott A. Giuffrè, 2013.

Grünwald, Gerald. *Der Vorsatz des Unterlassungsdelikts*. *In*: Geerds, Friedrich; Naucke, Wolfgang. *Beiträge zur gesamten Strafrechtswissenschaft. Festschrift für Hellmuth Mayer zum 70. Geburtstag am 1. Mai 1965*. Berlin: Duncker & Humblot, 1966, p. 281-303.

Haft, Fritjof. *Die Lehre vom bedingten Vorsatz unter besonderer Berücksichtigung des wirtschaftlichen Betrugs*. *In*: ZStW, 1976, n. 88, p. 365-392.

HAFTER, Ernst. *Lehrbuch des Schweizerischen Strafrechts. Allgemeiner Teil.* Berlin: Springer, 1926.

HALL, Karl Alfred. Über die Leichtfertigkeit. Ein Vorschlag de lege ferenda. *In*: Festschrift für Edmund Mezger. München: Beck, 1954, p. 229-248.

HASSEMER, Winfried. *Alternativen zum Schuldprinzip? In*: BAUMGARTNER, Hans Michael; ESER, Albin (Hrsg). Schuld und Verantwortung. Philosophische und juristische Beiträge zur Zurechenbarkeit menschlichen Handelns. Tübingen: Mohr Siebeck, 1983, p. 89-107.

______. *Fundamentos del Derecho penal;* trad. y notas de Francisco Muñoz Conde y Luis Arroyo. Barcelona: Bosch, 1984.

______. *Kennzeichen des Vorsatzes. In:* DORNSEIFER, Gerhard. *Gedächtnisschrift für Armin Kaufmann.* Köln; München: C. Heymann, 1989, p. 289-309.

HECKER, Bernd. *Anmerkung zu dem Urteil des BGH vom 15.4.2010 – 5 StR 75/10. In*: JuS, 2010, p. 1114-1116.

HEFENDEHL; Wohlers (Hrsg.). *Die Rechtsgutstheorie. Legitimationsbasis des Strafrechts oder dogmatisches Glasperlenspiel?* Baden Baden: Nomos, 2003.

HEINKE, Daniel H. *Das Deliktphänomen "Tottreten" – Kriminalwissenschaftliche Erkenntnisse und Folgerungen für die rechtliche Bewertung. In*: NStZ, 2010, p. 119-125.

HEINRICH, Bernd. *Strafrecht. Allgemeiner Teil.* 4. Aufl. Stuttgart: Kohlhammer, 2014.

HEINTSCHEL-HEINEGG, Bernd von. *Anmerkung zu dem Urteil des BGH vom 22.03.2012 – 4 StR 558/11. In*: JA, 2012, p. 632-634.

HEMMEN, Heinrich. Über den Begriff, die Arten und den Beweis des Dolus. Nach der strafrechtlichen Literatur von Feuerbach bis zum Reichsstrafgesetzbuch. Breslau: Schletter, 1909.

HENKEL, Heinrich. *Die "praesumitio doli" im Strafrecht. In*: BOCKELMANN, Paul; GALLAS, Wilhelm (Hrsg.). Festschrift für Eberhard Schmidt zum 70. Geburtstag. Göttingen: Vandenhoeck & Ruprecht, 1961, p. 578-601.

HENN, Arne. *Der subjektive Tatbestand der Straftat – Teil 1: Der Vorsatzbegriff. In*: JA, 2008, p. 699-703.

HERZBERG, Rolf Dietrich. *Aids: Herausforderung und Prüfstein des Strafrechts – zugleich eine Besprechung des BGH-Urteils vom 4. November 1988 – 1 StR 262/88. In*: JZ, 1989, p. 470-482.

______. *Bedingter Vorsatz und objektive Zurechnung beim Geschlechtsverkehr des AIDS Infizierten. In*: JuS, 1987, p. 777-783.

______. *Das vollendete vorsätzliche Begehungsdelikt als qualifiziertes Versuchs-, Fahrlässigkeits- und Unterlassungsdelikt. In*: JuS, 1996, p. 377-386 (há uma versão em espanhol publicada pela RBCCrim HERZBERG, Rolf D. El delito comisivo doloso consumado como un delito cualificado respecto del delito omisivo, imprudente y en tentativa. In: RBCCrim, 2005, n. 52, p. 177-202).

______. *Das Wollen beim Vorsatzdelikt und dessen Unterscheidung vom bewußt fahrlässigen Verhalten. Teil 1. In:* JZ, 1988, p. 573-643 (Teil 1 und Teil 2).

______. *Die Abgrenzung von Vorsatz und bewußter Fahrlässigkeit – ein Problem des objektiven Tatbestandes. In:* JuS, 1986, p. 249-262.

______. *Die Strafdrohung als Waffe im Kampf gegen Aids? In:* NJW, 1987, p. 1461-1466.

______. *Die Unterlassung im Strafrecht und das Garantenprinzip*. Berlin: de Gruyter, 1972.

______. *Erlaubnistatbestandsirrtum und Deliktsaufbau. In*: JA, 1989, p. 243-250 (Teil 1); p. 294-300 (Teil 2).

______. *Zur Strafbarkeit des Aids-Infizierten bei unabgeschirmtem Geschlechtsverkehr. In:* NJW, 1987, p. 2283-2284.

HETTINGER, Michael. *Der Irrtum im Bereich der äußeren Tatumstände – eine Einführung. In*: JuS, 1989, L. 17-20.

HILLENKAMP, Thomas. *Dolus eventualis und Vermeidewille. In*: DORNSEIFER, Gerhard. *Gedächtnisschrift für Armin Kaufmann*. Köln; München: C. Heymann, 1989, p. 351-369.

HIPPEL, Fritz v. *Die Perversion von Rechtsordnungen*. Tübingen: Mohr, 1955.

HIPPEL, Robert von. *Die Grenze von Vorsatz und Fahrlässigkeit: Eine dogmatische Studie*. Leipzig: Hirzel, 1903.

______. *Vorsatz und Fahrlässigkeit in den Entwürfen. In:* ZStW, 1911, n. 31, p. 562-596.

______. *Deutsches Strafrecht. Allgemeine Lehren*. Aalen: Scientia Verlag, 1971, B. 2.

HIRECHE, Gamil Föppel. *A função da pena na visão de Claus Roxin*. Rio de Janeiro: Forense, 2004.

HOFFMEISTER, Johannes. *Wörterbuch der philosophischen Begriffe*. 2. Aufl. Hamburg: Meiner, 1955.

HOFMANN, Alex. *Die Fälle des Affekttäters, des abgestumpften Gewohnheitsverbrechers und des Überzeugungstäters*. 1970. (Dissertation).

HONIG, Richard M. *Zur gesetzlichen Regelung des bedingten Vorsatzes. In*: GA, 1973, p. 257-265.

HORN, Eckhard. *Konkrete Gefährdungsdelikte*. Köln: Schmidt, 1973.

HRUSCHKA, Joachim. *Strafrecht nach logisch-analytischer Methode systematisch entwickelte Fälle mit Lösungen zum Allgemeinen Teil*. Berlin: de Gruyter, 1988.

______. Über Schwierigkeiten mit dem Beweis des Vorsatzes. *In:* GÖSSEL, Karl Heinz; KAUFFMANN, Hans. *Strafverfahren im Rechtsstaat: Festschrift für Theodor Kleinknecht zum 75. Geburtstag am 18. August 1985*. München: Beck, 1985, p. 191-202.

HUNGRIA, Nelson; FRAGOSO, Heleno Claudio. *Comentários ao Código Penal*. 5. ed. Rio de Janeiro: Forense, 1979, vol. V.

HUNGRIA, Nelson; LACERDA, Romão Cortes de; FRAGOSO, Heleno Cláudio. *Comentários ao Código Penal*. 5. ed. Rio de Janeiro: Forense, 1981, vol. VIII.

HUNGRIA, Nelson. *Comentários ao Código Penal*. 5. ed. Rio de Janeiro: Forense, 1975, vol. I, t. II.

JAHN, Matthias. *Anmerkung zu dem Urteil des BGH vom 22.03.2012 – 4 StR 558/11*. *In*: JuS, 2012, p. 757-759.

______. *Anmerkung zu dem Urteil des BGH vom 23.6.2009 – 1 StR 191/09*. *In*: JuS, 2009, p. 956-958.

JAKOBS, Günther. *Altes und Neues zum strafrechtlichen Vorsatzbegriff*. In: RW, 2010, p. 283-315.

______. *Das Schuldprinzip*. Opladen: Westdeustcher Verlag, 1993.

______. *Dolus Malus*. *In:* ROGALL, Klaus (Hrsg.). Festschrift für Hans-Joachim Rudolphi zum 70. Geburtstag. Neuwied, Luchterhand, 2004, p. 107-122.

______. *Gleichgültigkeit als dolus indirectus*. *In*: ZStW, 2002, n. 114, p. 584-599.

______. *Probleme der Wahlfeststellung*. *In*: GA, 1971, p. 257-272.

______. *Strafrecht. Allgemeiner Teil. Die Grundlagen und die Zurechnungslehre*. 2. Aufl. Berlin: de Gruyter, 1991.

______. *Studien zum fahrlässigen Erfolgsdelikt*. Berlin; New York: de Gruyter, 1972.

______. Über die Behandlung von Wollensfehlern und von Wissensfehlern. *In*: ZStW, 1989, n. 101, p. 516-537.

JANZARIK, Werner. *Vorrechtliche Aspekte des Vorsatzes*. *In*: ZStW, 1992, n. 104, p. 65-81.

JAPIASSÚ, Carlos Eduardo A; SOUZA, Artur de B. Gueiros. *Curso de Direito Penal: parte geral*. Rio de Janeiro: Elsevier, 2012.

JAPIASSÚ, Carlos Eduardo A. *O contrabando – uma revisão de seus fundamentos teóricos*. Rio de Janeiro: Lumen Juris, 2000.

JESCHECK, Hans-Heinrich; WEIGEND, Thomas. *Lehrbuch des Strafrechts. Allgemeiner Teil*. 5. Aufl. Berlin: Duncker e Humblot, 1996.

______. *Grundfragen der Dogmatik und Kriminalpolitik im Spiegel der Zeitschrift für die gesamte Strafrechtswissenschaft*. *In*: ZStW, 1981, n. 93, p. 3-67.

______. *Strafrechtsreform in Deutschland: allgemeiner Teil*. *In*: Schweizerische Zeitschrift für Strafrecht. Bern, 1975, B. 91, p. 1-44.

JESUS, Damásio E de. *Direito Penal: parte geral*. 32 ed. São Paulo: Saraiva, 2011, vol. 1.

______. *Direito Penal: parte Especial*. 28.ed. São Paulo: Saraiva, 2007, vol. 2.

______. *Ensaio sobre o dolo eventual, a culpa consciente e o preterdolo (O caso da Morte do indígena Pataxó – Hã-Hã-Hãe Galdino de Jesus)*. *In*: RT, 1998, n. 747, p. 513-533.

JIMENEZ DE ASUA, Luis. *Das spanische Rechtsdenken und sein Einfluß in Europa. In*: ZStW, 1958, n. 70, p. 475-501.

JOECKS, Wolfgang. § 16. *In:* JOECKS, Wolfgang; MIEBACH, Klaus. Münchener Kommentar zum Strafgesetzbuch. 3. Aufl. München: Beck, 2017, B 1.

JOERDEN, Jan C. *Strukturen des strafrechtlichen Verantwortlichkeitsbegriffs. Relationen und ihre Verkettungen*. Berlin: Duncker & Humblot, 1988

JULIÁN PEREDA, P. *Covarrubias penalista. In*: ADP, 1957, fasc. III, p. 485-518.

KARGL, Walter. *Der strafrechtliche Vorsatz auf der Basis der kognitiven Handlungstheorie*. Frankfurt: Peter Lang, 1993.

______. *Handlung und Ordnung im Strafrecht: Grundlagen einer kognitiven Handlungs – und Straftheorie*. Berlin: Duncker & Humblot, 1991.

KASER, Max; KNÜTEL, Rolf. *Römisches Privatrecht*. 18. Aufl. München: Beck, 2005.

KAUFMANN, Armin. *Der dolus eventualis im Deliktsaufbau. Die Auswirkungen der Handlungs und der Schuldlehre auf die Vorsatzgrenze. In:* ZStW, 1958, n. 70, p. 64-86.

KAUFMANN, Arthur. *Das Schuldprinzip. Eine strafrechtlich-rechtsphilosophische Untersuchung*. 2. Aufl. Heidelberg: Winter, 1976.

______. *Die finale Handlungslehre und die Fahrlässigkeit. In:* JuS, 1967, p. 147-152.

______. *Die ontologische Struktur der Handlung. Skizze einer personalen Handlungslehre. In*: *Schuld und Strafe: Studien zur Strafrechtsdogmatik*. 2. Aufl. Köln-Berlin-Bonn-München: Carl Heymanns Verlag, 1983, p. 11-47.

KELSEN, Hans. *Hauptprobleme der Staatsrechtslehre. Entwickelt aus der Lehre vom Rechtssatze*. Tübingen: Mohr, 1923.

KINDHÄUSER, Urs K. *Der Vorsatz als Zurechnungskriterium. In*: ZStW, 1984, n. 96, p. 1-35.

______. *Gleichgültigkeit als Vorsatz? In*: ARNOLD, Jörg. *Menschengerechtes Strafrecht: Festschrift für Albin Eser zum 70. Geburtstag*. München: Beck, 2005, p. 344-358.

______. *Intentionale Handlung*. Berlin: Duncker & Humblot, 1980.

______. *Rohe Tatsachen und normative Tatbestandsmerkmale. In*: Jura, 1984, p. 465-478.

______. *Strafgesetzbuch. Lehr – und Praxiskommentar*. 6. Aufl. Baden-Baden: Nomos, 2015.

______. *Strafrecht. Allgemeiner Teil*. 7. Aufl. Baden-Baden: Nomos, 2015.

KLEB-BRAUN, Gabriele. *Codekartenmiß*brauch und Sparbuchfälle aus *„Volljuristischer" Sicht. In*: JA, 1986, p. 310-321 (2 Teil).

KLEE, Karl. *Zur Lehre vom strafrechtlichen Vorsatz*. Breslau: Schletter, 1897.

KLEIN, E. F. *Ueber die Verbindung der Theorie mit der Praxis im Criminalfache. In*: Archiv des Criminalrechts, 1802, Bd. IV, St. 3, p. 1-6.

KLOSE, Peter. *"Ius puniendi" und Grundgesetzt. In*: ZStW, n. 86, 1974, p. 33-67.

KNAUER, Christoph. *AIDS und HIV – Immer noch eine Herausforderung für die Strafrechtsdogmatik. In:* GA, 1998, p. 428-442.

KOHLER, Josef. *Leitfaden des deutschen Strafrechts*. Leipzig: A. Deichert, 1912.

KÖHLER, Michael. *Anmerkung zu BGH, 2 StR 127/80. In*: JZ, 1981, p. 35-37.

______. *Die bewusste Fahrlässigkeit: eine strafrechtlich-rechtsphilosophische Untersuchung*. Heidelberg: Winter, 1982.

______. *Vorsatzbegriff und Bewußtseinsformen des Vorsatzes. Zur Kritik der Lehre vom 'sachgedanklichen Mitbewußtsein'. In:* GA, 1981, p. 285-300.

KÖHNE, Michael. *Totschlag in einem besonders schweren Fall. In*: Jura, 2011, p. 741-744.

KORIATH, Heinz. *Grundlagen strafrechtlicher Zurechnung*. Berlin: Duncker & Humblot, 1994.

KRANICH, Udo; KULKA, Kristin; RESCHKE, Konrad. *Verkehrspsychologie im automobilen Straßenverkehr: Eine Einführung in Übersichten*. Hamburg: Kovač, 2008.

KRAUSS, Detlef. *Erfolgsunwert und Handlungsunwert im Unrecht. In*: ZStW, n. 76, 1964, p. 19-68.

KREUZER, Arthur. *Aids und Strafrecht. Kriminologische Anmerkungen zur strafrechtlichen und kriminalpolitischen Diskussion. In*: ZStW, 1988, n. 100, p. 786-816.

KRINGS, Hermann; BAUMGARTNER, Hans Michael; WILD, Christoph. *Handbuch philosophischer Grundbegriffe*. München: Kösel, 1973, B. 1.

KRUG, August Otto. *Ueber dolus und culpa und insbesondere über den Begriff der unbestimmten Absichten*. Leipzig: Tauchnitz, 1854.

KRÜMPELMANN, Justus. *Vorsatz und Motivation. In*: ZStW, 1975, n. 87, p. 888-901.

KUBICIEL, Michael; HOVEN, Elisa. *Die Strafbarkeit illegaler Straßenrennen mit Todesfolge. In*: NStZ, 2017, p. 439-445.

KUDLICH, Hans. § 15. In: Strafgeseztbuch Kommentar. München: Beck, 2010.

KÜHL, Kristian. *Strafrecht. Allgemeiner Teil.* 8. Aufl. München: Vahlen, 2017.

______. *"Wer einen Menschen tötet" – Der objektive Tatbestand des Totschlags gemäß § 212 StGB. In*: JA, 2009, p. 321-327.

KÜPER, Wilfried. *Vorsatz und Risiko. Zur Monographie von Wolfgang Frisch. In*: GA, 1987, p. 479-509.

KÜPPER, Georg. *Zum Verhältnis von dolus eventualis, Gefährdungsvorsatz und bewußter Fahrlässigkeit. In*: ZStW, 1988, n. 100, p. 758-785.

KUSCH, Klaus Günther. *Der Indizienbeweis des Vorsatzes im gemeinen deutschen Strafverfahrensrecht*. Hamburg, 1963 (Dissertation).

LACKNER, Karl; KÜHL, Kristian. *Strafgesetzbuch Kommentar*. 28. Aufl. München: Beck, 2014.

LACMANN, W. *Die Abgrenzung der Schuldformen in der Rechtslehre und im Vorentwurf zu einem deutschen Strafgesetzbuch. In:* ZStW, 1911, n. 31, p. 142-166.

LAMPE, Ernst-Joachim. *Das personale Unrecht.* Berlin: Duncker & Humblot, 1967.

______. *Genügt für den Entschluss des Täters in § 43 StGB sein bedingter Vorsatz? In*: NJW, 1958, p. 332-333.

______. *Ingerenz oder dolus subsequens. In*: ZStW, 1960, n. 72, p. 93-107.

LANGER, Winrich. *Das Sonderverbrechen: eine dogmatische Untersuchung zum Allgemeinen Teil des Strafrechts.* Berlin: Duncker & Humblot, 1972.

______. *Methodik: Ein Streit unter Nachbarn. In:* Jura, 2003, p. 135-139.

LAURENZO COPELLO, Patrícia. *Dolo y Conocimiento.* Valencia: Tirant lo Blanch, 1999.

LEAL, João José. *Curso de direito penal.* Porto Alegre: Sergio Antonio Fabris & Editora da FURB, 1991.

LEDERER, Jenny. *Hemmschwellen im Strafrecht: Eine übergreifende Untersuchung der Hemmschwellen bei Sexualdelikten und Totschlag.* Berlin: Duncker & Humblot, 2011.

LEITE, Alaor. *Dúvida e erro sobre a proibição no direito penal: a atuação nos limites entre o permitido e o proibido.* 2. ed. Atlas: São Paulo, 2014.

LEITMEIER, Lorenz. *Bedingter Vorsatz – ein Wertbegriff. In*: HRRS, Ausgabe 5, 2016, p. 243-248.

______. *Bedingter Vorsatz bei Tötungsdelikten – Hemmschwellentheorie ohne Erklärungswert. In*: NJW, 2012, p. 2850-2853.

LENK, Hans. *Rationalitätstypen. In*: PASTERNACK, Gerhard (Hrsg.). *Rationalität und Wissenschaft. Ringvorlesung.* Bremen: Pressestelle Uni Bremen, 1988, p. 9-22.

LESCH, Heiko H. *Dolus directus, indirectus und eventualis. In*: JA, 1997, p. 802-809.

LEUSCHNER, Kurt. *Der Dolus indirectus, sein Wesen, seine Geschichte und seine praktischen Folgerungen.* Würzburg: Konrad Triltsch, 1935.

LIEBS, Detlef. *Römisches Recht.* 3. Aufl. Göttingen: Vandenhoeck & Ruprecht, 2004.

LILIE, Hans. *Vor § 223. In:* Leipziger Kommentar zum Strafgesetzbuch. 11. Aufl. Berlin: de Gruyter, 2005, B. 6.

LISZT, Franz v. *Lehrbuch des deutschen Strafrechts.* 14 und 15 Aufl. Berlin: Guttentag Verlagsbuchhandlung, 1905.

______. *Zum Vorentwurf eines Reichsstrafgesetzbuches. In*: ZStW, 1910, n. 30, p. 250-278.

LÖFFLER, Alexander. *Die Abgrenzung von Vorsatz und Fahrlässigkeit mit Berücksichtigung des deutschen und des österreichischen Vorentwurfes. In*: ÖZStr, 1911, p. 131-174.

______. *Die Schuldformen des Strafrechts in vergleichend-historischer und dogmatischer Darstellung.* Leipzig: Hirschfeld, 1895, B. 1.

Luzón Peña, Diego-Mauel. *Lecciones de derecho penal. Parte general.* 3. ed. Valencia: Tirant lo Blanch, 2016.

Mahlmann, Matthias. *Rechtsphilosophie und Rechtstheorie.* 4. Aufl. Baden-Baden: Nomos, 2017.

Maihofer, Werner. *Zur Systematik der Fahrlässigkeit. In*: ZStW, 1958, n. 70, p. 159-195.

Maiwald, Manfred. *Die ThyssenKrupp-Urteile der italienischen Justiz und das Problem des dolus eventualis. Rechtsvergleichende Bemerkungen. In*: Fahl, Christian. *Ein menschengerechtes Strafrecht als Lebensaufgabe: Festschrift für Werner Beulke zum 70. Geburtstag*. Heidelberg: Müller, 2015, p. 167-180.

Mantovani, Fernando. *Dolo e colpa comune e dolo e colpa speciale. In:* Bertolino, Marta, Eusebi, Luciano, Forti, Gabrio (eds.). Studi in onore di Mario Romano. Milano: Jovene Editore, 2011, T. II, p. 1045-1060.

Manzini, Vincenzo. *Trattato di diritto penale italiano*; aggiornata dai Professori P. Nuvolone e G. D. Pisapia. 5. ed. Torino: UTET, 1985.

Marinucci, Giorgio; Dolcini, Emilio. *Manuale di Diritto Penale. Parte Generale.* 4. ed. Milano: Dott A. Giuffrè, 2012.

Marques, José Frederico. *Tratado de direito penal.* 2. ed. São Paulo: Saraiva, 1965, vol. II.

Maurach, Reinhart; Zipf, Heinz. *Strafrecht Allgemeiner Teil.* 8. Aufl. Heildelberg: Müller, 1992, B. 1.

Mayer, Hellmuth. *Strafrecht. Allgemeiner Teil.* Stuttgart: W. Kohlhammer, 1967.

Meier, Bernd-Dieter. *Strafrechtliche Aspekte der Aids-Übertragung. In*: GA, 1989, 207-230.

Mezger, Edmund. *Das Unrechtsbewusstsein als Vorsatzbestandsteil. In*: Studi in memoria di Arturo Rocco. Milano: Dotti A Giuffrè, 1952, B. II, p. 207-212.

______. *Moderne Wege der Strafrechtsdogmatik.* Berlin; München: Duncker & Humblot, 1950.

______. *Strafrecht. Ein Lehrbuch.* 3. Aufl. München: Duncker & Humblot, 1949.

______. *Wandlungen der strafrechtlichen Tatbestandslehre. In*: NJW, 1953, n. 1, p. 2-6.

Mezzetti, Enrico. *Dolo alternativo. Rigorismi giurisprudenziali in tema di accertamento dell'elemento psicologico del reato. In:* Bertolino, Marta, Eusebi, Luciano, Forti, Gabrio (eds.). Studi in onore di Mario Romano. Milano: Jovene Editore, 2011, T. II, p. 1155-1174.

Mir Puig, Santiago. *Derecho penal: parte general.* 9. ed. Barcelona: Reppertor, 2011.

______. *Función de la pena y teoría del delito en el Estado social y democrático de Derecho.* 2. ed. Barcelona: J. M. Bosch, 1982.

______. *La perspectiva "ex ante" en Derecho Penal*. *In:* ADP, 1983, t. XXXVI, fas. I, p. 5-22.

MIRABETE, Júlio Fabbrini. *Manual de Direito Penal. Parte Geral*. 11. ed. São Paulo: Atlas, 1996.

MITSCH, Wolfgang. *Grundfälle zu den Tötungsdelikten*. *In*: JuS, 1996, p. 213-219.

______. *Fahrlässigkeit und Straftatsystem*. *In*: JuS, 2001, p. 105-112.

MOLINA FERNANDEZ, Fernando. *La cuadratura del dolo problemas irresolubles, sorites y derecho penal*. Colombia: Universidad Externado de Colombia, 2007.

MOMSEN, Carsten. §§ 15, *16, 212*. *In:* SATZGER, Helmut; SCHLUCKEBIER, Wilhelm; WIDMAIER, Gunter. Strafgesetzbuch Kommentar. 3. Aufl. München: Haymanns, 2016.

______. *Der besonders schwere Fall des Totschlags (§ 212 II) – zwischen Mord und Totschlag?* *In*: NStZ, 1998, p. 487-490.

MONTENEGRO, Lucas. *Por que se qualifica o homicídio? Um estudo sobre a relevância da motivação em direito penal, por ocasião da lei do feminicídio (Lei 13.104, de 2015)*. São Paulo: Marcial Pons, 2017.

MORILLAS CUEVA, Lorenzo. *Derecho penal. Parte general*. Madrid: Dykinson, 2008, t. II, vol. I.

______. *La doble posición del dolo en la teoría jurídica del delito*. *In*: Cuadernos de política criminal, Nº 91, 2007, págs. 27-46.

MORKEL, Dan W. *Abgrenzung zwischen vorsätzlicher und fahrlässiger Straftat*. *In*: NStZ, 1981, p. 176-179.

MÖSSNER, Oliver. *Die Überprüfung des bedingten Tötungsvorsatzes in der Revision: Eine Untersuchung der aktuellen Rechtsprechung des BGH, zugleich zur Frage der Abgrenzung zum unzulässigen Eingriff in die tatrichterliche Beweiswürdigung*. Aachen: Shaker, 2011.

MÜLLER, Ingo. *Der Vorsatz der Rechtsbeugung*. *In*: NJW, 1980, p. 2390-2395.

MÜLLER, Max Ludwig. *Die Bedeutung des Kausalzusammenhanges im Straf- und Schadensersatzrecht*. Tübinge: Mohr, 1912.

MUÑOZ CONDE, Francisco; GARCÍA ARÁN, Mercedes. *Derecho penal. Parte General*. 8. ed. Valencia: tirant lo blanch, 2010.

MURMANN, Uwe. *Grundkurs Strafrecht. Allgemeiner Teil, Tötungsdelikte, Körperverletzungsdelikte*. München: Beck, 2011.

MYLONOPOULOS, Christos. *Das Verhältnis von Vorsatz und Fahrlässigkeit und der Grundsatz in dubio pro reo. Eine strafrechtlich-rechtstheoretische Untersuchung*. *In:* ZStW, 1987, n. 99, p. 685-722.

NAU, Heinz. *Die Bewusstseinsform bei normalpsychologischen Affekttaten: Ein Vorsatzproblem?* Frankfurt: Lang, 2001.

NELL, Ernst Ludwig. *Wahrscheinlichkeitsurteile in juristischen Entscheidungen*. Berlin: Duncker & Humblot, 1983.

NORONHA, E. Magalhães. *Direito Penal*. 16. ed. São Paulo: Saraiva, 1978, vol. 1.

______. *Direito Penal. Parte Especial*. 15. ed. São Paulo: Saraiva, 1979, v. 2.

NOWAKOWSKI, Friedrich. *Zu Welzels Lehre von der Fahrlässigkeit. Eine Besprechungsabhandlung*. *In*: JZ, 1958, p. 335-341.

OCTAVIO DE TOLEDO Y UBIETO, Emilio; HUERTA TOCILDO, Susana. *Derecho penal. Parte general. Teoría Jurídica del delito*. 2. ed. Madrid: Rafael Castellanos, 1986.

OEHLER, Dietrich. *Neue strafrechtliche Probleme des Absichtsbegriffes*. *In*: NJW, 1966, p. 1633-1639.

OLIVEIRA, Eugenio Pacelli de. *Curso de processo penal*. 17. ed. São Paulo: Atlas, 2013.

ORTS BERENGUER, Enrique; González Cussac, José L. *Compendio de derecho penal: parte general*. 6. ed. Valencia: Tirant lo Blanch, 2016.

OTTO, Harro. *Der Vorsatz*. *In*: Jura, 1996, p. 468-476.

______. *Dolus eventualis und Schaden bei der Untreue, § 266 StGB*. *In*: PAEFFGEN, Hans-Ullrich; BÖSE, Martin; KINDHÄUSER, Urs; STÜBINGER, Stephan; VERREL, Torsten, ZACZYK, Rainer (Hrsg.). Strafrechtswissenschaft als Analyse und Konstruktion. Festschrift für Ingeborg Puppe zum 70. Geburtstag. Berlin, Duncker & Humblot, 2011, p. 1247-1268.

______. *Grundkurs Strafrecht. Allgemeine Strafrechtslehre*. 7. Aufl. Berlin: de Gruyter, 2004.

PAREDES CASTAÑÓN, José Manuel *Problemas metodológicos en la prueba del dolo. In:* AFD, núm. XVIII, Enero 2001, p. 67-93.

PASTERNACK, Gerhard (Hrsg.). *Rationalität und Wissenschaft. Ringvorlesung*. Bremen: Pressestelle Uni Bremen, 1988.

PAWLIK, Michael. *Das Unrecht des Bürgers. Grundlinien der allgemeinen Verbrechenslehre*. Tübingen, Mohr Siebeck, 2012.

PEDRAZZI, Cesare. *Tramonto del dolo? In*: RIDPP, 2000, vol. 43, n. 4, p. 1265-1279. PEGEL, Christian. § 315c. In: *In*: JOECKS, Wolfgang; MIEBACH, Klaus. Münchener Kommentar zum Strafgesetzbuch. 2. Aufl. München: Beck, 2014, B. 5.

PÉREZ BARBERÁ, Gabriel. *El dolo eventual*. Buenos Aires: Hammurabi, 2011.

PÉREZ MANZANO, Mercedes. *Culpabilidad y prevención: las teorías de la prevención general positiva en la fundamentación de la imputación subjetiva y de la pena*. Madrid: Ediciones de la Universidad Autónoma de Madrid, 1990.

PHILIPPS, Lothar. *An der Grenze von Vorsatz und Fahrlässigkeit – Ein Modell multikriterieller computergestützter Entscheidungen*. *In*: SCHÜNEMANN, Bernd. *Festschrift für Claus Roxin zum 70. Geburtstag am 15. Mai 2001*. Berlin: W. de Gruyter, 2001, p. 356-378.

______. *Dolus eventualis als Problem der Entscheidung unter Risiko*. *In*: ZStW, 1973, n. 85, p. 27-44.

PIZARRO BELEZA, Tereza. *Direito Penal*. 2.ed. Lisboa: AAFDP, 1983, vol. 2.

PLATZGUMMER, Winfried. *Die Bewußtseinsform des Vorsatzes. Eine strafrechtsdogmatische Untersuchung auf psychologischer Grundlage*. Wien: Springer, 1964.

PORCIÚNCULA, José Carlos. *Lo objetivo y lo subjetivo en el tipo penal. Hacia la exteriorización de lo interno*. Barcelona: Atelier, 2014.

PRADO, Luís Regis; CARVALHO, Érika Mendes de; CARVALHO, Gisele Mendes de. *Curso de direito penal brasileiro*. 13. ed. São Paulo: RT, 2014.

PRITTWITZ, Cornelius. *Das AIDS-Urteil des Bundesgerichtshofs*. *In*: StV, 1989, p. 123-128.

______. *Die Ansteckungsgefahr bei AIDS*. *In*: JA, 1988, p. 486-502.

______. *Risikovorsatz und Vorsatzgefahr. Zum Verständnis und zur strafrechtlichen Relevanz des Verdrängens*. *In*: PAEFFGEN, Hans-Ullrich. *Strafrechtswissenschaft als Analyse und Konstruktion: Festschrift für Ingeborg Puppe zum 70. Geburtstag*. Berlin: Duncker & Humblot, 2011, p. 819-830.

______. *Strafrecht und Risiko. Untersuchungen zur Krise von Strafrecht und Kriminalpolitik in der Risikogesellschaft*. Klostermann: Frankfurt am Main, 1993.

PULITANÒ, Domenico. *I confini del dolo. Una riflessione sulla moralità del diritto penale*. *In*: RIDPP, 2013, vol. 56, n. 1, p. 22-54.

PUPPE, Ingeborg. §§ 13, 15. *In:* KINDHÄUSER, Urs; NEUMANN, Ulfrid; PAEFFGEN, Hans--Ullrich (Hrsg.). Nomos Kommentar zum Strafgesetzbuch. 2. Aufl. Baden-Baden: Nomos, 2005. (há tradução da 1.° edição para o português realizada por Luís Greco: PUPPE, Ingeborg. *A distinção entre dolo e culpa*; tradução, introdução e notas de Luís Greco. Barueri: Manole, 2005).

______. *Anmerkung zu einem Urteil des BGH vom 22.03.2012 (4 StR 558/11; NJW 2012, 1524) – Zur Frage der Anwendung der Hemmschwellentheorie bei Tötungsdelikten*. *In*: JR, 2012, 477-479.

______. *Begriffskonzeptionen des dolus eventualis*. *In*: GA, 2006, p. 65-79 (há tradução para o português realizada por Luís Greco, cf. PUPPE, Ingeborg. *Dolo eventual e culpa consciente*; trad. Luís Greco. *In*: Revista Brasileira de Ciências Criminais. São Paulo: RT, 2006, n. 58, p. 114-132).

______. *Beweisen oder Bewerten. Zu den Methoden der Rechtsfindung des BGH, erläutert anhand der neuen Rechtsprechung zum Tötungsvorsatz*. *In*: ZIS, 2014, n.2, p. 66-70.

______. *Der Vorstellungsinhalt des dolus eventualis*. *In*: ZStW, 1991, n. 103, p. 1-42.

______. *Die Logik der Hemmschwellentheorie des BGH – Zugleich eine Besprechung NStZ von BGH, Urteil vom 7. 11. 1991 – 4 StR 451/91 (LG Passau)*. *In*: NStZ, 1992, p. 576-578.

______. *Feststellen, zuschreiben, werten: semantische Überlegungen zur Begründung von Strafurteilen und deren revisionsrechtlicher Überprüfbarkeit*. *In*: NStZ, 2012, p. 409-414.

______. *Kleine Schule des juristischen Denkens*. 3. Aufl. Stuttgart: UTB, 2014.

______. *Neue Entwicklungen in der Rechtsprechung des BGH zum Tötungsvorsatz bei lebensbedrohlicher Gewalt*. *In*: NStZ, 2016, p. 575-578.

______. *Strafrecht als Kommunikation. Leistungen und Gefahren eines neuen Paradigmas in der Strafrechtsdogmatik*. *In*: Samson, Eric (Hrsg.). Festschrift für Gerald Grünwald zum siebzigsten Geburtstag. Baden-Baden: Nomos, 1999, p. 469-494.

______. *Strafrecht. Allgemeiner Teil im Spiegel der Rechtsprechung*. 2. Aufl. Baden--Baden: Nomos, 2011.

______. *Tötungsvorsatz und Affekt – Über die neue Rechtsprechung des BGH zum dolus eventualis in Bezug auf den möglichen Todeserfolg bei offensichtlich lebensgefährlichen Gewalthandlungen*. *In*: NStZ, 2014, p. 183-187.

______. *Vorsatz und Zurechnung*. Heidelberg: Decker und Müller, 1992.

______. *Zurechnung und Wahrscheinlichkeit*. *In*: ZStW, 1983, n. 95, p. 287-315.

Queiroz, Paulo. *Curso de direito penal. Parte Geral*. 9. ed. Salvador: Juspodivm, 2013.

Quintero Olivares, Gonzalo. *Parte general del derecho penal*. 4. ed. Pamplona: Aranzadi, 2010.

______. Muñoz Conde, Francisco. *La Reforma penal de 1983*. Destino: Barcelona.

Radbruch, Gustav. Über den Schuldbegriff. In: ZStW, 1904, n. 24, p. 333-348.

Ragués i Vallès, Ramon. *El dolo y su prueba en el Proceso Penal*. Barcelona: Bosch, 1999

______. *La Ignorancia deliberada en derecho penal*. Barcelona: Atelier, 2007.

______. *Mejor no saber. Sobre la doctrina de la ignorancia deliberada en Derecho penal*. *In*: Discusiones: Ignorancia deliberada y Derecho Penal. Sección I: Discusión, núm. 13 (2014), p. 11-38.

______. Überlegungen zum Vorsatzbeweis. *In*: GA, 2004, p. 257-271.

Reale Junior, Miguel. *Arts. 13 a 25*. *In*: Reale Júnior, Miguel (Coord.). Código penal comentado. São Paulo: Saraiva, 2017, p. 43-120.

______. *Elemento subjetivo do crime de receptação dolosa*. *In:* Greco, Luís; Martins, Antonio. (Orgs). Direito Penal como crítica da pena. São Paulo: Marcial Pons, 2012, p. 533-547.

______. *Instituições de direito penal*. 2. ed. Rio de Janeiro: Forense, 2006.

Regenbogen, Arnim; Meyer, Uwe. (Hrsg.). *Wörterbuch der philosophischen Begriffe*. Hamburg: Felix Mayer Verlag, 2013.

Rengier, Rudolf. *AIDS und Strafrecht*. *In*: JURA, 1989, p. 225-232.

______. *Strafrecht. Allgemeiner Teil*. 6. Aufl. München: Beck, 2014.

______. *Strafrecht. Besonderer Teil*. 17 Aufl. München: Beck, 2016, B. II.

Reuther, Herman. *Willensfreiheit*. Berlin: Springer, 1928.

Rissing-van Saan, Ruth. *Der bedingte Tötungsvorsatz und die Hemmschwellentheorie des Bundesgerichtshofs*. *In*: Geisler, Claudius.; Geppert, Klaus. *Festschrift für Klaus Geppert zum 70. Geburtstag am 10. März 2011*. Berlin: Walter de Gruyter, 2011, p. 497-517.

Ritter, Joachim; Gründer, Karlfried (Hrsg.). *Historisches Wörterbuch der Philosophie*. 3. Aufl. Darmstadt: Wissenschaftliche Buchgesellschaft, 1992, B. 8.

Rodríguez Devesa, José María; Serrano Gómez, Alfonso. *Derecho penal español. Parte general*. 16. ed. Dykinson: Madrid, 1993.

Ronco, Mauro. *Le radici metagiuridiche del dolo eventuale*. *In:* Bertolino, Marta, Eusebi, Luciano, Forti, Gabrio (eds.). Studi in onore di Mario Romano. Milano: Jovene Editore, 2011, T. II, p. 1175-1200.

______. *Riflessioni sulla struttura del dolo*. *In*: RIDPP, vol. 58, n. 2, 2015, p. 589-622.

Rönnau, Thomas; Becker, Christian. *Vorsatzvermeidung durch Unternehmensleiter bei betriebsbezogenen Straftaten*. *In*: NStZ, 2016, p. 569-575.

Rönnau, Thomas. *Grundwissen – Strafrecht: Vorsatz*. *In*: JuS, 2010, p. 675-678.

Ross, Alf. Über den Vorsatz (Studien zur dänischen, englischen, deutschen und schwedischen Lehre und Rechtsprechung). Baden-Baden: Nommos, 1979.

Rostalski, Frauke. *Normentheorie und Fahrlässigkeit – Zur Fahrlässigkeit als Grundform des Verhaltensnormverstoßes*. *In*: GA, 2016, p. 73-89.

Roxin, Claus; Greco, Luís. *Strafrecht. Allgemeiner Teil*. 5a. Aufl. München: Beck, 2017, B. I (no prelo).

______. *Abgrenzung von bedingtem Vorsatz und bewusster Fahrlässigkeit*. *In:* Strafrechtlich Grundlagenprobleme. Berlin: de Gruyter, 1973, p. 209-234.

______. *Einige Bemerkungen zum Verhältnis von Rechtsidee und Rechtsstoff in der Systematik unseres Strafrechts*. *In*: Kaufmann, Arthur. *Gedächtnisschrift für Gustav Radbruch*. Göttingen: Vandenhoeck & Ruprecht, 1968, p. 260-267.

______. *Gedanken zur Problematik der Zurechnung im Strafrecht*. *In*: Barth, Eberhard. *Festschrift für Richard M. Honig*. Göttingen: Schwartz, 1970, p. 133-150.

______. *Política criminal e sistema jurídico penal*; trad. Luís Greco. Rio de Janeiro: Renovar, 2000

______. *Sinn und Grenzen staatlicher Strafe*. *In*: JuS, 1966, p. 377-383.

______. Über den «dolus eventualis». *In:* Bertolino, Marta, Eusebi, Luciano, Forti, Gabrio (eds.). Studi in onore di Mario Romano. Napoli: Jovene Editore, 2011, T. II, p. 1201-1215.

______. *Unterlassung, Vorsatz und Fahrlässigkeit, Versuch und Teilnahme im neuen Strafgesetzbuch*. *In:* JuS, 1973, p. 197-202.

______. *Zur Normativierung des dolus eventualis und zur Lehre von der Vorsatzgefahr. In:* ROGALL, Klaus. *Festschrift für Hans-Joachim Rudolphi zum 70. Geburtstag.* Neuwied: Luchterhand, 2004, p. 243-257.

ROXIN, Claus; SCHÜNEMANN, Bernd. *Strafverfahrensrecht ein Studienbuch.* 28. Aufl. München, Beck, 2014.

RUDOLPHI, Hans-Joachim; STEIN, Ulrich. §§ 15, 16. *In*: WOLTER, Jürgen. (Hrsg). Systematischer Kommentar zum Strafgesetzbuch. 9. Aufl. München: Carl Heymanns, 2016.

RÜTHERS, Bernd; FISCHER, Christian; BIRK, Axel. *Rechtstheorie mit juristischer Methodenlehre.* 8. Aufl. München: Beck, 2016.

SAFFERLING, Christoph. § 212. In: MATT, Holger; RENZIKOWSKI, Joachim. Strafgesetzbuch. Kommentar. München: Vahlen, 2013.

SAMSON, Erich. *Absicht und direkter Vorsatz im Strafrecht. In*: JA, 1989, p. 449-454.

SANTOS, Humberto Souza. *Elementos fundamentais de um conceito de dolo político--criminalmente fundamentado. In*: RBCCrim, n. 97, 2012, p. 87-117.

______. *Problemas estruturais do conceito volitivo do dolo. In*: GRECO, Luís; LOBATO, Danilo (Coord). Temas de direito penal: parte geral. Rio de Janeiro: Renovar, 2008, p. 263-289.

SANTOS, Juarez Cirino dos. *Direito Penal: parte geral.* 3. ed. Curitiba: ICPC; Lúmen Júris, 2006.

SANZ-DÍEZ DE ULZURRUN LLUCH, Marina. *Dolo e imprudencia en el Código Penal español: análisis legal y jurisprudencial.* Valencia: Tirant lo Blanch, 2007.

SATZGER, Helmut. *Der Vorsatz – einmal näher betrachtet. In*: Jura, 2008, p. 112-121.

SAUER, Wilhelm. *Allgemeine Strafrechtslehre. Eine lehrbuchmäßige Darstellung.* 3. Aufl. Berlim: de Gruyter, 1955.

______. *Vorsatz, Irrtum, Rechtswidrigkeit. Unzulängliches in Lehre, Praxis und Reform. In:* ZStW, 1931, n. 51, p. 164-183.

SCHAFFSTEIN, Friedrich. *Soziale Adäquanz und Tatbestandslehre. In*: ZStW, 1960, n. 72, p. 369-396.

SCHEFFLER, Uwe. *J. S. F. von Böhmer (1704-1772) und der dolus eventualis. Kann der große Professor der alten Viadrina dem heutigen Strafrecht noch etwas geben? In*: Jura, 1995, p. 349-356.

SCHEWE, Günter. *Bewußtsein und Vorsatz.* Berlin: Luchterhand, 1967.

SCHILD, Wolfgang. *Der strafrechtliche Vorsatz zwischen psychischem Sachverhalt und normativem Konstrukt. In*: JAKOB, Raimund; USTERI, Martin; WEIMAR, Robert. Psyche. Recht. Gesellschaft. Widmungsschrift für Manfred Rehbinder. Bern: Stämpfli, 1995, p. 119-140.

______. *Vorsatz als "sachgedankliches Mitbewusstsein" – Kritische Bemerkungen zur strafrechtswissenschaftlichen Begriffsbildung. In*: KÜPER, Wilfried. *Beiträge zur Rechtswissenschaft: Festschrift für Walter Stree und Johannes Wessels zum 70. Geburtstag*, Heidelberg: Müller, 1993, p. 241-266.

SCHLEHOFER, Horst. *Risikovorsatz und zeitliche Reichweite der Zurechnung beim ungeschützten Geschlechtsverkehr des HIV-Infizierten. In*: NJW, 1989, p. 2017-2026.

______. *Vorsatz und Tatabweichung zur Auslegung der §§ 16 Abs. 1 Satz 1, 22 StGB.* Köln; München: Heymann, 1996.

SCHMIDHÄUSER, Eberhard. *Der Begriff des bedingten Vorsatzes in der neueren Rechtsprechung des BGH und in § 16 Komm. Entw. StGB Allg. Teil 1958. In*: GA, 1958, p. 161-181.

______. *Der Verbotsirrtum und das Strafgesetz (§ 16 I Satz 1 und § 17 StGB). In:* JZ, 1979, p. 361-369.

______. *Die Grenze zwischen vorsätzlicher und fahrlässiger Straftat ('dolus eventualis' und 'bewusste Fahrlässigkeit'). In:* JuS, 1980, p. 241-252.

______. *Fahrlässige Straftat ohne Sorgfaltspflichtverletzung. In*: GRÜNWALD, Gerald. *Festschrift für Friedrich Schaffstein: zum 70. Geburtstag am 28. Juli 1975.* Göttingen: Schwartz, 1975, p. 129-158.

______. *Strafrecht. Allgemeiner Teil. Lehrbuch.* 2. Aufl. Tübingen: J. C. B. Mohr, 1975.

______. *Strafrechtlicher Vorsatzbegriff und Alltagssprachgebrauch. In*: HERZBERG, Rolf Dietrich. *Festschrift für Dietrich Oehler zum 70. Geburtstag*. Köhl; München: Heymann, 1985, p. 135-161.

______. *Vorsatzbegriff und Begriffsjurisprudenz im Strafrecht.* Tübingen: Mohr, 1968.

______. *Zum Begriff der bewussten Fahrlässigkeit. In:* GA, 1957, p. 305-314.

SCHMOLLER, Kurt. *Das voluntative Vorsatzelement. In*: ÖJZ, 1982, p. 259-264; p. 281-287.

SCHNEIDER, Harmut. § 212. *In*: JOECKS, Wolfgang; MIEBACH, Klaus. Münchener Kommentar zum Strafgesetzbuch. 2. Aufl. München: Beck, 2012, B 1.

______. *Anmerkung zu dem Urteil des BGH vom 28.06.205 – 3 StR 195/05. In*: NStZ, 2005, p. 629-631,

______. *Zur Annahme von Tötungsvorsatz bei Abgabe von Schüssen auf Menschen. In*: WIDMAIER, Gunter; LESCH, Heiko; MÜSSIG, Bernd; WALLAU, Rochus. *Festschrift für Hans Dahs*. Köln: Otto Schmidt, 2005, p. 189-205.

SCHRÖDER, Horst. *Aufbau und Grenzen des Vorsatzbegriffs. In*: SAUER, Wilhelm. *Festschrift für Wilhelm Sauer.* Berlin: de Gruyter, 1949, p. 207-248.

SCHROEDER, Friedrich Christian. *Zwischen Absicht und dolus eventualis. In*: ROGALL, Klaus. *Festschrift für Hans-Joachim Rudolphi zum 70. Geburtstag.* Neuwied: Luchterhand, 2004, p. 285-295.

SCHROTH, Ulrich. *Die Differenz von dolus eventualis und bewußter Fahrlässigkeit. In:* Jus, 1992, p. 1-8.

______. *Die Rechtsprechung des BGH zum Tötungsvorsatz in der Form des "dolus eventualis". In*: NStZ, 1990, p. 324-326.

______. *Vorsatz als Aneignung der unrechtskonstituierenden Merkmale.* Frankfurt: Peter Lang, 1994.

SCHUMANN, Heribert. *Zur Wiederbelebung des "voluntativen" Vorsatzelementes durch den BGH. In*: JZ, 1989, p. 427-434.

SCHÜNEMANN, Bernd; GRECO, Luís. *Der Erlaubnistatbestandsirrtum und das Strafrechtssystem. In*: GA, 2006, p. 777-792.

SCHÜNEMANN, Bernd. § 26. *In*: Leipziger Kommentar zum Strafgesetzbuch. 12. Aufl. Berlin: de Gruyter, 2006.

______. *Die deutschsprachige Strafrechtswissenschaft nach der Strafrechtsreform im Spiegel des Leipziger Kommentars und des Wiener Kommentars". In*: GA, 1985, p. 341-380.

______. *Ein neues Bild des Strafrechtssystems? Zugleich Rezension von Günther Jakobs, System der strafrechtlichen Zurechnung, 2012. In*: ZStW, 2014, n. 126, p. 1-26

______. *Grund und Grenzen der unechten Unterlassungsdelikte. Zugleich ein Beitrag zur strafrechtlichen Methodenlehre.* Göttingen: Schwartz, 1971.

______. *Riskanter Geschlechtsverkehr eines HIV-Infizierten als Tötung, Körperverletzung oder Vergiftung? In*: JR, 1989, p. 89-95.

______. *Vom philologischen zum typologischen Vorsatzbegriff. In:* WEIGEND, Thomas; KÜPPER, Georg. *Festschrift für Hans Joachim Hirsch.* Berlin: de Gruyter, 1999, p. 363-378.

SCHWARZ, Andreas. *Anmerkung zu BGH, Urteil vom 7.11.1991 – 4 StR 451/91. In*: JR, 1993, p. 29; p. 31.

SEELMANN, Kurt. *Strafrecht. Allgemeiner Teil.* 5. Aufl. Basel: Helbing Lichtenhahn, 2012.

SESSAR, Klaus. *Anmerkung zu dem Urteil des BGH vom 30.04.1986 – 2 StR 755/85. In*: StV, 1988, p. 93-95.

SHECAIRA, Sérgio Salomão. *Ainda a expansão do direito penal: o papel do dolo eventual. In*: RBCCrim, 2007, vol. 64, p. 223-238.

______. *Crime de trânsito – Responsabilidade objetiva – Dolo eventual e culpa consciente. In*: RBCCrim, vol. 59, 2006, p. 346-373.

______. *Dolo eventual e culpa consciente. In*: RBCCrim, 2002, vol. 38, p. 142-153.

SILVA SÁNCHEZ, Jesús-Maria. *Aproximación al derecho penal contemporáneo.* Barcelona: Bosch, 1992.

SILVEIRA, Renato de Melo Jorge. *A aplicação da teoria da cegueira deliberada nos julgamentos da Operação Lava Jato. In*: RBCCrim, vol. 122, p. 255-280.

______. *A teoria do dolo e o enigma do dolo eventual: considerações sobre a aparente nova resposta italiana. In*: RBCCrim, 2016, vol. 121, p. 223-250.

SINN, Arndt; BOHNHORST; Torsten. *Zur "Hemmschwellentheorie" bei Tötungsdelikten. In*: StV, 2012, p. 658-663.

SINN, Arndt. *§ 212. In:* WOLTER, Jürgen. (Hrsg). Systematischer Kommentar zum Strafgesetzbuch. 9. Aufl. München: Carl Heymanns, 2016.

SOUZA, Artur de B. Gueiros; JAPIASSÚ, Carlos Eduardo A. *Curso de Direito Penal: parte geral.* Rio de Janeiro: Elsevier, 2012.

SPENDEL, Günter. *Zum Begriff des Vorsatzes. In:* KÜPER, Wilfried. (Hrsg). *Festschrift für Karl Lackner*. Berlin: de Gruyter, 1987, p. 167-183.

STEGMÜLLER, Wolfgang. *Probleme und Resultate der Wissenschaftstheorie und Analytischen Philosophie*. 2. Aufl. Berlin; Heidelberg; New York: Springer, 1983, vol. I.

STERNBERG-LIEBEN, Detlev; SCHUSTER, Frank. § 15. In: SCHÖNKE, Adolf; SCHRÖDER, Horst. Strafgesetzbuch Kommentar. 29. Aufl. München: Beck, 2014.

STERNBERG-LIEBEN, Detlev; STERNBERG-LIEBE, Irene. *Vorsatz im Strafrecht. In*: JuS, 2012, p. 884-888.

STOOSS, C. *Dolus eventualis und Gefährdung. In*: ZStW, 1895, n. 15, p. 199-201.

STRATENWERTH, Günter. *Die Definitionen im Allgemeinen Teil des Entwurfs 1962. In:* ZStW, 1964, n. 76, p. 669-706.

______. *Dolus eventualis und bewußte Fahrlässigkeit. In:* ZStW, 1959, n. 71, p. 51-71.

______. KUHLEN, Lothar. *Strafrecht. Allgemeiner Teil I: Die Straftat.* 6. Aufl. München: Vahlen, 2011.

STRATENWERTH, Günter, WOHLERS, Wolfgang. *Schweizerisches Strafgesetzbuch Handkommentar*. 2. Aufl. Bern: Stämpfli, 2009.

STRENG, Franz. *§ 20. In*: JOECKS, Wolfgang; MIEBACH, Klaus. Münchener Kommentar zum Strafgesetzbuch. 2. Aufl. München: Beck, 2012, B. 1.

______. *Hemmschwellentheorie, Vorsatz und Schuldfähigkeit. In*: ESSER, Robert; KÜHNE, Hans-Heiner. *Festschrift für Hans-Heiner Kühne zum 70. Geburtstag am 21. August 2013*. Heidelberg; München; Landsberg: Müller, 2013, p. 47-60.

STRUENSEE, Eberhard. *Der subjektive Tatbestand des fahrlässigen Delikts. In*: JZ, 1987, p. 53-63.

STUCKENBERG, Carl-Friedrich. *Vorsatz und Zurechnung*. KOCH, Arnd; KUBICIEL, Michael; LÖHNIG, Martin; PAWLIK, Michael. Feuerbachs Bayerisches Strafgesetzbuch: die Geburt liberalen, modernen und rationalen Strafrechts. Tübingen: Mohr Siebeck, 2014, p. 241-270.

TAMARIT SUMALLA, Josep Maria. *La tentativa com dolo eventual. In*: ADP, 1992, fasc. II, p. 515-559.

TASSI, Sauro. *Il dolo*. Padova: CEDAM, 1992.

TAVARES, Juarez. *Espécies de dolo e outros elementos subjetivos do tipo. In:* Revista de Direito Penal. Rio de Janeiro: Borsoi, 1972, n. 6, p. 21-32.

______. *Teoria do crime culposo*. 3. ed. Rio de Janeiro: Lumen Juris, 2009.

______. *Teoria do injusto penal*. 3. ed. Belo Horizonte: Del Rey, 2003.

TRECHSEL, Stefan; AFFOLTER-EIJSTEN, Heidi [Hrsg.]. *Schweizerisches Strafgesetzbuch. Praxiskommentar*. Zürich: Dike, 2008.

TRIFFTERER, Otto. Österreichisches Strafrecht. Allgemeiner Teil. 2. Aufl. Wien: Springer, 1994.

TRÜCK, Thomas. *Die Problematik der Rechtsprechung des BGH zum bedingten Tötungsvorsatz. In*: NStZ, 2005, p. 233-240.

VERO, Giancarlo de. *Dolo eventuale, colpa cosciente e costruzione «separata» dei tipi criminosi. In:* BERTOLINO, Marta, EUSEBI, Luciano, FORTI, Gabrio (eds.). Studi in onore di Mario Romano. Milano: Jovene Editore, 2011, T. II, p. 883-916.

VERREL, Torsten. *(Noch kein) Ende der Hemmschwellentheorie? In*: NStZ, 2004, p. 309-312.

VEST, Hans. *Vorsatznachweis und materielles Strafrecht*. Bern: Lang, 1986.

VIVES ANTÓN, Tomás Salvador. *Reexamen del dolo. In*: MUÑOZ CONDE, Francisco (dir). Problemas actuales del derecho penal y de la criminología: estudios penales en memoria de la profesora dra. María del Mar Díaz Pita. Valencia: Tirant lo Blanch, 2008, p. 369-388.

VOGEL, Joachim. § 15. *In:* Leipziger Kommentar. 12. Aufl. Berlin: de Gruyter, 2007.

______. *Normativierung und Objektivierung des Vorsatzes. In*: GA, 2006, p. 386-389.

VOLK, Klaus. *Bildersprache in der Strafrechtsdogmatik. In:* DÖLLING, Dieter. *Verbrechen, Strafe, Resozialisierung: Festschrift für Heinz Schöch zum 70. Geburtstag am 20. August 2010.* Berlin: de Gruyter, 2010, p. 369-380.

WAIDER, Heribert. *Die Bedeutung der praesumtio doli für die Strafrechtsentwicklung in Deutschland. In*: JuS, 1972, p. 305-309.

WAISMANN, Friedrich. *Wille und Movit*. Stuttgart: Reclam, 1983.

WALTER, Tonio. *Der Kern des Strafrechts. Die allgemeine Lehre vom Verbrechen und die Lehre vom Irrtum*. Tübingen: Mohr Siebeck, 2006.

______. *Der vermeintliche Tötungsvorsatz von „Rasern". In*: NJW 2017, p. 1350-1353.

______. *Vorbemerkungen zu den § 13. In*: Leipziger Kommentar zum Strafgesetzbuch. 12. Aufl. Berlin: de Gruyter, 2006.

WEBER, Hellmuth v. *Grundriß des Deutschen Strafrechts*. 2. Aufl. Bonn: Dümmler, 1948.

WEGNER, Arthur. *Strafrecht. Allgemeiner Teil*. Göttingen: Vandenhoeck & Ruprecht, 1951.

WEIGEND, Thomas. *Zwischen Vorsatz und Fahrlässigkeit. In*: ZStW, n. 93, 1981, p. 657-699.

WELZEL, Hans. *Das deutsche Strafrecht. Eine systematische Darstellung*. 11. Aufl. Berlin: de Gruyter, 1969.

______. *Ein unausrottbares Mißverständnis? Zur Interpretation der finalen Handlungslehre. In:* NJW, 1968, p. 425-429.

______. *Kausalität und Handlung. In*: ZStW, 1931, n. 24, p. 703-720.

______. *Naturalismus und Wertphilosophie im Strafrecht.* Mannheim: Haus, 1935, p. 78-79.

______. *Zur Dogmatik im Strafrecht. In*: SCHROEDER, Friedrich-Christian; ZIPF, Heinz, *Festschrift für Reinhart Maurach zum 70. Geburtstag.* Karlsruhe: C.F. Müller, 1972, p. 3-8.

WOHLERS, Wolfgang. *Deliktstypen des Präventionsstrafrechts – zur Dogmatik "moderner" Gefährdungsdelikte.* Berlin: Duncker & Humblot, 2000.

WOLFF, Ernst Amadeus. *Die Grenzen des dolus eventualis und der willentlichen Verletzung. In*: LACKNER, Karl. *Festschrift für Wilhelm Gallas zum 70. Geburtstag am 22. Juli 1973.* Berlin: de Gruyter, 1973, p. 197-226.

WOLTER, Jürgen. *Alternative und eindeutige Verurteilung auf mehrdeutiger Tatsachengrundlage im Strafrecht: zugleich ein Beitrag zur Abgrenzung von Vorsatz und Fahrlässigkeit.* Berlin: Duncker & Humblot, 1972.

______. *Objektive und personale Zurechnung von Verhalten, Gefahr und Verletzung in einem funktionalen Straftatsystem.* Berlin: Duncker & Humblot, 1981.

ZACZYK, Rainer. *Das Unrecht der versuchten Tat.* Berlim: Duncker & Humblot, 1989.

ZAFFARONI, Eugenio R.; BATISTA, Nilo; ALAGIA, Alejandro; SLOKAR, Alejandro. *Direito penal brasileiro.* Rio de Janeiro: Revan, 2010, vol. II, t. I.

ZIEGERT, Ulrich. *Vorsatz, Schuld und Vorverschulden.* Berlin: Duncker & Humblot, 1987.

ZIELINSKI, Diethart. §§ 15-16. *In*: Alternativkommentare – StGB. Neuwied: Luchterhand, 1990.

ZIESCHANG, Frank. *Die Gefährdungsdelikte.* Berlin: Duncker & Humblot, 1998.

______. § 315c. In: KINDHÄUSER, Urs; NEUMANN, Ulfrid; PAEFFGEN, Hans Ullrich (Hrsg.). Nomos Kommentar zum Strafgesetzbuch. 4 Aufl. Baden-Baden: Nomos, 2013.

ZUGALDÍA ESPINAR, Jose Miguel. *La demarcación entre el dolo y la culpa: el problema del dolo eventual. In*: ADP, 1986, fasc. II, p. 395-422.

APÊNDICE

Tabela de orientação para a leitura das decisões do BGH

TRIBUNAL	TURMA	REVISTA/ANO	PÁGINA INICIAL/PÁGINA CITADA
BGH	1 StR	StV 1997	7
BGH	4 StR	NStZ-RR 2014	371 (372)
BGH	1 StR	NStZ 2017	25 (26)

Tabela de orientação para a leitura das principais decisões do BGH

TRIBUNAL	REVISTA	VOLUME	PÁGINA INICIAL/PÁGINA CITADA
BGH	BGHSt	18	246 (258)
BGH	BGHSt	36	1 (5)
BGH	BGHSt	57	183 (186)